天下之中：
秦汉三河区域研究

The Center of the World : A Study on the Region of Sanhe in Qin and Han Dynasty

崔建华 著

上海古籍出版社

2015年度国家社科基金后期资助项目（15FZS031）

国家社科基金后期资助项目
出版说明

后期资助项目是国家社科基金设立的一类重要项目,旨在鼓励广大社科研究者潜心治学,支持基础研究多出优秀成果。它是经过严格评审,从接近完成的科研成果中遴选立项的。为扩大后期资助项目的影响,更好地推动学术发展,促进成果转化,全国哲学社会科学工作办公室按照"统一设计、统一标识、统一版式、形成系列"的总体要求,组织出版国家社科基金后期资助项目成果。

全国哲学社会科学工作办公室

序

王子今

周振鹤等《中国行政区划通史·秦汉卷》下篇《西汉郡国沿革考证》的第一章即"司隶部地区郡县沿革"。分列4节：第一节，京兆尹（渭南郡）、左冯翊（河上郡）、右扶风（中地郡）、弘农郡沿革；第二节，河内郡沿革；第三节，河东郡沿革；第四节，河南郡沿革。① 包括了"三辅""三河"地方。"三辅"为行政中枢所在，地位十分重要。政体形式的全面设计，国家管理的高端操作，经济控制的顶级决策，文化导向的终极规划，均在这里发生。而"三河"则是中原文明基底最深厚的地方。许多学者以为与"夏"相当的文化遗存，在这里最为集中。两周先后在丰镐地方和河洛地方分别用心经营。西汉定都，曾经有不同建议，而刘邦因娄敬和张良的建议，将行政中心确定于长安。但是，正如《史记》卷一二九《货殖列传》所说，"夫三河在天下之中，若鼎足，王者所更居也，建国各数百千岁，土地小狭，民人众，都国诸侯所聚会……"② 王莽曾经有"东都"规划。③ 东汉政治中心则正式向东转移。所谓"西都宾"与"东都主人"关于"汉京"的讨论，体现了当时有关政治重心设置的不同意见。④ 后来又曾经出现董卓强迫皇室西迁的事件。⑤ 河洛地区的经济地位和文化地位，长期与长安地方并列，于是东汉文学名著中，有班固《西都赋》《东都赋》、张衡《西京赋》《东京赋》世代传颂。

李学勤《东周与秦代文明》将"东周时代列国"划分为"七个文化圈"即"中原文化圈""北方文化圈""齐鲁文化圈""楚文化圈""吴越文化圈""巴

---

① 周振鹤主编，周振鹤、李晓杰、张莉著：《中国行政区划通史·秦汉卷》，复旦大学出版社，2017年。
② 《史记》，中华书局，1959年，第3262页。
③ 王子今：《西汉末年洛阳的地位和王莽的东都规划》，《河洛史志》1995年4期。
④ 《后汉书》卷四〇上《班固传》，中华书局，1965年，第1335页。
⑤ 《三国志》卷六《魏书·董卓传》："卓以山东豪杰并起，恐惧不宁。初平元年二月，乃徙天子都长安。焚烧洛阳宫室，悉发掘陵墓，取宝物。卓至西京，为太师，号曰尚父。"中华书局，1959年，第176页。

蜀滇文化圈""秦文化圈"的认识,可以看作区域文化研究的伟大学术发明。其中"中原文化圈"位列第一。李学勤曾经简要说明了"中原文化圈"的历史地位:"以周为中心,北到晋国南部,南到郑国、卫国,也就是战国时周和三晋(不包括赵国北部)一带,地处黄河中游,可称为中原文化圈。夏、商和西周,中原文化对周围地区有很大影响,①到东周业已减弱,但仍不失为重要。"②而所谓"以周为中心,北到晋国南部,南到郑国、卫国,也就是战国时周和三晋(不包括赵国北部)一带,地处黄河中游"的地方,正是"秦汉三河"所在。

秦汉之际,"三河"区域名号出现于正史。《史记》卷八《高祖本纪》:汉王二年(前205)三月,"下河内,虏殷王,置河内郡。南渡平阴津,至雒阳","为义帝发丧","发使者告诸侯曰:'天下共立义帝,北面事之。今项羽放杀义帝于江南,大逆无道。寡人亲为发丧,诸侯皆缟素。悉发关内兵,收三河士,南浮江汉以下,愿从诸侯王击楚之杀义帝者。'"此言"收三河士"使用"三河"地理概念,出自很高等级的政治宣言,应为当时社会普遍认同。裴骃《集解》:"韦昭曰:'河南、河东、河内。'"③《史记》卷七《项羽本纪》:"汉王部五诸侯兵,凡五十六万人,东伐楚。"所谓"五诸侯兵",理解并不一致。司马贞《索隐》与"三河士"联系起来予以说明:"收谓劫略收敛也。韦昭云河南、河东、河内。申阳都雒阳,韩王成都阳翟,皆河南也。魏豹都平阳,河东也。司马卬都朝歌,张耳都襄国,河内也。此三河士则五诸侯兵也。"④《史记》卷一四《十二诸侯年表》说"晋阻三河",⑤指出在秦人东进的军事扩张历程中"三河"表现出的战略地位。在秦统一进程中,对于所谓"三晋距秦",⑥与"秦并吞三晋"⑦的战争史记忆,都可以说明这一情形。《汉书》卷九《元帝纪》可见"益三河大郡太守秩"的政策,⑧"三河大郡"之说,也显现了在汉代行政史中"三河"的特殊地位。

"三辅、三河"并说的情形,见于《汉书》卷一〇《成帝纪》、⑨《汉书》卷一

---

① 今按:《汉书》卷二七中之下《五行志中之下》:"昔三代居三河……"中华书局,1962年,第1438页。
② 李学勤:《东周与秦代文明》,上海人民出版社,2007年,第10页。
③ 《史记》,第370页。
④ 《史记》,第321页至第323页。
⑤ 《史记》,第509页。
⑥ 《史记》卷四《周本纪》,第168页。
⑦ 《史记》卷二七《天官书》,第1347页。
⑧ 《汉书》,第294页。
⑨ 《汉书》,第315页。

九上《百官公卿表上》、①《汉书》卷二九《沟洫志》,②《后汉书》卷二五《鲁恭传》李贤注引《汉官仪》、③《后汉书》卷六五《张奂传》李贤注引《汉官仪》,④《后汉书》卷八七《西羌传》。⑤ 崔建华所著《天下之中：秦汉三河区域研究》注意到韦昭"六辅"的说法,以及《南齐书》所谓"西京炽强,实基三辅；东都全固,实赖三河",对于我们认识"三河"的地位及其与"三辅"的关系,又有很好的提示。

《天下之中：秦汉三河区域研究》是研究秦汉时期三河区域史比较有分量的学术专著。作者比较全面地总结了相关学术史迹象,有所分析,有所借鉴,有所批评,有所推进。重视三河地方生态环境条件的考察,是值得表扬的特点。对于三河盐业资源、矿产分布的分析,对于三河农业基础、交通优势的分析,都别开生面,读来颇有意味。有关三河"寇贼""酷吏""儒林""游侠"分别进行的文化地理的论说,以及三河人士在其他地方活动及其社会影响的评价,也有相当重要的学术价值。作者尽可能充分利用考古资料的学术风格,也是这本著作取得成功的主要因素之一。

三河地方的交通地位非常重要。其重心地方洛阳史称"天下冲阨,汉国之大都也"。⑥《天下之中：秦汉三河区域研究》涉及"关"与军事路线以及"区域管控"的内容,都聚焦于交通史主题。而有关"秦汉时期黄河砥柱段漕运的发生与展开"一节、"三河地区对边地事务的参与"一节,都直接切入交通史的具体个案,实现了值得肯定的学术进展。

秦汉三河地方的区域文化风格以及涉及生态条件、经济民生、行政管理诸多方面的历史景观,既有共性,也有个性。通过《天下之中：秦汉三河区域研究》作者的考察思索,我们可以看到立足于学术前沿的创新追求。

我曾经承担国家社会科学基金资助课题"秦汉区域文化研究"（项目编号：92BZS012）,最终成果《秦汉区域文化研究》出版时,承史念海先生赐序。我在拙著前言中曾经提出这样的意见："区域文化原本是传统史学相当注重的研究课题之一。区域文化研究的成果,又曾经从中分化成为舆地学、方志学的重要内涵。近数十年来,这一研究领域相对冷落,近年才出现重新繁荣的趋势,在研究内容和研究方法等方面,均较前有所突破。不过总的来说,

---

① 《汉书》,第737页。
② 《汉书》,第1692页。
③ 《后汉书》,第879页。
④ 《后汉书》,第2142页。
⑤ 《后汉书》,第2886传。
⑥ 《史记》卷六〇《三王世家》,第2115页。

研究亟待进一步深入。目前,似乎有这样 3 个方面的偏向应当予以纠正:1. 没有能够避免片面地非客观地夸大本地区文化的历史作用的倾向;2. 没有能够从总体的角度把握历史上区域文化间的联系以及与统一文化之间的关系;3. 没有能够将文献资料和考古资料很好地结合起来。"[①]现在看来,我们期望的学术进步,正在逐渐实现。近年汉代区域文化研究的繁荣,早已远远超过预期。而《天下之中:秦汉三河区域研究》是我们看到的诸多论著中比较好的一部。

对区域史与区域文化研究的关注,是历代史学家长久看重的学术传统。自《禹贡》以来,行政史视角的区域史观察,因赋役制度的关系自然涉及经济史,出于行政管理的考虑,也与区域文化的"风""俗"主题密切相关。司马迁在《史记》卷一二九《货殖列传》中的相关论述堪称典范。班固《汉书》卷二八《地理志》有所继承,服务行政的特点尤为突出。在《史》《汉》论说基础上,《天下之中:秦汉三河区域研究》有关区域学术的探讨,显然值得鼓励。区域史关注很早就形成了运用综合方法的全方位考察的特点。《天下之中:秦汉三河区域研究》为"秦汉全局视野中的三河地区"专列一章,也是值得肯定的设计。书中运用统计学方式,提供了在认真的信息归纳整理基础上得到的一些认识。书后 8 种附表,都体现作者进行了细致的工作。

我以为,《天下之中:秦汉三河区域研究》是一部有重要价值的成功的学术专著。我们在向作者表示祝贺的同时,也希望在今后的研究工作中,作者能够有新的发明,获得新的成就。

王子今
2020 年 11 月 18 日
于北京大有北里

---

① 王子今:《秦汉区域文化研究》,四川人民出版社,1998 年,第 1 页。

目　录

序 …………………………………………………………………… 1

绪论 ………………………………………………………………… 1

第一章　秦汉"三河"区域称谓的形成 ………………………… 9
　第一节　先秦两汉的"河东"地域称谓 ……………………… 9
　第二节　先秦两汉时期的"河南"地域称谓 ………………… 19
　第三节　先秦两汉时期的"河内"地域称谓 ………………… 34
　第四节　"三河"称谓的形成 ………………………………… 44
　第五节　三河地区"天下之中"地位的确立 ………………… 47

第二章　秦汉三河政区的演变 ………………………………… 64
　第一节　三"河"郡的确立 …………………………………… 64
　第二节　三川(河南)郡县域沿革 …………………………… 72
　第三节　河东郡县域沿革 …………………………………… 90
　第四节　河内郡县域沿革 …………………………………… 114

第三章　秦汉三河地区资源环境与经济发展 ………………… 123
　第一节　三河地区资源环境概说 …………………………… 123
　第二节　秦汉三河地区的粮食种植 ………………………… 136
　第三节　秦汉时期河东盐业资源的开发 …………………… 141
　第四节　秦汉三河地区铁资源的开发 ……………………… 152
　第五节　河东地区在汉代青铜文化中的历史表现 ………… 159

第四章 秦汉时期战争中的三河地区 ·········· 173
第一节 三河与秦汉之际的战争 ·········· 173
第二节 三河地区与两汉之交的战争 ·········· 192
第三节 三河地区与东汉末年的战争 ·········· 206

第五章 秦汉时期三河区域文化的演进 ·········· 231
第一节 秦汉三河区域文化发展的历史基础 ·········· 231
第二节 西汉前期河东酷吏辈出的历史文化分析 ·········· 237
第三节 西汉中期以来河东区域文化的发展 ·········· 250
第四节 汉代河内区域文化的发展历程 ·········· 265
第五节 西汉时期的河南区域文化 ·········· 277
第六节 东汉河南的区域管控及文化发展 ·········· 286

第六章 秦汉全局视野中的三河地区 ·········· 298
第一节 西汉"宗室不宜典三河"的历史解读 ·········· 298
第二节 秦汉时期黄河砥柱段漕运的发生及展开 ·········· 309
第三节 三河地区对边地事务的参与及其内部差异 ·········· 324

结语 ·········· 353

附录 ·········· 357
表一 河南籍人士 ·········· 357
表二 河南郡官员 ·········· 363
表三 河东籍人士 ·········· 373
表四 河东郡官员 ·········· 376
表五 河内籍人士 ·········· 380
表六 河内郡官员 ·········· 385
表七 弘农籍人士 ·········· 391
表八 弘农郡官员 ·········· 394

参考文献 ·········· 397
后记 ·········· 410

绪　　论

秦国结束持续数百年的列国纷争,建立起中央集权的统一国家。对于这一历史巨变,当时的统治阶层自称为"并天下"或"并有天下"。虽然随着开边拓土事业的进行,秦汉王朝的版图后来又有较大扩展,"天下"的地域内涵也随之变动,但"天下"的核心区域一直比较稳定。

毋庸置疑,在秦汉时代的天下格局中,政治中心所在的关中地区是最为重要的。但在关中以外,当时还有一个被称为"三河"的区域,在天下观念中也具有非同一般的意义。① 司马迁说"夫三河在天下之中,若鼎足,王者所更居也,建国各数百千岁",②意谓三河地区是华夏文明早期演进的极其重要的地域平台。但太史公所谓"三河在天下之中",描述的并非仅仅是三代的历史情形,实际上也道出了汉人对三河在秦汉时期天下格局中特殊地位的一般认识。③

有学者指出:"区域史研究的价值就在于可以深化中国整体史的研究。"④从这个意义上说,对"天下之中"的三河地区进行历史考察,是全面认识秦汉时代历史面貌所不可或缺的学术环节。

一、"三河"区域范围的界定

以"三河"区域为研究对象,首先要对所研究的区域范围加以说明。以

---

① 秦代有叁(三)川郡,而无河南郡,但"河南"称谓是存在的,只不过还停留在俗称的层次上,尚未成为行政区划的名字。因此,从社会意识角度出发,本文所说的"三河"也笼统地将秦代包含在内,而不局限于行政设置的现状。
② 《史记》卷一二九《货殖列传》,[汉] 司马迁:《史记》,中华书局,1982年,第3262—3263页。
③ 三国时期吴人韦昭曰:"六辅,谓京兆、冯翊、扶风、河东、河南、河南。"([梁] 萧统编,[唐] 李善注:《文选》,中华书局,1977年,第655页)三河与三辅合称六辅,可见,在后世个别人看来,三河在秦汉时代的特殊地位甚至不输于三辅。南北朝时,有人曾说:"西京炽强,实基三辅,东都全固,实赖三河,历代所同,古今一揆。"(《南齐书》卷二六《王敬则传》,[梁] 萧子显:《南齐书》,中华书局,1972年,第483页)更是明确指出了东汉时期三河地区在天下版图中首屈一指的重要性。
④ 唐力行:《区域史研究的理论与实践》,《历史教学问题》2004年第5期。

现今政区言之,秦汉三河区域大致相当于河南省西部、西北部,以及山西省西南部,而在秦汉时代,"三河"一般是指河南郡、河东郡、河内郡这三个行政区。如果采用行政地理的标准,固然可以为区域研究带来一些便利。不过,本研究不打算完全这么做。

首先,秦汉时期的行政建制出现过多次变动,在三河区内,汉武帝时期设置的弘农郡划走了河南郡一片不小的区域。因为瞬间的区划变动而放弃对被划走的那部分区域的关注,研究对象的突然缺失非常不利于保持相关探讨的历史渐进性,对文化考察而言,尤其如此。其次,虽然行政区的设定往往会考虑到地域文化、自然地理等因素,但比较而言,它的人为性是显而易见的。秦国统一六国的进程中不断设郡,统一后成"三十六郡"。此后随着南北方向的继续开拓,又陆续增置。汉代郡国也存在大量的设立、省并、重划等情形,有的郡在设立时基本不受自然、文化条件的限制,比如西河郡横跨晋陕间黄河,并不以黄河为限。弘农郡是在汉武帝移函谷关到新安的历史背景下设立的,目的很明确,就是把防范东方的战线前移,为关中的防御留下更多的缓冲余地。此类做法其实是把原本属于同一个自然地理或社会文化单元的区域人为地割裂开来,以这样的行政措置为标准而进行的区域史研究,尽管可以在秦汉国家战略方面获得部分合理性,但由此失去的将会更多。因此,本文对秦汉三河区域的考察在地域范围方面将不局限于汉代行政意义上的三河郡。

那么,以自然地理或人文色彩浓郁的分区标准来确定三河区的范围是否可行呢?《周礼·夏官·职方氏》"河南曰豫州","河内曰冀州",[1]但先秦的九州或十二州并不具备后世行政(刺史监察制度也属于广义上的行政范畴)上的意义。以土壤、物产、地势、山河以及群体生活习惯为州域划分的标准,这正是自然地理或人文色彩的分区。问题在于,在九州或十二州框架内,河南、河内的边界不清晰。比如《尚书·禹贡》"荆河惟豫州",[2]有南北界,东西界则不明确。至于河内,通过《职方氏》"正北曰并州,其山镇曰恒山"的描述,[3]只知道此河内与并州搭界,仍无法判明其北界是否达到恒山脚下。还有一个问题是,在九州或十二州框架内,河南、河内的区域明显比秦汉时期大很多,假如本文考察的"三河"由这样的区域构成的话,因其地域

---

[1] [汉]郑玄注,[唐]贾公彦疏:《周礼注疏》,[清]阮元校刻:《十三经注疏》,中华书局,1980年,第862—863页。除了河南、河内,《职方氏》还有"河东曰兖州"的说法,此"河东"与秦汉"三河"在区域上无涉,暂且不论。

[2] [汉]孔安国注,[唐]孔颖达疏:《尚书正义》,[清]阮元校刻:《十三经注疏》,第149页。

[3] [汉]郑玄注,[唐]贾公彦疏:《周礼注疏》,[清]阮元校刻:《十三经注疏》,第863页。

过于宽广,且远离秦汉的历史实际,显然不妥当。

基于上述考虑,本研究对三河地域范围的界定需要在行政区与自然、人文区之间寻找一个平衡点。从行政设置方面说,要避免选取已经发生多次变更的政区;从自然或人文区方面上说,又要尽量有相对明确的边界。按照这样的标准,秦及汉初的三河政区是比较合适的。因为这个阶段是"河南""河东""河内"由自然、人文色彩浓郁的地域称谓转化为行政区划的关键时期,三郡的设置既最大程度上考虑了历史性的自然文化因素,又没有发生后来行政意义的人为性的二次变更。如此一来,本研究所说的三河区实际就是由秦代三川郡(入汉为河南郡)、河东郡、河内郡组成的区域。即便该地区被后来新设的弘农郡划走了一部分,有关弘农郡设立之后的三河区域历史也仍可能将被划走的区域包含在内。①

二、学术史回顾

由于三河区域对秦汉帝国具有非比寻常的重要性,学术界针对这一地区的研究成果相对而言比较丰富。按内容进行划分,大体包括政区研究、资源环境研究、经济研究、军事研究、文化研究。现撮其要,分类概述如下,并对其不足之处加以分析。

关于秦汉三河政区研究的诸多问题中,河南、河东、河内三郡始设时间,是学界关注度较高的,其中关于河内郡的始设时间,学界分歧尤大。从清代一直到近些年,学者们一再就此发表意见。尽管在湖南湘西里耶秦简出土后,问题已部分得到解决,但仍有讨论的余地。另外,秦代已有"河南"称谓,但在对应地区设置的是三川郡,这种情况对于认识行政区划称谓与俗称的关系很有价值。但如果不能确定三川郡的首设主体,那就有可能产生认识偏差。薛瑞泽认为三川郡非秦代首先设立,战国时期的韩国、秦国都设置过

---

① 在具体论述的过程中,本书所涉及的地域范围,最西至于华阴。虽然秦三川郡的西界不至此,不过,据《周礼》的说法,华山为豫州之山,而豫州又被"河南曰豫州"所界定。可见,在人文色彩浓郁的州域体系中,华山属河南。从自然地理的角度来说,黄河在华阴附近发生由南向东的流向转折,华阴亦可属河南。若非秦国东扩的缘故,该地在秦汉时期未必被划入内史或京兆等关中地区。本书考察对象的西南边界,大体以汉初河南郡的西南界为准,不超过现今河南三门峡市卢氏县。由于弘农郡自设立至于东汉末,为时颇长。本书偶尔会单论弘农地区。不过,笔者遵循的一个原则是,对于弘农郡设立之后越过旧河南郡西南边界而管辖的商洛地区,本书一概不论。这是因为商洛入弘农,基本上属于行政行为。另据《隋书》卷三〇《地理志》:"上洛、弘农,本与三辅同俗。自汉高发巴、蜀之人,定三秦,迁巴之渠帅七姓,居于商、洛之地,由是风俗不改其壤。其人自巴来者,风俗犹同巴郡。"([唐]魏徵、令狐德棻:《隋书》,中华书局,1973年,第843页)商洛与原属河南郡的弘农郡其余地区风俗殊异,难与同论。

三川郡,①这个说法是否准确,有继续深究的必要。

三"河"郡设立之后的行政改置,亦是三河政区研究的热点。如谭其骧曾梳理王莽对三河地区的析分以及析分之后各区在王莽州制中的归属。② 张家山汉简出土后,周振鹤敏锐地意识到《二年律令·秩律》对复原汉初政区地理的重要价值,对秩律中的县进行了分等研究,并对各县的上属郡作了考证,其中也包括三河地区的各县,汉初统治者对三河地区战略意义的定位由此得以凸显。③ 东汉时期的三河政区与西汉差别不大,仅仅是各郡辖县数量稍有减少,李晓杰《东汉政区地理》言及此点,但他又注意到弘农郡"领域变动较大"。④ 东汉末年,在曹操进行的州制改革中,对于三河地区的州域归属,古人的理解存在分歧,赵凯《汉魏之际"大冀州"考》在考辨诸说的基础上提出了个人看法。⑤

关于秦汉三河区域资源环境,一些宏观研究比较具有参考价值。竺可桢《中国近五千年来气候变迁的初步研究》一文,⑥认为秦汉时代属于中国历史上的温暖期,其看法为此后的不少学者所接受。王子今在考察秦汉时期的生态环境时,对漕运、竹林、虎灾、湖泊、苑囿的论述有很多内容与三河地区是直接相关的,这既为认识秦汉三河区域的生态环境构建了坚实的基础,同时也提供了丰富的研究视角。⑦ 近年来,在宏观考察之外又产生一些直接对三河地区进行资源环境考察的成果。需要注意的是,由于三河、河洛、中原等概念在地域内涵上具有密切关联,不少学者对河洛文化、中原文化的形成条件的考察,实际上也是对三河区域资源环境的描述。如李孝聪曾对中原地区的自然环境、内外交通、城市地理、文化面貌进行了全面分析。⑧ 许韶立、靳松安论述了地理环境对河洛文化的产生所发挥的作用。⑨ 还有学者甚至将资源环境的考察具体到三河区当中的某个亚区域,

---

① 薛瑞泽:《论河洛地区的三川郡》,《洛阳理工学院学报》(社会科学版)2008年第1期。
② 谭其骧:《新莽职方考》,《长水集》,人民出版社,1987年。
③ 周振鹤:《〈二年律令·秩律〉的历史地理意义》,中国社会科学院简帛研究中心编:《张家山汉简〈二年律令〉研究文集》,广西师范大学出版社,2007年。
④ 李晓杰:《东汉政区地理》,山东教育出版社,1999年。
⑤ 赵凯:《汉魏之际"大冀州"考》,《南都学坛》2004年第6期。
⑥ 最初发表于《考古学报》1972年第1期。编入作者文集时有修改,兹据《竺可桢文集》,科学出版社,1979年。
⑦ 王子今:《秦汉时期生态环境研究》,北京大学出版社,2007年。
⑧ 李孝聪:《中国区域历史地理——地缘政治、区域经济开发和文化景观》,北京大学出版社,2004年。
⑨ 许韶立:《论"河洛文明"产生的地理环境因素》,《东南文化》2007年第3期。靳松安、张进:《论自然环境对河洛地区史前文化发展的影响》,《中原文物》2004年第4期。

如宋杰从"经济环境（即资源）""地形、水文条件""交通枢纽"三个方面对河东区域的地理环境特点做了详细分析。①

关于秦汉三河区域的经济史研究，学界的考察视角比较多样，有的是将三河地区视为一个整体，在与其他地区的比较中分析三河区域在汉代经济格局中的地位。如范传贤等撰写的《中国经济通史》（第二卷）注意到秦汉时期经济发展的不平衡性，并以司马迁的经济区划分为依据，对三河地区经济地位的重要性做出了鲜明论断。② 而有的则是关注区域经济的某些侧面，并且在方法上十分重视考古材料与文献记载相结合。如薛瑞泽在对秦汉时期河洛地区冶铸业进行考察时指出，"日逐成熟的冶铸业使河洛地区的社会经济更呈现出一种蒸蒸日上的景况"。刘习祥、张春媚通过对新乡战国秦汉墓葬的研究，论证了秦汉时代河内地区的冶铸业发展盛况。赵李娜从地理环境、政策引导、生产技术水平、种植业及多种经营等方面，对汉代河东郡的农业状况进行了比较全面的探讨。③ 另外，人口数量的变动是经济规模消长的直接表现，人口密度也是衡量一个地区经济发展水平的重要指标，在这方面，葛剑雄《西汉人口地理》的参考意义较大。林甘泉主编《中国经济通史》（秦汉经济卷）通过西汉末年三河与关中之间户数和人口数的差别来看区域间经济发展的不平衡性，④其研究思路值得借鉴。

关于秦汉三河区域的军事史研究，由于该地区为"天下之中"，在秦汉时代军事政治斗争中的重要地位不言而喻，相应的，学界的研究就显得比较活跃。有的属于战略地理研究，如王子今依据张家山汉简所见汉初五关的材料，论述了汉代"关中"地域概念的多种含义，其结论对于把握三河地区特别是河东地区在关中、关东两分式区划格局中的定位，具有启发性。辛德勇就汉武帝时期的"广关"举动进行了深刻的历史分析，由此既可以了解西汉防御战略的重大调整，也能够窥知西汉中期三河地区在关中、关东并立格局中的重新定位。⑤ 宋杰深入论证了地理枢纽与中国古代战争的关系，并对地

---

① 宋杰：《两魏周齐战争中的河东》，中国社会科学出版社，2006年。
② 范传贤、杨世钰、赵德馨：《中国经济通史》（第二卷），湖南人民出版社，2002年。
③ 薛瑞泽：《先秦秦汉河洛地区的冶铸业》，《四川文物》2001年第3期。刘习祥：《新乡凤凰山战国两汉墓地研究》，《中原文物》2007年第6期。张春媚：《新乡火电厂汉墓群出土九件铁制容器》，《中原文物》2005年第4期。赵李娜：《汉代河东郡农业生产状况初探》，《农业考古》2005年第3期。
④ 葛剑雄：《西汉人口地理》，人民出版社，1986年。林甘泉主编：《中国经济通史》（秦汉经济卷），经济日报出版社，1999年。
⑤ 王子今、刘华祝：《说张家山汉简〈二年律令·津关令〉所见五关》，《中国历史文物》2003年第1期。辛德勇：《汉武帝"广关"与西汉前期地域控制的变迁》，《中国历史地理论丛》2008年第2期。

理枢纽存在和转移的条件做了分析,其中有关豫西走廊、河东、敖仓的内容就属于对三河地区军事战略地理的研究。①

有的研究成果关注具体的战役部署及行军路线。李德龙详细地描述了楚汉战争中汉军攻取三河、荥阳相持、引军南阳等多场战事,分析了胜败的原因。黄今言等撰写的《东汉军事史》系统地描述了两汉之际各种势力之间的军事斗争,有不少战事或是发生于三河地区,或是以攻取三河区中的某一亚区域为直接目的。② 尤佳辨析了刘邦入关中的路线选择问题,指出了刘邦弃函谷关而取道南阳武关的必然性与合理性。③ 陈连庆对史料中所见赤眉、绿林之外的河北农民军活动做了仔细的爬梳,对他们的起始地域、行军路线进行了归纳,其中某几支农民军的活动已波及三河地区。④

关于秦汉三河区域的文化史研究,有的是在整体研究中涉及三河区域,如刘跃进考察秦人文人分布,依据《汉书》之《儒林传》《艺文志》,《后汉书》之《儒林列传》《文苑列传》,以及《隋书》之《经籍志》,进行了较为完备的统计,结果显示,河洛地区"文人"所占比重在两汉间有所变化。⑤ 王子今在全面考察秦汉区域文化时,从战略重要性、民俗风格、"好儒"倾向、文化创造等多个方面论述了秦汉时期重要文化区之一的河洛地区的文化面貌。⑥ 而有的研究直接聚焦于三河区域中的某个亚区域,如赵李娜指出汉代河东郡呈现出"尚武尚法的民风趋向",认为这与战国时期河东地区的历史形势有关,这个看法注意到文化发展的继承性,其思路值得重视。不过,她对河东文教兴起历程的某些说法还有商榷的余地。⑦ 还有学者立足于现代政区进行研究,如翟富生从儒、法、道、佛四个角度论述了河南省在汉代文化学术的发展水平。⑧ 王尚义对山西省汉唐时期文化人物的地理分布做了统计,晋西南的河东郡就是一个单独的分区。虽然能够支撑其最后结论的主要在唐代部分,但作者总结的人才分布不均衡、私家办学、受阶级矛盾与民族矛盾制约

---

① 宋杰:《中国古代战争的地理枢纽》,中国社会科学出版社,2009年。
② 陈梧桐、李德龙、刘曙光:《中国军事通史·西汉军事史》,军事科学出版社,1998年。黄今言等:《中国军事通史·东汉军事史》,军事科学出版社,1998年。
③ 尤佳:《刘邦入秦行军路线新探》,《军事历史研究》2010年第3期。
④ 陈连庆:《两汉之际河北农民军杂考》,收入作者论文集《中国古代史研究》,吉林文史出版社,1991年。
⑤ 刘跃进、刘燕梅:《秦汉区域文化的划分及其意义》,《淮阴师范学院学报》(哲学社会科学版)2006年第4期。
⑥ 王子今:《秦汉区域文化研究》上编第六节,四川人民出版社,1998年。
⑦ 赵李娜:《西汉河东郡地域风习探究》,《山西大学学报》(哲学社会科学版)2009年第4期。
⑧ 翟富生:《河南汉代学术思想文化发展水平蠡测》,《郑州大学学报》(哲学社会科学版)2001年第5期。

等特点,仍可以作为分析汉代河东文化的重要视角。①

纵观学界对秦汉三河区域的研究,在政区演变、资源环境、经济状况、军事地理、文化面貌等方面均取得了一定成果。就研究模式而言,有的是在秦汉全国层面的考察中有所涉及,有的基于现今行政区划而将三河区中属于本地域的部分纳入其中,有的则聚焦于秦汉三河区内某个亚区域的单个课题展开论述。从研究方法来看,虽然还有一些论著仍以传世文献为主,不过已经有不少学者在尝试着利用考古材料来认知三河区域在秦汉时段的历史。多样化的研究是推动秦汉三河区域研究走向深入的基石,但不容否认的是,目前的研究也有明显的缺憾。

第一,地域分割现象较为严重。地域分割现象在针对不同地域历史的研究中或多或少地都会存在,这本不足为怪,但在秦汉时代三河区的研究中尤为突出。相比于齐鲁、关中、燕赵、荆楚等地域研究而言,其核心区域大部都处于现今的某个省域内,因此相关研究很大程度上保持了历史地域的整体性。秦汉三河区则不然,很难说作为其组成部分的三个亚区域哪个是绝对的核心,但在现今政区中,三者并不在同一个省,河东属山西省,河南、河内在河南省,这就导致对三河区的研究处于割裂状态。尽管晋文化研究者会注意到韩、魏走出河东进而向河南发展的历史事实,但其关注的时代毕竟局限于战国时期,对秦汉时代三河区域统一性的关注力度明显不够,自然也就无法在统一体内部的比较中获知三个亚区域的差异性。

第二,在对三河区域的研究中,存在着内部的不平衡现象,即有关河东、河南的成果较多,而对河内的研究相对薄弱。出现这样的局面固然有材料丰欠的原因,但主要的或许还在于历史和现实两方面的因素。从历史上来看,以洛阳为中心的河南在两周受到较高的重视,河东曾是晋国的大本营,三晋也是以此为基点向外扩张的。而河内虽是殷商旧都,但经历两周时期长时段的发展,纵然有卫国之封,其地位亦不及河东、河南的晋与周。就现实因素而言,"河南"之名被继承下来作为当今的省名,在省域框架内进行的秦汉时期河南省历史研究,很容易在有意无意之间忽视河内地区。

第三,对考古材料的利用还不是很充分。历史学者往往以考古材料来说明秦汉三河区的经济问题,也有用来认识信仰、丧葬等社会生活情形的。但类似研究所关注的地域仍然集中在河南地区。而实际上豫北地区的古墓葬以及西北地区的汉简中也发现有与秦汉河内地区有关的文物资料,通过

---

① 王尚义:《汉唐时期山西文人及地理分布及其文化发展之特点》,《山西大学学报》(哲学社会科学版)1986年第4期。

此类材料复原河内历史的工作还有待展开。另外，战国时期秦文化的向东扩展是形成秦汉三河区文化面貌的历史基础，豫西、豫北、晋西南发现的众多秦人墓葬对探讨这一问题很有帮助。考古工作者虽然已就此发表过一些意见，但往往只是针对某项特定的考古发掘所做的历史文化解读，较为系统性的考察尚未进行。

三、本研究的几点设想

前辈时贤的研究是后来者继续开拓的起点，在总结、反思既往成果的基础上，本课题的开展将主要贯穿以下设想。

首先，对区域研究的整体性予以充分的重视。主要体现在三个方面：一是尊重秦汉社会所做的区域划分，不以现代政区中的"河南""山西"来涵盖、代替秦汉时代习称的"三河"；二是不能厚此薄彼，对于以往研究分量不足的河内区域，应在文献、考古材料再挖掘的基础上，充实其区域历史发展的内涵。三是不能仅仅满足于对某个亚区域的考察，在翔实的分区域研究的基础上，还要注意比较亚区域之间的共性与差异。

其次，高度关注历史发展的继承性。秦汉时代流行的"三河"称谓并非时人突发奇想创造出来的，它的形成过程十分漫长，经历了三个阶段：先秦时期河南、河东、河内三个地域称谓陆续产生；战国晚期至秦汉之际三个地域称谓陆续行政化；伴随着疆域一统而出现的由三"河"分称向"三河"合称转变。对上述连续过程进行系统梳理，既是为了使本研究最为基础性的"三河"概念得以明晰，同时也是为了找到影响先秦时期三河区域历史发展的政治主体，从而为阐释秦汉三河区域文化面貌何以形成做好铺垫。

再次，注重经济、政治、军事、文化等各项社会范畴的交互影响。尤其是在进行三河区域文化发展脉络的梳理时，鉴于地域文化的内涵较为广泛，本研究将不囿于学术文化、风俗文化等狭义的文化概念，而是根据历史阶段的不同，勾勒地域文化当中比较显著的某个面向，尽量从区域管控、经济发展等多角度进行成因剖析。

第一章　秦汉"三河"区域称谓的形成

"三河"称谓流行于秦汉时代,它由"河东""河南""河内"这三个区域称谓统合而成。由原本分立的三个区域称谓融合为层级更高、范围更广的单个区域称谓,这个结果意味着区域内部的同质性与融合度在秦汉时代达到了前所未有的高度。大体来说,秦汉时代的"三河"称谓是三个亚区域之间在经济、文化、军事等多方面长期交流碰撞的结果,它的演生过程主要发生于先秦时期,其前提是"三河"称谓的地理内涵分别向秦晋豫黄河三角地带转移。

对"三河"区域称谓地理重心移易的过程进行考察,进而把握"三河"区域称谓的形成机制,具有一定的学术意义。《春秋穀梁传》桓公二年:"名从主人。"①有学者指出,这里所谓的"名","自然也包括地名在内"。② 依据这个原理,地名形成、变异的背后往往有特定的历史主体在发挥影响。而追寻区域称谓演化进程背后的政治主体、文化群体,实际上就是挖掘下一阶段区域历史文化面貌得以形成的历史基因。

第一节　先秦两汉的"河东"地域称谓

秦汉时代的"河东"一般是指今山西省西南部,但在先秦时期,"河东"称谓的地理重心经历了自东方向西方转移的过程。即便是"河东"称谓的内涵已相对固化之后,早期"河东"称谓的遗存仍可见于秦汉历史文化当中。

一、商代的"河东"

甲骨文对商王某些行动的描述已经使用了"河东"字眼。如"癸巳卜古

---

① [晋]范宁集解,[唐]杨士勋疏:《春秋穀梁传注疏》,[清]阮元校刻:《十三经注疏》,第2373页。
② 华林甫:《中国地名学史考论》,社会科学文献出版社,2002年,第23页。

贞令殷涉于河东"、"……虎……方其涉河东"。① 对于甲骨文中"河东"的地域指向,学界有不同看法。陈梦家认为:"此河东或与汉代的河东郡相当,今晋南。"②而吉德炜说:"'河东'很明显是以商人及其祖先所居之地为中心,给黄河以东之地起的一个地理名称。"③我们可以断定,吉氏所说的商代"河东"是指黄河下游河道以东地区而言,具体说来,即今豫、鲁、苏三省交界一带。比较而言,吉氏之说为优。

  首先,吉德炜注意到了地域称谓形成早期的主体、"中心"问题。从逻辑上讲,山河坐标加上方向词这类地名,在其产生之初,反映的主要历史背景并不是该地区内的人地关系,更大程度上体现的是山河另一侧的人们与该地区的关系。具体到"河东"称谓,也就意味着,"河东"得自生活在河西的人们。现在既然知道"河东"是商人口中的地名称谓,那么,在理解甲骨文中的"河东"时,就应当站在商人的立场上。而甲骨文占卜收成时的区域称谓有"东土""西土""南土""北土"等,表明商人在认识周围世界时确实会使用以自我为中心的视角,因此,他们所说的"河东"只能是黄河下游河道以东地区。

  其次,就现实条件来看,虽然商王朝势力曾及于晋西南地区,比如劳榦认为:"在今山西省的霍山,也就是岳山,这是殷商时代河山祭祀的代表。"又说:"在殷商时代,霍山必在商的境内,而成为一个重要据点,当无疑义。"④今日的山西西南部也的确发现了若干商代的城址,如垣曲商城、东下冯商城,属早商时期遗址。有的学者甚至断言:"商代文化是晋文化直接继承的部分。"⑤但是,有人也应注意到这样的看法:"早商时期对山西地区的控制仅仅局限于在晋南地区建立若干军事据点","中商时期的商文化遗存集中分布在长治、屯留一带的晋东南一带","商代中期以后的商文化遗存,在晋南地区甚为罕见"。⑥ 也就是说,商朝自始至终对晋西南一带只具备有限的控制力。在这种形势下,商人似乎并不具备把晋西南地区称为"河东"的现实基础。因此,陈梦家对"河东"地理内涵的理解不可取。甲骨文中的"河东",对应的区域当为今豫、鲁、苏三省交界一带。

---

① 姚孝遂、肖丁:《殷墟甲骨刻辞类纂》,中华书局,1989年,第490页。
② 陈梦家:《殷虚卜辞综述》,中华书局,1988年,第282页。
③ [美]吉德炜:《晚商的方舆及其地理观念》,唐晓峰主编:《九州》(第4辑),商务印书馆,2007年,第141页。
④ 劳榦:《关于"关东"及"关西"的讨论》,收入氏著《古代中国的历史与文化》,中华书局,2006年,第132页。
⑤ 降大任:《试论晋文化的源流与特征》,《山西社会主义学院学报》2003年第3期。
⑥ 周书灿:《商代对晋南地区的经营》,《晋阳学刊》2008年第6期。

二、"河东曰兖州"

"河东"称谓的早期含义传承了很久。《尔雅·释山》:"河南华,河西岳,河东岱,河北恒,江南衡。"对于"河东岱",郭璞注:"岱宗泰山。"① 可见《尔雅》所谓"河东"即邹鲁地区。《周礼·职方氏》曰:"河东曰兖州。"②《尚书·禹贡》:"济河惟兖州。"孔安国传曰:"东南据济,西北距河。"孔颖达作了进一步解释:"据者谓跨之也;距,至也。济、河之间相去路近,兖州之境跨济而过,东南越济水,西北至东河也。"③《尔雅·释地》也说:"济、河间曰兖州。"④ 可见,《周礼》所谓"河东"指的仍然是济、河之间的区域。虽然《周礼》的成书年代备受争议,早者及于周公,晚者推至西汉,但倾向于战国时期的学者较多,并且其中包含着有关早期制度的诸多材料。"河东曰兖州"或许就是较早形成的说法。⑤ 理由之一即在于此说对"河东"的区域定位与目前所见最早的"河东"是一致的。

那么,这便产生一个疑问,周灭商,国家的政治中心迁往西方,也就是后世所谓的"关中"地区,这个地区的政治实体先有周,后有秦,二者在先秦历史中都有过十分突出的地位。如果站在周秦的角度,那么,二者所谓的"河东"应当是晋西南地区。但事实为何并非如此?笔者以为存在如下可能:

其一,周王朝对河济地区给予了比晋西南更高的关注度。从政治形势上说,周初曾经"东伐淮夷,残奄,迁其君薄姑",⑥ 相传周穆王西游时,"徐偃王作乱",⑦《诗经·鲁颂》记载分封鲁国的目的就是"保彼东方"。⑧《史记·齐太公世家》:"莱人,夷也,会纣之乱而周初定,未能集远方,是以与太公争国。"又"周成王少时,管蔡作乱,淮夷畔周,乃使召康公命太公曰:'东至海,西至河,南至穆陵,北至无棣,五侯九伯,实得征之。'""淮夷""夷"的势力很强大,周王朝对此不得不重视,分封齐鲁的重要目的之一就是要使

---

① [晋]郭璞注,[宋]邢昺疏:《尔雅注疏》,[清]阮元校刻:《十三经注疏》,第 2617 页。
② [汉]郑玄注,[唐]贾公彦疏:《周礼注疏》,[清]阮元校刻:《十三经注疏》,第 862 页。
③ [汉]孔安国注,[唐]孔颖达疏:《尚书正义》,[清]阮元校刻:《十三经注疏》,第 147 页。
④ 郭璞注,邢昺疏:《尔雅注疏》,阮元校刻:《十三经注疏》,第 2614 页。
⑤ 《汉书·地理志》也有"河东曰兖州"的提法([汉]班固:《汉书》,中华书局,1962 年,第 1540 页),汉代"河东"几乎可以与"河东郡"画等号,班固仍然以之记录州制,却无产生歧义之虞,再联系《地理志》对其他各州的地域限定用语,可以肯定,班固在此处抄录了《周礼》。如果说《周礼》"河东曰兖州"一语诞生于西汉,那么,由于河东郡的存在,在大一统政治形势下,这个说法徒滋纷扰,如何去普及,并被班固奉为经典加以抄录?
⑥ 《史记》卷四《周本纪》,第 133 页。
⑦ 《史记》卷五《秦本纪》,第 175 页。
⑧ [汉]郑玄笺,[唐]孔颖达疏:《毛诗正义》,[清]阮元校刻:《十三经注疏》,第 615 页。

"淮夷来同,莫不率从"。① 不难看出,东方"河东"之地一贯是商周王朝需要花费大量心思重点经营的地区,统治者的目光聚焦于此。

与对东方的关注相比较,周王朝对山西西南部的关注度相对要弱一些。《尚书·西伯戡黎》反映的是商末历史,记载表明,在未灭商时,周人的势力已经扩展到太行山一带,而这个地区正是后世"河东"与"河内"的交界地带。虞芮争讼事件,得到周文王的妥善处理,达成了和解,虞、芮正属河东之地。② 可以说,今日山西西南部地区在周文王时期实际上已经纳入周人版图。此后,晋国分封于此,到西周晚期的"国人"暴动,迫使周厉王出逃于彘,我们注意到,他所择取的栖身之地正在河东地区。这似乎意味着河东地区与周天子之间的关系一向比较亲密,当周天子落难时,可以引为依靠。对于周天子来说,处理与近在咫尺的"河东"之关系,显得不是特别突出。从晋国始封的历史来看,其实施分封的现实紧迫感显然不如齐鲁,因为在灭商之前,这个地区已经被周人所控制。《史记》所记"桐叶封弟"的故事虽然未必可信,但是,以儿戏的方式进行分封,这样的说法并非司马迁杜撰,此说长期流行,或许正是晋国始封无足轻重的文化反映。可以肯定,在西周分封制度下,宗周与晋国所在的河东地区的交往会得到加强,不过,也正由于此,该地区的独立性就难以突出。

其二,秦国实力不够,没能获取超越国别的地域命名主导权。秦国具有称晋西南为河东的典型区位特点,不过,它属于新兴诸侯国,实力发展还有很长的路要走。而要取得以"九州"之制规划天下的资格,那该需要君临天下的权力,秦国显然不具备这样的条件。因此,即便秦人称晋西南为"河东",其他诸侯恐怕是不会接受的,该称谓只在秦人那里适用,不具有普遍性,也难以流行于世。这一点,反观后来的历史即可感知。当秦国统一势不可挡,命名主导权自然就抓在手中,因此我们看到,秦国设置了河东郡,不但全国通用河东郡指代晋西南,继起的好多朝代都使用这个称谓。

其三,东方人的视角决定了"河东"含义的取舍。随着交通越来越发达,诸侯国交往日趋频繁,原先只在特定群体通用的"河东"概念一定会扩散,进而为他国所熟知,至于接受与否,因立场不同,另当别论。位于河济之地的鲁国当然属于"河东",不过这是站在河内人的角度来讲的,鲁国人起初或许不这样称呼自己的国度。然而,到了孔子的时代,孔子就自称鲁国为"河

---

① [汉]郑玄笺,[唐]孔颖达疏:《毛诗正义》,[清]阮元校刻:《十三经注疏》,第617页。
② 《史记·正义》引《括地志》云:"故虞城在陕州河北县东北五十里虞山之上,古虞国也。故芮城在芮城县西二十里,古芮国也。"

东"。上博简《仲弓》篇:"孔子曰:'……与闻之,夫季氏,河东之盛家也。'"①可见,起源于河内殷人的"河东"早期含义,不知何时起已被鲁国人(也就是河东人)自己所接受。秦人内部使用的"河东"称谓,随着秦国不断参与中原事务,终将进入东方人的生活领域。只不过,因为列国纷争的实际情势,东方人有自己的一套表达方式。有学者认为,《周礼》"似属晋人作品"。② 这或许就是《职方氏》无视体现秦人视角的晋西南之"河东",而将这一概念冠于兖州之上的又一原因。

三、春秋战国时代的"晋河东"与"西河"

  传世文献中,目前所见最早以"河东"称谓指代晋西南的是《左传》。僖公十五年:"于是秦始征晋河东,置官司焉。"杜预注:"征,赋也。"③《史记·十二诸侯年表》系此于秦穆公十六年,写作"为河东置官司",记录的史事虽属春秋时期,然而,未必就能直接说明秦穆公时代的秦国人已经称晋西南为"河东"了。不过,一般认为,《左传》是鲁国史官左丘明的作品,文本中出现"征晋河东"的提法,首先表明鲁国人也接受了以秦国为视角所称呼的"河东"。这大概是"河东"称谓扩展所致。进而可以推知,秦国人称晋西南为"河东"已不是时日很短的一件事。而"晋河东"的提法似乎透露了这样的弦外之音:在左丘明生活的时代,"河东"已不是河济之间的专利,指代晋西南的"河东"业已出现,在叙述中需要加以区分。

  不过,春秋战国之际的人们对晋西南似乎还有其他的定位方式。《左传》僖公十五年:"赂秦伯以河外列城五,东尽虢略,南及华山,内及解梁城,既而不与。"④《国语·晋语》的说法是:"且入河外列城五。"⑤"河外"实际上是对今陕西渭南、河南三门峡一带的称呼。那么,与此相应,晋西南地区与渭南、三门峡隔河相望,应在心理上被视为"河内"。《史记·三代世表》褚先生曰:"霍者,国名也。武王封弟叔处于霍,后世晋献公灭霍公,后世为庶民,往来居平阳。平阳在河东,河东晋地,分为卫国。"卫国大致处于秦汉所谓的河内,褚先生却说是由"河东晋地"分割出来的。这说明,直到汉代,"河东"与"河内"仍然可以混称,两种地域概念并非如同行政区域那样截然分开。可以想见,春秋战国之际的晋人在称呼本地区时,使用"河内"称谓是

---

① 马承源主编:《上海博物馆藏战国楚竹书》(三),上海古籍出版社,2003年,第264页。
② 钱穆:《周官著作时代考》,收入氏著《两汉经学今古文平议》,商务印书馆,2001年,第405页。
③ [晋]杜预注,[唐]孔颖达疏:《春秋左传正义》,[清]阮元校刻:《十三经注疏》,第1808页。
④ [晋]杜预注,[唐]孔颖达疏:《春秋左传正义》,第1805页。
⑤ 徐元诰:《国语集解》,中华书局,2002年,第296页。

有可能的,因为,晋国未必甘心放弃以本国为中心而谋取霸权的思维模式,在命名自己的地域时,它依旧摆脱不开地域称谓诞生过程中以自我为中心的认知因素,而"河内"的"内"字与"河外"之"外",正好突出了这种自我中心的心理特征。同样,也正是这个因素,决定着晋西南之"河东"不是产生于晋,而应该出于秦人之口。

三家分晋使得韩、赵、魏走向了更高层次的对立。魏国对分晋所得河东地区有自己的特定称谓。梁惠王对孟子说过一句很著名的话:"寡人之于国也,河内凶,则移其民于河东,移其粟于河内,河东凶亦然。"无论怎么理解这里的"河东",有一点可以肯定,梁惠王所说的"河内"应当不包括晋西南。《史记·河渠书》:"西门豹引漳水溉邺,以富魏之河内。"《汉书·沟洫志》的记载大为不同:

> 魏文侯时,西门豹为邺令,有令名。至文侯曾孙襄王时,与群臣饮酒,王为群臣祝曰:"令吾臣皆(如)西门豹之为人臣也!"史起进曰:"魏氏之行田也以百亩,邺独二百亩,是田恶也。漳水在其旁,西门豹不知用,是不智也。知而不兴,是不仁也。仁智,豹未之尽,何足法也!"于是以史起为邺令,遂引漳水溉邺,以富魏之河内。

班固将引漳溉邺的功绩归于史起,并且加入了不少细节文字,史起、西门豹二人所处时代也交代得很清晰,可信度似当在《史记》之上。不过,两则材料可以反映同一个事实,班、马二人都认为引漳溉邺的做法导致的结果是"富魏之河内",《史记·魏世家》:"(魏文侯)任西门豹守邺,而河内称治。"这个"河内"就是漳水所灌溉的区域,也是西门豹任职的地方。绝不能及于魏国的晋西南地区。

在笔者看来,魏国对本国所属的晋西南地区另有称谓,可能就叫"西河"。《史记·孙子吴起列传》:"文侯以吴起善用兵,廉平,尽能得士心,乃以为西河守,以拒秦、韩。"学者多以为此"西河"与汉代西河郡存在某种关系,实际并非如此。同传又有"武侯浮西河而下,中流"之语,如果说吴起仅仅是把守这条"西河",那么,河对岸是秦国,"拒秦"则可,何以拒韩呢? 同传又言:"(吴起)守西河而秦兵不敢东乡,韩、赵宾从。"可见,吴起做西河守,"以拒秦、韩",绝非虚言。守西河之所以能够拒秦兼拒韩,那是因为西河实际上为一大片区域,其地域范围与晋西南大致相当。《史记·廉颇蔺相如列传》:"秦王使使者告赵王,欲与王为好会于西河外渑池。"渑池与宜阳,两地毗邻,《汉书·地理志》"弘农郡宜阳县条":"在黾池有铁官也。"秦国后来正是从韩国手里夺得宜阳的,临近的渑池大概也曾属于韩国。这就表明,守西河拒韩是有现实地缘政治依据的。今日的渑池县比秦汉县址稍稍东移,向北渡过黄河就是今山西运城市的垣曲县,位置相当于秦汉时期的垣县,垣县属河东郡。不难发现,"西河外黾池"的说法,透露出这样的历史信息:魏国的"西河"不单单是指今日晋陕间黄河,还是魏人称呼晋西南的用语,他们不用秦国所谓的"河东"。

需要注意的是,魏国称晋西南为"西河",仍然没有脱离魏人中心的视角。从这个称谓来看,魏国的政治中心并不在晋西南,而应该在河内地区。藤田胜久指出:"(魏)文侯时期的形势,要注目以安邑为中心与东西各国的战争。"在"魏的东部区域,魏在今河南省黄河以南的酸枣、襄陵等地筑城,成为战乱之地,在北部则攻打了中山国"。[1] 如果说以安邑为中心之一,与秦国争战,那倒可以成立。但是,要想以安邑为中心,攻打酸枣、中山,那就有点鞭长莫及的味道,很不现实。实际上,魏国总体上是以河内为中心发动攻势的。《史记·魏世家》:"文侯受子夏经艺。"有学者考证其传经之"西河"不在今日山西,而在"冀州境内东北流向的黄河""两侧的地域"。[2] 此"西河"近于河内,远离晋西南。《史记·魏世家》又曰:"是以东得卜子夏、田子方、段干木。此三人者,君(指魏文侯)皆师之。"文侯之师皆从东方得来,恐怕与该国政治中心邻近人文繁盛区有关。再看《魏世家》翟璜之言:"西河之守,臣之所进也。君内以邺为忧,臣进西门豹。君谋欲伐中山,臣进乐羊。中山以拔,无使守之,臣进先生(指李克)。""君内以邺为忧",此处的"内"似不当作内心来讲,理解为魏国政治中心区更妥当一些。进一步说,魏武侯二年,"城安邑、王垣"。此时文侯已死,在其有生之年,安邑也不具备成为政治中心的条件。不过,"城安邑"的做法表明,安邑的战略地位日益突出。魏国从安邑徙都大梁,《魏世家》系于梁惠王三十一年,这已经是较晚的说法,上距魏武侯二年共计四十五载,这是安邑作为魏都的最高年限,时间并不长。

河南辉县曾经发掘过"战国中期魏国王族墓地",著名的"汲冢书"也发现于这一带。可以说,虽然魏都曾迁徙到安邑,后又到大梁,但是,河内地区一直在魏国政治生活中扮演着相当重要的角色。同时,也可以肯定,称晋西南为"西河"[3]是魏人的习惯。在秦人大规模进攻河东之后,这个习惯称谓就产生了"错乱"。

---

[1] (日)藤田胜久:《〈史记〉战国史料研究》,曹峰、(日)广濑薰雄译,上海古籍出版社,2008年,第358页。
[2] 袁传璋:《子夏教衍西河地域考论》,《安徽师范大学学报》(人文社会科学版)2006年第6期。
[3] 这是概而言之,实际上,"西河"还可能包括今陕西境内曾被魏国占领的毗邻黄河的区域。

四、秦国东进对"河东"称谓变迁的影响

公元前329年,"秦取汾阴、皮氏",①自此,秦国展开了对晋西南的强大攻势。秦人步步进逼,魏国节节败退。这就使得秦人获得了晋西南地域命名的主导权,其表现有三:"河东"称谓逐渐在魏国流行,蚕食了原有的"西河"称谓;"河东"称谓的早期含义逐渐为晋西南之"河东"所遮蔽;"河东"称谓逐渐由习俗性的地域称谓向行政区转化。战国史料中可见以下使用"河东"称谓的文例:

1. 齐破燕,赵欲存之。乐毅谓赵王曰:"今无约而攻齐,齐必仇赵。不如请以河东易燕地于齐。赵有河北,齐有河东,燕、赵必不争矣,是二国亲也。以河东之地强齐,以燕以赵辅之,天下憎之,必皆事王以伐齐,是因天下以破齐也。"王曰:"善。"乃以河东易齐,楚、魏憎之,令淖滑、惠施之赵,请伐齐而存燕。(《战国策·赵策三》)

2. (齐)有济西,则赵之河东危。(《战国策·齐策四》)

3. 卫非强于赵也,譬之卫矢而魏弦机也,藉力魏而有河东之地。(《战国策·齐策五》)

4. 魏安釐王攻赵救燕,取地河东,攻尽陶、魏〔卫〕之地……(《韩非子·有度》)

以上指代兖州之"河东"。

5. 下河东,取成皋,韩必入臣于秦。(《战国策·楚策一》)

6. (魏太子)乃请樗里子曰:"……公不如按魏之和,使人谓楼子曰:'子能以汾北与我乎?请合于楚、外齐以重公也。此吾事也。'楼子与楚王必疾矣。又谓翟子:'子能以汾北与我乎?必为合于齐、外于楚以重公也。'翟强与齐王必疾矣。是公外得齐、楚以为用,内得楼廆、翟强以为佐,何故不能有地于河东乎?"(《战国策·魏策三》)

7. 三国攻秦,入函谷。秦王谓楼缓曰:"三国之兵深矣,寡人欲割河东而讲。"(《战国策·秦策四》)

以上指代晋西南之"河东"。

---

① 《史记》卷一五《六国年表》,第729页。

比较上述两类史料，可以看出，"河东"称谓的早期含义仍然被频繁使用，原因在于此"河东"为齐、魏、赵争夺的热点地区，而齐、魏、赵三大国的矛盾在战国总体政治格局中拥有举足轻重的影响力。但是，随着秦国东进，逐渐显露出统一全国的趋势，战国时代的基本政治格局就变成了秦与东方六国的对立。在此形势下，兖州之"河东"不可避免地由显著转入了隐伏。与这一过程同步，晋西南之"河东"则借着秦国在政治、军事上的高歌猛进，由秦人独有的地域称谓扩展到更为广阔的地区。一个较为突出的表现便是魏人亦开始使用秦人创造的"河东"称谓。比如上文材料5为策士张仪所言，《史记·张仪列传》："张仪者，魏人也。"材料6乃魏太子所言，一定程度上反映了魏人逐渐接纳以晋西南为"河东"的心态，而这一心态随着秦国统一天下的进程，会越来越普遍，相应地便会压缩兖州"河东"的行用空间。

秦国东进不仅影响到两个"河东"称谓的流行程度，还使"河东"称谓逐渐向行政区划名称转变。对于上引材料7中的"河东"，鲍彪注："大河之东，非地名。"①鲍氏所谓"非地名"，含义不明。既然说是"大河之东"，又指晋西南，其大致地域不难辨别，为什么说此"河东""非地名"呢？鲍氏大概是以后来作为行政区划的河东郡为参照，故而认为此处的"河东"不能算作地名。实际上，材料中的"河东"虽属习俗性的地域概念，当作地名来看也未尝不可，只是非国家行政层面的地名而已。《史记·秦本纪》记载，秦昭王四十一年，"拜王稽为河东守"，王氏被赋予的政治特权是"三岁不上计"。因此，可以肯定地说，河东郡的设立不晚于昭王四十一年。但这个河东郡与之前的习俗性称谓一样，未必在他国行得通。秦统一全国的过程实际上也就是河东郡称谓扩展其通行范围，并最终成为统一国家行政建制的过程。

五、秦汉时期的"河东"称谓

秦汉时代的"河东"一般是指河东郡，史籍中大多用来描述某人的籍贯，或者是官员的履历。但也有例外，《史记·三代世表》褚先生曰："平阳在河东，河东晋地，分为卫国。"显然，褚少孙所谓的"河东"并非专指河东郡，而是一个"大河东"概念，甚至囊括了河内地区。另外，《后汉书·隗嚣传》载隗嚣讨伐王莽的檄文，其中说道王氏罪状：

> 分裂郡国，断截地络。田为王田，卖买不得。规锢山泽，夺民本业。造起九庙，穷极土作。发冢河东，攻劫丘垄。此其逆地之大罪也。②

---

① 诸祖耿：《战国策集注汇考》，凤凰出版社，2008年，第357页。
② [刘宋] 范晔：《后汉书》，中华书局，1965年，第516页。

所言多项"逆地大罪",都是史家比较熟悉的。唯有"发冢河东"一项,当稍作辨析。

若将"河东"解作河东郡,检视文献,并无王莽在河东郡发冢的记载,倒是存在定陶发冢的事实。《汉书·外戚传》记载,哀帝建平二年,丁太后(哀帝母)崩,"遣大司马票骑将军(丁)明东送葬于定陶"。哀帝死后,王莽"请发共王母(即哀帝祖母)及丁姬(即丁太后)冢",又载:"开丁姬椁户,火出炎四五丈,吏卒以水沃灭乃得入,烧燔椁中器物。"王莽并未厌足,声称"今火焚其椁。此天见变以告",于是"公卿在位皆阿莽指,入钱帛,遣子弟及诸生四夷,凡十余万人,操持作具,助将作掘平共王母、丁姬故冢,二旬间皆平"。仅参与平毁陵墓的就有十余万人,并且连四夷也惊动了,可见此事在当时的影响范围很广。隗嚣所说"发冢"劣迹应当就是指此次平毁定陶恭王母以及丁姬陵墓的事件。定陶在鲁西南,正当古"河东"之地。隗嚣是两汉之际人物,活动于今甘肃、宁夏一带,距离古"河东"相当遥远,犹使用早期含义的"河东"称谓,考虑到讨莽檄文必求其明白易懂,那么,肯定汉代社会仍然通行以"河东"指代兖州之地,当没有多大疑问。这充分展示了"河东"地域称谓早期含义的强大生命力。

不过,还应考虑另一种因素。隗嚣讨莽檄文的传布对象是"州牧、部监、郡卒正、连率、大尹、尹、尉队大夫、属正、属令",算得上一种较正式的文书。此时的河东郡已经改置,叫作"兆队"。① 檄文用"河东"指代今鲁西南,而不担心引起传布对象误解,大概也与这个情况有关。《后汉书·光武帝纪》:"(光武帝)进至邯郸,故赵缪王子林说光武曰:'赤眉今在河东,但决水灌之,百万之众可使为鱼。'"李贤注引《续汉书》曰:"上问其故,对曰:'河水从列人北流,如决河水灌之,皆可令为鱼。'……列人,县,故城在今洺州肥乡县东北。"从河水北流的情况和列人的地望来看,赤眉军所处的"河东"还是早先意义上的兖州之地。

赵缪王刘林也生活于王莽时代,他所使用的"河东"称谓同于隗嚣讨莽檄文,这大概不会完全出于偶然。对此不妨这样理解:王莽改河东郡为兆队,国家行政层面不再使用"河东郡"称谓,这就使得"河东"称谓的原始意义得以释放,重新活跃起来。但这里需要一个前提,即必须承认兖州意义上的"河东"称谓一直在下层被不间断地使用着。如果说秦统一以后就彻底消失了,那么,到王莽时,河东郡已经设置二百多年,一旦改置,人们立刻不用"河东"来称呼原先的河东郡,却重新发现兖州之"河东",并乐此不疲地使

---

① 《汉书》卷二八上《地理志上》:"河东郡,秦置。莽曰兆阳。""阳"为"队"之讹。

用着,这未免令人大惑不解。事实上,秦的统一并没有导致"河东"称谓早期含义在社会生活层面的废弃。《韩非子·有度》谓"魏安釐王攻赵救燕,取地河东,攻尽陶、魏〔卫〕之地",韩非生活于秦统一六国前夕,他笔下的"河东"仍属早期含义,秦的统一若要导致类似用法在短时间内灭绝,可能性并不大。

进入东汉,河东郡重新设立,自此,兖州之"河东"从历史记录中消失了。这种情况或许类似于目前所见西汉历史的书写,行政建制使得下层称谓在正式的历史记录中隐而不显。但从历史惯性的角度来看,至少在东汉前期,早期意义的"河东"称谓很可能仍然在民间使用。若要它渐渐被人遗忘,尚有待于晋地河东文化的进一步发展、积累,提升其在全国文化格局中的地位。杜佑曾说:"河东,魏晋以降,文学盛兴,魏丰乐侯杜君畿为河东守,开置学官,亲执经教授,郡中化之,自后河东特多儒者。闾井之间,习于程法。"①此言道出了河东文化的一大变迁乃在魏晋时期。在魏晋南北朝时期直至隋唐时代,说起"河东",闻者首先想到的便是以裴、柳、薛等衣冠大族为代表的晋西南。这是"河东"称谓转移的最终结果,兖州的"河东"称谓应当就消失在这个过程中。

第二节　先秦两汉时期的"河南"地域称谓

先秦时期所谓"河南"指的是黄河以南的区域,但因政治主体、地缘形式的差异,"河南"区域称谓的具体内涵呈现多样性。战国晚期,这种多样性有所弱化,但随着秦汉帝国疆域的进一步开拓,又出现反复。

一、"河南曰豫州"

早在殷商的时候,即已出现"河南"称谓,清人刘鹗所收藏的甲骨中便有刻着"河南"二字的,陈梦家将之归为"方位字在单名或区域字后的"一类地名。② 有学者指出:"甲骨文的'河',无论作为地名、水名,所指均为此字本义——大河。"③大河亦即黄河,这与后世"河南"之"河"所指代的对象是相同的。但这个时期的"河南"可能是个内涵非常模糊的地名,除了北界黄河之外,它的其他方向的界限,与殷人常说的南土、北土、东土、西土一样,疆界

---

① 杜佑:《通典》,中华书局,1988年,第4745页。
② 陈梦家:《殷虚卜辞综述》,第264页。
③ 罗琨:《卜辞中的"河"及其在祀典中的地位》,安徽大学古文字研究室编:《古文字研究》(第二十二辑),中华书局,2000年,第7页。

不明。应当说,这个情形与殷商时期的地理知识是相适应的。随着见闻日益增广,"河南"的疆界必然会变得越来越清晰。《周礼·夏官·职方氏》:"河南曰豫州。其山镇曰华山,其泽薮曰圃田,其川荥雒,其浸波溠。"①通过这些地理坐标,可以大致了解《周礼》所谓"河南"的地域范围。

《汉书·地理志》京兆尹华阴县下记载:"太华山在南,有祠,豫州山。"②又,河南郡中牟县下记载:"圃田泽在西,豫州薮。"③荥,颜师古曰:"即沇水所溢者也。"④《水经》言:"济水出河东垣县东王屋山,为沇水。""又东至温县西北,为济水。"⑤也就是说,沇水是人们对济水最上游的称呼。《水经注》引《晋地道志》曰:"济自大伾入河,与河水斗,南泆为荥泽。"⑥因此,颜师古所谓"沇水所溢者",当即荥泽。雒指雒水,《汉书·地理志》弘农郡上雒县之下记载:"《禹贡》:雒水出冢领山,东北至巩入河,过郡二,行千七百里,豫州川。"⑦至于被视为豫州浸的波、溠,汉儒郑玄认为:"波读为播,《禹贡》曰:'荥播既都。'《春秋传》曰:'楚子除道梁溠,营军临随。'则溠宜属荆州,在此非也。"⑧清人胡渭对郑玄的说法表达了全盘质疑:

> 波则别是一水,非荥播也。《水经》"溠水"注云:"波水出霍阳西川大岭东谷,俗谓之歇马岭。即应劭所谓'孤山,波水所出'也。马融《广成颂》曰:浸以波、溠。其水南经蛮城下,又南分三川于白亭东,而俱南入溠水。溠水自下兼波水之通称也。"盖洛别百答之外,又有此波水。道元以为豫州之浸,浸可以为陂灌溉者也。章怀注《马融传》云:波水出歇马岭,在汝州鲁山县西北。汝州今属河南,州西四十里广成泽,一名黄陂,周百里,有灌溉之利。后汉于其地置广成苑,为游猎之所。泽水出狼皋山,东南流,合温泉水,波水自西来注之,又东南合溠水入汝。此即'波、溠'之波也。马融精于《周官》,其颂《广成》,明言浸以波、溠,郑违其义,非是。⑨

---

① [汉]郑玄注,[唐]贾公彦疏:《周礼注疏》,第 862 页。
② 《汉书》卷二八上《地理志上》,第 1543—1544 页。
③ 《汉书》卷二八上《地理志上》,第 1555 页。
④ 《汉书》卷二八上《地理志上》,第 1540 页。
⑤ 陈桥驿:《水经注校证》,中华书局,2007 年,第 187、189 页。
⑥ 陈桥驿:《水经注校证》,第 190 页。
⑦ 《汉书》卷二八上《地理志上》,第 1549 页。
⑧ [汉]郑玄注,[唐]贾公彦疏:《周礼注疏》,第 862 页。
⑨ [清]胡渭著,邹逸麟整理:《禹贡锥指》,上海古籍出版社,1996 年,第 239—240 页。

胡渭以东汉大儒马融对广成苑所处地理环境的描述为依据，推断波水的具体指向，这个思路比较科学，其结论比郑说为优。对于溠水，胡渭作出如下辨析：

> 溠水，杜预云：在义阳厥县西，①东南入㶏。《水经注》：溠水出随县西北黄山，南经溠西县西，又东南经随县故城西。《春秋》：庄公四年，楚武王伐随，除道梁溠。谓此水也。又南流，注于㶏。溠水流短。㶏水出蔡阳县大洪山，一名清发水，东南经随县，至安陆入于沔。溠既合㶏，自下可以通称。经所谓溠，盖即㶏也。豫州南界至汉，殷时已然，周人因之。《吕氏春秋》云：河、汉之间曰豫州。溠水在汉北，其为豫浸，又何疑焉。②

胡渭认为汉水是殷周时期豫州与荆州的界河，溠水虽然汇入汉水，但它的流程皆在汉水以北，因此应属豫州浸。此说有一定道理。以黄河为例，《周礼》在"河南曰豫州"之外，另有"河东曰兖州"的说法，可见，黄河在《周礼》的州域划分中具有界河的作用，这一点与分隔荆、豫二州的汉水并没什么两样。不过，就实际的自然地理状况而言，黄河的支流绝不仅仅存在于河东或河南，处于河内（或称"河北"）的冀州也有黄河支流，而汉水的支流也是南北皆有。《周礼》中的兖州、豫州没有越过黄河，将冀州境内的黄河支流据为己有，汉水以南的荆州亦不应将位于汉水干流以北的溠水包括在内，溠水应归于豫州。

通过以上论述可知，《周礼》所描述的豫州境内标志性山川的地理方位如下：华山在华阴（今属陕西渭南），雒水发源于上雒（今属陕西商洛），溠水在随县（今属湖北随州），荥泽在荥阳（今属河南郑州），波水在鲁阳（今属河南平顶山），圃泽在中牟（今属河南郑州）。其中，华阴、上雒、随县可分别视作河南的西界、西南界、南界，西南界、南界大致以汉水为限。至于豫州的东界（包括东北、东南两个方向），《周礼》提到的圃田在所有地理坐标中处于最东边，但它并不能作为判别豫州东界的依据。理由有二：首先，圃田在中牟，如果以此为豫州东界，与后世长期沿袭的豫州疆域比较，明显向西收缩不少。从九州学说对中国历史的持久影响力来看，豫州位于华夏核心区，其

---

① "厥县西"可能是"厥西县"之误，西晋义阳郡有厥西县，而无所谓厥县。见《晋书》卷一五《地理志下》，[唐]房玄龄等：《晋书》（全十册），中华书局，1974年，第455页。
② [清]胡渭著，邹逸麟整理：《禹贡锥指》，第240页。

东界应当不会变动太大。其次,州域划分往往依据山川来进行,高峻的山系与绵长的河流,对地理空间造成的分割,可以给人们留下强烈的感受。而圃田泽作为平面的水系,其分割地域的功能并不突出。

实际上,豫州的东界可以通过与其相邻的青州和兖州的地理存在而获知。《周礼·夏官·职方氏》言:"正东曰青州,其山镇曰沂山,其泽薮曰望诸,其川淮泗,其浸沂沭。"①这说明豫州的东界不会越过沂山、望诸、泗水、淮水,因沂山在四者当中处于最东端,对确定豫州东界意义不大,这里不予考虑。望诸,郑玄认为即"明都也"。②《尚书·禹贡》写作"孟豬":"荆河惟豫州。伊洛瀍涧,既入于河,荥波既豬,导菏泽,被孟豬。"③"孟豬",《史记》引作"明都",可见,"明都"即"孟豬"。关于孟豬之所在,司马贞《索隐》曰:"孟豬泽在梁国睢阳县东北。"④那么,睢阳(今属河南商丘)应是豫、青二州的分界点之一,只不过,《禹贡》将该地划入豫州,《周礼》则归于青州。泗水,《汉书·地理志》济阴郡乘氏县下记载:"泗水东南至睢陵入淮。"⑤据此可知,泗水发源于乘氏县,相当于今山东定陶、巨野一带。《水经》记载,济水"又东至乘氏县西,分为二",⑥而济水既是兖州与豫州的界河,又是兖州与青州的界河,注意到这一点,就不难发现,乘氏应当被视作豫、兖、青三州的交界点,对于豫州来说,该州的最北端绝不会越过此地。

《周礼》将孟诸划入青州,而孟诸在泗水之西,因此,《周礼》对青州山川的描述只表明泗水属于青州,并不意味着它是青州与豫州的分界线。根据孟诸处于睢水以北的特点,笔者认为,青、豫二州大致的界河应是睢水,该水东南流,注于泗水,最后汇入淮河。

至此,《周礼》所谓"河南"的地域范围可以大致勾勒出来。北以黄河、济水为界,西起华阴,东至定陶;西界自华阴向南至商洛,沿着汉水迤逦向东南至随县,折向东北,沿着淮河源头向东,至于泗水入淮处,上溯至睢水入泗处,沿睢水西北行至睢阳,折向北,达于定陶。与现今的河南政区相比,《周礼》之"河南"除了缺少黄河以北的土地之外,在东、西、南三面皆超越了现今政区。

在先秦社会里,《周礼》记载的那些地理知识应当属于一种主流认知,否

---

① [汉]郑玄注,[唐]贾公彦疏:《周礼注疏》,第862页。
② [汉]郑玄注,[唐]贾公彦疏:《周礼注疏》,第862页。
③ [汉]孔安国注,[唐]孔颖达疏:《尚书正义》,第149页。
④ 《史记》卷二《夏本纪》,第62、63页。
⑤ 《汉书》卷二八上《地理志上》,第1571页。
⑥ 陈桥驿:《水经注校证》,第202页。

则,我们难以理解九州学说在历史上产生的深刻影响。不过,随着战国时期七雄并立局面的形成,地域称谓的使用具备了强烈的列国本位的倾向,具体有两种表现:一种是在不超越《周礼》的"河南"地域范围的条件下,称其中的某一地区为"河南",即"河南"被收缩了;另一种是跳出《周礼》的"河南"区域,赋予"河南"称谓以比较"另类"的内涵,简言之,也就是同名异地。以下分别进行论述。

二、"河南"地理内涵的收缩

战国时期,《周礼》所谓的河南地区内主要有周、韩、魏等政治实体,由于列国间错综复杂的关系,导致在不同的语境中,"河南"的具体指向有所不同。

(一) 周君所居

《战国策·西周策》:"秦召周君,周君难往。或为周君谓魏王曰:'秦召周君,将以使攻王之南阳。王何不田于河南?周君闻之,将以为辞于秦而不往。周君不入秦,秦必不敢越河而攻南阳。'"①这段文字在《史记·周本纪》中写作:"秦召西周君,西周君恶往,故令人谓韩王曰:'秦召西周君,将以使攻王之南阳也,王何不出兵于南阳?周君将以为辞于秦。周君不入秦,秦必不敢踰河而攻南阳矣。'"②所牵涉的两国,一作周、韩,一作西周、魏;魏或韩所往之地,一作"河南",一作"南阳"。梁玉绳认为:"盖《策》所云河南是也,《史》言南阳非。《史》所云韩王是也,《策》言魏王非,西周与韩近也。"③

梁氏对所往之地的判断较为可信。《战国策》文中的"南阳"大多被理解为"河内、温、阳樊之属",至于其归属,多以为是魏地,但顾观光曰:"楚南阳属荆州,魏南阳在河内,惟韩之南阳兼跨两地。"④也就是说,指称温、阳樊一带的"南阳",也有一部分地区属于韩国。如此一来,暂且不论周君使者所要说服的对象究竟是韩王抑或魏王,以"王何不出兵于南阳"为言都不合语境。按照说客的思维逻辑,本是要制造韩或魏对周君构成威胁的假象,使秦国意识到此时若召周君入秦,韩或魏就会趁机攻取周地,韩魏拓地,当然于秦不利。假如魏或韩听从的是出兵南阳的建议,在与周地一河之隔的南阳地区有军事异动,这固然可以对周君造成威胁。但说客自信能够劝服韩王或魏王的理由是:秦国"将以使(周)攻魏(或韩)之南阳",既然秦国旨在进

---

① 诸祖耿:《战国策集注汇考》,第90页。
② 《史记》卷四《周本纪》,第163页。
③ [清]梁玉绳:《史记志疑》,中华书局,1981年,第115页。
④ 诸祖耿:《战国策集注汇考》,第91页。

攻南阳,当韩或魏在南阳活动时,这不正好给秦人召会周君提供了充分理由吗?秦国完全可以趁机提出与周联手对抗韩或魏,攻取南阳地区后,秦国也可以达到分割土地的目的。

以上分析表明,说客对韩王或魏王说"王何不出兵于南阳"根本不合情理。相反地,以"王何不出于河南"为言则符合语境。秦国意在得韩魏之南阳,如果韩或魏出兵河南,周君感受到心腹之害,自当全力抵御,而秦国也犯不上在自身的战略意图之外为周君出力。在这种情况下,秦人自然不愿周君赴秦,一来会削弱周人对韩魏的抵御,二来也怕周君提出援助的请求。此时的周君若提出不宜赴会,秦国予以批准,岂不是做一个顺水人情,何乐而不为呢?因此,传世《战国策》文本中劝说韩或魏出兵"河南"的记载应当更为准确。

然而,由于《史记》《战国策》文本所涉国别并不一致,对其中"河南"地域的理解就出现了分歧。鲍彪遵从《战国策》的"魏王"说,他对"河南"的解释是:"河南,洛阳也。时未为郡,言河之南耳。"①这个说法模棱两可,前半句似以点性的城邑为言,后半句又以面积更为广阔的地域作解。从鲍氏所采纳的"周君"称谓来看,他显然不很在意对东西二周的分辨。因此,很难确切地说,他所谓"河南,洛阳也"一定是立足于东周而做出的范围很小的定点理解。揣摩鲍氏之说的整体意涵,以洛阳为中心的黄河以南地区应当是他所要表达的意思。但也有学者在引述鲍氏之说后,做出了别样的解释,如吴师道曰:"河南,即西周郏鄏。考王封弟河南,其名久矣。"②《汉书·地理志》"河南郡"条:"河南,故郏鄏地。"③吴氏以一个县域来对应"河南",范围小了许多。

张清常说:"河南,古地区名,指黄河以南。战国时韩、魏两国的河南,在今河南洛阳市迤西一带,又周之雒邑王城,战国时亦称河南,在今河南洛阳市。"④这个说法大体上是列举了鲍、吴二人的观点,但无所取舍。就广义的理解来说,张氏与鲍彪还是有些差别的,他将"河南"局限在了"洛阳市迤西一带",而非以洛阳为中心。在文本上,金正炜与鲍氏都认同"魏王"说,但金氏对"河南"的理解既不同于吴师道,也不同于鲍彪:"河南,言河之南,中

---

① [宋]鲍彪:《鲍氏战国策注》卷一,《文渊阁四库全书》第406册,第480页。
② [宋]鲍彪原注,[元]吴师道补正:《战国策校注》卷一,《文渊阁四库全书》第407册,第28页。
③ 《汉书》卷二八上《地理志上》,第1555页。
④ 张清常、王延栋:《战国策笺注》,南开大学出版社,1993年,第46页。

牟、阳武、酸枣、卷皆魏分地,非谓洛阳郏鄏也。"①金氏对两周与魏国之间的地缘形势投入了更多关注,认为魏国若要出兵河南,只能向西进攻,经过中牟等位于周、魏之间的地区,这个中间地带就是《战国策》所谓"河南"。

诸说之中,金正炜的理解最为特别。不过,由于他是旗帜鲜明地站在魏国的角度作出的推论,其结论的可靠与否就不得不完全依赖于他的立足点是否正确。梁玉绳以"西周与韩近"为理由,认为周君说客所劝之国当以韩国为是,这很有道理。因为如果说客是劝说魏王的话,那就难免舍近求远。这里需要考虑的是,周与魏之间是韩国控制的地带,荥阳、成皋等要地皆属韩,说客若劝说魏王,那就不仅仅是关涉周、魏两家的事情,还要同韩国商议才行得通。否则,魏国向西进军,势必引起与韩国的外交纷争,导致说客的计谋横生枝节。而对秦国来说,由于魏国攻周尚需越过韩国土地,周君若以魏国来攻为借口而拒绝入秦赴会,也难以得到秦国的认同,其处心积虑的谋划也将无法实现。因此,代表周人利益的说客所说服的对象应是近便的韩国,而非需要越他国之地而至周地的魏国。这样,金正炜的结论可排除。

至于鲍彪的洛阳周围地区说、吴师道的郏鄏地(大约相当于汉代河南县周边)说、张清常的今洛阳市迤西一带说,在确定了说服对象为韩国以后,也可以根据韩、周之间的地缘形势做出相对合理的取舍。三说在地域内涵上并非完全无涉,而是存在重合区域。清人胡渭曰:"王城即郏邑,汉为河南县,其故城在今洛阳县西北。下都即成周,汉为洛阳县,河南郡治,其故城在今洛阳县东北二十里。二城东西相去四十里,而今洛阳县居其中。"②郏鄏地在汉洛阳城西四十里,汉魏洛阳城毁,后来的隋唐洛阳城建在汉魏故址的西方。宋人鲍彪所说的洛阳,很可能指隋唐洛阳城而言。那么,该洛阳城与郏鄏地之间的距离应该连四十里都不到,以之为中心的"河南"地区应将郏鄏地包括在内。在汉魏、隋唐这两个时期的洛阳故址中,现今的洛阳市距离隋唐洛阳城更近,因而今人张清常所谓的"洛阳市迤西一带"也会包含郏鄏地。如果我们考虑到纵横家之言只是一种计谋,并非真希望韩国攻城略地,那么,说客所要求的军事动作就应当局限于一种姿态,而不会针对某座具体的城邑。有鉴于此,吴氏的郏鄏地说因其过于狭隘,不可取。

在余下的二说之中,鲍彪的理解要优于张清常。洛阳一带在两周分治以后属西周君领地,西周疆域很小,假如韩国向"洛阳市迤西一带"进兵,受到震动的就不仅是西周,还有秦国,韩国应不至于为了实现周君不入秦的愿

---

① 诸祖耿:《战国策集注汇考》,第91页。
② [清]胡渭著,邹逸麟整理:《禹贡锥指》,第245页。

望而冒犯秦国。为避免秦国的疑虑，韩国所出之"河南"应以现今洛阳市以东至郑州间为是。以这个标准来衡量，虽然鲍彪的洛阳周围地区说没有将洛阳以西地区排除在外，但他所理解的"河南"之地域范围，已将洛阳以东地区包含在内，在诸说之中最切近《战国策》语境。

（二）"魏之河南"

《战国策·齐策三》"国子曰秦破马服君之师"章可见"河南"称谓，全文较长，现摘其要于下：

> 国子曰："……（秦）兼二周之地，举韩氏，取其地，且天下之半。今又劫赵魏，疏中国，封卫之东野，兼魏之河南，绝赵之东阳，则赵魏亦危矣。"

要把握"魏之河南"的具体所指，其前提是对这段文字做出正确的系年。清人顾观光系此章于秦王政十七年（前230），①近世学者不乏明言遵从其说者，如杨宽："顾观光、于鬯系此于秦王政十七年灭韩之后，是也。"郭人民："从顾观光，系此策于齐王建三十五年，秦始皇十七年。"②有的学者虽不言何所据，但认识一致，如张清常说："本章事在秦王政十七年。"③

需要指出的是，上述三位现代学者均未就他们的系年结论给出文本分析性的说明。比较而言，缪文远的说法相对具体一些："此章谓秦'兼二周之地，举韩氏取其地。'据《史记·六国年表》，秦灭韩在始皇十七年，此策所言当即其时。"④缪氏显然也同意顾观光的结论，他做出判断的文本依据很明确，即策文中的"举韩氏"一语。通过史书确定了"举韩氏"的年代，策文的系年问题便可迎刃而解。

以"举韩氏"为断代的标准，毫无疑问是认为这件事在策文所牵涉的所有事件中是最晚的，但这并不合理。策文中有一个非常明显的时间标志，必须给予高度重视，即"今又劫赵魏，疏中国，封卫之东野，兼魏之河南，绝赵之东阳，则赵魏亦危矣。""今又"已经限定了策士发表高论的时间，必然要晚于"举韩氏"的年代。只有在确定"今又"所贯三事，即"封卫之东野""兼魏之河南""绝赵之东阳"的年代后，才能最终做出正确的系年结论。况且，以

---

① 诸祖耿：《战国策集注汇考》，第587页注〔1〕。
② 杨宽：《战国史料编年辑证》，上海人民出版社，2001年，第1124页；郭人民：《战国策校注系年》，中州古籍出版社，1988年，第225页。
③ 张清常、王延栋：《战国策笺注》，第260页。
④ 缪文远：《战国策新校注》，巴蜀书社，1987年，第379页。

往论者对"举韩氏"的时间判断也是值得商榷的。

"举韩氏"并不一定对应秦王政十七年的史事。《史记·秦始皇本纪》记载,秦王政十七年"得韩王安,尽纳其地,以其地为郡,命曰颍川。"韩国彻底亡国。但《战国策》所谓"举韩氏,取其地"未必就等于彻底灭亡韩国,并"尽纳其地"。"举"字固然有"全部""整个"之意,如汉代人严助说:"且秦举咸阳而弃之,何但越也!"师古注曰:"举,总也。"① 不过,策文中这个字明显表动作,应当作"攻克"来理解。这个用法在古语中也常见,如"白起,小竖子耳,率数万之众,兴师以与楚战,一战而举鄢郢",又如"南兼汉中,西举巴、蜀"。② 需要注意的是,当作"攻克"之意时,例句中的"举"字,后面一般跟城邑之类的宾语。而秦国"攻克"韩国,其宾语是一个国家。这实际上是一种比较模糊的说法,彻底灭亡韩国,可以称为"举韩氏",而夺取韩国若干城邑,也可以说"举韩氏",这种情况下的"举"约略同于"打败"之意,与"举"字的"攻克"之意是互通的。而打败韩国并不是仅仅秦王政十七年才有的事。

《史记·秦本纪》载:前255年秦灭西周,前249年灭东周,拔韩成皋、荥阳,前247年拔韩上党,前244年拔韩十三城。战略要地成皋、荥阳被攻占,并且在两周之地属秦的情况下,韩国已基本失去攻守的凭借。更具标志性意义的是,前251年,秦昭王死,"诸侯皆使其将相来吊祠",只有韩国是"韩王衰绖入吊祠"。这就说明韩国无论在实力上还是名义上,均已不能再称之为与秦国并列的"七雄"之一了。因此,我们将"举韩氏,取其地"的时间定位在前249年"兼两周"之后的数年间亦未尝不可。在此认识基础上,我们便不必以先前的系年结论为前提,在秦王政十七年之后的历史时段去寻找"今又"之后所涉及的三件史事。也就是说,如果我们对三件史事的时间判断早于前230年,而晚于"拔韩十三城"的前244年,进而认为策文的年代亦在此时间段内,那也是合理的。

事实上,在策文"今又"二字所贯三事的年代中,"封卫之东野"即发生于公元前244年之后。秦王政六年(前241),秦"拔卫,迫东郡,其君角率其支属徙居野王,阻其山以保魏之河内"。③ 经过此役,卫君沦为他国附庸,已难称有土之君。此后,也不再有秦国攻卫的记录。"封卫之东野"只能指的是这件事。而"绝赵之东阳"事的年代,史书语焉不详,需做进一步探讨。春

---

① 《汉书》卷六四上《严助传》,第2776页。
② 《史记》卷七六《平原君虞卿列传》,第2367页;《史记》卷六《秦始皇本纪》,第279页。
③ 《史记》卷六《秦始皇本纪》,第224页。

秋战国时期的"东阳",古代学者大体有两种认识：一种是广义上的,基本等同于秦夺晋阳之后的赵国全部疆域。如《水经注》引马季长曰："晋地自朝歌以北至中山为东阳,朝歌以南至轵为南阳。"①西晋杜预曰："东阳,晋之山东,魏郡广平以北。"②另一种是狭义的,以鲍彪为代表,认为"东阳属清河",③即今山东临清一带。如《战国策·秦策一》"东阳河外不战而已反为齐矣",东阳临齐,应当就是狭义上的解释。在理解《战国策》"绝赵之东阳"事时,两说相较,后者为胜。因为此处的"东阳"显然只是赵国的一部分土地,而非全赵。

应当特别指出的是,"绝赵之东阳"描述的并非"占领"状态。《说文》："绝,断丝也。"段玉裁说："断之则为二,是曰绝。引申之,凡横越之曰绝,如绝河而渡是也。又绝则穷也,故引申为极,如言绝美、绝妙是也。"④所谓"绝赵之东阳",是说切断了赵都邯郸与东阳的联系,使东阳孤悬于外,成为赵国辖下的一块飞地。现在需要理清的就是秦国在何时将赵都邯郸与今山东临清一带隔断了。

我们注意到,在秦王政十七年赵国灭亡之前,秦国攻入邯郸以北赵国腹地的记录只有一次,即秦王政七年(前240)"以攻龙、孤、庆都",张守节《正义》曰："定州恒阳县西南四十里有白龙水,又有挟龙山。又定州唐县东北五十四里有孤山,盖都山也。《帝王纪》云望尧母庆都所居。"⑤从理论上讲,秦国可通过两条路径实现此次进攻,一是自太行山以西经井陉入赵,二是从前一年夺取的卫国土地上绕过邯郸向北挺进。但《秦始皇本纪》又记载,秦国在"以攻龙、孤、庆都"之后,"还兵攻汲",汲县属河内。若是经井陉入赵,再攻河内的话,要沿着太行山脉一路南下,地形十分复杂,赵国若突然出兵,秦军仓促之间翻越太行山向西撤退会非常困难。秦人岂能不考虑其中的危险性？再者说,太原—井陉—龙、孤、庆都—汲这样的进军路线根本没有走回头路,似乎也称不上"还"兵攻汲。因此,秦王政七年对赵国腹地的进攻取道卫国旧地比较合理。

---

① 陈桥驿：《水经注校证》,第 223 页。
② [晋] 杜预注,[唐] 孔颖达疏：《春秋左传正义》,第 1977 页。钱林书大体支持广义说,但对"东阳"称谓的由来别有看法。古代学者认为该地"处太行山之东,山东曰朝阳,故谓'东阳'",钱氏指出："释山东朝阳,就有些牵强了。""其实此东阳,不仅是指太行山以东地,而且还指河水以北广大地区","河北曰阳,又处山东,故谓东阳。"此可为一说。参看钱林书《释春秋晋之"东阳"》,中国地理学会历史地理专业委员会《历史地理》编辑委员会编：《历史地理》(第六辑),上海人民出版社,1988 年,第 244 页。
③ 诸祖耿：《战国策集注汇考》,第 168 页注〔七六〕。
④ [清] 段玉裁：《说文解字注》,上海古籍出版社,1988 年,第 645 页。
⑤ 《史记》卷六《秦始皇本纪》。

经卫地绕过邯郸而攻赵国腹地必然要经过今山东临清一带,亦即策文所谓之"东阳"。秦国若不是将此地从赵国分离出来,又如何敢深入赵国腹地?如果我们将秦王政六年、七年的史事连缀起来思考,就会意识到,秦王政六年"拔卫,迫东郡"之事与秦"绝赵之东阳"存在着十分紧密的联系。东阳本是卫地,后来被赵国夺取。《史记·赵世家》记载,赵惠文王十八年(前281),"秦拔我石城。王再之卫东阳,决河水,伐魏氏。"《正义》:"按:东阳先属卫,今属赵。"这就说明东阳属赵以后,是与卫毗邻的。秦王政六年"拔卫,迫东郡",东郡在黄河以东,这里说的是"迫"东郡,则"拔卫"是指攻占卫国在黄河以西的土地。东阳也在战国时期黄河河道之西,且在卫地东北方向。由于东阳与卫地毗邻,秦拔卫之后,沿着黄河北岸自西向东进攻的下一个目标必然就是东阳。从历史记录来看,秦国"绝赵之东阳"事只能发生在秦国"拔卫"之后至"攻龙、孤、庆都"这段时间内,亦即秦王政六、七年间。因为秦王政六年前若没有"拔卫","绝赵之东阳"的军事行动便缺乏后方基地。而若是秦王政七年后"绝赵之东阳"的话,那就无法理解秦王政七年的秦国何以能够"攻龙、孤、庆都",甚至在归途中还可以"还兵攻汲"。

现在可以看到,"封卫之东野"在秦王政六年,"绝赵之东阳"在六、七年间。根据这两件事的时间来判断,"兼魏之河南"的时间亦不应距此太久。《史记·秦始皇本纪》记载,秦王政二年(前245)"攻卷",三年"攻魏氏畼、有诡",四年拔之。五年,"攻魏,定酸枣、燕、虚、长平、雍丘、山阳城,皆拔之,取二十城。初置东郡"。这几年与"封卫之东野"的秦王政六年是紧密衔接的,时间间隔很小。从"兼魏之河南"之后魏国"亦危矣"的描述来看,丢失河南地区一二城应不至于如此,"兼魏之河南"的时间应以"取二十城"的秦王政五年(前242)为是,仅比"封卫之东野"早一年。

根据史书对秦王政二年以来秦、魏之间几场战事的描述,所谓"魏之河南"的具体地理内涵就比较清楚了,它指的应是大梁迤西、迤北临近黄河的地区,重要的城邑包括卷、酸枣、燕、虚等。①

三、齐地的"河南"

就地理条件而言,齐国疆域大体处于黄河以南,亦有称之为"河南"的客观条件,但在战国以前未见如此称呼齐地的。这大概与两个因素有关,一是齐境的黄河非典型的东西向河道,而是倾斜流向东北方的,二是燕国与齐国

---

① 地理形势见谭其骧主编《中国历史地图集》(第一册),中国地图出版社,1982年,第35—36页。

夹河而居,称呼齐地为"河南"的驱动力主要应来自黄河北岸的燕国,而它又僻居北边,在列国中地位相对较低,因此,它所主导的地域称谓的影响力有限。而随着战国后期燕、齐两国战事的展开,燕国在政治格局中的重要性提升,齐地的"河南"开始见于策士的言语中。

《战国策·秦策三》记载秦客卿造谓穰侯曰:"秦封君以陶,藉君天下数年矣!攻齐之事成,陶为万乘,长小国,率以朝天子,天下必听,五伯之事也;攻齐不成,陶为邻恤而莫之据也。故攻齐之于陶也,存亡之机也。君欲成之,何不使人谓燕相国曰:'……君悉燕兵而疾攻〔僭〕之,天下之从君也,若报父子之仇。诚能亡齐,封君于河南,为万乘,达途于中国,南与陶为邻,世世无患。愿君之专志于攻齐而无他虑也。'"①此事亦见于马王堆汉墓《战国纵横家书》,但"若报父子之仇"后数句为:"诚为邻世世无患。愿君之专志于攻齐而毋有它虑也。"②与传世《战国策》文本相比,"诚"与"为"之间连续缺少19字,"毋(无)"之后多出一个"有"字。不难想象,用"毋"或"无"以及取舍"有"字,极有可能是传抄者个人的表达习惯所致,并不影响文本的完整性。而出现不间断的19字差异,难免会造成文意的跳跃,这突出地表现在马王堆帛书中,因为帛书中的"为邻"不知何所指,在使者的言辞中找不到对应的文字。从这个角度说,帛书缺少的19字大概是由于抄写过程中串行等技术原因造成的,③传世《战国策》文本可据。

"封君于河南"指封燕相国于"河南",鲍彪曰:"亦河之南,非郡,此盖寓封。"所谓"寓封",可能指口头承诺的虚封抑或远离本国的飞地实封。总体来看,后一种可能性似乎要大一些。至于封地的具体地望,鲍氏之说除了否定河南郡以外,实际上再没有提供任何信息。比较而言,程恩泽的解释要清晰得多:"案《策》下云:南与陶邻。则其地必与定陶相近,当在大河之南,今河南归德府商邱、虞城等处。"④张清常也说:"河南,黄河以南,今河南商丘、虞城等地。"⑤这大概是径直沿袭了程氏之说,忽略了某些细节。实际上,程恩泽的说法大误。程氏是清代嘉庆、道光年间人,那个时期的黄河下游河道与先秦时大相径庭。元代以前,黄河河道偏北的幅度大。自元代开始,黄河

---

① 〔汉〕高诱注,〔宋〕姚宏续注:《战国策》卷五"秦客卿造谓穰侯"章,《文渊阁四库全书》,第406册,第272页。
② 马王堆汉墓帛书整理小组编:《战国纵横家书》,文物出版社,1976年,第82页。
③ 帛书整理小组认为:"从章末记三百字来看,抄录时的底本已脱漏了。"(《战国纵横家书》,第83页)这个可能性也是有的,不过是把问题推到了底本方面,从根本上说还是由于抄写串行等原因。
④ 鲍说、程说俱见诸祖耿:《战国策集注汇考》,第268页注〔二一〕。
⑤ 张清常、王延栋:《战国策笺注》,第118页。

开始了夺淮入海的历史，直至清代咸丰年间才结束这一局面。程氏生活的年代，正值黄河夺淮的时期，与先秦时期相比，河道大幅南移。先秦时期距离黄河较远的商丘一带，到了程氏所处的年代，便成了黄河岸边的土地。程氏以嘉、道时期的黄河河道为依据，去解释先秦人所谓的"河南"，这就难免出错。正是因为程氏坚持这个"关公战秦琼"式的逻辑错误，才促使他不惜强行曲解《战国策》的行文。策文所说的"河南"有一个明确的限定，即"南与陶为邻"，一般而言，"A 地南与 B 地为邻"这样的叙述方式，指的应是 A 地的南部与 B 地接壤，而程氏却对位置关系作出完全相反的解释。他不得不如此，因为定陶在清代嘉、道时期黄河河道以北，只有按照他那样的理解，才能在黄河以南找到"河南"。

现在我们必须从程氏的歧路中走出来。先秦时期的黄河注入渤海，河道偏北，定陶处于黄河东南方。因此，原本不需要远至梁宋地区寻找对应的"河南"，黄河与定陶之间即存在一片可称之为"河南"的地区，并且这个地区的南边与定陶相接，原本就符合对"南与陶为邻"的通常理解。策文既言"诚能亡齐，封君于河南"，其内在的逻辑是，夺得了齐国土地，然后将其中一部分分封给促成此次攻齐之役的燕相，如此，则策文所谓"河南"本应属齐，指的是齐国境内位于黄河以南的土地，而位于黄河与定陶之间的地区事实上确实属齐，正符合策士的语言逻辑。

称呼齐国土地为"河南"，并非只有以上的孤例。《赵策一》记载苏秦为齐国上书说赵王，其中有言："昔者楚人久伐而中山亡。今燕尽韩之河南，距沙丘而至巨鹿之界三百里，距于扞关至于榆中千五百里。"①对这段文字，前人多有质疑。张琦曰："燕无由尽韩之河南，距于扞关。"金正炜曰："燕未尝有尽韩河南事也。"②此言甚是，此事所涉之国绝非韩国。《史记》卷四三《赵世家》中对应"燕尽韩之河南"的文字是"燕尽齐之北地"，对于两书的文字差异，张琦认为"皆当从《史》"，金正炜说"文当从《史》"，缪文远亦说"《史记》文是"，③如果仅就文从字顺的角度立言，这种说法可以接受。但在文献校勘的意义上，《史记》的文字似乎并非《战国策》原文。在马王堆帛书《战国纵横家书》"苏秦献书赵王章"中，苏秦的说法是"今燕尽齐之河南，距莎丘、巨鹿之囿三百里"，④在燕国所取土地的归属问题上，与《史记》一致，皆

---

① ［汉］高诱注，［宋］姚宏续注：《战国策》卷一八"赵收天下且以伐齐"章。《文渊阁四库全书》第 406 册，第 355 页。
② 诸祖耿：《战国策集注汇考》，第 904—905 页。
③ 缪文远：《战国策新校注》，第 814 页。
④ 马王堆汉墓帛书整理小组编：《战国纵横家书》，第 91 页。

为齐,然而,对齐国失去的那片领土的称谓却不一样,《史记》作"北地",帛书作"河南",帛书与传世策文一致。

无论从文本出现早晚抑或文本性质上说,帛书的可信性更大。帛书文字书写的下限是汉文帝时期,《史记》在汉武帝时期,要晚于帛书。司马迁采择战国纵横家言,服务于成一家之言的史家追求,更改所用史料文字的情形,并不鲜见。帛书的体例接近于传世《战国策》,述而不作,更大程度上是一种汇编工作,不大会专注于文字的意涵,前面谈及的帛书抄《秦策三》"秦客卿造谓穰侯"章漏掉十九字,就是很好的说明。《史记》之所以要改掉纵横家言的文字,可能存在的一个重要因素就是西汉人已对原文中的"齐之河南"感到突兀,因为汉代的"河南"长久以来都是一个郡的名字,其地域指向很明确。

今人对策文中的"齐之河南"依然无法认同。除了主张遵从《史记》改为"齐之北地"的,还有建议改为"河北"的。如帛书整理小组所说:"河南,疑是河北之误。河北即北地与阳地。《赵世家》作'燕尽齐之北地',(帛书)第十七章说:'且使燕尽阳地,以河为境',又说'北地归于燕',均可证,下面说距沙丘、巨鹿之囿三百里,可见不会在河南。"①张清常曰:"河南,疑为'河北'之误,《史记》作'北地',即黄河以北齐国北部地。"②

以"黄河以北齐国北部地"来理解"齐之河南"是以改"河南"为"河北"为前提的,但这个改动尚在疑似之间,没有确实的文献依据。实际上,帛书策文"燕尽齐之河南"完全可以用历史事实加以诠释,本不必根据传世的《战国策》和《史记》而随意改动。司马迁将策文系于赵惠文王十六年(前283),③此前一年,诸侯共攻齐,"齐兵败,湣王出亡于外。燕兵独追北,入至临淄,尽取齐宝,烧其宫室宗庙。齐城之不下者,独唯聊、莒、即墨,其余皆属燕"。④ 临淄位于黄河以南,幸存的三城也在黄河以南,相关叙述表明,燕国此次对齐国的进攻已越过黄河,且齐国的河南领地除了极个别地区未降,其余"皆属燕",这便是策士说"今燕尽齐之河南"的历史背景。从中亦可窥知,黄河以南的齐国领地也称为"河南"。

四、秦汉时期的"河南"

随着秦国持续地向东挺进,战国时代步入尾声,在这一过程中,秦国在

---

① 马王堆汉墓帛书整理小组编:《战国纵横家书》,第94页。
② 张清常、王延栋:《战国策笺注》,第435页。
③ 《史记》卷四三《赵世家》,第1817页。
④ 《史记》卷三四《燕召公世家》,第1558页。

地方设郡管理,至统一六国后,华阴以东的黄河南岸主要设立有三川郡、东郡、济北郡。令人颇感意外的是,"河南"称谓的使用历史不可谓不长久,其适用的区域也有多个,但秦国在沿黄河一线竟不设一个以"河南"命名的郡。其中的原因可能是"河南"称谓的确指性最差,凡河曲以东、黄河河道之南的土地皆可称河南,涉及地域过于广阔。故而,秦人在命名黄河以南地区时,不大单独采用黄河坐标,而是以"三川""济北"等更能表明确切地域的方式命名。尽管如此,我们相信"河南"称谓仍然在民间广泛应用。这一点,从项羽"立申阳为河南王,都雒阳"的做法,①以及刘邦所谓"臣与将军戮力而攻秦,将军战河北,臣战河南"的说法,②可以推知。

不过,秦统一以后非官方使用的"河南"称谓无论具有怎样宽泛的内涵,基本不超过《周礼》中的豫州范围。这就意味着,指代齐地的"河南"在先秦时期仅仅是昙花一现,随着燕、齐这一对矛盾组合同归于秦帝国的统一版图,齐地的"河南"湮灭了。汉二年(前205)十一月,项羽封给申阳的河南国"属汉,为河南郡",③管辖范围从函谷关(灵宝)到开封,与列国纷争时期被缩小的"河南"大体相当。经此行政设置的强化,"河南"称谓的重心最终落在了两周与大梁之间。在此后不同的历史时期,虽然河南政区的范围会有不同程度的调整,但其核心始终在今洛阳、郑州一带。

值得一提的是,在秦汉时期的黄河中游,出现了另一个新的"河南"称谓。秦始皇三十二年(前215)"乃使将军蒙恬发兵三十万人北击胡,略取河南地"。④ 汉朝初建,刘敬出使匈奴,归来因言:"匈奴河南白羊、楼烦王,去长安近者七百里,轻骑一日一夜可以至秦中。"⑤汉文帝时期,"匈奴入北地,居河南为寇",文帝言:"今右贤王离其国,将众居河南降地,非常故。"⑥元朔二年(前127)"令车骑将军(卫)青出云中以西至高阙。遂略河南地,至于陇西,捕首虏数千,畜数十万,走白羊、楼烦王。遂以河南地为朔方郡。"汉武帝表彰军功时说:"今车骑将军青度西河至高阙,获首虏二千三百级,车辎畜产毕收为卤,已封为列侯,遂西定河南地。"⑦这几例中的"河南",唐人司马贞

---

① 《史记》卷七《项羽本纪》,第316页。
② 《史记》卷七《项羽本纪》,第312页。
③ 《史记》卷一六《秦楚之际月表》,第784页。
④ 《史记》卷六《秦始皇本纪》,第252页。同书卷八八《蒙恬列传》写作:"秦已并天下,乃使蒙恬将三十万众北逐戎狄,收河南。"
⑤ 《史记》卷九九《刘敬叔孙通列传》,第2719页。
⑥ 《史记》卷十《孝文本纪》,第425页。
⑦ 《史记》卷一一一《卫将军骠骑列传》,第2923—2924页。

说:"河南者,案在朔方之河南,旧并匈奴地也,今亦谓之新秦中。"①"新秦中"显然是"朔方之河南"并入中原王朝版图后的称呼,而"河南"称谓则是在中原王朝开展对匈战争的历史背景下产生的。从时而称"河南"时而称"河南地"的情形来看,朔方地区的"河南"称谓并不稳定,东汉以后便极少见于史籍了。

历史在淘汰了齐地"河南"之后,又一次淘汰了朔方"河南",这两次发生于不同时期的历史抉择,或许可以看作是周文化对后世深远影响的注脚。

第三节 先秦两汉时期的"河内"地域称谓

在春秋中期以前,虽然仍没有"河内"称谓形成的直接史证,但从已经出现的"河外"称谓推断,晋人是将本国所在的地区视作"河内"的。随着晋国向太行山以东扩张,"河内"的地域内涵亦随之延伸,达于折而北流的东段黄河。在这一过程中,对应晋国初期封地的"河内"重要性相对下降,加之秦人势力不断渗入这一地区,导致"河东"称谓代替了晋人认同的"河内","河内"称谓的重心最终落在了太行山以东,并固化为秦汉时代的"河内"郡。经历秦汉王朝数百年的疆域一统,政治中心由关中移向河南,东汉末年的河内地区又被称作"河外",地域指向发生了反转。

一、"河内"的初始心理定位在晋西南

司马迁在做出三代"更居"三河地区的概括时,对于河内,他的说法是"殷人都河内"。② 这应当是以西汉已经通行的"河内"称谓来定义殷商的统治中心的,并不意味着商代即已出现"河内"称谓。"河内"称谓的出现必须以指代黄河的"河"字以及指代方位的"内"字出现为前提,有学者指出:甲骨文中的"河"字,"都应当解释为黄河之河"。③ 但目前为止,甲骨卜辞中可见"河东""河南",在检索相关资料的过程中,笔者尚未见到"河内"称谓。

---

① 《史记》卷九九《刘敬叔孙通列传》,第2720页。
② 《史记》卷一二九《货殖列传》,第3262页。
③ 屈万里:《河字意义的演变》,"中央研究院"《历史语言研究所集刊》(第三十本上册),第144页。屈万里还指出,在他之前的对甲骨文"河"字的研究中,"只有陈梦家以为它就是黄河;说见《燕京学报》第十九期《古文字中之商周祭祀》"。罗琨认为:"甲骨文的'河',无论作为地名、水名,所指均为此字本义——大河。"大河亦即黄河。见氏著《卜辞中的"河"及其在祀典中的地位》,安徽大学古文字研究室编:《古文字研究》(第二十二辑),第7页。

当然，仅凭这一点是无法断定商代无"河内"称谓的，毕竟默证是极为危险的做法。未见"河内"称谓，也有可能是出土材料的局限性所致。不过，从字源的角度来考量，笔者仍然倾向于商代尚未形成"河内"称谓，因为甲骨文的"内"字并不表示方位。

甲骨文"内"写作"内"，用作贞人名，并不表示方位。①《说文》："内，入也，从冂入，自外而入也。"段玉裁说："今人谓所入之处为内，乃以其引伸之义为本义也。互易之，故分别读奴答切，又多假纳为之矣。《周礼》注云：'职内，主入也。''内府，主良货贿藏在内者。'然则'职内'之'内'是本义，'内府'之'内'是引伸之义。"②段氏认为"职内"之"内"是本义，而职内的执掌是"主入"，此种语境下的"内"，与后来的"纳"是相通的。如此，"内"的本义即是指代一种自外入内的方位转换，为动词性的。这虽然与方位有一定关系，但显然不同于名词性的、直接表示方位的"内"。"内"演化为方位词，是表示动作的"内"经过引申的结果。

由于甲骨文"内"字无论从造字本义还是用法上，都看不出用作方位词的迹象，因此，目前的甲骨卜辞中可见"河南""河东"，独独不见"河内"，似乎并非资料不够丰富的问题，在某种程度上，这或许正反映了历史实际。

在谭其骧主编的《中国历史地图集》第一册中，最早明确标出"河内"称谓的是春秋时期地图，对应的地域是现今河南新乡、焦作一带。③ 这是可以信从的，因为目前文献中所见最早出现的"河内"称谓在《左传》定公十三年（前497），尚处于春秋时段。其文曰："齐侯、卫侯次于垂葭，实郹氏，使师伐晋。将济河，诸大夫皆曰'不可'，邴意兹曰：'可。锐师伐河内，传必数日而后及绛，不三月不能出河，则我既济水矣！'乃伐河内。"④通观文意，这里的"河内"不包括晋都绛邑，并且是齐国越过黄河向西攻伐的地区，显然应处于太行山以东，在地域指向上，的确相当于现今的河南省西北部。

不过，需要说明的是，虽然文献中首次见到的"河内"称谓是指现今的豫西北，但春秋时代的人们对"河内"的最初心理定位，⑤似乎不在此地，笔者

---

① 中国科学院考古研究所编：《甲骨文编》，中华书局，1965年，第240页。徐中舒主编：《甲骨文字典》，四川辞书出版社，1989年，第579页。
② ［清］段玉裁：《说文解字注》，第224页。
③ 谭其骧主编：《中国历史地图集》（第一册），第22—25页。
④ ［晋］杜预注，［唐］孔颖达疏：《春秋左传正义》，第2150页。
⑤ 笔者在本小节特意强调对最初"河内"的"心理定位"，因为在地域指向上与《左传》定公十三年记载所见"河内"不同的"河内"称谓，在目前的文献中找不到实证。在这种情况下，强调人们最初所定位的"河内"称谓属于意念型的，相对而言比较稳妥。

作此判断的主要线索在于与之构成背反关系的"河外"称谓。

作为方位词的"内"与"外"是一对反义词,而这种反义关系并不是自单字产生之初便形成的,而是要经过一个历史过程。在甲骨文中,不但"内"字不具有方位的含义,"外"字亦如此。甲骨文"外"字与后世的写法不同,作"卟""不从夕",①多"借'卜'为'外'",在用法上"用作商先王名",②不作方位解。金文中的"外"作"卟",③已经从"夕",字形与表方位的"外"字相同。不过,这个字产生之初的意涵与"内"并不构成相反关系。《说文》:"外,远也。卜尚平旦,今夕卜,于事外矣。"④这里说的是"外"的本义是指某种行为与常规要求不合,没有指代方位的色彩。但西周晚期的《毛公鼎》铭文有"我邦我家外内"的说法。⑤ 说明在西周晚期的时候,"外"字已被用来表示方位。与之相应,"内/外"对举的语言表达形式亦越来越普遍,《尚书》中已有数例,《左传》中更是俯拾皆是。⑥

"内/外"对举的语言习惯往往暗含着这样的事实状态:一,语言主体对"内"已经具有较为深刻的自觉性,知内在先。二,语言主体已不满足于仅仅识"内",还将认识对象扩大到"外"的领域。而以上两点往往又意味着,最初认识的内、外,在方位上应具有毗邻的地理特征。具体到"河内""河外"这两个地域称谓,根据上述认识,我们可以做三点推论:首先,在最先出现的"河外"之前,即便不能在文献中找到一个在地域指向上与之对应的"河内"称谓的存在,至少也可以保守判定,是有这么一个区域,在群体意识中是被视为"河内"的。其次,最初意义上的"河内""河外",在地域内涵方面应当具有紧邻的、以黄河为对称轴的特征。其三,如果"河内"的地域指向有所迁移,则"河外"的地域指向也会随之变动。相应地,我们可以通过不同地域指向的"河外"称谓出现的早晚,来反推"河内"称谓的演变过程。下面我们就以"河外"称谓为线索,来推断最初意义上的"河内"。

---

① 中国科学院考古研究所编:《甲骨文编》,第298页。
② 马如森:《殷墟甲骨文实用字典》,上海大学出版社,2008年,第166页。
③ 容庚编,张振林、马国权摹补:《金文编》,中华书局,1985年,第483页。
④ [清]段玉裁:《说文解字注》,第315页。
⑤ 中国社会科学院考古研究编:《殷周金文集成释文》(第二卷),香港中文大学出版社,2001年,第433页。
⑥ 《尚书》检索得5条。如《夏书·五子之歌》"内作色荒,外作禽荒",《周书·周官》"内有百揆四岳,外有州牧侯伯",等等。《左传》检索得29条。如庄公十四年"内蛇与外蛇斗于郑南门中",僖公二十三年"晋侯无亲,外内恶之",文公七年"兵作于内为乱,于外为寇",襄公二十六年"通外内之言以事君",昭公元年"鲁以相忍为国也,忍其外,不忍其内",等等。

《左传》中可见"河外"。《左传》僖公十五年(前645)：①"(晋)赂秦伯以河外列城五,东尽虢略,南及华山,内及解梁城。既而不与。"②此事在《国语》中也有所反映：晋公子夷吾"私于公子縶曰：'……君苟辅我,蔑天命矣,吾必遂矣！亡人苟入,扫宗庙,定社稷,亡人何国之与有,君实有郡县,且入河外列城五。岂谓君无有,亦为君之东游津梁之上,无有难急也。'"③对于"河外"的具体地域指向,韦昭曰："河外,河东也。列城五,东尽虢略,南及华山,内及解梁城也。"④杜预曰："河外,河南也。东尽虢略,从河南而东,尽虢界也。解梁城,今河东解县也。"孔颖达曰："河自龙门而南,至华阴而东,晋在西河之东,南河之北,以河北为内,河南为外。虢略,虢之竟界也,献公灭虢而有之,今许以赂秦列城五者,自华山而东,尽虢之东界,其间有五城也。……解梁城则在河北,非此河外五城之数也。"⑤三说之中,韦昭既言"列城五"在河东,却又将其大部分土地置于黄河以南,前后矛盾。比较而言,杜、孔二说为优,皆特别点明解梁城不属于河南,都认为"河外"专指黄河以南地区,没有前后文之间的逻辑矛盾。而孔颖达所谓"自华山而东,尽虢之东界",大致相当于现今的陕西华阴至河南三门峡之间,这也就是《左传》所见"河外"的具体地域指向。

　　比较《左传》中均为首次出现的"河内""河外",不难发现一点,即二者的地域指向是以错位为基本特征的。相当于现今豫西北的"河内",与相当于现今华阴与三门峡之间的"河外",这两个地区之间并没有以黄河为对称轴。来自"河外"的人需要往东直至河南新安县,北渡黄河才能进入太行山以东的豫西北地区。我们很难想象,居于太行山以东的河内人会隔山远眺,将最初的"河外"定位在与自身所处的河内地区并没有境壤相接的在三门峡与华阴之间。

　　由于《左传》所见"河外"与"河内"在地域内涵上并不具有对应关系,因此通过识内在先的原则来判断二者的早晚是行不通的。但如果我们注意到与《左传》内涵不同的"河外"称谓的存在,这个问题就可以得到回答。

　　《战国策》中常见"河外"称谓。如《赵策二》："今秦发三将军,一军塞午道,告齐,使兴师度清河,军于邯郸之东；一军军于成皋,驱韩、魏而军于河

---

① 《左传》中"河外"称谓牵涉的史事在鲁僖公十五年,"河内"称谓牵涉的史事在鲁定公十三年,前者早于后者,但并不能由此认为"河外"称谓的形成要早于"河内"。因为我们无法排除《左传》撰著者借助自身所处时代的地域称谓以记录先代历史的可能性。
② ［晋］杜预注,［唐］孔颖达疏：《春秋左传正义》,第1805页。
③ 徐元诰：《国语集解》,第295—296页。
④ 徐元诰：《国语集解》,第296页。
⑤ ［晋］杜预注,［唐］孔颖达疏：《春秋左传正义》,第1805页。

外;一军军于渑池。约曰:'四国为一以攻赵,破赵而四分其地。'"①《魏策一》:"(魏国)北有河外卷衍燕酸枣;""大王(指魏王)不事秦,秦下兵攻河外,拔卷衍燕酸枣;""张仪告公仲,令以饥故赏韩王以近河外,魏王惧。"②《魏策三》:"若道河外,背大梁而右上蔡、召陵,以与楚兵决于陈郊,秦又不敢也。""(魏)所亡乎秦者山北、河外、河内,大县数百,名都数十。"③这几个"河外"都指的是黄河以南的卷、衍、酸枣一带,相当于现今河南原阳、延津一带,④西北方向与《左传》所见之"河内"地区隔河相望,二者在地域内涵上构成对称关系。

这里要特别指出的是,《战国策》所见"河外"称谓的地域内涵,其出现的时间明显要晚于《左传》所见之"河外"。现在,我们不妨作个试错性质的假设。如果"河内"称谓的最初心理定位在现今豫西北,那么,按照地域认知的一般规律,历史上最初的"河外"应当是指与豫西北隔河相望的今原阳、延津一带,也就是《战国策》所见"河外"。但是,历史呈现的并非这样一个事实,而是恰恰相反,在《战国策》"河外"之前,已经有《左传》"河外"的存在。这说明,"河内"的最初心理定位并非在现今的豫西北,应当别有所指。具体是哪里呢?根据邻近性、对称性原则,与指代现今华阴至三门峡区的那个"河外"隔河相望的,只有现今的山西西南部运城、临汾一带,这便是最初被视为"河内"的地域。

在本节末,笔者再次申明,尽管目前并没有直接的文献证据表明晋人在语言习惯中称这一地区为"河内",但至少可以说,在群体心理上应当是有这样一种以晋西南为"河内"的潜意识的,《左传》僖公十五年所谓"内及解梁城",就可以作为这一论断的佐证。

二、春秋晚期以来"河内"地域指向的东移

从所谓"内及解梁城"的说法来看,最初的"河内"很可能是晋人对自身领地的心理定位。然而,《左传》中可见的唯一的"河内"称谓在地域指向上却在太行山以东。这实际上反映的是,在春秋时代,"河内"称谓的地域指向

---

① 诸祖耿:《战国策集注汇考》,第961页。亦见于《史记》卷七〇《张仪列传》,其中的"河外",《正义》谓"郑、滑州,北临河"。学者多同意此说。唯程恩泽以"河南怀、卫等处,属赵地者"当之。见诸祖耿《战国策集注汇考》,第964页。本文不取程说。
② 分别见诸祖耿:《战国策集注汇考》,第1154、1168、1188页。其中第三例中的"河外"不大可能指陕虢一带,陕虢属韩,后为秦国所掠,与魏无关。韩国若在此方向有所行动,不会导致"魏王惧"的后果。
③ 分别见诸祖耿:《战国策集注汇考》,第1267、1268页。
④ 谭其骧主编:《中国历史地图集》(第一册),第35—36页。

跨越太行山发生了自西而东的转移。这一情形的出现应当与晋人的发展趋向有关。

晋国虽兴起于今山西西南部,但自晋献公以后不断开拓。《左传》僖公二十五年(前635):"三月甲辰,(晋师)次于阳樊,右师围温,左师逆王。夏四月丁巳,王入于王城,取大叔于温,杀之于隰城。戊午,晋侯朝王,王飨醴,命之宥。请隧,弗许,曰:'王章也。未有代德,而有二王,亦叔父之所恶也。'与之阳樊、温、原、攒茅之田。晋于是始启南阳。"①此处的"南阳",陈伟认为"主要集中在今济源、沁阳一带",并且随着晋国的继续东扩,地域范围还有所扩大,"大致是指西起轵、东至朝歌这一片地域,包括两汉河内郡或者西晋河内与汲二郡地,约当于今河南省黄河以北的大部分地区"。除了对"南阳"的关注,陈伟还注意到晋人东扩进程中形成的"东阳"称谓,其地域内涵是"晋地自朝歌以北至中山"。②他敏锐地指出:"南阳或者东阳,都是以晋人为中心的地域名称,其称谓当出自晋人。"③这个论断富有启发性。

站在晋人的视角,自晋西南东出,先抵达今河南济源、沁阳一带,因为这一地区北缘的太行山呈现东西走向的幅度较大,故而可称这一地区为南阳。接下来,晋人继续东扩,这是一个方向。还有一个方向是缘南北走向幅度较大的太行山北行。而后一个方向的扩张正是导致"东阳"称谓形成的历史背景。需要注意的是,晋人的开拓势必要挤压卫国的生存空间,并且早晚要抵达黄河下游东北走向的河段。而卫国的领土跨越黄河两岸,有很大一部分并不位于典型的东西走向的太行山以南,而是处在太行山由东向北折弯处的东南方向。④在这种情况下,将这些新开拓的城邑归入所谓的"南阳",只能视为某个时段的权宜之计,因为它并不符合实际地理特征。而"河内"称谓则可以其恰到好处地作为地理内涵,将晋人夺取的卫国黄河以北土地纳入其中。⑤笔者认为,"河内"地域指向的东移,其内在机制或许就在于此。

那么,"河内"称谓的地域指向具体是在哪个历史时段发生东移呢?这

---

① [晋]杜预注,[唐]孔颖达疏:《春秋左传正义》,第1820—1821页。
② 陈桥驿:《水经注校证》,第223页。
③ 陈伟:《晋南阳考》,中国地理学会历史地理专业委员会编:《历史地理》(第十八辑),上海人民出版社,2002年,第160—161页。
④ 谭其骧主编:《中国历史地图集》(第一册),第22—23页。
⑤ 陈伟在《晋南阳考》一文中注意到晋地"南阳"与"河内"的关系比较密切,两者是"大致相当或者近似"的。不过,他还指出:"河内作为地域名,还有更广泛的内涵。"地域范围比"南阳"要大一些。这也可从一个侧面说明,"南阳"称谓只在晋人东扩的初期阶段适用,到后来便无法涵括新的地缘形态了。

个问题的关键就是看晋人的拓地范围何时超越了典型的东西走向的太行山。卫地的中心是朝歌,在太行山北折点的东南方向,且距春秋时代的黄河甚近。① 晋定公八年(前504),齐国"取晋之朝歌去",②说明晋人在此前曾控制过朝歌。不过,从这个记载也可看出,晋国对朝歌的控制权并不稳固。晋定公十八年(前494),"赵鞅围范、中行朝歌"。③ 而起因在于赵氏的政敌范氏、中行氏"走朝歌,保之"。④ 在短短十年左右的时间里,朝歌由国际争端的攻取对象变为晋人内讧的争夺目标,说明晋人在此期间已巩固了对朝歌的控制,"河内"地域指向的东移已具备了比较坚实的历史基础。而上节所引《左传》鲁定公十三年的历史记录中出现的"河内"就是地域指向东移后的例证,其年代为公元前497年,正处于这十年的时间段内,这恐怕不能仅仅视为一种巧合。

当然,需要特别说明的是,必欲求证某个具体年代为太行山以东"河内"的形成年代,那将因其过于机械而不可行。要之,我们从以上论述中推断"河内"地域指向的东移发生于春秋晚期,应当不至于偏差太大。

进入战国时代,最常见的"河内"称谓与《左传》所见"河内"在地域内涵上是基本一致的。如《战国策·秦策四》:"王(秦昭王)又举甲兵而攻魏,杜大梁之门,举河内,拔燕、酸枣、虚、桃人,楚、燕之兵云翔不敢校,王之功亦多矣!"⑤《燕策二》:"秦正告魏曰:'我举安邑,塞女戟,韩氏、太原卷……陆攻则击河内,水攻则灭大梁。'魏氏以为然,故事秦。"⑥这里的"河内"亦属魏国,故而成为秦国攻击的目标。除了这两则材料,《战国策》所见其他"河内"称谓皆见于《魏策三》:

> "且无梁孰与无河内急?"王(魏王)曰:"梁急。""无梁孰与无身急?"王曰:"身急。"曰:"以三者,身上也,河内其下也。秦未索其下,而王效其上,可乎?"(《秦败魏于华魏王且入朝于秦章》)
>
> 若道河内,倍邺、朝歌,绝漳、滏之水,而以与赵兵决胜于邯郸之郊,是受智伯之祸也,秦又不敢。(《魏将与秦攻韩章》)
>
> 秦故有怀地邢丘之城垝津,而以之临河内,河内之共、汲莫不危矣!

---

① 谭其骧主编:《中国历史地图集》(第一册),第22—23页。
② 《史记》卷三九《晋世家》,第1683页。
③ 《史记》卷一四《十二诸侯年表》,第672页。
④ 《史记》卷三九《晋世家》,第1685页。
⑤ 诸祖耿:《战国策集注汇考》,第379—380页。
⑥ 诸祖耿:《战国策集注汇考》,第1573—1574页。

（出处同上）

（魏）所亡乎秦者山北、河外、河内，大县数百，名都数十。（出处同上）

从以上诸例可以看出，战国时代的"河内"通常是指魏国在太行山以东、黄河西北的领土，春秋晚期以来"河内"地域指向东移的结果显然得到了巩固与延续。

但是，我们也要看到，民众对晋西南属于河内的意识并没有完全摒弃。《周礼·夏官·职方氏》："河内曰冀州。其山镇曰霍山，其泽薮曰杨纡，其川漳，其浸汾潞。"① 史念海先生曾指出"《禹贡》为战国时的著作，这在现在已经是了无疑义的。《周礼》所论述的官制，自然也难于就可认为是有周一代的政治制度。"② 有学者认为"说《周礼》是战国晚期的作品似乎更为可信一些"。③ 笔者赞同这个看法，因此也就认为《周礼》所谓"河内曰冀州"，绝不意味着周公的时代已经形成了"河内"称谓。从地域内涵来看，《周礼》所谓"河内"称谓对应的时段应是大一统局面即将到来的战国时代。它的地域指向比社会生活中习见的"河内"称谓广泛得多。其中既然涉及霍山、汾水，那么，此"河内"当然包括晋西南。而这个意义上的河内，实际上也是晋人的"河内"初始心理定位不断扩展的结果。因为晋人的扩张不仅向东得到了"南阳""东阳"，自晋西南往北拓展，也得到了晋阳等地。区域指向如此之大，且被定义为政治色彩颇重的一州之称的"河内"称谓，只有在群雄志在统一天下的历史局面下，才有生成的可能。

三、战国晚期以来的"河内"地域称谓

战国晚期，原属魏国的河内地区被秦国攻占。不过，秦人在进入河内的初期，在实施行政区划的时候，并没有接受通行已久的"河内"称谓，而是以"河东"兼有"河内"。如谭其骧说："昭襄王三十三年魏入南阳，秦始有其地，时东不得邢丘、怀，北不得宁新中，地狭不足以立郡，率以并属河东；其后壤地虽拓，军机倥偬，未遑建置；始皇既并天下，始依山川形便，更加区画；此衡情度势，可推而知者。"④《元和郡县图志》"河北道一"："河内殷墟""战国

---

① ［汉］郑玄注，［唐］贾公彦疏：《周礼注疏》，第863页。
② 史念海：《中国历史地理学的渊源和发展》，《河山集》（6），山西人民出版社，1997年，第2页。
③ 赵伯雄：《〈周礼〉胥徒考》，《中国史研究》2000年第4期。
④ 谭其骧：《秦郡新考》，《长水集》，人民出版社，1987年，第9—10页。辛德勇大体同意此说。见辛德勇：《秦汉政区与边界地理研究》，中华书局，2009年，第84页。

时属魏,秦属河东郡。在汉为汲县,属河内郡。"①又如全祖望认为:秦的河东郡"昭襄王二十一年置。汉因之,又分河内、魏"。②

秦人弃"河内"称谓而不用,其原因或如谭其骧所说,因"地狭不足以立郡"。但笔者以为这并非问题的全部,以自我为中心的政治存在,可能也是秦人起初不用"河内"称谓的心理动机之一。参照秦人对"河东"称谓的措置,我们对此应当有所觉察。在东方诸国的话语体系中,"河东"的地域指向原本如《周礼》所谓"河东曰兖州",在今鲁西南。但秦国势力扩展到东方以后,立足于关中本位的意识,它有自身独特的"河东"称谓,指晋西南。在秦国成为历史的主导者后,两个"河东"称谓的命运各不相同,东方诸国认同的"河东"逐渐消散,其指代的地域被命名为东郡。而秦国话语体系中的"河东"一脉相承,最终成为一个重要行政区的名称。从中可以很明显地感受到,秦人的政治存在对地域称谓的命运发生着深刻的影响。作为秦人的创造,指代晋西南地区的"河东"在某个时段内兼有河内,并不是难于理解的事情。

然而,"河内"称谓毕竟是历史长期发展的产物,它很贴合所对应区域的地理实况。随着秦国东进的脚步越走越远,新拓土地的地缘形势的变化,与春秋中期以来晋人东进过程中所面临的基本一致,如果继续将新收纳的河内土地归入河东郡进行管理,不但脱离了地理实况,也将会造成行政实践中的诸多窒碍。因此,秦人必须把豫西北地区的区划问题提上日程,而区域命名的问题也是无法回避的。从里耶秦简"轵以邮行河内"③的简文来看,秦人最终还是采用了"河内"地域称谓,设置了河内郡。从此,"河内"称谓在秦汉时代的绝大部分时段内都是一个郡级行政区的名字。④

值得注意的是,东汉末年的河内地区在地域归属上却被时人纳入意义完全相反的"河外"。

建安元年,曹操劫汉献帝都许,然后以朝廷的名义责备割据河北的袁绍不奉号令。袁绍向汉献帝上书辩白,其中说道:"会董卓乘虚,所图不轨。臣父兄亲从,不当大位,不惮一室之祸,苟惟宁国之义,故遂解节出奔,创谋河外。"李贤注:"河外,河南。"⑤此解大误。史载袁绍与董卓发生争执后,"横

---

① [唐]李吉甫撰,贺次君点校:《元和郡县图志》,中华书局,1983年,第459页。
② [清]全祖望:《汉书地理志稽疑》,朱铸禹:《全祖望集汇校集注》,上海古籍出版社,2000年,第2485页。
③ 湖南省文物考古研究所:《里耶发掘报告》,岳麓书社,2007年,第180页。
④ "高帝元年为殷国,二年更名。莽曰后队。"见《汉书》卷二八上《地理志上》,第1554页。
⑤ 《后汉书》卷七四《袁绍传》,第2385、2386页。

刀长揖径出。悬节于上东门,而奔冀州。"董卓为安抚袁绍,"乃遣授绍勃海太守","初平元年,绍遂以勃海起兵","绍与王匡屯河内,(孔)伷屯颍川,(韩)馥屯邺,余军咸屯酸枣,约盟,遥推绍为盟主"。① 可见袁绍逃离洛阳后一直活动于河北地区,而非李贤所说的河南。各路义军推绍为盟主时,袁绍领兵在河内。因此,所谓"创谋河外"当是指在河北地区誓师讨伐董卓。

建安八年,袁绍之子袁谭、袁尚相攻,刘表写信劝说袁谭:"贤胤承统,以继洪业。宣奕世之德,履丕显之祚,摧严敌于邺都,扬休烈于朔土,顾定疆宇,虎视河外,凡我同盟,莫不景附。"②"虎视河外"意谓袁氏在河北的实力强劲,底气十足。此处的"河外"所指应为袁氏的势力范围,其范围虽广,然而,其中是包括河内地区的。

"河内"被汉末群雄称为"河外",或是被视作"河外"的一部分,其原因何在?笔者以为与汉末的战争状态有关。

在战争环境下,战略谋划往往从大处着眼,河内地区有可能被归入内涵更广的区域概念。秦末战争中,刘邦对项羽说:"臣与将军戮力而攻秦,将军战河北,臣战河南。"③此时所谓"河北",其地域范围包括河内地区,但不止于河内。两汉之交的"河北"称谓更为常见。更始二年,"更始遣侍御史持节立光武为萧王,悉令罢兵诣行在所。光武辞以河北未平,不就征"。④ 建武二年,更始将领王常对刘秀说:"闻陛下即位河北,心开日明。"⑤这两例"河北"的地域内涵与反秦战争时相同,依然包括河内。东汉末年,"河北"仍被沿用。孙策对袁术说:"河北异谋于黑山,曹操毒被于东徐。"李贤注:"谓袁绍为冀州牧,与黑山贼相连。"⑥孙策指责袁绍与山贼勾结,所谓"河北"就是以袁绍统治的广阔地域来指代袁绍。

但问题是,为何在两汉的几次战乱期中大都以"河北"兼称"河内",而东汉末年却出现了以"河外"兼"河内"的现象?比较"河北""河外"两个称谓,不难发现,前者是一种客观的描述,无论站在哪个角度观察,河内都在黄河以北,故可称"河北"。而"河外"则带着强烈的以某一区域为中心的特定视角,这个中心即是京师所处的河南一带。西汉定都长安,站在中心的角度

---

① 《后汉书》卷七四《袁绍传》,第2374—2375页。
② 《后汉书》卷七四《袁绍传》,第2410—2411页。《三国志》裴松之注引《魏氏春秋》载刘表遗谭书曰:"贤胤承统,遐迩属望,咸欲展布旅力,以投盟主,虽亡之日,犹存之愿也。"未见"河外"之称。见[晋]陈寿:《三国志》,中华书局,1982年,第203页。
③ 《史记》卷七《项羽本纪》,第312页。
④ 《后汉书》卷一上《光武帝纪上》,第15页。
⑤ 《后汉书》卷一五《王常传》,第580页。
⑥ 《后汉书》卷七五《袁术传》,第2441页。

看黄河南北,立场比较超然,故而采用纯粹客观反映地理实际的"河南""河北"称谓。而东汉将都城从关中迁到洛阳,至汉末,定都河南近二百载。这对东汉人的地理意识有比较深刻的影响。在以洛阳为中心的视角下,黄河以北当然是"外"于这一中心而存在的。这种集体心态是不以个人意志为转移的,袁绍统治着河北地区,在吹嘘功业的时候,却说自己是"创谋河外",已经很清楚地传达了这一点。

第四节 "三河"称谓的形成

在先秦时期三"河"区域称谓地理内涵逐渐固化的过程中,"三河"称谓也在孕育。作为一个组合性地域称谓,"三河"的形成必须以三"河"的形成以及三"河"之间频繁的经济文化交流为前提。而三"河"之间特殊的历史关联与区位关系也使得由独立的三"河"到融合的"三河"成为一种必然的趋势。

《尚书·禹贡》有"九河既导"的说法,孔安国注:"河水分为九道,在此州(指冀州)界平原以北是。"①《尔雅·释地》:"两河间曰冀州",郭璞注:"自东河至西河。"②所谓"九河""两河"均指特定的河流,并非区域名称。即便是从河流的意义上说,先秦也不见"三河"的提法。③ 然而,先秦尤其是战国时期的那段历史对"三河"称谓的形成有着至关重要的影响。

其一,司马迁说:"昔唐人都河东,殷人都河内,周人都河南。夫三河在天下之中,若鼎足,王者所更居也,建国各数百千岁。"④中国早期的政治中心在三河区内流转,悠久深厚的传统积淀是三"河"融合为"三河"区的远端历史根基。其二,战国时期位于"天下之中"的三"河"虽然分属韩、魏,但需要注意的是,韩、魏皆脱胎于晋,具有相似的文化基因。并且他们发展的基本路径是相同的,都是由河东扩张到河南、河内地区,这势必促使三河地区在文化上均趋向于晋文化。这是三"河"走向融合的较近历史因素。其三,战国时期三"河"名目繁多,归属不一,秦国东进并最终统一全国的进程,使得三"河"称谓的多样性大为弱化,从而为"三河"的融合提供了最有利的历

---

① [汉]孔安国注,[唐]孔颖达疏:《尚书正义》,第147页。
② [晋]郭璞注,[宋]邢昺疏:《尔雅注疏》,第2614页。
③ 《太平御览》卷六二引《国语》:"又曰伊洛竭而夏亡,三河竭而商亡。"然而今本《国语》作"河竭而商亡",无"三"字。徐元诰:《国语集解》第26页。
④ 《史记》卷一二九《货殖列传》,第3262页。

史机缘。在上述三重历史因素的推动下,先秦即已存在的三"河"得以最终糅合在一起,形成了"三河"地域称谓。

秦代有无"三河"称谓,目前还难以得到确切的结论。不过,可以作一些合理推测。现在能够见到的提及"三河"区域的最早记载是《史记·高祖本纪》:"天下共立义帝,北面事之。今项羽放杀义帝于江南,大逆无道。寡人亲为发丧,诸侯皆缟素。悉发关内兵,收三河士,南浮江汉以下,愿从诸侯王击楚之杀义帝者。"从语气推断,这是刘邦阵营讨伐项羽的一道檄文,属实录,而非后世转述。对于此处的"三河",韦昭注:"河南、河东、河内。"①三个以"河"为名的地区②合称"三河",这是汉代较为普遍的认识。我们注意到,刘邦发布讨项檄文时正处于楚汉相争的阶段,秦王朝刚刚被推翻。从地域名称演化的渐进规律看,他所谓"三河"应当不是出自刘邦个人灵感式的创造,该称谓应当在秦代即已出现。

这里需要强调一点,"三河"称谓的出现不必以三"河"郡的设置为前提,战国时期"河南""河东""河内"这三个区域称谓广泛使用的情形已经为"三河"称谓的出现提供了最基本的素材。秦王朝虽然在河南地区设置的是三川郡,而非河南郡,但这并不妨碍非行政区划形态的"河南"称谓继续流行。《史记·吕不韦列传》:"庄襄王元年(前249),以吕不韦为丞相,封为文信侯,食河南雒阳十万户。"《索隐》曰:"《秦本纪》庄襄王元年初置三川郡,《地理志》高祖更名河南。此秦代而曰'河南'者,《史记》后作,据汉郡而言之耳。"《索隐》此说恐不确。《吕不韦列传》中还录有秦王赐文信侯书:"君何功于秦?秦封君河南,食十万户。君何亲于秦?号称仲父。其与家属徙处蜀!"③从行文看,此"河南"似出自秦始皇之口,其时已在秦设三川郡十余年后。可见,行政建制并不完全排斥其他形态的地域称谓。"河南""河东""河内"称谓的同时存在,并且秦已经消除了战国时期的分裂割据状态,实现了疆域一统,这无疑为秦代有"三河"之称的推断提供了一项佐证。

虽然三"河"郡的行政建置不是"三河"称谓形成的必要条件,但对"三河"称谓的性质还是有一定影响的。汉人在提及"三河"的时候,有的是一种习俗性的地域称呼,如刘邦所谓"三河士",当时只设有河南郡、河内郡,河东地区尚为西魏王的封地,因此,他所说的"三河"应是因俗而言。东方朔

---

① 《史记》卷八《高祖本纪》,第370页。
② 这里用"地区"的提法,是要与行政性的区划名称相区别。汉人所谓"三河"有可能主要指河东、河南、河内三郡所辖区域,但在具体语境中未必有行政区划那样的鲜明疆界意识。
③ 《史记》卷八五《吕不韦列传》,第2509、2513页。

言："汉兴,去三河之地,止霸产以西,都泾渭之南,此所谓天下陆海之地,秦之所以虏西戎兼山东者也。"①这例中的"三河"与灞浐、泾渭并举,是自然地理性质的,没有太多行政色彩。

随着三"河"郡的设立,"三河"称谓具有越来越强的行政色彩。如《史记》记载,汉高祖末年"内地北距山以东尽诸侯地,大者或五六郡,连城数十,置百官宫观,僭于天子。汉独有三河、东郡、颍川、南阳,自江陵以西至蜀,北自云中至陇西,与内史凡十五郡,而公主列侯颇食邑其中"。②"(田仁)使刺举三河"。③《汉书》记载,建昭二年(前37),"益三河〔大〕郡太守秩。户十二万为大郡"。④汉代军事行动中又曾"发三河以西骑击羌,又数万人度河筑令居"。⑤《后汉书》记载,"遣谒者分行禀贷三河、兖、冀、青州贫民";⑥"共发五校、三河骑士及募精勇,合四万余人",⑦如此等等。毫无疑问,行政监察、行政级别调整、灾荒赈济、调兵遣将这些政府行为,必须由地方官员配合执行,在付诸实施的过程中,也必须有明确的疆界划分。因此其中涉及的"三河"自然应当是以"河"为名的三个郡。

不过,"三河"称谓本身始终不是正式的行政建置,这是需要特别指出的。上面举出的数例具有较强行政色彩的"三河",都是史家转述,即便内容与诏书有关,也非诏书原文。在公文传达过程中,如果需要三"河"郡执行,实际上是分列出来的,比如敦煌悬泉汉简有这样一则材料:"元康四年五月丁亥朔丁未,长安令安国、守狱丞左、属禹敢言之:谨移髡钳亡者田勢等三人年、长、物、色,去时所衣服。谒移左冯翊、右扶风、大常、弘农、河南、河内、河东、颍川、南阳、天水、陇西、安定、北地、金城、西河、张掖、酒泉、敦煌、武都、汉中、广汉、蜀郡……(Ⅱ0111④:3)。"⑧其中三"河"皆有,并没有省写为"三河"。可见"三河"称谓从本质上说仍是一种习俗性称谓,尽管其行政色彩已大为增强。

最后还应注意的是,汉世史家有时仍以"三河"来指称河流,而非区域。《史记·十二诸侯年表》:"齐、晋、秦、楚其在成周微甚,封或百里或五十里。晋阻三河,齐负东海,楚介江淮,秦因雍州之固,四海迭兴,更为伯主,文武所

---

① 《汉书》卷六五《东方朔传》,第2849页。
② 《史记》卷一七《汉兴以来诸侯王年表》,第802页。
③ 《史记》卷一〇四《田叔列传》,第2778页。
④ 《汉书》卷九《元帝纪》,第294页。
⑤ 《汉书》卷二四下《食货志下》,第1173页。
⑥ 《后汉书》卷四《和帝纪》,第177页。
⑦ 《后汉书》卷七一《皇甫嵩传》,第2300页。
⑧ 胡平生、张德芳:《敦煌悬泉汉简释粹》,上海古籍出版社,2001年,第21页。

褒大封,皆威而服焉。"①此处所谓"三河",指的是黄河的其中三段,其义罕见。《太平御览》卷五五引《春秋合诚图》:"尧母庆都盖天地之女,生于斗维之野,当三河东南,天大雷电,有血流润大石之中,生庆都。"此"三河"何所指,据同书卷八〇复引《春秋合诚图》,不唯文字有异,且增加许多内容:"尧母庆都有名于世,盖天帝之女,生于斗维之野,常在三河之南,天火雷电,有血流润大石之中,生庆都,长大形像天帝,常有黄云覆盖之,梦食不饥,及年二十,寄伊长孺家,出观三河之首,常若有神随之者,有赤龙负图出,庆都读之,赤受天运,下有图人,衣赤光面八彩,须鬓长七尺二寸,兑上丰下,足履翼翼,署曰赤帝起诚天下宝,奄然阴风雨,赤龙与庆都合婚,有娠,龙消不见,既乳视尧,如图表,及尧有知,庆都以图予尧。"既然此段文字谈的是河图的来历,则"三河",当指伊水、洛水、黄河这三条河流。② 它实际上是"三川"的另一种叫法。

第五节　三河地区"天下之中"地位的确立

"天下之中"是中国古代政治文化当中比较引人注目的一个概念,围绕这一概念,多年来,李久昌、龚胜生、王子今、张新斌等学者进行了一系列探讨,③相关成果对于深入理解"天下之中"概念助益良多,但仍然存在一些有待继续探索的基本问题,诸如"天下之中"概念的发明权,"天下之中"与"土中"的关系,三河地区何以成为汉代"天下之中"的地域指向,诸家论述皆未深入论证。另外,政治进展对"天下之中"概念的生成及演化具有重大影响,虽然有学者循此思路考察了"天下之中"地域指向的转移,但讨论的时段从先秦至于明代,过宽的视域导致汉代以前"天下之中"的多样性、延展性在某

---

① 《史记》卷一一四《十二诸侯年表》,第509页。
② 还有"三河"称谓被用来指称汉代边境地区三条河流的,如《后汉书》谓冉駹夷"其西又有三河、槃于虏,北有黄石、北地、卢水胡,其表内为徼外。"以"三河"名虏,应当指的是此支夷人活动地带有三条河流经过。同书《西羌传》:"羌无弋爰剑者,秦厉公时为秦所拘执,以为奴隶。不知爰剑何兀之别也。后得亡归,而秦人追之急,藏于岩穴中得免。羌人云爰剑初藏穴中,秦人焚之,有景象如虎,为其蔽火,得以不死。既出,又与劓女遇于野,遂成夫妇。女耻其状,被发覆面,羌人因以为俗,遂俱亡入三河间。"李贤注:"《续汉书》曰:'遂俱亡入河湟间。'今此言三河,即黄河、赐支河、湟河也。"此类"三河"称谓由于出自汉代以后的史家,实际上并不足以由此判定汉代即有指代西部地区河流的"三河"称谓存在。
③ 龚胜生:《试论我国"天下之中"的历史源流》,《华中师范大学学报》(哲社版)1994年第1期。王子今:《秦汉时期的"天下之中"》,《光明日报》2004年9月21日。李久昌:《周公"天下之中"建都理论研究》,《史学月刊》2007年第9期。张新斌:《"天地之中"与"天下之中"初论》,《中州学刊》2018年第4期。

种程度上受到忽视。① 有鉴于此，笔者拟将考察焦点再次锁定"天下之中"概念，探讨其在先秦至汉代的生成、演化过程。

一、"天下之中"概念形成于战国晚期

在西汉史家的记录中，"天下之中"是周公在营建东都时对洛邑的定位。《史记·周本纪》：

> 成王在丰，使召公复营洛邑，如武王之意。周公复卜申视，卒营筑，居九鼎焉，曰："此天下之中，四方入贡道里均。"作《召诰》《洛诰》。②

针对此条记载，李久昌说："从周公的话中，可以看出，周公是以'天下'为空间视域来确定都城位置，重点从中央王朝对所辖政治疆域的空间地理控制角度来选择适中的地理位置确定统治中心，包含了天下中心观和国都中心观，这就出现了最初的区域中心地思想。"龚胜生也以这条记载为依据，认为周公营建洛邑的真正原因"正如周公所一语道破的，无非是因为'此天下之中，四方入贡道里均'罢了"。从二位学者的论述中可以感受到，他们都相信，洛邑为"天下之中，四方入贡道里均"的话语是出自周公之口的。然而，在现存《尚书·周书》的《召诰》《洛诰》中，并没有这样的话语。与《尚书》的缺失恰相反，《史记》不但在《周本纪》当中出现了这句话，在《刘敬叔孙通列传》中，刘敬说：

> 成王即位，周公之属傅相焉，乃营成周洛邑，以此为天下之中也，诸侯四方纳贡职，道里均矣。③

《史记》的两处文字均记载周公具有洛邑为天下之中的认知，根据孤证不立的原则，我们似乎也应当如以往学者那样，相信《史记》的记载为真，司马迁对周公言语的记录应有所本。然而，仔细对比不难发现，虽然两处记载的基本意思并无不同，但文字的细微差异处有二：其一，发表观点的主体及方式，由"周公"亲自"曰"，变成了"周公之属"内心"以为"；其二，"四方入贡"变为"诸侯四方纳贡职"，表述方式稍繁复了些。由这两点差异可以感

---

① 如龚胜生认为"天下之中"地域指向的转移"有其各自的历史背景"，但他所论证的转移发生于先秦至明代的超长历史时期，具体指的是从洛阳或者以洛阳为中心的"豫州""河南"转向由南阳与襄阳所组成的"南襄盆地"。
② 《史记》卷四《周本纪》，第133页。
③ 《史记》卷九九《刘敬叔孙通列传》，第2716页。

知,史家行文比较随意,周公是否真的说过洛邑"为天下之中"的话,在史家心中,其实并不重要,因此在表述上便表现为时而用外化的"曰",时而用内向的"以为";时而用单一、确切的"周公",时而用群体、含混的"周公之属"。

平心而论,周公说过什么,或没说过什么,如果辨析的内容仅止于此,其意义很有限。重要的是,我们应当通过上述讨论意识到,一个出自后世史家笔下的周公形象或许是存在问题的,对于经由附丽于这一形象的心理、言语、行为描写而推知的周初概念体系,也应当心存警惕。具体到"天下之中"概念,由于周公所言或所想是夹杂在一段随意性较强的文字中被表述的,因此,推论周初已经形成"天下之中"的概念,便显得颇为草率。

实际上,《史记》在叙史过程中,的确存在因后世观念而影响其行文的现象。比如传世《战国策·赵策一》有"燕尽韩之河南"的记载,①在马王堆帛书《战国纵横家书》"苏秦献书赵王章"中,这句话写作"燕尽齐之河南"。② 考虑到燕、韩之间相距遥远,燕国夺得"韩之河南"的可能性基本不存在,可以判定,《战国纵横家书》的"燕尽齐之河南"更接近《战国策》原本。而当司马迁截取《战国策》文以编《史记》的时候,这句话却被改写为"燕尽齐之北地"。③ 司马迁为何要将《战国策》的"齐之河南"改为"齐之北地"呢? 可能存在的一个重要因素就是西汉人已对原文中的"齐之河南"感到突兀,因为汉代的"河南"长久以来都是一个郡的名字,其地域指向十分明确。因汉代人感到费解而涂改前人的文字遗存,《史记》将"天下之中"的"版权"冠于周公名下,亦可作如是观,只不过,"天下之中"的使用不是因为前人的概念已使汉代人费解,而是因为"天下之中"更贴合汉代社会的语言习惯,更便于汉代人的理解。明乎此,我们对"天下之中"概念集中出现于《史记》也就不难理解了。

《史记》所谓"天下之中",除了见于《周本纪》及《刘敬叔孙通列传》,在《货殖列传》中还可两见。其一曰:"夫三河在天下之中,若鼎足,王者所更居也。"其二与范蠡事迹有关,范氏佐勾践灭吴后,"以为陶天下之中,诸侯四通,货物所交易也",遂于陶"治产积居",成为一名成功的商人。此说又见于《史记·越王勾践世家》:范蠡"止于陶,以为此天下之中,交易有无之路通,为生可以致富矣"。尽管司马迁是在叙述先秦历史的过程中屡次提及"天下之中",但范蠡"以为"陶为"天下之中",属史家对前人内心世界的想当然。而"三河在天下之中"则是史家看到"王者所更居"这一历史实情后

---

① 诸祖耿:《战国策集注汇考》,第901页。
② 马王堆汉墓帛书整理小组编:《战国纵横家书》,第91页。
③ 《史记》卷四三《赵世家》,第1817页。

对三河地区特殊地位的总结。两者均不能直接作为先秦已有"天下之中"概念的证据,而应将之视为司马迁以汉代习用语描述先秦历史的表现。

当然就文献所见而言,"天下之中"概念亦非创自汉代。《吕氏春秋·审分览·慎势》:"古之王者,择天下之中而立国,择国之中而立宫,择宫之中而立庙。"①《荀子·大略》:"欲近四旁,莫如中央,故王者必居天下之中,礼也。"②看来,战国末年已出现"天下之中"概念。但与之形成对比的是,迄于战国末年的更多文献所能见到的不是"天下之中"概念本身,而是各式各样含有"天下之中"色彩的其他词汇。

西周时代有"土中"。③《尚书·周书·召诰》载周公曰:"王来绍上帝,自服于土中。"④《逸周书·作雒》:"周公敬念于后,曰:'予畏周室克追,俾中天下。'及将致政,乃作大邑成周于土中。"⑤西周亦用"中国"概念。作于周成王时期的青铜器何尊有铭文曰:"唯武王既克大邑商,则廷告于天曰:'余其宅兹中或(國)。'"⑥战国时期,"宅兹中国"的主角变成了韩国。《韩非子·存韩》:"韩居中国,地不能满千里,而所以得与诸侯班位于天下,君臣相保者,以世世相教事秦之力也。"同篇又载荆令尹之言:"夫韩以秦为不义,而与秦兄弟共苦天下,已又背秦,先为雁行以攻关。韩则居中国,展转不可知。"⑦战国时代还有"中央之国"的说法。《韩非子·初见秦》:"赵氏,中央之国也,杂民所居。民轻而难用也。"⑧"中央之国"从字面上来说,似亦有"土中""中国"的味道,但具体所指为赵国,地域指向大不同于二者。尤其值得关注的是,战国时代还出现了"天下之中身"的提法。《战国策·魏策四》记载,有策士为劝阻秦国攻魏,对秦执政者说:

> 梁者,山东之要也。有蛇于此,击其尾,其首救;击其首,其尾救;击其中身,首尾皆救。今梁王,天下之中身也,秦攻梁者,是示天下要断山东之脊也,是山东首尾皆救中身之时也。山东见亡,必恐,恐必大合,山东尚强,臣见秦之必大忧可立而待也!

---

① 许维遹:《吕氏春秋集释》,中华书局,2009年,第460页。
② 王先谦:《荀子集解》,中华书局,1988年,第485页。
③ 《史记》所谓"四方入贡道里均""诸侯四方纳贡职,道里均矣",应当是史家从周人的"土中"一词推衍出来的。
④ [汉]孔安国注,[唐]孔颖达疏:《尚书正义》,第212页。
⑤ 黄怀信、张懋镕、田旭东:《逸周书汇校集注》,上海古籍出版社,2007年,第524页。
⑥ 中国社会科学院考古研究所编:《殷周金文集成》,中华书局,2007年,第3703页。
⑦ 王先慎:《韩非子集解》,中华书局,1998年,第18页。
⑧ 王先慎:《韩非子集解》,第8页。此段又见于《战国策》卷三"冷向谓秦王"章。

所谓"梁王,天下之中身也",将魏国视为"天下之中身",与"天下之中"概念仅是一字之差,但毕竟还无法等同,它是取譬于蛇的一种形象比喻。

《战国策》《韩非子》可见到多种在语义上具有"天下之中"意味的词汇,而《荀子》《吕氏春秋》则直接出现了"天下之中"概念。考虑到这几种文献在年代上相距甚近,那么,我们或可推论,"天下之中"概念的生成,与战国晚期以来大一统局面即将实现的政治大变局存在某种关联。循此思路,则同样描述疆域中心的概念从"土中"向"天下之中"的演变,亦当与西周初年至战国晚期的政治变迁密切相关。

二、商周革命与"土中"概念的运用

从认识论的角度来说,"概念"的生成往往是一些朦胧认知逐步走向清晰、理性的结果。"天下之中"概念虽形成于战国晚期,但在此之前,人们对"天下之中"的追寻实际上已有长久的历史。"土中""中国""中央之国""天下之中身"等先秦概念的出现,皆是其表征。简单扫视这几个先秦概念,不难发现,对方位意义上"中"的强调是它们的共同点。① 除此之外,还有明确提出"天子处中"理念的,如《管子·度地》:"天子有万诸侯也,其中有公侯伯子男焉,天子中而处。"同书《轻重乙》:"地之东西二万八千里,南北二万六千里。天子中而立,国之四面,面万有余里,民之入正籍者亦万有余里。"同篇又曰:"天子中立,地方千里。"②《孟子·尽心上》:"中天下而立,定四海之民,君子乐之,所性不存焉。"③那么,先秦社会对疆域之"中"的执着究竟有着怎样的政治文化内涵呢?《尚书·周书·召诰》在"王来绍上

---

① 邓国军认为:"终殷周二代,'中'观念内涵传承者有三:一是'中央—四方'的统治模式;二是'居天下之中'的建都理念;三是'中轴对称'的建筑原则。"(氏著《殷周时期"中"观念的生成演变——兼论殷周制度文化的沿革》,《古代文明》2018 年第 1 期)虽然论者可能忽视了作为施政理念的"中"观念,但其所揭示"中"观念的三个面向,实际上都是方位意义上的"中",足见"中"之方位意义的根深蒂固。
② 黎翔凤:《管子校注》,中华书局,2004 年,第 1051、1443 页。李久昌亦注意到这几条材料,但"天子"皆引作"天之",有误。
③ [汉]赵岐注,[宋]孙奭疏:《孟子注疏》,[清]阮元校刻:《十三经注疏》,第 2766 页。《逸周书·作雒》可见"俾中天下",不过,清代治《逸周书》甚勤的朱右曾在引"俾中天下"时写作"以为天下宗",学者以为"盖所见本异"(黄怀信、张懋镕、田旭东:《逸周书汇校集注》第 525 页)。也就是说,"俾中天下"未必是《逸周书》原本的文字。黄怀信认为,《作雒》记录的事件"当属可信",但"文字不甚古","其文字,亦必出西周,或据西周旧文加工整理而成,要必不晚于春秋早期"(黄怀信:《逸周书校补注译》,三秦出版社,2006 年,《序言》第 55 页)。黄氏所谓"文字不甚古",将《作雒》"乃作大邑成周于土中"与《尚书·周书·召诰》"入服于土中"的表述放在一起加以比较,便可真切地感受到。看来,《逸周书·作雒》虽然说的是周初之事,但其中的"中天下",很可能不是周初的文字。但这并不妨碍我们对周初之人已有"天下之中"心理追求的推论。

帝,自服于土中"之后,紧接着叙周公之言:

> 其作大邑,其自时配皇天。毖祀于上下,其自时中乂。王厥有成命,治民今休。

对这番话,孔安国作如是解读:"周公言其为大邑于土中,其用是大邑配上天而为治。为治当慎祀于天地,则其用是土中大致治。是用土中致治,则王其有天之成命,治民今获太平之美。"曹魏经学家王肃这么理解周公之言的第一句:"天子设法,其理合于天道,是谓'配皇天'也。天子将欲配天,必宜治居土中,故称周公之言其为大邑于土之中,其当令此成王用是大邑行化,配上天而为治也。"①揣摩孔、王之说,可以强烈地感觉到,周公之言的核心在于天人关系的建构,所谓"用是大邑配上天而为治","用是土中"方为"慎祀于天地","土中致治"方获"天之成命","将欲配天,必宜治居土中",诸如此类的说法皆贯穿着一个理念,即"土中"是维系上天与人间和谐秩序的关键。②

---

① [汉]孔安国注,[唐]孔颖达疏:《尚书正义》,第212—213页。
② 现代学者则认为宗周僻处西部,"洛邑的营建完全是出于西周国家的重大战略之需要",是为了更好地"维持自己在东部的统治"(李峰著,徐峰译:《西周的灭亡:中国早期国家的地理和政治危机》,上海古籍出版社,2016年,第71页)。需要注意的是,西周所用"土中"概念,大体上是指一个地理中点,此中点的意义在于配天以求治,对天人关系的思考在逻辑上尚比较单纯。与"土中"极为相近的一个概念是"地中",见于《周礼·地官·大司徒》:"以土圭之法测土深,正日景,以求地中。日南则景短,多暑。日北则景长,多寒。日东则景夕,多风。日西则景朝,多阴。日至之景,尺有五寸,谓之地中,天地之所合也,四时之所交也,风雨之所会也,阴阳之所和也。然则百物阜安。乃建王国焉,制其畿方千里,而封树之。"([汉]郑玄注,[唐]贾公彦疏:《周礼注疏》,第704页)地理中点固然也是"地中"概念直接意指,然而,与"土中"不同的是,"土中"的配天资格无须繁琐论证,而"地中"配天则是由于其具有"天地之所合""四时之所交""风雨之所会""阴阳之所和"的神秘主义特性。从理论的繁复程度来看,"地中"显系后出。后世又有所谓"天地之中"的概念,张新斌将之与"天下之中"概念相比较,认为"天地之中"讲究"四时之所交""风雨之所会""阴阳之所合"等标准,"强调宇宙认知、思想观念、政治统治的特指性,是一个综合的立体的文化认知体系"。相对来说,"天下之中"在认知上"表现为平面的、感性的、直观的特点","还是停留在表层、直观的层面"(张新斌:《"天地之中"与"天下之中"初论》,《中州学刊》2018年第4期)。笔者以为,就张先生对"天地之中"的描述来看,"天地之中"实为"地中"概念的变体,只不过,借助于"天地"这一词汇,"天地之中"将"地中"所蕴含的那一套神秘主义天人关系的说辞浅表化了。其实,"天地之中"概念是不严谨的,一个概念在演化中可以纳入新的内涵,如"土中"变为"地中",内涵更丰富了。但是假如新概念与旧概念内涵一致,却名实难符,则新概念不如无有。"天地之中"实际上说的是"地中",但初听此概念,头脑中的意象是存在于天地之间的悬浮于空中的某个点,既不是"天之中",也不是"地之中"。古人发明"天地之中"概念,在笔者看来或许有哗众的意图,希望借此引起更多人对某个区域的重视。比较而言,"天下之中"既有地理中心的"实指",又有以天统地重视天人关系的内涵,在概念的严谨性上要胜于"天地之中"。

周公以天地秩序为旨归而寻求"土中",或许是继承了周武王遗志。《逸周书·度邑》记载,商周交替之际,武王已有"定天保,依天室"的设想:

> 我图夷兹殷,其惟依天。其有宪令,求兹无远。虑天有求绎,相我不难。自洛汭延于伊汭,居阳无固,其有夏之居。我南望过于三涂,我北望过于有岳,丕愿瞻过于河,宛瞻于伊洛,无远天室。①

周武王反复强调"依天室""无远天室",反映了天在周人信仰体系中无与伦比的地位。正是基于对天的信仰,周人创造出了"天下"概念。《尚书·周书》多见"天下"之称,如《召诰》:"其惟王位在德元,小民乃惟刑用于天下。"《立政》:"其克诘尔戎兵,以陟禹之迹,方行天下,至于海表,罔有不服。"《吕刑》:"天罚不极,庶民罔有令政在于天下",等等。② 然而,我们不禁要提出的问题是,周人定鼎之初既然要通过确定一个中点以达成天人秩序的和谐,为何他们的话语体系中使用的是"土中",而非能够充分反映周人政治语言特色的"天下之中"? 回答这个问题,不能不关注商周观念继承性的一面。甲骨卜辞中有如下一条:

> 己巳,王卜,贞今岁商受年。王占曰:吉。
> 东土受年。
> 南土受年,吉。
> 西土受年,吉。
> 北土受年,吉。

---

① 黄怀信、张懋镕、田旭东:《逸周书汇校集注》,第472、479—481页。
② 日本学者渡边信一郎认为"天下"这一概念"是在战国时代登场的"。如此主张的理由在于,"天下在观念上基于天圆地方的盖天说世界观,即为天穹所覆盖的正方形大地。这一天圆地方的天下观念,缘于前四世纪初发生的宇宙观的转换,自仰视天穹的视角变换为向下俯视的视角"(氏著《中国古代的王权与天下秩序——从日中比较史的视角出发》,徐冲译,中华书局,2008年,第43、79页)。但有天文史研究者认为,"盖天思想的历史是十分悠久的",河南濮阳西水坡45号墓穴"南部边缘呈圆形,北部边缘呈方形",此形制"正是古老的盖天宇宙说的完整体现"。而古人对天圆地方的认知来源于"他们对于天地的直接感受,因此这种观念最为质朴,也最根深蒂固"(冯时:《中国天文考古学》,中国社会科学出版社,2010年,第389、390、463页)。笔者以为,立足大地以"仰视天穹"的视觉感受已足以引发天圆地方的盖天之思,日本学者认为天圆地方的认知必赖于"向下俯视的视角",将盖天说的形成定于战国时代,恐难信从。错误断代所推导出的"天下"概念登场于战国时代,亦不能接受。

除了东西南北四土之外，卜辞中还可见到"中商"：

> 戊寅卜，王，贞受中商年。十月。
> □巳卜，王，贞于中商乎御方。

依据上引卜辞文例，胡厚宣断言："中商即商也。中商而与东南西北并贞，则殷代已有中东南西北五方之观念明矣。"①由史料出发，此论固然成立。然而，若细加分辨，则可看到，在同一条卜辞中，东西南北四土与中商不并见，前一条有四土而无中商，后一条有中商却无四土。对此，庞朴分析道："既然说到'四方'，即使不提'中商'或'商'，实已隐含中方于其中了。当然，如能把这个隐含者表达出来，把'中'与'东南西北'并列而为五方，那便意味着达到了自我认识，意味着跳出自我而把我当作对象，与客观对象同等对待，而这是需要时间的。"②庞先生认为商部族对世界的认知水平尚未达到"跳出自我"的阶段，在商人心目中，中就是商，商天然便居中，商部族实际上的"中土"定位，既无须论证，也不必对居于东西南北四土的人们刻意宣传。这种无须论证、不必宣传的心理，意味着商部族对自身的群体认知在某种程度上尚处于混沌状态。"不识庐山真面目，只缘身在此山中"，商部族的个体成员深陷于一个天然居中的群体，在东西南北四土并没有对他们的地位形成压力的情形下，他们便缺少明确主张"中土"地位的动机。

处在商人的认知水平上，"中"是无待他求的，商部族在哪里，哪里便是中，这其实暗含着一个逻辑，即"中"的认定与商部族是否真正处在商王朝控制区的地理中心并无必然的关联，商人所谓"中"，实质上只是政治中心，尽管在五方结构里，中商看起来确实居中。但是，周初的情形则发生了很大变化，出现了明显的政治之"中"与地理之"中"的两分。周人龙兴之地在关中，关中自然就是周人的政治中心。不过，长期以来，周人接纳了商朝构建的"中商+四土"的政治地理架构，其自我认同是"西土"，这在《尚书·周书》中常见，如《泰誓》"西土有众""西土君子"，《牧誓》"以役西土"，《酒诰》"乃穆考文王，肇国在西土"。先前业已形成的这一自我定位，势必导致克商之初的周人难以拥有自居于中的自信。由于既有的政治中心在疆域版图中

---

① 两条卜辞及胡厚宣观点皆出自胡厚宣：《论殷代五方观念及"中国"称谓之起源》，收入其文集《甲骨学商史论丛初集（外一种）》，河北教育出版社，2002年，第279—280页。
② 庞朴：《阴阳五行探源》，冯建国编选：《庞朴学术思想文选》，上海古籍出版社，2013年，第118页。

偏居一隅,在此情境下,探求"土中"便成为增强自信、弥补缺憾的重要途径。这也就意味着,对作为地理中心的"土中"孜孜以求,实际上是因新的政治中心在既有疆域地理格局中的先天劣势而引发的。

立足于西土而寻觅"土中",无论是立足点抑或寻觅的对象,总体上均未脱离商人"中商+四土"的政治地理思维,只不过是思维主体由商人变换为周人,相关的具体操作须与周人的政治需要相适应。对于周人而言,"天下"概念虽已形成,天下亦已属周,然而,天下的政治中心与天下的地理中心却并不一致。两个中心相互分离,面对这样的既定现实,提出"天下之中"概念并将之作为一种政治宣传的关键词,岂非自扬家丑、自寻烦恼?因为我们若反向思之,则不难想象,当周天子宣称自己处于"天下之中"的地位时,或许会引起这样的质疑:天子明明在西边,怎么能自称在天下之中呢?

看到周天子在确立自身"天下之中"地位时,因面临两个中心相分离的困境,不得不选择"土中"概念。① 回头再琢磨前引《吕氏春秋》"古之王者,择天下之中而立国",以及《荀子》所谓"王者必居天下之中",作为"天下之中"概念的最早例证,二者皆要求政治中心与地理中心的同一性,至此便不难明白这样一个关节,即"天下之中"概念在形成之初便隐含了政治中心与地理中心合一的特质。

三、春秋战国时代天下失"中"与再造

有学者指出:"随着灭商战争的胜利,以及在东土封建诸侯的陆续完成,周人所面对的统治范围不再只是西土,眼光所及已是普天之下。"在此情形下,周人逐步淡化自身的"西土"色彩。西周中期以后,原先局限于周部族内部的"西土"地域认同,变成了天下领域内"以周王室为中心的宗法制下的亲缘认同"。② 淡化区域色彩,扩大认同范围,周王朝长期以来致力于此。照此说来,周王既称"天子",那么,对"天下之中"的迷恋必定是周天子的心理常态。因为若能获得"天下之中"的地位,则周部族的地域色彩将不复存在,并且对周政权的认同范围也将达于极致。然而,纵观整个西周时代,周

---

① 《论衡·难岁》:"儒者论天下九州,以为东西南北,尽地广长,九州之内五千里,竟三河土中。周公卜宅,经曰'王来绍上帝,自服于土中。'雒则土之中也。"(黄晖:《论衡校释》,中华书局,1990年,第1019—1020页)"土中"概念显然袭自《尚书》,但"土中"具体所指由"雒"改为"三河"则反映汉代历史背景。

② 胡鸿:《能夏则大与渐慕华风——政治体视角下的华夏与华夏化》,北京师范大学出版社,2017年,第32页。

天子一直无法摆脱这样的境地：一方面，洛邑既已营建，土中在焉；另一方面，关中是周人立国之本，作为传统的政治中心，绝不能放弃。① 政治中心与地理中心两分的现实困局使"天下之中"概念无法在西周时代流行开来。而这样的困局在两周之际终于有所改观。周平王东迁洛邑，天子所象征的政治中心与地理意义上的"土中"合二为一，这是不是意味着"天下之中"的概念呼之欲出了呢？答案仍是否定的。

众所周知，两周之际的都城迁移是在被动状态下发生的：申戎联合攻周，关中不保，这才导致平王不得不移都洛邑。迁都的这一具体情境决定着，东迁之后的周天子已很难再发挥"礼乐征伐自天子出"的政治核心作用，与此直接相关的，洛邑也不可能在实际上成为天下的政治中心。春秋战国时代，周天子的地位一直在下降，直至战国晚期周王被秦国废黜。伴随着政治一统的逐渐消解，谁才是天下的主宰？春秋争霸、战国兼并的五百多年历史即是围绕这个问题展开的。天下既已失去固定的政治中心，在此客观形势下，图霸的各个政治体便会有意无意地回避虚位周天子所居的地理中心，而着意强调自身在列国之间政治交往中的中心地位。此种心理的外在表现当中，策士游说诸侯时的一番说辞堪称典型代表。比如苏秦说秦惠王："秦四塞之国，被山带渭，东有关河，西有汉中，南有巴郡，北有代马，此天府也。"说燕文侯："燕东有朝鲜、辽东，北有林胡、楼烦，西有云中、九原，南有滹沱、易水。"说赵肃侯：赵地"西有常山，南有河漳，东有清河，北有燕国"。② 尽管苏秦所言是各国区位特征的实况，然而，其背后隐藏着一种特定时代的普遍心态，即战国是一个没有固定中心的时代，同时也是人人皆可想象自己为中心的时代。所谓"韩居中国""赵氏，中央之国也""梁王天下之中身也"，多种概念表达的都是这个意思。

不过，春秋战国时代诸侯国虽然有自居于中的普遍心态，但在现实中并没见到有哪一个曾公然宣称自己是"天下之中"，原因应当就在于这是一个霸权迭兴的时代，一来，就整个华夏版图而言，各个诸侯国并没有处在地理上的天下之中，二来，各诸侯国即便夺得霸权，也是暂时的，强敌环伺，没有

---

① 周振鹤指出："虽然王朝领土范围的中心位置是建都的理想位置，但有时却不一定是最合适的现实位置。因为除了理想以外，政治军事经济因素要起着实际的作用。为了王朝的长治久安，一方面要控制内部的敌对势力，另一方面要抵御外部的侵略行为。在这种考量下，首都就可能设在有所偏向的位置而不是地理中心。"他还特别指出，"王朝时代称为龙兴之地"的"政治根据地"，是"另一个与地理中心有矛盾的因素"。"一般而言，统治集团都力图将首都定在与自己起家的政治根据地不远的地方"。参氏著《中国历史政治地理十六讲》，中华书局，2013年，第249页。

② 《史记》卷六九《苏秦列传》，第2242、2243、2247页。

哪个诸侯国具备自称"天下之中"的那份政治自信。

值得关注的是,就在天下分裂、中心缺失的时代,社会上却兴起重塑中心的思潮。《尚书·禹贡》记述禹别九州后,有天下五服的规划:"五百里甸服","五百里侯服","五百里绥服","五百里要服","五百里荒服"。① 《周礼》亦有多处言及服制,一为"六服"说,见《秋官·大行人》:"邦畿方千里,其外方五百里,谓之侯服","又其外方五百里,谓之甸服","又其外方五百里,谓之男服","又其外方五百里,谓之采服","又其外方五百里,谓之卫服","又其外方五百里,谓之要服"。另有"九服"说,见《夏官·职方氏》:

> 乃辨九服之邦国,方千里曰王畿,其外方五百里曰侯服,又其外方五百里曰甸服,又其外方五百里曰男服,又其外方五百里曰采服,又其外方五百里曰卫服,又其外方五百里曰蛮服,又其外方五百里曰夷服,又其外方五百里曰镇服,又其外方五百里曰蕃服。②

《夏官·大司马》还可见"九畿"说,文字大体同于《职方氏》,只是将其中的多个"服"字改为了"畿"。③ 诸说尽管在区域划分的数量上有五六九之差,但有一个共同点,即采用了同心圆或"回"字型天下格局。在这种天下格局里,天子所在的政治中心与天下疆域的地理中心实现了合二为一,只不过,这种重合与中心缺失的社会现实恰恰相悖,反映了先秦知识阶层对政治乱局的一种理想性、理论性思考。在他们心目中,天下只能有一个中心。这个理想并非那个时代某一流派的知识专利,正如论者所指出的,"从诸子的叙事中人们不难读出,在他们的政治观念中,有一个几乎是不能研究的自明前提,那就是'一统'。无论是道家的'王者'还是儒家的'王道',也不管是墨家的'上同'还是法家的'一律',都殊途同归,概莫能外"。而思想界之所以普遍有"一统"的强烈期待,"当源始于'三代'有过的'天下'概念"。④

的确,作为一个概念,"天下"指代的是政治体所控制的地域,然而在语词结构上却以"天"说地,以"天"统地,天然地具有强调"一统"的政治意蕴,

---

① [汉]孔安国注,[唐]孔颖达疏:《尚书正义》,第153页。
② [汉]郑玄注,[唐]贾公彦疏:《周礼注疏》,第863页。
③ [汉]郑玄注,[唐]贾公彦疏:《周礼注疏》,第835页。
④ 韩东育:《法家的发生逻辑与理解方法》,《哲学研究》2009年第12期。不过,"天下"称谓是否三代皆有,仍须细思。笔者认为,"天下"是周人的发明。

这与商代那种五方并立、无待于天的格局大异其趣。① 政治共同体的表述方式由商代五方变化为周代的"天下",应当与这一历史背景有关,即商代方国联盟的国家形态,经过周人的大封同姓,方国更替为封国,血缘纽带的充分利用使得国家形态中的同质性、集权性因素显著增长。那么,当战国以来具有"专制"色彩的集权君主制逐步代替分权意味较重的等级分封制,"天下"概念自然便成为诸侯并兼过程中可资利用的文化资源。

在传统上,秦王朝往往被定性为"大一统中央集权帝国"。"大一统"概念当然具有悠久历史,说秦王朝用铁血战争践行了"大一统"理念,并无不妥。然而,有学者注意到,《史记》卷五《秦本纪》、卷六《秦始皇本纪》、卷一五《六国年表》在叙及秦统一时,均书作:"初并天下。"论者认为,"并天下"是秦人在描述自身的统一功业时所精心选择的用语,与通常所讲的"大一统"相比,这个描述能更好地传达出秦人之功"超迈前代"的自我评价。换句话说,"'并天下'而非'大一统',更能凸显秦统一的军事成就与帝国建立的政治伟绩"。因为先秦"大一统"要旨在于尊王,主张天下应该有一个权力中心。如果仍以"大一统"来描述秦统一,则只是突出了秦始皇接续夏商诸帝、周天子这一权力传承脉络,使天下再一次有了一个政治中心。而秦统一的成就并不止于此,它实际上是"再造'一统'"。所谓"再造",即指秦始皇"突破了所谓五帝以来的'帝—诸侯'政治秩序",他不再如周天子那样,是"帝—诸侯"这一旧的"天下"政治模式的中心,而是"皇帝—郡县"这一"新的'天下'政治模式"的中心。他以自己的中心地位促成"君主与地方政治联结层面的'郡县制'全面彻底推行",在中国历史上首次实现了整个华夏版图内"君主对所统地域较为单一而有效的直接控制"。②

秦人对自身统一功业的"并天下"表述,蕴含着政治模式的重大转折。此项认知传达着这样的历史讯息:在春秋战国由分裂走向统一的漫长进程中,"天下"已不再是之前的"天下",它的具体内涵由诸侯变成了郡县。当统一的王朝在帝国版图内找寻"天下之中"的时候,其表述方式或许会在不知不觉中体现出郡县体制的影响。

---

① 有学者指出,在殷人意识中,天帝固然神威巨大,但兴云作雨乃天帝自为,世间王者只能通过占卜预知,而无法干涉。因此,他们格外重视和自己关系直接而密切的祖先神,对天帝则"一毛不拔,不奉献任何祭品"。参见晁福林《先秦社会形态研究》,北京师范大学出版社,2003 年,第 179 页。

② 孙闻博:《"并天下":秦统一的历史定位与政治表述——以上古大一统帝王世系为背景》,《史学月刊》2018 年第 9 期。

四、大一统的政治实践与"三河在天下之中"

如前所引,《史记》在《越王勾践世家》《货殖列传》两篇皆有范蠡以陶为"天下之中"的记载。值得深思的是,《货殖列传》除了说陶为"天下之中",同一篇中还有"三河在天下之中"的说法,为何在同一篇中出现了两个不同地域指向的"天下之中"呢?史念海认为:"陶和雒邑不同。雒邑乃是一个政治都会,陶却是一个经济都会。"①对于陶的经济都会属性,龚胜生有更详细的分析:"陶在当时只是黄河下游平原上的一个经济都会,既非国土中心,亦非诸侯都城,范蠡却选择了这个地方,并说这里是'天下之中',一则说'以陶为天下之中,诸侯四通,货物所交易';再则说'以为此天下之中,交易有无之路通,为生可以致富'。很显然,这是从商业的角度来看的,而不是从政治的角度来看的,因而这里所说的'天下之中'实质上只是一个商贸中心。"②

陶是"经济都会""商贸中心",洛邑是"政治都会",两个不同性质的"天下之中"自可各行其是,并不冲突。以此来解释《货殖列传》两个"天下之中"并见的文本状态,当然有一定道理。不过,另一种可能性也不容忽视,即《史记》在记载范蠡"以陶为天下之中"的理念时,或许有所本。如同《史记》两见周公认为洛邑具有"四方入贡道里均"的记载,虽然并非周公语言、心态的严谨实录,但认为周公曾如此言说,如此运思,也并非自太史公始,在《史记》撰著之前应已存在此类对周公形象的再塑。同理,所谓范蠡"以陶为天下之中",夫子自道的可能性也不大,它更像是战国以来人们对范蠡心态的想象,而被《史记》采录。如此,则范蠡"以陶为天下之中",实际上是战国以来的人们具有以"陶为天下之中"的认知,这种认知的形成固然有"交易有无之路通"的经济考量,但同时也要看到陶地在战国时代所具备的"诸侯四通"的政治地理特征。

我们注意到,战国时期的秦国曾被深度卷入对陶邑的争夺战。陶原本属宋,处于齐、魏、宋交接地带。齐灭宋,陶归齐。齐国实力大增,导致"诸侯恐惧",遂联合秦国共攻齐,"破之济西",齐湣王出逃,不久死亡。如果注意到此役的一大结果是陶邑成了秦相魏冉的封地,那么,可以推论,诸国或许正是以陶地为诱饵,方才说服秦国积极参与了伐齐之役。由此不难觉察,陶

---

① 史念海:《释〈史记·货殖列传〉所说的"陶为天下之中"兼论战国时代的经济都会》,《河山集》,生活·读书·新知三联书店,1963年,第110页。
② 龚胜生:《试论我国"天下之中"的历史源流》,《华中师范大学学报》(哲社版)1994年第1期。

地之所以成为战国时代的"天下之中",关键原因在于该地处于齐、魏、宋之间,为大国争夺的焦点所在。即便是僻处西边的秦国,对陶地的此种地缘特征亦洞若观火,必欲得之;得之,便如在关东诸国间插入一枚楔子,可以此为基地,进一步拓展秦人势力。

有趣的是,秦国认识到陶地具有"天下之中"的地位,但这其实是接受了原先东方列国所拥有的地理共识。在这一地理共识形成的过程中,秦国反倒是缺席的。《史记·秦本纪》记载"秦僻在雍州,不与中国诸侯之会盟",东方列国"夷翟遇之","卑秦"。而当秦国积极参与东方事务,逐步蚕食列国疆土,将自己强行"挤进"天下版图之后,"陶为天下之中"的说法便会失去市场。① 随着天下版图西扩,"天下之中"亦必西移,最终形成"三河在天下之中"的说法。

"三河在天下之中"的说法见于《史记·货殖列传》,虽然反映的是西汉人对"天下之中"的定位,但秦人对此说的形成亦有至关重要的作用,因为秦人提供了最基本的地名资源。

"三河"原本只是三"河",分别用来指称"河南""河东""河内"这三个以黄河为界限的区域。正所谓"名从主人"②,在先秦时期的分裂状态下,依主体不同,三"河"的具体地域指向均呈现出多样性。如"河东",后世习惯以今山西西南部运城、临汾一带对应其地望,但战国时代有"赵之河东",指的是位于东段黄河以东的今聊城、菏泽地区,其命名主体当是赵国。比较而言,指称晋西南的"河东",由居于晋陕间黄河以西的秦国命名。随着秦国东进,秦人的"河东"渐居优势,最终使东方列国之前所认同的"河东"称谓逐渐从历史中淡出。至于"河南",战国时代既可指称洛阳周边,亦可指称魏都大梁一带临近黄河的区域,甚至齐国亦有"河南"。只不过,以洛阳为中心的"河南"成为国人共识,一直延用至今。而指代齐地的"河南"称谓则在历史上沦没,究其原因,习惯使用齐地"河南"称谓的燕、齐等国在秦统一进程中

---

① 对陶"天下之中"地位的衰落,史念海先生认为:"陶濒于济水,是靠着水路交通网的形成和扩大才繁荣起来的,济水离黄河不远,黄河又是一条容易决口泛滥的河流,也就难免受到它的影响。"汉文帝以后,黄河多次出现决口的记录,"当然会影响到定陶的繁荣,使它减色。好在当地的农田还未遭受多大的摧损,农业也就容易得到恢复,所以西汉末年的济阴郡仍然是全国人口最稠密的地区"。王莽时期,黄河再次改道,直至汉明帝永平年间才堵塞决口。"六十年来的水灾,定陶附近一直受到淹没。""六十年的时期不是太短,黄河的灾难也不是很轻。""经过这几次变化,定陶原来获致繁荣的条件都已先后失去,它的经济都会的地位自然难得恢复了。"(史念海:《释〈史记·货殖列传〉所说的"陶为天下之中"兼论战国时代的经济都会》,《河山集》,第129、130页)史先生的分析思路,始终贯彻陶为"经济都会"的主张。而笔者则突出陶地"天下之中"地位相对淡化的政治背景。
② [晋]范宁集解,[唐]杨士勋疏:《春秋穀梁传》"桓公二年",第2373页。

被边缘化,应是很重要的因素。

"河内"称谓的演变历程,亦有秦人因素参与其中。"河内"最初是晋人对本国居地即今山西西南部的心理定位,随着晋人跨越太行山而东扩,"河内"的区域指向得到扩展。然而,秦国占据晋西南之后,早先指称该地区的"河内"称谓,被充斥着秦人色彩的"河东"取代,"河内"的范围仅保有太行山以东的区域。虽然此时的"河内"在地理内涵上已与后世大体一致,但秦人在抵达太行山东麓之初,并未直接袭用"河内"称谓,而是将新拓地"率以并属河东",直到"始皇既并天下,始依山川形便,更加区画",设置了河内郡。① 而这个意义上的"河内"之所以能够定型,秦人通过对晋西南的重新命名,从而将晋西南从"河内"原本的地理内涵中分割出去,是一个不可或缺的步骤。

由以上概观可以看出,"河东"称谓落脚于晋西南,"河南"称谓稳定在以洛阳为中心的区域,"河内"称谓收缩至太行山以东,三"河"最终摆脱大跨度零散分布的状态,而汇聚为以黄河、太行山为纽带的三个区域,并最终生成汉代社会习用的组合式称谓:"三河",整个过程中,秦人扮演着关键角色。明乎此,则可推知,"三河在天下之中"的表述得以出现,离不开这样的历史背景,即秦国崛起、东扩以及随之而来的秦式地名的普及。

不过,"三河在天下之中"的说法在秦代流行的可能性并不大。首先,战国时代占据河南绝大部分区域的韩国在此设置了三川郡,秦在夺得该地后所设郡仍为三川郡,②可见"河南"称谓并不为时人特别中意,"三河"这一组合式称谓缺乏普遍接受的社会基础。其次,虽然秦人喜欢以"并天下"来标榜自身的统一功业,统一前夜也存在着择中建都、"天下之中"等论说,并且在政治实践上,秦人确实也有经营河洛的记载,据《史记·留侯世家》记载,刘邦得天下不久,"在雒阳南宫,从复道望见诸将往往相与坐沙中语"。有学者推断:"雒阳南宫有'复道'建筑,当然不可能是仓促营造,应是秦时故宫。由'南宫'之定名,可推知洛阳秦宫当不止一处。看来,秦王朝曾经把洛阳看作统治东方的政治重心所在。"③然而洛阳毕竟只是用来"统治东方"的"政治重心",就全国层面来看,秦人面临着与西周统治者相仿的尴尬,即龙兴之地在于西方,这决定着他们终究无法放弃关中本位。对于初兼天下的秦人而言,大肆言说"天下之中"概念,甚至直接宣扬三河地区"天下之中"的地位,无疑会冲击关中本位,这不符合他们的根本利益。

---

① 谭其骧:《秦郡新考》,《长水集》,第9页。
② 薛瑞泽:《论河洛地区的三川郡》,《洛阳理工学院学报》(社会科学版)2008年第1期。
③ 王子今:《秦汉区域文化研究》,第116—117页。

那么,汉王朝定都长安,其实并没有改变政治中心居于西方的状态,为何汉人开始频繁提起"天下之中"这一概念呢?这应当从西汉政治文化主流的变化来考量。众所周知,汉初重黄老,崇尚无为而治。与此同时还应看到,儒学虽微,但一直并未放弃干预政治的努力,而某些国策的出台也的确显现了儒家经典的影响,如州制。有学者指出,西汉初年关中与关东的人员往来受到严格管控,到汉文帝十二年下诏"除关无用传",关禁始有松动。"为弥补关禁松弛之后可能带来的危害","汉文帝听取儒生的建议,依照经书《禹贡》的记载,将全国疆土划分成九个州域,作为朝廷遣使视察以体现其统治权威的区域划分"。① 对于汉文帝而言,儒家经典的影响不仅仅是受《禹贡》启发而行九州制,很可能还包括儒家经典的衍生。《礼记·王制》:

> 自恒山至于南河,千里而近。自南河至于江,千里而近。自江至于衡山,千里而遥。自东河至于东海,千里而遥。自东河至于西河,千里而近。自西河至于流沙,千里而遥。

与上节所引《尚书·禹贡》以及《周礼》之《秋官·大行人》《夏官·职方氏》相仿,这段话也是对天下领地的描述。关于《礼记·王制》的成书年代,孔颖达认为:"《王制》之作盖在秦汉之际。"但他所引东汉卢植的观点则认为:"汉孝文皇帝令博士诸生作此《王制》之书。"②要之,秦汉帝国建立后,儒学对政治的影响日益广泛、深化,则是毋庸置疑的。而先秦知识界一再强调的天下模式,即政治中心、地理中心合一的天下,为后来的儒者所继承。只不过,与先辈相比,汉代儒者已超越对同心圆或"回"字型天下格局的乌托邦想象,他们虽然也要求两个中心合一,但已无法满足于仅将这个要求隐藏在对天下模式的絮叨之中,而是旗帜鲜明地提出了"天下之中"的概念。儒者积极干预现实的使命感决定着,当他们日益占据政治文化主流的时候,以这个概念的高频言说来引导执政者将政治中心东移,只是时间早晚的问题。

当然,西汉时代实际上并未发生国都东移的事件。不过,有迹象显示,政治中心已有东移的趋势。汉武帝元鼎三年至元鼎六年之间,汉武帝施行"广关"举措,使得作为政治中心的关中区域北部东界,"由以临晋关为标志的黄河一线,向东推进至太行山一线",而中部东界"由旧函谷关,向东推进

---

① 辛德勇:《秦汉政区与边界地理研究》,中华书局,2009年,第111页。
② [汉]郑玄注,[唐]孔颖达疏:《礼记正义》,[清]阮元校刻:《十三经注疏》,第1321页。

至新函谷关"。① 经此措置,河南郡、河东郡被纳入关中范畴。有学者还注意到,汉初以来存在"京畿不行分封"的惯例,汉武帝以前三河地区有分封列侯的情形,意味着那个时期的三河区域并不被视为京畿。汉武帝时代,由于"原汉帝国京畿地区偏离帝国疆域几何中心的不利地位愈加明显,而地处天下之中的'三河',其特殊的区位优势逐渐凸显出来"。汉武帝遂"消灭三郡境内的封国形态",最终实现了将三河区域悉数纳入京畿范畴的目标。②

与三河地区京畿化相配合,该地区还被纳入州制当中。《史记·天官书》载各地区与星宿的对应关系:

> 角、亢、氐,兖州。房、心,豫州。尾、箕,幽州。斗,江、湖。牵牛、婺女,杨州。虚、危,青州。营室至东壁,并州。奎、娄、胃,徐州。昴、毕,冀州。觜觿、参,益州。东井、舆鬼,雍州。柳、七星、张,三河。翼、轸,荆州。③

其中的"三河"与兖、青、徐、荆等州并列,显然具有相当于州的地位。结合《史记·天官书》当中所见"衡,殷中州、河济之间",以及"戊、己,中州、河济也"的说法,④辛德勇认为,"中州之称,于史籍中似始见于此,疑即三河所在这一州域的名称"。至于其何以命名"中州","盖因三河地居天下之中,故以名州"。⑤ 此说虽有推测成分,但伴随着对地理中心、政治中心合一的天下模式的追捧,以及广关、徙封、州制改革等天下控驭措施的陆续展开,西汉中期,"天下之中"最终被定位在备受关注的三河地区。

---

① 辛德勇:《汉武帝"广关"与西汉前期地域控制的变迁》,《中国历史地理论丛》2008年第2期。
② 马孟龙:《西汉侯国地理》,上海古籍出版社,2013年,第342页。
③ 《史记》卷二七《天官书》,第1330页。"江、湖",辛德勇认为标点"似乎不够准确",应合称"江湖","是一个表示地域的词汇,而不是指江水和湖水"。具体地域"看起来大致与长江中下游之战国吴楚地区相对应","指的就是吴国故地"。参见氏著《秦汉政区与边界地理研究》,第102、104页。
④ 《史记》卷二七《天官书》,第1291、1333页。句读从辛德勇,参见氏著《秦汉政区与边界地理研究》,第106页。
⑤ 辛德勇:《秦汉政区与边界地理研究》,第106、107页。

第二章 秦汉三河政区的演变

第一节 三"河"郡的确立

一、河东

《资治通鉴》赧王二十九年条:"秦司马错击魏河内。"胡三省注:"《孟子》记梁惠王曰:'河内凶则移其民于河东,移其粟于河内。'盖魏之有国,河东、河内自为二郡也。"①认为魏国已设河东郡。杨宽先生说"魏设河东郡系在失去上郡后",②显然,他也主张河东郡始置于魏。钱林书认为:魏在迁都大梁之后,西方故地受到秦国蚕食,"为了防秦继续东侵,所以又设河东郡以守之","魏国确实置过河东郡",③继续坚持河东郡魏置的观点。但有学者指出,战国时期的魏国并未设置过河东郡。④ 笔者赞同这一看法。

首先,《孟子》所载梁惠王的说法,并不能作为魏国曾置河东郡的确凿证据。虽然东汉时代的《孟子》注者赵岐曰:"言凶年以此救民也。魏旧在河东,后为强国,兼得河内也。"现代学者杨伯峻也说:"指梁原都安邑一带地方。"⑤但不应忽视的是,东汉时代距《孟子》一书的传世已数百年,赵岐对"河东"的解释未必合乎历史实际。在上一章里,我们已经论述过,战国时代有两个地理内涵不同的"河东",一在晋西南,一在今豫、鲁交界一带。梁惠王所谓"河东"也可能指后一个地区而言。考虑到孟子与梁惠王的地域归属,也应是后一种可能性更大。孟子是鲁国邹人,属兖州之河东人。梁惠王

---

① [宋]司马光:《资治通鉴》,中华书局,2011年,第122页。
② 杨宽:《战国史》,上海人民出版社,1955年,第121页。
③ 钱林书:《战国时期魏国置郡考》,《历史地理》(第十五辑),上海人民出版社,1999年,第20—23页。
④ 宓三能:《战国时魏国未曾设置河东郡》,《中国历史地理论丛》1991年第4期。
⑤ 赵岐注,孙奭疏:《孟子注疏》,第2666页。杨伯峻:《孟子导读》,巴蜀书社,1987年,第44页。

虽曾在一段时期内生活于晋西南,不过,当他面对孟子说话的时候,应当顾及话语体系的可接受性。《孟子·告子下》:"昔者王豹处于淇,而河西善讴。"赵岐注:"淇水在北流河之西,故曰处淇水而河西善讴。"①孟子所谓的"河西"显然没有超越以自身为中心的视角。因此,当梁惠王对孟子谈及"河东"时,理当是指兖州之河东。

其次,魏国人对晋西南有自身的特定称呼。钱林书认为,战国时期,魏国设置有河西郡,"又名西河郡"。"河西、西河二郡名,实为异名同地"。在无更多证据的情形下,这个判断无法令人信服。在上一章里,笔者已经论述过,地名产生时往往伴随着自我中心的意识,在战国列强争取政治主导权的历史背景下,更应如此。对于魏国人而言,他们心目中的"河东"应是豫、鲁交界,而晋西南的"河东"是秦人创造的地名,魏国人不常用,他们称此地为"西河"。

河东郡非魏人始设,而是始设于秦。《史记·秦本纪》记载,秦昭襄王二十二年,"蒙武伐齐。河东为九县"。不少学者把这条料视为秦置河东郡的证据。如日本学者泷川资言就"河东为九县"发表这样的意见:"愚按,河东本魏地,前年入秦,故分为九县也。"刘影在论述山西历史时说:"于秦本土之外,首设河东郡",其援引的史证即秦昭王二十二年"河东为九县"的记载。侯毅在撰写《山西通史》时也是据此条材料说:"秦在晋西南设置了河东郡,下辖9县。"在山西的一座秦代墓葬中出土有陶鼎、陶盒,上有戳印文字"平阳市府",考古工作者作出这样的推测:"'平阳'或许是秦昭襄王二十一年攻魏,魏献安邑之后所立的九县之一。"②很显然,上述四例皆将"河东为九县"理解为秦国在晋西南的政区规划,既然已划分为九县,当然意味着秦已设置了河东郡。但是,这条史料应是被误解了。

对于古代不少治《史记》的学者来说,他们普遍注意到一个文本校勘的问题。目前通行的中华书局标点本《史记》作"蒙武伐齐。河东为九县",而清人梁玉绳曰:"'河东'上疑有脱字,《古史》作'取河东'。"③林茂春说:"按《古史》河东上有取字。"④早一些的晚明人徐孚远曰:"《古史》河东上有

---

① [汉]赵岐注,[宋]孙奭疏:《孟子注疏》,第2757页。
② 分别见泷川资言:《史记会注考证》(附校补),上海古籍出版社,1986年,第136页;刘影《皇权旁的山西:集权政治与地域文化》,新星出版社,2007年,第58页注释①;山西省史志研究院编:《山西通史(先秦卷)》,山西人民出版社,2001年,第262页。中国社会科学院考古研究所编著:《中国考古学·秦汉卷》,中国社会科学出版社,2010年,第128页。
③ 梁玉绳:《史记志疑》,第154页。
④ [清]林茂春:《史记拾遗》(稿本),收入徐蜀编《〈史记〉订补文献汇编》,北京图书馆出版社,2004年,第848页。

'取'字。"①比徐氏稍早一些的凌稚隆也说:"按《古史》河东上有取字。"②诸家所谓"古史",指的是苏辙的《古史》一书,今查该书卷六的文字是:"蒙武伐齐,取河东为九县。"的确有一个"取"字。南宋吕祖谦《大事记》卷五记载:"秦蒙武伐齐,取河东九县。"下有小注曰:"以本纪修。"③与苏辙《古史》的记述相比,"河东"后面少了一个"为"字,但对"河东"之前的那个"取"字,吕、苏二人并无不同。加上这个"取"字,那就意味着这句话是承接上面的"蒙武伐齐"而来,蒙武所攻取的"河东"地区乃属于齐国版图。因为据《史记·秦本纪》的记载,此前一年"(司马)错攻魏河内。魏献安邑,秦出其人,募徙河东赐爵,赦罪人迁之",既然二十一年已被秦国攻取,二十二年的时候又何以再次"取河东"呢?因此,蒙武所取之"河东"只能属于齐国。另外,对于《秦本纪》昭襄王二十二年"蒙武伐齐。河东为九县"的记载,《六国年表》在是年秦国一栏记作"蒙武击齐",④在齐国一栏则记作"秦拔我列城九"。《田敬仲完世家》记作:"秦来伐,拔我列城九。"⑤几处对读,亦可见所谓"河东为九县"是从齐国取得的战果,与魏国无关。

实际上,对于河东郡的始置年代,《史记·秦本纪》对秦昭襄王二十一年的记载基本可以说明问题。是年秦国兵锋及河内,魏国献出安邑,两事合观,该年秦国至少已尽得汾河以南地区,已初步具备了设郡的条件。全祖望认为河东郡始设于秦昭襄王二十一年,⑥从政治形势的角度来衡量,笔者对全氏的看法基本赞同。而《史记·范雎蔡泽列传》称:"昭王召王稽,拜为河东守。"此为秦昭襄王时期河东已置郡的确证。

秦末战争期间,项羽封魏豹为魏王,河东郡纳入其国。后来,魏豹叛汉,国除,河东复为郡。王莽改制,河东为兆队。东汉复称河东郡,建安十八年,归曹操魏公国。

二、河内

有学者认为魏国始设河内郡,其理由在于:"魏在河内地区肯定设置了

---

① 上海古籍出版社、上海书店编:《二十五史》(全十二册)第一册,1986年,第28页。
② [明]凌稚隆辑校,[明]李光缙增补,于亦时整理《史记评林》(全六册),天津古籍出版社,1998年,第325页。
③ 分别见苏辙《古史》,《文渊阁四库全书》第371册,第249页下栏。吕祖谦《大事记》,《文渊阁四库全书》第324册,第36页下栏。
④ 《史记》卷一五《六国年表》,第740页。
⑤ 《史记》卷四六《田敬仲完世家》,第1900页。
⑥ [清]全祖望:《汉书地理志稽疑》卷一,朱铸禹:《全祖望集汇校集注》,上海古籍出版社,2000年,第2485页。

不少县。魏曾置河西郡以拒秦,置上郡以拒戎。河内地处韩、赵等大国边界,地理位置同等重要,按当时制度该地应设置郡。"①此说有一定道理,河内地区的确应当设郡。然而,此地所设之郡究竟是否赋名"河内",还需要进一步实证。因为战国时代的河内地区常常被称作"南阳",如《左传》僖公二十五年:周天子赐晋侯,"与之阳樊、温、原、攒茅之田,晋于是始启南阳"。文公元年,"使告于诸侯而伐卫,及南阳"。战国河内地区有两个称呼,如此以来,魏国在该地所设之郡被命名为"南阳",亦未可知。不过,笔者更倾向于认为魏国以"河内"名郡,毕竟,所谓"内"字体现了魏人在东进过程中某个阶段的自我中心意识。

至于秦国何时设置河内郡,历来争议颇大。有的论著干脆认为,秦代根本没有设置过河内郡。如《元和郡县图志》"河北道一"有言,"河内殷墟""战国时属魏,秦属河东郡。在汉为汲县,属河内郡"。全祖望说秦的河东郡"昭襄王二十一年置。汉因之,又分河内、魏"。②两说存在一个明显的共同点,即认为秦人未置河内郡,而是以河东郡统辖河内地区。对此种看法,劳榦先生曾提出尖锐批评:"历来各家讨论秦郡的人很多,但不知为了什么,大家一致都有这个大疏忽,一直没有人看出来。这就是漏了河内郡。"他认为,"秦代一定有河内郡的"。③此说在当时尚属一种非常自信的推论,但最近若干年的考古发现证明,劳先生之说是正确的。秦封泥有"河内邸丞""河内左工"。④里耶秦简有"轵以邮行河内"的简文⑤,岳麓秦简有简文曰:"绾请许而令郡有罪罚当成者,泰原署四川郡;东郡、叁川、颖川署江胡郡;南郡、河内署九江郡;南郡、上党□邦道当成东故徼者,署衡山郡。"⑥如此,秦有河内郡已成定论。不过,河内郡何时始置,仍是有待解决的问题。

马非百认为秦昭襄王时秦已设河内郡,其考证如下:

窃谓河内立郡之始,似当在昭王时。《六国年表》:昭王二十一年,魏纳安邑及河内。三十三年,魏入南阳。三十九年,攻魏,拔怀。四十

---

① 路伟东:《河内郡始置于战国》,《历史地理》(第十五辑),第201页。
② [唐]李吉甫撰,贺次君点校:《元和郡县图志》,第459页。[清]全祖望:《汉书地理志稽疑》,朱铸禹:《全祖望集汇校集注》,第2485页。
③ 劳榦:《古代中国的历史与文化》,中华书局,2006年,"自序"第5页。
④ 周晓陆:《于京新见秦封泥中的地理内容》,《西北大学学报》(哲学社会科学版)2005年第4期。
⑤ 湖南省文物考古研究所:《里耶发掘报告》,第180页。
⑥ 陈松长:《岳麓书院藏秦简中的郡名考略》,《湖南大学学报》(社会科学版)2009年第2期。

一年,取邢丘。自是,遂有河内之大半。安邑即河东。河内在魏及汉均为一郡。在秦亦应为一郡。昭王时有河东守王稽。足证河东在昭王时即已立郡。安邑、河内同时入秦,其立郡亦必在是时甚明。《白起列传》:王自之河内,赐民爵各一级,发民年十五以上悉诣长平,遮绝赵救及粮食。如河内原非一郡,而秦、汉两代又皆无名河内之县邑,则魏所献与昭王所之者,究为何地?而所赐民爵及发年十五以上者又为何地之人?以上文"王之汉中","又之上郡北河"文例观之,所谓"之汉中"者,往汉中郡也,"之上郡北河"者,往上郡属县北河也。则此所之之河内,亦必为一郡,实已毫无疑义。①

马先生的看法得到一些学者的认同。如辛德勇说:"盖如前引马非百说所述,河内在其纳入秦土的秦昭襄王时期,即已设郡。"②张莉说:"马非百引秦赵长平之战时,昭王'自之河内',及《秦始皇本纪》所云'十八年,端和将河内,羌瘣伐赵'等语力证河内郡早在昭襄王时已置,其说可从。"③笔者以为马先生之说在论证上有些可疑之处:第一,从逻辑上说,昭王时期有"河东守",无法必然得出有"河内守"及河内郡的认识。第二,秦昭王前往河内之后,"赐民爵各一级,发民年十五以上悉诣长平",这个举措也未必只针对所谓的"河内郡",很有可能适用于秦国已经夺取的"河内之大半"以及与河内毗邻的河东郡,甚至更广。第三,以"王之汉中""之上郡北河"这样的行文方式来类比"王自之河内"也是不妥当的。虽然在"王之汉中""之上郡北河"两例中,"汉中""上"确为郡名,但我们在文献中也能见到文法相似但并不为郡的现象。如《史记·秦始皇本纪》:秦王政十三年(前234),"王之河南",但当时秦有三川郡而无河南郡,这便无法由"王之河南"的行文,得出秦有河南郡的结论。

接下来无法回避的一个关键问题是,假如秦昭襄王时期未设河内郡,那么,秦在河内所夺取的领土究竟归哪个郡管辖?一个可能性的答案是如《元和志》、全祖望所言,纳入河东郡管辖。但有学者指出,"河东、河内之间本即有王屋山为天然阻隔,河东越山而辖河内于管理而言当颇不便,故疑并无河

---

① 马非百:《秦集史》,中华书局,1982年,第594—595页。
② 辛德勇:《秦汉政区与边界地理研究》,第84页。
③ 张莉:《秦郡再议》,中国地理学会历史地理专业委员会《历史地理》编辑委员会编:《历史地理》(第二十九辑),上海人民出版社,2014年,第95页。

东、河内相并之事。"①此言很有道理。笔者颇疑，秦国在河内地区设置的郡可能命名为南阳郡。

《史记·秦本纪》：昭襄王三十五年，"初置南阳郡"。《正义》："今邓州也。前已属秦，秦置南阳郡，在汉水之北。"此与大多数人所理解的传统意义上的南阳相同。然而，《正义》之说不无武断之嫌。就在记载秦置南阳郡近十年后，《秦本纪》又在昭襄王四十四年条记曰："攻韩南阳，取之。"有的学者就此指出：《秦本纪》对韩国南阳的记载"并没有一贯的逻辑"，②其实，这个阅读感受亦适用于《秦本纪》所见其他几处"南阳"。我们注意到，《秦本纪》记载昭襄王时期史事，两个不同内涵的"南阳"并用。一种是指后世所熟知的南阳，如二十七年，"错攻楚。赦罪人迁之南阳"。另一种是指相当于河内地区的南阳，如三十三年，"魏入南阳以和"。同一文中两义并用，并且时间相距又近，昭襄王时期所置南阳郡何以见得必然是后世熟知的南阳郡？

从相关记载来看，秦国在从楚国夺得南阳之初，未必单独置郡。《史记·秦本纪》：昭襄王十五年"取宛"，次年即"封公子市宛"。而南阳地区另一重要城邑穰，则为昭襄王舅氏兼相邦魏冉的封地。可见，秦为巩固从楚国新近夺取的南阳地区，在制度设计上是有另一番考虑的，非必置郡一途。当然，随着南阳封君的去世或罢黜，秦国势必对南阳地区的管理模式有所改变，但还有史料甚至表明，直至韩国灭亡时，南阳郡似乎亦未设置。《史记·秦始皇本纪》：始皇十六年，"发卒受地韩南阳假守腾"。次年，"内史腾攻韩，得韩王安，尽纳其地"。由此观之，秦国所得韩地南阳应是并入内史辖区。如果当时已置南阳郡，则南阳守腾所献之韩地南阳，理应归入南阳郡，但事实并非如此，反证当时可能并无南阳郡。

那么，在封君管理阶段结束后，秦国究竟是如何管辖原属楚地的南阳呢？笔者以为，很可能是将其并入南郡。《史记·秦本纪》：昭襄王二十九年，"大良造白起攻楚，取郢为南郡"，南郡设置较早，具备接纳宛、穰等城邑的条件。而《史记·秦始皇本纪》记述始皇即位时的秦疆域："当是之时，秦地已并巴、蜀、汉中，越宛有郢，置南郡矣。"我们注意到，其中并未提到南阳郡。所谓"越宛有郢"，应当不是将宛排除在外，而是将宛、穰在内的城邑全部纳入南郡。

---

① 张莉：《秦郡再议》，中国地理学会历史地理专业委员会《历史地理》编辑委员会编：《历史地理》（第二十九辑），第 98 页。
② 琴载元：《战国秦至汉初关外郡研究——以南郡为主要对象》，北京大学 2015 年博士论文，第 95 页。

由上所述,可知秦得楚地南阳之后,很长一段时间内都未置南阳郡,那么,《史记·秦本纪》所载昭襄王三十五年"初置南阳郡",很可能是在河内地区的行政设置,其历史前提是秦昭襄王三十三年"魏入南阳以和"。

　　接下来的问题是,南阳郡又在何时更名为河内郡?东晋徐广曾说:"河内修武,古曰南阳,秦始皇更名河内。"①未知何据。不过,笔者以为,徐氏之说应属可信。以情理而论,指代河内地区的南阳郡之所以要更名,是由于秦打算在以宛为中心的地区设置一个南阳郡。如前所论,秦始皇十七年的时候,以宛为中心的南阳地区尚未设置南阳郡,则河内地区的南阳郡无须更名,其更名当在此年以后。对于上引岳麓秦简所见"河内",有学者论道:"从简文中戍边对象来看,则此简文时代乃为四川、江湖、九江为边郡时,则当在会稽郡未入秦,且齐地未平时代,即始皇二十三年后至二十六年灭齐前的情形。"②如此,河内郡始设不应晚于秦始皇二十六年。

　　合而言之,秦河内郡当始置于秦始皇十七年至二十六年之间。谭其骧曾分析道:"昭襄王三十三年魏入南阳,秦始有其地,时东不得邢丘、怀,北不得宁新中,地狭不足以立郡,率以并属河东;其后壤地虽拓,军机倥偬,未遑建置;始皇既并天下,始依山川形便,更加区画;此衡情度势,可推而知者。"③此说包含两点信息:一是河内入秦的过程实际上即河东郡的扩展进程,也就是说,历史上存在过将河内纳入河东郡管辖的阶段;二是河内设郡的时间在秦始皇统一全国之后。第一点认识与《元和志》、全祖望的看法其实是一脉相承的,已受到怀疑。至于第二点,认为秦代有河内郡,自然是谭先生的新见,但现在看来,认为河内郡置于秦统一以后,似乎也需要加以修正了。

　　秦末大乱,项羽主持分封,河内封予司马卬,国号为殷。汉二年(前205),司马卬降汉,殷国复为河内郡。王莽改制,河内为后队。东汉复称河内郡,建安十八年,归曹操魏公国。

三、三川(河南)

　　有学者认为,战国时期的韩国已设置三川郡。依据有《战国策·魏策一》张仪对魏惠王说:"仪请以秦攻三川,王以其间约南阳,韩氏亡。"《韩策一》:"求百金于三川。"《韩策二》:"出兵于三川。"④但是,细绎《战国策》文

---

① 《史记》卷五《秦本纪》,第216页。
② 张莉:《秦郡再议》,第95、98页。
③ 谭其骧:《秦郡新考》,《长水集》,第9—10页。
④ 薛瑞泽:《论河洛地区的三川郡》,《洛阳理工学院学报》(社会科学版)2008年第1期。

意,所谓"三川"被用来指称伊、洛、河"三条河流经的地区"的可能性似乎更大一些。况且,当时的三川大部分区域为两周所据,并非韩地,韩国何以得设三川郡?看来,韩国是否设置三川郡,存疑为妥。被明确记载设置三川郡的是秦国,《史记·秦本纪》载:庄襄王元年,"初置三川郡"。项羽主持分封时,封申阳为河南王。汉二年(前205)十一月,申阳河南国"属汉,为河南郡"。① 王莽改制,河南郡一分为二,一曰保忠信卿,管辖雒阳周边;一曰祈队,"祈队,故荥阳",祈队的辖区大致在荥阳以东地区。后来,王莽又命"以陈留以西付祈队"。②

东汉初,河南郡改名河南尹。关于这次更名的确切年代,有两种不同的说法,一种说法认为更名于建武十五年。证据两见:一见于《续汉书·郡国志》"河南尹"条司马彪注:"秦三川郡,高帝更名。世祖都雒阳,建武十五年改曰河南尹。"刘昭注引应劭《汉官》曰:"尹,正也。"③一见于《宋书·州郡志》:"河南太守,故秦三川郡,汉高帝更名。光武都雒阳,建武十五年,改曰河南尹。"④

对上述记载,有学者注意到谭其骧的看法,并作了进一步申说:"(谭先生)认为河南郡之更名在建武元年,《续汉书》所载有误,其说甚是。据《后汉书·光武帝纪》载,刘秀于建武元年六月称帝于鄗,十月定都洛阳。故随后刘秀将都城洛阳所在之河南郡更名为河南尹,当是顺理成章之事。"⑤张鹤泉亦注意到前人的论断:"清人万斯同在《东汉九卿年表》中,将首任河南尹欧阳歙的任职定于建武元年,显然否定了司马彪和沈约的看法。今人谭其骧先生据《后汉书·儒林上·欧阳歙传》和《后汉书·王梁传》,考证到在建武元年河南尹已经设置。"张先生认为:"万斯同和谭其骧先生的看法是正确的。"并且又做了两条补证:第一条是根据《续汉书·舆服志》刘昭注引《东观汉记》的记载:

> 建武元年,复设诸侯王金玺綟绶,公、侯金印紫绶。九卿、执金吾、河南尹秩皆中二千石,大长秋、将作大匠、度辽诸将军、郡太守、国傅相皆秩二千石,校尉、中郎将、诸郡都尉、诸国行相、中尉、内史、中护军、司直秩皆比二千石,以上皆银印青绶。

---

① 《史记》卷一六《秦楚之际月表》,第784页。
② 《汉书》卷九九中《王莽传中》,第4136、4137页。
③ 《后汉书》志一九《郡国一》,第3389页。
④ 《宋书》卷三七《州郡三》,[梁]沈约:《宋书》,中华书局,1974年,第1140页。
⑤ 李晓杰:《东汉政区地理》,山东教育出版社,1999年,第17—18页。

据此，张先生推断："可见，在建武元年，河南尹就与九卿、执金吾一起确定为中二千石秩级和银印青绶。因此，在建武元年，东汉国家已经设置了河南尹，当无疑义。"

第二条是从东汉初年的政治形势进行判断。张先生认为，"将京师所在郡称为'尹'，始于西汉"，这种做法"在新莽末的变乱的割据势力中具有很大的影响"。比如公孙述"改益州为司隶校尉，蜀郡为成都尹"，就是为了以此"表明其政权存在的合法性"。光武帝在与割据势力的斗争中，"当然需要表明其政权的正统性"及其本人"继承皇帝地位的合法性"，"因而，就需要在制度上表现出其继统的合理性"。考虑到建武元年"军事和政治斗争的严峻形势"，"光武帝不可能在建武五年，甚至建武十五年，才将河南郡改称为河南尹"。①

上述论证极精到，河南尹设置于建武元年，殆无疑问。

第二节　三川（河南）郡县域沿革

对秦汉时代县级政区的沿革，有学者曾进行过相关考察。不过，目前为止，以李晓杰、后晓荣、何慕、周振鹤、晏昌贵五位学者文章的全面性、系统性较强。② 李、后、何关注的时段是秦代（包括战国时代的秦国），周振鹤、晏昌贵围绕张家山汉简《秩律》开展研究，关注的是汉初政区地理。除此之外，《汉书·地理志》（以下简称《汉志》）《续汉书·郡国志》（以下简称《续汉志》）各自记录了两汉某个时间断面的郡县分布。笔者对秦汉三河县级政区沿革的考察，即以上述研究成果及历史记载为基础。本节考察三川（河南）郡辖县的沿革，在展开讨论之前，先将代表不同时段的诸家观点排列出来。

---

① 张鹤泉：《东汉时期的河南尹》，雷依群、徐卫民主编：《秦汉研究》（第二辑），三秦出版社，2007年，第51—52页。当然，刘秀面临的争夺正统的压力，并非只来自公孙述，更始政权也是不容忽视的。

② 李晓杰：《战国秦县新考》，《历史地理》（第二十二辑），上海人民出版社，2007年；后晓荣：《秦代政区地理》，社会科学文献出版社，2009年；何慕：《秦代政区研究》，复旦大学2009年博士学位论文；周振鹤：《〈二年律令·秩律〉的历史地理意义》，收入中国社会科学院简帛研究中心编：《张家山汉简〈二年律令〉研究文集》，广西师范大学出版社，2007年；晏昌贵：《〈二年律令·秩律〉与汉初政区地理》，《历史地理》第二十一辑，上海人民出版社，2006年。

表一　秦汉三川郡(河南)置县观点表

县	雒阳	卷	新安	华阳	宜阳	卢氏	缑氏	平阴	新城	陕	焦	河南	荥阳	京	成皋	阳武	梁	中牟	巩	穀成
李	○	○	○	○	○	○	○	○	○	△	○	△	○	△	△	○	○	○	○	○
后	✓	✓	✓	✓	✓	✓	✓	✓	✓	✓	✓	✓	✓	✓	✓	✓	✓	✓	✓	✓
何	✓	✓	?	✓	✓	✓	✓	✓	✓	✓	✓	✓	✓	✓	✓	✓	✓	✓	✓	△
周	✓	✓	✓	△	✓	✓	✓	✓	△	✓	✓	✓	✓	✓	✓	✓	✓	✓	✓	△
晏	✓	✓	✓	✓	✓	✓	✓	✓	✓	✓	✓	✓	索	✓	✓	✓	✓	✓	✓	△
汉	✓	✓	弘农	△	弘农	弘农	✓	✓	✓	弘农	✓	✓	✓	✓	✓	✓	✓	✓	✓	✓
续	✓	✓	弘农	△	弘农	弘农	✓	✓	✓	弘农	✓	✓	✓	✓	✓	✓	✓	✓	✓	✓

县	黾池	伦氏	岐	陈留	圉	酸枣	密	苑陵	偃师	平	原武	故市	启封	新郑	尉氏	闲阳	索	黄乡	阳人
李	△	○	△	△	△	△	△	△	△	△	△	△	△	△	△	△	△	△	△
后	✓	✓	砀郡	砀郡	砀郡	东郡	颍川	颍川	△	△	△	△	砀郡	颍川	颍川	洞庭	△	△	△
何	✓	△	✓	✓	✓	东郡	颍川	颍川	△	△	△	△	✓	颍川	✓	?	南郡	△	△
周	△	△	✓	✓	✓	✓	✓	△	△	△	△	△	颍川	颍川	?	南郡	梁国	△	△
晏	△	△	△	△	△	△	△	△	△	△	△	△	△	△	△	△	△	△	△
汉	弘农	颍川	△	陈留	淮阳	陈留	✓	✓	✓	✓	✓	✓	开封	✓	陈留	✓	武陵	△	△
续	弘农	颍川	△	陈留	陈留	陈留	✓	✓	✓	✓	✓	✓	✓	✓	陈留	✓	汉寿	△	△

说明：○代表有此县，其时上属郡不详；△代表未言及此县；✓代表认为此县属三川(河南)；?代表存疑。表格中的文字代表上属郡(国)或该县曾用名、改用名。

　　由表一可见，诸家皆认为属于秦汉三川(河南)的县有七个：①雒阳、卷、缑氏、平阴、新城、河南、梁。

　　现代学者皆认为秦及汉初有，而弘农郡设置之后划归弘农的有三县：宜阳、卢氏、陕。

---

① 表中可见，诸家对中牟的归属也是一致的，但笔者对此有所保留。说见下文对"启封"的考证。

《汉志》之前未见，当为西汉新设的三县：平、原武、故市。其中故市不见于《续汉志》，当为东汉省并。

新郑，李晓杰认为秦曾此置此县，此说可信。新郑原先为韩国都城，《史记·秦始皇本纪》："十七年，内史腾攻韩，得韩王安，尽纳其地，以其地为郡，命曰颍川。"《魏世家》："（韩王安）九年，秦虏王安，尽入其地，为颍川郡。"因此，新郑应于秦始皇十七年灭韩时归秦。秦人在韩国最后沦陷的疆土上设置了颍川郡，新郑当纳入该郡。张家山汉简未见新郑，当为汉初撤销。《汉志》《续汉志》皆以之属河南，应是后来复置。

黄乡，只有晏昌贵认为其汉初曾属于河南郡，但他又说："黄乡当为昭灵后的陵邑，在今河南开封市东北，地属河南郡，秩则属奉常。"情形特殊，非郡县常制。

阳人，唯有李晓杰认为秦曾置县。但文献依据只有一条，《史记·秦本纪》：庄襄王元年，灭东周，"秦不绝其祀，以阳人地赐周君，奉其祭祀"。《集解》："《地理志》河南梁县有阳人聚。"阳人于汉时尚为聚落，战国时代为县的可能性似乎不大。再说，如果是县，史公直称阳人即可，似不必曰"阳人地"。所谓"阳人地"，大概与"河南地"类似，只是俗称，并非上升至国家行政区划层面。

以上诸县，笔者将不再另行考证。仅将争议较多者考证于下。

华阳

李晓杰认为秦昭襄时代即已设置华阳县，其考证如下：

> 《史记·秦本纪》曰："［昭襄王］三十三年，客卿胡（伤）［阳］攻魏卷、蔡阳、长社，取之。击芒卯、华阳，破之，斩首十五万。"据《新编年表》的考证，《史记·秦本纪》所说的秦昭襄王三十三年当作三十四年，又出土秦封泥有"卷丞□印""蔡阳丞印""长社丞印""华阳丞印""华阳禁印"，是颇疑秦在昭襄王三十四年得卷、蔡阳、长社、华阳后，即分别设置县。①

秦封泥"华阳丞印"是李氏认为秦国设置华阳县的重要依据。关于此印的历史地理内涵，学界曾经存在争议。周晓陆说："秦封泥中还见到一些应当高于郡级，而地名又不同于一般郡县的职官，如前面已述的'左云梦丞'，与其禁苑性质相同或相近的还有'华阳丞印、华阳禁丞、鼎湖苑丞、白水之

---

① 李晓杰：《战国秦县新考》，第70—71页。

苑、阳陵禁丞'等等。"将"华阳丞印""华阳禁丞"皆视为王室禁苑的封泥，华阳并非县名。还是针对"华阳丞印"，周氏又说："因为有'华阳禁丞'作比较，可见为华阳宫禁之丞，其为县名的可能性就较小了。"似是重申了上述看法。① 但在具体考证"华阳丞印"时，周先生说："此封泥有四解"：

  1.《史记·周本纪》："纵马于华山之阳。"《尚书·禹贡》："华阳黑水惟梁州。"今陕西雒南有传李密冢，调查者以为当是秦华阳宫。如是，则当为华阳宫丞。

  2.《史记·秦始皇本纪》：秦有华阳太后，则此又当为华阳太后宫之丞。

  3.《史记·秦本纪》：秦昭襄王三十三年，"客卿胡阳攻魏卷、蔡阳、长社，取之。击芒卯华阳，破之"。集解引司马彪曰："华阳，亭名，在密县。"正义引《括地志》："故华城在郑州管城县南三十里。《国语》云史伯对郑桓公，虢、郐十邑，华其一也。华阳即此城也。"《后汉·郡国志一》：河南尹密县，"有陉山"。注：《史记》魏襄王六年伐楚，败之陉山，秦破魏华阳，地亦在县。如是，则华阳秦时为县，其地在今郑州南。

  4.《山海》："温水出崆峒……入于河，华阳北。"郭璞注："今温水在京兆阴盘县。"如是则华阳在今陕西，具体不详。②

周先生在考证过程中列出以上四种解释，揭示了"华阳丞印"地理内涵的多种可能性，其中一种可能性即华阳为秦县名。由此而言，相比于先前持有的"华阳丞印"为禁苑封泥的看法，周先生对自己的观点显然有所修正。不过，需要注意的是，在这里，他并没有将"华阳丞印"作为宫殿苑囿封泥的可能性完全排除。然而，在《秦封泥集》附录二《秦封泥地理分布图》中，周先生却将华阳明确标注于郑州附近，至于宫禁性质的华阳，却未见标注。

从最初认为"华阳丞"为"华阳宫禁之丞，其为县名的可能性就较小"，到最终将华阳标注于郑州附近，这或许意味着论者对"华阳丞印"历史地理内涵的认识在不断深化。不过，梳理学术认知的这一过程，读者不难感觉到，"华阳丞印"究竟是秦县封泥抑或宫禁封泥？要对这个问题做出判断，的确令学者颇为踌躇。

刘庆柱明确主张"华阳丞印"之"华阳"为秦县名，其考证曰：

---

① 周晓陆、路东之编著：《秦封泥集》，三秦出版社，2000年，第40、68页。
② 同上书，第203页。

《史记·秦本纪》：秦昭王三十三年，"客卿胡阳攻魏卷、蔡阳、长社，取之。击芒卯华阳，破之"。《集解》引司马彪注："华阳，亭名，在密县。"《正义》引《括地志》载："故华城在郑州管城县南三十里。《国语》云史伯对郑桓公，虢、郐十邑，华其一也。华阳即此城也。""华阳丞印"当为华阳县丞之印。①

后晓荣亦认为华阳为县名，地望在今郑州附近，其考证如下：

> 秦封泥有"华阳丞印"。《史记·秦本纪》："（昭襄王）三十三年，客卿胡伤攻魏卷、蔡阳、长社，取之。击芒卯、华阳，破之。"其事又见《史记·白起列传》，也与睡虎地秦简《编年纪》"卅四年，攻华阳"的记载相同。秦武王时有华阳君，《索隐》注："华阳，韩地，后属秦。"又《史记·韩世家》："釐王二十三年，赵、魏攻我华阳。"《正义》引《括地志》："故华城在郑州管城县南三十里。《国语》云：史伯对郑桓公，虢、郐十邑，华其一也。华阳即此城也。"秦华阳故城在今河南省新郑市东南，地名华阳寨，因城南有洧水，故称华阳。

看来，学界更倾向于接受"华阳丞印"为华阳县封泥的学术判断。之所以如此，笔者以为，何慕的如下认识值得重视：

> 秦封泥又有"华阳禁印"，华阳禁的长官副手应当称作"华阳禁丞"，如同"宜春禁丞""庐山禁丞""宜春禁丞"，似乎不能省作"华阳丞"。"华阳禁印"和"华阳丞印"同时存在，说明秦代既有华阳禁苑又有华阳县，只是华阳县的地望不知。②

周晓陆曾将"华阳禁丞""华阳丞印"联系起来进行解读，认为两种封泥的地理内涵一致，进而做出了"华阳丞"为"华阳宫禁之丞"的判断。但何慕的论证思路与此正相反，他认为存有"华阳"字样的两种封泥并见，恰恰可以排除"华阳丞印"为华阳禁苑封泥的可能性。笔者认为，以论证逻辑而言，何氏之说为优，"华阳丞印"应当为秦华阳县封泥。不过，何氏说"华阳县的地望不知"，或许过于保守。根据多位学者的考证，秦华阳县应当在今郑州南。至于该县何时

---

① 刘庆柱、李毓芳：《西安相家巷遗址秦封泥考略》，《考古学报》2001年第4期。
② 何慕：《秦代政区研究》，复旦大学2009年博士学位论文，第102页。

撤销,后晓荣说"《汉志》中没有华阳县,估计此县在西汉时废"。目前来看,张家山汉简《二年律令·秩律》无华阳县,说明此县至迟在西汉初年即已撤销。①

焦

秦始皇陵东侧上焦村附近曾出土带有"焦亭"印记的陶器,袁仲一认为:"古之陶器不是贵重的器物,不需要到很远的地方购买。因而焦亭之焦不可能是在远处,当在关中近畿地区。今之焦村一带很可能是秦之焦亭的所在地,属于丽邑统辖。"不过,袁先生又强调自己的看法"仅是一种推测,焦亭的地望究系何处,尚待进一步探索。"②体现了学术判断的审慎态度。

后晓荣在考察秦代县域设置时,则以"焦亭"陶文为重要证据,认为秦三川郡下辖有焦县,其考证如下:

> 秦陶文有"焦亭",焦县市亭之省文。秦始皇陵园上焦村陪葬墓马厩坑出土陶罐、灯上戳印"焦亭"印文。袁仲一认为今秦陵焦村一带可能是秦之焦亭的所在地,属于丽邑统辖。其说误也。众多秦"市""亭"陶文都与秦都城或县邑的市府经营的制陶作坊有关,都为县级以上城邑之省文。故此"焦亭"不应为丽邑统辖的焦亭,应为焦县市亭之省文。焦,古国。《左传》云:"虞、虢、焦、滑、霍、阳、韩、魏,皆姬姓也。"杜预注:"八国皆为晋所灭。"战国时属魏地。《史记·六国年表》:"秦惠文君八年,围魏焦、曲沃。"又《史记·秦本纪》:"惠文王十一年,樗里疾攻魏焦,降之。"河南新郑的郑韩故城出土有魏"焦"戈,表明战国魏置焦县,秦夺魏地重置焦县,地在陕县南,即《左传》中的虢国南。《汉志》弘农郡属县陕,"故虢国,有焦城,故焦国"。焦故城,据《括地志》云:"在陕州城内东北百步,因焦水而名。"缪文远认为"故焦城在今河南陕县南二里",可从。《汉志》中没有焦县,估计因与陕县近而合并。

然而,裘锡圭先生曾指出:"所谓'焦亭'为'雋亭'之误释,'雋'指何地待考。"③此说甚是。《说文》中的"焦"字(图一),上部为三个"隹",下部为

---

① 根据诸多学者所引《史记·秦本纪》昭襄王三十三年的记载,结合秦封泥"华阳丞印",实际上只能推断秦人曾经设置华阳县。考虑到秦统一过程中的郡县更置,"华阳丞印"是否能证明秦统一后设置了华阳县,尚需打个问号,或许此印为秦统一前的文物遗存,亦未可知。若如此,华阳县也有可能在秦统一后即撤销。
② 袁仲一:《秦代陶文》,三秦出版社,1987年,第57页。
③ 裘锡圭:《雋夫初探》,《古代文史研究新探》,江苏古籍出版社,1992年,第474页。

"火"。① 睡虎地秦简亦可见"焦"字(图二),只不过上部三个"隹"省写为一个,下部仍为"火"。②

图一　　　　　图二　　　　　图三

而秦陶文中所谓"焦亭",其拓本如下:③

"焦"字下部显然并非"火",而是呈"M"状。《说文》中"雦"字篆体的下部正呈"M"状④(图三),因此,所谓"焦亭"的"焦",的确应释为"雦"。

"焦亭"既然为"雦亭"之误释,后晓荣认为"焦亭"为"焦县市亭之省文",自然是站不住脚的。而他认为"秦夺魏地重置焦县",此县在西汉时"因与陕县近而合并"。笔者以为,此论在逻辑上应注意这样的可能性:首先,秦夺一地,是否必然在此地重新设县?其次,焦城与陕县甚近,西汉人看到了这个地理特征,因而只设陕县而不置焦县,难道秦人对此地理特征毫无察觉,会并置陕县与焦县?

出于以上两点考虑,笔者认为,秦国虽然有可能在夺取焦城之初重置焦县,但即便如此,随着秦人继续东扩,焦县势必被秦人并入陕县。这个行政措施未必非要等到西汉人来施行。

成皋、荥阳

关于成皋、荥阳,诸说皆认为秦汉河南(三川)下辖二县,唯李晓杰考证秦县,未曾论及。战国时,成皋本属韩。旅顺博物馆藏一件铜鼎,有学者判断该器物"国别应为韩国",其口沿下阴刻铭文有"十四年成陷令"字样,其

---

① [清] 段玉裁:《说文解字注》,第484页。
② 张守中:《睡虎地秦简文字编》,文物出版社,1994年,第159页。
③ 袁仲一:《秦代陶文》,三秦出版社,1987年,第355页。
④ [清] 段玉裁:《说文解字注》,第144页。

中的"成階",整理者释为"成皋"。① 由此可证,战国时期的韩国确曾设置成皋县。文献记载,秦国曾从韩国手中夺得成皋。《史记·秦本纪》:庄襄王元年,"使蒙骜伐韩,韩献成皋、巩。秦界至大梁,初置三川郡"。而针对同一事,《史记·六国年表》在秦国一栏记作庄襄王元年,"蒙骜取成皋、荥阳。初置三川郡";在韩国一栏写作:"秦拔我成皋、荥阳。"综合来看,秦庄襄王元年所得是否有巩县暂且不论,而成皋、荥阳入秦应是事实。

　　成皋的战略地位十分特殊,宋人王应麟曰:"盖虎牢之险,天下之枢也。在虢曰制,在郑曰虎牢,在韩曰成皋。虢叔恃险而郑取之,郑不能守而韩灭之,韩又不监而秦并之,秦之亡也,汉、楚争之。"② 秦人夺得此地后,理当设县。荥阳的战略地位亦很重要,《史记·陈涉世家》:"吴广围荥阳。李由为三川守,守荥阳,吴叔弗能下。"可见,秦朝末年的农民军曾受到荥阳秦军的强力制约,秦朝对荥阳城的防御十分重视。至于秦朝有此部署的原因,正如有学者所指出的:"荥阳在三川郡境内,是由关东地区走三川东海道通向关中的第一道门户,控制东西南北交通的关口","紧靠荥阳东北部,秦帝国建有著名的粮食储备基地——敖仓,大量存贮战备用粮。荥阳的屯军和敖仓的粮食,构成秦帝国控制关东地区的战略基地"。③ 荥阳的战略地位如此,秦人夺得该地后设置荥阳县,应属自然之事。

穀城、偃师、巩

　　《史记·周本纪》:"后七岁,秦庄襄王灭东周。"《集解》引徐广曰:"周比亡之时,凡七县,河南、洛阳、穀城、平阴、偃师、巩、缑氏。"根据这条材料,李氏认为穀城、偃师、巩"本春秋周邑,战国时为周天子辖县。其中的巩,东周定为国都"。穀城、偃师、巩县"当在秦昭襄王五十二年属秦,且仍当置县"。然而,依据同一条史料,后氏却认为秦时设置了穀城、巩二县,在其所考秦三川郡属县中未见偃师。何慕所考秦三川郡辖县则只有巩,未见穀城、偃师。

　　笔者以为,秦政区研究者皆断定秦设有巩县,可从。《史记·周本纪》:"考王封其弟于河南,是为桓公,以续周公之官职。桓公卒,子威公代立。威公卒,子惠公代立,乃封其少子于巩以奉王,号东周惠公。"《周本纪》又载,周赧王时东西周分治。《索隐》:"西周,河南也。东周,巩也。"巩县曾为东周所都,应非小邑,秦得其地而置县的可能性甚大。至于该县的设置时间,

---

① 吴良宝:《战国韩魏铭文考释》,《安徽大学学报》(哲学社会科学版)2009年第4期。
② 王应麟:《困学纪闻》,上海古籍出版社,2008年,第840页。
③ 李开元:《复活的历史——秦帝国的崩溃》,中华书局,2008年,第118页。

《史记·秦本纪》：庄襄王元年，"东周君与诸侯谋秦，秦使相国吕不韦诛之，尽入其国"。秦人置巩县，当在此时。

关于穀城，李、后二学者皆认为秦已置，但其所据为徐广之说，徐广是东晋人，他的说法是否严格遵照战国秦代政区地理？这是需要注意的问题。毕竟，在史书中时常会出现历史书写者以当世政区描述先代史事的情形。再说张家山汉简《秩律》未载穀城县，综合来看，秦代三川郡是否有穀城县，目前还是存疑为妥。

关于偃师，只有李晓杰认为秦时有此县，但除了徐广之说，再无其他依据。徐广之说的可疑之处已如上述，而张家山汉简《秩律》亦不见偃师县。因此，秦时是否设置偃师县，亦当存疑。

黾池

《史记》在记载战国秦汉史事时，多次提及黾池之名。《商君列传》："商君既复入秦，走商邑，与其徒属发邑兵北出击郑。秦发兵攻商君，杀之于郑黾池。""北出击郑"的"郑"，《集解》引徐广曰："京兆郑县也。"所谓"郑黾池"，《索隐》曰："时黾池属郑故也。"《正义》曰："黾池去郑三百里，盖秦兵至郑破商邑兵，而商君东走至黾，乃擒杀之。"诸说认为黾池与京兆郑县有从属关系。对此，晁福林先生曾有驳议，他认为"北出击郑""郑黾池"当中的郑地，"不是今华县之郑，而是当时称为'郑'的韩国。《史记·韩世家》载韩哀侯二年（前375）'灭郑，因徙都郑'，索隐：'韩既徙郑，因改号曰郑，故《战国策》谓韩惠王曰郑惠王，犹魏徙大梁称梁王也。'这个说法是很正确的。"①照此说来，"郑黾池"实际就是"韩黾池"，黾池在战国时期确曾为韩国属县。

《秦本纪》：秦惠文君十三年，"使张仪伐取陕"。秦武王四年，"拔宜阳"。而黾池位于两县之间，秦人取得此地的时代应在秦惠文君十三年至秦武王四年之间。《六国年表》：秦昭襄王二十八年，与赵惠文王"会黾池"。当时赵将廉颇"送至境，与王决曰：'王行，度道里会遇之礼毕，还，不过三十日。三十日不还，则请立太子为王，以绝秦望。'王许之，遂与秦王会渑池。"②从记载来看，当时的黾池仍为秦人所控制，赵王是入秦赴会。秦昭王之后，秦国一直东进，对黾池的控制应比较稳定，直到秦末战争时方才易手。《陈涉世家》："周文败走出关，止次曹阳二三月。章邯追败之，复走次黾池十余日。"可见，反秦势力曾一度攻占黾池。

---

① 晁福林：《商鞅史事考》，《中国史研究》1994年第3期。
② 《史记》卷八一《廉颇蔺相如列传》，第2442页。

从以上的文献梳理来看,秦国曾长期控制黾池,并且此地位于军事交通要道上,秦人于此设县应是情理中事。文物资料似乎也可以印证这个推论。秦俑博物馆藏有一件被称为"宜阳鼎"的铜器,其铭文曰:"宜阳,咸,一斗四升,一上,黾,临晋,临晋厨鼎一合容一斗四升,盖重一斤十四两,并重十二斤六两,名廿廿。"①对于其中的"黾"字,史党社认为"可能为'黾池'('渑池'同)的简写。黾池为县名,地在今河南渑池,战国时代本韩地,秦属三川郡,汉属弘农郡。"②不过,对于政区地理研究来说,确定"黾"字的刻写年代具有更为重要的意义。史党社认为,鼎铭中的"黾"字,"字体隶意明显,但明显与睡虎地等秦简秦隶有所差别,转折已经变得方硬,又与汉代铜器刻铭常用的汉隶还是存在差别,故推测刻铭年代当不晚于汉初"。

又有学者注意到宜阳鼎铭文最后"名廿廿"的编号格式,认为此编号格式是一个不容忽视的断代线索。他们将此鼎与一件"安邑宫鼎"相比较,"安邑宫鼎"铭文曰:"安邑宫铜鼎一,容三斗,重十七斤八两,四年三月甲子铜官守丞调令史德佐奉常工乐造,第卅一。"此鼎为西汉文帝后元四年铸造,特别需要注意的是其尾标编号"第卅一",用的是"非常常见的汉器刻铭格式"。而"宜阳鼎"尾标编号为"名廿廿","使用'名多少'的方法,似乎是秦人的一种特殊叫法,汉代则比较少见"。③ 王辉等人也认为"'名某'是秦人的惯用语","大概表示器物之别名或编号"。④ 据此推论,宜阳鼎中"黾"字的刻写年代似不应晚于文帝时期。

史党社认为宜阳鼎铭文中的"黾"字"不晚于汉初",笔者推测"不应晚于文帝时期",其实亦处在"汉初"这一时段概念内。鉴于汉初紧承秦代,笔者倾向于认可秦代三川郡下曾设置黾池县。理由在于,即便认定宜阳鼎铭文中的"黾"为汉初所刻,从而推定汉初曾设置黾池县。我们不妨考虑这样一个问题,汉初承秦末乱局而来,人口大幅减少,民生凋敝,百废待兴。历朝历代在这种情况下往往省并地方机构,而汉初未省黾池县,由此反推,秦代极盛时亦应设置该县。

当然,上述推论是在假设宜阳鼎铭文中的"黾"字为汉初文字遗存的前提下得出的。实际上,还有一种可能性,亦不能忽视,即铭文中的"黾"字本来就是秦代所刻,在这种情形下,秦代设置有黾池县,更是确然无疑的。比

---

① 末尾"廿廿"二字,有的释做"卅九"。"廿廿"作为铜容器编号,数字似乎过大,应以"卅九"为是。
② 史党社:《宜阳鼎跋》,《文博》2007年第3期。
③ 蒋文孝、刘占成:《秦宜阳鼎铭文释录与考辨》,《中国历史文物》2008年第3期。
④ 王辉、萧春源:《珍秦斋藏秦铜器铭文选释》,《故宫博物院院刊》2006年第2期。

较而言,笔者倾向于认为"黾"字刻于秦代。因为张家山汉简《秩律》未见黾池,说明在吕后执政前后并无该县。联系到汉初的特殊社会形势,大概西汉建立伊始即未设黾池县。

把握黾池县秦置汉废的历史关节,有助于更好地理解史家班固的一个说法。《汉书·地理志》弘农郡黾池县条,班固自注:"高帝八年复黾池中乡民。景帝中二年初城,徙万家为县。"马非百在考证秦县时就此推论:"《志》言复黾池中乡民,则中乡原属黾池可知。而黾池旧本为县更可知。"①笔者以为马先生之说在结论上是正确的,但细绎其思路,感觉有点儿偶中的味道。如果黾池本为秦县,高祖至景帝时期亦未废,那么,班固又何必再说"徙万家为县"?徙人口若干至某县"为县",这样的叙述显然存在逻辑上的矛盾?实际上,班固所下的注语很可能是以后世政区概念描述史事,汉高祖时期直至汉景帝二年,并无黾池县。汉高祖时有中乡,究属何县,后世已难以确知,总之不外乎陕、新安、宜阳三种可能。② 景帝二年黾池县设立之后,中乡便成为该县辖区。

纶氏(伦氏)

战国时期,纶氏一度属韩。后晓荣曰:"传世战国韩兵器有七年仑氏令戈,铭文:'七年仑氏命(令)韩囗,工帀(师)荣原冶囗。'……《竹书纪年》:'楚君得帅师及秦伐郑(韩),围纶氏。'据此记载,纶氏属韩,又战国韩方足布'纶氏'可补证。从以上韩国'仑氏'文物可知,韩置纶氏县。"此说甚是。

纶氏后属秦。《史记·白起王翦列传》:秦昭襄王四十六年,"秦攻韩缑氏、蔺,拔之"。关于蔺,《集解》引徐广曰:"属颍川。"《索隐》:"今其地阙。西河别有蔺县也。"《正义》:"按:检诸地记,颍川无蔺。《括地志》云:'洛州

---

① 马非百:《秦集史》,中华书局,1982 年,第 593 页。
② 秦印有"宜阳津印"(《秦封泥集》第 409 页),说明秦汉之际的宜阳县境曾及于黄河,辖区比后世要大,因此,宜阳在某个时期兼有黾池的可能性还是有的。汉末建安年间,曹操任命贾逵为渑池令,袁绍外甥高幹作乱,弘农太守张琰与之遥相呼应。"逵不知其谋,往见琰。闻变起,欲还,恐见执,乃为琰画计,如与同谋者,琰信之。时县寄治蠡城,城堑不固,逵从琰求兵修城,诸欲为乱者皆不隐其谋,故逵得尽诛之。遂修城拒琰。"(《三国志》卷一五《魏书·贾逵传》)汉魏渑池县境内有蠡城,此城可能是秦代黾池县旧治。汉景帝重置黾池,县治便迁往中乡,但蠡城未尽废,因此,汉末特殊历史时期便有"寄治蠡城"的情形。由此推断,蠡城、中乡应不会距离太远。蠡城所在,《水经》:洛水"东北过卢氏县南,又东北过蠡城邑之南",郦道元注:"城西有坞水,出北四里山上,原高二十五丈,故黾池县治。南对金门坞,水南五里,旧宜阳县治也。"(陈桥驿《水经注校证》,第 365 页)由此描述观之,旧黾池县治蠡城与宜阳县治相距甚近,因此,黾池中乡原属宜阳的可能性似乎更大一些。

嵩县本夏之纶国也,在缑氏东南六十里。'《地理志》云:'纶氏属颍川郡。'按:既攻缑氏、蔺,二邑合相近,恐纶蔺声相似,字随音而转作'蔺'。"李晓杰在条列《史记》三家注的上述内容后,认为"《白起列传》所说之'蔺'当是'纶'字之音转",纶氏入秦的时间是秦昭襄王四十六年,①并且在其所考秦县当中,纶氏亦居其一。

笔者以为,后晓荣谓"秦或置伦氏县",这样的判断更为妥当。因为张家山汉简《秩律》中无纶氏,可见汉初该县未置。由此逆推的话,秦代是否有纶氏县,的确不宜遽下断语。不过,如果秦代设置了纶氏县,笔者同意《中国历史地图集》对该县上属郡的判断,《图集》将秦代纶氏县标注于三川郡东南隅,这是有道理的。秦人夺得纶氏后,至庄襄王元年,秦国初置三川郡,纶氏应当被纳入其中。② 据《汉志》,西汉时期,纶氏属颍川。《续汉志》:"轮氏,建初四年置。"可见,两汉之际纶氏县被撤销,至章帝时复置。

岐、陈留

秦封泥可见"岐丞之印",证明秦代确有岐县。至于其上属郡,周晓陆认为"秦时约在砀郡与三川郡之间",③未有明确结论。后晓荣认为:"从地望来看,秦时汉初的岐县属砀郡或更符合史事。"笔者以为,后氏对秦代岐县归属的判断可从。

《史记·樊郦滕灌列传》:"沛公略地至陈留,六月余,(郦)商以将卒四千人属沛公于岐。"对于岐县的位置,《史记》注家有讨论。《索隐》:"此地名阙,盖在河南陈、郑之界。"《正义》:"《高纪》云'郦食其说沛公袭陈留,乃以食其为广野君,郦商为将,将陈留兵,与偕攻开封'。《郦生传》云'沛公引兵随之,乃下陈留,为广阳君。言其弟郦商,使将数千人从沛公西南略地'。此传云'属沛公于岐,从攻长社。'案纪传此说,岐当与陈留、高阳相近也。"如此,陈留的归属便是判断岐县上属郡的重要参考。

谭其骧论秦三川郡东界:"《秦本纪》:庄襄王元年,韩献成皋、巩,秦界至大梁,初置三川郡。其时大梁犹在界外,至始皇二十二年,始获大梁,魏王请降,尽取其地,以为砀郡,此为大梁属砀之明证。"④其说甚辩。而陈留在

---

① 李晓杰:《战国时期韩国疆域变迁考》,《中国史研究》2001年第3期。
② 谭其骧先生曾认为纶氏"当属颍川"(《秦郡界址考》,《长水集》,第14页)。但颍川郡置年晚于三川郡,纶氏即便"当属颍川",那也应当是先属三川,后归颍川。在主编《图集》时,纶氏标注于三川境内,与谭先生早年的观点不同,这应当是经过审慎思考的结果。
③ 周晓陆、路东之:《秦封泥集》,第331页。
④ 谭其骧:《秦郡界址考》,《长水集》,第14页。

大梁东南，亦应归入砀郡。何慕认为属三川，不确。陈留归砀郡，与其比邻的岐县应仿此。

西汉建立，岐县归属有变。张家山汉简《秩律》可见"岐"县，其上属郡，周振鹤、晏昌贵皆断为河南郡。今观简文将岐县书写于卷县、阳武县之间，卷、阳武皆属河南郡，岐县自当同属，周、晏之说可从。而后晓荣根据《汉志》无岐县的情形，认为该县"估计为汉中期后废罢"，是。至于陈留，因西汉无砀郡，陈留当改属。张家山汉简《秩律》可见陈留，书写位置居于阳武、梁之间，二县皆属河南郡，则陈留亦当同属。周、晏之说可从。汉武帝元狩元年置陈留郡，陈留再改属新设陈留郡。

圉

谭其骧先生早年认为秦代圉县"当属陈郡"，①但《中国历史地图集》编纂时，该县标注于砀郡境内，后晓荣从《图集》之说。笔者亦以为当属砀郡。秦王政二十二年，"王贲攻魏，引河沟灌大梁，大梁城坏，其王请降，尽取其地"。谭其骧据此说："至始皇二十二年，始获大梁，魏王请降，尽取其地，以为砀郡。"②圉县距大梁东南不远，应当于是役归秦，纳入砀郡。而秦王政二十三年所发生的秦楚之战，也可表明秦已于此前夺得圉县。是年嬴政任命王翦击楚，"取陈以南至平舆，虏荆王"。谭其骧认为，秦人于此战后设置了陈郡。需要注意的是，此役的战果是"取陈以南"，而陈县位于圉县东南方。由此可见，秦楚决战发生之前，秦人已占据圉县。因圉县入秦时陈郡尚未设立，该县只能归砀郡管辖。何慕认为秦代圉县属三川，不确。

西汉仍置圉县，但归属有变。张家山汉简《秩律》将圉县写在梁县与秭归之间，梁县属河南，秭归在南郡，而圉县距南郡甚远，自当属河南郡。文帝四年，以皇子刘武为淮阳王。文帝十二年，徙封为梁王。《汉书·贾谊传》记载，在此次王国改置前，贾谊曾建议"割淮阳北边二三列城与东郡以益梁"，"文帝于是从谊计"。周振鹤认为"益梁之三城当为《汉志》淮阳国北边，陈留郡境内的襄邑、宁陵、僖县"。③由于陈留郡设立于汉武帝时期，文帝十二年的上述三县不可能是从陈留郡划归梁国，只能是从淮阳国划归梁国管辖。

---

① 所谓陈郡似应更正为淮阳郡。辛德勇先生认为，秦国在秦楚决战之后，"当即设立了淮阳郡"。"所谓'陈郡'，本应名为淮阳郡"。汉代淮阳国"国名也是得自这一郡名"。参见辛德勇《秦汉政区与边界地理研究》第一章《秦始皇三十六郡新考》，中华书局，2009年，第17、18页。

② 谭其骧：《秦郡界址考》，《长水集》，第14页。

③ 周振鹤：《西汉政区地理》，人民出版社，1987年，第42页。

而圉县位于三城西南方向,理当原属淮阳国。在文帝十二年淮阳王徙为梁王后,淮阳国改为淮阳郡,圉县成为淮阳郡属县。

景帝时期,皇子刘余封淮阳王,但时间极为短暂,旋复为汉郡。汉宣帝时,又封皇子刘钦为淮阳王,圉县仍属淮阳国。《汉志》淮阳国下辖圉县,反映的就是以刘钦为始封者的淮阳王国政区实况。东汉时代,圉县属陈留郡。

密、酸枣

密县,《汉志》:"故国。有大騩山,溱水所出,南至临颍入颍。"《续汉志》:"有大騩山。有梅山。有陉山。"可见,密县多山。后世多有避世于此者,如东汉钟皓,"颍川长社人也。为郡著姓,世善刑律。皓少以笃行称,公府连辟,为二兄未仕,避隐密山,以诗律教授门徒千余人"。再如汉末杨俊,"河内获嘉人也。受学陈留边让,让器异之。俊以兵乱方起,而河内处四达之衢,必为战场,乃扶持老弱诣京、密山间,同行者百余家。俊振济贫乏,通共有无"。① 所谓"密山"以及"京、密山间",点明了密县多山的地理特征。韩国自庄襄王元年夺韩地而置三川郡后,能够苟延二十年国运,一定程度上可以反映密县在三川郡设立后仍在韩国掌控中,韩国得以此为屏障。反之,如果三川郡设立时即已将密县纳入,则秦国灭韩轻而易举,何必待二十年再一举攻灭?

综上所述,笔者以为,密县应当于韩国灭亡时归秦,被纳入新设的颍川郡。后晓荣、何慕的结论与此相同,可从。

张家山汉简《秩律》有密县,其前为酸枣,后为长安西市。密县与长安西市显然不在同一郡中,应与酸枣同郡。《史记·秦本纪》:秦王政五年,"将军骜攻魏,定酸枣、燕、虚、长平、雍丘、山阳城,皆拔之,取二十城。初置东郡"。可见,秦代酸枣属东郡。而秦代密县属颍川,该县与酸枣之间还隔着阳武、中牟等三川辖县,由于存在较远距离,入汉以后,将密县划归东郡,或将酸枣划归颍川,都是不合适的。只有将酸枣、密县一同划归取代三川郡而设的河南郡,才是比较合理的。由此看来,周、晏皆认为密县、酸枣在汉初属河南郡,可从。此后,密县归属比较稳定。至于酸枣,据《汉志》《续汉志》,陈留郡下辖酸枣县。这是汉武帝设置陈留郡之后的制度。

苑陵

《史记·樊郦滕灌列传》:樊哙"攻宛陵,先登,斩首八级,捕虏四十四人",《正义》:"宛陵故城在郑州新郑县东北三十八里。"后晓荣认为此"宛

---

① 《三国志》卷二三《魏书·杨俊传》,第663页。

陵"即"苑陵"。如此,苑陵距韩都新郑甚近,应在韩国灭亡时被秦人纳入新设的颍川郡。后、何之见与此同,可从。谭其骧亦云:"新郑、苑陵、尉氏,疑亦当属颍川,故郑地,韩所都也。"①

张家山汉简《秩律》有苑陵,周、晏认为汉初属河南郡,不确。周波认为:"《秩律》'苑陵'上下文的'阳城''襄城''偃''尉氏''颍阳''长社'诸县汉初均属颍川郡,可作为秦、汉初'苑陵'属颍川郡之侧证。"②其说甚是。《汉志》《续汉志》苑陵属河南郡(尹),应是后来改属。

尉氏

《左传》襄公十五年:"郑尉氏、司氏之乱,其余盗在宋。"《汉志》陈留郡尉氏条颜注:"应劭曰:'古狱官曰尉氏,郑之别狱也。'臣瓒曰:'郑大夫尉氏之邑,故遂以为邑。'师古曰:'郑大夫尉氏亦以掌狱之官故为族耳。应说是也。'"③从以上记载来看,尉氏原属郑国,韩灭郑,该县应归韩。如果韩国保有此地,一直持续到其灭国,那么,秦代尉氏应属颍川郡。然而,宋代成书的《太平寰宇记》卷一河南道开封府尉氏县条却说:"秦始皇二年,置尉氏县。"在没有确凿反证的情况下,目前只能认为其说应有所本。因秦始皇二年时韩地未尽得,颍川郡尚未设置,当时的尉氏县只能纳入三川郡。何慕认为属三川郡,可从。

张家山汉简《秩律》可见尉氏县,书写于郏县与颍阳县之间,郏、颍阳皆颍川郡属县,尉氏亦应同属。周振鹤认为汉初属颍川郡,可从。据《汉志》,陈留郡设立后,尉氏改属陈留。

开封、闲阳、索、京

开封,汉景帝之前称"启封",战国时原属魏。前引《太平寰宇记》说,秦始皇二年已设尉氏县,而启封在尉氏东北不远处,其入秦时间不应当距尉氏设县之年太久。又,《史记·秦始皇本纪》:始皇五年,蒙骜攻魏,"定酸枣、燕、虚、长平、雍丘、山阳城,皆拔之,取二十城。初置东郡"。观察秦军在该

---

① 谭其骧:《秦郡界址考》,《长水集》,第14页。
② 周波:《读张家山汉简〈二年律令〉札记》,《古籍整理研究学刊》2007年第2期。
③ 《左传》襄公二十一年:晋卿栾盈逃难,"过于周,周西鄙掠之。(栾盈)辞于行人曰:'……昔陪臣(栾)书,能输力于王室,王施惠焉。其子黡,不能保任其父之劳。大君若不弃书之力,亡臣犹有所逃。若弃书之力,而思黡之罪,臣戮余也,将归死于尉氏,不敢还矣。'杜预注:'尉氏,讨奸之官。'《水经》:'(渠沙水)又屈南至扶沟县北',郦道元注:'长明沟水又东经尉氏县故城南,圈称云:尉氏,郑国之东鄙,弊狱官名也,郑大夫尉氏之邑。故栾盈曰:盈将归死于尉氏也。'此处用典有误。栾盈所谓"尉氏",与郑国无涉,仅为司法官。但郑国尉氏所居,后成为尉氏县,应当是可信的。

年度的动向,致力于在大梁南北拓地。其中的雍丘位于启封东南,雍丘于始皇五年已入秦,则启封归秦应在此年以前。由于当时东郡、颍川郡、砀郡均未设置,启封应属三川。《地图集》标注启封于砀郡境内,后晓荣从之。而何慕认为属三川郡。笔者以为,即便《地图集》的判断为真,那也很可能是砀郡设立之后启封由三川改属所致。

张家山汉简《秩律》有启封,其前为定陵、舞阳,其后为闲阳、汝阴。所谓"闲阳",晏昌贵认为属河南郡,后晓荣认为属颍川,但二人均指出"地望无考""地望不详"。笔者倾向于接受后氏的看法。

判断闲阳的上属郡,线索就是其前书写的启封与其后书写的汝阴。不过,"汝阴"为简牍整理者所释。对此,晏昌贵认为:"恐不确。从简影照片看,此字'女'字居左半,其右半尚残存一捺,应释为'安'","揆其地,汉初当属颍川郡"。由此看来,晏氏判断闲阳属河南郡,其依据在于书写于闲阳之前的启封。由于他认为启封属河南,启封之后书写的"闲阳"亦当属河南。然而,《秩律》中的启封究竟何所属?这个问题的解决实际上尚有待于闲阳上属郡的确定。否则的话,仅仅依据启封之前的定陵、舞阳,由于二县皆属颍川,启封亦当属颍川为是,如何能够推定启封属河南呢?看来,以启封为线索来判断闲阳归属,或以闲阳为线索来判断启封的归属,将陷入循环论证的怪圈。我们似乎需要换个视角来解决启封、闲阳的归属问题。

启封、闲阳书写于张家山汉简第460号,该简所列全部县名及次序如下:

□□、中牟、颍阴、定陵、舞阳、启封、闲阳、女阴、索、鄢陵、东阿、聊城、燕、观、白马、东武阳、茌平、鄄城、顿丘

上列诸县自东阿以下皆属东郡,鄢陵以上十县的归属,据《汉志》所载,可确定的只涉及河南、颍川二郡,颍阴、定陵、舞阳、鄢陵四县属颍川,只有中牟、启封二县属河南。而《秩律》各县的书写有一定的规律,一般同郡多县连续书写,很少见到仅书写某郡两三县即转书他郡属县的情形。具体就460号简而言,书写者应当不会以如下办法载录县名:先录中牟等河南郡一两县,转而录颍川三县,然后再自启封转回河南郡,最后又转入颍川郡,以颍川属县鄢陵作结。因为河南—颍川—河南—颍川,这样的记录方式是令人匪夷所思的。退一步说,即便十县分属两郡,那也应当是先将一郡属县录完再转录另一郡属县。然而《秩录》文本并非如此,从这个角度考量,笔者认为,简460鄢陵以上十县应属同一个郡。由于舞阳、定陵已位于颍川郡南缘,不可能纳入河南郡管理,因此,十县应属颍川郡。

由以上论述可知,启封、闲阳、索三县在汉初属颍川郡。对于这个结论,晏昌贵对索县地望所做的考证,可以视为一个有力证据,现录于下,以供参考:

  索,原注释说:"武陵郡有索县,河内郡有索邑,此当为后者。"周振鹤先生则认为属南郡。按《汉书·高帝纪》(卷一上):"韩信亦收兵与汉王会,兵复大振。与楚战荥阳南京、索间,破之。"师古注引应劭曰:"京,县名。今有大索、小索亭。"《史记·项羽本纪》"与汉战荥阳南京、索间"句下《集解》引应劭曰:"京,县名,属河南,有索亭。"《正义》:"《括地志》云:京县城在郑州荥阳县东南二十里。郑之京邑也。《晋太康地志》云:郑太叔段所居邑。荥阳县即大索城。杜预云成皋东有大索城,又有小索故城,在荥阳县北四里。京相璠《地名》云:京县有大索亭、小索亭,大小氏兄弟居之,故有小大之号。按楚与汉战荥阳南京、索间,即此三城耳"如此,则索当为京县的前身,汉初属河南郡,不属河内郡。①

晏氏认为索县为京县前身,鉴于张家山汉简《秩律》未载京县,而京、索甚近,笔者同意晏氏之说。但他又说索县在汉初属河南郡,这是笔者不能苟同的,索县应属颍川。

《汉志》《续汉志》启封皆属河南,当为后来改属。闲阳、索不见于《汉志》《续汉志》,应是后来撤销了。京县见于《汉志》《续汉志》,应当是索县更名并改属河南。

综合本节所做考证,现将笔者对秦汉三川(河南)郡县域沿革的认识列表于下。

表二　秦汉三川(河南)郡县域沿革表

时期 县	秦	汉初	汉初以后	东汉
雒阳	√	√	√	√
卷	√	√	√	√
新安	√	√	武帝时归弘农郡	弘农郡
华阳	√	省	×	×
宜阳	√	√	武帝时归弘农郡	弘农郡

---

① 晏昌贵:《〈二年律令·秩律〉与汉初政区地理》,《历史地理》第二十一辑,2006年。

(续　表)

时期 县	秦	汉初	汉　初　以　后	东汉
卢氏	✓	✓	武帝时归弘农郡	弘农郡
缑氏	✓	✓	✓	✓
平阴	✓	✓	✓	改名河阴
新城	✓	✓		✓
陕	✓	✓	武帝时归弘农郡	弘农郡
河南	✓	✓	✓	✓
荥阳	✓	✓	✓	✓
京	×	×	由索县改名	✓
成皋	✓	✓	✓	✓
阳武	✓	✓	元平元年为侯国，旋废	✓
梁	✓	✓	✓	✓
中牟	✓	✓	高帝十二年为侯国，元鼎五年废	✓
巩	应有	×	✓	✓
穀成	?	×	✓	
黾池	✓	×	景帝中二年复置，武帝时归弘农郡	弘农郡
岐	砀郡	✓	省	×
陈留	砀郡	✓	武帝时归陈留郡	陈留郡
圉	砀郡	✓	文帝时归淮阳国(郡)	陈留郡
酸枣	东郡	✓	武帝时归陈留郡	陈留郡
密	颍川	✓	✓	✓
苑陵	颍川	颍川	✓	✓
偃师	?	×	✓	✓
平	×	×	高帝六年为侯国，高后二年前徙封	✓
原武	×	×		
故市	×	×	高帝六年为侯国，元鼎五年废	省
启封	✓	✓	高帝十一年为侯国，后改名开封，元鼎五年废	✓
新郑	颍川	省	✓	✓
尉氏	三川	颍川	武帝时归陈留郡	陈留郡
索	×	颍川	改名为京县	×

说明：✓代表有此县；×代表无此县；?代表存疑。

第三节　河东郡县域沿革

本节讨论秦汉河东郡县域沿革,先将李晓杰、后晓荣、何慕、周振鹤、晏昌贵的看法以及《汉志》《续汉志》所载河东诸县列表于下。

表三　秦汉河东郡置县观点表

县	安邑	蒲反	汾阴	皮氏	临汾	绛	虒	左邑	平阳	濩泽	风	垣	杨	蒲子
李	○	○	△	○	△	○	△	△	○	△	△	○	○	○
后	✓	✓	✓	✓	✓	✓	✓	✓	✓	✓	✓	✓	✓	✓
何	✓	✓	✓	✓	✓	✓	✓	✓	✓	✓	✓	✓	✓	✓
周	△	✓	✓	✓	✓	✓	✓	✓	✓	✓	✓	✓	✓	✓
晏	△	✓	内史	✓	✓	✓	✓	✓	✓	✓	✓	✓	✓	✓
志	✓	✓	✓	✓	✓	✓	✓	✓	✓	✓	✓	✓	✓	✓
续	✓	✓	✓	✓	✓	✓	永安	△	✓	✓	✓	✓	✓	✓

县	北屈	猗氏	土军	底柱	大阳	解	河北	闻喜	端氏	长修	狐讘	骐	襄陵
李	△	△	△	△	△	△	△	△	○	△	△	△	△
后	✓	✓	✓	✓	△	△	△	△	上党	△	△	✓	新襄陵
何	✓	△	△	△	△	△	△	△	△	△	△	△	✓
周	✓	△	△	△	△	△	△	△	上党	△	△	△	✓
晏	✓	△	△	△	△	△	△	△	上党	△	△	△	✓
汉	✓	✓	西河	△	✓	✓	✓	✓	✓	✓	✓	✓	✓
续	✓	✓	△	△	✓	✓	✓	✓	△	✓	△	✓	✓

说明:○代表有此县,其时上属郡不详;△代表未言及此县;✓代表认为此县属三川(河南);?代表存疑。表格中的文字代表上属郡或该县曾用名、改用名。

由上表可见,诸家皆无异议的河东属县有七个:蒲反、皮氏、绛、平阳、垣、杨、蒲子。

诸家皆以为河东属县,唯李晓杰失考的有四个:临汾、皱、濩泽、北屈。

《汉志》之前未见之县有七个:大阳、解、河北、闻喜、长修、狐𥷭、骐。其中,长修、狐𥷭、骐三县是西汉侯国,西汉末除国,故而不见于《续汉志》。

以上诸县沿革脉络比较清晰,本文不论。现将分歧较大者考证于下。

安邑

战国时期的安邑曾是魏国都城,《战国策·齐策三》载"安邑者,魏之柱国也",说明此地甚为重要。《史记·秦本纪》:昭襄王二十一年,"魏献安邑,秦出其人,募徙河东赐爵,赦罪人迁之"。秦封泥有"安邑丞印",可知秦人得安邑后于此设县。但张家山汉简《秩律》中未见安邑,令人颇感诧异,是否汉初将此县撤销了呢?笔者以为不当如此。

秦末战争中,项羽封魏豹为西魏王,虽然"都平阳",但《史记·淮阴侯列传》记载,韩信"伏兵从夏阳以木罂缻渡军,袭安邑。魏王豹惊,引兵迎信,信遂虏豹",说明秦汉之交的安邑仍然是兵家必争的重要城池。再说,安邑资源丰富,《汉志》河东郡安邑县条:"盐池在西南","有铁官、盐官"。若说汉初在此地未设县,恐难令人信服。笔者认为,《秩律》未载安邑,很可能是简文未完全释读的缘故。

汉高祖时期,中央政府直接控制的有十五郡,分别是河东、河内、河南、南阳、南郡、巴郡、汉中、广汉、蜀郡、云中、上郡、北地、陇西、上党、内史。十五郡中,大多数郡治可见于《秩律》千石县、八百石县。① 千石县中的长安、成都、云中、洛阳,分别为内史、蜀郡、云中郡、河南郡治所。八百石县中的长子、宛、江陵、梓潼、江州分别为上党、南阳、南郡、广汉、巴郡治所。剩余六郡治所,据《汉志》,陇西郡治狄道、上郡治肤施、北地郡治马领、汉中郡治西成、河东郡治安邑、河内郡治怀,皆不见于《秩律》。但《汉志》记录的郡治未必合乎汉初实情。

关于汉中郡治,严耕望曾指出:"刘邦为汉王,都南郑,汉初汉中郡亦治南郑盖无问题。然徐松云:'《仙人唐公房碑》:公房,成固人,王莽居摄二年,君为郡吏,是时府在西成,去家七百余里,休谒往来,转景即至,阖郡惊焉。西成即西城,是汉中始治在南郑,后移西城。'"② 如此,汉初汉中郡治在南郑,而《秩律》八百石县确有南郑。

---

① 马孟龙认为东郡、颍川亦当在十五郡之列(马孟龙:《西汉侯国地理》,第110页)。东郡治所濮阳、颍川郡治所阳翟,皆可见于《秩律》所列八百石县。

② 严耕望:《汉书地志县名首书者即郡国治所辨》,《严耕望史学论文选集》,中华书局,2006年,第98页。

关于北地郡治所，虽然《汉志》所载郡治马领未见于《秩律》，但《秩律》有彭阳，简牍整理者指出，彭阳"秦属北地郡，高帝二年属汉，武帝元鼎三年分属安定郡"。如此以来，汉初北地郡有彭阳县，而《秩律》千石县、八百石县没有其他属于北地郡的县，说明在西汉初年的北地郡中，彭阳县地位最重，是郡治无疑。

关于上郡治所，虽然《汉志》所载郡治肤施不见于《秩律》，但《秩律》八百石县有圜阳、高奴二县，属上郡。由于《秩律》千石县、八百石县并无其他属于上郡的县，上郡郡治非圜阳即高奴。据《史记·项羽本纪》："立董翳为翟王，王上郡，都高奴。"《史记·孝文本纪》：汉文帝为抵御匈奴，"发边吏骑八万五千诣高奴"，并且"帝自甘泉之高奴，因幸太原"。可见，秦末汉初的高奴具有更为显著的地位，为上郡治所的可能性更大。而圜阳县之所以跻身于八百石县，从临晋、郃阳为千石县，夏阳为八百石县的情形来看，很可能是因为其位于黄河岸边，交通意义比较重要。

关于陇西郡治所，虽然《汉志》所载郡治狄道不见于《秩律》，但《秩律》八百石县有上邽。因千石县、八百石县中再无其他陇西属县，因此，上邽当为汉初陇西郡治。

至此可知，汉初中央直控的十五郡中，有十三个的郡治都可在《秩律》中得到确认。唯有河东郡治安邑、河内郡治怀县，在《秩律》中无从查找。河东、河内的战略地位仅次于内史，其郡治有可能属千石县，最次也应载于八百石县中。而目前所见《秩律》释文中，八百石县属于河东者有杨、临汾、蒲反、平阳、绛，属于河内者有温、修武、轵。那么，安邑、怀县何在？这就需要注意简牍中缺释的部分。据整理小组给出的释文，千石县中的云中与新丰之间有五字尚未释出，八百石县中的朐忍与临邛之间缺释六字，安邑、怀应当就在其中。①

襄陵、新襄陵

李晓杰考证战国秦县，其中未见襄陵。后晓荣认为秦河东郡无襄陵县，而有名为"新襄陵"者。周晓陆说"新襄陵当是秦吞并魏河东之后所新立之县"，②看

---

① 整理者后来又进一步解释说："王子今、马振智：'临邛'前二字应是'阆中'。此前整理小组以为四字者，其实只有三字。'朐忍'之后第一字，有可能是'符'。即前引简文应作'朐忍、符、□□、阆中、临邛、新都、武阳、梓潼、涪'。今按：王子今、马振智认为缺字只有五字，可从。"（彭浩、陈伟、工藤元男主编：《二年律令与奏谳书——张家山二四七号汉墓出土法律文献释读》，上海古籍出版社，2007年，第265页）由于相邻诸县大多可确定在西南地区，仍然缺释的"□□"很可能也属西南地区，与河东、河内无涉。如此以来，安邑、怀似应属于千石县之列。

② 周晓陆等：《于京新见秦封泥中的地理内容》，《西北大学学报》（哲学社会科学版）2005年第4期。

法与后氏相同。笔者以为,上述认识值得商榷。

战国时代确有名为"襄陵"之地,《战国策·齐策一》:"不如南攻襄陵以弊魏","乃起兵南攻襄陵"。此处所谓"襄陵",古代《战国策》注家多以为在河东。比如旧题汉代高诱注:"襄陵,魏邑也,河东县。"宋元时期的鲍彪、吴师道亦皆注曰:"属河东,魏邑也。"同一事亦可见于《资治通鉴》周显王十七年,写作"诸侯围魏襄陵"。胡三省注:"班《志》,河东有襄陵县。师古曰:晋襄公之陵,因以名县。《括地志》:襄陵在晋州临汾县东南三十五里。宋白曰:后魏为禽昌县;隋大业二年改为襄陵县,以赵襄子、晋襄公俱陵于是邑也。"亦以为襄陵在河东。

《史记·秦本纪》也可见襄陵:秦昭襄王二十九年,"大良造白起攻楚,取郢为南郡,楚王走。周君来。王与楚王会襄陵。"《集解》:"《地理志》河东有襄陵县。"《正义》:"《括地志》云:'襄陵在晋州临汾县东南三十五里。'"皆以为襄陵在河东。另外,《史记·楚世家》:楚怀王六年,"楚使柱国昭阳将兵而攻魏,破之于襄陵,得八邑。又移兵而攻齐,齐王患之"。"襄陵"下《索隐》:"县名,在河东。"仍认为襄陵在河东。

然而,古代学者对战国襄陵的地理定位值得怀疑。首先来看《战国策·齐策一》的具体记载:

> 邯郸之难,赵求救于齐。田侯召大臣而谋,曰:"救赵,孰与勿救?"邹子曰:"不如勿救。"段干纶曰:"弗救,则我且不利!"田侯曰:"何哉?"对曰:"夫魏氏兼邯郸,其于齐何利哉?"田侯曰:"善。"乃起兵,曰:"军于邯郸之郊!"段干纶曰:"臣之求利且不利者,非此也。夫救邯郸,军于其郊,是赵不拔而魏全也。故不如南攻襄陵以弊魏。邯郸拔而承魏之弊,是赵破而魏弱也。"田侯曰:"善。"乃起兵南攻襄陵,七月,邯郸拔,齐因承魏之弊,大破之桂陵。

需要注意的是,齐人是南攻襄陵,最后大破魏军于桂陵。襄陵、桂陵距离不应太远。桂陵在今河南长垣县西北,如果襄陵在河东,与桂陵尚隔着太行山,并不符合这一条件。况且襄陵如果在河东,又怎么可能位于齐国的南部呢?因此,《战国策》所谓"襄陵",必定不在河东。

再看《史记》的两条记载。《秦本纪》说秦昭襄王"与楚王会襄陵",当时楚国郢都被攻陷,楚王向东北方向逃窜,在今河南省东南部驻扎下来。两君会盟,即便不在两国接壤之处,似乎也不至于迂回到河东举行。《楚世家》说楚魏交兵,在襄陵大战。此地应当在魏之南、楚之北,绝不会位于魏国的河东境内。因为楚国若攻河东，须经过今河南省西部，再北渡黄河，而当时该地区正是秦、魏激烈争夺的目标，又如何容得下楚国染指。

看来，《战国策》《史记》所见"襄陵"应别有所指。《汉志》陈留郡有襄邑县，颜师古注："圈称云襄邑宋地，本承匡襄陵乡也。宋襄公所葬，故曰襄陵。秦始皇以承匡卑湿，故徙县于襄陵，谓之襄邑，县西三十里有承匡城。"照圈称所说，汉陈留郡襄邑县，在秦代叫作承匡县，而襄陵在秦代只是承匡县下的一个乡。此说目前没有更早的反证，似当遵从。但秦封泥可见"新襄陵丞"，假如当时本无襄陵县抑或只有一个与汉世襄邑地望不同的襄陵县，所谓"襄陵"之前又何必冠一"新"字？从这个角度而言，笔者以为，秦时应当有两个襄陵县，其中一个就是承匡改名所得之襄陵，只不过，秦人在此襄陵前加了一个"新"字，以与另外一个襄陵相区别。

由于战国时代列国各自为政，地名重复的现象屡见不鲜。在秦国统一天下的过程中，为了行政的便利，必然会想办法应对这一现象。清人王鸣盛曾总结汉代避免地名重复的做法："郡国县邑名同者，则加东西南北上下或新字以别之。"① 现代有学者指出："这条规律本身并没错"，但却"误以为这种做法始于汉代"，"其实，加方位字、对称字以区别重复地名的做法，汉代之前就已经产生了"。② 秦封泥"新襄陵丞"就是一个明证。所谓"新襄陵"是相对于原本就有的某个襄陵县而言的。

清人程恩泽在研读《战国策》时曾明确指出："襄陵有二。《汉志》：河东郡有襄陵县，此晋襄公陵也。在今平阳府襄陵县东二十五里。又云：陈留郡有襄邑县，此宋襄公陵也。在今归德府睢州西一里。"由于河东在秦昭襄王时即已归秦，而相当于汉世陈留襄邑的襄陵入秦的时间迟至秦始皇时期，所谓"新襄陵"自然应指后者。后晓荣认为河东襄陵在秦代时被称为"新襄陵"，这个看法似乎并不准确。

张家山汉简《秩律》可见"襄陵"，其前漯泽，其后蒲子，皆河东属县，襄陵也应属河东。《汉志》《续汉志》承之。

汾阴

李晓杰所考秦县无汾阴，应是失考所致。《史记·魏世家》：魏襄王六年，"秦取我汾阴、皮氏、焦"。此前一年，秦"围我焦、曲沃"，魏襄王八年，"秦归我焦、曲沃"。由此看来，焦、曲沃于秦人而言，重要性不如汾阴、皮氏。

---

① 王鸣盛：《十七史商榷》，上海书店出版社，2005 年，第 121 页。
② 华林甫：《中国历代更改重复地名及其现实意义》，《历史研究》2000 年第 4 期。

秦人得汾阴，应于此设县。《史记·秦本纪》：秦昭襄王十七年，"秦以垣易蒲阪、皮氏"。① 此处虽未言汾阴，但皮氏、汾阴、蒲阪皆临黄河，且汾阴居于皮氏、蒲阪之间，皮氏、蒲阪既为秦有，汾阴归秦乃是时间早晚的问题。《史记·秦本纪》：秦昭襄王二十一年，"错攻魏河内。魏献安邑"，从此以后，魏国西境收缩至河内，汾阴归秦绝不会晚于此年。

张家山汉简载有汾阴，书写于六百石县之首，其后为汧、杜阳等内史属县。晏昌贵考辨曰："汾阴，《汉志》属河东郡，整理者及周先生并从之。今按：《秩律》这部分县名同组多同郡，且《秩律》千石、八百石县均由内史县开始，唯独这个'汾阴'，若属河东郡，则与《秩律》本身的规律不合，所以我们怀疑汉初汾阴属内史。"笔者以为其说还有进一步商榷的余地。

西汉建国后，汾阴于高帝六年封给功臣周昌为侯国。但惠帝元年时，周昌在赵相任上，《史记·吕太后本纪》称其"赵相建平侯周昌"。有学者据此推测，"周昌更封当在惠帝元年之前"。② 需要注意的是，惠帝四年周昌方才去世，更封之时他还健在，况且他与高祖之间的君臣关系甚洽，亦不见有何明显过失，有何必要对其徙封呢？而晏昌贵对汉初汾阴上属郡的判断，可以作为解释这一疑问的线索，即中央政府希望将汾阴纳入直接进行行政管理的区域。但笔者并不同意晏氏将汾阴归入内史的观点。如果仔细观察《秩律》的书写规律，我们可以发现，《秩律》对黄河津渡所在县的书写比较特别。千石县中有临晋，在黄河西岸。与之相对的是黄河东岸的河东郡属县蒲反，在《秩律》中降一等被列于八百石县。《秩律》中蒲反之前为新野、宜成，一属南阳郡，一属济南郡，③其后为成固，属汉中郡。可见，蒲反是单列的。《秩律》对汾阴的书写也符合这一特征。汾阴是秦汉时代的黄河渡口之一，④其对岸是内史所属的夏阳。夏阳在《秩律》中列于八百石，而汾阴也恰好是秩级降一等，为六百石县，并且也是如蒲反一样，被单列出来。如果断言汾阴属内史，那么，具有相同书写特征的蒲反是不是也应当归入内史呢？显然不合适。

至于晏氏所说"《秩律》千石、八百石县均由内史县开始"，因而汾阴既然在六百石县中居首，也应当属于内史。笔者以为此说难为定论。诚然，千

---

① 中华书局标点本"易"原作"为"，《索隐》："'为'当为'易'，盖字讹也。"兹从《索隐》而改。
② 马孟龙：《西汉侯国地理》，第371页。
③ 此为整理者之说，暂从之。观《汉志》《续汉志》，河东郡皆无宜成，此县不属河东，应无多大疑问。
④ 秦汉黄河津渡即"汾阴津"。王子今：《秦汉黄河津渡考》，《中国历史地理论丛》1989年第3期。

石、八百石县的书写皆自内史属县开始，但这可能只是表面现象。如果说《秩律》书写的整体布局具有先内史后他郡的中央为尊的理念，那么，照此推理，长安作为国都，《秩律》千石县的书写自应从长安开始。然而，现实中的《秩律》书写却是以栎阳为首。这至少可以说明，即便我们承认《秩律》有中央为尊的理念，这个理念也并没有达到完全贯彻的程度。

笔者以为，《秩律》不同等次的县在书写时有着不同的考量。千石县的确定，应是综合平衡的结果，所以，关中固然高等级的县多，但传统大都市成都、雒阳，以及边县云中，皆入选其中。临晋列于千石，未必完全是因为其关中属县的身份，交通地位也应当是其高居千石县之列的重要因素。至于八百石、六百石县的书写，对交通地位的考虑占据更大的分量。如八百石县以胡、夏阳开始，胡县是函谷关所在，夏阳是黄河津渡所在，皆具有显赫的交通地位。在此基础上，再考虑到二县属内史，因而居于八百石县之首。至于同属八百石县的蒲反，虽然亦是津渡要地，但因其不属内史，故而单列。到书写六百石县之时，由于全国大部分县属于此等，无大差别，交通战略地位的考量便居于首位。由于黄河津渡临晋、蒲反、夏阳以及函谷关所在胡县均已列入千石、八百石县，与夏阳相对的汾阴便占据了六百石之首。至于该县是否属于内史，并不是必然要考虑的条件。如果非要让六百石的汾阴归入内史，那么，八百石的蒲反却属于河东郡，这便有些匪夷所思了。

综上所述，笔者以为，汉初汾阴仍应归入河东为是，晏氏之说不可从。

左邑

后晓荣曰："传世战国的三晋古玺有'左邑发弩'和'左邑余子啬夫'，前者为县属发弩官的印信，后者为县属下级官吏啬夫印。二者说明战国魏置左邑县。"可从。《汉志》河东闻喜县条："故曲沃。晋武公自晋阳徙此。武帝元鼎六年行过，更名。"颜师古注引应劭曰："今曲沃也。秦改为左邑。武帝于此闻南越破，改曰闻喜。"据此，秦应置左邑县。张家山汉简《秩律》未见左邑，当为汉初省并。后来复置，东汉再次撤销。

风

考证秦县者，唯有后晓荣认为秦在河东郡置有风县。其论如下：

> 西安相家巷出土秦封泥有"风丞之印"。云梦睡虎地秦简《编年记》："四年，攻封陵。""风"即"风陵"，又作"封陵"。……《史记·魏世家》魏襄王十六年，"秦拔我蒲阪、晋阳、封陵"。二十三年，"秦复予我

河外及封陵以和"。《正义》："封陵在蒲阪南河曲中。"……又《读史·卷五十四》陕西西安府风陵堆："州南五十五里,相传风后冢也。亦曰封陵。"故周晓陆言"风丞殆为祭祀风陵即女娲陵之职"。秦风县之前身或为战国魏置封陵县,其地在今山西永济县西南。

笔者以为,"风陵"又作"封陵",或许还可以理解。但"风"即"风陵",似乎需要更多的佐证。秦印可见"封陵津印",证明秦代此县名正字为"封陵",而非"风陵"。有学者指出,将"封陵"与女娲故事联系起来,进而转写为"风陵",是古史层累的结果。"封陵"转写为"风陵"的时间,"可能在东晋时或稍前"。① 由此看来,秦代之时,"封陵"转写为"风陵"的可能性很小,简省为单名"风",其可能性恐怕更小。再者,即便简写为"风",若如周晓陆所说,风丞为祭祀女娲而设,则该职官属于卜祝系列,并非地方官。由"风丞之印"无法得出秦置风县的结论,遑论此县属河东。

猗氏

《史记·货殖列传》："猗顿用盬盐起。"《集解》引《孔丛子》曰："猗顿,鲁之穷士也。耕则常饥,桑则常寒。闻朱公富,往而问术焉。朱公告之曰:'子欲速富,当畜五牸。'于是乃适西河,大畜牛羊于猗氏之南,十年之间其息不可计,赀拟王公,驰名天下。以兴富于猗氏,故曰猗顿。"②《孔丛子》曾被不少学者质疑为伪书,但其所载猗顿故事未必也是伪作。关于这一点,故事当中出现的"西河"地名是一个线索。"西河"指山西西南部,但这个意义上的"西河"只在战国时期魏国据有此地时流行过,后来秦国夺得晋西南地区,这个地区逐渐被称为"河东","西河"称谓已被历史淘汰。因此,《孔丛子》所载猗顿故事既称河东为"西河",当是战国文字遗存,进而可知,战国时已有猗氏。

张家山汉简《秩律》未见猗氏,《汉志》《续汉志》皆有,说明此县于汉初撤销,后来复置。

土军

后晓荣曰："山西省博物院藏战国青铜器'土匀'铜壶,铭文'土匀杳

---

① 熊长云:《秦"封陵津印"考——兼论风陵渡之得名》,收入曾磊等编《飞軨广路:中国古代交通史论集》,中国社会科学出版社,2015年,第109页。
② 《史记》卷一二九《货殖列传》,第3259页。

(容)四斗钮',钮即椑榼,容器名;又战国魏方足布有'土匀'布。'土匀'即'土军',原来认为土军属赵地,今从方足布'土匀'布为魏国方足布可知,土军为属魏地。从魏青铜器和方足布可知,魏置土军县,在《汉志》中为西河郡属县,其地在秦时属河东郡。二者互证,秦置土军县,故址在今山西省石楼县。"后氏以文物资料立说,其所得"魏置土军县"的结论应属可信。

　　土军县地何时入秦,正史无明确记载,但可略做推论。《史记·秦本纪》:秦昭襄王二十二年,"与楚王会宛,与赵王会中阳"。次年,又"与魏王会宜阳"。需要注意的是,秦昭王与他国君主会盟的地方往往是己方已得之地。比如宛于秦昭襄王十五年归秦;宜阳更早,于秦武王之时已归秦。仿此,秦王与赵王会盟既然在秦昭襄王二十二年会于中阳县,中阳应不晚于是年归秦。土军位于中阳西南,入秦亦不会晚于是年。而太原郡迟至庄襄王三年始置,因此,土军归秦之初当入河东郡。

　　汉代土军县归属有变动。张家山汉简《秩律》未见土军,但这并不意味着汉初一定没有该县。《秩律》未载土军,可能是因为该县不在中央控制的区域内,而属代王刘恒的辖区。《史记·建元已来王子侯者年表》:汉武帝元朔三年,封代共王子刘郢客为土军侯,《索隐》:"志属西河"。不过,西河郡置于元朔四年,未封土军侯时,土军当属代王国辖地。因为封代王子于代国某地,此是推恩令的惯常做法。而据周振鹤研究,汉景帝三年以后,"代国唯余太原一郡"。① 如此便可推知,土军在置为侯国之前,虽然名义上是代王国辖县,实际上,按传统,它应属太原郡。由于《秩律》书写年代不晚于吕后二年,与刘恒代国的存在时段存在交集,其属县土军未见于《秩律》亦无足怪。

　　综上所述,土军在秦代属河东,汉初至汉武帝元朔三年,属代国(太原郡),次年又纳入新设的西河郡。《续汉志》西河郡无土军,该县在东汉时撤销。

底柱

　　秦封泥可见"底柱丞印"。后晓荣推论:"从此封泥看,底柱或为秦代所设置县。"但有学者指出:"以底柱之险狭,似不能立县,底柱丞约为秦时'令祠官所常奉天地名山大川'时,所在黄河祠祀底柱之官吏。"②"底柱是传说中大禹治水所凿,其地势险要,时有怪物作祟,需河神镇守,或由力士铲除

---

① 周振鹤:《西汉政区地理》,第74页。
② 周晓陆、路东之、刘瑞、陈晓捷:《秦封泥再读》,《考古与文物》2002年第5期。

之。秦时于底柱设官,是为了祭祀河神、镇慑异物,底柱丞殆治水官。"①从底柱的地理特点及其对秦汉漕运事业的妨碍来看,将"底柱丞印"视为治水官封泥或许更好一些。

端氏

后晓荣依据张家山汉简《秩律》,将秦代端氏归入上党郡。虽然结论可从,但以后证前,理由是不充分的,现补证如下。

《史记·赵世家》:赵成侯十六年,"与韩、魏分晋,封晋君以端氏"。赵肃侯元年,"夺晋君端氏,徙处屯留"。可见,战国时期端氏先属赵。《战国策·赵策一》"甘茂为秦约魏以攻韩宜阳"章:"韩欲有宜阳,必以路涉端氏赂赵。"此章记秦武王时期事,说明此前端氏已自赵国归韩。长平之战前,韩国上党守冯亭欲以上党降赵,派使者对赵王曰:"韩不能守上党,入之于秦。其吏民皆安为赵,不欲为秦。有城市邑十七,愿再拜入之赵。"②吴良宝认为,冯亭降赵时韩上党郡的十七县虽不能全部考出,但其中应包括端氏。③ 如此以来,端氏必是随着长平之战中赵国的落败而终归于秦。《史记·秦本纪》:秦昭襄王四十八年,秦"尽有韩上党"。上党郡当于此后不久设立,端氏既是在夺取上党的战役中夺得,应当纳入上党郡管理。

张家山汉简《秩律》有端氏,其前有屯留、武安,后有阿氏、壶关,学者多据此认为汉初端氏属上党。甚是。《汉志》端氏属河东,当为后来改属。

下摩、岸头、高梁

《汉书·尹翁归传》记载,汉昭帝时期,"河东二十八县,分为两部,闳孺部汾北,翁归部汾南"。而《地理志》河东郡只有二十四县。清人王鸣盛说:"彼'八'字必是'四'字之误。"④但"四""八"字形迥异,笔误的可能性并不大。有学者注意到侯国置废的历史细节,提出如下看法:

> 虽然武帝时大量侯国被撤销,但撤销之前这些侯国已经视同属县管理,撤销侯国并不会改变辖地的籍簿和隶属关系,官员和一整套行政机构的撤销或者改编也要视情况逐步进行,因此,侯国撤销后的一段时间内其辖地仍可能按县一级行政区对待,这是行政管理的延续性决定

---

① 王辉:《西安中国书法艺术博物馆藏秦封泥选释》,《文物》2001年第12期。
② 《史记》卷四三《赵世家》,第1825页。
③ 吴良宝:《战国时期上党郡新考》,《中国史研究》2008年第1期。
④ 王鸣盛:《十七史商榷》,上海书店出版社,2005年,第126页。

的。汉昭帝年间河东郡的多数侯国撤销不久,《汉书·尹翁归传》记载的"河东二十八县"正反映了这一过渡时期的情况。此后七十余年里,各县按实际情况逐步省并,到汉成帝元延年间演变为二十四县(侯国),被《汉志》详细记载下来。

根据上述认识,论者考证不见于《汉志》的四县应当是下摩、岸头、高梁、周阳。① 笔者以为此说很有道理。关于周阳县,考证见下文,此处将下摩、岸头、高梁三个侯国的受封及除国记录列于下:

下摩侯国,始封者䵣毒尼。武帝元狩二年,"以匈奴王降封,七百户"。"侯冠支嗣,神爵三年,诏居弋居山,坐将家属阑入恶师居,免"。

岸头侯国,始封者张次公。元朔二年,"以都尉从车骑将军击匈奴侯"。元狩元年,"坐与淮南王女陵奸,受财物,免"。

高梁侯国,始封者郦疥。高帝十二年,袭父郦食其功侯,"九百户"。元狩元年,"坐诈诏衡山王取金,当死,病死,国除"。

周阳

肩水金关汉简的图版、释文公布后,一些学者比较关注这批材料所蕴含的历史地理信息,其中编号为73EJT21:441者即引起了讨论。原简释文如下:

河东定阳马邑里郭财　　坐四斛☐②

黄浩波在描述这支简时说道:"此简照片清晰,释文准确无误。"并依据学界此前对新莽时期简牍书写特征的描述,判定"此简为新莽时期简,且其年代当在始建国元年至始建国四年之间"。在简文断代的基础上,该简所蕴含的历史地理信息亦被其进一步开掘,他的基本观点是:据《汉书·地理志》,定阳县原属上郡,而由简文可知,此县后来改属河东郡。"定阳县改属河东郡当在元始四年'分界郡国所属,罢、置、改易'之时",该县上属郡的更动,是王莽"'以经义正十二州名分界'的一个具体实例",同时也是"'因山川民俗以制州界'的山川形便原则在元始四年政区边界变更中的具体运用"。③

---

① 张帆:《西汉"河东二十八县"考》,《首都师范大学学报》(社会科学版)2009 年第 5 期。
② 甘肃简牍保护研究中心等编:《肩水金关汉简(贰)》(下册),中西书局,2012 年,第 42 页。
③ 黄浩波:《〈肩水金关汉简(贰)〉所见"河东定阳"简试释》,中国地理学会历史地理专业委员会《历史地理》编辑委员会编:《历史地理》(第二十九辑),上海人民出版社,2014 年,第 276—282 页。

笔者不同意上述认识,因为论者所依据的简牍材料本身即是需要仔细检讨的。而在文字辨正的基础上,简文所反映的历史地理信息亦应当重新思考。

1."定阳"应释为"周阳"

仔细核对简牍图版,不难发现,简 73EJT21：441 并不像黄氏所说的那样"照片清晰,释文准确无误"。实际上,该简彩色图版中的所谓"定"字漫漶不清,难以辨识(图四)。比较而言,红外线图版的质量高一些,大体可以看到该字的轮廓(图五)。

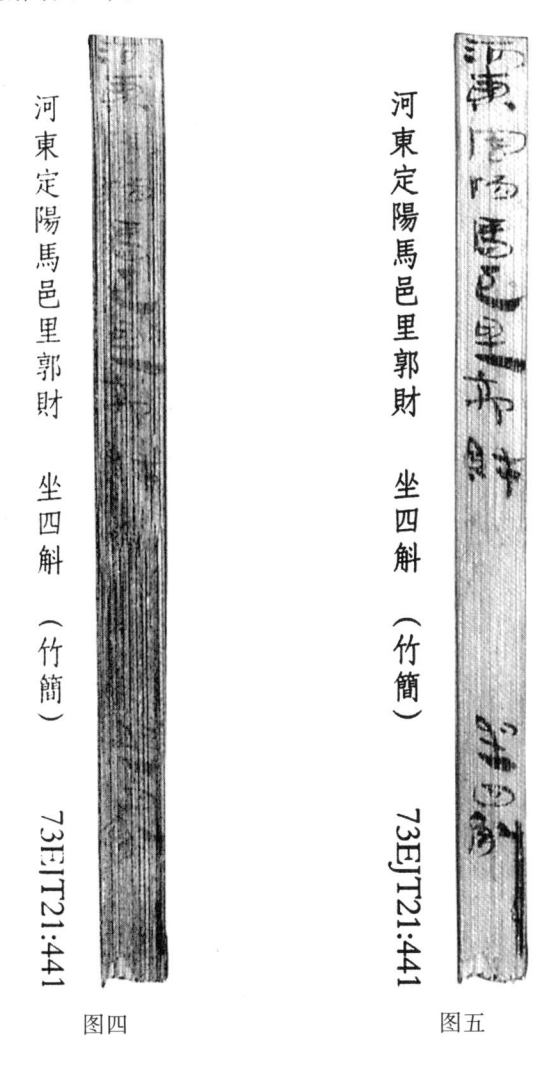

河東定陽馬邑里郭財　　坐四斛　（竹簡）　73EJT21:441

图四

河東定陽馬邑里郭財　　坐四斛　（竹簡）　73EJT21:441

图五

在红外线图版中,被释为"定"的那个字字形如下：

从该字的笔画来看,释为"定"字是不妥的。肩水金关汉简所见"定"字文例甚多,现将"👁"字与部分"定"字比较如下(表一):

表四　肩水金关汉简"👁""定"比较表

	桥定	安定	定陵	定陶	定国	钜定
	1∶30	1∶162	6∶93	6∶106	6∶146	9∶126
平定	安定	定国	定国	定陶	定国	定陶
14∶17	21∶1	21∶101	21∶223	23∶145	24∶816	25∶164
定国	安定	定陶	定陶	定陶	定陶	人定
27∶20	28∶8A	30∶113	33∶61	37∶76	H1∶18	F3∶160
人定	定陶	安定	安定	安定	安定	定陶
D∶143	D∶207	72EJC∶5	72EJC∶19	72EJC∶36	72EJC∶43	72EJC∶114

说明:纯数字简号省略了数字前的"73EJT",首位为字母的简号省略了字母前的"73EJ"。

表四可见,肩水金关汉简中的"定"字有两个基本特征,首先是最上方有点画。①其次,最后一笔捺划的写法虽然变化多端,但无论如何变化,总是十分突出,运笔自左至右的轨迹极为明显,且在宽度上大多越出字体的上部。此外,不少"定"字上部的"宀",在书写时不仅仅是构成一个盖顶的形式,而且其左右两端还被向下延伸,从而使整个字形呈现出自上而下的半包围结

---

① 14∶17号简当中的"定"字,初看无点划,但该字第三笔当中的横划不连贯,显系墨迹漫漶的结果。以正常的书写习惯度之,横划断开处的上方正是点划的位置。因此,点划亦应是因墨迹漫漶而遗失,而非书写时即无。

构,最典型者如 28∶8A 以及 72EJC∶36 等。

那么,73EJT21∶441 中所谓的"定"字,究竟有没有释为"定"的可能呢? 不可否认,如果仔细观察该字的图版,不难看到它也呈现出一个半包围结构。就这个特点而言,释为"定"字的确有可能。然而,需要注意的是,半包围结构并不是肩水金关汉简"定"字的典型特征,有的书写者并没有将"宀"字的左右两端向下延伸很多,这种情况下,整个字形的半包围结构就比较牵强,比如 1∶162、27∶20、F3∶160 等。况且半包围结构的汉字并不少见,从逻辑上说,这种结构并不能作为判断一个字是否为"定"字的充要标准,还必须要看它是否符合"定"字的另外两个基本特征。

笔者认为,73EJT21∶441 的"▣"字并不符合"定"字的书写特征。首先,该字最上端没有点划。也许有人会怀疑:该字图版第二笔的长横笔画当中有缺口,或许缺口上方原先有点划,只因墨迹漫漶,导致横划缺口的形成以及点划的缺失。但是,从图版中应当看到,该字横划的缺口出现在偏右的位置,而表四所列"定"字的点划大多居于横划中间,少量处于偏左的位置。将这一笔写在该字长横偏右的位置,从而也使之处于整体结构偏右的位置,并不符合当时"定"字的书写习惯。因此,"▣"字上方不见点划,应系原字如此,而非墨迹漫漶所致。其次,"定"字书写当中最能表现书写者个性的神来之笔,即最后的捺划,在"▣"字当中完全看不到影子。

看来,将"▣"释为"定",属于误释。实际上,这个字应释为"周"。肩水金关汉简所见"周"字也有很多,现将"▣"字与部分"周"字对比如下(表五):

表五 肩水金关汉简"▣""周"比较表

▣	▣	▣	▣	▣	▣	▣	▣
	曲周	周方	周充	周长孙	周卿		曲周
	2∶87	5∶35	10∶294	21∶130A	21∶184A		22∶24
▣	▣	▣	▣	▣	▣	▣	▣
周稚君	周寿	周氏	周奉亲	周胜		曲周	周宽
23∶969	24∶238	24∶239	30·165	32∶49		37∶829	37∶890

（续　表）

周贤	周望	周利	周苍	周护	周仁	周近内
37∶920	37∶1103	37∶1111	37∶1221	37∶1473	H2∶14	F1∶118A

周勤	周护	周重	周并	周并	周丙	周章
F2∶4	F3∶28	F3∶438	F3∶554	D∶39A	D∶72	C∶155A

说明：纯数字简号省略了数字前的"73EJT"，首位为字母的简号省略了字母前的"73EJ"。

由表五可见，肩水金关汉简中的"周"字有几个特点：其一，该字的半包围结构比较稳定，不存在因左右两个竖笔伸缩而导致半包围结构失形的问题。其二，该字半包围结构的第二笔很特别，横笔往往不是平直的，而是渐渐向右下方运笔，运至折笔处，则以小于九十度的锐角或呈弧线向左下收束，典型者如21∶130A、30∶165、D∶72等。其三，"周"字内部的"口"字写法多样，有三角状的，如22∶24；有圆形的，如2∶87、37∶1473；有不封口的，如C∶155A；有笔画不全的，如F2∶4、C∶155A。而简73EJT21∶441的"▣"字就字形来说，显然属于典型的半包围结构。其第二笔的走势为向右下方渐降，折笔处以一定的弧度向左下方内收。这些特征均与"周"字相合。虽然该字内部比较模糊，但下部疑似圆形，与某些"周"字对"口"部的写法相同。因此，简73EJT21∶441的"▣"字应释为"周"，而原释文所谓"定阳"，实为"周阳"。

2. 周阳县的增置及其地望

既然简文所谓"定阳"为"周阳"的误释，那么，黄浩波认为简文反映了位于黄河西岸的上郡定阳县改属河东郡的历史情节，就失去了最基本的史料支撑，该简文（以下简称"周阳简"）的历史地理意义需要重新诠释。

虽然黄氏未能发现"河东定阳"为"河东周阳"之误，但就目前简牍断代的研究现状来说，他对周阳简的年代判断还是有道理的。学界在进行简牍断代时，数字写法、计量单位用法往往是很好的线索，周阳简中出现的"四""斛"二字，便是该简断代的关键信息。饶宗颐、李均明指出："居摄元年至始建国二年间，'四'的写法尚与两汉同，至迟始建国四年时，'四'字已写作

'三'。"由于周阳简中的"四"字仍保持原写法,因此,可以推断该简写于始建国四年之前。关于计量单位"斛",饶、李二学者明确指出:"故以'斛'为断代依据时,只能确定其上限不早于新莽始建国年间。"① 如此一来,黄浩波断定周阳简的书写年代"当在始建国元年至始建国四年之间",的确言之有据。但黄氏所推论的王莽执政时期河东郡西跨黄河而领有定阳县的历史既属乌有,那么,简文中"河东周阳"的表述方式实际上反映的只能是河东郡内县级政区的更动。

据《汉书·地理志》(以下简称"《汉志》")记载,河东郡下辖24县,其中并无周阳。马孟龙认为:《汉志》所记录的行政区划面貌"具有一个统一而明确的年代断限",即"汉成帝元延三年九月"。② 也就是说,至汉成帝元延三年九月,河东郡没有周阳县。而周阳简的出现意味着,至迟在始建国四年时,河东郡辖县已有周阳。据此可推知,在汉成帝元延三年九月至王莽始建国四年这一时段内,当时的中央政府在河东郡内增设了周

---

① 饶宗颐、李均明:《新莽简辑证》,(台北)新文丰出版公司,1995年,第103—106、111—112页。然而,汉简中出现"斛"字即意味着简文书写于新莽始建国元年以后,这样的判断也不是毫无疑问。在饶、李二人为便于统计而排列出的简文中,最早用"斛"作为度量单位的简的确属于始建国年间,但二人也注意到,"始建国至天凤年间则'石''斛'并用"。有学者也指出:"将'斛'作为新莽简的判断标准略失妥当。"因为有的简文中虽有"斛",但其年代根据其他信息来看,当不早于更始时期。(焦天然:《新莽简判断标准补说——以居延新简为中心》,《中国国家博物馆馆刊》2016年第11期)这些现象说明,"斛"字在判断简文年代时其实并不具有排他性的标志作用,作为度量衡单位,它与"石"的实用意义更为突出,以至于王莽建立新政权之后,仍不能断然排斥"石"的使用而专用"斛"。其次,饶、李的断代意见仅仅是依据可以明确其纪年的简文而得出的,实际上,在至今已经发表的西北边塞简牍当中,有不少书写了"斛"字的简牍因为残断过甚或文字漫漶不清,无法判断其准确年代。目前来说,断言这部分简牍也"不早于新莽始建国年间",为时尚早。另一方面,根据正史记载,新莽始建国之前有使用"斛"的文例。如《史记·魏豹彭越列传》:"彭越复下昌邑旁二十余城,得谷十余万斛,以给汉王食。"其中的"得谷十余万斛",《汉书·彭越传》写作"得粟十余万斛",改"谷"为"粟",但不改"斛",由此推断,司马迁原文很可能就是"斛"。此例即便不能说明秦汉之交即已用"斛",亦在很大程度上说明汉武帝时代用"斛"进行计量的可能性。据"西汉中期辑为定本"的《九章算术》,在其卷六《均输》、卷七《盈不足》的应用题中也大量使用"斛"字(李继闵:《九章算术校证》,陕西科学技术出版社,1993年)。《汉书·赵充国传》记载,汉宣帝时期西羌扰边,名将赵充国给皇帝上书:"臣所将吏士马牛食,月用粮谷十九万九千六百三十斛,盐千六百九十三斛,茭藁二十五万二百八十六石。"无论粮食还是盐,均以"斛"为度量单位。并且其具体语境与西部边防有关,这一点与边塞屯戍具有较强的可比性。另外,汉成帝时代的农学家氾胜之曾言:"区种,天旱常溉之,一亩常收百斛。"又谓:"亩收百斛,丁男长女治十亩,十亩收千石。"(万国鼎:《氾胜之书辑释》,农业出版社,1980年,第68—69页)可见,"斛"与"石"混用的情形在始建国之前即已出现。因此,使用"斛"字的周阳简书写于新莽始建国之前,这种可能性并不能完全排除。只是因为在目前的简牍中尚未见到直接证据,故而暂且遵从饶、李的断代标准以展开论说。

② 马孟龙:《西汉侯国地理》,第84页。

阳县。

至于因何增置,很可能与王莽的行政措置有关。《汉志》记载:"讫于孝平,凡郡国一百三,县邑千三百一十四,道三十二,侯国二百四十一。"①县级政区共计1587个。然而到了平帝元始四年,王莽"分界郡国所属,罢置改易,天下多事,吏不能纪",②"罢置改易"的最终结果便是"九州之内,县二千二百有三",③县级政区数量增长近39%。而周阳曾经是河东郡规模不小的县级政区,汉武帝时代,帝舅田胜受封周阳侯,户数为6026。④ 元狩三年,周阳侯国废除,但"此侯国规模很大,撤销后立为一县是理所当然的"。⑤ 虽然《汉志》河东郡辖县未见周阳,意味着周阳县在成帝晚期之前已被撤销,但王莽增置县级政区时,将曾经存在过的周阳侯国、周阳县纳入视野,是合乎情理的。

关于周阳县的地望,可备探讨的有两条线索:其一,《史记正义》引《括地志》云:"周阳故城在绛州闻喜县东二十九里。"⑥其二,《水经·涑水注》:"涑水所出,俗谓之华谷,至周阳与洮水合,水源东出清野山,世人以为清襄山也。其水东经大岭下,西流出谓之唅口,又西合涑水。"⑦

先来讨论第一条线索。由于《括地志》乃"唐初魏王李泰主编的一部规模巨大的地理书",⑧在分析该书的史料时,首先应当将所谓"二十九里"换算为当今里程数;其次,作为"二十九里"行程的起点,"绛州闻喜县"所指应是隋唐时代的闻喜县,当时的县治在何处,也需要确定。关于唐代里制,胡戟指出,唐人所用的里分大里与小里两种,1大里约相当于现今531米,1小

---

① 《汉书》卷二八下《地理志下》,第1639—1640页。马孟龙指出:"《汉志》大体上是三份资料的混合物",此处所引乃《汉志》后序所载录的各项统计数字,其资料来源实际上是"绥和二年的中央政府簿籍"。而之所以被冠以"讫于孝平"的时代标记,是班固"把三份资料拼凑在一起",出于"统一时限"的行文需要而为之。参见氏著《西汉侯国地理》,第87、90页。
② 《汉书》卷一二《平帝纪》,第358页。黄浩波亦借助这条记载来阐释周阳简的历史地理意义,但他侧重于"分界郡国",笔者则更关注增置县邑。
③ 《汉书》卷九九中《王莽传中》,第4136—4137页。
④ 《史记》卷一九《惠景间侯者年表》,第1024—1025页。
⑤ 张帆:《西汉"河东二十八县"考》,《首都师范大学学报》(社会科学版)2009年第5期。
⑥ 《史记》卷一〇《孝文本纪》,第421页。卷四九《外戚世家》,第1977页。卷一二二《酷吏列传》,第3136页。亦可参见贺次君《括地志辑校》卷二绛州闻喜县条,中华书局,1980年,第57页。不过,贺氏说此处的《括地志》文字又见于"《史记·滑稽列传》'因姓周阳氏'《正义》"。经核查,"因姓周阳氏"并非《滑稽列传》的文句,实见于《酷吏列传》。
⑦ 陈桥驿:《水经注校证》,第167页。
⑧ 贺次君:《括地志辑校》,"前言"第1页。

里约相当于现今442.5米。① 29大里约为15.4公里,若以小里计,则为12.8公里。关于唐代闻喜县治,新近研究表明,隋至唐中期以前的闻喜县治在甘谷口,即今闻喜县东北之东镇稍东地带。② 若此说成立,则周阳邑应在该镇东北方向13—15公里处。

再来看确定周阳邑方位的第二条线索。据《水经·涑水注》的说法,周阳邑应当位于涑水、洮水交汇处。明了这一点,便会进一步意识到,循着涑、洮二河的走向,从而确定二者的交汇点,是对周阳邑进行定位的关键。涑水作为晋南地区较长的一条黄河支流,发源于绛县陈村谷,出山后向西流入今闻喜县境内,今人获取这个地理认知并不难。③ 而洮水作为涑水的支流,知名度则相对较低。关于其源头及走向,据清人杨守敬的说法:"《一统志》:水出绛县横岭山烟庄谷,山在闻喜县东南九十里,山脊横亘,跨绛及垣曲二县界。在闻喜者名小横岭,在绛县南者名大横岭,在垣曲西北者名清廉山。"④ 根据这段描述,洮水发源于绛县烟庄谷。而现今绛县冷口乡下辖村落有烟庄村,并且确有被称为"洮水河"的河流经过该村。该河出山后向西北流,在今绛县古绛镇郝家窑村南与涑河交汇。既知涑、洮交汇处,再结合《水经注》涑水"至周阳与洮水合"的记载,我们大体可以推知,周阳邑应当在今绛县郝家窑一带。

然而,根据两条线索推知的周阳邑方位是存在矛盾的。因为涑、洮水交汇点在唐代闻喜县治东北方向29公里左右,而由《括地志》推出的周阳邑距唐闻喜县治距离为13—15公里,两个推论存在15公里左右的差距,就目前

---

① 胡戟:《唐代度量衡与亩里制度》,《西北大学学报》(哲学社会科学版)1980年第4期。胡先生还指出,虽然大里的应用在唐代较为普遍,"但一些与唐代各地里程有关的史籍,还见用小里记载",其原因"大概是抄袭旧籍的缘故"。有鉴于此,本文在换算《括地志》所谓"二十九里"时,两种里制不偏废。

② 徐少华:《秦汉左邑、闻喜县地望考论——兼论闻喜县的沿革和治所变迁》,《中国历史地理论丛》2017年第3期。

③ 《水经》记载:"涑水出河东闻喜县东山黍葭谷,西过周阳邑南,又西南过左邑县南。"(陈桥驿:《水经注校证》,第167—168页)根据现代地理知识可知,所谓"东山黍葭谷"即绛县中条山区的陈村谷,现实生活中,该地确在闻喜县东。通常来说,《水经》在记录水道时,如果河流走向与河源相对于某县城的方向相反,往往会在叙述河源后,再叙经过此县。如"洧水出河南密县西南马领山,东南过其县南","湍水出郦县北芬山,南流过其县东",等等。涑水西流,当经过闻喜县,若依惯常书法,《水经》似应在"涑水出河东闻喜县东山黍葭谷"的表述之后,再叙"西过其县""西流过其县",然而《水经》并无此类文字。笔者曾因此怀疑"东山"为专名,并非位于闻喜县东之山,其实际位置应在闻喜县西。现在看来,这样的认识犯了纸上谈兵的大忌,因而形成了一个错误的推断。从现出发,由于东山的确在闻喜县东,《水经》缺少涑水流出东山后"西过其县"的表述,应是行文简略的缘故,其后并无特别的地理背景。

④ 杨守敬、熊会贞:《水经注疏》,江苏古籍出版社,1989年,第574页。

的研究基础而言,断言哪个推论是正确的,尚不具备条件。因为有的问题一时还无法解决,有待于进一步探究。① 比如,学者能否保证自己对唐代闻喜县治的推断准确无误?又如,历史上的涑、洮二水是否有改道现象,从而导致两河交汇点与现今不一致?类似问题都会直接影响对周阳邑位置的推定。

3. 宋人著录"周阳侯鬴鍑"的真伪

张家山汉简《二年律令·秩律》列出了西汉初年中央政府直辖区域内的县目,当时的河东郡并无周阳县。汉文帝前元年,"封淮南王舅父赵兼为周阳侯",这是周阳邑第一次作为县级政区出现在历史记载中。但赵氏周阳侯国存在时间并不长,文帝前六年,"兼有罪,国除"。② 此后的周阳究竟是转化为县,抑或遭到行政降级,已不可确知。到汉景帝后元三年三月,新即位的汉武帝封舅氏田胜为周阳侯,③周阳再次成为侯国。田氏周阳侯国传承两代,延续了21年。"元狩二年,侯彭祖坐当归与章侯宅不与罪,国除。"④两度成为侯国,可以说是周阳县域沿革史上的亮点,但《史》《汉》并未提供多少细节。有鉴于此,北宋吕大临著录的一件西汉器物就不能不引起我们的重视。⑤《考古图》卷九"周阳侯鬴鍑"铭文:

周阳侯家铜三习雕鬴鍑一,容五斗,重十八斤六两。侯治国五年五月,国输,第四。

对器物本身,吕氏坦承"所从得及度量,皆未考"。虽然他还说"文字皆未可考",但实际上他还是对铭文做了一些解读:

---

① 绛县横水镇周家庄遗址发现后,有学者认为:"周家庄遗址坐落在中条山与紫金山之间的涑水河北源缓坡上","《水经注》记载:'涑水西过周阳邑南,其城南临涑水,北倚山原。'可能指的就是此地。"参见刘玉栋《我国史前面积最大的古城遗址》,《山西日报》2017年2月8日第9版。此可备一说。但该遗址距涑、洮交汇处6公里左右,这个距离似乎不大符合《水经注》所谓"南临涑水"的描述。
② 《史记》卷一〇《孝文本纪》,第421页。卷一九《惠景间侯者年表》,第996—997页。
③ 《史记》卷一一《孝景本纪》,第448页。
④ 《史记》卷一九《惠景间侯者年表》,第1024—1025页。《汉书》卷一八《外戚恩泽侯表》写作:"元狩三年,坐当归织侯宅不与,免。"
⑤ 另有一件"周阳家钟",铭曰:"畔邑家,今周阳家金钟,容十斗,重三十八斤,第四十"。(金文明:《金石录校证》,广西师范大学出版社,2005年,第314页)宋人薛尚功认为此器与本文所论周阳侯鬴鍑"盖一时器也"。(薛尚功:《历代钟鼎彝器款识法帖》,中华书局,1986年,第99页)岑仲勉说:"此钟初藏畔邑家,继而转入周阳家,故曰'今周阳'"。(岑仲勉:《金石论丛》,中华书局,2004年,第85页)遗憾的是,所谓"畔邑家"目前无考,否则的话,将成为考察周阳侯国历史的重要线索。

《说文》：鍑，大口釜也。鍑上有甗，故曰甗鍑。言三习離者，习，重也。其制三重。離字，未详，疑读为鬲。《汉恩泽侯表》：有周阳侯上淮南王长舅赵兼，孝文元年封，六年免。孝景太后弟田胜，孝景后三年封，传子祖，元狩三年免。文曰："侯治国五年。"自以侯受侯嗣位之年数也。①

从吕氏的分析来看，他正是以史乘所载周阳两度为侯国的历史来解读铭文的。其中固然有不严谨之处，比如只据《汉书》立说，将最后一位周阳侯的名字写为田祖，而不顾《史记》是写作田彭祖的。实际上，就西汉人的取名习惯而言，名彭祖者常见，如景帝之子赵王刘彭祖，车骑将军张安世之子名张彭祖。周阳侯名为田彭祖的可能性更大。又如吕氏所谓"孝景太后"，也就是汉武帝的母亲，按照规范的话，称为"孝景皇后"方为得宜。但这都是枝节小疵，吕氏的认识也有其精到之处，颇能给人启发。比如他说"文曰：'侯治国五年。'自以侯受侯嗣位之年数也。"这就牵涉郡国并行体制之下的封国纪年方式问题。当代学者曾就西汉王国的纪年方式指出："汉朝初年，诸侯王是与皇帝'共天下'的'人君'，具有相对的独立性，拥有自己的王国纪年。"如发现于河北邯郸的群臣上醻刻石，文曰"赵廿二年八月丙寅群臣上醻此石北"。到了汉宣帝时期，"王国纪年形式有所变化，把王国纪年与皇帝年号纪年相联系"。如石刻文"五凤二年，鲁卅四年六月四日"，阳泉熏炉铭文"〔元康〕五年，六安十三年"等。② 这实际上就是顾炎武所说的"汉时诸侯

---

① 吕大临等：《考古图》（外五种），上海书店出版社，2016年，第138页。
② 秦进才：《群臣上醻刻石与西汉王国纪年探索》，雷依群、徐卫民主编：《秦汉研究》（第二辑），三秦出版社，2007年，第176、178页。山东日照海曲西汉简有"天汉二年，城阳十一年"文字，秦进才、李艳舒根据这条材料推断，这种诸侯王纪年之前增加皇帝年号纪年的纪年款式，在汉武帝晚期已经出现。（参见秦、李合撰《海曲汉简"天汉二年城阳十一年"简探微》，《四川文物》2016年第6期）但需要注意的是，这条简文书写的具体背景并不明朗，发掘简报指出："从竹简上的'城阳十一年'纪年文字分析，海曲本属琅邪郡，与汉代城阳国相毗邻，依常理推论，作为纪日简一般应使用汉王朝的年号，此处城阳国的年号与汉王朝的年号对应出现在同一枚竹简之上，或表明墓主与城阳国有一定的关系。"[山东省文物考古研究所：《山东日照海曲西汉墓（M106）发掘简报》，《文物》2010年第1期]这也就意味着，有一种可能性是不能排除的，即墓主人因某种原因在叙述中需涉及城阳国，因而在汉朝年号后面缀以城阳国纪年。如果是这样的话，海曲汉简的纪年方式或因叙事需要，而非制度的刚性要求。其实，秦、李二人也注意到，江苏邗江胡场五号汉墓出土木牍有"卅七年十二月丙子朔""卅八年狱计承书从事"的表述方式，此"卅七年""卅八年"指的是广陵王刘胥的王国纪年，对应的汉朝纪年分别为本始三年、本始四年，已进入汉宣帝时代，但王国纪年之前并没有冠以汉朝纪年。显然，汉武帝晚期出现的新纪年款式在很长一段时间内并没有以制度的力量强行推广。目前为止，笔者仍然认为，王国纪年前冠以汉朝纪年的纪年款式成为定制，还是应当在宣帝时期。

王得自称元年",不过,顾氏还强调:"不独王也,即列侯于其国中亦得自称元年。"①看来,吕大临认为铭文中"侯治国五年"的纪年方式是"自以侯受侯嗣位之年数也",我们说这个判断具有"先见之明",并不为过。

吕大临在分析铭文内容之后,最终宣称"此疑宣帝时器",②也有其合理性。因为截止武帝元狩二年赵氏、田氏周阳侯国皆已废,那么名为"治国"者作为赵兼、田胜、田彭祖之外的第四位周阳侯,只能存在于武帝元狩三年之后。③ 关于周阳侯治国存在的时代下限,可通过铭文中的纪年方式来把握。如学者所言,汉宣帝时期形成了"王国纪年与皇帝年号纪年相联系"的纪年规范,封国"自称元年"的政治权力受到抑制。考虑到宣帝不可能甫上台便制定、执行此等规范,因此,仍然独立"自称元年"的周阳侯治国的存在下限当在汉宣帝前期。④ 如此说来,吕大临说周阳侯甗錂"疑宣帝时器",并未超出目前所推知的周阳侯治国存在的时代上下限。

尽管吕大临的分析与判断有其合理之处,但需要注意的是,这一切都建立在信从铭文内容的基础上。我们在这里要提出一个疑问:吕氏著录的周阳侯甗錂果然值得信任吗?

稍晚于吕氏的薛尚功亦著录此器,铭文内容的解读全袭吕氏,但铭文的隶定则与吕氏小异,其中的"侯治国",薛氏录作"师治国"。⑤ 虽然差之毫厘,足致谬以千里。因为如果是"师治国",那就意味着名为"治国"者只是一位铸铜工匠,历史上根本就不存在一个名为"治国"的周阳侯,器物的铸造年代只能在文帝至武帝元狩二年之间,它绝不可能是"宣帝时器"。现在看来,薛尚功的隶定更可信一些。根据吕氏提供的器物铭文拓片(图六),铭文

---

① 黄汝成:《日知录集释》(全校本),上海古籍出版社,2006年,第1145页。
② 吕大临等:《考古图》(外五种),第138页。
③ 对于铭文当中的"治国",或许会有学者认为并非人名,而是治国理政的意思,意在表明列侯具有治民权。笔者认为这个可能性不大。如果列侯具有治民权,作为一种普遍得到承认的权力,制度的惯性使这种权力不会受到质疑,在此情形下,铭文郑重强调"治国"的动机何在? 必要性又何在? 这就如同皇帝治国,即便其即位的正当性备受争议,他也不会在金石文字当中特意刻写"治国××年"的字样,因为治国是皇帝天然的权力,毫无刻意言说的必要。反之,如果制度已经剥夺了列侯的治民权,治民已经成为一种非法的权力,从情理上说,铭文也不可能自揭违法之"治国"。
④ 本始六年,汉宣帝启用新年号"地节",并向前追改本始五年为地节元年。关于此举的意义,有学者认为"显然是要因应上天所示征兆,警告所谓'臣下强盛'者要有所收敛节制"(辛德勇:《建元与改元——西汉新莽年号研究》,中华书局,2013年,第223页)。以昭告天下更改年号的方式来传达警示,则此警示就不仅仅是针对霍氏一族的,而是警示全天下:权臣霍光既死,皇帝要真正地君临天下了。在此背景下,宣帝要求王国、侯国纪年之前冠以汉朝中央政府的纪年,实属再自然不过的事情。
⑤ 薛尚功:《历代钟鼎彝器款识法帖》,第107页。

第三字"侯"写作 ▨，而"治国"前一字作 ▨，二字的形体差异还是比较大的，吕氏将二字均隶为"侯"，显然不妥。况且，如果"治国"为侯的名字，像这类日常生活所用的炊煮器，列侯本人并不直接上手使用，器身上却直接刻写列侯的名讳，在礼制上似乎也不适宜。汝阴侯鼎铭文曰："女阴侯鼎容一斗四升重十一斤五两十二铢六年女阴库守诉工□造。"富平侯家温酒镰："富平侯家铜温酒镰一容三升重三斤六两元延三年十二月辛未造第一。"① 由于列侯是世袭的，铭文只需要表明器物属于列侯家即可，根本不必对列侯指名道姓。因此，吕氏所谓"侯治国"，只能是"师治国"。

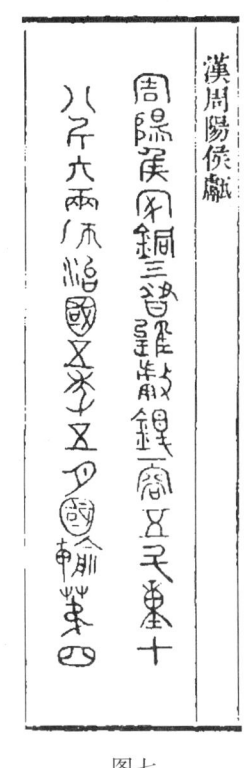

图六　　　　　　　图七

清代阮元也曾著录周阳侯甗镰（图七），他自言"据江郑堂所藏旧拓本摩入，说详薛氏款识"，而铭文也确实同于薛尚功。② 容庚在点出阮氏著录此物后，说了三个字："仿宋伪。"③ 容先生此语颇难拿捏。如果照字面意思，似乎是说江郑堂所藏拓本乃仿照宋代拓本而形成的赝品，一个最明显的证据便是

---

① 容庚：《秦汉金文录》，（北京）中华书局，2012年，第186、474页。
② ［清］阮元：《积古斋钟鼎彝器款识》卷九，"后知不足斋丛书"本，第20—30页。
③ 容庚：《秦汉金文录》，第756页。

宋代拓片的竖排四行,到了作为阮元临摹对象的江郑堂拓本却成了竖排两行。然而,如果只在摹本真伪上纠缠,意义很有限,因为清人摹本或许重在保存文字内容,逐字临摹宋代拓片的文字,而不拘于原本的文字行数。考虑到容先生《秦汉金文录》正文中并未收录"周阳侯甗鋘",他所谓"仿宋伪",或许也包含宋人所见器物本身即为伪器的意思。而在笔者看来,该器物确有伪造迹象。前引汝阴侯鼎的铭文模式为"器物+容积+重量+年份+铸造人",有的器物是购买而来,则将铸造人换为购买人。如满城汉墓所出多件器物的铭文以"卅四年四月,郎中定市河东""卅四年,中郎柳市雒阳"结句。① 还有的虽不以具体某个人结句,但仍然意在表明器物来源,如汉元帝时期的博邑家鼎铭文:"博邑家铜鼎容一斗重十一斤永光五年二月河东平阳造。"②以上诸例中,重量与年份之间均无人名横亘其间。周阳侯甗鋘将"师治国"置于"十八斤六两"与"五年五月"间,显然不符合西汉铜器铭文的表达习惯。

此外,"治国"这样的人名也是令人生疑的。西汉人取名常用"国"字,这固然是事实。但检阅汉史,有窦广国者,为文帝窦皇后之弟。有韩安国者,活跃于景帝、武帝时期。有赵充国者,善于应对羌乱。有于定国者,为执法能吏。③ 汉印当中有"韩定国""张充国""柳安国",甚至还有"陆延国"。④ 至于名为"治国"者,目前为止还没有见到过。⑤

综合本节所做考证,现将笔者对秦汉河东郡县域沿革的认识列表于下。

表六　秦汉河东郡县域沿革表

时期 县	秦	汉初	汉　初　以　后	东　汉
安邑	✓	✓	✓	✓
蒲反	✓	✓	✓	✓
汾阴	✓	✓	高帝六年为侯国,数年徙	✓
皮氏	✓	✓	✓	✓
临汾	✓	✓	✓	✓

---

① 中国社会科学院考古研究所:《满城汉墓发掘报告》(上),文物出版社,1980年,第49、250页。
② 孙慰祖、徐谷富:《秦汉金文汇编》,上海书店出版社,1997年,第53页。
③ 四人事迹参见《汉书》卷九七上《外戚传上》、卷五二《韩安国传》、卷六九《赵充国传》、卷七一《于定国传》。
④ 罗福颐:《增订汉印文字征》,故宫出版社,2010年,第267页。
⑤ 友人孙兆华从事汉代人名研究,笔者曾询问是否见到过以"治国"为名的史料,得到的回答是否定的。在此谨致谢意。

(续　表)

时期县	秦	汉初	汉 初 以 后	东汉
绛	✓	✓	高帝六年为侯国,文帝后元年废	✓
彘	✓	✓	✓	改名永安
左邑	✓	省	✓	省
平阳	✓	✓	高帝六年为侯国,武帝征和二年废	✓
濩泽	✓	✓	✓	✓
垣	✓	✓	✓	✓
杨	✓	✓	✓	✓
蒲子	✓	✓	✓	✓
北屈	✓	✓	✓	✓
猗氏	✓	✓	高帝八年为侯国,数年徙,省	✓
土军	✓	太原郡	高帝十一年为侯国,数年徙,土军归刘恒代国。文帝时期先属刘参太原国,刘参后封代王,土军复属代国。元鼎三年,封代王子为土军侯,次年徙,土军归西河郡	省
大阳	×	×	后置	✓
解	×	×	后置	✓
河北	×	×	后置	✓
闻喜	×	×	武帝时分左邑桐乡置	✓
端氏	上党郡	上党郡	后改属河东郡	✓
长修	×	✓	高帝十一年为侯国,数年徙	省
狐讘	×	×	元封四年为侯国,天汉二年废	省
骐	×	✓	元鼎五年封,阳朔二年废。元延元年绍封,莽绝	省
襄陵	✓	✓	✓	✓
高梁	×	×	高帝十二年为侯国,文帝时徙封。后省	×
周阳	×	×	文帝元年为侯国,六年废。景帝后三年复为侯国,元狩二年废。后省	×
岸头	×	×	元朔二年为侯国,元狩元年废。后省	×
下摩	×	×	元狩二年为侯国,元鼎三年徙。后省	×
曲阳①	✓	×	×	×

说明:✓代表有此县;×代表无此县;? 代表存疑。

---

① 后晓荣认为秦代有,属河内,笔者认为当属河东,具体考证见第四节"曲阳"条。

第四节 河内郡县域沿革

本节讨论秦汉河内郡县域沿革,先将李晓杰、后晓荣、何慕、周振鹤、晏昌贵的看法以及《汉志》《续汉志》所载河东诸县列表于下。

表七 秦汉河内郡置县观点表

县	怀	温	轵	武德	曲阳	修武	邢丘	野王	共	山阳	朝歌	汲	河阳
李	○	○	○	△	?	○	○	○	○	○	△	△	△
后	✓	✓	✓	✓	✓	✓	✓	✓	✓	✓	✓	✓	✓
何	✓	✓	✓	✓	△	✓	△	✓	✓	✓	✓	✓	✓
周	△	✓	✓	△	△	✓	△	✓	✓	✓	✓	✓	✓
晏	△	✓	✓	△	△	✓	△	✓	✓	✓	✓	✓	✓
汉	✓	✓	✓	✓	△	✓	平皋	✓	✓	✓	✓	✓	✓
续	✓	✓	✓	△	✓	✓	平皋	✓	✓	✓	✓	✓	✓

县	荡阴	安阳	隆虑	州	内黄	繁阳	波	获嘉	沁水	邘	邺	馆陶	武安
李	△	○	△	△	△	△	△	△	△	○	○	△	△
后	✓	✓	✓	✓	✓	✓	✓	✓	✓	△	邯郸	△	邯郸
何	✓	✓	✓	✓	✓	✓	✓	✓	✓	✓	✓	✓	✓
周	✓	△	✓	✓	✓	✓	✓	✓	✓	✓	赵国	上党	
晏	✓	△	✓	✓	✓	✓	✓	✓	✓	✓	✓	上党	
汉	✓	△	✓	✓	魏郡	魏郡	✓	✓	✓	△	魏郡	魏郡	魏郡
续	✓	△	✓	✓	魏郡	魏郡	✓	✓	✓	△	魏郡	魏郡	魏郡

由上表可见,诸家无异议的县有 6 个:温、轵、修武、野王、共、山阳,其中汉初轵县曾被其他学者质疑过,下文将予以讨论,其余不论。

诸家无异议者,唯李晓杰所考秦县未见的 5 个:朝歌、汲、河阳、荡阴、隆虑,当为李氏失考所致。本文不论。

怀县的考证已见于第三节对河东安邑的考证,可参看。安阳秦时设置,入汉省并。州县因《秩律》未见,秦时是否设置暂且存疑。可以肯定的是,西汉中后期已置此县。获嘉、沁水为西汉新设。邘地曾见于战国记载,但《秩律》《汉志》《续汉志》皆不载,仅汉武帝时期短暂封有邘侯,综合来看,秦及西汉绝大部分时期当无此县。关于武德,后晓荣曰:"1979年秦始皇陵西侧赵背户村秦刑徒墓出土瓦书陶文'武德'。《汉志》河内郡属县武德。孟康曰:'始皇东巡置,自以武惠定天下。汉因之,属河内,晋省。'……从秦陶文看,西汉河内郡武德县实源自同名秦县。"其说可从。《秩律》未见武德,应为汉初省并。《汉志》《续汉志》皆有,应是后来复置。波县,高帝十一年为侯国,可见,汉初存在该县,秦代是否设置,目前存疑。以上诸县,下文亦不别论。现将存在较大争议者考证如下。

曲阳

诸家未有言河内曾设曲阳县者,唯后晓荣主之。湖北云梦睡虎地秦墓的椁室门楣上刻有"五十一年曲阳徒邦"字样,整理者认为:"在战国末年,今云梦县境属秦南郡,而秦王的年号超过五十一年的,只有秦昭襄王,他在位五十六年;所以门楣上所刻的'五十一年',当为秦昭襄王五十一年。"①对于刻文中的"曲阳",后晓荣进行了考证。他注意到战国时期曲阳有两处:一是魏地,如《史记·魏世家》:"九年,秦拔我新垣、曲阳之城。"《正义》引《括地志》云:"曲阳故城在怀州济源县西十里。"二是赵地,如《史记·赵世家》:"赵伐中山,合军曲阳。"地在"今河北曲阳县西"。由于"秦昭王五十一年,秦势力应尚未深入赵国的腹地曲阳",刻文中的"曲阳""应指旧魏地曲阳"。此说甚是。

不过,后氏认为秦得自魏地的曲阳在河内,笔者对此并不赞同。如果按照《正义》所引《括地志》对曲阳的定位,在怀州济源县西十里,也就是秦轵县附近。那么,因轵属河内,曲阳理当亦属河内。然而,《史记·曹相国世家》记载:曹参"因攻安邑,得魏将王襄。击魏王于曲阳,追至武垣,生得魏王豹"。关于"武垣",《集解》引徐广曰:"河东有垣县。"若如此,曹参进军路线是安邑—曲阳—武垣,曲阳当属河东为是。后晓荣不认可徐广对武垣的解释,他说:"'武垣'实为'武遂'之误。"即便我们从其说,根据《史记·楚世家》的记载:"秦破韩宜阳,而韩犹复事秦者,以先王墓在平阳,而秦之武遂去之七十里,以故尤畏秦。"武遂距离平阳仅七十里,应当还在河东境内,断无归属河内之可能。况且,当时的河内属于刘邦的势力范围,魏豹反叛,却逃到河内去,无异于自投罗网,这在情理上也是窒碍难通的。

综上所述,笔者认为,秦从魏国夺得曲阳后曾设县,但其上属郡为河东

---

① 湖北孝感地区第二期亦工亦农文物考古训练班:《湖北云梦睡虎地十一座秦墓发掘简报》,《文物》1976年第9期。

郡。还需要说明的是，后来秦国夺得赵地，因赵地亦有曲阳，河东曲阳有可能被撤销。

邢丘、平皋

睡虎地秦简《编年记》：秦昭王四十一年，"攻邢丘"。《战国策·秦策三》："举兵而攻邢丘，邢丘拔而魏请附。"可见此地战略地位重要，秦得之应置县。

《汉志》河内郡有平皋县，颜师古注引应劭曰："邢侯自襄国徙此。当齐桓公时，卫人伐邢，邢迁于夷仪，其地属晋，号曰邢丘。① 以其在河之皋，处势平夷，故曰平皋。"又引臣瓒曰："《春秋传》狄人伐邢，邢迁于夷仪，不至此也。今襄国西有夷仪城，去襄国百余里。邢是丘名，非国也。"师古曰："应说非也。《左氏传》曰'晋侯送女于邢丘'，盖谓此耳。"虽然在解说邢丘得名缘由时，应劭占了劣势，但应氏认为邢丘即是后来的河内属县平皋，似不宜轻易否认。

《秩律》邢丘、平皋并无，汉初于此地未设县。

内黄、繁阳

内黄原应称黄城，属魏，因魏国在黄河南岸的领土内亦有以"黄"为名的城邑，为示区别，遂有内黄、外黄之分。《史记·赵世家》：赵敬侯八年，"拔魏黄城"。《正义》引《括地志》云："故黄城在魏州冠氏县南十里，因黄沟为名。"至赵肃侯十七年，《赵世家》又曰："围魏黄，不克。"《正义》："黄城在魏州，前拔之，却为魏，今赵围之矣。"有迹象表明，赵国最终取得了内黄。居延新简 E.P.T56∶148："戍卒魏郡内黄李园里囗"，有学者指出，此"李园里"是因战国末年的本籍历史名人而得名，② 其人见于《史记·春申君列传》："楚考烈王无子，春申君患之，求妇人宜子者进之，甚众，卒无子。赵人李园持其女弟，欲进之楚王，闻其不宜子，恐久毋宠。"李园转而将其妹献于春申君。值得注意的是，故事中说"赵人李园"，而汉代简牍表明，李园是内黄人，由此可以逆推，战国时期的赵国最终从魏国手里夺取了内黄。

繁阳原本亦属魏，《史记·赵世家》：赵孝成王二十一年，"廉颇将，攻繁阳，取之"。《正义》引《括地志》云："繁阳故城在相州内黄县东北二十七里。应劭云'繁水之北，故曰繁阳也'。"

---

① 《续汉志》河内郡平皋条："有邢丘，故邢国，周公子所封。"对邢丘得名缘由的解释与应劭同。

② 李迎春：《读居延汉简札记六则》，《简牍学研究》（第五辑），甘肃人民出版社，2014年，第110页。

内黄、繁阳后来归秦。《史记·秦始皇本纪》：始皇七年，秦军经由新设置的东郡，绕过邯郸，"攻龙、孤、庆都，还兵攻汲"，既称"还兵"，则攻河内汲县亦应是取道东郡。汲县在今河南新乡市附近，秦军的行军路径表明，当时邯郸以南约相当于今河南安阳、鹤壁的土地并非秦国所控制。而内黄、繁阳就处于这一区域内。因此，我们可以断定，秦始皇七年时，内黄、繁阳不属秦。但到十一年，秦军"攻邺，取九城"，又"取邺、安阳"，二县归秦，应在此时。由于当时未灭赵，邯郸郡尚不存在，二县只能纳入河内。

《秩律》中内黄、繁阳相连，其前为河内属县野王、山阳，其后为河南属县陕、卢氏，二县显然不可能属河南郡，应纳入河内。周、晏皆主此说，甚是。《汉志》《续汉志》内黄、繁阳属魏郡，应是魏郡设立后的情形。①

邺

邺城原属魏国，魏臣西门豹曾担任邺令。其后在赵、魏两国数次易手。赵悼襄王六年，"魏与赵邺"。秦始皇十一年，秦"取邺"。时赵未灭，应纳入秦河内郡。后晓荣认为秦代邺城属邯郸郡，不确。

《秩律》四五五号简可见"郑"，夹于朝歌、野王之间。整理小组注："郑，汉初属内史。"晏昌贵认为："此字当释作'邺'。""《秩律》中与邺并列的河阳、汲、荡阴、朝歌、野王、山阳诸县均属河内郡，内黄、繁阳虽属《汉志》魏郡，但周振鹤先生以为汉初属河内，则邺县汉初亦当属河内郡。"②其说甚是。《汉志》邺城属魏郡，是后来之事。

馆陶

先秦载籍未见此县。《元和郡县志》河北道魏州馆陶县条："本春秋时晋冠氏邑，陶丘在县西北七里。《尔雅》曰：'再成为陶丘。'赵时置馆于其侧，因为县名。汉属魏郡。"若此说属实，则战国时代的赵国或已置馆陶县。何慕认为秦代可能已置馆陶县，笔者倾向于赞同其说。《秩律》可见"馆阴"，有学者指出当为"馆陶"之误。③ 其前为共县，其后为隆虑，皆属河内，

---

① 周振鹤先生说："魏郡之置年有两种可能，一是如《汉志》所云在高帝间，则其时为赵国支郡，须至景帝三年吴楚之乱后方能属汉，一是置于景帝五年，在徙广川王王赵之时，分邯郸郡为二：一为赵国；一为魏郡。"两种可能性中，周先生更倾向于后一种（《西汉政区地理》，第81页）。晏昌贵说："从《秩律》看，约有6县属《汉志》魏郡，即涉、武安、邺、内黄、繁阳、馆陶，此6县似不足以构成一郡，而且它们在简文中的排列也没有规律，所以我们同意周氏的分析，吕后二年并无魏郡"〔《历史地理》（二十一辑），第43页〕。
② 晏昌贵：《张家山汉简释地六则》，《江汉考古》2005年第2期。
③ 刘钊：《〈张家山汉墓竹简〉释文注释商榷（一）》，《古籍整理研究学刊》2003年第5期。

因此,汉初馆陶亦当属河内。周振鹤认为可能属赵国,不确。汉初承秦乱之后既置此县,秦代盛时亦应设置。考虑到其地位于邯郸东南,入秦当在赵国灭亡之前,其上属郡为河内的可能性更大。《汉志》《续汉志》皆有此县,属魏郡,与汉初不同,当为后来更属。

武安

秦昭襄王四十八年,秦"伐赵武安、皮牢,拔之"。当时赵未灭,武安应纳入上党郡。何慕认为属河内,不确。《秩律》有武安,其前为屯留,其后为端氏、阿氏、壶关。学者多据此判断汉初武安属上党郡,可从。《汉志》《续汉志》武安属魏郡,当为后来改属。

武强

《史记·曹相国世家》:曹参"击羽婴于昆阳,追至叶。还攻武强,因至荥阳",《集解》:"瓒曰:'武强城在阳武。'"《正义》引《括地志》云:"武强故城在郑州管城县东北三十一里。"若如此,则河南郡阳武县境内似有武强。

上述说法虽不能绝对否认,不过,史籍记载亦有不同于此武强者。《史记·高祖功臣侯者年表》记载,高帝六年,封庄不识为武强侯。关于其封地,《索隐》曰:"《汉志》阙。"意谓不可考。但东汉初又有一位武强侯,《后汉书·王梁传》:

> 从平河北,拜野王令,与河内太守寇恂南拒洛阳,北守天井关,朱鲔等不敢出兵,世祖以为梁功。及即位,议选大司空,而《赤伏符》曰"王梁主卫作玄武",帝以野王卫之所徙,玄武水神之名,司空水土之官也,于是擢拜梁为大司空,封武强侯。

关于武强侯王梁的封地,有学者考辨曰:

> 据《后汉书·王梁传》,光武之封野王令王梁为大司空、武强侯,除因军功外,更主要是因为谶纬,而将王梁与"主玄武"联系起来的关键则在于"卫"(也即汉之河内郡)之"野王",故王梁所封之"武强"似当与河内郡有关。①

---

① 李迎春:《读居延汉简札记六则》,《简牍学研究》(第五辑),第95页。

此说确有道理。居延新简 E.P.T52：590 号文曰："☐☐内武强☐"，因汉郡当中只有"河内"着一"内"字，所以武强当属河内郡。这可以看作武强侯王梁封于河内的有力佐证。

武强属河内，自汉初封与庄不识后，至元鼎二年，时侯庄青翟因罪国除，武强由侯国变为汉县。但《汉志》未载该县，应是西汉中后期合并所致。武强侯王梁建武元年受封，十三年，"增邑，定封阜成侯"。武强遂被省并，《续汉志》因此未载。

轵

《秩律》有"轵"，其前为温、修武，其后为杨、临汾、九原。整理小组注："温、修武、轵属河内郡。""杨、临汾，属河东郡。"李家浩对此持不同意见："从图版照片看，原简分别在修武、轵杨、临汾、九原的右下侧，都有句读符号，可见'轵杨'是一个地名，而不是两个地名。杨、阳二字所从声旁相同，故在古书中常见它们通用。'轵杨'就是居延新简的'轵阳'。"①所谓"轵阳"，见于居延新简 E.P.T56：224，其文曰：

贳买惊虏隧戍卒魏郡☐阳当
☐贳买隧戍卒魏郡☐阳中里李☐
贳隧戍卒魏郡☐阳修长里

八十年代的时候，何双全曾将释文三个☐处皆释作"轵"，并且说道："综观简牍中有关地理资料"，"河内郡也无轵县"。综合起来，其观点就是汉代河内无轵县，轵县当属魏郡。② 从地理形势来看，何氏之说是无法成立的。轵相当于今河南济源，在河内郡西端，而魏郡在河内东北方向，轵县即便改属，也只有上党、河东两种可能，绝不可能改属魏郡。此点易明，因此学界未见有遵从其说者。不过，何氏所释的"轵"字却与李家浩是一致的，不同之处在于，何氏认为简文中的县名是单字"轵"，而李家浩认为此字应与"阳"字连读，县名作"轵阳"。其实这样的读法也是可疑的，最近数年，学者马怡等人重新校读居延新简，认为所谓"轵"应释为"犁"。③ 如此以来，所谓"轵阳"

---

① 彭浩、陈伟、工藤元男主编：《二年律令与奏谳书——张家山二四七号汉墓出土法律文献释读》，第265页。
② 何双全：《〈汉简·乡里志〉及其研究》，《秦汉简牍论文集》，甘肃人民出版社，1989年，第169—170页。
③ 马怡、张荣强主编：《居延新简释校》，天津古籍出版社，2013年，第508页。

实为"犂阳",即《汉志》魏郡属县黎阳。

居延新简既无"轵阳",以此佐证张家山汉简《秩律》的"轵""杨"二字当连读为"轵杨",自然就不具有合理性了。目前来看,"轵""杨"还是分开句读,断作两县为宜。

综合本节所做考证,现将笔者对秦汉河内郡县域沿革的认识列表于下。

表八　秦汉河内郡县域沿革表

县＼时期	秦	汉初	汉初以后	东汉
怀	✓	✓	✓	✓
温	✓	✓	✓	✓
轵	✓	✓	高后元年为侯国,四年废。文帝前元年为侯国,武帝元鼎五年废	✓
武德	✓	省	✓	✓
修武	✓	✓	✓	✓
邢丘	✓	省	复置,改名为平皋	平皋
野王	✓	✓	✓	✓
共	✓	✓	高帝八年为侯国,文帝后四年废	✓
山阳	✓	✓	景帝中二年为侯国,元朔五年废	✓
朝歌	✓	✓	✓	✓
汲	✓	✓	✓	✓
河阳	✓	✓	✓	✓
荡阴	✓	✓	✓	✓
安阳	✓	省	×	×
隆虑	✓	✓	高帝六年为侯国,景帝中元年废。中五年再为侯国,元鼎元年废	改名林虑
州	?	×	✓	✓
内黄	✓	✓	景帝时归魏郡	魏郡
繁阳	✓	✓	景帝时归魏郡	魏郡
波	×	✓	高帝十一年为侯国,元光五年废	✓

（续　表）

时期县	秦	汉初	汉初以后	东汉
获嘉	×	×	武帝时分汲县新中乡置	先为县，后为汤沐邑，后为侯国
沁水	×	×	√	√
邟	×	×	武帝征和二年为侯国，次年废	×
邺	√	√	景帝时归魏郡	魏郡
馆陶	√	√	景帝时归魏郡	魏郡
武强	?	√	高帝六年为侯国，元鼎二年废。省	建武元年复为侯国，十三年徙。省

说明：√代表有此县；×代表无此县；? 代表存疑。

附：与三河区域相关的秦封泥选录

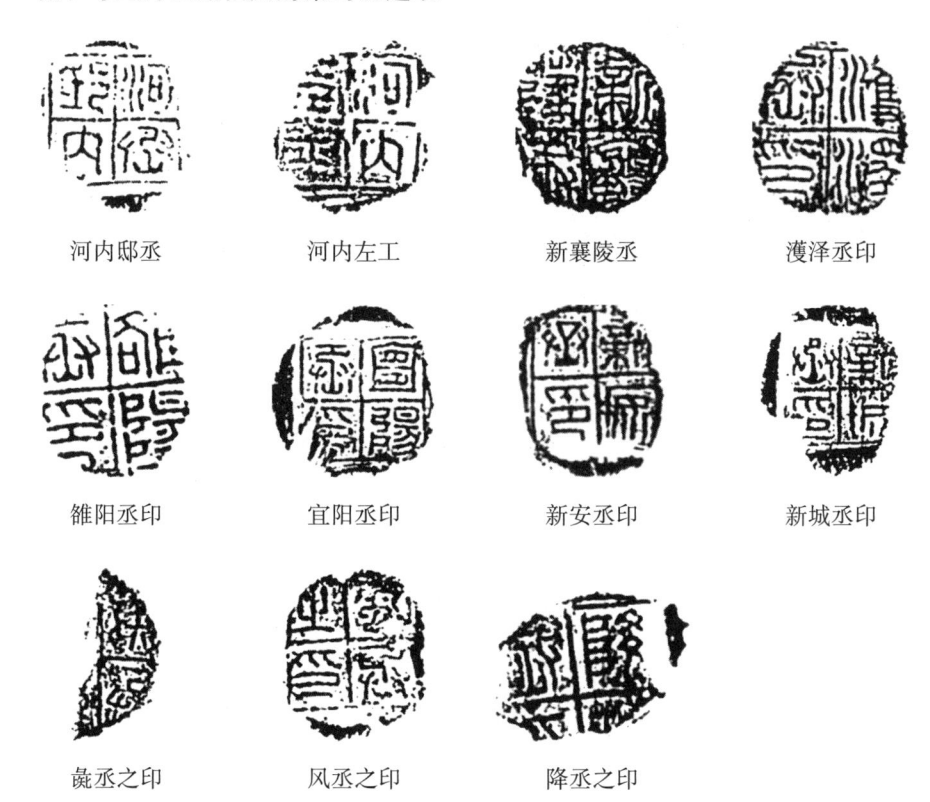

河内邸丞　　　　河内左工　　　　新襄陵丞　　　　濩泽丞印

雒阳丞印　　　　宜阳丞印　　　　新安丞印　　　　新城丞印

彘丞之印　　　　凤丞之印　　　　降丞之印

以上录自周晓陆等：《于京新见秦封泥中的地理内容》，《西北大学学报》（哲学社会科学版）2005年第4期。

华阳丞印　　卷丞之印　　怀令之印　　安邑丞印

岐丞之印　　浦反丞印

以上录自周晓陆、路东：《秦封泥集》。

底柱丞印　　卢氏丞印　　轵丞之印

以上录自周晓陆、路东之、刘瑞、陈晓捷：《秦封泥再读》，《考古与文物》2002年第5期。

温丞之印　　叁川尉印

以上选自傅嘉仪：《秦封泥汇考》，上海书店出版社，2007年。

原刊吴砚君：《盛世玺印录》，京都艺文书院，2013年，第13页。转录自熊长云：《秦"封陵津印"考——兼论风陵渡之得名》，收入曾磊等编《飞软广路：中国古代交通史论集》，中国社会科学出版社，2015年，第106页。

第三章 秦汉三河地区资源环境与经济发展

秦汉三河地区拥有独特的资源环境优势,在此基础上,凭借其天下之中的区位特点,三河地区在经济领域内尤其是农业、矿产资源开发等方面有着比较突出的历史表现。

第一节 三河地区资源环境概说

一、水资源

河流

三河地区河流湖泊众多,黄河的重要性最为显著。黄河是三"河"得名的地理坐标,三河地区的一些县就处于紧邻黄河的地方。《水经注》记载,河水在"南过上郡高奴县东"之后,"又南过河东北屈县西"。① 但北屈县不一定是黄河环流河东地区的第一站,西汉河东郡北屈县北边有狐讘侯国,受封于汉武帝时期。此侯国西临黄河,东边是蒲子县,我们不清楚狐讘侯国建立前究竟归北屈抑或蒲子管辖。因此,蒲子县作为汉代黄河环流河东的首站,也是有可能的。如果以秦代政区来说,土军属于河东,黄河"南过土军县西"时,即已开始环流河东的历程。此后,河水"南过皮氏县西""汾阴县西""蒲坂县西",至于华阴。这一段黄河将河东与关中地区分割开来,对河东与关中的交往发挥着特殊的作用。

华阴以东的黄河是三河地区内部的界河,它首先将河东与河南分开。需要说明的是,华阴在秦代属内史,汉代时先属内史,后隶弘农,从未在行政意义上归于河南。但从传统地理观念来看,黄河拐点所在的华阴属于河南

---

① 陈桥驿:《水经注校证》,第 85、102 页。

地区。《周礼》说河南曰豫州,而豫州山镇曰华,华山在华阴一带,因此,战国中期以前的一般观念里,华阴应当属河南地区。这个地理观念的存在,一方面是由于自然地理形势原本如此,另一个重要历史因素是魏国曾占据华阴一带。后来,秦国步步进逼,由于以关中为本位,华阴以东直至函谷关这一片地区才被纳入关中。这样的行政措置应当不会完全消解华阴属河南地区的自然地理认识,华阴仍可以说是黄河分割河东与河南的第一站。① 自华阴继续东流,黄河"又东过河北县南""陕县北""大阳县南","又东过砥柱间",到河南平阴,开始作为河内和河南的界河而存在。此后"东过平县北""巩县北""成皋县北""荥阳县北",东北流经"武德县东""黎阳县南",自此完成其三河段流程。

黄河流经三河地区,作为一大干流,联结着三河地区的众多支流。以黄河为核心的发达水系是三河地区这一广阔地域凝聚在一起的重要自然地理因素。据《水经注》记载,黄河支流分布于河东地区的有:

> 龙泉水、契水、禄谷水、大蛇水、信支水、石羊水、域谷水、孔溪、蒲川水、燕完水、羊求水、汾水、姁水、汭水、涷水、蓼水、永乐涧水、湼水、咸阳涧水、交涧水、路涧水、沙涧水、积石溪、土柱溪、清水、教水、庸庸水。

其中汾水是最大的支流,汾水自蔇县入河东界,陆续有蔇水、霍水、涧水、黑水、平水、天井水、浍水、古水、修水、华水汇入其中。河南地区的黄河支流有:

> 濩水、玉涧水、全鸠涧水、槃涧水、湖水、柏谷水、门水、②曹水、蓄水、七里涧水、潐水、橐水、崤水、干崤水、畛水、正回水、澳水、洛水、济水、氾水、狼汤渠。

其中以洛水流程最为漫长,也最为引人注目。洛水自卢氏入河南地区,东北流经宜阳、洛阳、偃师,在巩县入河。一路上接纳的河流有:

> 鸱渠水、卢氏川、高门水、松阳溪、黄亭溪、荀公溪、库谷水、鹈鹕水、

---

① 本书在论述三河地区的军事、文化时涉及的地域范围会西至华阴,即有此考虑。
② 《汉书》卷二八上《地理志上》:弘农郡"弘农县":"衙山领下谷,烛水所出,北入河。"烛水似直接入河。但《水经注》的说法是:门水"又东北,烛水注之",则烛水为门水支流。谭其骧主编《中国历史地图集》采《地理志》之说,兹从《水经注》的说法。

侯谷水、宜阳北山水、广由涧水、直谷水、金门溪、款水、黍良谷水、北溪、太阴谷水、白马溪、昌涧水、杜阳涧水、渠谷水、西度水、厌染水、黄中涧水、禄泉水、共水、黑涧水、临亭川、豪水、惠水、虢水、甘水、涧水、瀍水、伊水、合水、休水、阳渠水、鄩水、罗水、明乐泉水、浊水、洞水。

洛水支流中，伊水地位突出，与黄河、洛水合称为"三川"，秦三川郡即得名于斯。伊水发源于卢氏东部的熊耳山，流程中汇入的河流有：

蕵水、阳水、北鲜水、蛮水、潇潇水、七谷水、蚤谷水、温泉水、焦涧水、涓水、马怀桥长水、明水、大戟水、吴涧水、大狂水、土沟水、板桥水、厌涧水、来儒水。

伊水虽是洛水支流，但它本身的支流为数不少，这大概是它能够与黄河、洛水并称的原因之一。

至于河内地区的黄河支流，有湛水、①沇水、②清水、淇水。③此外，还有瀍水、沁水，情形稍显特殊。二水皆贯穿河内而入黄河，但并非只经河内，而是跨越了三河地区中的两个亚区域，瀍水"出垣县王屋山西瀍溪，夹山东南流"，经瀍关南、轵关南，"东流注于河"，经过了河东、河内，沁水亦流经河东、河内二郡，④这种跨区域的流程在一定程度上缓解了太行山脉对河东、河内两区的天然阻隔，为三河区域的融合提供了一些自然地理方面的支撑。

比较而言，河内地区的黄河支流在绝对数量上比较少，但由于该地区的

---

① 《水经》言：河水"又东过平县北，湛水从北来注之"，郦氏在此条下未论湛水。但《水经注》卷六"湛水"条言："湛水出河内轵县西北山"。因此，湛水纯属河内川。
② 《水经注》卷七："济水出河东垣县东王屋山，为沇水。"也就是说，济水在河内段被称作沇水。
③ 《水经注》卷九："淇水出河内隆虑县西大号山"，"东北过广宗县东，为清河"，最终"入于海"。若如此，则淇水非黄河支流。本文据谭其骧《中国历史地图集》，将之视为黄河支流。
④ 《汉书》卷二八上《地理志上》上党郡"谷远县"条："羊头山世靡谷，沁水所出，东南至荥阳入河，过郡三，行九百六十里。"所谓"过郡三"，包括上党、河内是没有疑问的，至于是否流经河南，则有争议。周亚认为，"沁水还经过河东郡"，因此，如果《地理志》沁水"至荥阳入河"之说成立的话，那么，"过郡三"应为"过郡四"。如果《地理志》"过郡三"成立的话，则沁水"至荥阳入河"的记述必有误。也就是说"汉志记载沁水'过郡三'与'东南至荥阳入河'相矛盾，二者只可取其一"。参见周亚：《〈汉书·地理志〉沁水"过郡三"考辨》，《陕西师范大学学报》（哲学社会科学版）2004年第4期。笔者认为汉代荥阳县北界不会越过黄河，况且《水经》对沁水入河的描述是"东南至荥阳县北，东入于河"（卷九"沁水"条），这可以理解为沁水与黄河的交汇点南岸是河南郡的荥阳县，并不是说荥阳县在黄河以北也有一部分辖地。因此，笔者认为沁水所过三郡应不包括河南，而是指上党、河东、河内三郡。

面积也要比河东、河南小很多，因此不能说河内地区是缺乏水资源的。况且河内的黄河支流也联结着诸多水道，如沁水在西，"东过野王县北"，"邗水注之"，之后又有朱沟枝津、丹水、光沟水、白马沟水、朱沟水与之汇合。清水稍东，发源于河内，流程虽有限，然仍有小瑶水、仓水汇入其中，且所经之地分布着众多陂池。最东为淇水，接纳了沾水、女台水、西流水、泉源水、马沟水等。总体而言，河内地区的水系也是比较发达的。

湖陂

在河流之外，湖泊陂池水泉也是一种重要的水资源。河东地区濩泽县有濩泽，①闻喜邑的董池陂，②北魏时尚"东西四里，南北三里"。汾阴县南四十里有瀵水，"西去河三里，平地开源，溃泉上涌，大几如轮，深则不测，俗呼之为瀵魁。古人壅其流以为陂水，种稻，东西二百步，南北百余步"。垣县附近的辅山"高三十许里，上有泉源，不测其深"。绛县西有王泽，③解县西南有两陂，"东陂世谓之晋兴泽，东西二十五里，南北八里"，"西陂即张泽也，西北去蒲坂十五里，东西二十里，南北四五里，冬夏积水，亦时有盈耗也"。④此外，《山海经·北山经》记载："王屋之山，是多石。瀤水出焉，而西北流注于泰泽。"⑤王屋山介于河东、河内之间，西北方向的泰泽应在河东境内。由于《山海经》并非一部严谨的地理书籍，且泰泽也不见于《水经注》等书，因此，笔者怀疑所谓"泰泽"乃濩泽或王泽的别名，最大的可能是指王泽。因为濩泽在王屋山正北，而非西北，王泽的地理位置则完全符合《山海经》的描述。况且"王"与"泰（太）"在意义上是关联的。

昭帝时期"罢中牟苑"。"六世纪以前，由于那时气候比较温暖湿润，降

---

① 《汉书》卷二八上《地理志上》河东郡濩泽县条，颜注引应劭曰："有濩泽，在西北。"应是指濩泽在濩泽县西北。
② 《续汉书·郡国志》河东郡闻喜邑条："有董池陂，古董泽。"
③ 《水经注》卷六汾水条："汾水又径绛县故城北……又西径王泽，浍水入焉。"同卷浍水条："又西南过虒祁宫南"，"又西至王泽，注于汾水"。郦氏注："宫在新田绛县故城西四十里"，由此可推知，王泽在绛县西。
④ 见《水经注》卷六涑水条注，经文作"西南注于张阳池"，但注文中不见"张阳池"之称，而是作了如下一段辨析："涑水又西南径张阳城东。《竹书纪年》：齐师逐郑太子齿，奔张城南郑者也。《汉书》之所谓东张矣。高祖二年，曹参俘左丞相，别与韩信东攻，魏将孙遫军东张，大破之。苏林曰：属河东，即斯城也。"随后又说："涑水又西南属于陂，陂分为二……东陂世谓之晋兴泽……西陂即张泽也。"从文意来看，涑水"西南属于陂"之"陂"应即《水经》所谓"张阳池"。
⑤ 袁珂：《山海经校注》，巴蜀书社，1993年，第106页。《水经注》引郭景纯云："联、沈声相近，即沈水也。"（《水经注》卷七"济水"条）若如此，则《山海经》说瀤水西北流，就无法成立。因此，本文不取郭景纯之说。

水量比较丰富,西部山区的森林植被尚未遭到严重破坏,水土流失不很剧烈,河流的含沙量不如后代那样高","自先秦以来,至公元六世纪以前,大约一千余年时间里,黄淮海平原上的湖泊和沼泽十分发育","湖沼淤浅的速度比较慢,有的地区还有逐渐增多的趋势"。①

　　河南地区的湖陂,在荥阳西南有冯池,中牟之西有圃田泽,开封东北为逢池。② 又有荥泽,"在荥阳县东南"。黄水"至荥泽南,分为二水:一水北入荥泽,下为船塘,俗谓之郏城陂,东西四十里,南北二十里"。又有黄渊,乃黄水所分另一水——黄雀沟与靖水枝津交汇而成。阳武县东南有白马渊,"东西二里,南北百五十步"。卢氏东部的熊耳山"山际有池,池水东南流,水侧有一池,世谓之渑池矣"。洛水支流厌染水发源于宜阳县北的"傅山大陂",偃师附近有"计素渚,中朝时,百国贡计所顿,故渚得其名"。罗水是洛水支流,"蒲池水注之,水南出蒲陂,西北流合罗水",是又有蒲陂。伊水"又东为渊潭,潭浑若沸,亦不测其深浅也",是又有渊潭。陆浑县东有禅渚,"渚在原上,陂方十里,佳饶鱼苇,即《山海经》所谓南望禅渚"。新城附近有广成泽,伊水支流大戟水的两源皆出于此。伊水过伊阙后,"又东北,枝渠左出焉,水积成湖,北流注于洛"。③ 谷城县北有梓泽,瀍水所出。④ 洛阳一带有天渊池,"池水又东流入洛阳县之南池,池即故翟泉也,南北百一十步,东西七十步"。又有鸿池,"池东西千步,南北千一百步,四周有塘池",⑤"在雒阳东二十里",东汉设置二百石丞一人进行管理。⑥

　　河内地区亦有不少陂池。李陂,沇(济)水进入温县境内,"又东南径李城西","于城西南为陂水,淹地百许顷,兼葭薍苇生焉,号曰李陂"。黑山诸陂,修武县北的黑山乃"清水所出也,上承诸陂散泉,积以成川"。吴陂,"清水又东南流,吴泽陂水注之,水上承吴陂于修武县故城西北"。吴陂又称吴泽,《水经注》引《魏土地记》曰:"修武城西北二十里有吴泽水。陂南北二十许里,东西三十里。"共县陂泉群,共县西北的天门山上"有一石泉,方丈余,清水湛然,常无增减,山居者资以给饮"。"泉发于北阜,南流成溪,世谓之焦泉也。次东得鱼鲍泉,次东得张波泉,次东得三渊泉,梗河参连,女宿相属"。

---

① 邹逸麟:《历史时期华北大平原湖沼变迁述略》,《历史地理》(第五辑),上海人民出版社,1987年,第28、29、38、39页。
② 此三泽见《汉书》卷二八上《地理志上》河南郡。其中冯池又名李泽,《水经注》卷七:"济水又东,砾石溪水注之。水出荥阳城西南李泽,泽中有水,即古冯池也。"
③ 郦道元说"今无水",秦汉是否有水,不可确知,姑志于此。
④ 郦道元说:"梓泽,地名也。"语意含混,不能确知是否为湖陂之名。暂置于此。
⑤ 《水经注》卷一六"谷水条"。
⑥ 《续汉书·郡国志》,第3595、3596页。

共县西有三陂,最西安阳陂,"次东又得卓水陂,次东有百门陂,陂方五百步"。白马湖,沁水流经州县北,"有白马沟水注之,水首受白马湖,湖一名朱管陂"。武德县陂,沁水在武德县南"积为陂,通结数湖"。肥泉,淇水支流美沟"水出朝歌西北大岭下,东流径骆驼谷,于中逶迤九十曲,故俗有美沟之目矣。历十二崿崿流相承,泉响不断,返水捍注,卷复深隍,隍间积石千通,水穴万变,观者若思不周,赏情乏图状矣。其水东径朝歌城北,又东南流注马沟水,又东南注淇水,为肥泉也"。此外,清水支流丹水进入河内北界之际,"又径二石人北,而各在一山,角倚相望,南为河内,北曰上党。二郡以之分境。丹水又东南历西岩下,岩下有大泉涌发,洪流巨输,渊深不测,蘋藻荌芹,竟川含绿,虽严辰肃月,无变暄萋"。又,"朝歌以南,南际清水,土地平衍,据皋跨泽,悉坶野矣"。坶野即牧野,可见牧野一带也有池沼分布。

二、植被

《诗经》中的魏、唐、邶、鄘、卫、郑、王诸风反映了先秦时期三河地区的历史实况,其中魏、唐二地相当于秦汉河东,邶、鄘、卫三地相当于河内,王、郑二风针对的地区相当于河南。诸风当中涉及的草、木可以作为认识秦汉时代三河地区植被资源的重要参考。

河内地区

棘 《邶风·凯风》:"凯风自南,吹彼棘心。棘心夭夭,母氏劬劳。"毛传:"夭夭,盛貌。"孔颖达曰:"棘,木之难长者。"此诗又谓"凯风自南,吹彼棘薪。"毛传:"棘薪,其成就者。"孔颖达曰:"上章言棘心夭夭,是棘之初生,风长之也。此不言长之状,而言棘薪,则棘长已成薪矣。"棘之为物,《说文》云:"棘,小枣丛生者。"① 应指野生酸枣。

匏 《邶风·匏有苦叶》:"匏有苦叶,济有深涉。"毛传:"匏叶苦,不可食。"孔颖达曰:"陆机云匏叶少时可为羹,又可淹煮,极美。故《诗》曰:'幡幡瓠叶,采之烹之。'今河南及扬州人恒食之。八月中坚强不可食,故云苦叶。"《说文》:"匏,瓠也。"段玉裁注:"匏,判之曰蠡,曰瓢。"则匏即今所谓葫芦。

荠、菲 《邶风·谷风》:"采荠采菲,无以下体。"《鄘风·桑中》:"爰采荠矣,沫之东矣。"毛传:"荠,须也。菲,芴也。下体,根茎也。"郑笺:"此二菜者,蔓菁与葍之类也,皆上下可食。然而其根有美时有恶时,采之者不可

---

① [清] 段玉裁:《说文解字注》,第318页。

葛　《邶风·旄丘》:"旄丘之葛兮,何诞之节兮。"《说文》:"葛,絺绤草也。《周南》:'葛之覃兮,为絺为绤。'"

榛、栗、椅、桐、梓、漆　《邶风·简兮》:"山有榛,隰有苓。"《鄘风·定之方中》:"揆之以日,作于楚室。树之榛栗,椅桐梓漆,爰伐琴瑟。"毛传:"椅,梓属。"郑笺:"树此六木于宫者,曰其长大可伐以为琴瑟,言豫备也。"

荑　《邶风·静女》:"自牧归荑,洵美且异。"毛传:"荑,茅之始生也,本之于荑。"郑笺:"茅,洁白之物也。自牧田归荑,其信美而异者,可以供祭祀。"

茨　《鄘风·墙有茨》:"墙有茨,不可扫也。"毛传:"茨,蒺藜也。"

唐、桑　《鄘风·桑中》:"爰采唐矣,沫之乡矣。""期我乎桑中,要我乎上宫。"毛传:"唐蒙,菜名。沫,卫邑。"孔颖达曰:"《释草》云:'唐蒙,女萝;女萝,菟丝'。"《鄘风·定之方中》:"降观于桑,卜云其吉。"毛传:"地势宜蚕,可以居民。"又云:"灵雨既零,命彼倌人,星言夙驾,说于桑田。"即谓河内人专门栽种榛栗两种果树。

木瓜、桃、李　《卫风·木瓜》:"投我以木瓜,报之以琼琚。""投我以木桃,报之以琼瑶。""投我以木李,报之以琼玖。"木瓜、桃、李作为馈赠佳品,可见它们在河内地区所受到的青睐。孔颖达曰:"木桃、木李皆可食之木,则此木瓜亦美木可食。"

柏、桧、松、竹　《邶风·柏舟》:"泛彼柏舟,亦泛其流。"《鄘风·柏舟》:"泛彼柏舟,在彼中河。"毛传:"柏木所以宜为舟也。"《卫风·竹竿》:"淇水㵼㵼,桧楫松舟。"以桧木为撑船用具,用松木做船。《卫风·竹竿》:"籊籊竹竿,以钓于淇。"竹子用来制作钓竿。

菉竹　《卫风·淇奥》:"瞻彼淇奥,绿竹猗猗。"毛传:"绿,王刍也。竹,篇竹也。"将菉竹视为两种植物,菉即王刍,孔颖达曰:"郭璞云:今呼白脚莎","一云即菉蓐草也"。竹则为常见的竹子。但孔颖达复引郭璞曰:"似小藜,赤茎、节,好生道旁,可食,又杀虫。"再引《草木疏》云:"有草似竹,高五六尺,淇水侧人谓之菉竹也。"则菉竹似乎又是一种类似竹子的草。

芄兰　《卫风·芄兰》:"芄兰之支,童子佩觿。"孔颖达引郭璞曰:"蔓生断之,有白汁可啖。"

河东地区

棘　《唐风·葛生》:"葛生蒙棘,蔹蔓于域。"又《鸨羽》:"肃肃鸨翼,集于苞棘。"孔颖达引孙炎曰:"物丛生曰苞。"丛生之棘,应当指野生酸枣。不过,《魏风·园有桃》"园有棘,其实之食",其中亦说到"棘"。根据此诗上一章"园有桃,其实之殽"的说法,棘既然是园中之物,且与桃对言,应当是一种品质较高的果品,野生酸枣并不太适合此诗的具体语境。那么,我们该如何理解《园有桃》中的棘呢?

东汉郑玄对《园有桃》有这样的注解:"棘,枣也。"①《说文》:"枣,羊枣也。"②这是东汉人的理解,然而羊枣性状如何,并未多作解说。实际上,早期文献确实有"羊枣"的记载,只不过后世学者对其理解有所不同。《尔雅·释木》:"遵,羊枣。"郭璞注:"实小而员(圆),紫黑色,今俗呼之为羊矢枣。"③《孟子·尽心》:"曾皙嗜羊枣,而曾子不忍食羊枣。"④清人何焯对此解说道:"羊枣非枣也,乃柿之小者。初生色黄,熟则黑,似羊矢。其树再接即成柿矣。"⑤从具体描述来看,郭、何二人认为羊枣实际上就是民间俗称的软枣,和柿子是一类的。

但是也有学者持不同看法,对于《孟子》记载的曾皙嗜羊枣一事,东汉时期的《孟子》研究大家赵岐曰:"羊枣,枣名也。"宋人孙奭进一步阐释说:"盖樲与枣一物也,然而有二名,是樲小而枣大,樲酸而枣甘耳。云'羊枣',则羊枣之为大枣甘者也,其类则樲枣之属也。"⑥所谓"樲",《尔雅》认为即酸枣,郭璞注:"树小实酢。"由此说来,羊枣又是一种特殊的枣类。笔者认为《说文》作者许慎与《孟子》注者赵岐均为东汉人,二人所谓"羊枣"应指同一种事物,也就是说,许慎所谓羊枣亦属枣类,而非后世作为柿子之一种的软枣。比较而言,目前所见最早提出羊枣就是软枣的学者是东晋郭璞,比许慎、赵岐要晚,从这个角度考虑,笔者不取郭氏说。

从另一个角度看,东汉学者郑玄既然说《诗经》中的"棘"为"枣也"。《尔雅》曰:"枣,壶枣。"郭璞注:"今江东呼枣大而锐上者为壶。"如果郭氏是在汉人注经的基础上做进一步疏解的话,那么,依据他自身的见闻,自然会将《诗经·魏风》中的"棘"解释为大枣。由此即可顺理成章地推知先秦时期的河东大枣已是一种颇受关注的食物。况且郭璞是河东本地人,他也的确注意

---

① [汉]郑玄笺,[唐]孔颖达疏:《毛诗正义》,[清]阮元校刻:《十三经注疏》,第358页。
② [清]段玉裁:《说文解字注》,第318页。段玉裁认为许慎之说有误:"'羊'盖衍文。羊枣即木部之樗,《尔雅》诸枣中之一。与常枣绝殊。不当专取以为训。盖此当云枣木也。枣树随地有之,尽人所识,赤心而外束,非羊枣也。必转写妄改之误。"笔者以为段氏此说并没有点明其版本校勘的依据,似有武断之嫌。
③ [晋]郭璞注,[刘宋]邢昺疏:《尔雅注疏》,第2637页。
④ [汉]赵岐注,[宋]孙奭疏:《孟子注疏》,第2779页。
⑤ [清]何焯:《义门读书记》,中华书局,1987年,第128页。
⑥ [汉]赵岐注,[宋]孙奭疏:《孟子注疏》,第2779页。

到河东产良枣的物产优势。《尔雅》曰:"洗,大枣。"郭璞注:"今河东猗氏县出大枣子如鸡卵。"①由此联想到司马迁所谓"安邑千树棗","此其人皆与千户侯等",②不难体会到,河东大枣在中国历史上的美誉持续时间相当长。

桃 《魏风·园有桃》:"园有桃,其实之殽。"

檀 《魏风·伐檀》:"坎坎伐檀兮,置之河之干兮,河水清且涟猗。"

桑 《唐风·鸨羽》:"肃肃鸨行,集于苞桑。"《魏风·十亩之间》:"十亩之间兮,桑者闲闲兮。""十亩之外兮,桑者泄泄兮。"《魏风·汾沮洳》:"彼汾一方,言采其桑。"

莫、藚 《魏风·汾沮洳》:"彼汾沮洳,言采其莫。""彼汾一曲,言采其藚。"孔颖达曰:"莫菜者,陆机疏云:莫,茎大如箸,赤节,节一叶,似柳叶,厚而长,有毛刺。今人缲以取茧绪,其味酢而滑,始生可以为羹,又可生食。"藚,孔颖达引郭璞曰:"如续断,寸寸有节,拔之可复。"又引陆机疏:"其叶如车前草大,其味亦相似。"

葛 《魏风·葛履》:"纠纠葛履,可以履霜。"《唐风·葛生》:"葛生蒙楚,蔹蔓于野。""葛生蒙棘,蔹蔓于域。"

枢、榆、栲、杻、漆、栗 《唐风·山有枢》:"山有枢,隰有榆。""山有栲,隰有杻。""山有漆,隰有栗。"孔颖达引陆机疏:"今所云为栲者,叶如栎木,皮厚数寸,可为车辐,或谓之栲栎。""杻,檍也。叶似杏而尖,白色,皮正赤,为木多曲少直,枝叶茂好。""共、汲山下人或谓之牛筋,或谓之檍,材可为弓弩干也。"

椒聊 《唐风·椒聊》:"椒聊之实,蕃衍盈升。"孔颖达曰:"陆机疏曰:椒聊,聊,语助也。椒树似茱萸,有针刺,叶坚而滑泽。蜀人作茶,吴人作茗,皆合煮其叶以为香。今成皋诸山间有椒,谓之竹叶椒,其树亦如蜀椒,少毒热,不中合药也,可着饮食中,又用烝鸡豚,最佳香。"

杜 《唐风·杕杜》:"有杕之杜,其叶湑湑。"《有杕之杜》:"有杕之杜,生于道左"。毛传:"杜,赤棠也。"孔颖达曰:"陆机疏云:赤棠与白棠同耳,但子有赤白美恶。子白色为白棠,甘棠也,少酢滑美。赤棠子涩而酢,无味,俗语云'涩如杜'是也。赤棠木理韧,亦可以作弓干是也。"

栩 《唐风·鸨羽》:"肃肃鸨羽,集于苞栩。"孔颖达曰:"'栩,杼',《释木》文。郭璞曰:柞树也。陆机疏云:今柞栎也,徐州人谓栎为杼,或谓之为栩。其子为皁,或言皁斗,其壳为汁,可以染皁,今京洛及河内多言杼汁。"

---

① [晋]郭璞注,[宋]邢昺疏:《尔雅注疏》,第2637页。
② 《史记》卷一二九《货殖列传》,第3272页。

苓、苦、葑　《唐风·采苓》:"采苓采苓,首阳之巅。""采苦采苦,首阳之下。""采葑采葑,首阳之东。"毛传:"苓,大苦也。""苦,苦菜。"孔颖达曰:"此荼也。陆机云:苦菜生山田及泽中,得霜恬脆而美。"

河南地区

杞、桑、檀　《郑风·将仲子》:"无折我树杞","无折我树桑","无折我树檀"。孔颖达曰:"陆机疏云:杞,柳属也,生水旁。树如柳,叶粗而白,色理微赤,故今人以为车毂。""檀材可以为车,故云强韧之木。陆机疏云:檀木皮正青。"

蒲　《王风·扬之水》:"扬之水,不流束蒲。"郑玄笺:"蒲,蒲柳。"孔颖达曰:"《易传》以蒲为柳。陆机疏云:蒲柳有两种,皮正青者曰小杨,其一种皮红者曰大杨,其叶皆长广于柳叶,皆可以为箭干。故《春秋传》曰:董泽之蒲,可胜既乎。今又以为箕鐮之杨也。"

蓷　《王风·中谷有蓷》:"中谷有蓷,暵其干矣。"孔颖达曰:"李巡曰:臭秽草也。郭璞曰:今茺蔚也。""方茎白华,华注节间,又名益母。"

葛、萧、艾　《王风·葛藟》:"绵绵葛藟,在河之浒。"藟似葛,藟,藤也。又《王风·采葛》:"彼采葛兮,一日不见,如三月兮。彼采萧兮,一日不见,如三秋兮。彼采艾兮,一日不见,如三岁兮。"毛传:"葛,所以为絺绤也。""萧,所以供祭祀。""艾,所以疗疾。"孔颖达曰:"《释草》云:萧,荻。李巡曰:荻,一名萧。陆机云:今人所谓荻蒿者是也。或云牛尾蒿,似白蒿","可作烛,有香气,故祭祀以脂爇之为香。许慎以为艾蒿,非也"。

麻、李　《王风·丘中有麻》:"丘中有麻""丘中有李"。

扶苏、荷华、松、游龙　《郑风·山有扶苏》:"山有扶苏,隰有荷华。""山有乔松,隰有游龙。"毛传:"扶苏,扶胥,小木也。"孔颖达曰:"毛以下章山有乔松是木,则扶苏是木可知。而《释木》无文。《传》言:扶胥,小木者,毛当有以知之,未详其所出也。""《释草》云:红茏,古其大者蘬。舍人曰:红名茏,古其大者名蘬。是龙、红一草而列名,故云龙红草也。陆机疏云:一名马蓼,叶大而赤白色,生水泽中,高丈余。"所谓"游龙"之"游","谓枝叶放纵也"。

茹藘、栗　《郑风·东门之墠》:"东门之墠,茹藘在阪。""东门之栗,有践家室。"毛传:"茹藘,茅蒐也。"孔颖达曰:"李巡曰:茅蒐一名茜,可以染绛。陆机疏云:一名地血,齐人谓之茜,徐州人谓之牛蔓,然则今之蒨草是也。"

蕳、勺药　《郑风·溱洧》:"士与女,方秉蕳兮。""伊其相谑,赠之以勺药。"孔颖达曰:"陆机疏云:蕳即兰,香草也。""其茎叶似药草泽兰,广而长节,节中赤,高四五尺。汉诸池苑及许昌宫中皆种之,可着粉中藏衣,着书中辟白鱼。"关于勺药,孔颖达曰:"陆机疏云:今药草勺药无香气,非是也。未审今何草。"

三、矿产

现代资源勘探表明,三河地区分布的矿产资源品类众多,比如汾河以南的金属矿藏有铜、铁、金、银、铅、锌,非金属矿藏包括云母、重晶石、花岗岩、大理石、方解石、硝板、石膏、石灰石、盐。① 古属河内的焦作地区有煤炭、硫铁矿、石灰石、耐火黏土、铁、铅锌、铜、磷等。② 位于河南的三门峡地区"矿藏资源丰富,具有分布广、种类多、相对集中、便于开采等特点,截止1990年底,市辖区已发现57种矿藏,探明储量的34种,开发利用的27种"。③ 不过,需要强调的是,资源探知而未开采的状态并非只存在于现今的河南地区,河东运城地区的银矿至于1990年代"仍未开采",上列河内焦作地区的矿藏只是"储量大、开采条件好的",也就意味着当地还有其他一些不具开采价值的矿藏。从生产技术进步的角度来说,现代尚有未加以利用的矿产资源,在两千年前的秦汉时期,三河地区矿产资源的利用在种类上的局限性更大,得到较广泛开采利用的主要是铁、铜、盐等少数几种。

四、自然环境

在去汉不算很久的北魏时期,从技术层面讲,三河地区的人们对自然资源利用程度要比秦汉时代有所提高,也确实造成了竹子"通望淇川,无复此物"这样的生态退化。不过,在郦道元的笔下,我们不但能看到大量水道陂池的存在,甚至也不难见到他对自然环境的生动描述。

《水经注》记载,发源于河东垣县的教水,"其水南流,历钟鼓上峡,悬洪五丈,飞流注壑,夹岸深高,壁立直上,轻崖秀举,百有余丈,峰次青松,岩悬赪石,于中历落,有翠柏生焉,丹青绮分,望若图绣矣"。绛水"出绛山东,寒泉奋涌,扬波北注,悬流奔壑,一十丈许。青崖若点黛,素湍如委练,望之极为奇观矣"。河内地区的清水"南流西南屈,瀑布乘岩,悬河注壑二十余丈,雷赴之声,震动山谷。左右石壁层深,兽迹不交,隍中散水雾合,视不见底"。淇水出于河内隆虑县西大号山,"水出山侧,颓波瀺注,冲激横山。山上合下开,可减六七十步,巨石磥砢,交积隍涧,倾澜漭荡,势同雷转,激水散氛,暖

---

① 运城市地方志编纂委员会:《运城市志》,生活·读书·新知三联书店,1994年,第41—42页。
② 焦作市地方史志编纂委员会:《焦作市志》,红旗出版社,1993年,第131页。
③ 三门峡市地方史志编纂委员会:《三门峡市志》,中州古籍出版社,1997年,第58页。

若雾合"。河南地区的石城水,"水出石城山。其山复涧重岭,敧叠若城,山顶泉流,瀑布悬泻,下有滥泉,东流泄注。边有数十石畦,畦有数野蔬"。黄亭溪"出鹈鹕山。山有二峰,峻极于天,高崖云举,亢石无阶,猿徒丧其捷巧,鼯族谢其轻工,及其长霄冒岭,层霞冠峰,方乃就辨优劣耳,故有大、小鹈鹕之名矣"。

比北魏稍早的一些作品也反映了三河地区良好的生态环境。石崇"《金谷诗集叙》曰:余以元康七年,从太仆出为征虏将军,有别庐在河南界金谷涧中,有清泉茂树,众果、竹、柏、药草备具"。① 左思《魏都赋》:"南瞻淇澳,则绿竹纯茂。"② 又叙与河内紧邻的邺城一带的风光:

> 右则疏圃曲池,下畹高堂。兰渚莓莓,石濑汤汤。弱蒡系实,轻叶振芳。奔龟跃鱼,有瞵吕梁。驰道周屈于果下,延阁胤宇以经营。
>
> ……
>
> 菀以玄武,陪以幽林。缭垣开圃,观宇相临。硕果灌丛,围木竦寻。篁篠怀风,蒲陶结阴。回渊㴸,积水深。蒹葭䕶,藿蒻森。丹藕凌波而的皪,绿芰泛涛而浸潭。
>
> ……
>
> 其中则有鸳鸯交谷,虎涧龙山。掘鲤之淀,盖节之渊。③

读这样的文字,我们很难形成对魏晋时期河内地区生态环境已很糟糕的印象。

与魏晋以后的历史时期相比,秦汉时期在中国历史上属温暖期,三河地区生态环境所面临的压力应当更为舒缓一些。有学者指出,秦汉时期的虎患"是人类与自然关系发展史中秦汉这一重要阶段值得注意的历史现象"。④ 东汉初年的弘农太守刘昆上任时,曾遇到"崤、黾驿道多虎灾,行旅不通"的情形。⑤ 魏文帝在河南新城县附近的大石岭游猎,"虎超乘舆"。⑥ 这至少可以说明,东汉一代人口密度并不算小的河南地区仍具备适宜大型野生动物生存的环境。张衡《东京赋》:

---

① 《水经注》"谷水"条。
② [梁]萧统编,[唐]李善注:《文选》,第97页。
③ [梁]萧统编,[唐]李善注:《文选》,第100、101、106—107页。
④ 王子今:《秦汉时期生态环境研究》,第197页。
⑤ 《后汉书》卷七九上《儒林列传》,第2550页。
⑥ 《水经注》"洛水"条。

濯龙、芳林,九谷、八溪。芙蓉覆水,秋兰被涯。渚戏跃鱼,渊游龟蠵。永安离宫,修竹冬青。阴池幽流,玄泉洌清。鹎鶋秋栖,鹡鸰春鸣。睢鸠丽黄,关关嘤嘤。于南则前殿灵台,和欢安福。移门曲榭,邪阻城洫。奇树珍果,钩盾所职。西登少华,亭候修敕。九龙之内,实曰嘉德。西南其户,匪雕匪刻。我后好约,乃宴斯息。于东则洪池清蘌,渌水澹澹。内阜川禽外丰葭菼。献鳖蜃与龟鱼,供蜗蠃与菱芡。其西则有平乐都场,示远之观。龙雀蟠蜿,天马半汉。瑰异谲诡,灿烂炳焕。奢未及侈,俭而不陋。①

可见洛阳一带自然与人居在总体上是一种和谐状态。班固《东都赋》说洛阳皇城以外"则因原野以作苑,填流泉而为沼。发蘋藻以潜鱼,丰圃草以毓兽"。铺陈蒐狩场面时说:"骈部曲,列校队。勒三军,誓将帅。然后举烽伐鼓,申令三驱。轻车霆击,骁骑电骛。由基发射,范氏施御。弦不睗禽,辔不诡遇。飞者未及翔,走者未及去。指顾倏忽,获车已实。乐不极盘,杀不尽物。马踠余足,士怒未渫。先驱复路,属车案节。"②表面来看,这样的狩猎场面反映了人对自然施加的压力,但同时也应看到,众多的狩猎对象往往是皇家禁苑有意培育的产物,并不能就此便得出人们已严重破坏了生态平衡的认识。

即便是对于人口稠密的大都市来说,人类的活动对生态环境的影响也是在一定限度内的。一旦遇到人口大规模衰减的情形,自然环境很快便有转好的趋势。左思曾以艺术语言描述汉末中原一带的境况:"于时运距阳九,汉纲绝维。奸回内赑,兵缠紫微。翼翼京室,眈眈帝宇,巢焚原燎,变为煨烬,故荆棘旅庭也。殷殷寰内,绳绳八区,锋镝纵横,化为战场,故麋鹿寓城也。伊洛榛旷,崤函荒芜。"③这个说法与历史文献的记载是一致的。《三国志》载,汉献帝回迁洛阳后,"宫室烧尽,街陌荒芜,百官披荆棘,依丘墙间。州郡各拥兵自卫,莫有至者。饥穷稍甚,尚书郎以下,自出樵采,或饥死墙壁间"。④ 这样的描述给人的感觉是故都的荒凉破败,但从另一个角度看,所谓"荆棘旅庭""麋鹿寓城""崤函荒芜""街陌荒芜"等语汇,正提示我们,仅仅五六年间,大自然的力量已经越来越多地渗入曾经繁华绝代的洛阳。《三

---

① [汉]张衡著,张震泽校注:《张衡诗文集校注》,上海古籍出版社,2009年,第109—110页。
② [梁]萧统编,[唐]李善注:《文选》,第32、33页。
③ [梁]萧统编,[唐]李善注:《文选》,第97页。
④ 《三国志》卷六《魏书·董卓传》,第186页。

国志·王昶传》记载,王昶在曹魏建立后担任洛阳典农,"时都畿树木成林,昶斫开荒莱,勒劝百姓,垦田特多"。有学者就此指出:"魏文帝即位于220年,离董卓焚略洛阳不过三十年,这段时期的荒废就足以使这一带'树木成林',足见当地自然条件还是相当宜林的。"①因此,我们不宜对秦汉时代人们对三河地区自然环境所造成的负面影响程度估计过高。

再者,有学者认为,尽管在秦汉时期的北方,田作务农是"主要"的谋生方式,但当时的气候环境是温润的,北方地区覆盖着广袤的植被,也有广泛分布的水域、为数众多的野生动植物资源。在这样的生态条件下,再加上本来古老的渔采狩猎的谋生方式比农耕投入少、产出快,"无论灾年还是平时,山林湖泽附近的民众均可一定程度上仰此或兼此维持生活,汉代常见的流民亦不乏以此为生者"。农耕兼渔猎采集的营生方式对生态环境的影响并不会很严重。首先,民众从事农耕的积极性不高,这使得开垦新土地的速度得以延缓,农田对山林河陂的侵占也得到削弱。其次,渔猎采集行为并不一定构成不可恢复性的破坏,孟子所谓"竭泽而渔",或许只是极个别的极端情形。再次,秦汉社会存在比较浓郁的山林保护意识,该意识的形成和影响,"有民间神秘主义观念的基础,也有为当时知识阶层普遍认同的自然观的作用,这些理念因素影响国家管理者的行政倾向,而相应的法令又反作用于民众的心理和行为,强化了对于维护生态平衡具有积极意义的社会规范"。②

第二节 秦汉三河地区的粮食种植

秦汉三河地区粮食种植的结构如何?回答这个问题,必须在对目前所见相关考古材料进行梳理之后,方能做出相对合理的判断。

自20世纪50年代至80年代,古属河东的今山西省平陆县曾陆续出土一批汉代粮食遗存。其中在茅津有三次发现:1954年发掘的一座汉墓出土一个彩绘陶仓,内有半仓糜子;1960年的另一座汉墓里出土的彩绘陶仓有谷子;1961年出土的两个彩绘陶仓里,分别有半仓糜子、黍子。盘南有两次发现:1955年发掘的一座汉墓中,发现黄釉陶仓里有谷子,两个灰陶仓里分别是糜子、黍子;1980年的一座汉墓中,出土的四个灰陶仓里分别盛装糜

---

① 一得:《东汉黄河流域森林破坏举例》,《历史地理》(第三辑),上海人民出版社,1993年,第159页。
② 王子今:《秦汉时期生态环境研究》,第348页。

子、黍子、高粱、白菜籽。此外,1958年发掘西延汉墓,在一个小陶罐里发现高粱,一个灰陶仓里有葱籽,两个青釉陶仓分别装有糜子、黍子。1971年发掘的寨头汉墓有三个盛粮的灰陶仓,内中分别是谷子、糜子、黍子。1980年七里坡汉墓汉墓出土三个灰陶仓,所盛物分别是糜子、黍子、葱籽。① 上述考古发现表明,河东地区的粮食作物主要是谷子、糜子、黍子。这三种作物,只是在黏着度、色泽等品性上有一定差别,实际上属于同一类,在古代可统称为"粟"或"稷"。

在河南地区,特别是洛阳一带的汉墓中发现了大量与粮食有关的遗存。烧沟汉墓出土的53件第一型第一式陶仓"盛的粮食以粟、黍等为最多"。第一型第二式陶仓有30件贮有粮食,其中的12件上"粉书'稻种万石'和'秣米''麻万石''粟万石'和'大麦万石'等文字"。第二型第一式陶仓有45件内盛粮食,"以黍、粟、粱为主",第二型第二式陶仓盛粮者仅见4件,所盛为粟。② 除了陶仓,个别陶罐、陶敦、陶壶上也有关于粮食的信息。根据发掘报告所提供的文字和实物记录,确定标识麦、大麦、小麦的凡9件,粟黍类凡13件,稻6件,粱2件,豆类10件,麻2件。③ 总体来看,虽然烧沟汉墓发现了若干水稻的遗存,但在比例上还是与麦有差距的,与粟类作物更是相差甚远。

洛阳金谷园汉墓出土陶仓25件,大多有文字。其中可辨识者与麦有关的6件,黍粟类8件,④大豆1件。在汉代河南县城发掘的圆囷底部"堆积灰绿色土,土中夹杂大量轻松的黄色粉末","确系谷物腐朽的痕迹"。新安县发掘的汉代陶罐、陶仓上有"麦""白米""黍""粟""大麦五百石"等字。洛阳西郊汉墓出土陶仓书写"大豆万石"者6件,"小豆万石"者5件,另有"大豆"2件,"小豆"1件;"大麦万石"者6件,"小麦万石"2件,另有"大麦"2件,"小麦"1件;"粟万石"者5件,另有"粟"2件;"白米""白米万石""稻米万石""稻米"各1件。五女冢新莽墓陶仓内"盛有稻子、谷、粟和褐色颗粒状谷物"。西南郊东汉墓出土陶壶内"粮食种类有稻、谷、粟等"。邮电局西汉墓陶仓书写"粟万石""稻米万石""大豆万石""白米万石""米万石"者各一件。洛阳高新区西汉墓陶仓文有"大豆百石""黍米百□""黍百石""米百石""小米百石""大麦百石"等。金谷园新莽墓有"稻万石""大米万石""豆

---

① 卫斯:《山西平陆出土的汉代农作物》,《农业考古》1984年第1期。
② 中国科学院考古研究所:《洛阳烧沟汉墓》,科学出版社,1959年,第112—113页。
③ 中国科学院考古研究所:《洛阳烧沟汉墓》,第156—159页,表二六"器物文字统计表"。
④ M11:120号陶仓粉书"白米",参考M11:219号陶仓上的"白米粟",此"白米"也可能是粟类,然而笔者不能确定,暂不列入黍粟类统计中。烧沟汉墓亦有一件书"白米"的陶仓,也是如此处理的。

万石"等。五女冢新莽墓有"小麦万石""粟万石""大豆万石""大麦万石""稻穅"各一件。①

　　从上述考古发现来看,豆、麦、粟是洛阳一带粮食结构中的重要角色。与河东地区相比,两地在以粟为大宗这一点上是一致的。至于说两地之间的差异,或许是考古材料的局限性所致,实际上,先秦时期的河东即已种麦,《诗经·魏风·硕鼠》:"硕鼠硕鼠,无食我麦。"即说明这一点。另外,河内地区也种麦,如《鄘风·载驰》:"我行其野,芃芃其麦。"面对这一历史情形,如果说汉代河东、河内不种麦,恐怕是不符合常情的。综合而言,汉代三河地区以粟、麦为主要作物,应属可信。

　　不过,在得到这一认识之外,根据上面列举的考古材料,还有可能得出其他结论来。比如从"米万石""白米万石""大米万石"等频频出现的情形判断,汉代洛阳周边的水稻种植已相当普遍。其实,这大概是受到"米"字的今义干扰了。《说文》解释"米"字:"粟实也。"②因此,所谓"米万石""白米万石""大米万石"究竟是否指水稻,尚难以得出确切结论。但需要特别说明的是,这并不等于否定了河南地区栽培水稻的生产实践。有学者指出:"在汉代黄河流域,水稻确实曾经是'主要物产',至少应当承认是'主要物产'之一。"③考古工作中一再出现"稻""稻穅""稻种"等字眼,已基本表明了这一事实。

　　另外,烧沟汉墓的一个现象也很值得玩味。该墓群所出个别器物表面的文字与所盛粮食品种不符,见于发掘报告者有陶仓632:210号和632:213号,二器表面文字是"小豆",内中发现的实物却是稻皮。另有一例疑似不符者,即632:147号陶仓,实物为稻,文字却很可能是"麻"。为何会出现这样的情况？我们不妨先做个假设,假如器表文字是在粮食填充进去之后才进行书写,那么,文字应该不会错,即便是错写,也不至于再三地将水稻认作他物。由此推断,器表文字应当是在未装粮食之前即已写毕,原本设定装

---

① 分别见洛阳市文物工作队:《洛阳金谷园车站11号汉墓发掘简报》,《文物》1983年第4期;黄展岳:《一九五五年春洛阳汉河南县城东区发掘报告》,《考古学报》1956年第4期;河南省文化局文物工作队:《河南新安铁门镇西汉墓葬发掘报告》,《考古学报》1959年第2期;中国社科院考古研究所洛阳发掘队:《洛阳西郊汉墓发掘报告》,《考古学报》1963年第2期;洛阳市第二文物工作队:《洛阳五女冢新莽墓发掘简报》,《文物》1995年第11期;《洛阳市西南郊东汉墓发掘简报》,《中原文物》1995年第4期;《洛阳邮电局372号西汉墓》,《文物》1994年第7期;《洛阳高新技术开发区西汉墓(GM646)》,《文物》2005年第9期;洛阳博物馆:《洛阳金谷园新莽时期壁画墓》,《文物资料丛刊》第9辑,1985年;洛阳市第二文物工作队:《洛阳五女冢267号新莽墓发掘简报》,《文物》1996年第7期。

② [清] 段玉裁:《说文解字注》,第320页。

③ 王子今:《秦汉时期生态环境研究》,第40—39页。

小豆或麻。那又为什么装了水稻呢？一个比较合理的解释是，墓主下葬时，家中小豆或麻已告罄，而稻子还有余裕。这是否能在一定程度上说明河南地区大规模种植水稻呢？当然，需要承认，这个现象并不必然证实上述猜测的真实性，毕竟只有两三个考古实证，无法排除其中可能潜藏的偶然性，比如，水稻可能购自外地。但从传世文献的记载来看，汉代三河地区的水稻种植的确是于史有征的。

《水经注》引《战国策》记载："东周欲为田，西周不下水，苏子见西周君曰：'今不下水，所以富东周也，民皆种他种，欲贫之，不如下水以病之，东周必复种稻，种稻而复夺之，是东周受命于君矣。'西周遂下水。"①这条材料说明，战国晚期河南洛阳一带具有选择种稻的自由度。并且只要水利条件许可，民众在所有作物中间更愿意选择水稻。汉世去战国未远，应当不至于完全失去种植水稻的条件。虽然没有汉世文献直接可证，但《北堂书钞》卷一四二引南朝梁人桓麟《七说》："新城之杭，雍邱之梁，重穆代熟，既滑且香。"新城，汉世属河南郡。"杭，稻属。"②这条记载说明南北朝时期洛阳周边仍在种稻，并且以特色著称，在市场上极有口碑。此前此后皆种稻，如果说唯独汉世发生了中断，可能性并不大。

比较而言，河东地区的农业考古中未见水稻，但水稻在河东地区应当有一定的种植量。《诗经·唐风·鸨羽》："王事靡盬，不能艺稻粱。"说明先秦时期河东已有稻作。现代山西农业生产的统计资料有如下说法："水稻喜温湿，为优质高产粮食作物，需水量约为旱粮的2—4倍，由于水分条件的限制，山西种植水稻很少。1949年仅有7.6万亩，解放后随着水利事业发展，稻田面积有所扩大。1982年达到14.47万亩，也仅占粮食面积0.3%。"在占比很小的种植面积中，古属河东的临汾盆地"也是全省主要水稻产区之一，计有稻田1万亩左右，年产量554万斤，占全省5%"，在山西水稻生产中的地位远远不如占比63.9%的太原盆地和占比22.7%的忻定盆地。③尽管如此，现今晋西南地区存在适宜种稻的环境条件，这是无可质疑的。就水稻喜温湿的习性来说，秦汉时期的气候水文条件曾经有过更适合其生长的阶段，"据竺可桢所绘'五千年来中国温度变迁图'，秦及西汉时，平均气温较现今大约高1.5℃左右，东汉时平均气温较现今大约低0.7℃左右。"④这就是说，秦及西汉时期河东地区的气候条件比现代更适宜从事水稻生产。

---

① 诸祖耿：《战国策集注汇考》，第18页。
② ［清］段玉裁：《说文解字注》，第323页。
③ 张维邦主编：《山西省经济地理》，新华出版社，1987年，第242—243页。
④ 王子今：《秦汉时期生态环境研究》，第17页。

《史记》记载,汉武帝时期,河东太守番系言:"漕从山东西,岁百余万石,更砥柱之限,败亡甚多,而亦烦费。穿渠引汾溉皮氏、汾阴下,引河溉汾阴、蒲坂下,度可得五千顷。五千顷故尽河壖弃地,民茭牧其中耳,今溉田之,度可得谷二百万石以上。谷从渭上,与关中无异,而砥柱之东可无复漕。"汉武帝予以采纳,"发卒数万人作渠田。数岁,河移徙,渠不利,则田者不能偿种。久之,河东渠田废,予越人,令少府以为稍入"。① 司马贞这样解释"予越人"的情节:"其田既薄,越人徙居者习水利,故与之,而稍少其税,入之于少府。"有研究者据此进一步推断:"所谓的'习水利'即善于种植水稻,将汾涑下游的皮氏汾阴及蒲坂的'五千余顷''河壖地'都种上水稻,可谓因地制宜。"②此说比较可信。《水经注》记载:"河水又南,瀵水入焉。水出汾阴县南四十里,西去河三里,平地开源,瀵泉上涌,大几如轮,深则不测,俗呼之为瀵魁。古人壅其流以为陂水,种稻。"③所谓"古人"不知确指哪个时代的古人,但这个记载既然出现在郦道元笔下,不应去北魏太远。况且郦氏所描述的水势乃北魏时的情形,在此之前的水文条件应不比北魏差,宜稻的特征会更为显著。

河内的水稻种植亦有文献佐证。东汉中期的崔瑗为汲令,"在事数言便宜,为人开稻田数百顷。视事七年,百姓歌之"。④《太平御览》卷二六八引《崔氏家传》:"崔瑗为汲令,乃为开渠造稻田,薄卤之地更为沃壤,民赖其利,长老歌之曰:'天降神明君,锡我慈仁父,临民布德泽,恩惠施以序,穿沟广灌溉,决渠作甘雨。'"⑤《水经注》"沁水":

> 沁水南径石门,谓之沁口。《魏土地记》曰:河内郡野王县西七十里有沁水,左径沁水城西,附城东南流也。石门是晋安平献王司马孚之为魏野王典农中郎将之所造也。按其表云:臣孚言,臣被明诏,兴河内水利。臣既到,检行沁水,源出铜鞮山,屈曲周回,水道九百里,自太行以西,王屋以东,层岩高峻,天时霖雨,众谷走水,小石漂迸,木门朽败,稻田泛滥,岁功不成。臣辄按行,去堰五里以外,方石可得数万余枚。臣以为累方石为门,若天旸旱,增堰进水,若天霖雨,陂泽充溢,则闭防

---

① 《史记》卷二九《河渠书》,第 1410 页。
② 赵李娜:《汉代河东郡农业状况初论》,《农业考古》2005 年第 3 期。
③ 陈桥驿:《水经注校证》,第 106 页。
④ 《后汉书》卷五二《崔骃传附子瑗传》,第 1724 页。
⑤ 《北堂书钞》卷三九引《崔氏集》:"崔瑗为汲令,有泽田不殖五谷,瑗为开浍兴造,民赖其利。"

断水,空渠衍涝,足以成河。云雨由人,经国之谋,暂劳永逸,圣王所许,愿陛下特出臣表,敕大司农府给人工,勿使稽延,以赞时要。臣孚言。诏书听许。①

其中说到雨季里顺山而下的水流导致"稻田泛滥",可见河内在曹魏时期仍旧在种稻。《北堂书钞》卷一四二引西晋作品《袁子》:"河内青稻,新城芳稅,彫胡细弱,游梁精美。"将河内稻作与河南新城的水稻相提并论,此与司马孚保护稻田相仿,均可视为汉代河内水稻种植历史的延续。

另外,《汉书》记载战国时期魏襄王"以史起为邺令,遂引漳水溉邺,以富魏之河内。民歌之曰:'邺有贤令兮为史公,决漳水兮灌邺旁,终古舄卤兮生稻粱。'"②这里所谓的"河内",包括今河北邯郸南部,其北界显然比秦汉时代的河内地区要大一些。不过,漳河流域既然从事水稻种植,其南方毗邻地区在种植结构上应当不会相差太远。我们还注意到,西晋人左思在其《魏都赋》中说道:"西门溉其前,史起灌其后。墱流十二,同源异口。畜为屯云,泄为行雨。水澍粳稌,陆莳稷黍。"所谓"水澍粳稌,陆莳稷黍",注家以为"下则澍生粳稌,高则植立稷黍也"。③ 而粳者,"俗秔","稻属"。稌者,"稻也"。④ 可见魏晋时期的邺城一带仍存在宜于种植水稻的地理条件,并且确实被时人所利用。从历史的延续性以及地理上的毗连特征来看,这些记载亦可作为河内稻作的旁证。

第三节　秦汉时期河东盐业资源的开发

河东地区拥有盐业资源,这一优势早已受到史家关注。《汉书·地理志》曰:"河东土地平易,有盐铁之饶。"在"河东郡安邑县"条又曰:"巫咸山在南,盐池在西南。"《续汉书·郡国志》亦载安邑县"有铁,有盐池"。⑤ 然而河东盐的开发利用是一个长期渐进的过程,具体到秦汉时段而言,河东盐业资源的开发既是在先秦历史基础上进行的,同时又展现了特定历史阶段的实践特征。

---

① 陈桥驿:《水经注校证》,第229页。
② 《汉书》卷二九《沟洫志》,第1677页。
③ [梁]萧统编,[唐]李善注:《文选》,第101、102页。
④ [清]段玉裁:《说文解字注》,第322、323页。
⑤ 分别见《汉书》第1648、1550页,《后汉书》第3397页。

一、先秦时期河东盐业资源的开发

食盐是攸关国计民生的重要物资,《管子·海王》:"十口之家,十人食盐。百口之家,百人食盐。"①《汉书·食货志》:"夫盐,食肴之将。"②《后汉书·朱晖传》:"盐,食之急者,虽贵,人不得不须。"③种种说法均反映食盐在古人日常生活中是不可或缺的。缘于此,有的学者认为,食盐是文明得以发生的先决条件。如任乃强说:"河东解池地区,大河绕于前,群山阻于后,山谷盘错,沮洳潟卤,甚不利于农业文化的发展,而乃偏偏最先成为孕育中华文化的核心地区。尧都平阳,舜都蒲阪,禹都安邑,都是围绕解池立国。由解池这个核心向四方推进,又才有河南的伊洛文化、河内的殷墟文化、渭水平原的周秦文化和汾水盆地的晋文化发展起来。"④

目前的考古发现表明,山西西南部极有可能是中国史前文明进展最快的地方。陶寺遗址位于山西襄汾,据考古学者判断,该遗址"是中国史前功能区划最完备的都城","在年代、地理位置、内涵、规模和等级以及所反映的文明程度等方面,都与尧都相当契合。目前没有哪个遗址像陶寺这样与尧都的历史记载等如此契合"。⑤ 如此说来,传说中的尧都平阳、舜都蒲坂、禹都安邑愈发具有走向信史的趋向。然而,将国家雏形极有可能最先诞生于晋西南的原因归结于解池的盐业资源,目前来说,这一逻辑推论尚需要进一步的实证。

有学者就曾对任先生之说提出质疑:"夏代前后,运城盆地可以说是一个水乡泽国","唐尧时期的河东盐池其湖面肯定比现在辽阔的多,反过来说,湖水的盐分含量较低,这对于人工开发必然会带来一定的困难,何况唐尧时期生产水平之低,锄耕农业刚刚萌芽,无论是煮盐,晒盐谈何容易!"⑥

---

① 黎翔凤:《管子校注》,中华书局,2004 年,第 1246 页。
② 《汉书》卷二四下《食货志下》,第 1183、1184 页。师古曰:"将,大也,一说为食肴之将帅。"
③ 《后汉书》卷四三《朱晖传》,第 1460 页。
④ 任乃强:《说盐》,收入氏著《华阳国志校补图注》,上海古籍出版社,1987 年,第 52 页。
⑤ 李韵:《尧都从传说走向信史——陶寺遗址考古成果发布》,《光明日报》2015 年 6 月 19 日第 1 版。
⑥ 卫斯:《河东盐池开发时代考》,《中国社会经济史研究》1983 年第 4 期。该文还谈道:"笔者并不否定夏代前后居住在涑水河畔与青龙河畔的河东人民就开始食盐的可能性,即承认他们远到河东盐池采收自然结晶盐的可能性。"但是,"这种采收活动不能叫人工开发,既然没有人工开发的大量的高质量的食盐存在,'以盐聚四方之货'的情形,就不可能存在了,任先生的史前开发说也就站不住脚了。"笔者以为,卫先生仅将从卤水中煮、晒得盐进而"以盐聚四方之货"视为盐业开发,似乎将"开发"一词理解得有些狭窄了。现代所谓"开发",是指对自然资源投入劳动,使之得到利用。据此而言,对自然结晶的收采亦是有劳动投入的,自然应当视为对盐业资源的一种开发行为。

此说反驳任先生的看法,但作为立论依据的地理、水文条件的时代差异,乃是以南北朝与史前期相比,时间跨度很大,其结论恐怕有进一步检讨的必要。

以推理的方式来研究历史早期河东地区的盐业,很大程度上是因为文献不足征,而盐业考古在这一带也少有发现。由于史料奇缺,不少盐业史研究者比较重视这样一段文献记载:"昔者舜弹五弦之琴,造《南风》之诗,其诗曰:'南风之薰兮,可以解吾民之愠兮;南风之时兮,可以阜吾民之财兮。'"①柴继光解释说:"舜为什么要歌南风呢?这是因为南风和潞盐的生产有着直接的关系。据记载:中条山上有盐风洞,'仲夏应候风出,声隆隆然,俗称盐南风,盐花得此,一夕成盐'。阳光风力是促使潞盐结晶成形的重要条件,人们歌吟南风,是理所当然的。"②所谓"盐南风",见于沈括《梦溪笔谈》:"解州盐泽之南,秋夏间多大风,谓之盐南风,其势发屋拔木,几欲动地,然东与南皆不过中条,西不过席张铺,北不过鸣条,纵广止于数十里之间。解盐不得此风不成,盖大卤之气相感,莫知其然也。"③然而,《南风》诗中何曾着一个"盐"字,将南风与盐扯上关系,似乎是后世捏合所致。

在宋代以前,学者对《南风》诗旨的解读与河东食盐资源并无瓜葛。《尸子·绰子》:"舜曰:'南风之薰兮,可以解吾民之愠兮!'舜不歌禽兽而歌民。"④意谓此诗抒发了舜的爱民情怀。《史记·乐书》:"昔者舜作五弦之琴,以歌《南风》。"《集解》引郑玄曰:"《南风》,长养之风也,言父母之长养己也。"《正义》曰:"《南风》是孝子之诗也。南风养万物而孝子歌之,言得父母生长,如万物得南风也。舜有孝行,故以五弦之琴歌《南风》诗,以教理天下之孝也。"⑤由此可见,汉人郑玄、唐人张守节皆认为此诗意在提倡孝道。而所谓"南风"作为比兴手法的体现,诗人看重的是它在四方、四时宇宙体系中的特殊定位。在古人的生活经验中,夏季是大多数生物生命旺盛的季节,而在古人的宇宙观念里,夏季又与南方对应,南风作为夏季风,就被视为生物旺长的原因所在。显然,这样的自然知识、生活经验,一般得自于对有生命的个体的观察,与认知盐的形成并无多大关系。

不过,否定《南风》的盐业史背景,并不意味着就否定了先秦河东盐业的发展。《左传》记载:"晋人谋去故绛,诸大夫皆曰:'必居郇瑕氏之地,沃饶而近盬。国利君乐,不可失也。'"但韩献子不赞同:"夫山泽林盬,国之宝

---

① 陈士珂:《孔子家语疏证》,上海书店,1987年,第205页。
② 柴继光:《运城盐池的演变和发展》,《晋阳学刊》1982年第4期。
③ 《元刊梦溪笔谈》,文物出版社,1975年,卷二四第3页。
④ 朱海雷:《尸子译注》,上海古籍出版社,2006年,第40页。
⑤ 《史记》卷二四《乐书》,第1197、1198页。

也。国饶则民骄佚,近宝公室乃贫,不可谓乐。"最终晋国决定迁都新田。这段记载当中有所谓"盬",西晋人杜预曰:"盬,盐也。猗氏县盐池是。"①从晋国所处的地理位置看,杜预的解释无疑是正确的。需要注意的是,在这次迁都之争中,盐被视为"国之宝",并且反对迁都的人还设想:如果民众得近此宝,便会导致"公室乃贫"。言外之意,就是说民众可以依靠河东盐池资源获取十分可观的财富,由此造成了公室经济地位的相对降低。在此不妨先做个假设,假如民众仅仅是靠近盐池以方便用盐自给,那么,出现公室贫弱局面的可能性并不大。一个合理的解释是,春秋时代河东的盐业资源已在一定程度上进入商业流通领域,民众可通过商业渠道获取其经济利益。

此外还有一些记载,可以从不同角度反映先秦河东盐业的发展。《战国策·楚策四》"汗明见春申君"章记载策士对怀才不遇的感慨:"君亦闻骥乎? 夫骥之齿至矣,服盐车而上太行。蹄申膝折,尾湛胕溃,漉汁洒地,白汗交流,中阪迁延,负辕不能上。"②千里马拖着盐车行进于太行山上的想象,应是以翻越太行山的盐业贸易为生活基础的。而盐池所在的河东地区正位于太行山脚下,因此,太行山一带交易的食盐出自河东地区的可能性甚大。③《山海经·北山经》记载,王屋山东北三百里曰教山,教山南三百里曰景山,"南望盐贩之泽"。所谓"盐贩之泽",郭璞注:"即盐池也,今在河东猗氏县。"④《穆天子传》载周穆王巡行,某年冬季"至于盬。己丑,天子南登于薄山、寘軨之隥,乃宿于虞"。郭璞注:"盬,盐池。今在河东解县。"⑤《吕氏春秋·本味》:"和之美者,大夏之盐。"所谓"大夏",顾炎武认为"正今晋、绛、吉、隰之间","在平阳"。⑥ 现代学者钱穆认为顾氏对大夏的地理定位偏北,实际应在"安邑大阳"。⑦ 虽然学者们对"大夏"的具体所在存在差异,总之均在河东盐池周边。

---

① [晋]杜预注,[唐]孔颖达疏:《春秋左传正义》,第1902页。
② 诸祖耿:《战国策集注汇考》,第848页。
③ 《战国策》"汗明见春申君"章中的"太行",后世诸书在引用时甚至直接写作"虞坂"。虞坂就在河东盐池附近,《水经注》卷四在谈及虞坂时说:"《战国策》曰:昔骐骥驾盐车上于虞坂,迁延负辕而不能进。"(陈桥驿:《水经注校证》,第116页)宋代地理书《太平寰宇记》卷六、《元丰九域志》卷三将其中的"虞坂"写作"吴坂",清雍正年间所修《山西通志》卷六〇皆仍作"虞坂"。"太行"与"虞坂"的字形差别甚大,抄写致误的可能性很小。比较合理的解释是,后世学者在看到《战国策》中骐骥"服盐车而上太行"的史料时,很自然地将其与河东盐的行销联系起来了。
④ 袁珂:《山海经校注》,第107页。
⑤ 上海古籍出版社编:《汉魏六朝笔记小说大观》,上海古籍出版社,1999年,第28页。此版本的点校者王根林认为:"斟酌诸说,似以成书于战国时期比较合理。"
⑥ 黄汝成:《日知录集释》(全校本),第1771页。
⑦ 钱穆:《古史地理论丛》,生活·读书·新知三联书店,2005年,第18—19页。

还有所谓"北海之盐"亦值得重视。《尸子》："昔者,桀纣纵欲长乐,以苦百姓。珍怪远味,必南海之荤、北海之盐、西海之菁、东海之鲸,此其祸天下亦厚矣。"同书又说:"傅岩在北海之洲。"①而地名傅岩据说与商代贤相傅说有关。《史记·殷本纪》:"武丁夜梦得圣人,名曰说。以梦所见视群臣百吏,皆非也。于是乃使百工营求之野,得说于傅险中","故遂以傅险姓之,号曰傅说"。此处的"傅险",《索隐》曰:"旧本作'险',亦作'岩'也。"《集解》引汉代孔安国曰:"傅氏之岩在虞虢之界。"《正义》引《括地志》云:"在今陕州河北县北七里。"②据此,傅岩当在河东地区。而据《尸子》所言"傅岩在北海之洲",那么,所谓"北海"应在河东一带,如此一来,同出于《尸子》的"北海之盐"有可能就是指河东盐池所产之盐。③《尸子》为战国作品,其中说北海之盐属于"珍怪远味",由此或可推知战国时期河东盐业发展的两个特点:一是河东盐业资源因其品质较高,受到了普遍重视;二是河东盐的口碑虽好,但销售范围具有较大局限性,以至于那些仍处于中原文化圈但距盐池较远的地区不易获取河东盐。

从地域命名方面也可看出河东盐业在战国时代的重要地位。《史记·秦本纪》记载,秦昭王十一年,"齐、韩、魏、赵、宋、中山五国共攻秦,至盐氏而还"。《集解》引徐广曰:"盐,一作'监'。"张守节《正义》:"《括地志》云:'盐故城一名司盐城,在蒲州安邑县。'按:'掌盐池之官,因称氏。'"④盐氏因盐而被赋名,其历史背景应当是河东盐业对社会生活产生了不容忽视的影响。

二、西汉时期的河东盐业资源开发

关于汉初的盐业经营,⑤《张家山汉简》记载:"诸私为卤盐,煮济、汉,及

---

① 朱海雷:《尸子译注》,第52、71页。
② 《史记》卷三《殷本纪》,第102、103页。
③ 李大鸣也曾注意到《尸子》中的这段盐业史料。不过,他认为"北海就在山东"(李大鸣:《商代山东制盐家族考》,《盐业史研究》2015年第1期)。王子今亦指出:汉代以前的北海指的是渤海(王子今:《秦汉人世界意识中的"北海"和"西海"》,《史学月刊》2015年第3期)。因此,笔者认为《尸子》所谓"北海"指河东盐池,目前只是一种推测,未敢自必。不过,《管子·小匡》曰:齐桓公"逾大行与卑耳之溪,拘泰夏,西服流沙西虞,而秦戎始从"。所谓"流沙",一般会联想到遥远的西域,但钱穆考证的结果表明,流沙在"山西省太行西边",可能是指河东大阳县境内的沙涧水。(钱穆:《古史地理论丛》,第301页)从《管子》对齐桓公征讨足迹的描述来推断,钱穆之说是可信的。因此,今人认为所在极远的某个地名,历史早期可能就指的是中原一带的某个地方,这种情形是不应忽视的。
④ 《史记》卷五《秦本纪》,第210、212页。
⑤ 贾谊《吊屈原赋》:"斡弃周鼎兮宝康瓠,腾驾罢牛兮骖蹇驴,骥垂两耳兮服盐车。"(《史记》卷八四《屈原贾谊列传》,第2493、2494页)应当是袭用了《战国策》所谓骐骥"服盐车而上太行"的典故,并不反映汉代历史实情。

有私盐井煮者,税之,县官取一,主取五。"①有学者说"卤盐即海盐",②这可能理解得有些狭窄了。司马迁说:"夫天下物所鲜所多,人民谣俗,山东食海盐,山西食盐卤,领南、沙北固往往出盐,大体如此矣。"《正义》曰:"谓西方咸地也。坚且咸,即出石盐及池盐。"③据此,张家山汉简所谓"卤盐",既然其中有特指山西食盐种类的"卤"字,④那就不应将池盐排除在外。由张家山汉简的记载可知,汉初河东盐业很可能是采取私人经营而国家抽税的模式。

盐业经营权放开之后,民众不再只是单纯的食盐消费者,还有参与经营的权利,在此情形下,河东盐业对于社会、民生的影响势必更为广泛而深刻。关于这一点,猗顿故事的流变或许是一个线索。司马迁说:"猗顿用盬盐起。"但《集解》引《孔丛子》曰:"猗顿,鲁之穷士也。耕则常饥,桑则常寒。闻朱公富,往而问术焉。朱公告之曰:'子欲速富,常畜五牸。'于是乃适西河,大畜牛羊于猗氏之南,十年之间其息不可计,赀拟王公,驰名天下。以兴富于猗氏,故曰猗顿。"⑤两则故事讲同一人的致富原因,一说凭借盐业经营,一说依靠畜牧业,究竟哪个说法可靠呢?笔者以为《孔丛子》的记载出现得较早,更为原始一些。

《孔丛子》曾被不少学者质疑为伪书,但也有学者持相反意见。⑥ 那么,如何判断其所载猗顿故事的真伪呢?故事当中出现的地名是一个值得参考的信息。《孔丛子》所载猗顿故事当中有所谓"西河",⑦这个地名在先秦时期曾出现过两种含义:一在黄河下游折向东北流的河段附近,大约相当于今河南濮阳一带;另一个在山西西南部,约相当于今山西运城、临汾。猗顿是在猗氏致富,所谓"西河"的具体地域当然指的是后者。但这个意义上的"西河"只在战国时期魏国据有此地时流行过,后来秦国夺得晋西南地区,这个地区逐渐被称为"河东","西河"称谓已被历史淘汰。由此推断,《孔丛

---

① 张家山二四七号汉墓竹简整理小组:《张家山汉墓竹简〔二四七号墓〕》(释文修订本),文物出版社,2006年,第68页。
② 臧知非:《秦汉赋役与社会控制》,三秦出版社,2012年,第106页。
③ 《史记》卷一二九《货殖列传》,第3269页。
④ 有学者认为:"河东池盐最早被称作'卤'。"见咸增强《河东池盐称谓流变考释》,《山西师大学报》(社会科学版)2009年第5期。若此说成立,则愈能看出池盐与"卤"的紧密对应关系。
⑤ 《史记》卷一二九《货殖列传》,第3259页。
⑥ 傅亚庶:《孔丛子校释》前言,中华书局,2011年,第2页。
⑦ 傅亚庶《孔子子校释》一书根据《文选》李善注、《渊鉴类函》以及清末民国间汪荣宝的说法,将"西河"改为"河东"。参见傅氏《孔丛子校释》第344页。这个做法并不妥当。后世不理解早期文献中的地名,乃是常有之事,在没有确切依据的情况下,不宜改动原文。

子》所描述的猗顿当是战国人心目中的猗顿,他不以盐业致富,而以畜牧业发家,很可能是故事创作者所处时代的社会经济实况所致,也就是说,当时河东盐业虽然已引人注目,但其光芒还未超越畜牧业。

那么,到司马迁所生活的西汉中期,为什么故事发生了变化呢?按照常理来讲,作为秉承实录精神的史家,司马迁对猗顿事迹的叙述应当可信度更高一些,但事实或许并非如此。《史记》在记载先秦人物时所依据的材料有很多属于"放失旧闻",从记事风格来看,颇有小说家言的色彩,比如对致富榜样陶朱公的记载,即是如此。司马迁博学洽闻,战国时代流传的猗顿以畜牧生财的说法,想必也有所耳闻。不过,他这样一位喜好旧闻的史家却对此表示强烈质疑,以至于最终没有采纳。笔者认为,太史公之所以抛弃畜牧致富说,而认为盐业经营是猗顿的致富途径,很可能与以下两个因素密切相关:

首先,汉武帝以前盐业经营是开放的,河东盐成为民众可以取利的资源,这段历史诱导史家相信,私人猗顿是可以经营盐业致富的;其次,汉武帝实行盐业官营之后,盐池对军国之用的巨大支撑作用更为凸显。司马迁曾描述盐铁官营之前的社会形势,其中说到民间富商大贾"冶铸煮盐,财或累万金,而不佐国家之急,黎民重困"的情形,①这也就意味着,史家很清楚,盐业官营之前,很多富商大贾正是依靠盐业经营积聚财富的。这使得他在记述猗顿事迹时强烈感觉到,在盐业允许私人经营的情况下,猗顿来到河东,盐池就在身边,却不以盐业致富,这种情况是令人费解的。

综上所述,战国至西汉前期猗顿故事的变迁,在某种程度上可以反映河东盐业的发展。在西汉前期,河东盐业对于国计民生的重要性仍在不断上升。

汉武帝以后,朝廷召开盐铁会议。虽然这次会议由实际执政的大将军霍光授意召开,但"目的就是打击桑弘羊,故只要能在舆论上使之被动或难堪,霍光也就可以感到满足。至于是否完全罢除官营政策","恐怕根本都不在霍光的考虑范围之内"。② 事实上,西汉后期仅仅取消了酒榷,而盐铁官营政策一直没有放弃,相应地,河东盐池依旧受到国家的高度重视。③ 据记

---

① 《史记》卷三〇《平准书》,第1425页。
② 晋文:《桑弘羊评传》,南京大学出版社,2011年,第243页。
③ 汉宣帝时,有一位名赏的掖庭户卫,其妻淳于衍为权臣霍光的妻子所赏识,便对其妻说:"可过辞霍夫人行,为我求安池监。"(《汉书》卷九七上《外戚传上》,第3966页)此处所谓"安池",沈钦韩曰:"安邑盐池也。《一统志》:大安池在解州芮城县南十五里,居民引以溉田,下流入于河。或此安池。"[沈钦韩:《汉书疏证(外二种)》(二),上海古籍出版社,2006年,第207页]但陈直认为:"《百官表》少府属官有上林中十池监,安池当为十池之一,沈钦韩疑为安邑之盐池,是未达汉制也。"(陈直:《汉书新证》,中华书局,2008年,第439页)笔者以为,陈直的意见比较合理。安池监无关于安邑盐池的管理制度。

载,汉成帝曾经在汾阴后土祠举行完祭祀礼之后,"行游介山,回安邑,顾龙门,览盐池,登历观,陟西岳以望八荒,迹殷周之虚,眇然以思唐虞之风"。① 皇帝亲临,盐池的重要性于此可见一斑。

王莽时期,继续实行盐业官营。据记载,东汉开国功臣贾复为南阳人,"王莽末,为县掾,迎盐河东,会遇盗贼,等比十余人皆放散其盐,复独完以还县,县中称其信"。② 由此可以推知,莽末仍然坚持盐业官营,与河东临近地区所消费的食盐由消费目的地的官府派员到河东迎取,至于是无偿调拨,抑或需要输入地政府支付一定的盐价,难以确知。

三、东汉前期河东盐重要性的大幅提升

东汉政权建立后,河东盐业经营再次放开。《后汉书·第五伦传》:京兆人第五伦"自以为久宦不达,遂将家属客河东,变名姓,自称王伯齐,载盐往来太原、上党,所过辄为粪除而去,陌上号为道士,亲友故人莫知其处"。③ 隐姓埋名从事食盐贩卖,说明第五伦并不具有官营盐业机构正式吏员的身份,他在河东所从事的盐业经营应为私人性质的。但到汉章帝时期,政策发生了变化。《后汉书·和帝纪》载和帝即位不久发布的诏书:

> 昔孝武皇帝致诛胡、越,故权收盐铁之利,以奉师旅之费。自中兴以来,匈奴未宾,永平末年,复修征伐。先帝即位,务休力役,然犹深思远虑,安不忘危,探观旧典,复收盐铁,欲以防备不虞,宁安边境。而吏多不良,动失其便,以违上意。先帝恨之,故遗戒郡国罢盐铁之禁,纵民煮铸,入税县官如故事。④

由诏书可知,汉明帝末年对匈奴重启攻势,导致国用不足,迫使继任的章帝不得不考虑恢复盐业官营。但政策的转变遭遇阻力,以致迁延数年。《后汉书·郑众传》记载:"建初六年,代邓彪为大司农。是时肃宗议复盐铁官,众谏以为不可。诏数切责,至被奏劾,众执之不移。帝不从。"⑤ 我们注意到,《后汉书·章帝纪》记录建初七年十一月事,唯有"诏劳赐河东守、令、掾以下"一事,其上是十月癸丑以后章帝在关中祭祀、巡行,其下是十二月丁亥

---

① 《汉书》卷八七上《扬雄传上》,第3535页。
② 《后汉书》卷一七《贾复传》,第664页。
③ 《后汉书》卷四一《第五伦传》,第1396页。
④ 《后汉书》卷四《和帝纪》,第167页。
⑤ 《后汉书》卷三六《郑兴传附子众传》,第1225—1226页。

"车驾还宫"。① 由此看来,章帝在河东停留了较长时间。联系此前一年朝廷围绕盐铁政策所发生的争执,章帝此次河东之行,很可能由他个人倾向于重推盐铁官营政策的立场所驱动。如果这个推论成立,那么,河东盐业资源的重要性便不言而喻了。

尽管章帝有意恢复盐铁官营,但郑众在世时,这个想法并未实现。建初八年郑众去世后,朝廷仍在讨论盐铁政策。《后汉书·朱晖传》:章帝元和中,"是时谷贵,县官经用不足,朝廷忧之。尚书张林上言:'谷所以贵,由钱贱故也。可尽封钱,一取布帛为租,以通天下之用。又盐,食之急者,虽贵,人不得不须,官可自鬻。'""于是诏诸尚书通议。晖奏据林言不可施行,事遂寝。后陈事者复重述林前议,以为于国诚便,帝然之,有诏施行"。② 值得注意的是,议定盐铁官营政策之后,元和三年秋八月,汉章帝"幸安邑,观盐池",③再一次来到河东,并以昭告天下的明确姿态巡视盐池。有学者就认为,章帝亲自巡幸盐池,"可能与重新施行盐业官营专利的政策有关"。④

政策酝酿中,长时间驻跸河东;诏书颁布后,巡行河东览观盐池。由此观之,执政者对河东盐业资源的重视程度,可谓东汉帝国盐业政策的风向标。

耐人寻味的是,就在河东盐业资源空前受到帝国统治者关注的历史阶段,与河东盐池名实问题密切相关的一个现象发生了。《说文》:"鹽,河东盐池也。"⑤《说文》作者许慎一生经历东汉章帝、和帝、安帝、顺帝时期,他对"鹽"字的解释很可能受到当时河东盐业资源特殊地位的影响。这个说法表面上看似乎被后来的一些学者所继承,如西晋人杜预曰:"鹽,盐也。猗氏县盐池是。"唐人孔颖达说得更为直接:"鹽虽是盐,唯此池之盐独名为鹽,余盐不名鹽也。"⑥又如,唐人司马贞记载民间的说法:"鹽盐,河东大盐;散盐,东海煮水为盐也。"⑦不过,需要注意的是,有的学者之所以认为"鹽"指的是河东盐,乃是就具体语境而言的。比如杜预以河东猗氏县盐池来理解"鹽"字,是因为《左传》中说晋国大夫所主张迁居的"郇瑕氏之地"具有"沃饶而近

---

① 《后汉书》卷三《章帝纪》,第 144 页。
② 《后汉书》卷四三《朱晖传》,第 1460 页。
③ 《后汉书》卷三《章帝纪》,第 156 页。
④ 王子今:《两汉盐产与盐运》,《盐业史研究》1993 年第 3 期。
⑤ [清] 段玉裁:《说文解字注》,第 586 页。
⑥ [唐] 杜预注,[晋] 孔颖达疏:《春秋左传正义》,第 1902 页。
⑦ 《史记》卷一二九《货殖列传》,第 3259 页。另外,颜师古曰:"鹽,盐池也。于鹽造盐,故曰鹽盐。"(《汉书》卷九一《货殖传》,第 3685 页)贾公彦曰:"鹽谓出于盐池,今之颗盐是也。"([汉] 郑玄注,[唐] 贾公彦疏:《周礼注疏》,第 675 页)均说鹽是盐池,但未明言在河东。

鹽"的特征,杜氏旨在为《左传》做注解,此处的"鹽"既在晋国,当然是指河东盐池。但实际上杜预并不认为"鹽"只能理解为河东盐,所谓"鹽,盐也",表明他很清楚,鹽只是盐的一种。

现在看来,唐人孔颖达、司马贞认为只有河东盐被称为鹽,应当反映了"鹽"字含义缩水的社会现实。这个语义收缩的历程是从许慎的时代就已发生着的,而其历史背景很可能就是东汉章帝以后河东盐业资源战略地位的急剧提升。之所以做出这样的判断,是因为我们注意到,两汉之际的学者对"鹽"字的理解尚比较宽泛。《周礼》有"盐人","掌盐之政令,以共百事之盐。祭祀,共其苦盐、散盐"。关于"苦盐",郑玄注:"杜子春读苦为鹽,谓出盐直用,不涷治。"杜子春认为"鹽"的意思是可以自然析出而不用煎煮的盐,强调其获取盐资源的方法,并不以地域为限而专指河东盐。关于杜子春其人,正史无载,唐人贾公彦说西汉末、新莽时期的大学者刘歆授徒众多,"奈遭天下仓卒,兵革并起,疾疫丧荒,弟子死丧。徒有里人河南缑氏杜子春尚在,永平之初年且九十,家于南山,能通其读,颇识其说,郑众、贾逵往受业焉"。① 此说应有所本。据此,杜子春生活于两汉之交,明帝初年尚在人世。他对"鹽"字的解释比后来的许慎宽泛,而许慎的解释恰恰又发生于章帝恢复盐铁官营、两次巡幸河东之后的一段时期,政策变动与语言内涵收缩,这两者的关联难道只能以历史的巧合视之吗?

四、东汉后期的河东盐税征收及盐池维护

前引《后汉书》所载和帝诏书中说,汉章帝"遗戒郡国罢盐铁之禁,纵民煮铸,入税县官如故事"。如上所论,元和年间经君臣间反复论辩,始议定盐铁官营。至章帝去世,其间最多不超过四年,该政策便又废止。至于废止的原因,和帝诏书中说是"吏多不良,动失其便",政府的执行能力不足。但有记载显示,章帝去世前一年,马援族孙马棱"迁广陵太守。时谷贵民饥,奏罢盐官,以利百姓",②看来,地方官员的反馈亦应是促成章帝废止盐业官营的一个因素。不过,根本原因当如有的学者所指出的,东汉全国"遍布着世家大族",他们"拥有自己的田庄,农林牧副渔诸业并举,有的拥有大片的山林等矿产资源,有条件从事盐铁业生产,所以,每当推行盐铁官营时,就会有人以儒家的义利之辨进行反对,认为国家不该与民争利,实际上是维护世家大

---

① [汉]郑玄注,[唐]贾公彦疏:《周礼注疏》,第 636、675 页。
② 《后汉书》卷二四《马援传》,第 862 页。

姓的既得利益"。①

盐铁官营废止以后,河东盐业可由私人经营。不仅世家大族从中获利,一些当权人物亦插手其中。按规定,从事私人盐业经营的人须"入税县官",但有的当权者为了能够获取更多利润,想方设法偷漏税款。如桓帝时,陈留人史弼"迁河东太守,被一切诏书当举孝廉。弼知多权贵请托,乃豫敕断绝书属。中常侍侯览果遣诸生赍书请之,并求假盐税,积日不得通。生乃说以它事谒弼,而因达览书"。史弼不惧权贵,将宦官所派诸生"遂付安邑狱,即日考杀之"。② 其中所谓"求假盐税"显然不能理解为向地方政府索要已入库的盐业税,因为如果是这个意思的话,宦官侯览旨在直接索财,从情理上讲,未必非要指名声索盐税不可。从这个角度来说,"求假盐税"应当是请求减免盐业税。由此可见,东汉宦官参与了对盐业利益的竞逐。

虽然东汉政府已将盐业经营权下放,但既收盐税,盐业生产条件的优劣就仍与国家的利益息息相关,因此,东汉政府对盐池的维护还是有所关注的。《后汉书·灵帝纪》:熹平四年,"遣守宫令之盐监,穿渠为民兴利"。李贤注:"前书《地理志》及续汉《郡国志》并无〔盐〕监,今蒲州安邑县西南有盐池〔监也〕。"③由此可见,国家发起的这次整治行动发生于河东盐池一带。所谓"穿渠为民兴利",一般是指农田水利建设,但在发生于盐池的特殊语境下,似应理解为对盐池生产环境的维护。

《水经注》曾描述河东盐池的优长与劣势,优势在于"东西七十里,南北十七里,紫色澄渟,潭而不流。水出石盐,自然印成,朝取夕复,终无减损",而劣势在于"惟山水暴至,雨潦奔洩,则盐池用耗"。有鉴于此,"公私共竭水径,防其淫滥,谓之盐水,亦谓之为竭水"。④ 宋人沈括说:解州盐泽"北有尧梢水,一谓之巫咸河","巫咸水入,则盐不复结,故人谓之无咸河,为盐泽之患,筑大堤以防之,甚于备寇盗。原其理,盖巫咸乃浊水,入卤中,则淤淀卤脉,盐遂不成,非有他异也。"⑤明代又有所谓主水、客水之说:"盐藉主水以生,缘客水而败。主水乃池泉之渟蓄,斥卤之膏液,客水乃山流之涨泛,渠渎之冲浸","故治水即所以治盐"。⑥ 由诸说可知,自南北朝以来,有识之士一直将外来水源的注入视作河东盐业生产的心腹之患。而防范之

---

① 臧知非:《秦汉赋役与社会控制》,三秦出版社,2012年,第127页。
② 《后汉书》卷六四《史弼传》,第2111页。
③ 《后汉书》卷八《灵帝纪》,第337页。
④ 陈桥驿:《水经注校证》,第169页。
⑤ 《元刊梦溪笔谈》,卷三第9、10页。
⑥ [清]顾炎武:《天下郡国利病书》,四部丛刊本第24册《解盐池》(上)注二十二引汤沐《渠堰志》。

法主要就是兴修水利,筑堤开塘凿渠,将外来水阻挡在盐池之外,并最终导往远离盐池的地方。

以常理而言,客水对盐池的危害不可能后世皆有而秦汉独无,汉灵帝时期在盐池一带"穿渠为民兴利",应当就是以兴修水利的手段防遏外来水源混入盐池,从而保障盐业生产的良性进展。

然而,当政局动荡、国家失序的时候,来自政府层面的维护就缺失了,非但如此,盐税征收也渐趋停止。建安年间,河东安邑人卫觊以治书侍御史使益州,"至长安,道路不通,觊不得进,遂留镇关中。时四方大有还民,关中诸将多引为部曲",卫觊对此深感忧虑,给曹操的谋士荀彧写信说:"夫盐,国之大宝也,自乱来散放,宜如旧置使者监卖,以其直益市犁牛。若有归民,以供给之。勤耕积粟,以丰殖关中。"后来,曹操采纳了这个建议,"始遣谒者仆射监盐官"。① 所谓"乱来散放",指的就是盐业经营处于无政府状态,没有官方力量像和平年代那样继续征收盐税。

第四节 秦汉三河地区铁资源的开发

一、有关河南铁官的两个问题

据《汉书》卷二八《地理志》记载,西汉实行盐铁官营后,在全国40个郡国设置铁官49处,其中三河地区4郡设有8处,以十分之一的郡国数占据了铁官总数的近六分之一,可见三河地区铁矿开采冶炼业务在全国的重要地位。三河地区的8处铁官分别是河东地区的4处:安邑、皮氏、平阳、绛;河内地区1处:隆虑;河南地区②3处:宜阳、黾池、荥阳。关于河南铁官,有两个问题需要加以特别说明。

1. 宜阳铁官在黾池问题

《汉书》卷二八上《地理志上》在"弘农郡"下直接出现"有铁官,在黾池"的记述,而在该郡所辖宜阳县之下,又记载:"在黾池有铁官也。"在黾池县之下反倒没有设置铁官的说法。这不免令人疑惑,弘农郡究竟有几处铁官? 如果只有黾池铁官,那么,为什么要系在宜阳县呢?

薛瑞泽认为只有一处:"弘农郡'有铁官,在黾池'。其下的宜阳'在黾

---

① 《三国志》卷二一《魏书·卫觊传》,第610—611页。
② 在地域上既包括河南郡,也包括自然地理上位于河南的弘农郡。

池有铁官也'。二者恐为一处。"①潮见浩也认为只有一处,不过,其说更为详细,结论更为肯定:"《汉书·地理志》'弘农郡'条下有'在渑池有铁官也'注文,在'宜阳'条下也有相同的注文,一般认为这是宜阳的'错简'。但是,从渑池火车站出土的铁范、铁器类来看,可以说在渑池较为妥当,因此,应将铁官的所在地推定为渑池。"②此番议论,看似解决了铁官数量的问题,然而,却回避了渑池铁官为何要系在宜阳县下的疑问。这与潮见浩对所谓"错简"的理解有关,他的意思是宜阳县下"在黾池有铁官也"属于本有之文字,在传抄过程中被错移到弘农郡下了。如此,则《地理志》实际上只有宜阳县下存在黾池有铁官的记录。

不过,潮见浩对"错简"的理解并不合乎以往论者的本意,王先谦引齐召南曰:"'在黾池有铁官也'七字乃郡户口下自注'有铁官在黾池'误衍于此。"③意谓弘农郡下本有的文字,被错移到宜阳县下了。如果潮见浩正确把握了前人对错简的理解的话,那么,他的"弘农郡铁官在黾池"的说法或许会获得更大的内在合理性。不过,这里要着意说明的是,"错简"之说只是一种揣测,一般而言,错简造成的是若干连续文字的重复,而"有铁官在黾池"与"在黾池有铁官也",二者毕竟文字顺序不同,不大像是"错简"的结果。因此,齐召南以"误衍"为理由主张删去宜阳县下"在黾池有铁官也"七字,并不是一种谨慎的做法。白云翔认为弘农郡有两处铁官,"在宜阳和渑池",④显然没有采纳齐召南之说,而是对传世的《汉书》文本给予了充分尊重。

笔者认为白氏的认识可以接受。从《地理志》的书法来看,当某郡下直跟某县有某某或某某在某县时,在具体谈到该县时,就会有两种写法:或再言,如太原郡下写"有盐官,在晋阳",晋阳县下又说"有盐官";或不言,如颍川郡下写"阳翟有工官",阳翟县下没有重提工官。雁门郡下写"句注山在阴馆",阴馆县下没有重出。弘农郡黾池县下不再叙铁官之事,应属后一种写法。还应当格外注意的是,某县下重出郡下所系"有某某,在某县"事时,不应再出现"在某县"的字眼,也就是说,在行文中一事再出时,所涉之县具有内在一致性。而弘农郡宜阳县下所系"在黾池有铁官",如果此"黾池"是指黾池县,就缺乏这种一致性,我们不禁要问,宜阳的铁官为何要设在黾池

---

① 薛瑞泽:《先秦秦汉河洛地区的冶铸业》,《四川文物》2001年第3期。
② (日)潮见浩撰,赵志文译:《汉代铁官郡、铁器铭文与冶铁遗址》,《中原文物》1996年第2期。
③ [清]王先谦:《汉书补注》(二),上海古籍出版社,2008年,第21页。
④ 白云翔:《先秦两汉铁器的考古学研究》,科学出版社,2005年,第341页。

县内？这是令人费解的。笔者认为此处的黾池不是县，而是指一处湖陂。

《水经注》："洛水之北有熊耳山，双峦竞举，状同熊耳，此自别山，不与《禹贡》导洛自熊耳同也。昔汉光武破赤眉樊崇，积甲仗与熊耳平，即是山也。山际有池，池水东南流，水侧有一池，世谓之渑池矣。又东南径宜阳县故城西，谓之西度水，又东南流入于洛。"由此可知，宜阳县西北有渑池，乃一水泽也。至于其行政归属，王先谦据上引《水经注》的记载，径说"此宜阳有黾池之证"，①可从。作为县邑称谓的黾池得名于斯池，战国时期即已出现，最初应当将渑池纳入境内。秦代三川郡有黾池县，汉初废，"景帝中二年初城，徙万家为县"。在行政区划重置的过程中，由于渑池距离宜阳很近，黾池县域很有可能与自然地理意义上的渑池发生脱离。况且从《水经注》的描述来看，渑池既然东南入洛，那么，它应当发源于熊耳山之阳，在重置县域时，也应当在一定程度上考虑山河分界的因素。若如此，则《地理志》宜阳县下"在黾池有铁官"之"黾池"或是指处于宜阳县境内的渑池，宜阳铁官就设置在此陂池附近。

弘农地区的冶铁遗址除了宜阳和渑池两处铁官之外，新安县也有发现。1987年，新安县上孤灯村发现了83件（块）窖藏铁范，"全是用于铸造农具的永久范"。在调查和清理过程中，遗址内铁渣、炉壁残块、陶片随处可见，因此被确认是"一处铸铁作坊遗址"，总面积约6万平方米。特别引人注目的是，该遗址铁铲范上铸有"弘一"铭文，犁铧上范有"弘二"铭文，考古人员推测这些铁范"可能是第一、二大模具作坊的生产工具"。② 此说令人费解。在作出这一推测时，论者的依据是一个类比："上述铁范上的'弘一''弘二'铭文与鲁山县望城岗冶铁遗址中出'阳一'的情况相似。因为望城岗遗址出有'阳一'铭文的泥质桦模残块，被认为是属于南阳郡铁官所在地宛作坊的泥模。鲁山县（汉代的鲁阳县）是南阳郡的辖县，该县铸铁模具，是南阳郡铁官第一号作坊提供的。"照此说来，新安县发现的带有"弘一""弘二"铭文的铁范应是弘农郡第一、二大模具作坊提供给新安县冶铁作坊的生产工具，这大概是考古人员所要表达的真正意思。

然而，如此一来又会发生一个疑问。单个的某一处冶铁作坊应当有其固定的编号，就像古荥镇冶铁遗址编号为"河一"、巩县铁生沟遗址编号为"河三"，至少目前为止尚未发现一个遗址内"河一""河三"同出的现象。如

---

① ［清］王先谦：《汉书补注》（二），第21页。
② 河南省文物研究所：《河南新安县上孤灯汉代铸铁遗址调查简报》，《华夏考古》1988年第2期。

果论者所言为真,模具是他处提供的,则上孤灯遗址应为铸造器物的地方,作为冶铁作坊,它也应有自己唯一的编号。而模具上的铭文是为了表示使用该模具所产出的器物来自哪一冶铸作坊,自然要与作坊的编号保持一致,何以出现一个地点的模具却有两种编号的情形呢?除非这个地方本身就负有为其他作坊提供模具的职责。需要注意的是,在调查简报中所开列的所有器物中,与铁有关的除了铁渣、铁范以外,再无其他铁质器物,因此,我们认为上孤灯冶铸遗址的很大一部分职能很可能就是为"弘一""弘二"冶铸作坊生产模具的。当然,这并不排除该遗址同时生产实用器物的可能,也不排除该遗址本身即是"弘一""弘二"作坊中的某一个。

2. 河南郡铁官治所问题

关于河南郡铁官的治所,日本学者潮见浩颇有疑惑:"河南郡虽设置有铁官,然就其所在县来说尚不清楚。是否在主邑的雒阳?"①并没有下定论。然而白云翔认为就在洛阳,②似有武断之嫌。我们不清楚白氏这么说的理由是什么,或许也是因为觉得雒阳是郡治(即潮见浩所谓"主邑"),在文献记载不明确的情况下,郡治就是铁官所在地,这个判断原则在逻辑上并不可靠。《汉书》卷二八《地理志》载汝南郡铁官在西平县,而郡治为平舆。③试想,假如西平县下无此记载,我们能否以平舆为郡治的理由,将铁官所在地认定为平舆?答案显然是否定的。《汉书》卷二八上《地理志上》河南郡下所系的原文为:"有铁官工官敖仓在荥阳。"中华书局标点本的句读是:"有铁官、工官。敖仓在荥阳。"即便遵照这一断句方式,也不能就此判定河南郡铁官就在郡治雒阳,因为其中并没有提到雒阳。况且《地理志》的通常写法是某郡下直述"有某官在某县"或"某县有某官",准此,班氏原文点读为"有铁官、工官、敖仓在荥阳",也未尝不可。从铁官设置的规律来看,一般都在产铁区,不必非在郡治,比如河内治怀县,铁官在隆虑;弘农郡治弘农县,铁官在宜阳和黾池。河东郡治安邑有铁官,但这是因为此地"有铁"的缘故。④因此,河南郡铁官未必就在雒阳,也有可能在荥阳。

周振鹤认为:"河南郡铁官很可能置于荥阳或巩县,1975 年和 1958 年曾在汉荥阳城外及今巩县铁生沟发现大规模炼铁址。"⑤但从考古发现的细

---

① (日)潮见浩撰,赵志文译:《汉代铁官郡、铁器铭文与冶铁遗址》,《中原文物》1996 年第 2 期。
② 白云翔:《先秦两汉铁器的考古学研究》,第 343 页。
③ 参见严耕望:《汉书地志县名首书者即郡国治所辨》,《严耕望史学论文选集》,第 96—121 页。
④ 《续汉书·郡国志》,《后汉书》,第 3397 页。
⑤ 周振鹤:《西汉县城特殊职能探讨》,复旦大学中国历史地理研究所编:《历史地理研究》(1),复旦大学出版社,1981 年,第 103 页。

节来看,荥阳作为河南郡铁官所在的可能性更大。1975 年,考古工作者在郑州古荥镇发掘一处汉代冶铁遗址,该遗址位于"汉荥阳城西墙外",初步钻探发现遗址东西宽 300 米,南北长 400 米,总面积 12 万平方米。仅在 1 700 平方米的发掘范围内就发现炼铁炉炉基两座,并且在炉基周围清理出矿石堆、大积铁块、炉渣堆积区,还有与冶炼有关的 1 个水池、1 口水井、13 座窑等。此外,发掘过程中还获得一批耐火砖、铸造铁范用的陶模,以及 318 件铁器。根据陶模和铁器上的"河一"铭文,发掘者认为"古荥冶铸遗址当是西汉中晚期至东汉时期河南郡铁官的第一个冶铸遗址"。① 还有巩县铁生沟遗址,该遗址东西长 180 米,南北宽 120 米。② 出土的二百件铁器中,8 件铸有"河三"铭文,"联系古荥冶铸遗址出土的一些铁器,泥模上有'河一'铭文,可知铁生沟是河南郡铁官管理的第三冶铸作坊"。③ 规模比古荥遗址小很多,生产管理中的编制序列也比古荥遗址靠后,可见汉代荥阳县冶铁场的重要性在河南郡内是首屈一指的,河南郡铁官设置于此,从科学管理的角度说,是最为合理的。

二、考古活动所见河内、河东的冶铁业

在河南郡以外,也有冶铁遗址被发现,不断印证着秦汉三河地区冶铁业发展的盛况。

在河内地区北部有安阳市林县顺河乡正阳集东冶汉代冶铁遗址,该遗址位于正阳集西北风霜沟南半部。风霜沟的北端有老君庙,南端有三官庙,冶铁遗址处于两庙之间,"尤其三官庙周围的两小河汇合处三角地带,遗物最多且文化层最厚"。调查发现,以两小河汇合处的石桥为中心,向东 200 米之内,文化层最厚处大约 3 米,地层呈现出东高西低状倾斜度。大致可分三层,一、二层厚达 2.8 米以上,"内含汉代瓦片、宋代瓷片和瓦片",第三层发掘时暴露出 0.2 米以上,由于地下部分未勘探,因此层厚不详,"其包含物全为汉代的陶片和瓦片"。在风霜沟南段的西岸,还有一块十余亩的台地,名曰"炉渣地",地上散落着大量的炼炉、炉壁残块、炉渣、矿石、砖块、陶片、瓷片、瓦片、木炭屑,"多为汉代和宋代的遗物"。发掘者据此认为:东冶是"规模较大""从汉代到宋代的重要冶铁遗址"。考虑到在林县目前尚未发

---

① 郑州市博物馆:《郑州古荥镇汉代冶铁遗址发掘简报》,《文物》1978 年第 2 期。
② 河南省文化局文物工作队:《河南巩县铁生沟汉代冶铁遗址的发掘》,《考古》1960 年第 5 期。
③ 赵青云、李京华等:《巩县铁生沟汉代冶铸遗址再探讨》,《考古学报》1985 年第 2 期。

现其他汉代遗址,该遗址"有可能是隆虑(林虑)官冶遗址"。①

距林县不远的安阳县铜冶乡有后堂坡冶铁遗址,其中发现汉代至宋代的陶瓷片,调查表明,"遗址中的汉代陶片、瓦片和炼炉残块甚多"。② 1960年,在距离鹤壁市东南5公里的鹿楼村发现一处面积达两万多平方米的冶铁遗址。遗址内铁矿石"发现甚多,每块的直径一般为3—5厘米",据检验,矿石的含铁量"超过了现代富矿的标准"。出产的铁器以生产工具为大宗,包括镰、犁铧、犁面、斧、铲、锯、锛、铳、承、齿轮、削、泥抹,还有戟、矛、剑等兵器,以及权、秤钩等计量器。此外还出土铸造这些铁器的范模多件。发掘者认为这处遗址"在汉代时应为豫北地区较大的一处冶铁手工业作坊"。③

需要特别指出的是,《汉书·地理志》仅仅记载河内郡在林虑有铁官,其地在今豫北林州市(原为林县),但河内郡一号冶铁作坊是否就在豫北,尚未可知。而在安阳梯家口村汉墓的发掘中,曾获得陶灶三件,每件之上各有两釜。M46:29号灶上两釜有"内四三石五斗"铭文,M49:24号上两釜有"内一二石五斗"铭文,M45:28号上两釜的铭文亦为"内一二石五斗"。④虽然铭文的发现并不能必然地说明汉代河内郡铁官第一作坊就在豫北的安阳地区,但这种可能性无疑是大大增加了。

河内中部地区的汲县在汉代也可能存在冶铁作坊。2003年底至2004年初对新乡火电厂汉墓群的抢救性发掘,获得了9件形制较大的铁制容器,其中4件铁鼎、2件铁釜、3件铁壶。发掘者对它们的产地作出以下两种推测:其一,"根据当时发达的冶铸技术,生产大型铁制容器不是很困难的事。由于目前辉县尚未发现汉代的冶(铸)铁遗址和烘范窑址,我们尚不能肯定其为这批铁制容器的产地。但辉县县城距此墓地仅10余千米,从距离上作为产地也是可能的"。其二,"这批铁器另一产地有可能就在墓地附近。该墓地东南距西汉时的汲县治所(现为汲城村)仅3千米,有可能就是该县城的公共墓地。汲县到西晋时已为汲郡的所在地,汲冢竹书的出土地和山彪镇战国墓地都分布在其周围。可见汲县在当时政治、经济比较发达。而作为代表当时先进生产力之一的冶铁业也应比较发达。因此这里能铸造出大型的铁制容器也在情理之中"。⑤ 两个可能的产地相距并不遥远,目前也无

---

① 河南省文物研究所、中国冶金史研究室:《河南省五县古代铁矿冶遗址调查》,《华夏考古》1992年第1期。
② 河南省文物研究所、中国冶金史研究室:《河南省五县古代铁矿冶遗址调查》,《华夏考古》1992年第1期。
③ 河南省文化局文物工作队:《河南鹤壁市汉代冶铁遗址》,《考古》1963年第10期。
④ 安阳市文物工作队:《安阳梯家口村汉墓的发掘》,《华夏考古》1993年第1期。
⑤ 张春媚:《新乡火电厂汉墓群出土九件铁制容器》,《中原文物》2005年第4期。

法作出定论。不过,有学者说:"能一次性铸造如此大的铁器,说明西汉时期新乡的冶铁业已相当进步,使用业已广泛。"①这是完全可以相信的。

河内南部的温县也有铸铁遗址,面积达一万平方米,时代为东汉早期。遗址北部的烘范窑内出土五百多套陶范,发掘者根据范腔的形态判断该窑址"所铸以车马器为主",具体构件包括革带扣、马衔、车舍、连接链、圆形轴承等16类。另外发现约一百公斤的颗粒状铁渣,"窑道内清出不少"长约7厘米的铁块。②

河东地区的安邑一带冶铸遗址比较多见。1990年,文物部门对山西夏县禹王城汉代铸铁遗址进行试掘,发现多个种类的陶范,"所铸以容器为多",同时也生产铲等农具和车舍、圆承、六角承等车辆构件。遗址出土的多件文物上有"东三"铭文,发掘者认为"应是河东郡铁官所辖第三号冶铸作坊的简称"。值得一提的是,发掘者特别指出:"据目前已发表的资料,如在设铁官的郡内有几个冶铸作坊的情况下,其郡治所在地皆为一号,如'阳一''河一'等。但'禹王城'遗址却不然,它虽是河东郡郡治所在地安邑,但从'东三'铭文来看,确是河东郡铁官所辖的第三号冶铸作坊所在地。"③此说将头号冶铸作坊与郡治不一致的现象看作河东地区的特例,似乎不妥。实际上,河南郡亦如此。"河一"并不是发现于郡治雒阳,而是在荥阳县。

1991年,在禹王城遗址发掘了一座烘范窑,出土叠范一百多套。1992年,在该窑址东北50余米处又发现一座汉代洪范窑,清理出90余套叠范。此外,90年代中期,于周围还发现有20余座窑址,"说明此地是一处古代重要的铸造作坊址"。④2001年,在禹王城遗址西南4公里处的师冯村发现一处窑址,发掘者判定其年代属西汉晚期,并且根据窑址规模小、位置偏僻、使用时间短、铸造工艺不配套这四个特点,推断该窑址的性质"应非官窑,而是私铸作坊遗址"。从出土文物来看,师冯窑址主要铸造五铢铁钱,间或铸造六角承、圆承等构件。出土的木炭条、炭块和火膛底部一层厚约0.1米的灰白色草木灰堆积,由此看来,"当时烘范所用的燃料应是木炭。从出土的琉璃状烧结块、炉渣等来看,浇铸时所用的燃料可能是煤炭"。⑤翼城县冶南

---

① 刘习祥:《新乡凤凰山战国两汉墓地研究》,《中原文物》2007年第6期。
② 河南省博物馆、新乡地区博物馆、温县文化馆:《河南省温县汉代烘范窑发掘简报》,《文物》1976年第9期。
③ 山西省考古研究所:《山西夏县禹王城汉代铸铁遗址试掘简报》,《考古》1994年第8期。
④ 黄永久:《禹王城汉代烘范窑清理简报》,山西省考古研究所、山西省考古学会编:《三晋考古》(第三辑),山西人民出版社,2006年,第223页。
⑤ 山西省考古研究所、上海大学历史系、夏县博物馆:《山西夏县师冯汉代窑址发掘简报》,《考古》2010年第4期。

村发现有西汉中晚期冶铁遗址,据推断,"应为河东郡绛铁官所属"。①

第五节 河东地区在汉代青铜文化中的历史表现

郭沫若曾说过:"中国的青铜时代,它的下界是很明了的,便是在周秦之际。由秦以后便转入铁器时代。"②但秦汉铁器大行其道,并没有完全遮蔽青铜文化的余晖。正如有学者所指出的:"虽然汉代铜器已经失去了类似三代时期所拥有的辉煌地位,但它仍然是中国古代青铜文化发展史上的重要一环。"③因此仍需要予以重视。研究表明,汉代可采铜矿分布于多个地区,其中一处位于河东郡,也就是今山西省西南部的中条山一带。资源优势为河东铜产业的发展提供了基础条件,那么,在产业链条中,河东地区究竟有着怎么的历史表现?其背后的历史动因又是什么?这是本节将要着力探讨的问题。

一、汉代河东铜矿开采的历史记录

在反映汉代历史的传世文献中,对河东铜矿开采的正面记载极为罕见。不过,当时流传的一个故事以曲折隐晦的方式道出了开采的盛况。

战国秦汉之际的君王们热衷于延年益寿的方术,原先作为礼器的铜鼎成了延寿成仙的道具。正如有的学者所言,"鼎原本象征着世俗的权力","战国方士神仙之说兴起后,鼎多了一层神仙色彩"。④ 而在以鼎求仙的热潮中,中条山的铜资源受到方士们的青睐,成为构建求仙神话的重要因素。汉武帝时,齐地方士公孙卿假托齐人申公曰:"黄帝采首山铜,铸鼎于荆山

---

① 白云翔:《先秦两汉铁器的考古学研究》,第341页。
② 郭沫若:《青铜时代》,中国人民大学出版社,2005年,第224页。
③ 吴小平:《汉代青铜容器的考古学研究》,岳麓书社,2005年,第1页。对于汉代青铜文化的历史地位,俞伟超曾认为中国的青铜艺术在秦汉时代"度过了最后的辉煌"(俞伟超:《秦汉青铜器概论》,《古史的考古学探索》,文物出版社,2002年)。但有的论者对此是有特定理解的,他们指出,那种认为"秦汉时期青铜艺术已经走向衰落"的看法是一种"误解"。"秦汉时期的铜器虽然已经不再像青铜时代那样在社会历史文化的总体中占据主体地位,但它并没有衰落,而是取得了新的成就,形成了新的时代风貌,在社会生活中发挥着新的作用。"(中国社会科学院考古研究所:《中国考古学·秦汉卷》,第672—674页)也就是说,青铜文化在秦汉时代所谓"最后的辉煌"实际上只是在新成就、新风貌、新作用的意义上才能成立。而从"新"的角度对秦汉青铜文化"衰落"说进行纠偏,显然要比"最后的辉煌"提法更为朴实,更具有针对性,更具有说服力。
④ 邢义田:《汉画解读方法试探——以"捞鼎图"为例》,《画为心声:画像石、画像砖与壁画》,中华书局,2011年,第418、419页。

下。鼎既成，有龙垂胡髯下迎黄帝。黄帝上骑，群臣后宫从上者七十余人，龙乃上去。"这个说法令汉武帝备感神往，其叹道："嗟乎！吾诚得如黄帝，吾视去妻子如脱躧耳。"①实际上，黄帝铸鼎的说法并非自古就有，而是特定历史阶段出现的论调。

黄帝这个人物生成得比较晚，主张古史层累造成的顾颉刚认为，尧、舜、禹的出现不晚于春秋，"从战国到西汉，伪史充分的创造，在尧、舜之前更加上了多少古皇帝"，其中就有黄帝，"自从秦灵公（前424—前415在位）于吴阳作上畤，祭黄帝，经过了方士的鼓吹，于是黄帝立在尧、舜之前了"。②而在黄帝初现的战国前期，他是以政治人物的品格闻世的。《孙子·行军》："黄帝之所以胜四帝也。"③黄帝取得了天下一统的政治功绩。在公元前375年的一篇齐国金文中，"黄帝被称为齐王的高祖"。对此，余英时认为："金文中黄帝显然被认为是一个凡人，而且无论如何与求仙无关。"那么，黄帝形象是如何融入求仙活动的呢？余先生在解答这个问题时，格外强调齐地的特殊文化形态。"黄帝传说尤其与齐国相关，而方士出于齐国。另一方面，'不死'与仙的观念似乎也起源于齐"。④从这个视角观之，汉武帝对黄帝升仙的艳羡，因齐人公孙卿诱导所致，的确并非偶然。

不过，战国秦汉之际齐地兴起的神仙之说，多是主张通过入海寻觅三神山的手段求人不死之境，从现有资料来看，并没有铸鼎致仙的提法。而大鼎在秦汉之际似乎也没有多少升仙的功用，据说周朝灭亡时九鼎之一沦落于泗水，秦始皇兼并四海之后，曾派人打捞，此举"在意的就是它象征的权力"。⑤因此，黄帝铸鼎成仙的传说很可能是汉代前期成形的，"武帝宫廷中的齐地方士对黄帝由传说中的圣王转变为仙也负有责任"。⑥值得注意的是，方士在编造黄帝升仙神话时将所铸神鼎的矿料来源定在了首山。《汉书·地理志》河东郡蒲反县条："有尧山、首山祠。雷首山在南。"⑦可见，所谓首山实属中条山脉的组成部分，黄帝采首山铜，即是从中条山取得铜矿石。

黄帝采首山铜以铸鼎的说法，就故事的生成机制而言，有一个问题颇令人费解。黄帝是先秦齐地创造的人物，在其向仙界转移的西汉时代，全国范

---

① 《史记》卷二八《封禅书》，第1394页。
② 顾颉刚：《与钱玄同先生论古史书》，《古史辨自序》，河北教育出版社，2000年，第9页。
③ 杨丙安：《十一家注孙子校理》，中华书局，1999年，第188页。
④ 余英时著，侯旭东等译：《东汉生死观》，上海古籍出版社，2005年，第34页。
⑤ 邢义田：《汉画解读方法试探——以"捞鼎图"为例》，《画为心声：画像石、画像砖与壁画》，中华书局，2011年，第418—419页。
⑥ 余英时著，侯旭东等译：《东汉生死观》，上海古籍出版社，2005年，第35页。
⑦ 《汉书》卷二八上《地理志上》，第1550页。

围内的铜矿产地并非仅有河东郡中条山一处,为何来自黄帝故里的齐地方士偏将采铜地点定在中条山呢?一种可能的解释是,序列被置于黄帝之后的尧、舜、禹据说都在今山西西南部定都,尧都平阳、舜都蒲坂、禹都安邑是极为常见的说法。当三帝之前的黄帝被塑造出来时,受惯性思维的影响,人们便将晋西南也视作他的根据地,他在本地采铜,是很自然的事情。但徐旭生针对尧、舜、禹在晋西南建都的说法,指出"西汉人尚无此说","大约最先是皇甫谧这样说"。① 有学者认为"事实上,无论是尧、舜,还是鲧、禹,他们的居住范围都在河、济地区",也就是先秦地理书所说的兖州之地。② 那么,作为层累造成的历史人物,黄帝似乎也不应当独自被安置在晋西南,他在中条山采铜的传说之所以出现,显然不是因为人们的头脑中存在着黄帝活动于晋西南的观念。

实际上,在理解黄帝"采首山铜"之说的形成时,需要对当时重构国家祭祀体系的特殊历史背景投以更多的关注。就在公孙卿述说黄帝升仙故事的数月之前,在国家祭祀场所汾阴后土祠的旁边,有巫者"见地如钩状,掊视得鼎。鼎大异于众鼎,文镂无款识","吏告河东太守胜,胜以闻。天子使使验问巫得鼎无奸诈,乃以礼祠,迎鼎至甘泉,从行,上荐之"。③ 而在公孙卿的黄帝成仙故事中,宝鼎是一个十分重要的元素。《史记·封禅书》记载:

> 齐人公孙卿曰:"今年得宝鼎,其冬辛巳朔旦冬至,与黄帝时等。"卿有札书曰:"黄帝得宝鼎宛朐,问于鬼臾区。鬼臾区对曰:'帝得宝鼎神策,是岁己酉朔旦冬至,得天之纪,终而复始。'于是黄帝迎日推策,后率二十岁复朔旦冬至,凡二十推,三百八十年,黄帝仙登于天。"

很显然,正是汾阴起获宝鼎一事,使公孙卿大受启发,他由此找到了以黄帝升仙故事干谒君王的切入点,因为他那个版本的黄帝故事与汾阴得鼎一事具有很强的类比性:一是时间节点对应,即所谓"朔旦冬至,与黄帝时等",意味着汉武帝站在了又一轮历史循环的起点;二是地点密迩,宝鼎发现于河东汾阴,黄帝铸鼎的原料采自河东地区的中条山,处于一郡之中,距离甚近。

从上述分析来看,黄帝采首山铜的说法很可能是受汾阴得鼎这一"盛

---

① 徐旭生:《中国古史的传说时代》,文物出版社,1985年,第141页。
② 沈长云:《论禹治洪水真相兼论夏史研究诸问题》,《上古史探研》,中华书局,2002年,第4页。
③ 《史记》卷二八《封禅书》,第1392页。

世"盛事的刺激而出炉。不过,笔者在这里特别强调的是,应当注意公孙卿之说与中条山铜矿开发实况的内在联系。一般来说,一个新奇的说法若想得到他人的认可,大致有两种办法:一是云遮雾罩,令听者难以验证,如海中仙山之类;二是循着听者所具备的常识以立说。很多神话传说往往兼采两途,虚实杂错。即以黄帝升仙传说而言,所谓黄帝、仙境当然是无人见过、无人到过的,但其神异不经,正是征服不少听众的妙招。另一方面,所谓黄帝采首山铜矿的说法,是极易验证的,汉代关中贵族所用铜器产自河东的不在少数(见下文),在此基础上,汉武帝听信方士之说的可能性会大为增加。反之,如果河东地区没有铜矿的分布,或者河东铜矿的开采利用是零星分散的,社会影响力极为有限,那么,公孙卿声称黄帝在首山采铜,便成了信口开河,恐怕会使得其说对汉武帝的诱惑力大打折扣。从这个角度来说,公孙卿造作"黄帝采首山铜"以铸升仙神鼎的故事,实际上反映了西汉前期中条山铜矿大规模开采利用的实际历史背景。

东汉时期,河东铜矿的开采继续进行。《贞松堂集古遗文》卷十六著录有河东铜官弩机,其铭文曰:"永元八年(96)河东铜官所造四石石鐖。"虽然这件文物是制成品,但以常理来说,在河东当地有铜矿的条件下,生产原料似不必从远处输送。陈直依据铭文推断东汉"河东有铜官,河东必然产铜无疑",①其说可从。此外,在20世纪60年代进行的调查中,在中条山区的洞沟曾发现过古代矿洞,矿洞附近的崖壁上有东汉时期的石刻,其中一行有"光和二年河内"字样,②"光和"为汉灵帝时期的年号,崖壁石刻说明,直到东汉晚期,中条山一带仍在从事铜矿开采。

二、汉代河东铜器的行销

两汉时期中条山铜矿的开采,从源头上保障了河东地区铜器铸造业的兴盛。河东所铸铜器的行销,即是其产业兴盛的显著表现。

一件被著录者称为"安邑鼎"的铜器有铭文曰:"安邑共厨/宫铜鼎容/一斗重八斤/十两第十二"。安邑是河东郡治,此鼎当为安邑县饮食供应机构所用。另有一件被命名为"杨鼎"的铜器,铭文为:"杨厨铜一斗鼎重十一斤二两地节三年十月造"。所谓"杨厨",与"安邑共厨"相比,少一"共"字。但汉代铜鼎中有一件刻写着"卢氏厨"字样,③卢氏属弘农辖县,标识该县的

---

① 陈直:《两汉经济史料论丛》,中华书局,2008年,第262页。
② 安志敏、陈存洗:《山西运城洞沟的东汉铜矿和题记》,《考古》1962年第10期。
③ 安邑、杨、卢氏三鼎分别见孙慰祖、徐谷富编《秦汉金文汇编》,上海书店出版社,1997年,第95、49、67页。

饮食供应机构,亦未着"共"字,因此,"杨厨"应当是指杨县的饮食供应机构。据《汉书·地理志》,河东郡下辖杨县,则杨鼎使用地亦在河东。考虑到河东拥有丰富的铜矿资源,安邑鼎、杨鼎所反映的极有可能是本地铸造而为本地所用的情形。

考古发掘中还曾发现过另一件安邑宫铜鼎,铭文曰:"安邑宫铜鼎一,容三斗,重十七斤八两。四年三月甲子,铜官守丞调、令史德、佐奉常、工乐造。第卅一。"①观其铭文格式,当属西汉时器。有学者认为该器物"制作方为中央铜官",②但西汉中央政府水衡都尉下有"辩铜"官号,并无"铜官"一职。③倒是丹阳郡内设有"铜官"。④ 由此看来,铭文中的"铜官"也很有可能是某郡所设机构。众所周知,"汉有善铜出丹阳",于是丹阳乃有铜官。中条山有铜矿,西汉政府在河东设铜官,并不奇怪。⑤ 安邑鼎既在河东使用,其由河东铜官铸造的可能性很大。

此外,山西闻喜县西官庄汉墓出土有"铜制的生产工具如斧、铲、口锄等","是专为随葬的明器"。⑥ 而在其他地区,铜质的明器性质的生产工具很少发现。这一反差现象很可能是由河东地区得天独厚的铜器生产条件决定的,如果此推想属实,则西官庄汉墓的发现就是河东铜器自产自用的又一实证。

除了自用,河东出产的铜器也会受到其他地区的青睐。金石学家著录有"馆陶釜",铭文作:"河东所造,三斗铜䥶釜,重十二斤,长信赐馆陶家,第二。"黄展岳判定此釜为"窦太后赐其爱女馆陶公主"的器物。⑦ 窦太后是汉景帝之母,因此,馆陶釜应为西汉前期由河东生产的铜器。西汉后期,赫然标明产自河东的铜器更是屡见不鲜。"河东鼎"铭曰"汤官元康元年河东所造铜三斗鼎重廿六斤六两第廿五",元康是汉宣帝时期的年号。"敬武主家铫"铭曰:"敬武主家铜铫五升二斤九两初元五年五月河东造第四/富平家。""博邑家鼎"铭曰:"博邑家铜鼎容一斗重十一斤永光五年二月

---

① 朱华:《西汉"安邑宫"铜鼎》,《文物》1982年第9期。
② 吴小平:《汉代青铜容器的考古学研究》,岳麓书社,2005年,第194页。
③ 《汉书》卷一九上《百官公卿表上》,第735页。
④ 《汉书》卷二八上《地理志上》,第1592页。
⑤ 有学者认为西汉"产铜之地甚多,但汉朝政府设置的铜官只有丹阳一处"(中国社会科学院考古研究所:《中国考古学·秦汉卷》,第673页)。如果笔者的推论可从,则河东亦当有铜官。
⑥ 王寄生:《闻喜西官庄汉代空心砖墓清理简报》,《考古通讯》1955年第4期。
⑦ 黄展岳:《汉茂陵"阳信家"铜器所有者的问题》,收入氏著《先秦两汉考古论丛》,科学出版社,2008年,第46页。铭文中的"䥶"字,原释作"庆",黄先生认为有误,当以"䥶"为是,䥶乃为温器,引申为以温器煮烂"。笔者以为此说可从。

河东平阳造。"①初元、永光均为汉元帝时期的年号。所谓"河东所造""河东造""河东平阳造",都是西汉河东地区铸造铜器的实证。

需要特别说明的是,上述三件铜器的使用地均已超出河东区域。河东鼎属汤官所有,而汤官为少府属官,②在京师。馆陶釜所有者为汉文帝之女馆陶公主,敬武主家铫的所有者为汉宣帝之女敬武长公主,而博邑家鼎的所有者,应当是食封博邑的贵族。《汉书·地理志》无称"博邑"者,可能与此地存在对应关系的有九江的博乡侯国与泰山的博县。然而,尽管汉代的县级政区中确有称乡称邑者,前者如山阳郡内作为县级侯国的中乡、栗乡、曲乡。后者如常山郡石邑、河东郡左邑。但在记事的时候,作为县级政区的某乡,其地名中所缀的"乡"字,是不能随意略去的,否则就可能出现地名混淆。因此,所谓"博邑",应当是指泰山郡的博县。汉制规定:"列侯所食县曰国,皇太后、皇后、公主所食曰邑。"③所谓"博邑",即是博县被朝廷封给某位公主之后的称谓。支持这一推论的另一旁证是汉代所封公主的汤沐邑多有在齐鲁之地者,如阳石公主封在东莱郡,诸邑公主封在琅邪郡,二郡与泰山郡毗邻。可以说,汉王朝存在着让公主食封齐鲁之地的"故事",从这个角度来说,将"博邑"视为泰山郡博县封给汉家公主之后的称谓,也是合乎情理的。如此一来,博邑家鼎与馆陶釜、敬武主家铫的性质便是一致的,均属汉家公主使用的器物。而汉代公主食封的县邑在当时叫作"汤沐邑",有学者指出,汉代"皇室女性大多呆在京城之内","不到自己的封邑去",④他们只是坐食汤沐邑所贡献的租税而已。由此推断,上述三件公主家器物的使用地与汤官所属的河东鼎一样,亦在京师长安。

在京师贵戚之家以外,远离京城的诸侯王府内也会使用来自河东的铜器。满城二号墓编号2:4106的铜器铭文曰:"中山内府,铜鋗一,容三斗,重七斤五两,第卌五,卅四年四月,郎中定市河东,贾八百卌"。编号2:4034者铭文曰:"中山内府,铜鋗一,容三斗,重七斤十三两,第五十九,卅四年四月,郎中定市河东。"⑤另外,1965年河北行唐县曾发现铜鋗一件,铭文:"中山内府铜鋗一,容二斗,重六斤七两,第八十三,卅四年四月,郎中定市河东。"⑥根据铭文记载,这三件铜器由同一个人在同一时间购自河东,说明河东铜器贸易比

---

① 河东、敬武主家、博邑家三鼎分别见孙慰祖、徐谷富编《秦汉金文汇编》,第49、113、53页。
② 《汉书》卷一九上《百官公卿表上》,第731页。
③ 《汉书》卷一九上《百官公卿表上》,第742页。
④ 薛瑞泽:《汉代汤沐邑研究》,《江苏师范大学学报》(哲学社会科学版)2013年第5期。
⑤ 中国社会科学院考古研究所:《满城汉墓发掘报告》(上),文物出版社,1980年,第250页。
⑥ 郑绍宗:《河北行唐发现的两件汉代容器》,《文物》1976年第12期。

较活跃。不过,对于山东诸侯来说,河东地区并非他们满足自身铜器需求的首选市场。比较而言,洛阳的铜器市场受到诸侯的关注度似乎要高一些。

满城一号墓编号为1:4326号的铜器铭文:"中山内府铜钫一,容四斗,重十五斤八两,第一,卅四年,中郎柳市雒阳。"1:4327号铭文:"中山内府铜钫一,容四斗,重十五斤十两,第十一,卅四年,中郎柳市雒阳。"1:4328号:"中山内府铜盆,容二斗,重六斤六两,第六,卅四年,中郎柳买雒阳。"1:4098:"中山内府铜盆,容三斗,重七斤四两,第二,卅四年,中郎柳买雒阳。"①与二号墓发现的三件铜器相比,这四件铜器购买的年份与二号墓相同,但经办人不同,一为郎中定,一为中郎柳;购买地点也不同,一为河东,一为雒阳。

在汉人心目中,"洛阳街居在齐秦楚赵之中,贫人学事富家,相矜以久贾,数过邑不入门",商业氛围极其浓厚。在利益的驱使下,有的洛阳商人甚至可以"贾郡国,无所不至",②他们的行商范围没有局限。而这个状况实际上也意味着,全国各地的人到位于"天下之中"的洛阳来满足贸易需求,也是十分便利的。从这个角度来衡量,再考虑到黄河以南的洛阳周边区域并不是铜矿资源的富集区,我们基本可以断定,洛阳的铜器贸易大体存在两种可能的形式,或为纯粹的中转贸易,或为来料加工,然后予以出售。以常理而论,作为贸易集散地的洛阳,其铜器种类应当是十分丰富的。但是,我们看到,中山王府仍然派人到河东去采购,这反映什么问题呢?

笔者颇疑,中山王府前往河东采购很可能属于特例,是在洛阳铜器市场不能满足需求之时才予以执行的备选采购方案。理由在于,汉代的河东地区虽然可以"西贾秦、翟,北贾种、代",③确实具备从事商业活动的一定优势。但受地理条件的制约,该地区的商贸范围及于所谓秦、翟、种、代,很明显,大体上局限于太行山以西。而京师贵戚较多使用河东出产的铜器,也在某种程度上印证了这一商贸格局。反观中山国,由于处在太行山以东区域,该地区并不是河东铜器直接输出的传统市场,王府派人南下采购,首选目的地自当在洛阳。

三、河东地区在汉代铜器生产中的分工

如果对进入消费环节的河东铜器种类稍加留意的话,有一个特点是不

---

① 分别见中国社会科学院考古研究所:《满城汉墓发掘报告》(上),第49、57页。
② 《史记》卷一二九《货殖列传》,第3279页。
③ 《史记》卷一二九《货殖列传》,第3263页。

难发现的,那就是河东铜器绝大多数属于日常生活中所使用的器物,鼎、铫、釜、鋗莫不如此,即便是明器性质的斧、铲、锄,亦取象于实际生活中的生产工具。那么,汉代河东地区的铜器生产是否如文物资料所展示的那样,存在着生产器物种类方面的分工呢?对于这样的问题,考察视野仅仅局限于河东是无法作出合理判断的,我们还需要关注同属汉代"三河"区域的河南、河内两郡的铜器生产与使用情况。

在河南地区,除了上文已展示的洛阳铜器贸易的兴盛,洛阳当地也确实进行着铜器的铸造。著录者称之为"阳泉熏炉"的铜器铭文曰:"阳泉使者舍熏炉一,有般及盖,并重四斤一□,□□五年,六安十三年正月乙未,内史属贤造,雒阳付守长则、丞善、掾胜、传舍啬夫兑。"①有学者认为"五年"前所缺二字为"元康",②元康为汉宣帝年号,则此器物为西汉宣帝时铸成。关于铭文中的"内史"一职,由于当时中央政府的内史早已分置为京兆尹、左冯翊,因此,只能是六安王国所属的内史。③ 而铭文中所见"阳泉",乃是西汉六安国下辖的五县之一。④ 综合这些信息,铭文大体是说熏炉的使用权属于六安国阳泉县传舍,但它并不是六安国的自产器物,而是由王国内史派属吏到洛阳去督造的。器物铸造完毕,由内史属吏带回国内,交付阳泉县。然后由阳泉县大吏逐级签收,最终送达阳泉传舍。由此可见,铭文中的"雒阳",当指熏炉的铸造地。⑤

另一件被称为"成山宫渠斗"的器物,其铭文曰:"扶/成山宫铜渠斗重二斤神爵四年卒史任欣/杜阳右尉司马赏氂少内佐王宫等造河南。"⑥"神爵"亦属汉宣帝年号,不过,比阳泉熏炉的元康年号稍晚。铭文中的"成山宫",据考古工作者的调查发掘,今陕西宝鸡"眉县第五村秦汉遗址就是汉代的成山宫",⑦在汉代属右扶风辖区。而渠斗购置者的籍贯"杜阳""氂"亦

---

① 铭文拓本参见容庚编著《秦汉金文录》,第420页。同书第476页有释文。不过,本文所引释文及标点据徐正考《"阳泉熏炉"泐字考》(《考古与文物》2000年第1期),徐文对缺字处的标识及所缺字数与容著稍有不同。
② 徐正考:《"阳泉熏炉"泐字考》,《考古与文物》2000年第1期。
③ 《汉书》卷一九上《百官公卿表》:"内史,周官,秦因之,掌治京师。景帝二年分置左右内史。右内史武帝太初元年更名京兆尹","左内史更名左冯翊"。而诸侯王自汉初便设内史"治国民",至汉成帝时始"省内史,更令相治民,如郡太守"。见《汉书》第736、741页。
④ 《汉书》卷二八下《地理志下》,第1639页。
⑤ 如果雒阳为铜器铸造地的推论有理,则本文所引熏炉铭文中的"雒阳"二字,在句读时应上属,断作"内史属贤造雒阳,付守长则……"。
⑥ 孙慰祖、徐谷富:《秦汉金文汇编》,第368页。
⑦ 宝鸡市考古工作队、眉县文化馆:《陕西眉县成山宫遗址试掘简报》,《文博》2001年第6期。

皆为关中右扶风属县。很显然,铭文的意思是说成山宫渠斗是由宫殿所在的右扶风地区派员到外地购置的,而铭文最后的"河南"二字,标示的即为该器物的铸造地。

河内地区也有铸造日常生活类铜器的实证。如著录者称作"步高宫高镫"的铜器,段玉裁认为"镫,豆下跗也",而"豆之遗制为今俗用灯盏"。① 陈直说:"镫的名称因形式而变,有手柄的曰行镫,高足的曰高镫,有足的曰锭,专燃烛的高者曰烛豆,低者曰烛盘,燃油燃烛两用的曰鹿卢镫。"② 可见,铜镫为照明用器件,属日常生活所用。其铭文曰:"步高宫/工官造/温。"③ 温县在汉代河内郡,根据阳泉熏炉、成山宫渠斗的文例,"造"字之后的地名乃是器物生产地,则这件铜镫是在河内温县铸造的。

不过,如同上述器物那样能够确证由河南、河内当地铸造的生产生活用铜器十分稀见。就目前资料来看,两地的铜器生产似乎以兵器为大宗。

洛阳曾发现两件西汉铜弩机,其铭文中有"河内"字样,分别是"河内工官夆,三千九百廿三号""河内工官夆,四千一百八十四号",两件弩机的郭身上各有铭文"三十八"。研究人员解释说"夆"为工官内"管理官员的名字","三千九百廿三号"和"四千一百八十四号"是"弩机的编号",郭身所刻之"三十八""应为生产弩机的作坊编号"。由此得出这样的认识:"这两件弩机同由河内工官夆监造,在第三十八号作坊内生产,且其编号已至数千,反映了当时弩机生产的管理之严、规模之大。"④

汉未央宫中央官署遗址发现的一件弩机牙,铭文曰"河内□□二万二",出土的Ⅰ型弩机栓塞共 12 件,其中 9 件有铭文。而在这 9 件中,除了 1 件的铭文显示为南阳工官所生产外,其余 8 件所刻文字分别是"河内工官二万一千""河内工官第百十六""河□工官第二千二百五十一""河内工官第八百廿八丁""河内工官第五十九""河内工官第七十九丁""河内工官第三百卅八""河内工官第三百八十二丙"。Ⅱ型弩机栓塞共 3 件,其中 2 件有铭文,分别是"河内工官第八百七十四""河内工官第七百六十七丙"。⑤ 河内工官所造弩机的大量发现,以及铭文所示可多达两万余的生产序列号,经由这些线索,我们可以约略窥知河内铜器生产的侧重点在于兵器。在大一统

---

① [清]段玉裁:《说文解字注》,第 705 页。
② 陈直:《两汉经济史料论丛》,中华书局,2008 年,第 145 页。
③ 孙慰祖、徐谷富:《秦汉金文汇编》,第 246 页。
④ 赵晓军、姜涛、周明霞:《洛阳发现两件西汉有铭铜弩机及其相关问题》,《华夏考古》2010 年第 1 期。
⑤ 中国社会科学院考古研究所:《汉长安城未央宫》,中国大百科全书出版社,1996 年,第 85 页。

政治格局下,河内生产的铜弩机甚至散布到遥远的边疆地区,比如云南出土的一件铜弩机刻有隶书"河内工官二百□十□",是"'河内工官'监造而远传至云南地区的确证"。①

河南工官的生产着力点与河内一样,都以兵器为主。汉长安城未央宫中央官署建筑遗址出土刻字骨签57 000多片,其中有一类被称为"'河南工官'类骨签",发掘报告仅给出了92例,其格式多为"纪年+'河南工官'+职务(令、丞、护工卒史、作府啬夫、工等)+人名+造",如"元年河南工官令谢丞种定作府啬夫辅始工始昌造"之类。② 汉长安城武库遗址亦出土骨签,其中有的刻着"三年河南工官令""五年河南工官长令丞"字样。③ 有学者在对骨签刻文进行研究之后认为,河南工官的主要任务是"管理和生产兵器"。④ 需要指出的是,上述骨签所对应的河南工官兵器,并不一定都是铜器。但骨签多达五万多件,其中应有一部分是铜质兵器。

在感知河南、河内铜器生产侧重于兵器的基础上,回头来看河东铸造的日常生活类铜器在本地以及贵族阶层中的广泛使用,我们大体可以得到这样的认识:河东地区的铜器生产侧重于日常生活类铜器。当然,这并非彻底否定河东的兵器生产。见于著录的铜器有冯久镢、李游镢,其铭文分别是"河东冯久""河东李游",⑤陈直说:"弩机属于地方性的,有由河东造的,则有河东李从、河东冯久弩机。"⑥揣摩陈先生之意,似认为两弩机乃河东所造。不过,这未必就是确论,因为目前并不能排除铭文表示器物所有人的可能性,在这种可能的情形下,"河东"指的将是冯久、李游的籍贯,并非兵器的产地。退一步说,即便两件弩机确为河东所产,与已发现的河南、河内兵器的数量相比,那也是不可同日而语的。

除了铜器生产种类方面的分工,在铜产业发展的不同环节,应当也存在着一定程度的分工。河东地区蕴藏着丰富铜矿,河南、河内无此天然优势,这决定了河东在铜器冶铸的产业链中,必然要扮演原料产地的角色。河南、河内工官从事大规模的兵器生产,需要大量铜料,但因本地无法满足,必须由其他地区提供。考虑运输成本的问题,距离河南、河内最近的河东地区应

---

① 云南省博物馆:《云南江川李家山古墓群发掘报告》,《考古学报》1975年第2期。
② 中国社会科学院考古研究所:《汉长安城未央宫》,第102—109页。
③ 编号分别为4:T4③:6B、4:T4③:10B。中国社会科学院考古研究所编著:《汉长安城武库》,文物出版社,2005年,第122页。
④ 刘庆柱、李毓芳:《汉长安城》,文物出版社,2003年,第101页。
⑤ 孙慰祖、徐谷富:《秦汉金文汇编》,第403页。
⑥ 陈直:《两汉经济史料论丛》,第262页。所谓"李从",是陈直先生对"李游"二字的释文,笔者未知孰是。

当是供给的主力。至于供给的具体方式,河东地区直接将铜矿石运送出去的可能性不大。河北承德西汉铜矿遗址的调查表明,该遗址包括汉代矿井、选矿场、冶炼场。"虽然看起来很分散",但距离都不远,"是一个整体,是从开采到冶炼的一连串生产过程"。调查过程中还发现了数块铜饼,"直接约33厘米,体重约为10—30多斤"。① 有学者据此推断,"汉代铜的冶炼一般是在铜采矿场附近进行的,而有的炼铜工场还兼及铜制品的铸造"。② 河东中条山一带是矿料来源地,这一基本地质特点决定着其生产形态与承德铜矿遗址不会有太大差异,其选矿、冶炼很可能也是在矿区附近进行,然后将提取出的铜锭之类的便于运输的精铜输往河南、河内,用以生产兵器。

四、汉代河东青铜文化兴盛的历史动因

汉代河东铜产业兴盛的局面并不是一夜之间形成的,仅就矿藏开采的历史来讲,如果没有汉代之前长时期的采矿实践,也就不会有汉代的大规模开采。

中条山一带拥有铜矿资源,这一资源在先秦时代即已为时人所注意到。《山海经·北山经》:"《北次三经》之首曰太行之山。其首曰归山。"自此东北行四百七十里,有咸山,"其下多铜"。又东北行二百里,继而东行三百里,有阳山,"其下多金、铜"。由此东行三百五十里,"又北百里,曰王屋之山"。③ 根据以上描述,从归山至王屋山,一路需循着东北方向或东向而行,而王屋山在今晋、豫两省交界处,因此,《山海经》描述的归山至王屋山区域,对应的实际就是山西西南部,而位于归山与王屋山之间的所谓咸山、阳山,应即中条山脉的组成部分。④ 值得注意的是,先秦传说认为咸山、阳山有铜,这并非无稽之谈,其历史背景很可能是先秦社会对中条山铜矿资源的地理认知与切实利用。

近年有团队组织了对中条山铜矿的考古调查,在其中一处遗址"采集到大量早商或与东下冯类型近似的陶片及亚腰石锤、石钎等采矿工具。种种

---

① 罗平:《河北承德专区汉代矿冶遗址的调查》,《考古通讯》1957年第1期。
② 中国社会科学院考古研究所编著:《中国考古学·秦汉卷》,第666页。
③ 袁珂:《山海经校注》(增补修订本),第102、105、106页。
④ 《山海经》一书在古代目录学中曾被列为地理书,《四库全书总目提要》认为该书所叙道里山川"率难考据,案以耳目所及,百不一真。诸家并以为地理书之冠,亦为未允"。出于这样的考虑,《提要》将其列入小说家类。就本文所引归山至王屋山这一区域来看,东西绵延一千三百多里,以战国尺度折合,约当现今的近450公里。但今运城市辖区县的东西距离不超过200公里,因此《提要》认为《山海经》所述道里"率难考据",还是比较中肯的。但并不能由此完全否定《山海经》的地理书性质,毕竟,通过其中的某些比较显著的地理坐标,判断《山海经》所述山川的大体位置,还是有几分可行性的。

迹象表明,中条山地区的铜矿开采可能在商代即已开始"。① 20世纪90年代初,有学者对垣曲县胡家峪铜矿店头矿区的店头遗址进行了实地考察,在遗址的古矿洞中,调查人员从门字型木支护上取得两块样品。碳十四测年结果为距今 2315±75 年(前 365±75),树轮校正年代为 2325±55 年(前 375±85),从而以现代科技手段确切证明中条山铜矿至战国中期仍在开采。②

中条山一带持续千年以上的铜矿开采,至少为汉代的开采活动提供了一种历史的经验,使得汉代社会得以循着先民的足迹,继续从事相同的事业。然而,值得注意的是,在漫长的先秦时期,河东虽说天然地拥有丰富的铜矿,人们也在陆续进行开采,但此地的铜矿对商周青铜文化的辉煌成就似乎并没有十分突出的贡献,在铜器铸造过程中,河东铜矿所受到的关注度也不高。

20世纪80年代,金正耀采用铅同位素示踪的技术手段,判定殷墟妇好墓部分青铜器的原料产地在距离殷都甚远的滇东北。③ 后来李晓岑沿用这一方法将研究时段延伸至周代,认为"不仅商代,而且西周、东周中原地区部分青铜器的矿质也来自云南"。④ 对商周铜料来自云南的论断,有一些学者表示了不同意见。他们选取 16 件样本,以同样的手段进行检测,结果表明样本的铅同位素在高、中、低比值区皆有分布。结合现代勘明的不同铅比值矿藏在全国的分布情况,他们的最终看法是:高比值铅的青铜器来自"商王朝统辖的北方";处于中比值区的样本,"取自湖北或江西是有可能的";低比值青铜器的铜料"有可能来自江西、湖南等地区的浅成多金属铀矿床"。⑤ 山西绛县曾发现一批西周铜器,检测表明,这批铜器的微量元素模式与内蒙古赤峰市林西县大井矿冶遗址铜矿石"非常吻合",研究人员由此推定其铜矿原料"很可能来源于辽西地区铜矿带"。⑥

虽然上述有关商周时代青铜器原料来源的结论不尽相同,但种种说法都将目光盯在了远离器物使用地以外的区域,甚至河东本地出土的铜器亦不能例外。这也就意味着,建立在现代科技基础上的研究成果表明,河东铜矿对商周青铜文化的影响很有限。

---

① 宋建忠,南普恒主编:《绛县横水西周墓地青铜器科技研究》,科学出版社,2012年,第102页。
② 李延祥:《中条山古铜矿冶遗址初步考察研究》,《文物季刊》1993年第2期。
③ 金正耀:《晚商中原青铜的矿料来源研究》,中国科技大学1984年硕士论文。
④ 李晓岑:《商周中原青铜器矿料来源的再研究》,《自然科学史研究》1993年第3期。
⑤ 彭子成、刘永刚、刘诗中、华觉明:《赣鄂豫地区商代青铜器和部分铜铅矿料来源的初探》,《自然科学史研究》1999年第3期。
⑥ 宋建忠,南普恒主编:《绛县横水西周墓地青铜器科技研究》,第130页。

不过，仍然有学者在解释商周青铜文化时注意到了河东铜矿。李延祥指出，考古发掘已在晋南的中条山地区及其附近发现了不少与早期的炼铜技术有关的遗存，如洛阳北郊的西周铸铜遗址、出土大批西周铜器的三门峡虢国墓地、侯马地区的东周铸铜遗址等，这些考古发现"都使我们有充分的理由认为，中条山地区铜矿的开发，绝非仅仅始于战国晚期。从地质资源上看，中条山地区也是夏商时期中原最近的铜矿产地"。① 很明显，论者认为中条山铜矿也参与了商周青铜文化的发展，只是参与的程度并不明晰。比较而言，有学者认为中条山铜矿"是先秦时期中原青铜器的另一主要矿源"，②似乎说得更为明确，但不足之处在于没有注意到中条山铜矿在先秦青铜文化发展历程中的地位存在阶段性差异。

实际上，河东铜矿的重要性在商周时代经历了漫长的逐步提升的过程。李晓岑曾注意到，"东周以后，中原及附近地区确实已不见有云南矿质特征的青铜器了"，原因在于"商周以后靠近中原一带的矿产已被开发"。③ 此说很有启发性。"中条山地区铜矿以贫矿为主，单个矿体一般规模不大"，④在开采冶炼的过程中，投入较大，显然无法适应商代青铜文化的发展规模，因此必须向中原以外的地区获得铜料。但是，随着冶炼技术的进步，河东铜矿的地位势必得到提升。

先秦时期炼铜已使用三种技术：一是"氧化矿—铜"工艺，二是"硫化矿—铜"工艺，三是"硫化矿—冰铜—铜"工艺。三种工艺之中，前两种技术"简单、流程短、数日可完成，但矿石资源有限"，第三种"技术复杂、流程长、冶炼时间可达数十日，但矿石资源量大，是炼铜技术的重大进步"。⑤ 历史早期如河南安阳殷墟的炼铜遗物使用的是"氧化矿石直接还原冶炼成铜的技术，可简称为'氧化矿—铜'技术"。但在中条山矿区，"铜矿氧化带一般不甚发育，氧化矿多呈薄膜状，无次生富集带"。⑥ 早期的氧化矿成铜技术显然不能在这一地质条件下大显身手，因此，河东地区也就只能在商代青铜文化的辉煌期寂寂无闻。

到西周时期，内蒙古大井古铜矿冶遗址"已能够开采品位较高的硫化矿

---

① 李延祥：《中条山古铜矿冶遗址初步考察研究》，《文物季刊》1993年第2期。
② 魏国锋等：《若干地区出土部分商周青铜器的矿料来源研究》，《地质学报》2011年第3期。
③ 李晓岑：《商周中原青铜器矿料来源的再研究》，《自然科学史研究》1993年第3期。
④ 罗武干、秦颍、王昌燧、魏国锋、席增仁：《中条山与皖南地区古铜矿冶炼产物的比较分析》，《岩矿测试》2007年第3期。
⑤ 李延祥、洪彦若：《炉渣分析揭示古代炼铜技术》，《文物保护与考古科学》1995年第1期。
⑥ 魏国锋等：《若干古铜矿及其冶炼产物输出方向判别标志的初步研究》，《考古》2009年第1期。

石,经死焙烧脱硫后再还原冶炼成铜",使用的是"硫化矿—铜"技术。而据学者研究,山西绛县横水西周墓地出土铜器的生产原料即来自大井遗址所在的辽西地区,在两地铜产业如此密切关联的情形下,河东地区引入大井遗址采用的并且更适合河东铜矿地质条件的"硫化矿—铜"技术,并非令人感到意外之事。横水墓地的时代从西周早期延续到春秋初年,即便考虑技术交流的滞后性,我们可推测东周时期中条山铜矿已采用"硫化矿—铜"新冶炼技术,应当不至于出现太大偏差。引入了新技术,中条山铜矿的开采利用便可以克服"贫矿为主"、氧化带"不甚发育"等劣势地质条件的限制,从而大幅度提升资源的利用效率。

笔者认为,正是先秦漫长时期内冶炼技术进步对铜矿利用效率的提升,才使河东地区在铜产业发展中的地位日益凸显。值得玩味的是,河东产业地位逐步抬升的过程正值青铜文化发展的一个特殊时期,青铜器正经历着一个"由礼乐器向日常生活实用器迅速转化的过程"。[①] 这也就意味着,在河东承接生产青铜礼器的重要任务之时,已经先期埋下了铸造日常生活类铜器的基因。比如同样是生产铜鼎,战国时代或许还是礼文重器,进入秦汉时代,铸造的器物种类还延续着历史习惯,但铜鼎本身的性质却变为生活用器。从这个角度来说,汉代河东地区所承担的以日常生活类铜器为主的铜产业分工,自有其历史的必然性蕴含其中。

结论

汉代社会对河东地区中条山一带的铜矿进行着大规模开采,在此基础上,河东的铜器铸造业兴盛,产品既供应本地,也销往关中以及河北地区,为官府及贵族所青睐。在汉代的铜产业链条中,河东本地侧重于铸造生活类铜器,并且担负开采、冶炼的重任,为河内、河南的铜兵器生产提供原料。河东地区在汉代青铜文化中的显著地位具有历史的必然性,首先得益于先秦时期河东铜矿长久的开采历史,其次有赖于东周时期铜矿石冶炼新技术的引入。

---

① 中国社会科学院考古研究所编著:《中国考古学·秦汉卷》,第652页。原文将这一过程的发生限定在秦汉时代,实际上,这一进程自先秦礼崩乐坏之时即已开始。

第四章　秦汉时期战争中的三河地区

军事史专家指出,在中国古代,无论是边境战争还是内地战争,都存在着对于战争胜败至关重要的战略枢纽地区。不过,"边境战争中的枢纽地区存在的时间不长,随着各个时期汉族与周边民族的矛盾激化而进行转移,或在西部、西南,或在北方、东北"。比较而言,"内地的战略枢纽则相对稳定,大体说来,如果是东西对立的形势,即政治集团的斗争在地域上表现为关(山)东与关(山)西势力相抗衡,那么双方对峙争战的主要区域往往是东西方交界的豫西走廊,它以洛阳为中心,东至荥阳,西达潼关,南至南阳盆地,北抵黄河或延伸到晋南的河东(中)地区"。"如果是南北对立的局面。双方的征伐攻守则主要在黄河和长江之间的淮河、汉水流域进行",其地理枢纽具体为淮南或荆襄。①

秦汉时代的内地战争总体呈现东西对立的形态,三河地区作为学者所谓"豫西通道"之所在,其在历次战争中的特殊影响力是不言而喻的。但在具体的战争进程中,三河地区以及各亚区域所发挥的作用不尽相同,军事斗争的参与者针对三河地区也有各自的考虑。

第一节　三河与秦汉之际的战争

一、张楚政权兵败河南的原因

在经历十余年短暂的相对和平时期后,秦二世元年(前209)七月,陈胜、吴广带领戍卒首举反秦大旗,并迅速建立起张楚政权,定都于陈(今河南淮阳)。紧接着,张楚政权四面出击。位于河南地区的三川郡处在陈县的西北方向,作为进入关中的一条重要通道,不可避免地成为张楚政权的主攻方

---

① 宋杰:《中国古代战争的地理枢纽》,第3—4页。

向之一。陈胜"以吴叔为假王,监诸将以西击荥阳",然而,"吴广围荥阳。李由为三川守,守荥阳,吴叔弗能下"。在此情形下,张楚政权变换策略,另外派出一支以周文为统帅的军队,"西击秦。行收兵至关,车千乘,卒数十万",于二世元年九月"至戏,军焉"。① 如此以来,河南地区的张楚力量就分为围困荥阳城的河南中部军以及拟入关破秦的河南西部军。

对张楚政权的这一军事部署,李开元作出如下解读:"张楚政权任命周文为将军,另外率领一支军队绕过荥阳西进,直奔函谷关而去,以突然袭击的方式破关突入关中,夺取咸阳。周文的军队,得到围困荥阳的吴广军的支援,顺利进军,突破洛阳、新安、渑池一线的秦军防线,一举攻破函谷关。"② 周文军能够发动"突然袭击"、"一举攻破函谷关",固然得益于吴广军对荥阳秦军的围困,但也说明秦国在实现统一以后,对函谷关的守卫比较薄弱。

而周文军在行经"洛阳、新安、渑池一线"的过程中,未有遭遇大规模抵抗,这一情形的出现,应当与李开元揭示的如下两点原因有关:一是"随着东进扩张的顺利进行,秦的军事重心逐渐东移,荥阳一带成为新的军事重地"。这一点由吴广、李由的荥阳对峙可以确证。战略防御的前线东移,随之而来的是崤函一带成为后方,秦国对这一带的布防有所削弱,周文军乃有机可乘。二是"统一六国以后,中原息兵,南北对百越和匈奴开战,秦的军事重心由中原向南北两边境转移,上郡以北、五岭以南成为重兵屯驻的要地。整个秦帝国的军事布防,成一外重内轻的格局"。③ "内郡空虚"使得义军在荥阳以西至函谷关的道路上,遇到的阻力并不大。

面对突入关中的反秦力量,"秦令少府章邯免郦山徒、人奴产子生,④悉发以击楚大军,尽败之。周文败,走出关"。但周文并未因此而放弃灭秦的希望,在东撤过程中,他带领的军队没有出现兵败如山倒的情形,而是且战且退,甚至"止次曹阳二三月"。曹阳,《索隐》引晋灼云:"亭名也,在弘农东十二里。"距函谷关甚近。周文军在此长期驻扎,其意图显然是先行休整,然后争取二次入关。但就当时形势来说,周文军的企图是很难实现的。首先,经历过反秦力量突入关中的教训,秦军方面势必认识到加强函谷关防御的紧迫性,周文军二次夺关的难度大增。其次,周文军关中败绩,虽然统帅欲

---

① 《史记》卷四八《陈涉世家》,第1953—1954页。
② 李开元:《复活的历史——秦帝国的崩溃》,中华书局,2007年,第118页。
③ 李开元:《复活的历史——秦帝国的崩溃》,第117页。霍印章在总结秦王朝二世而亡的具体原因时,也将"武装力量的布局外重内轻,失去了对中原地区的控制能力"作为原因之一。见氏著《中国军事通史·秦代军事史》,军事科学出版社,1998年,第162—163页。
④ 《索隐》按:"《汉书》无'生'字。"

再战,不过,军事失利对士气必定有所影响。而秦军方面,乘战胜之威,一面固守函谷关,一面调兵遣将,进行出关击敌的部署,战场上的总体形势是有利于秦军的。因此,我们看到的战局发展是:还未等周文二次叩关,章邯即出关"追败之,复走次渑池十余日。章邯击,大破之。周文自刭,军遂不战"。①

周文军在荥阳以西的渑池覆没,立刻给围困荥阳的吴广军带来巨大压力。将军田臧等相与谋曰:"周章②军已破矣,秦兵旦暮至,我围荥阳城弗能下,秦军至,必大败。不如少遗兵,足以守荥阳,悉精兵迎秦军。今假王骄,不知兵权,不可与计,非诛之,事恐败。"③田臧所言表明,张楚政权在河南地区西部开辟的战场与河南中部战场之间存在很强的相互依存关系:吴广率军围荥阳,使周文军免受后顾之忧,得以放手西进。而周文西线作战的成效则深刻影响着荥阳守军的命运。如果周文得胜,则荥阳的楚军无惧秦人袭扰,攻破荥阳只是时间早晚问题。然而,当周文败退时,对于围困荥阳的楚军来说,决定命运的关键因素就是周文能否抵挡住章邯的进攻。周文彻底失败后,荥阳守军便岌岌可危。

为应对危局,田臧等人"矫王令以诛吴叔,献其首于陈王。陈王使使赐田臧楚令尹印,使为上将。田臧乃使诸将李归等守荥阳城,自以精兵西迎秦军于敖仓。与战,田臧死,军破。章邯进兵击李归等荥阳下,破之,李归等死。"④从这段记载来看,田臧"不如少遗兵,足以守荥阳,悉精兵迎秦军"的最初想法,在其取代吴广之后,最终得以实施。需要注意的一个事实是,围困荥阳城的楚军力量处于这样一种状态:在执行围城任务时,有一定的富余兵力,因此,形势危急时可以"悉精兵迎秦军"。然而,这部分富余力量却不宜做长距离救援之用。

田臧"自以精兵西迎秦军于敖仓",而敖仓就在荥阳左近,若困守荥阳城内的秦军有异动,可随时回援。这便为富余兵力的外调提供了可行性。如果是前往渑池救援周文,需过成皋、洛阳、新安等地,东西相距二百公里,援军西行之时,便是荥阳城内秦军蠢蠢欲动的绝佳时机。因为秦军应当能认识到,楚军互相救援的距离越远,回援荥阳的时效性就越差,从而更有利于己方破围。若秦军破围成功,则荥阳、函谷之间的周文所部将会腹背受敌,形势更加凶险。

---

① 第1954页。此处说周文在渑池自刭,然《史记》卷六《秦始皇本纪》记载:"使章邯将,击破周章军而走,遂杀章曹阳。"不在渑池。兹从《陈涉世家》。
② 《汉书》卷三一《陈胜传》颜注引服虔曰:"周章即周文。"
③ 《史记》卷四八《陈涉世家》,第1956—1957页。
④ 《史记》卷四八《陈涉世家》,第1957页。

从以上分析可以体会到,在周文军危急时,荥阳的楚军并非不愿救,而是无能力去支援。制约楚军在河南地区中部和西部两个战场相互配合的一个重要因素,便是两个战场间的距离过大,无法及时接应。从而导致周文孤立无援,周文败后,荥阳楚军难以独撑危局,也难逃失败命运。

二、秦军掌控下的河东、河内

陈涉称王之后,对黄河以北地区也很关注,在派出吴广西攻荥阳时,还"令陈人武臣、张耳、陈余徇赵地"。① 不过,武臣到达邯郸后,自立为赵王,"没有顺应张楚陈胜政权的要求,西向支援楚军攻秦,而是致力于巩固实力,扩大领土","分兵三路,派遣李良领军北向攻略恒山郡,张黡领军西向攻略上党郡,韩广领军北上攻略燕国地区"。② 武臣军攻略的最南端在上党郡,未至河内,更不会及于太行山以西的河东。

赵地与河内之间并无明显的山川地理阻隔,河内又是较为富庶的地区,赵王武臣舍此不取,是有特殊用意的。③ 武臣自立为王后,陈胜命其"趣赵兵亟入关"。武臣部下劝道:"王王赵,非楚意也。楚已诛秦,必加兵于赵。计莫如毋西兵,使使北徇燕地以自广也。赵南据大河,北有燕、代,楚虽胜秦,不敢制赵。若楚不胜秦,必重赵。赵乘秦之弊,可以得志于天下。"④武臣听从了这个建议。此议的要害有两点:一是赵国应着眼于自身力量的维护与壮大,其次是避免过分削弱秦在黄河以南的防御能力。而赵国若攻打河内的话,就会与上述目标背道而驰。首先,邯郸以北的广大地域是在统一进程的最后数年被秦国吞并的,比较而言,河内在秦王嬴政即位初期即已归秦。至秦末烽烟骤起时,秦国对河内地区的控制力度定当强于河内以东、以北的旧齐地、赵地。武臣若南攻河内,则要遭遇河内秦军的强大防御力量,这很可能将给武臣军造成巨大损失。其次,对于秦国来说,若河内有警,鉴于河内北达燕赵东通齐鲁的战略地位,秦国很可能会调河东、河南之兵增援河内,如此一来,河南的秦军力量就会削弱,有利于楚军。这对自立为王的武臣是个威胁,武臣自然不愿意轻易染指河内。

陈胜命令河北的武臣"趣赵兵亟入关",将此处的"入关"与周文、吴广

---

① 《史记》卷四八《陈涉世家》,第 1953 页。
② 李开元:《复活的历史——秦帝国的崩溃》,第 144 页。
③ 据《史记》卷八九《张耳陈余列传》,张耳等劝武臣:"愿王毋西兵,北徇燕、代,南收河内以自广。赵南据大河,北有燕、代,楚虽胜秦,必不敢制赵。"其中有"南收河内以自广"的设计。然并未施行。
④ 《史记》卷四八《陈涉世家》,第 1955 页。

的河南战线,以及宋留的南阳战线放在一起来看,则武臣应入之关应为晋陕间黄河岸边的津关,其行军必过河东。然而,这个计划只是陈胜的设想而已,武臣方面出于保存自身力量以及维持黄河以南两虎相争局面的需要,并没有予以执行。① 因此,在秦末战争中,河东、河内一直为秦军所占据。这为章邯在黄河以东、以南专意消灭魏咎、田儋等反叛者提供了稳定的后方。

章邯后来与项梁围绕定陶展开争夺。当时,项梁连胜,"益轻秦,有骄色","秦果悉起兵益章邯,击楚军,大破之定陶,项梁死"。② 李开元认为,秦军的胜利除了章邯战术得当以外,还与援军的到来分不开:"由外黄方向驰援而来的李由军被歼灭以后,章邯倍加小心翼翼。他调动河东郡和河内郡秦军沿黄河北岸东行;同时,他请准朝廷当局,抽调正在河北攻击赵国的王离军一部南下,渡河会师攻击楚军。""二世二年九月,河东河内援军和王离军一部抵达白马、濮阳一带,秘密渡过黄河,与章邯军汇合,秦军军势大振。得到增援的章邯军主力,由濮阳向定陶方向秘密运动,夜晚突袭项梁军大营,定陶城内的秦军也呼应出击。项梁军对于河内、河北秦军的调动完全没有察觉,措手不及,被秦军击溃,项梁也被秦军杀死。"③这个论断是合理的,从当时形势来看,河东、河内两地应是章邯突袭定陶的援军供应地。

定陶获胜之后,章邯转战河北。秦二世三年十月,章邯"引兵至邯郸,皆徙其民河内,夷其城郭"。④ 河内可以作为敌方都城民众的迁居目的地,可见秦军对河内的控制是较为强固的。但这个态势后来发生了改变。章邯与赵国的决战并不在邯郸一带进行,由于赵王、张耳等逃至巨鹿,章邯随之"击赵王歇等于巨鹿",⑤巨鹿在邯郸东北方向,离河内更远。为了得到充足的后勤供给,章邯采用了"筑甬道属河"的办法。辛德勇认为,此法"应是从

---

① 李开元说:"二世元年十一月,章邯军出函谷关攻击周文军,沿三川山阳道开始对张楚军施行全面反攻。与此同时,王离军由上郡东渡黄河,进入太原郡。当时,赵军李良部队已经攻占了太原郡东部的恒山郡,正准备西向进攻太原郡;赵军张黡部队已经攻占了太原郡南部的上党郡,准备向西进攻河东郡。"(李开元:《复活的历史——秦帝国的崩溃》,第146页)笔者不赞同李开元对赵军进攻方向的推断。赵军当时遵循的一个基本战略应是不在秦国控制的核心地区触动秦军,以免给己方造成损失。既不攻河内,河东更不易取,赵军不会不顾及这一点。

② 《史记》卷七《项羽本纪》,第303页。

③ 李开元:《复活的历史——秦帝国的崩溃》,第142页。在该书另外一处,李开元又说:"在濮阳紧急的情况下,停留于漳河南岸的王离军部队秘密集结南移,与河东和河内军的援军一道,在濮阳附近渡过黄河增援章邯军。章邯军得到王离军和河东、河内军的增援,军势大振,以迅雷不及掩耳之势奔袭定陶,一举将项梁军主力彻底击溃。"(第152页)也是认为章邯得到的援助有来自河东、河内地区的。

④ 《史记》卷八九《张耳陈余列传》,第2578页。

⑤ 《史记》卷六《秦始皇本纪》,第270页。

巨鹿城下修筑甬道,连通黄河岸边的粮船下卸码头"。在巨鹿之战中,保障粮草供应是获胜的重要前提,码头以及连通码头与巨鹿城下的运输甬道,就成了章邯兵力部署的重点部位。而为了保住仓储码头,章邯甚至曾在"王离军乏食"的"关键的时刻","竟能轻易撤去屏蔽巨鹿的军队,放任项羽歼灭王离所部"。① 章邯军队的战线自邯郸东移,以守护今馆陶、大名附近的仓储码头为第一要务,这难免导致邯郸以南河内地区的军事防御出现薄弱环节。

三、楚、赵关系:河内、河南归楚的关键

由于巨鹿一带牵制的兵力不仅只有秦军,楚、赵图谋解围,亦无暇他顾。因此,在巨鹿解围之前,河内仍为秦军掌控。随着巨鹿战局的进展,河内的控制权才发生了转移。《史记·高祖本纪》:"当是时,赵别将司马卬方欲渡河入关,沛公乃北攻平阴,绝河津。"②此事在《史记·秦楚之际月表》中作"北绝河津",系于秦二世三年四月。这也就是意味着,秦二世三年四月,赵将司马卬已从秦军手中夺得河内绝大部分。这一战果是在秦军巨鹿失利的情况下取得的。首先是秦二世三年正月,负责围攻巨鹿城的秦军将领王离被俘,赵军转危为安。接着是次月项羽"攻破章邯,章邯军却"。③ 关于章邯"军却",《史记·项羽本纪》说:"秦军数却,二世使人让章邯。章邯恐,使长史欣请事。至咸阳,留司马门三日,赵高不见,有不信之心。长史欣恐,还走其军。"《史记·秦始皇本纪》有更明确的时间提示:"夏,章邯等战数却,二世使人让邯,邯恐,使长史欣请事。赵高弗见,又弗信。欣恐,亡去。"此处说的"夏,章邯等战数却",可能会造成误解,即认为秦军"数却"发生于夏季,实则不然。《秦楚之际月表》载秦二世三年四月,"楚急攻章邯,章邯恐,使长史欣归秦请兵,赵高让之"。五月,"赵高欲诛欣,欣恐,亡走"。④ 据此,《秦始皇本纪》所谓章邯"使长史欣请事。赵高弗见,又弗信。欣恐,亡去"等一系列事件发生于二世三年四五月之交。假如仅将《秦始皇本纪》所谓"夏,章邯等战数却"理解为夏季之事,则章邯在二世三年四月这一个月之中即"数却",而"二世使人让邯"亦仅为四月之事而发。这显然不合理,因为章邯军"数却"不是四月才出现的局面,而是二月"章邯军却"以来秦军颓势

---

① 辛德勇:《巨鹿之战地理新解》,《历史的空间与空间的历史》,北京师范大学出版社,2005年,第84页。
② 《史记》卷八《高祖本纪》,第359页。
③ 《史记》卷一六《秦楚之际月表》,第771页。
④ 《史记》卷八《高祖本纪》,第359页。

的延续。秦二世对章邯的不满,是针对数月来的整体战况,绝不仅仅针对章邯军四月份的表现。正是在章邯对抗项羽频频失利的前提下,"赵别将"司马卬得以南攻防守薄弱的河内地区。

司马卬的身份虽为"赵别将",但他所进行的军事行动,整体上要服从项羽的战略。项羽入关后,封爵诸侯王,"赵将司马卬定河内,数有功,故立卬为殷王,王河内,都朝歌"。① "定河内,数有功"成为项羽分封司马卬的理由,这说明司马卬攻取河内的指令即便不是项羽直接发出的,也必与项氏的利益具有一致性。巨鹿之战后,项羽在与章邯周旋的同时,允许司马卬攻河内,其目的应当有二:近者说,是为了切断河内地区对章邯的补给;远者说,就是乘章邯军势颓之机,提前扫除南下渡河进而西攻函谷的障碍。后一个意图对刘邦构成威胁,刘邦原本也打算从河南地区突入函谷关,因而当司马卬定河内且"欲渡河入关"的时候,刘邦便派兵"绝河津",②阻止河北军进河南。不过,刘邦在河南的战事并不顺利,他及时调整策略,将兵锋指向南阳,这样,河北军的继续南下少了一个阻力。秦二世三年七月,"申阳下河南,降楚"。③ 三个月后,"项羽将诸侯兵四十余万,行略地,西至于河南"。④ 这两件事正反映了项氏与赵国在巨鹿之战后形成的特殊关系。

《史记·项羽本纪》:"瑕丘申阳者,张耳嬖臣也,先下河南,迎楚河上,故立申阳为河南王,都雒阳。"申阳乃"张耳嬖臣",张耳是赵国丞相,所谓"降楚"应当是指身为赵相张耳的"嬖臣"却"迎楚河上"的行为。使用"降"这个字眼,或许是后世史家特定的政治立场所致。实际上,所谓申阳"降楚"体现的是巨鹿解围后,赵国与项羽方面所结成的主从关系,双方是利益共同体。赵国方面的行动需有利于项羽一方,支持项羽的事业取得进展,赵国群臣才能分得一杯羹。这正如李开元所说:"项羽封王建国,严格依照军功原则,司马卬和申阳之所以在联军无数将领中脱颖而出被授与王位,正是为了酬谢他们首先突入河内、进入三川,完成了对于章邯军的包围,最终迫使章邯投降的卓越军功。"⑤不过,需要指出的是,李开元所谓"卓越军功"还不够全面,在"完成了对于章邯军的包围"之外,为西进函谷关而做出的清道之功,也应算作司马卬、申阳的"卓越军功"。

---

① 《史记》卷七《项羽本纪》,第316页。
② 《史记》卷八《高祖本纪》:"当是时,赵别将司马卬方欲渡河入关,沛公乃北攻平阴,绝河津。"《史记》卷五七《绛侯周勃世家》:"(周勃)攻颍阳、缑氏,绝河津。"
③ 《史记》卷一六《秦楚之际月表》,第772页。
④ 《史记》卷一六《秦楚之际月表》,第773页。
⑤ 李开元:《复活的历史——秦帝国的崩溃》,第211页。

四、刘邦入关的路线问题

1. 刘邦攻平阴的路线

在申阳到来之前,河南地区是刘邦与秦军交锋的战场。由于章邯率领的秦军主力已聚集于河北,在河南地区的秦军守备力量便相对薄弱一些。即便如此,刘邦仍不以攻坚战为主要策略。"昌邑未拔。西过高阳"。"开封未拔。西与秦将杨熊战白马,又战曲遇东,大破之"。此类记载说明,刘邦的进军策略十分灵活,不固执于一城一地之得失,①所追求者在于如何快速向关中推进。然而,他还是遇到了巨大障碍,原因在于战略要地荥阳尚为秦军掌控。这一点,从《史记·高祖本纪》所记秦将杨熊在曲遇战败后,"走之荥阳,二世使使者斩以徇"的情形,②便可推知。

面对守备荥阳的秦军,刘邦不得不采取迂回策略,绕开荥阳,"南攻颍阳,屠之"。③ 此后刘邦的进军方向在史籍中不甚清晰。军事史专家霍印章描述的轨迹是:"刘邦因荥阳难攻,率军南下,攻占了颍川郡,又北攻平阴(今河南孟津北),封锁了黄河渡口,进到洛阳东,与秦军交战失利。便向南迂回,出轘辕关(今河南偃师东南)险道,准备由武关进入关中。"④有学者曾根据相关记载,将秦二世三年夏四月刘邦军队行经地点以如下顺序排列:"颍阳(今河南禹县南)、平阴(今河南孟津北)、洛阳(今河南洛阳东)东、轘辕(今河南登封西北)、阳城(今河南登封东)。"⑤这个说法给人的感觉是,刘邦在颍阳屠城后,即直接转向平阴。笔者以为关于这段史事还有一些细节问题需要分辨。

如果不考虑中华书局标点本《史记》对段落的划分,颍阳屠城后的文字是:"因张良遂略韩地至轘辕。当是时,赵别将司马卬方欲渡河入关,沛公乃北攻平阴,绝河津。"⑥所谓"因张良遂略韩地至轘辕"之"因"字,该如何理解?《说文》:"因,就也。"⑦直接套用到句子中,史文的意义仍难明

---

① 刘邦在白马与秦将杨熊交战,当时的杨熊似非白马城的守军,而是自荥阳前来阻止刘邦夺取白马城的。刘邦方面是不得已迎战,而非主动挑战。
② 《史记》卷八《高祖本纪》,第358页。
③ 《史记》卷八《高祖本纪》,第358页。"颍川",《汉书》卷一《高帝纪上》作"颍阳"。王先谦曰:"《史记》作颍阳是也。颍阳,颍川县,在今许州西南。"(《汉书补注》,第35页)尤佳对此有更为详细精到的阐释,可参看其文《刘邦入秦行军路线新探》,《军事历史研究》2010年第3期。
④ 霍印章:《中国军事通史·秦代军事史》,第159页。
⑤ 尤佳:《刘邦入秦行军路线新探》,《军事历史研究》2010年第3期。
⑥ 《史记》卷八《高祖本纪》,第358—359页。
⑦ [清]段玉裁:《说文解字注》,第278页。

确。不过,仅从字面来看,"因"某某,就是"借助于某某"的意思。具体到司马迁的记述,则可有两种理解:一是刘邦将"略韩地"的任务完全托付与张良,而他本人则向别处行军,此时的"因"字,约相当于"托付";二是刘邦也是"略韩地"的重要参与者,他与张良具有协同作战的关系,此时的"因"字,相当于"利用"。笔者认为,应当按第二种意思来理解史文。

《史记·留侯世家》记载,张良与刘邦虽然早已相识,然起初并无君臣附从关系。后来,"项梁使良求韩成,立以为韩王。以良为韩申徒",韩王成是张良的第一个主子(这里只谈名分问题)。这组主从关系结成后,张良"将千余人西略韩地,得数城,秦辄复取之,往来为游兵颍川"。正是张良在颍川打游击期间,刘邦也来攻颍川。二人于颍川相遇,于是才可能有"因张良遂略韩地至轘辕"之事。此时的张良是韩臣,不属刘邦,故称"因",而不曰"命"或"令"或"使"。两军相遇后,是合力向西北方向挺进,而非分兵而行。理由如下:

其一,从颍阳至平阴,最便捷的道路是经由洛阳东南的门户轘辕关。轘辕位于嵩山之西,如果是张良单独进军至轘辕,刘邦分兵另行的话,则刘邦似应穿越荥阳与嵩山之间的地区而到达平阴,秦汉时期未见如此行军者,亦未见此处有常行道路的记录。是故刘邦必经轘辕,此其一证。① 其二,《史记·秦楚之际月表》对秦二世三年四月刘邦方面的行动记载为:"攻颍阳,略韩地,北绝河津。"与《高祖本纪》"因张良遂略韩地至轘辕"的记载综合起来看,刘邦也应当是"略韩地"的参与者,否则,其经由哪里单独径攻平阴津?因为就地理实情而言,除了韩地,似无别处可通。其三,《史记·高祖本纪》说到刘邦在雒阳东战败后,"还至阳城"。② 阳城,《正义》曰:"今洛州,夏禹所都。"《国语·周语上》韦昭注:"夏居阳城,崇高所近。"③也就是说,阳城就在嵩山脚下,位于雒阳东南方向。如果刘邦不是在此前已经过这里,史文何以用"还"字?因此,刘邦在攻打平阴津的路上应经过阳城。而就阳城与轘辕的地理方位而言,阳城还在轘辕东南方向。张良略韩地至轘辕的路上应经过阳城。可见,颍阳—阳城是刘邦与张良共有的行军路线,他们是同行

---

① 《史记》卷九五《樊郦滕灌列传》:"(樊哙)从攻长社、轘辕,绝河津"。"(郦商)从攻长社,先登,赐爵封信成君。从沛公攻缑氏,绝河津"。过轘辕关第一站便是缑氏。《史记》卷五四《曹相国世家》:"从攻阳武,下轘辕、缑氏,绝河津"。这些记载都说明刘邦是经由轘辕至平阴津的别无他途。

② 《史记》卷八《高祖本纪》,第359页。

③ 徐元诰:《国语集解》,第29页。

的友军。① 现在我们可以把刘邦颍阳屠城后的行军路线细化为：颍阳—阳城—轘辕—平阴—雒阳东—轘辕—阳城。

不过，还需要指出的是，刘邦在"绝河津"之前，与张良并非全程同行。《留侯世家》："沛公之从雒阳南出轘辕，良引兵从沛公，下韩十余城，击破杨熊军。"②这个记载表明，在刘邦"因张良遂略韩地至轘辕"之后，刘、张二人便分头行动了。刘邦前往平阴"绝河津"，而张良则继续留在韩国故地活动，实现其兴复韩国的政治抱负。在这一段愉快的合作关系基础上，当刘邦失利后，张良便及时接应，"引兵从沛公"。两人的配合大致如此。

2. 刘邦放弃函谷关道的原因

洛阳一战的败绩，给刘邦入秦的计划带来了巨大影响。有学者言，刘邦在洛阳之战前的作战方向，显示出"欲走函谷关道的倾向"，一些军事行动"反映出刘邦欲攻下洛阳并由此西进的决心和战略企图"。洛阳失利，"刘邦不得不南下阳城（今河南登封东），休整军队，终止了从洛阳继续西进的作战计划，转而南下南阳盆地，改从武关道西行，入定咸阳"。③ 战略转变由洛阳战败而触发，这一点是没有疑义的。但在具体理解上，学者之间有分歧。有的如上所引，乃"南下阳城，休整军队"期间反思所致；有的则认为，刘邦是"向南迂回，出轘辕关险道，准备由武关进入关中"。也就是说，刘邦在洛阳失败之时即已有出奇、出险制胜的想法。霍氏说法是不成立的。当时的轘辕关有张良把守，何"险"之有？比较而言，休整反思之说是合理的。然而，刘邦阵营究竟是怎么考虑的？这个问题还有待深思。

以往论者容易注意到秦在南阳武关道部署的兵力相对较弱，以及武关道的"出其不意"，将之看作刘邦集团经由武关道入关中的主要原因。这是正确的，但只看到了一个方面。实际上，刘邦选择武关道，最根本的原因还是函谷关道的难度迫使其放弃了原来的计划。我们注意到，在陈胜首义的阶段，周文同样也是绕过荥阳，然而，与刘邦不同的是，周文得以长驱入关，刘邦却在荥阳与洛阳之间遭遇了失败。何以如此？首先，周文西进时，荥阳秦军被吴广围困，周文无后顾之忧。而刘邦兵锋及于荥阳与洛阳之间时，荥阳秦军是可以机动的。其次，三川之兵集于荥阳，荥阳以西守备空虚，导致

---

① 《史记》卷九三《韩信卢绾列传》："沛公引兵击阳城，使张良以韩司徒降下韩故地，得信，以为韩将。"从这个记载亦可看出，当时的张良与刘邦同行的可能性很大。张良作为韩人，外围招抚是其主要工作内容。
② 杨熊曲遇大败，退回荥阳后被二世"使使者斩以徇"。此处又言"击破杨熊军"，意其时尚未斩耶？或同一支部队因其时新将未到，史家沿称旧将耶？
③ 尤佳：《刘邦入秦行军路线新探》，《军事历史研究》2010 年第 3 期。

周文长驱入关。这一前车之鉴必然使秦统治者加强洛阳、函谷关的防御。当刘邦到达洛阳东时,在荥阳、洛阳秦军的协作下,刘邦的失败也就成了自然而然的事。

除此之外,刘邦集团选择武关道并且最终获得成功,这与函谷关道的军事形势也有很大关系。能不能顺利而西,对荥阳秦军的策略是关键。能牵制住这支力量,就可以一心一意筹划西入关中。如果做不到这一点,随时会面临腹背受敌的危险境地。在刘邦挺进南阳,欲走武关道时,假设不考虑其他因素,荥阳秦军可以向南移动,追击刘邦。但现实是当时河北巨鹿主战场正处在胶着状态,赵国别部司马卬有渡河的打算。在此情形下,三川秦军是不能轻易调动的。否则,一旦河北败绩,楚赵军队南下三川、西入函谷,如入无人之境,秦政权必危。从这个角度说,刘邦走武关道,无疑是受益于三川地区所面临的河北军事压力。

五、楚汉之争中的三河

秦亡后,项羽主封,刘邦被抑封为汉王,王巴蜀、汉中。不久,刘邦与项羽争天下。在迅速还定三秦之后,汉军首先夺取河南地区。汉二年(前205)十月,刘邦自关中"出关至陕,抚关外父老"。① 次月,河南王申阳降汉,"关外置河南郡"。② 数月后,刘邦又将目光转向河东、河内。汉二年三月,"汉王从临晋渡,魏王豹将兵从"。③ 下河内,虏殷王,置河内郡"。④ 三河从属于汉,这对项羽构成了"直接而巨大的威胁"。⑤ 首先,"收三河士","劫五诸侯兵",使得汉军实力大增。其次,汉军具备了在黄河南北两线同时对楚军发动进攻的条件。

1. 河南道、河东道的军事部署

陈梧桐等著《中国军事通史·西汉军事史》曾描述了刘邦出关后兵分三路攻项羽的情形,出南阳的南路在本文讨论范围之外,不论。至于中路和北路,三河是必经之地。具体部署是:"曹参、樊哙、灌婴、郦商及陈余所派赵军为北路,由围津(今河南滑县东北)渡河南下,攻取梁、鲁地区,然后与中路会

---

① 《史记》卷一六《秦楚之际月表》,第783—784页。《史记》卷八《高祖本纪》,第370页。《本纪》系于汉二年正月,梁玉绳非之,今从梁氏说。([清]梁玉绳:《史记志疑》,第224页)
② 《史记》卷一六《秦楚之际月表》,第784页。《史记》卷八《高祖本纪》,第369页。
③ 《汉书》卷一上《高帝纪上》写作:"魏王豹降,将兵从。"魏王豹跟随刘邦,其性质是否是"降",还可再议。《史记》卷九〇《魏豹彭越列传》:"汉王还定三秦,渡临晋,魏王豹以国属焉。"或许合作的色彩更浓一些。
④ 《史记》卷九五《樊郦滕灌列传》:"(灌婴)从东出临晋关,击降殷王,定其地。"
⑤ 陈梧桐、李德龙、刘曙光:《中国军事通史·西汉军事史》,军事科学出版社,1998年,第35页。

攻彭城；刘邦率张良、陈平、周勃、夏侯婴、卢绾、靳歙、司马欣、董翳及五诸侯军为中路，由洛阳东下，直取彭城。"①

上引说法需要详细检讨。曹参"以中尉从汉王出临晋关。至河内,下修武,渡围津,东击龙且、项他定陶,破之"。② 确循北路而行。灌婴"从东出临晋关,击降殷王,定其地。击项羽将龙且、魏相项他军定陶南,疾战,破之"。亦属北路军。陈余所派支援力量,据常理而言,总体上应以走北路为是。只是在具体路线上,可能是独立于刘邦部将所组成的北路军的。至于樊哙,《史记·樊郦滕灌列传》载,樊哙"灌废丘,最。至栎阳,赐食邑杜之樊乡。从攻项籍,屠煮枣。击破王武、程处军于外黄。攻邹、鲁、瑕丘、薛。项羽败汉王于彭城,尽复取鲁、梁地"。从这个记载来看,樊哙的确参与了三路攻楚之事。但记载中亦存在问题,需要说明。

"灌废丘"事,《高祖本纪》系于汉二年六月,写作"引水灌废丘,废丘降,章邯自杀"。又据《秦楚之际月表》,"项羽败汉王于彭城"事,被写作"王伐楚之彭城,坏走",系于汉二年四月,早于"汉杀邯废丘"然而,在《樊郦滕灌列传》里,"灌废丘"的叙述却被置于"项羽败汉王于彭城"之前。那么,二事之先后究竟若何？笔者以为,《樊郦滕灌列传》的叙述可从,"灌废丘"应早于刘邦的彭城败绩。只不过,在《高祖本纪》里,史文将攻克废丘的过程进行了压缩而已。实际情形应当是,在废丘陷落之前的较长时段内,"水灌"一直在持续。到刘邦遭遇彭城之败而"走荥阳"的次月,才最终攻下废丘。如此以来,樊哙本传"从攻项籍,屠煮枣"叙述的就是刘邦出关后第一次攻项所进行的军事部署。煮枣的方位,《索隐》："检《地理志》无'煮枣',晋说是。《功臣表》有煮枣侯,云清河有煮枣城。小颜以为'攻项籍,屠煮枣,合在河南,非清河之城明矣'。今案《续汉书·郡国志》,在济阴宛朐也。《正义》案：其时项羽未渡河北,冀州信都县东北五十里煮枣非矣。"③诸家的意思集中一点,就是煮枣在黄河以南。又,樊哙所攻之外黄亦在黄河之南,距济阴宛朐甚近。依据这些迹象,再考虑史文所言乃"从攻",而不若曹参、灌婴事迹中专意点明从出"临晋关",以及樊哙所攻对象与曹参、灌婴之击龙且、项他不同,樊哙应属直接跟随刘邦的中路军将领。

再言郦商的路线归属。《史记·樊郦滕灌列传》："(郦商)以陇西都尉从击项籍军五月,出巨野,与钟离眛战,疾斗,受梁相国印,益食邑四千户。

---

① 陈梧桐、李德龙、刘曙光：《中国军事通史·西汉军事史》,第 36 页。
② 《史记》卷五四《曹相国世家》,第 2025 页。
③ 《史记》卷九五《樊郦滕灌列传》,第 2656—2657 页。谭其骧主编《中国历史地图集》第二册遵从《索隐》《正义》之说。参见第 9—10 页。

以梁相国将从击项羽二岁三月,攻胡陵。"所谓"受梁相国印""以梁相国将从击项羽",意谓郦商曾任梁相国,①抑或郦氏附属于某位梁相国?余以为应当是后一种意思。在楚汉相争阶段,受封梁王者,唯彭越而已。然而,彭越之封在汉五年正月,时项羽已死,天下已定。②郦商本传中的"梁相国"出现于楚汉相争期间,因此,与彭越之梁国无关。不过,此"梁相国"指的却是彭越。《史记·魏豹彭越列传》:"汉王二年春,与魏王豹及诸侯东击楚,彭越将其兵三万余人归汉于外黄。汉王曰:'彭将军收魏地得十余城,欲急立魏后。今西魏王豹亦魏王咎从弟也,真魏后。'乃拜彭越为魏相国,擅将其兵,略定梁地。"因魏地亦可称"梁",此"魏相国"即"梁相国",乃彭越也。同传又载,直到楚汉一决胜负的关键时刻,彭越、韩信等不来驰援刘邦。张良说:"彭越本定梁地,功多,始君王以魏豹故,拜彭越为魏相国。今豹死毋后,且越亦欲王,而君王不蚤定。"他建议刘邦这样许诺彭越:"即胜楚,睢阳以北至穀城,皆以王彭相国。"由此看来,在楚汉相争时期,据有梁相国身份者一直是彭越,郦商非梁相国。那么,郦氏本传所谓"受梁相国印"就不当理解为担任梁相国一职,而是接受了梁相国彭越给予的名分,二人在名义上结成一种主从关系。按此理解,本传所谓"以梁相国将从击项羽"译成白话,应当是郦商"以梁相国彭越属将的身份跟随刘邦攻打项羽",而非郦商本人"以梁相国的身份领兵跟随刘邦攻打项羽"。

在《魏豹彭越列传》里,彭越始任魏相国的时间在"与魏王豹及诸侯东击楚"和"汉王之败彭城解而西"之间,据《秦楚之际月表》,即在汉二年四、五月间,并且此后一直担任魏相国。那么,郦商"受梁相国印"应不早于汉二年四、五月间。郦商本传中"击项籍军五月"在"受梁相国印"之前。从逻辑上讲,郦商对攻打项羽行动的参与在彭城之败的前后皆是有可能的。不过,我们注意到,郦商是以陇西都尉的身份参与此次攻楚行动的,陇西郡在汉二年七月方才设立,③当时刘邦已经经历了彭城之败。因此,郦商本传所谓"从击项籍军五月",与刘邦出关后三路击楚无关。从现有的文献记载中,不能得出郦商参与北路进攻的结论。

《西汉军事史》的编著者将张良、陈平视作中路军的力量,这当然是不错的。不过,二人为帷幄之臣,并不直接领兵,在战力部署的角度,似乎不宜与周勃、夏侯婴等并言,本文不论。《西汉军事史》提到的其余几位中路将领,

---

① 《汉书》卷四一《郦商传》颜师古注:"汉以梁相国印授之。"
② 《史记》卷一六《秦楚之际月表》,第796页。《史记》卷九〇《魏豹彭越列传》:"项籍已死。春,立彭越为梁王,都定陶。"
③ 《史记》卷一六《秦楚之际月表》,第788页。

亦难尽为定论。据《史记》卷五七《绛侯周勃世家》，周勃起初主要活动于关中，后来"东守峣关。转击项籍。攻曲逆，①最。还守敖仓，追项籍"。峣关位于今陕西蓝田，曲逆又在中山，敖仓在河南荥阳。周勃行踪的摆动幅度如此大，应是史文简略所致。从中无法判定周勃"转击项籍"是否指参加汉二年四、五月间那次伐楚，也无法判定其属哪一路。夏侯婴参与击楚事，《史记·樊郦滕灌列传》记作："还定三秦，从击项籍。至彭城，项羽大破汉军。"可见夏侯婴"从击项籍"是汉二年四五月间事。又据本传所言，"婴自上初起沛，常为太仆，竟高祖崩"。夏侯婴因其驾车技术高超，刘邦出征，必定相随左右，亦即夏侯婴属于中路军。但夏侯婴的特殊才能也意味着，他的主要任务不是领兵打仗。彭城战败时，夏侯婴"见孝惠、鲁元，载之。汉王急，马罢，虏在后，常蹶两儿欲弃之，婴常收，竟载之"，由此可见夏侯婴的角色。卢绾，《史记·韩信卢绾列传》："入汉中为将军，常侍中。从东击项籍，以太尉常从，出入卧内，衣被饮食赏赐，群臣莫敢望。"属中路，不过，由于卢氏"常侍中""出入卧内"，其在军事上应无多大实际的助力。靳歙，《史记·傅靳蒯成列传》："从东击楚，至彭城。汉军败还。""从东击楚"这样的语法表明，靳歙属中路的可能性更大。

另有所谓"五诸侯"。《史记·高祖本纪》记载，齐人认为项羽主持的分封不公平，"叛之"，项羽攻齐，无暇他顾，"汉王以故得劫五诸侯兵，遂入彭城"。② 同书《刘敬叔孙通列传》亦言"汉二年，汉王从五诸侯入彭城"。③ "五诸侯"具体何所指，古往今来说法不一。辛德勇在仔细梳理前人观点的基础上，认为"塞、翟、殷、魏、韩五个诸侯王随同刘邦征伐彭城具有确实可信的记载"，"所谓汉王劫五诸侯兵，指的就是这五个诸侯"。④ 对于塞、翟、殷、魏居五诸侯之数，笔者无异议。但对韩王韩信亦被列入，则稍感疑惑。

辛先生说："其实所谓'五诸侯兵'问题本来并不复杂，只要弄清到底有哪些诸侯王直接随从刘邦参与了这场战役，就可以顺利地解决这一问题。"但有一种情形在论证逻辑上是不应忽略的：有的诸侯王虽然没有证据表明一定参加了彭城之役，并不能由此全然否定其参与此役的可能性。笔者认为，项羽所封河南王申阳即属于这种情况。

---

① 《汉书》卷四〇《周勃传》写作"攻曲遇，最。"似可从，但还不能肯定。王先谦认为："《史记》作'曲逆'，误。"(《汉书补注》，第341页)
② 《史记》卷八《高祖本纪》，第371页。
③ 《史记》卷九九《刘敬叔孙通列传》第2721页。
④ 辛德勇：《楚汉彭城之战地理考述》，收入其文集《历史的空间与空间的历史》，第117页。

《史记·汉兴以来将相名臣年表》记载,高皇帝二年"春,定塞、翟、魏、河南、韩、殷国"。① 同书《淮阴侯列传》:"汉二年,出关,收魏、河南、韩、殷王皆降。"②其中都说到刘邦出关中之初河南王即已降汉之事,如此,河南王有什么理由不与塞、翟等国一同出兵支持刘邦呢?《史记·淮阴侯列传》:"汉之败却彭城,塞王欣、翟王翳亡汉降楚","魏王豹谒归视亲疾,至国,即绝河关反汉"。至于司马卬的下落,《汉书·高帝纪》曰:"诸侯见汉败,皆亡去。塞王欣、翟王翳降楚,殷王卬死。"③由于上述诸王下落明白,可以清晰判定他们参与了彭城之役。而申阳在彭城之役后的立场如何,由于史籍缺载,不可确知。但若由此推断河南王申阳未参加此役,显然有武断之嫌。

笔者认为,有某些历史记载可能意味着申阳也参加了彭城之役。《史记·高祖功臣侯者年表》"南安侯"条记载:"以河南将军汉王三年降晋阳,以亚将破臧荼,侯,九百户。"④此处所谓"河南将军"令人费解,秦汉时代很少见到将地名冠于"将军"之前的正式官号,⑤此"河南将军"似应比照彭越所担任的"魏相国""梁相国"官职来理解,将其视为从属于河南王的将军,而楚汉之际的河南王无他,唯申阳一人而已。如果这个认识能够成立,那么,谓之"河南将军"者站在刘邦对立面的由来大致可推测如下:申阳与魏王、翟王等一同参与了彭城之役,彭城败绩之后,河南王如其他诸侯一样,见风使舵,选择背弃刘邦,而其部将大概是受此影响,亦随主复叛。

以上论述表明,申阳参加彭城之役的可能性并不小。如此一来,以"哪些诸侯王直接随从刘邦参与了这场战役"为标准来确定五诸侯,却将河南王排除在外,显然并不妥当。笔者认为,五诸侯应当包括河南王。理由在于刘邦为此次讨伐项羽的战事做足了舆论攻势,有占据政治道义制高点的强烈意图。

《汉书·高帝纪》记载,当刘邦到达洛阳后,老者董公遮说汉王曰:"臣闻'顺德者昌,逆德者亡','兵出无名,事故不成'。故曰:'明其为贼,敌乃可服。'项羽为无道,放杀其主,天下之贼也。夫仁不以勇,义不以力,三军之众为之素服,以告之诸侯,为此东伐,四海之内莫不仰德。此三王之举也。"⑥随后,刘邦为义帝发丧,发使者告诸侯曰:"天下共立义帝,北面事之。

---

① 《史记》卷二二《汉兴以来将相名臣年表》,第1119页。
② 《史记》卷九二《淮阴侯列传》,第2613页。
③ 《汉书》卷一上《高帝纪上》,第36页。
④ 《史记》卷一八《高祖功臣侯者年表》,第910页。
⑤ 汉武帝时代李广利的"贰师将军"是个比较特殊的例子。
⑥ 《汉书》卷一上《高帝纪上》,第34页。

今项羽放杀义帝江南,大逆无道。寡人亲为发丧,诸侯皆缟素。悉发关中兵,收三河士,南浮江汉以下,愿从诸侯王击楚之杀义帝者。"①通过"明其为贼"的方式,刘邦先声夺人,占据了政治道义的制高点。而痛斥对方为"天下之贼"的另一面,则是要向天下表明己方是何等的深得人心。刘邦讨项檄文中所谓"愿从诸侯王击楚之杀义帝者",即是向天下传达出诸侯王必将助汉亦天经地义地应当助汉的心理预期。而檄文中所谓"诸侯王"显然是包括"五诸侯"在内的,非但如此,"五诸侯"还应当是以亲自追随刘邦的方式成为天下诸侯王表率的。

不过,"五诸侯"仅具备亲自追随刘邦的行事特征是不够的,笔者要特别指出的是,"五诸侯"的权力来源也不能忽视。假如支持刘邦的诸侯王本属刘邦所封,那么,这样的诸侯表态支持,对提升刘邦出师的正义性并无太大帮助。反之,如果是项羽分封的诸侯王表态支持刘邦,其示范及宣传效应则远非前者可比。而刘邦所从征伐的五诸侯,既然是要树立为政治标杆的,那么,他们的权力来源就应当是项羽。塞、翟、魏、殷四王皆符合这一标准,剩余一王似不应例外。

关于韩、河南二国之受封,《史记·项羽本纪》曰:"瑕丘申阳者,张耳嬖臣也,先下河南,迎楚河上,故立申阳为河南王,都雒阳。"河南王申阳确为项羽所封。《项羽本纪》又曰"韩王成因故都,都阳翟",②韩国也是项羽主持分封的。不过,需要注意的是,在项羽分封之前,韩王成作为六国王族后裔即已打起兴复韩国的旗号,项羽主持分封,只不过是履行了对其既有权力的认可程序。此后,由于韩王成与项羽在历史上并无太多交集,韩国形势复杂多变。

《史记·韩信卢绾列传》:"项籍之封诸王皆就国,韩王成以不从无功,不遣就国,更以为列侯。及闻汉遣韩信略韩地,乃令故项籍游吴时吴令郑昌为韩王以距汉。汉二年,韩信略定韩十余城。汉王乃至河南,韩信急击韩王昌阳城。昌降,汉王乃立韩信为韩王,常将韩兵从。"③很短的时间内,韩王即换了三任,其中第二任郑昌真正为项羽所封,如果他如魏王豹、殷王卬一样,望风归降刘邦的话,也将是一个不错的政治标杆。但从"急击韩王昌"的记载来看,郑昌显然是进行了一番抵抗的。这便导致其投降后,刘邦另立韩信为韩王。

---

① 《史记》卷八《高祖本纪》,第 370 页。
② 《史记》卷七《项羽本纪》,第 316 页。
③ 《史记》卷九三《韩信卢绾列传》,第 2632 页。

由于韩信为刘邦所立，项羽根本不会承认，也就是说，韩信无论如何都不能被纳入项羽主导的封建局面当中。只要刘邦还没有占据楚汉之争的主导权，由项羽分封的大部分诸侯也不会承认韩信的韩国，即便是暂时降汉的翟、塞、魏、殷四王，恐怕在内心里亦会对此拒斥。有鉴于此，刘邦将其视为五诸侯之一，岂非一着拙棋？

总之，笔者的看法是：史籍所谓追随刘邦至彭城的"五诸侯"应当是塞王司马欣、翟王董翳、魏王魏豹、殷王司马卬、河南王申阳。尽管三国时期的如淳以及东晋徐广已有此结论，①但从目前所见文献来看，二人并未对其结论有只言片语的阐释，以至于后世仍对此争执不休。唐人司马贞曰："韩王郑昌拒汉，汉使韩信击破之，则是韩兵不下而已破散也，韩不在此数。五诸侯者，塞、翟、河南、魏、殷也。"②结论与如淳、徐广相同，不同之处在于特意点明了弃韩的原因乃在于"韩兵不下而已破散"。但笔者以为，是否出兵、出兵多少并非能否跻身于五诸侯的关键，问题的要害在于，所谓五诸侯是否能够最大限度地提升刘邦讨伐项羽的道义正当性。从这个角度而言，项羽分封的河南王申阳显然要比刘邦主封的韩王信的政治宣传效用更大。

综上所述，刘邦在三河地区的战斗部署可略述如下：北路，曹参、灌婴为主将；中路，刘邦亲领，樊哙、靳歙为主将，塞王、翟王、魏王、殷王、河南王五诸侯兵协从。两路之中，中路具有首当其冲的重要性。首先，中路可以直指楚都彭城，行军条件很好，对彭城的威胁也最大。其次，刘邦令五诸侯本人与他同行，那么这支队伍就占据了"从诸侯王击楚之杀义帝者"③的道义至高点。事实也确如刘邦之设计，北路的曹参、灌婴在定陶与楚将龙且激战，刘邦在中路如入无人之境，"遂入彭城"。

然而，正如军事史专家指出的，"刘邦的胜利是表面的，项羽所率楚军主力并未受到损失，而且近在城阳。加之刘邦进入彭城后的忘乎所以，这就必然要引起战局的急转直下"。④ 也就是说，刘邦没有消灭楚军有生力量，这是他在彭城战败的重要原因之一。事实上，在楚汉相争的初期，刘邦军队在三河区以东是无法达到消灭项羽有生力量的目的的。原因在于：首先，与章邯以三河区为依托进行平叛斗争的时期不同，刘邦对三河区的控制并不牢固，有的王国并未废除。诸侯跟随他，只是权宜之计。其次，从关中到三

---

① 如淳之说见《汉书》卷一上《高帝纪上》颜师古注。《汉书》，第36页。徐广之说见《史记》卷七《项羽本纪》之《集解》。《史记》，第322页。
② 《史记》卷七《项羽本纪》，第322页。
③ 《史记》卷八《高祖本纪》，第370页。
④ 陈梧桐、李德龙、刘曙光：《中国军事通史·西汉军事史》，第37页。

河以东地区的补给线过长,在地方控制未稳的状况下,其后勤补给的效率将难以保证前线所需。因此,刘邦彭城遇挫后,不得不缩短补给线,后撤到荥阳,楚汉战争进入相持阶段。

2. 河东、河内对河南战场的支援

刘邦于汉二年五月退守荥阳后,得益于荥阳城易守难攻的特点,另有韩信"复收兵与汉王会荥阳,复击破楚京、索之间,以故楚兵卒不能西",①暂时抵挡住了楚军的追击。借此机会,刘邦开始筹划巩固后方。关中是首先得到重视的地区。刘邦于六月回到关中,立太子,固国本。赦罪人,揽民心。② 还拔除项羽分封在关中的最后一个王国,即章邯的雍国,设置了陇西、北地、中地郡。③ 至于,三河地区,棘手的问题是魏王豹的背叛。此事在刘邦退守荥阳后即发生,④但由于刘邦首重稳定关中,且"方东忧楚",不愿另生枝节。八月,"汉王如荥阳",始派郦食其游说魏豹,未能奏效。无奈之下,刘邦只得对魏豹用兵。

《史记·淮阴侯列传》记载,八月,左丞相韩信击魏。"魏王盛兵蒲坂,塞临晋,信乃益为疑兵,陈船欲度临晋,而伏兵从夏阳以木罂缻渡军,袭安邑。魏王豹惊,引兵迎信,信遂虏豹,定魏为河东郡"。⑤ 同书《曹相国世家》:"月余,魏王豹反,以假左丞相别与韩信东攻魏将军孙遫军东张,大破之。因攻安邑,得魏将王襄。击魏王于曲阳,追至武垣,生得魏王豹。取平阳,得魏王母妻子,尽定魏地,凡五十二城。"

韩信、曹参平定河东的意义是多方面的。首先是将其后方基地向东向北进行了拓展。魏王国废除后,河东、上党、河内连为一体,河南战场可以得到强有力的策应,黄河以北与关中的交通也得到了保障。否则,魏王国的存在随时有可能隔断关中与河北地区的联系,随时可以对刘邦的后方进行干扰,这对刘邦阵营来说,不啻为心腹之患。其次,占据河东之后,刘邦集团在战略上似乎多了一些选择。比如,有条件重演初次出关后攻打项羽时所进

---

① 《史记》卷九二《淮阴侯列传》,第 2613 页。
② 《史记》卷八《高祖本纪》,第 372 页。
③ 《史记》卷一六《秦楚之际月表》,第 787、788 页。
④ 《史记》卷八《高祖本纪》系魏豹叛汉事在汉三年,误。梁玉绳有辨。(《史记志疑》,第 225 页)《史记》卷一六《秦楚之际月表》系于汉二年五月,而《淮阴侯列传》系于六月。梁氏认为列传误。参以《汉书》卷一上《高帝纪》的记载(《汉书》,第 37 页),梁氏之说可从。
⑤ 《史记》卷八《高祖本纪》:"遂定魏地,置三郡,曰河东、太原、上党。"(第 372 页)《汉书》卷一上《高帝纪上》的说法是:"定魏地,置河东、太原、上党郡。"(第 39 页)《史记》卷一六《秦楚之际月表》:"(魏地)属汉,为河东、上党郡。"(第 788 页)梁玉绳曰:"又太原郡属赵地,汉灭赵王歇始置,乃连入魏地,更为误矣。《月表》言河东、上党是,淮阴传又失言上党也。《汉纪》亦误仍《史》,连言太原。"(《史记志疑》,第 225—226 页)其说可从。

行的北路部署,经河东、河内,越河进攻项羽的势力范围。也可以河东、河内为基地,向北拓展领地,着力于增强己方实力。刘邦选择了后者,"遣张耳与(韩)信俱,引兵东,北击赵、代"。刘邦的选择或许出于以下考虑:惩于前次战线过长的教训,心知长途奔袭难以从根本上改变战局,故而改用步步为营,稳扎稳打的办法。另外,当时楚汉双方在荥阳僵持,刘邦急需来自河北的兵力支援。比如"信之下魏破代,汉辄使人收其精兵,诣荥阳以距楚"。① 又如"韩信与故常山王张耳引兵下井陉,击成安君,而令(曹)参还围赵别将戚将军于邬城中。戚将军出走,追斩之。乃引兵诣敖仓汉王之所"。②

汉三年(前204)冬十月,韩信、张耳"斩陈余,获赵王歇",汉在其地置常山郡、代郡。赵地新得,汉军的统治并不稳固。"楚数使奇兵渡河击赵,赵王耳、韩信往来救赵,因行定赵城邑,发兵诣汉"。赵地之兵诣汉,必经河内,由此而言,河内是为刘邦兵源补充的孔道。而韩信、张耳亦是以河内为常驻之地的。汉三年六月,"汉王出成皋,东渡河,独与滕公俱,从张耳军修武。至,宿传舍。晨自称汉使,驰入赵壁。张耳、韩信未起,即其卧内上夺其印符,以麾召诸将,易置之。信、耳起,乃知汉王来,大惊。汉王夺两人军,即令张耳备守赵地,拜韩信为相国,收赵兵未发者击齐"。③ 这段记载表明,韩信、张耳驻扎于河内修武,河内为河北军主将的驻在地。从这段文字中还可以看出,尽管河北方面对刘邦提供了很大的支持,但黄河南北汉军的配合并不十分默契,以至于项羽围困成皋时,一河之隔的河内韩信军似乎并没有驰援的打算。刘邦孤军难支,只得逃出成皋,赶往河内,出其不意地夺取了韩信的指挥权。

刘邦对河北军的不满是有原因的。汉三年夏四月,"项羽围汉荥阳",情急之下,刘邦于五月逃出荥阳,回到关中"收兵欲复东"。辕生说汉王曰:"汉与楚相距荥阳数岁,汉常困。愿君王出武关,项王必引兵南走,王深壁,令荥阳成皋间且得休息。使韩信等得辑河北赵地,连燕齐,君王乃复走荥阳。""汉王从其计,出军宛叶间"。"羽闻汉王在宛,果引兵南,汉王坚壁不与战"。④ 刘邦南走宛叶间,其目的之一就是吸引项羽兵力,给韩信平定赵地创造有利条件。然而,当他六月重回"荥阳成皋间"的时候,驻在河内近在咫尺的韩信却不能及时支援他,无怪乎刘邦要智夺军权了。

"汉王得韩信军,则复振。引兵临河,南飨军小修武南,欲复战。郎中郑

---

① 《史记》卷九二《淮阴侯列传》,第2614页。
② 《史记》卷五四《曹相国世家》,第2027页。
③ 《史记》卷九二《淮阴侯列传》,第2619页。
④ 《汉书》卷一上《高帝纪上》,第41页。

忠乃说止汉王,使高垒深堑,勿与战。汉王听其计"。① 此后数月内,刘邦"乃止壁河内",②河内成为刘邦亲自坐镇的地方。直到四年冬十月,汉军打败"谨守成皋"的楚将曹咎,刘邦方才"引兵渡河,复取成皋,军广武,就敖仓食"。而此时的韩信、张耳早已离开河内,前者击齐,后者守赵。刘邦对于河内的控制应当比之前更为有力,河内地区对荥阳成皋间战事的支持力度也会更强。再加上侧后方的河东,以及大后方的关中,刘邦得以集中精力与项羽在河南地区的荥阳成皋间周旋,并配合以其他手段,最终拖垮了项羽。

第二节 三河地区与两汉之交的战争

一、更始最初的主攻方向

更始元年(23)正月,王莽所置南阳地方官被反莽势力所杀,南阳郡治宛城被围。二月,"刘圣公为天子",③是为更始帝。新政权建立后,在继续围攻宛城的同时,也开始了下一步的战略行动,即出南阳,东攻颍川、汝南。太常偏将军④刘秀受委派"别与诸将徇昆阳、定陵、郾,皆下之"。⑤ 三城属颍川。偏将军邓晨"与光武略地颍川"。⑥ 廷尉、大将军王常"别徇汝南、沛郡"。⑦ 如果这一行军安排旨在攻取洛阳,则颍川作为南阳通洛阳的交通要道,更始方面攻颍川是比较好理解的,但自南阳出发经由汝南甚至沛郡攻打洛阳就因其过于迂远而讲不通了。另外,如果是要经颍川攻打洛阳,更始方面似应集中兵力在颍川取得突破,向汝南、沛郡分兵是不合理的。鉴于此,

---

① 《史记》卷八《高祖本纪》,第 374 页。
② 《史记》卷七《项羽本纪》,第 327 页。
③ 《后汉书》卷一上《光武帝纪上》,第 4 页。更始即位之年,《后汉书》卷一一《刘玄传》与此同。(第 469 页)但《汉书》卷九九下《王莽传》作"三月"。王先谦补注:"周寿昌曰:后书《光武纪》作二月,惠栋以为后书误者,非也。莽改历以建丑为正月,则莽之三月,正汉改夏正后之二月也。"(《汉书补注》,第 455 页。)本文用汉历。
④ 准以下句所引"廷尉、大将军"的标点办法,似应写作"太常、偏将军"。然而,"廷尉、大将军"在中华书局标点本《光武帝纪》(第 6 页)以及《刘玄传》(第 471 页)中,又皆作"廷尉大将军",不知到底该以那种标点为是,不同的标点方式对于正确理解官号的内涵,是有重要影响的。又据《后汉书》卷一八《陈俊传》:"更始立,以宗室刘嘉为太常将军,俊为长史"(第 689 页),按,刘秀既为太常,则刘嘉不应另为太常,且长史多有作将军属官的现象,因此,所谓"太常将军""太常偏将军"似应为单个官职,而非一人兼二职,故不宜以顿号点断。
⑤ 《后汉书》卷一上《光武帝纪上》,第 4、5 页。
⑥ 《后汉书》卷一五《邓晨传》,第 583 页。
⑦ 《后汉书》卷一五《王常传》,第 579 页。

笔者推测,更始方面在最初的一段时期内本没有北取洛阳的部署,颍川—汝南—沛郡这一东西向的战线本就是更始阵营用兵的着力点。后来,即便是更始方面始料未及地取得了昆阳大捷,攻取洛阳的可能性增强了许多,汝南以东的地区依然为更始方面所重视。比如原本为王莽守宛的岑彭投降后,"更始乃封彭为归德侯,令属伯升。及伯升遇害,彭复为大司马朱鲔校尉,从鲔击王莽扬州牧李圣,杀之,定淮阳城"。① 这应是更始方面原有军事计划的惯性延续。

令人颇感费解的是,对于王莽政权来说,长安和洛阳的重要性不言而喻,更始政权为何不直接以北上攻打洛阳或西进夺取长安为目标,而选择了向东发展呢?这个问题从根本上说来是因为更始方面信心不足,不得不避敌锋芒,向王莽统治较为薄弱的地区推进。但是,我们也应看到,更始方面战略方向的确立,是多重因素促成的。

首先,在更始政权建立的过程中,反莽阵营内部经历过一场较量,②结果是更始帝刘玄胜出,刘伯升败落。但刘伯升仍然是反莽势力的一个重要支柱,只不过他官拜大司徒,在名分上是更始帝的臣子,更始帝难免对他有所戒备,欲削弱其力量。于是我们看到,更始帝二月即位,次月即指派刘伯升之弟刘秀离开南阳。其他离开南阳的将领中,王常在下江兵诸将中"心独归汉","及诸将议立宗室,唯常与南阳士大夫同意欲立伯升"。邓晨与刘秀"甚相亲爱",刘秀兄弟起兵后,因邓晨追随刘氏,"新野宰乃污晨宅,焚其冢墓。宗族皆恚怒","晨终无恨色"。可见邓刘关系之密切程度。更始帝将刘伯升兄弟分开,并且将其支持者也指派在外,其削弱刘伯升一派的用意还是比较明显的。但由于当时的宛城未拔,且更始新立,没有很多的富余兵力可以派给刘秀等出南阳诸人,③因此,攻打洛阳是无法想象的,只能随机性地攻城掠地,积蓄力量。

其次,更始将领的来源可能影响着更始阵营主攻方向的确立。更始初立时封拜的几员干将,"王匡为定国上公,王凤成国上公,朱鲔大司马,伯升

---

① 《后汉书》卷一七《岑彭传》,第653页。
② 《后汉书》卷一四《齐武王縯传》:"诸将会议立刘氏以从人望,豪杰咸归于伯升。而新市、平林将帅乐放纵,惮伯升威明而贪圣公懦弱,先共定策立之,然后使骑召伯升,示其议。"(第551页)刘伯升表示反对,然无济于事。"圣公既即位,拜伯升为大司徒,封汉信侯。由是豪杰失望,多不服。"(第551页)"五月,伯升拔宛。"六月,刘秀在昆阳大胜王莽军,"自是兄弟威名益甚"。"更始君臣不自安,遂共谋诛伯升"。(第552页)
③ 《后汉书》记载,昆阳之战时,昆阳城中"唯有八九千人"(第6页)。刘秀到郾、定陵搬救兵后,与王莽军大战时"自将步骑千余",又有"敢死者三千人"(第8页)。《汉书》则径言:"会世祖悉发郾、定陵兵数千人来救昆阳。"(第4183页)以上数字虽非更始阵营在颍川地区的全部兵力,但约略可以感觉到兵员的不足。

大司徒,陈牧大司空"。① 王匡、王凤为新市人,朱鲔淮阳人,②刘伯升南阳舂陵人,陈牧是平林人。此大多为南阳本地人。除了这些人,更始即位前即加入反莽势力的将领还有马武、王常、成丹、张卬、廖湛等,廖湛是平林人,成丹、张卬籍贯未知。马武、王常的籍贯史有明文,"马武字子张,南阳湖阳人也。少时避仇,客居江夏。王莽末,竟陵、西阳三老起兵于郡界,武往从之,后入绿林中,遂与汉军合。更始立,以武为侍郎,与世祖破王寻等"。③ 王常"字颜卿,颍川舞阳人也。王莽末,为弟报仇,亡命江夏。久之,与王凤、王匡等起兵云杜绿林中,聚众数万人,以常为偏裨,攻傍县"。④

参与反莽的南阳人数量不少,或许是与反莽义军兴起之地近便有关。然而,值得注意的是,远离反莽斗争发生地的颍川人甚至淮阳人也千里迢迢地加入了反莽的队伍,并且就王常、马武的事例来看,他们虽不是出于同一地区,然而加入反莽队伍的经历又是那么相似。实际上,与王常类似的情形不是孤例。《后汉书·臧宫传》:"臧宫字君翁,颍川郏人也。少为县亭长、游徼,后率宾客入下江兵中为校尉,因从光武征战,诸将多称其勇。"⑤同书《冯异传》:"冯异字公孙,颍川父城人也。""汉兵起,异以郡掾监五县,与父城长苗萌共城守,为王莽拒汉。光武略地颍川,攻父城不下,屯兵巾车乡。异间出行属县,为汉兵所执。时异从兄孝及同郡丁綝、吕晏,并从光武,因共荐异,得召见。"⑥所谓"异从兄孝及同郡丁綝、吕晏,并从光武"的情形,可能在刘秀攻颍川前即已发生,也就是说,参加反莽队伍的颍川人士应有一定比例。这一特点使更始方面出南阳攻颍川成为一种自然而然的选择。

再次,关中与南阳之间的交通地理形势使更始方面不敢在武关方向有什么动作。众所周知,武关是沟通关中与南阳的咽喉,由于更始方面正集中精力围攻宛城,这个时候,不遭遇来自武关方向的压力已是万幸。如果更始方面遣兵攻武关的话,势必吸引王莽加强武关道的兵力部署。一旦叩关失利,攻宛之军的处境将十分危险。比较而言,以小股力量进攻颍川、汝南等地,一来可以避免在武关方向刺激王莽,二来尽管更始并不打算北攻洛阳,但颍川之得失于洛阳之安危关系甚大,王莽不得不加以防备,如此便可以吸引王莽调集大量兵力自函谷关东来,南阳战事遭遇来自武关方向的军事压

---

① 《后汉书》卷一一《刘玄传》,第469页。
② 《后汉书》卷一七《岑彭传》,第655页。
③ 《后汉书》卷二二《马武传》,第784页。
④ 《后汉书》卷一五《王常传》,第578页。
⑤ 《后汉书》卷一八《臧宫传》,第692页。
⑥ 《后汉书》卷一七《冯异传》,第639页。

力随之大为降低。第三,由于经洛阳而攻南阳远较经武关道攻南阳迂远,王莽大军东来,也为更始方面攻下南阳赢得了时间。

综上所述,更始方面的进军方向可以说是再充分估量自身实力的情况下做出的必然、明智却又无奈的选择。虽然我们不能断然否认更始方面对洛阳觊觎,但实际上他们并不敢直接进攻洛阳。

二、更始克洛阳与都关中

面对反叛者在颍川的活动,王莽的反应比较强烈。《汉书》载:"世祖与王常等别攻颍川,下昆阳、郾、定陵。莽闻之愈恐,遣大司空王邑驰传之雒阳,与司徒王寻发众郡兵百万,号曰'虎牙五威兵',平定山东。①得颛封爵,政决于邑,除用征诸明兵法六十三家术者,各持图书,受器械,备军吏。倾府库以遣邑,多赍珍宝猛兽,欲视饶富,用怖山东。邑至洛阳,州郡各选精兵,牧守自将,定会者四十二万人,余在道不绝,车甲士马之盛,自古出师未尝有也。"②

王莽上述举动可以说明如下问题:第一,王莽有一劳永逸地解决东方变乱的空想,这次行动既是针对更始方面的,也有吓阻赤眉军的用意,所谓"用怖山东"即表明了这一点。第二,王莽被眼前近相所迷惑,对更始方面真实力量的判断似乎出现了偏差,认为更始方面有危及洛阳的可能性。故而在刘秀攻颍川后随即在洛阳集结大军。第三,王莽在战术上对更始方面很重视,派出重兵来镇压。但从战略上看,却表露出对更始势力的蔑视。他自信派人到洛阳集结军队,进而自洛阳入南阳平叛,这样迂远的行军,在最终效果上不比走武关而攻南阳差,同样可以击破更始军。因此,他将兵力集中在洛阳,而在武关方向却没有动作。

王莽的战略计划对之后的战事发挥着重要影响。仅就兵力而言,王莽

---

① 对王莽出兵洛阳的原因,《后汉书》写作:"莽闻阜、赐死,汉帝立,大惧,遣大司徒王寻、大司空王邑将兵百万……"(第5页)与《汉书》不同,本文采《汉书》之说。因《汉书》对王莽在战争不同阶段的心理反应皆有交代,比《后汉书》详细,并且在史事的剪裁组织方面也更合理。《汉书》先言:"既杀甄阜,移书称说。莽闻之忧惧。"(第4179—4180页)次言:"平林、新市、下江兵将王常、朱鲔等共立圣公为帝,改年为更始元年,拜置拜官。莽闻之愈恐。"(第4180页)第三次如本文所引,听说刘秀攻颍川,王莽又一次"闻之愈恐"。在时间上,三事在《汉书》中是顺叙的,而《后汉书》在"莽闻阜、赐死"之前,叙说"三月,光武别与诸将徇昆阳、定陵、郾,皆下之。"甄阜、梁丘赐之死在正月。因此,尽管范晔可能要表达的意思是刘秀攻颍川、南阳官员死、更始即位三件事皆是导致王莽"大惧"的原因,但在行文过程中,倒叙的写法容易导致对王莽发兵洛阳的原因之叙述陷于片面化,在逻辑上也显得有些混乱。

② 《汉书》卷九九下《王莽传下》,第4182页。

的计划或许是可以实现的。不过,由于主将的错误指挥,王莽政权几乎是在一夜之间开始以加速度走向末路。更始元年五月"邑与司徒寻发雒阳,欲至宛,道出颍川,过昆阳"。遂有著名的昆阳之战,王邑大败。此役的相关记载表明,昆阳之战的发生具有一定的偶然性。王邑大军经过昆阳时,协同作战的严尤曰:"称尊号者在宛下,宜亟进。彼破,诸城自定矣。"邑曰:"百万之师,所过当灭,今屠此城,喋血而进,前歌后舞,顾不快邪!""遂围城数十重"。① 可见,当时就是否攻昆阳曾发生过争论,只是在主将意愿的支配下,才有了昆阳围城之事。不唯如此,更始方面取得昆阳之战的胜利,也具有偶然性。更始方面诸将"见寻、邑兵盛,反走,驰入昆阳,皆惶怖","光武复为图画成败。诸将忧迫,皆曰'诺'。"说明更始诸将面对新莽大军,缺乏获胜的信心与底气。大多数人都不看好的一场战役最终竟然获胜了,这对诸将来说,实为一次侥幸。

六月,新莽在昆阳大败,"邑独与所将长安勇敢数千人还雒阳",有生力量损失甚大。直到此时,更始方面方能切实思考北攻洛阳的问题。而王莽也确实感受到洛阳所面临的空前危机,为保洛阳,他于八月"使太师王匡、国将哀章守洛阳"。更始则兵分两路,一路派遣"定国上公王匡攻洛阳",另一路由"西屏大将军申屠建、丞相司直李松攻武关"。② 王匡是荆州地区反莽首义之人,更始政权建立后,位居上公,地位应当比所谓"西屏大将军"要高,更比"丞相司直"要高。因此,洛阳方面应是更始政权的主攻方向。然而,结果却是用力较少的武关方向首先取得了突破。③ 更始八月出兵,九月,王莽即被杀于长安。形势发展如此之快的重要原因即是武关的失守。

在更始所遣申屠建、李松等人到达武关前,"析人邓晔、于匡起兵南乡百余人",时析宰将兵数千"备武关"。晔、匡说降析宰,"攻武关,都尉朱萌降",二人得以领兵入关。此事令王莽"愈忧,不知所出",甚至"自知败"。可见反莽势力突破武关对王莽政权的败亡具有直接的相关性。申屠建、李松抵关后,"邓晔开武关迎汉",关中大受困扰,防御已不成体系。虽然当时李松等汉军

---

① 《汉书》卷九九下《王莽传下》,第4183页。
② 《后汉书》卷一一《刘玄传》,第469页。
③ 更始方面攻克长安与雒阳的先后次序,《后汉书》卷一上《光武帝纪上》:"九月庚戌,三辅豪杰共诛王莽,传首诣宛。"紧接其后是:"更始将北都洛阳,以光武为司隶校尉……"(第9页)从中可知攻陷长安时,更始仍都宛,攻下雒阳发生于攻克长安之前或之后,无法推断。同书卷一一《刘玄传》:"九月,东海人公宾就斩王莽于渐台,收玺绶,传首诣宛……是月,拔洛阳……十月……"(第470页)。如果此处不是插叙的话,从行文来看,应是先克长安,后拔雒阳。《资治通鉴》作为编年体史书,在更始元年九月史事的叙事顺序上与《后汉书》同,且省去了"是月"这样的月份复指的字眼(第1249—1251页),似乎有克长安的时间早于克雒阳的意味。本文遵从对《通鉴》的理解。

将领,认为长安城难攻,"当须更始帝大兵到。即引军至华阴,治攻具"。但汉军进入关中,无疑增加了"三辅盗贼"的胆量,于是"长安旁兵四会城下","皆争欲先入城,贪立大功卤掠之利"。① 王莽败亡已是旦夕之间的事情。

从相关记载中,首先可以肯定,昆阳之战对王莽方面守备武关的官员造成较大威慑,使他们的投降倾向增强,这是更始军攻破武关的一个显著因素。不过,同时也不难发现,在更始军进入关中的过程中,王莽在武关方面部署的守备力量是非常薄弱的。如此重要的关口,守备者仅仅是一个县令和一个都尉。我们相信,昆阳之战后,王莽应当意识到敌我力量对比发生了改变,武关方向有可能遭到更始军的进攻。然而,王莽在短暂休整之后,只是向洛阳派出太师、国将加强戒备,武关方向并没有得到增援。此非不愿也,实不能也。

在昆阳之战前,王莽确定单纯立足洛阳以平叛的策略,对其中的风险缺乏足够的警觉。就当时实力而言,王莽有条件将汇聚于洛阳兵员调动一部分到武关来,两线配合作战。但他没有这么做,在武关只保持守势。待到发生始料未及的昆阳大败,形势大变。更始方面军力大振,得以两路出击。而先前对于王莽来说相对比较从容的局面一去不返。首先,更始方面对洛阳的觊觎心理,由奢望变得似乎可望又可及,洛阳开始直接面临更始军的威胁。其次,原本较为稳定的关中也变得骚动不安,即所谓"关中闻之震恐,盗贼群起"。② 在此情形下,洛阳急需补充力量,关中又不可倾巢而动,王莽哪里有能力去支援武关方向? 更始军在武关方向先取得突破,这应当是一个重要的原因。

长安脱离王莽统治不久,也是在九月,更始方面"拔洛阳,生缚王匡、哀章"。③ 更始"将北都洛阳,以光武行司隶校尉,使前整修宫府"。④ 十月,更始"遂北都洛阳"。⑤ 这里有一个疑问,更始为何不以先拔之长安为都,而必待后克之洛阳立以为都呢? 事实上,更始方面在定都洛阳一事上,之前并没

---

① 《汉书》卷九九下《王莽传下》,第4187、4189、4190页。
② 《汉书》卷九九下《王莽传下》,第4183页。
③ 《后汉书》卷一一《刘玄传》,第470页。
④ 《后汉书》卷一上《光武帝纪上》,第9页。系于更始元年九月。《资治通鉴》系于十月。未知孰是。(第1252页)
⑤ 《后汉书》卷一一《刘玄传》在更始元年"十月"之下的记事中有"更始遂北都洛阳"事,然"十月"之后即为"二年二月",因此,无法据此肯定更始"北都洛阳"发生于元年十月。又据同书《光武帝纪上》,"九月"之下有"及更始至洛阳,乃遣光武以破虏将军行大司马事。十月,持节北度河,镇慰州郡"的记录,从中可知,更始帝九月至洛阳,而确定洛阳国都的名分是否亦在九月,无法判断。《资治通鉴》系"北都洛阳"事于十月。(第1252页)此从《通鉴》。

有周密的筹划。只是在攻克洛阳后,才有"将北都洛阳"的想法。这个念头出现时,更始帝尚在宛。稍早一些,王莽的首级被传送到宛。当更始帝"取视"之时,岂能没有西都长安的一闪念。不过,关中的局势令他很担忧,从而打消这个念头。攻破长安城者乃"长安旁兵",当时在关中的更始将领,李松屯于华阴,申屠建行迹不详,然就长安城破后,"将军赵萌、申屠建亦至"①的记载来看,反莽势力攻入长安时,申屠建亦未参与其中。虽然李松、申屠建最终为多方势力所接受,进入了长安,但二人在长安的统治根基难说稳固。况且更始将领的一些做法也令他们自己陷入困境:

> 初,申屠建尝事崔发为《诗》,建至,发降之。后复称说,建令丞相刘赐斩发以徇。史谌、王延、王林、王吴、赵闳亦降,复见杀。初,诸假号兵人人望封侯。申屠建既斩王宪,又扬言三辅黠共杀其主。吏民惶恐,属县屯聚,建等不能下,驰白更始。②

杀师、杀降、夺功诸事皆是大失人望之事,关中"吏民惶恐,属县屯聚",更始在攻陷长安之初是不敢西都之的。

都洛阳仅仅数月,更始迁都到长安。《汉书·王莽传》载:"(更始)二年(24)二月,更始到长安,下诏大赦,非王莽子,他皆除其罪,故王氏宗族得全。三辅悉平,更始都长安,居长乐宫。府藏完具……"③此是中华书局标点本的文字,读起来的感觉是:更始到长安为一事,更始都长安又一事。愚以为标点本的句读有可商之处,"三辅悉平"应属上读,其前后的两个标点符号分别改作逗号与句号,或许更好。如此一来,"更始到长安"与"更始都长安"既可以理解为同一件事,也可以理解为先后发生的两件事。然而据《后汉书·刘玄传》,更始迁都长安事,对应的只有"二年二月,更始自洛阳而西"的记载。又,《资治通鉴》卷三九"更始二年二月"条,此事对应的唯有"更始发洛阳"五字。两书的说法可等同于《汉书》之"更始到长安",且均未再另言"都长安"一事,则《汉书》所谓"更始到长安"与"更始都长安"为同一事件之不同说法的可能性更大,也就是说,更始到长安即是以长安为都的开始,而不应当理解为先到长安平定关中,之后再定都关中。

论述至此,《汉书》的说法与笔者之前的认识似乎有矛盾之处浮出水面。

---

① 《汉书》卷九九下《王莽传下》,第4192页。
② 《汉书》卷九九下《王莽传下》,第4193页。
③ 《汉书》卷九九下《王莽传下》,第4193页。

前文中笔者说更始因关中局势不稳而选择以洛阳为都,而本段所引《汉书》记载意味着,更始到长安时,关中仍未底定,更始之来似乎就是应李松、申屠建之邀,目的之一在于平定关中。对此,笔者的理解是,更始方面对关中局势的认识有一个过程。最初,申屠建不收恤各类关中势力,难免导致二者之间的对立。不过,究竟对立到何种程度,尚不明朗,也许是直接的互相攻击,或许仅仅是不合作。这个时候,更始当然不宜贸然来关中。随着形势进一步发展,更始方面发现,关中"吏民惶恐,属县屯聚",采取的是不合作的对抗形式,属防御性的。而申屠建等人的威信因本身的不当行为而受损,缺乏号令关中的基本条件,从而导致数月"不能下"的僵局。要打破僵局,必须有名分至重者到关中来,于是,申屠建等"自长安传送乘舆服御,又遣中黄门从官奉迎迁都",①积极主张迁都长安。但时势需要绝非更始迁都的充分条件,更始方面对关中安全系数的评估,对关中以不合作为形式的对抗的认识,应当是一个不可或缺的影响因素。

三、赤眉入关与洛阳局势

更始帝北都洛阳期间,有赤眉军来附。赤眉起于天凤五年(18),是年"赤眉力子都、樊崇等以饥馑相聚,起于琅邪,转钞掠,众皆万数。遣使者发郡国兵击之,不能克"。② 不过,很长一段时间内,赤眉活跃于东方,没有发展到三河地区。"会更始都洛阳,遣使降崇。崇等闻汉室复兴,即留其兵,自将渠帅二十余人,随使者至洛阳降更始,皆封为列侯。崇等既未有国邑,而留众稍有离叛,乃遂亡归其营",更始二年秋冬之际,樊崇等赤眉将领"将兵入颍川,分其众为二部,崇与逢安为一部,徐宣、谢禄、杨音为一部。崇、安攻拔长社,南击宛,斩县令;而宣、禄等亦拔阳翟,引之梁,击杀河南太守"。③ 至此,赤眉徐宣、谢禄部开始染指河南地区。

更始二年秋,河内地区也出现了赤眉等平民武装的踪迹。《后汉书·光武帝纪》:"赤眉别帅与大肜、青犊十余万众在射犬,光武进击,大破之,众皆散走。"李贤注:"《续汉志》曰野王县有射犬聚,故城在今怀州武德县北也。"④野王为河内郡属县。又,同书《吴汉传》:更始政权的尚书令谢躬与刘秀共破

---

① 《后汉书》卷一一《刘玄传》,第 470 页。
② 《汉书》卷九九下《王莽传下》,第 4154 页。
③ 《后汉书》卷一一《刘盆子传》,第 479 页。其中未指明赤眉攻颍川的时间。不过,叙攻颍川事后,乃有"更始二年冬……"诸事,则攻颍川似在秋季。《资治通鉴》系攻颍川事于更始二年冬(第 1271 页),未知何据。
④ 《后汉书》卷一上《光武帝纪上》,第 17、18 页。

王郎于邯郸之后,谢躬"率其兵数万,还屯于邺。时光武南击青犊,谓躬曰:'我追贼于射犬,必破之。尤来在山阳者,势必当惊走。若以君威力,击此散虏,必成禽也。'躬曰:'善。'及青犊破,而尤来果北走隆虑山,躬乃留大将军刘庆、魏郡太守陈康守邺,自率诸将军击之。"说明侵及河内者除了赤眉、大肜、青犊,还有尤来。所谓"尤来",与青犊类似,为"别号诸贼"之一。① 青犊甚至扰及地形较为闭塞的河东。②《后汉书·鲍永传》:鲍永于更始二年就更始之征,"再迁尚书仆射,行大将军事,持节将兵,安集河东、并州、朔部,得自置偏裨,辄行军法。永至河东,因击青犊,大破之,更始封为中阳侯"。③

总体来看,赤眉、青犊等武装在河北的影响是不均衡的,他们在太行山以东的活动较为活跃,太行山以西少见。具体到河内、河东两地,河内受影响更大一些。不过,与河南地区相比,赤眉等平民武装在河内的影响又要逊色许多。河内的赤眉、青犊在刘秀的打击下,不得不退出河内。而河南方面的赤眉军肆虐颍川,兵分两路,南入南阳郡,北入河南郡,发展势头强劲。值得注意的是,在进入河南郡境后,赤眉调整了进攻思路。《后汉书·刘盆子传》记载:"赤眉众虽数战胜,而疲敝厌兵,皆日夜愁泣,思欲东归。崇等计议,虑众东向必散,不如西攻长安。"可见,赤眉军原本是要按部就班地推进至长安的,这需要一个较长的时间,并且还须攻克关东重镇洛阳,困难是可想而知的。赤眉军士似乎是有畏难情绪,也缺乏耐心,在看不到希望的情势下,他们的故土之思备感强烈。这个时候,赤眉将领深知必须给部众打一针强心剂,否则,"众东向必散",已经取得的战果将化为乌有。赤眉将领向部众抛出的诱饵便是争取在很短时间内攻下长安,其实施办法是"崇、安自武关,宣等从陆浑关,两道俱入"。④ 这一策略获得极大成功,更始二年十二月,"赤眉西入关",⑤"三年(25)正月,俱至弘农,与更始诸将连战剋胜,众

---

① 《后汉书》卷一上《光武帝纪上》,第16页。
② 据《后汉书》卷一六《邓禹传》:"及赤眉西入关,更始使定国上公王匡、襄邑王成丹、抗威将军刘均及诸将,分据河东、弘农以拒之。赤眉众大集,王匡等莫能当。"(第600—601页)王匡的确切职守,同书卷一一《刘玄传》:"时王匡、张卬守河东,为邓禹所破,还奔长安。"(第473页)王匡职在守河东,在"赤眉众大集"时,却出现"王匡等莫能当"的情形,似乎赤眉亦曾入河东。不过,《邓禹传》所谓"王匡等"可能是就"分据河东、弘农"的更始诸将总而言之,未必一定包括王匡本人。因此,赤眉是否入河东,还无法断定。笔者倾向于否定的认识。
③ 《后汉书》卷二九《鲍永传》,第1018页。
④ 《后汉书》卷一一《刘盆子传》,第479页。
⑤ 《后汉书》卷一一《刘玄传》,第473页。赤眉入关有不同的说法,同书卷一上《光武帝纪上》:"青犊、赤眉贼入函谷关。"(第18页)卷一六《邓禹传》与《刘玄传》同(第600页)。径称"入关"者,盖指函谷关为言。其具体含义是说,赤眉经武关、陆浑关至弘农,与自函谷关入关中殊途同归。

遂大集。乃分万人为一营,凡三十营,营置三老、从事各一人。进至华阴"。长安已近在咫尺。

赤眉军的进展能够如此迅速、顺畅,与洛阳的局势有很大关系。自更始西都长安后,洛阳仍不失为更始政权据以控制关东的重要支点,对这一带的防御并没有懈怠。《后汉书·刘玄传》载,更始帝迁都后对功臣大肆爵赏,朱鲔"让不受。乃徙鲔为左大司马,刘赐为前大司马,使与李轶、李通、王常等镇抚关东"。关于诸人的具体去向,《后汉书》对其中三人有交代,刘赐因封宛王,"就国于宛",①居南阳。李通"持节还镇荆州"。② 王常"行南阳太守事"。③ 余下朱鲔、李轶二人职守不明,然据《刘玄传》的说法,五人东去后,"李轶、朱鲔擅命山东",是二人必居于可以制驭关东的咽喉要地。又据《光武帝纪》,更始二年秋冬之季,"时更始使大司马朱鲔、舞阴王李轶等屯洛阳,光武亦令冯异守孟津以拒之"。④《冯异传》:"时更始遣舞阴王李轶、廪丘王田立、大司马朱鲔、白虎公陈侨将兵号三十万,与河南太守武勃共守洛阳。光武将北徇燕、赵,以魏郡、河内独不逢兵,而城邑完,仓廪实,乃拜寇恂为河内太守,异为孟津将军,统二郡军河上,与恂合势,以拒朱鲔。"⑤则更始二年的朱鲔、李轶活动的范围当距洛阳不远,其目的在于守卫洛阳,当然亦可在南线的南阳以及北线的河内、河东受到攻击时,加以支援。当赤眉避开洛阳,自南线入关时,居于南阳的更始大臣刘赐、王常,前者是封王"就国",后者是太守,均非领兵屯驻的角色,手中兵力不足。这种情况下,洛阳的支援至关重要。然而,朱鲔、李轶根本无法从洛阳脱身,因为就在赤眉入关之际,河内地区落入了刘秀手中,更始方面的洛阳守军感受到迫在眉睫的军事压力。

四、光武帝取三河

自更始元年十月起,刘秀开始顶着更始帝授予的大司马名分转战河北。到二年秋,他在河内打败赤眉、青犊等十余万众,遂欲乘胜将更始势力清除出河内。《后汉书·岑彭传》:"会舂陵刘茂起兵,略下颍川,(岑)彭不得之官,乃与麾下数百人从河内太守邑人韩歆。会光武徇河内,歆议欲城守,彭止不听。既而光武至怀,歆迫急迎降。光武知其谋,大怒,收歆

---

① 《后汉书》卷一四《宗室四王三侯传·安成孝侯赐》,第565页。
② 《后汉书》卷一五《李通传》,第575页。
③ 《后汉书》卷一五《王常传》,第580页。
④ 《后汉书》卷一上《光武帝纪上》,第18页。
⑤ 《后汉书》卷一七《冯异传》,第642页。

置鼓下,将斩之。召见彭……彭因言韩歆南阳大人,可以为用。乃贳欣,以为邓禹军师。"①又据《邓禹传》,韩歆担任邓禹军师一事在建武元年正月之前、赤眉入关之后,②建武元年即更始三年,则此事只能发生于更始二年十二月。韩歆向刘秀投降应在十二月,或稍早一些。《岑彭传》又载:"更始大将军吕植将兵屯淇园,彭说降之,于是拜彭为刺奸大将军,使督察众营,授以常所持节,从平河北。"③至此,河内完全脱离了更始政权的统治。

刘秀夺得河内后,高度重视对这一地区的控制。《后汉书·寇恂传》:"光武南定河内,而更始大司马朱鲔等盛兵据洛阳。又并州未安,光武难其守,问于邓禹曰:'诸将谁可使守河内者？'禹曰:'昔高祖任萧何于关中,无复西顾之忧,所以得专精山东,终成大业。今河内带河为固,户口殷实,北通上党,南迫洛阳。寇恂文物备足,有牧人御众之才,非此子莫可使也。'乃拜恂河内太守,行大将军事。光武谓恂曰:'河内完富,吾将因是而起。昔高祖留萧何镇关中,吾今委公以河内,坚守转运,给足军粮,率厉士马,防遏它兵,勿令北度而已。'"④可见,刘秀阵营对河内战略地位的重要性有着非常深刻的认识,"吾将因是而起",则道出了刘秀本人对河内在平定天下过程中将发挥的作用之预期。有学者认为:"刘秀任寇恂为太守,控制了这个西接晋南,南临黄河彼岸之荥阳、洛阳诸要点的战略要地和物产丰给的区域,为完全平定河北后逐鹿中原,准备了一块重要的基石。"⑤诚非虚言。攻下河内后,刘秀即进一步对河东、河南展开攻势。

河东方面,刘秀认为邓禹"沈深有大度,故授以西讨之略。乃拜为前将军持节,中分麾下精兵二万人,遣西入关"。平定河东的具体过程如下:

> 建武元年正月,禹自箕关将入河东,河东都尉守关不开,禹攻十日,破之,获辎重千余乘。进围安邑,数月未能下。更始大将军樊参将数万人,度大阳欲攻禹,禹遣诸将逆击于解南,大破之,斩参首。于是王匡、成丹、刘均等合军十余万,复共击禹,禹军不利,樊崇战死。会日暮,战罢,军师韩歆及诸将见兵势已摧,皆劝禹夜去,禹不听。明日癸亥,匡等以六甲穷日不出,禹因得更理兵勒众。明旦(即六月甲子日),⑥匡悉军

---

① 《后汉书》卷一七《岑彭传》,第654页。
② 《后汉书》卷一六《邓禹传》,第601页。
③ 《后汉书》卷一七《岑彭传》,第654页。
④ 《后汉书》卷一六《寇恂传》,第621页。
⑤ 黄今言等:《中国军事通史·东汉军事史》,第29页。
⑥ 《后汉书》卷一上《光武帝纪上》,第23页。

出攻禹,禹令军中无得妄动;既至营下,因传发诸将鼓而并进,大破之。匡等皆弃军亡走,禹率轻骑急追,获刘均及河东太守杨宝、持节中郎将弭强,皆斩之,收得节六,印绶五百,兵器不可胜数,遂定河东。①

河南方面,虽然刘秀对寇恂的嘱咐是"勿令北度而已",实际上,守备河内的将领并没有完全按此行事,而是积极地创造条件,做出一些尝试性的进攻。孟津将军冯异拉拢更始将领李轶,"初,轶与光武首结谋约,加相亲爱,及更始立,反共陷伯升。虽知长安已危,欲降又不自安。乃报异书曰:'轶本与萧王(即刘秀)首谋造汉,结死生之约,同荣枯之计。今轶守洛阳,将军镇孟津,俱据机轴,千载一会,思成断金。唯深达萧王,愿进愚策,以佐国安人。'轶自通书之后,不复与异争锋,故异因此得北攻天井关,拔上党两城,又南下河南成皋已东十三县,及诸屯聚,皆平之,降者十余万"。另一守洛阳的更始将领武勃"将万余人攻诸畔者,异引军度河,与勃战于士乡下,大破斩勃,获首五千余级,轶又闭门不救"。② 后来,朱鲔得知李轶通敌,"使人刺杀轶",并且发起反攻,"使讨难将军苏茂、副将贾强将兵三万余人,度巩河攻温。檄书至,(寇)恂即勒军驰出,并移告属县,发兵会于温下。军吏皆谏曰:'今洛阳兵度河,前后不绝,宜待众军毕集,乃可出也。'恂曰:'温,郡之藩蔽,失温则郡不可守。'遂驰赴之。旦日合战,而偏将军冯异遣救及诸县兵适至,士马四集,幡旗蔽野。恂乃令士卒乘城鼓噪,大呼言曰:'刘公兵到!'苏茂军闻之,陈动,恂因奔击,大破之,追至洛阳,遂斩贾强。茂兵自投河死者数千,生获万余人。恂与冯异过河而还。自是洛阳震恐,城门昼闭"。③ 刘秀与更始两方攻防地位彻底反转。

建武元年七月,刘秀"使吴汉率朱祐及廷尉岑彭、执金吾贾复、扬化将军坚镡等十一将军围朱鲔于洛阳"。④

  朱鲔等坚守不肯下。帝以(岑)彭尝为鲔校尉,令往说之。鲔在城上,彭在城下,相劳苦欢语如平生。彭因曰:"彭往者得执鞭侍从,蒙荐举拔擢,常思有以报恩。今赤眉已得长安,更始为三王所反,皇帝受命,平定燕、赵,尽有幽、冀之地,百姓归心,贤俊云集,亲率大兵,来攻洛阳。天下之事,逝其去矣。公虽婴城固守,将何待乎?"鲔曰:"大司徒(指刘

---

① 《后汉书》卷一六《邓禹传》,第601页。
② 《后汉书》卷一七《冯异传》,第643页。
③ 《后汉书》卷一六《寇恂传》,第622页。
④ 《后汉书》卷一上《光武帝纪上》,第23—24页。

秀之兄刘伯升)被害时,鲔与其谋,又谏更始无遣萧王北伐,诚自知罪深。"彭还,具言于帝。帝曰:"夫建大事者,不忌小怨。鲔今若降,官爵可保,况诛罚乎?河水在此,吾不食言。"彭复往告鲔,鲔从城上下索曰:"必信,可乘此上。"彭趣索欲上。鲔见其诚,即许降。后五日,鲔将轻骑诣彭。顾敕诸部将曰:"坚守待我。我若不还,诸君径将大兵上轘辕,归郾王。"乃面缚,与彭俱诣河阳。帝即解其缚,召见之,复令彭夜送鲔归城。明旦(九月辛卯日①),悉其众出降,拜鲔为平狄将军,封扶沟侯。②

五、赤眉在弘农的失败

由于刘秀对洛阳更始军的牵制,赤眉得以自洛阳以南分两路快速入关,达于弘农郡。更始派讨难将军苏茂在弘农迎战,"茂军败,死者千余人"。不得已,更始另做部署,加强了对赤眉军的围剿力度。一是派丞相李松自关中往讨,二是尽管洛阳受到刘秀河内军的严重威胁,形势吃紧,更始仍将在洛阳驻防的朱鲔西调。更始三年三月,李松、朱鲔"与赤眉战于蓩乡,松等大败,弃军走,死者三万余人"。李贤注:"《续汉志》弘农有蓩乡。《东观记》曰:'徐宣、樊崇等入至弘农枯枞山下,与更始将军苏茂战。崇北至蓩乡,转至湖。'湖即湖城县也。以此而言,其地盖在今虢州湖城县之间。"③蓩乡之战既不能阻遏赤眉,朱鲔又不得不因为刘秀方面的威胁而回防洛阳,"遣讨难将军苏茂攻温",④更始方面已回天乏术。长安诸将预感到"今独有长安,见灭不久",甚至滋生出"不如勒兵掠城中以自富,转攻所在,东归南阳,收宛王等兵。事若不集,复入湖池中为盗耳"的消极想法。⑤

建武元年九月,赤眉入长安,但在此后的一年多时间里一直未能建立起正常的统治秩序,以掳掠为事。后来遭遇"三辅大饥,人相食,城郭皆空,白骨蔽野,遗人往往聚为营保,各坚守不下。赤眉虏掠无所得,(建武二年,即26年)十二月,乃引而东归,众尚二十余万,随道复散"。⑥ 刘秀已料到赤眉

---

① 《后汉书》卷一上《光武帝纪上》,第25页。
② 《后汉书》卷一七《岑彭传》,第655页。在劝降之前,有过军事进攻,不过,冒险的成分较大,似未能从根本上触动朱鲔。同书卷二二《坚镡传》:"与诸将攻洛阳,而朱鲔别将守东城者为反间,私约镡晨开上东门。镡与建义大将军朱祐乘朝而入,与鲔大战武库下,杀伤甚众,至日食乃罢,朱鲔由是遂降。"攻入城中殊为不易,如果顺利的话,岂能"日食乃罢"?大概此次进攻也就是"杀伤甚众"而已,后来不得不退出。所谓"朱鲔由是遂降",颇有溢美嫌疑。
③ 《后汉书》卷一一《刘玄传》,第473页。
④ 《后汉书》卷一上《光武帝纪上》,第20页。
⑤ 《后汉书》卷一一《刘玄传》,第474页。
⑥ 《后汉书》卷一一《刘盆子传》,第484页。

的动向,他对在关中不敌赤眉的邓禹说:"赤眉无谷,自当来东,吾折捶笞之,非诸将忧也。无得复妄进兵。"①其具体做法是"遣破奸将军侯进等屯新安,建威大将军耿弇等屯宜阳,分为二道,以要其还路。敕诸将曰:'贼若东走,可引宜阳兵会新安;贼若南走,可引新安兵会宜阳。'"②另派偏将军冯异代邓禹平定关中。冯异临行,刘秀嘱咐:"三辅遭王莽、更始之乱,重以赤眉、延岑之酷,元元涂炭,无所依诉。今之征伐,非必略地屠城,要在平定安集之耳。诸将非不健斗,然好虏掠。卿本能御吏士,念自修敕,无为郡县所苦。"③观刘秀此言,意在三辅,似未预料到冯异会与赤眉在弘农狭路相逢。

《后汉书·冯异传》:"异与赤眉遇于华阴,相拒六十余日,战数十合,降其将刘始、王宣等五千余人。""会邓禹率车骑将军邓弘等引归,与异相遇,禹、弘要异共攻赤眉。异曰:'异与贼相拒且数十日,虽屡获雄将,余众尚多,可稍以恩信倾诱,难卒用兵破也。上今使诸将屯黾池要其东,而异击其西,一举取之,此万成计也。'"④冯异之言透露出这样的战略意图,即不与赤眉正面交锋,放其东行,使其陷入腹背受敌的境地。这个想法似乎在与邓禹相遇之前即已付诸实施。

《后汉书·刘盆子传》载,建武三年正月,"邓禹自河北度,击赤眉于湖,禹复败走"。⑤ 这几句话需要补充说明。所谓"河北",中华书局标点本只在"河"字下加专名横线,则"河北"为一意涵甚广的地名。愚以为《后汉书》中的"河北"并非此意,实际上,"河北"二字共同组成一个十分具体的地名,即河东郡的河北县,对岸即弘农郡湖县。⑥ 据冯异本传,邓禹在弘农攻赤眉发生于他"与异相遇"之后,而冯异并不曾到河东郡去,因此,《刘盆子传》所载邓禹"击赤眉于湖"事,其具体情形应当是:邓禹回朝时,因赤眉行进在直接通向函谷关的道路上,他不得不绕道河东郡。到达河东后,自河北县南渡黄河,与冯异相遇于湖县,⑦随即劝说冯异与他共击赤眉。需要注意的是,冯异原本在华阴与赤眉对峙,虽未大胜,亦有斩获,他为何要退到湖县?较为

---

① 《后汉书》卷一六《邓禹传》,第484页。
② 《后汉书》卷一一《刘盆子传》,第485页。
③ 《后汉书》卷一七《冯异传》,第645页。
④ 《后汉书》卷一七《冯异传》,第646页。
⑤ 《后汉书》卷一一《刘盆子传》,第485页。
⑥ 谭其骧主编:《中国历史地图集》(第二册),第42—43幅。
⑦ 并非完全巧合,很可能是邓禹得知冯异在湖县,故而自最为近便的河北县渡河就禹。《后汉纪》:邓禹"至华阴,欲进兵击赤眉。冯异曰……"([东晋]袁宏:《后汉纪》,张烈点校:《两汉纪》(下册),中华书局,2002年,第60页),可能有误。若邓禹径至华阴,则他与冯异之间是赤眉大军,何由商议击赤眉事?若自河北县南渡至华阴,又迂远。河北县之西应当亦有黄河渡口。

但是,冯异的想法并没有得到邓禹的认可。邓禹、邓弘贸然对赤眉发动进攻,遭遇失败,冯异不得不救,结果仍然不敌赤眉。"禹得脱归宜阳。异弃马步走上回溪阪,与麾下数人归营。复坚壁,收其散卒,招集诸营保数万人,与贼约期会战。使壮士变服与赤眉同,伏于道侧。旦日,赤眉使万人攻异前部,异裁出兵以救之。贼见势弱,遂悉众攻异,异乃纵兵大战。日昃,贼气衰,伏兵卒起,衣服相乱,赤眉不复识别,众遂惊溃。追击,大破于崤底,降男女八万人。余众尚十余万",①"南向宜阳"。"帝闻,乃自将幸宜阳,盛兵以邀其走路"。建武三年正月甲辰,刘秀"亲勒六军,大陈戎马,大司马吴汉精卒当前,中军次之,骁骑、武卫分陈左右"。②"赤眉忽遇大军,惊震不知所为,乃遣刘恭乞降,曰:'盆子将百万众降,陛下何以待之?'帝曰:'待汝以不死耳。'樊崇乃将盆子及丞相徐宣以下三十余人肉袒降。上所得传国玺绶,更始七尺宝剑及玉璧各一。积兵甲宜阳城西,与熊耳山齐"。③ 赤眉遂平。此后,三河地区虽偶有小乱,比如青犊残余还在河内活动,④但对刘秀政权已无多大威胁。

第三节 三河地区与东汉末年的战争

一、"寇贼"与三河

1. 黄巾不入三河

汉灵帝中平元年(184)二月,黄巾起义爆发。朝廷迅即作出应对,"以河南尹何进为大将军,将兵屯都亭。置八关都尉"。李贤注:"都亭在洛阳。八关谓函谷、广城、伊阙、大谷、轘辕、旋门、小平津、孟津也。"洛阳作为国都,进入最高警戒状态。在做好防守部署的同时,汉灵帝还主动出击,"遣北中郎将卢植讨张角,左中郎将皇甫嵩、右中郎将朱儁讨颍川黄巾"。⑤ 朝廷显然将颍川黄巾视作心腹大患,而黄巾首领张角所领的河北黄巾尚在其次。

---

① 《后汉书》卷一七《冯异传》,第646页。
② 《后汉书》卷一上《光武帝纪上》,第32页。
③ 《后汉书》卷一一《刘盆子传》,第485页。
④ 《后汉书》卷一上《光武帝纪上》:"(建武三年二月)遣吴汉率二将军击青犊于轵西,大破降之。"(第33页)
⑤ 《后汉书》卷八《灵帝纪》,第348页。

在朝廷的重视下,再加上皇甫嵩出众的军事才能,到五月,颍川黄巾即被扑灭,洛阳南部威胁解除。

河北战场起初似很顺利,六月,"卢植破黄巾,围张角于广宗"。① 然而,随后便陷入僵局。究其原因,据《后汉书·卢植传》:"角等走保广宗,植筑围凿堑,造作云梯,垂当拔之。帝遣小黄门左丰诣军观贼形势,或劝植以赂送丰,植不肯。丰还言于帝曰:'广宗贼易破耳。卢中郎固垒息军,以待天诛。'帝怒,遂槛车征植,减死罪一等。"② 所谓"垂当拔之",或许并非当时实情,只不过是史家为卢植鸣不平罢了。从左丰的小报推断,所谓"广宗贼易破"应该是虚造之词,真实情况可能恰恰相反,张角领导的黄巾具有与朝廷对抗的实力。史家笔下的"垂当拔之",实际上是一时还不能拔之,有成为持久战的可能。左丰正是通过将这种实力对比造成的僵局歪曲成前线将领逗留不进、贻误战机的表现,方才使诬陷获得了成功。现在看来,《后汉书·皇甫嵩传》所说的"时北中郎将卢植及东中郎将董卓讨张角,并无功而返,乃诏嵩进兵讨之",或许比较符合实情。卢植无功是因为没有给他足够的时间,董卓则是因为"代卢植击张角于下曲阳,军败抵罪"。③ 总之,都反映河北黄巾的实力不容小觑,足以与朝廷抗衡。

这便牵扯出一个问题,起义爆发时,朝廷派兵北上尚需时日,黄巾为何不南下河内,④像颍川黄巾那样,给都城洛阳施加更大压力,而是不离巨鹿一带,消极防御,最终陷入被动?这或许与以下因素有关:

第一,各地黄巾之间的配合很难见到,活动范围比较恒定。比如,颍川、汝南壤地相接。皇甫嵩、朱儁在颍川大胜后,"乘胜进讨汝南、陈国黄巾","并破之"。⑤ 颍川、汝南的黄巾是被各个击破的。又如南阳与颍川相接,黄巾张曼成"杀郡守褚贡,屯宛下百余日",⑥却不去支援颍川的波才。后来,南阳黄巾亦被朱儁剿灭。《皇甫嵩传》曾描述各地黄巾军"所在燔烧官府,劫略聚邑,州郡失据,长吏多逃亡",⑦"所在"大概就是指不同黄巾军只在本地活动而言的。脱不开畛域之分,这恐怕不是黄河以南黄巾特有的习惯,巨鹿一带的黄巾军不入河内,可能与这一行事习惯有关。

---

① 《后汉书》卷八《灵帝纪》,第349页。
② 《后汉书》卷六四《卢植传》,第2118页。
③ 《后汉书》卷七二《董卓列传》,第2320页。
④ 这是大略言之,推测成分较大。黄巾也可能触及河内,只不过从战争进程来看,即便如此,河内亦不是黄巾倾全力的方向,否则,应不会出现在己方根据地与官军对峙的情形。
⑤ 《后汉书》卷七一《皇甫嵩传》,第2301页。
⑥ 《后汉书》卷七一《朱儁传》,第2309页。
⑦ 《后汉书》卷七一《皇甫嵩传》,第2300页。

第二，黄巾首领张氏三兄弟为巨鹿人，而黄巾起事却"期会发于邺"，邺为魏郡郡治，魏郡南临河内。可见，黄巾起初应当有南攻河内进逼洛阳的念头。但因为中途有变，仓促间提前举事，黄巾并没有在魏郡做好部署，南下河内的风险较大。

第三，《皇甫嵩传》言张角"因遣弟子八人使于四方，以善道教化天下，转相诳惑。十余年间，众徒数十万，连结郡国，自青、徐、幽、冀、荆、杨、兖、豫八州之人，莫不毕应"。其中并没有提到司隶校尉部。当然，这并不意味着司隶校尉部就不存在黄巾党羽，比如在京师洛阳，黄巾"以中常侍封谞、徐奉等为内应"。① 不过，黄巾在这里采用的似乎是针对宫廷禁区的特殊策略，整个司隶校尉部因其在全国行政格局中的特殊地位，黄巾的渗透程度可能远远不如其他州。河内作为司隶校尉部之一郡，缺乏黄巾的信众，巨鹿黄巾若要南下，应当顾及这一点。

黄巾起义声势浩大，却未见触及三河地区这一东汉王朝最核心的统治区域。尽管有各种各样的理由来解释这一现象，但无论如何不容否认的一点是，汉王朝对这一区域的控制的确比其他地区要严密一些。不过，黄巾起义毕竟动摇了王朝统治的根基，反政府武装纷纷出现，其活动也开始波及三河地区。

2. "黑山贼"起于河内

黄巾主力刚刚剿灭，中平二年（185）二月，"黑山贼张牛角等十余辈并起，所在寇钞"。② 张牛角死，张燕接替他领导黑山军，直到献帝建安十年（205）夏四月，"张燕率众降"，③"黑山贼"活动了近二十年。"黑山贼"的活动范围起初并未至三河，并且也不叫"黑山贼"。《三国志·魏书·张燕传》：

> 张燕，常山真定人也，本姓褚。黄巾起，燕合聚少年为群盗，在山泽间转攻，还真定，众万余人。博陵张牛角亦起众，自号将兵从事，与燕合。燕推牛角为帅，俱攻瘿陶。牛角为飞矢所中，被创且死，令众奉燕，告曰：'必以燕为帅。'牛角死，众奉燕，故改姓张。燕剽悍捷速过人，故军中号曰飞燕。其后人众寖广，常山、赵郡、中山、上党、河内诸山谷皆相通，其小帅孙轻、王当等，各以部众从燕，众至百万，号曰黑山。灵帝不能征，河北诸郡被其害。④

---

① 《后汉书》卷七一《皇甫嵩传》，第2299、2300页。
② 《后汉书》卷八《灵帝纪》，第351页。
③ 《后汉书》卷九《献帝纪》，第383页。
④ 《三国志》卷八《魏书·张燕传》，第261页。

可见,"黑山贼"是张燕发展到一定程度后所得之称号,在此之前,包括河内在内的河北各地山谷间已有众多独立于张燕的民众武装,史家将其定性为"山谷寇贼"。

《后汉书·朱儁传》:"贼帅常山人张燕,轻勇趫捷,故军中号曰飞燕。善得士卒心,乃与中山、常山、赵郡、上党、河内诸山谷寇贼更相交通,众至百万,号曰黑山贼。河北诸郡县并被其害,朝廷不能讨。燕乃遣使至京师,奏书乞降,遂拜燕平难中郎将,使领河北诸山谷事,岁得举孝廉、计吏。燕后渐寇河内,逼近京师,于是出儁为河内太守,将家兵击却之。"①这段记载表明"山谷寇贼"的广泛存在。值得注意的是,河内的山谷寇贼在张燕进攻方向的变化过程中,发挥了重要作用。所谓"渐寇河内,逼近京师",显然是在与河内民众武装达成联合后所发生的新动向。

"黑山贼"的名号亦得之于河内。上引《张燕传》文字涉及的两个称号:"燕剽悍捷速过人,故军中号曰飞燕","飞燕"是张燕本人的;"众至百万,号曰黑山","黑山"是一支庞大武装的称号。② 然而,《三国志》裴松之注引《九州春秋》曰:"张角之反也,黑山、白波、黄龙、左校、牛角、五鹿、羝根、苦蝤、刘石、平汉、大洪、司隶、缘城、罗市、雷公、浮云、飞燕、白爵、杨凤、于毒等各起兵,大者二三万,小者不减数千。灵帝不能讨,乃遣使拜杨凤为黑山校尉,领诸山贼,得举孝廉计吏。后遂弥漫,不可复数。"③其中"黑山"与"飞燕"并列,这里的"飞燕"显然是以头领张燕的称号来指代他所率领的武装,而被称之为"黑山"的武装独立于张燕所部。只是后来张燕合并了黑山军,于是,发展起来的百万大军被合称为"黑山贼"。嫡系名号为旁系所取代,很大程度上是因为黑山军因其活动地域的特殊性,受到了更大关注。

《水经注·河水》:黄河支流清水"出河内修武县之北黑山",又言"黑山在县北白鹿山东,清水所出也"。④《元和郡县图志》河北道卫州卫县条下有黑山,"在县北五十五里。汉末眭固、白绕等起黑山,聚众十余万,号黑山贼"。⑤ 据此,东汉末年起于河内黑山的民众武装,被称为"黑山贼"。这个

---

① 《后汉书》卷七一《朱儁传》,第2311页。
② 这个区别在《后汉书》李贤注引《魏志》中表现得更为突出:"燕,本姓褚,常山真定人也。黄巾起,燕合聚少年为群盗,万余人,博陵人张牛角为主。牛角死,燕代为主,故改姓张。燕剽勇,军中号曰张飞燕。众至百万,号曰黑山贼。"(第383—384页)
③ 《三国志》卷八《魏书·张燕传》,第261—262页。《后汉书》卷七一《朱儁传》亦有相似内容,不过,所提到的民众武装称号的用字与《张燕传》相比偶有差异,数量也不同,《朱儁传》共25支,比《张燕传》多5支。其中,郭大贤、张白骑、左髭丈八、李大目、白绕、眭(应为"眭")固为《张燕传》所无。《张燕传》中的罗市为《朱儁传》所无。
④ 陈桥驿:《水经注校证》,第223页。
⑤ [唐]李吉甫撰,贺次君点校:《元和郡县图志》,第461页。

认识有一定的历史依据。《三国志·魏书·武帝纪》载,初平二年(191),"黑山贼于毒、白绕、眭固等十余万众略魏郡、东郡,(东郡太守)王肱不能御,太祖引兵入东郡,击白绕于濮阳,破之。袁绍因表太祖为东郡太守,治东武阳。三年春,太祖军顿丘,毒等攻东武阳。太祖乃引兵西入山,攻毒等本屯。毒闻之,弃武阳还。太祖要击眭固,又击匈奴於夫罗于内黄,皆大破之"。① 于毒、白绕、眭固共攻魏郡、东郡,三支武装活动地域应很相近。由于魏郡、东郡皆与河内毗邻,三人很有可能皆来自河内。又据《后汉书·袁绍传》,初平四年(193),"(袁绍)闻魏郡兵反,与黑山贼干②毒等数万人共覆邺城,杀郡守"。"六月,绍乃出军,入朝歌鹿肠山苍岩谷口,讨干毒。围攻五日,破之,斩毒及其众万余级"。③ 于毒攻魏郡,袁绍从北方回师反攻,于毒南逃至河内山区,似亦可从侧面说明于毒很可能以河内为巢穴。

"黑山贼"名号虽得自河内,但百万黑山军发挥历史影响的主要区域却在河内之外。汉献帝初平年间,黑山军站在地方军阀的对立面,被后者视作打击对象。从前面提到的历史记载中可以看出,初平年间,黑山军自河内向北、向东进攻,遭到曹操、袁绍的反击。后来情形有所改变,黑山军加入了军阀之间的纷争。比如建安三年(198)袁绍围攻割据幽州的公孙瓒,"瓒遣子续请救于黑山诸帅,而欲自将突骑直出,傍西山以断绍后"。次年春,"黑山贼帅张燕与续率兵十万,三道来救瓒"。④ 但此次行动失败了,否则,必对幽冀政治格局发生重大影响。

河内黑山军也有联合军阀的行为。建安二年(197),袁术僭号称帝。此前,孙策谏阻,其中说道:"然而河北异谋于黑山,曹操毒被于东徐,刘表僭乱于南荆,公孙叛逆于朔北,正礼阻兵,玄德争盟。"李贤注:"谓袁绍为冀州牧,与黑山贼相连。"⑤这里说的似乎是袁绍曾经与黑山勾结,可能是指河内黑山军,但笔者目前并未在史籍中找到建安二年前袁绍与黑山联通的相关历史信息,因此无法肯定。不过,建安四年(199)确有此类事情。是年"张杨将杨丑杀杨,眭固又杀丑,以其众属袁绍,屯射犬。夏四月,(曹操)进军临河,使史涣、曹仁渡河击之。固使杨故长史薛洪、河内太守缪尚留守,自将兵北迎绍求救,与涣、仁相遇犬城。交战,大破之,斩固。"⑥这里未提到眭固与

---

① 《三国志》卷一《魏书·武帝纪》,第8—9页。
② 《三国志》卷一《魏书·武帝纪》作"于",见本段所引。
③ 《后汉书》卷七四《袁绍传》,第2381页。
④ 《后汉书》卷七三《公孙瓒传》,第2364页。
⑤ 《后汉书》卷七五《袁术传》,第2441页。
⑥ 《三国志》卷一《魏书·武帝纪》,第17页。

张杨的关系,据《三国志·魏书·张杨传》言,张杨部将杨丑,"杀杨以应太祖。杨将眭固杀丑,将其众,欲北合袁绍"。① 则黑山贼眭固先是投靠张杨,张杨被杀后,又投袁绍,最后被曹操部下所杀。眭固的命运反映的是袁曹两家对河内控制权的争夺。

3."白波贼"作乱河东

中平五年(188)二月,"黄巾余贼郭太等起于西河白波谷,寇太原、河东"。② 此事在《后汉书·董卓传》中较详:

> 灵帝末,黄巾余党郭太等复起西河白波谷,转寇太原,遂破河东,百姓流转三辅,号为"白波贼",众十余万。③

方诗铭据其中的"复起西河白波谷"认为,白波贼此前曾归附东汉政府,中平五年这次是"再度起兵"。④ 其说有理。西河白波谷的具体所在,有学者主张《后汉书》所谓"西河"与汉代设置的跨越山陕间黄河河段的西河郡"并无关系",而应当是指"冀州西界的黄河河段"。这个说法已经道出了问题的精髓,不过,更准确地说,对"西河"的理解似应补充为"冀州西界的黄河河段"东岸之部分区域。靳氏经过实地考察后,认为所谓"西河白波谷"在今山西襄汾县西南,⑤这个定位与谭其骧主编《中国历史地图集》对"白波谷"的标注一致。⑥ 笔者认为可从。今襄汾县在秦汉时期属河东郡。这就意味着,在黄巾起义后不久,河东郡内即有民众武装自山谷间兴起,后来虽投诚,但没多久即重新作乱河东。

与太行山以东的黑山贼相比,起于河东郡的白波贼有一个特别之处,即外族也参与了他们的军事行动。《后汉书·灵帝纪》载,中平五年九月,"南单于叛,与白波贼寇河东"。⑦ 同书《南匈奴传》又载:"持至尸逐侯单于於扶罗,中平五年立。国人杀其父者遂畔,共立须卜骨都侯为单于,而於扶罗诣阙自讼。会灵帝崩,天下大乱,单于将数千骑与白波贼合兵寇河内诸郡。时

---

① 《三国志》卷八《魏书·张杨传》,第 251 页。
② 《后汉书》卷八《灵帝纪》,第 355 页。
③ 《后汉书》卷七二《董卓列传》,第 2327 页。
④ 方诗铭:《曹操与"白波贼"对东汉政权的争夺——兼论"白波"及其性质》,《历史研究》1990 年第 4 期。
⑤ 靳生禾、谢鸿喜:《东汉白波垒古战场考察报告》,《山西大学学报》(哲学社会科学版)2004年第 1 期。
⑥ 谭其骧主编:《中国历史地图集》(第二册),第 42—43 页。
⑦ 《后汉书》卷八《灵帝纪》,第 356 页。

民皆保聚,钞掠无利,而兵遂挫伤。复欲归国,国人不受,乃止河东。"①汉灵帝死于中平六年(189)四月。《资治通鉴考异》认为两处记载有冲突:"按《匈奴传》,帝崩之后,於扶罗乃与白波贼为寇,《纪》误,今从《传》。"②《考异》的说法似有武断之嫌。《灵帝纪》说的是"寇河东",而《南匈奴传》说的是"寇河内诸郡",因遭挫败,返回河东。两处记载未必指同一件史事,发生的时间不同,亦属正常。再说,按《南匈奴传》的记载,於扶罗在河内受挫,西退至河东,河东应是他攻河内之前的根基所在。何能如此? 想必在灵帝死前於扶罗曾对河东有所动作。中平五年的於扶罗是有可能这么做的。

《三国志·魏书·武帝纪》裴松之注引《魏书》曰:"於夫罗者,南单于子也。中平中,发匈奴兵,於扶罗率以助汉。会本国反,杀南单于,於扶罗遂将其众留中国。因天下扰乱,与西河白波贼合,破太原、河内,抄略诸郡为寇。"③《晋书·江统传》:"中平中,以黄巾贼起,发调其(指南匈奴)兵,部众不从,而杀羌渠。由是於弥扶罗求助于汉,以讨其贼。仍值世丧乱,遂乘衅而作,卤掠赵魏,寇至河南④。"⑤同书《刘元海载记》:"中平中,单于羌渠使子於扶罗将兵助汉,讨平黄巾。会羌渠为国人所杀,於扶罗以其众留汉,自立为单于。属董卓之乱,寇掠太原、河东,屯于河内。"⑥综合几处记载大致可得到如下认识:於扶罗奉父单于羌渠之命,入内郡助朝廷平黄巾。中平五年三月,其父被国人所杀,⑦南单于庭另立新主。於扶罗请求朝廷主持公道,似乎未得到支持,遂"自立为单于"。⑧ 东汉政府没有站在他这一边,这或许就是於扶罗在中平五年九月联合数月前起事的白波贼作乱河东的原因之一。

《后汉书·献帝纪》:中平六年十月,"白波贼寇河东,董卓遣其将牛辅击之"。⑨ 此时灵帝已死,从时间上看,与前引《后汉书·南匈奴传》记载中的"会灵帝崩"相符,两处记载可以相互补充。不过,还需要稍作说明的是,《南匈奴传》说此次行动所攻目标为"河内诸郡",为何《献帝纪》说"寇河

---

① 《后汉书》卷八九《南匈奴列传》,第 2965 页。
② [宋] 司马光:《资治通鉴考异》卷二,上海涵芬楼影印宋刊本,第 70 页。
③ 《三国志》卷一《魏书·武帝纪》,第 9 页。
④ "寇至河南"的说法没有其他材料可以印证,似不可从。
⑤ 《晋书》卷五六《江统传》,第 1534 页。
⑥ 《晋书》卷一〇一《刘元海载记》,第 2645 页。
⑦ 《后汉书》卷八《灵帝纪》:"休屠各胡攻杀并州刺史张懿,遂与南匈奴左部胡合,杀其单于。"(第 355 页)
⑧ 若按《后汉书》卷八九《南匈奴传》的说法,给人的感觉好像是,父单于在国人的叛乱中被杀,於扶罗却上了台,随后又遭到国人的反对。这不合常理。既杀父,为何要立其子?
⑨ 《后汉书》卷九《献帝纪》,第 368 页。

东"呢？这从《后汉书·董卓传》的一段记载中或可发现一些端倪，该段文字在本节开始已经引录，只是后面紧接着还有一句话"（董）卓遣中郎将牛辅击之，不能却"，与《献帝纪》对比可见，在事件因果关系的叙述上，两处记载是可以对勘的。《献帝纪》说"白波贼寇河东"，《董卓传》说白波贼"转寇太原，遂破河东"，而击太原、河东事，与《灵帝纪》中平五年二月有关白波贼的记录是对应的，只是《灵帝纪》未言"遂破"河东。笔者认为，《董卓传》实际上是将灵帝中平五年二月至六月十月间有关白波贼的事情杂糅在了一起，从初起于河东而至于终"破"河东，使河东百姓"流转三辅"，全由"转寇太原，遂破河东"一语概括了，省略了其中的一些细节。

现在，我们对白波的踪迹可以尝试性地作一复原：白波贼中平五年二月起事以来，一直以太行山以西为主要活动区域，对进攻河东地区尤为着力，其间在中平五年九月有匈奴单于於扶罗加入。中平六年十月，董卓遣将讨伐，既"不能却"，白波贼与於扶罗遂乘势而进，至于河内。《献帝纪》载，次年正月，"白波贼寇东郡"，①自河东至东郡，必经河内，由此亦可证实上述推断。

白波贼联合於扶罗"遂破河东"，但从相关记载来看，并没有占据河东全境。白波的巢穴在汾北，其地距汾北重镇平阳甚近。《后汉书·南匈奴传》说於扶罗归国不遂，"乃止河东"，李贤注："遂止河东平阳也。"②这两股势力在河东地区固守的地盘在汾北，对以郡治安邑为中心的汾南地区，很可能有过涉足，但并未达到掌控的目的。初平二年（191），董卓从洛阳退守关中，派中郎将牛辅"屯安邑"，说明汾南并不在白波和於扶罗的控制下。不仅如此，在关东群雄与董卓形同水火的形势下，白波与於扶罗的联盟也发生了分裂。

《三国志·魏书·张杨传》："山东兵起，欲诛卓。袁绍至河内，杨与绍合，复与匈奴单于於夫罗屯漳水。"③说明匈奴单于投向了袁绍阵营。而白波则向董卓方面投诚。比如，董卓死后，其将李傕、郭汜攻下长安，二人旋即相互攻击。"傕将杨奉本白波贼帅，乃将兵救傕"。白波贼帅杨奉向董卓阵营投诚，并最终跟从李傕的过程如何？史无明文，不过，我们可以做一些推测。董卓在河东原本有一些根基，在何进诛杀宦官引起洛阳大乱之前，董卓"驻兵河东，以观时变"。在退守长安时，又使其女婿牛辅"屯安邑"，而此时

---

① 《后汉书》卷九《孝献帝纪》，第369页。
② 《后汉书》卷八九《南匈奴列传》，第2965页。陈序经说："在东汉的末季，匈奴是分为三部分：一是北匈奴，二为南匈奴，三为在河东平阳的匈奴。"（陈序经：《匈奴史稿》，中国人民大学出版社，2009年，第400页。）显然从李贤之说。本文亦从之。
③ 《三国志》卷八《魏书·张杨传》，第251页。

的河内又有袁绍屯驻大兵,白波、於扶罗无利可图,选择投靠不失为一个出路。而投靠哪一方,则是利益衡量的结果。白波贼投靠董卓,很可能是因为董氏虽然无道,但有天子在手,毕竟代表着汉统。并且从当时实际情形来看,董卓似乎也称不上是"孤家寡人",投靠者不乏其人。杨奉大概就是通过这个途径为屯驻河东的牛辅所接纳,而李傕是牛辅部将,杨奉最终跟随李傕便不奇怪了。除了杨奉,还有几位白波将领也归顺了董卓掌控的东汉政府。后来,他们与杨奉一起,有力影响了汉末政治的进程。

二、河内控制权的流转与汉献帝初年的政局演变(190—199)

司马迁曾有"三河在天下之中"的说法,①而汉代河内郡作为"三河"区域的一个重要组成部分,自然亦具有"天下之中"的地理特性。尤其是进入东汉以后,"随着都城从长安移至洛阳,河内靠近王畿所在,表里山河,政治地位得到进一步提高,并获得了接近政治中心的地缘优势"。② 然而,对河内的社会发展而言,这种引人瞩目的政治地位以及地缘优势,一旦遭遇政局动荡,便很容易使该地区成为多种政治势力争夺的目标。汉献帝初年的河内即是如此,汉末群雄围绕着河内,展开了多种形式的角逐。而在当时的社会大变局中,河内争夺并不单纯是一段区域历史,它也是观察当时政局变动的一扇窗户。

1. 讨董阶段河内地区的权力格局

中平六年(189),汉灵帝驾崩,边臣董卓带兵入朝,掌握了东汉朝廷的中枢权力。为进一步巩固地位,董卓又废黜少帝刘辩及其生母何太后,另立陈留王刘协为帝,③此即历史上的汉献帝。然而,另立新君,并没有达到预期的政治目的,反倒使董卓与关东士人的矛盾更为尖锐。初平元年(190)正月,以勃海太守袁绍为首的关东牧守起兵讨董卓,其中驻扎于黄河以北的有三家,分别是袁绍本人以及冀州牧韩馥、河内太守王匡。在战斗部署方面,"绍与王匡屯河内","馥屯邺"。由于当时的关东群雄"遥推绍为盟主",④作为盟主所在的河内地区便在某种程度上扮演着讨董联盟大本营的角色。

---

① 《史记》卷一二九《货殖列传》,第3262页。
② 仇鹿鸣:《魏晋之际的政治权力与家族网络》,上海古籍出版社,2012年,第44页。
③ 陈勇指出:董卓进京后,是将临朝的何太后"视为政治上主要的或最危险的对手",因而也是"首先消灭的目标"。但"如果杀死何太后,又将同少帝结下深仇",在这样的背景下,董卓"藉太后之策行废立之事",为废少献"获得了合法的名义"。待废立完成后,董卓便将何太后、少帝刘辩赶死。陈勇认为,董卓这么做,是为了达到"独揽朝政"的目的。见陈勇:《董卓进京述论》,《中国史研究》1995年第4期。
④ 《后汉书》卷七四上《袁绍传》,第2375页。

然而，河内的大本营角色在更大程度上只具有形式意义，而无其实。从黄河南岸的酸枣诸军"兵十余万，日置酒高会，不图进取"①的表现中，可以很清楚地看到，河内盟主对其他盟军的影响力微乎其微。出现这一局面，"遥推"所造成的空间距离应当是一个比较显见的因素。不过，除此之外，最根本的原因还在于袁绍作为盟主，并不具备足够的实力以统一号令。

从袁绍的履历来看，在地方上仅担任过濮阳长，黄河以北并非他长期经营的区域。当他因反对废立皇帝而与董卓决裂后，"悬节于上东门，而奔冀州"。亡命之际，不大可能带领大批追随者。还需要注意的是，袁绍以冀州为目的地，并非慌不择路，而是有现实考量的。当时的冀州牧韩馥与袁氏存在特殊关系，颍川人荀谌曾对韩馥说："夫袁氏，将军之旧。"韩馥自己也曾承认："吾，袁氏故吏。"②故吏，这是东汉时期十分典型的一种社会关系，③袁绍前往冀州，极有可能是为了在袁氏故吏韩馥那里得到庇护。袁绍出奔冀州，发生于中平六年八、九月间，至初平元年正月关东起兵，其间只有四五个月，很难想象，寄人篱下的袁绍会在数月间便拥有了号令天下的实力。事实上，韩馥也不可能坐视袁绍在河北发展得过于迅猛。《后汉书·袁绍传》：

> 是时豪杰既多附绍，且感其家祸，人思为报，州郡蜂起，莫不以袁氏为名。韩馥见人情归绍，忌其得众，恐将图己，常遣从事守绍门，不听发兵。桥瑁乃诈作三公移书，传驿州郡，说董卓罪恶，天子危逼，企望义兵，以释国难。馥于是方听绍举兵。……馥意犹深疑于绍，每贬节军粮，欲使离叛。④

这段记载提到袁绍的"家祸"，所谓"家祸"，是指袁绍起兵后，董卓杀其叔父袁隗一事。《后汉书·献帝纪》：初平元年三月戊午，"董卓杀太傅袁隗、太仆袁基，夷其族"。⑤ 而袁绍联合关东牧守起兵于初平元年正月，这也就意味着，在袁隗被杀之前，即已出现"州郡蜂起"的局面。因此，《后汉书·袁

---

① 《三国志》卷一《魏书·武帝纪》，第7页。
② 《三国志》卷六《魏书·袁绍传》，第191页。《后汉书》卷七四上《袁绍传》所载相同，见2377、2378页。
③ 府主死后，故吏"要以臣子、儿子的身份治丧服孝"。为府主"殉节之事亦常见"。参看朱子彦：《论先秦秦汉时期的两重君主观》，《史学月刊》2004年第2期。"东汉之门生故吏与其师长故主之关系极深，而未流至有君臣之名分"。参见余英时：《士与中国文化》，上海人民出版社，2003年，第259页。相关论述，还可参看杨联陞：《东汉的豪族》，商务印书馆，2011年，第28—29页。
④ 《后汉书》卷七四上《袁绍传》，第2376页。
⑤ 《后汉书》卷九《献帝纪》，第370页。

绍传》所谓"且感其家祸,人思为报,州郡蜂起",将袁氏"家祸"视为州郡起兵的激励因素,在叙事的时间序列上是错乱的。这将对后续文字的理解造成误导,使读史者有可能误以为冀州牧韩馥对袁绍的疑忌是在关东起兵数月后才出现的新情况。实际情形如何呢?建安元年,袁绍曾回忆说:

> 故遂引会英雄,兴师百万,饮马孟津,歃血漳河。会故冀州牧韩馥怀挟逆谋,欲专权势,绝臣军粮,不得踵系,至使猾虏肆毒,害及一门,尊卑大小,同日并戮。①

显然,袁绍本人将导致袁氏"家祸"的根源归结于韩馥在背后的处处掣肘。这一归因是否允当,此处姑且不论。就情理而言,袁绍指控韩馥"欲专权势,绝臣军粮",应当确有其事。所谓"见人情归绍,忌其得众,恐将图己",便是韩馥如此举动的心理动机。这里尤其需要注意的是,袁绍的说法表明,韩馥对他的疑忌,在袁氏"家祸"发生之前即已存在。这种心理状态实际上突出地反映了河北地方实力派与盟主之间的矛盾。

除了冀州大后方对河内战局的牵制,河内本地的特殊权力格局也对讨董大业存在不利影响。当时主政河内的是泰山人王匡,作为河内地区的行政首长,当讨董联军驻扎于此地时,他卷入战事的程度自然要比其他地方大员深得多,有时甚至是身不由己。就在袁氏在京者被夷灭之后不久,初平元年六月,董卓派遣大鸿胪韩融、少府阴修、执金吾胡母班、将作大匠吴修、越骑校尉王瓌"安集关东",②"譬解绍等诸军"。③这五人中,除了韩融幸存,其他四人皆被杀,其中被王匡处死的就有三个。这个事实一方面固然说明王匡对讨董联盟以及盟主袁绍的忠诚度较高,但是换个角度看,也可以说明,由于河内是盟主的驻地,王匡面临着袁绍直接的政治压力,不得不服从袁绍的旨意。这一点,通过杀戮过程中发生的一件颠覆人伦的惨剧,可以得到十分真切的体会。王匡所杀三人中,有其乡党胡母班。

> (胡母)班,王匡之妹夫。匡受绍旨,收班系狱,欲杀以徇军。班与匡书,略曰:"足下拘仆于狱,欲以衅鼓,此何悖暴无道之甚者也?仆与董卓何亲戚?义岂同恶?足下张虎狼之口,吐长蛇之毒,惠卓迁怒,何

---

① 《后汉书》卷七四上《袁绍传》,第2385页。
② 《后汉书》卷九《献帝纪》,第370页。
③ 《后汉书》卷七四上《袁绍传》,第2376页。

其酷哉! 死者人之所难,然耻为狂夫所害。若亡者有灵,当诉足下于皇天。夫婚姻者祸福之几,今日著矣。曩为一体,今为血仇,亡人二女,则君之甥,身没之后,慎勿令临仆尸骸。"匡得书,抱班二子哭,班遂死于狱。①

胡母班所谓"曩为一体,今为血仇",表达了对王匡灭亲行为的极度愤慨与不解。而王匡此举,无论对讨董大业,还是对家族利益,都没有任何实际好处,其意义仅仅是为袁氏出了一口恶气而已。如果不是迫于袁绍的压力,王匡又何必要杀死朝廷命官兼具姻亲身份的胡母班?

以势相逼,不能相互照顾彼此的利益,以此作为盟主袁绍与河内地方首长合作的机制,其运行效率本来就比较堪忧。更糟糕的是,王匡在与河内基层社会相处的过程中,亦缺乏一种从容与优容。《三国志·魏书·常林传》:"(河内)太守王匡起兵讨董卓,遣诸生于属县微伺吏民罪负,便收之,考责钱谷赎罪,稽迟则夷灭宗族,以崇威严。"由此可见,河内的讨董军队面临经济支撑乏力的问题,致使王匡不得不采取"微伺"罪过、"夷灭宗族"之类的"威严"手段。而这种做法显然忽略了河内士人的感受,反倒将河内士人推得更远了。常林选择"避地上党,耕种山阿",②此外,温县的司马氏也选择了背井离乡。

《三国志·魏书·司马朗传》:"是时董卓迁天子都长安,卓因留洛阳。朗父防为治书御史,当徙西,以四方云扰,乃遣朗将家属还本县。"司马朗还河内,本意是保持家业不坠,但他回乡后很快预感到"郡与京都境壤相接","乃四分五裂战争之地,难以自安",旋即"举宗东到黎阳",投奔了"乡里旧婚"赵威孙。③ 需要指出的是,虽然司马朗主要因为河内是"四分五裂战争之地"而选择离乡,但河内主政者"考责钱谷"的做法,无疑加重了当地基层社会"难以自安"的内心忧虑,势必促使他们更为倾向于选择离开河内。

2. 袁绍北移与张杨取河内

袁绍被遥推为盟主,依靠的是"四世居三公位"④的家族声望,他的实力有限。再加上背后有冀州牧韩馥在牵制,战争前沿的河内又缺乏基层社会的普遍支持,由河内方向对董卓发起的攻势最终失败。初平元年冬,"河内

---

① 《后汉书》卷七四上《袁绍传》李贤注引《谢承书》,第2376页。
② 《三国志》卷二三《魏书·常林传》,第658—659页。
③ 《三国志》卷一五《魏书·司马朗传》,第466、467页。
④ 《三国志》卷六《魏书·袁绍传》,第188页。

太守王匡,遣泰山兵屯河阳津,将以图卓。卓遣疑兵若将于平阴渡者,潜遣锐众从小平北渡,绕击其后,大破之津北,死者略尽"。① 从记载来看,河阳之役基本上属于王匡一个人的战斗,他所领泰山兵遭遇了重大损失。不但在战斗中得不到来自盟军阵营的策应,据谢承《后汉书》的记载,王匡在惨败之后,也没有得到友军的兵力补充,只得"走还泰山",后来被仇家胡母班的亲属以及曹操合力攻杀。②

太守王匡虽然离开,但袁绍始终未能完全掌控河内。因为在与董卓对立的战争环境中,袁绍乃"孤客穷军",③自身实力有限。王匡离开河内后,袁绍不得不仰赖韩馥,"馥遣都督从事赵浮、程奂将强弩万张屯河阳",以此加强河内守备。这对袁绍来说,在引以为助力的同时,难免也有芒刺在背的感觉。为摆脱韩馥的掣肘,袁绍开始谋划夺取冀州。《英雄记》曰:

> 逢纪说绍曰:"将军举大事而仰人资给,不据一州,无以自全。"绍答云:"冀州兵强,吾士饥乏,设不能办,无所容立。"纪曰:"可与公孙瓒相闻,导使来南,击取冀州。公孙必至而馥惧矣,因使说利害,为陈祸福,馥必逊让。于此之际,可据其位。"绍从其言而瓒果来。④

逢纪所谓"公孙必至而馥惧矣,因使说利害,为陈祸福",实际就是软硬兼施。其中通过强硬手段使韩馥产生足够的心理紧张,是成功逼迫韩馥让位的关键。为达此目的,诱使幽州的实力人物公孙瓒南来只是其中一个策略。袁绍还积极从事招降纳叛的活动。《后汉书·袁绍传》:"明年(即初平二年),馥将麹义反畔,馥与战失利。绍既恨馥,乃与义相结。"⑤这是收纳韩馥阵营的叛将。韩馥后来欲让位于袁绍时,部将赵浮等谓馥曰:"袁本初军无斗粮,

---

① 《三国志》卷六《魏书·董卓传》,第 176 页。王匡河阳战败一事,《三国志》置于"初平元年二月,(董卓)乃徙天子都长安"之前。《后汉书·董卓传》置于"明年,孙坚收合散卒,进屯梁县之阳人"之前,所谓"明年"即初平二年。《资治通鉴》系此事于初平元年冬,与《后汉书》记载大抵相合。理由是经历河阳之败,王匡的泰山兵"死者略尽",他本人不得不"走还泰山"。而初平元年六月,董卓派人"安集关东",王匡杀死了其中三人,说明六月时王匡尚在河内,还没有遭遇河阳之败。因此,《三国志》记载有误,兹从《资治通鉴》。
② 《三国志》卷一《魏书·武帝纪》注引谢承《后汉书》,第 6—7 页。
③ 《后汉书》卷七四上《袁绍传》,第 2378 页。
④ 《三国志》卷六《魏书·袁绍传》注引,第 191 页。
⑤ 《后汉书》卷七四上《袁绍传》,第 2377 页。麹义背叛韩馥有可能也是公孙瓒南下的连锁反应。《三国志》卷六《魏书·袁绍传》:"后馥军安平,为公孙瓒所败。瓒遂引兵入冀州,以讨卓为名,内欲袭馥。"(第 190—191 页)韩馥被公孙瓒打败,可能会影响到某些部将的立场。

各已离散,虽有张杨、於扶罗新附,未肯为用,不足敌也。"说明张杨、於扶罗也是袁绍新近纳降的,不过,与麴义原本从属韩馥不同,他们原本是独立于关东群雄的武装。

通过一系列政治运作,韩、袁双方的实力对比在逐渐发生变化,袁绍接下来要做的是选择一个合适的时机,以实际行动向韩馥展示志在必得的强硬姿态。《三国志·魏书·袁绍传》:"会卓西入关,绍还军延津,因馥惶遽,使陈留高幹、颍川荀谌等说馥。"①董卓于初平二年四月入关中,是迫于孙坚在河南地区发动的攻势。入关途中,董卓"使东中郎将董越屯渑池,中郎将段煨屯华阴,中郎将牛辅屯安邑",②河南地区缘黄河一带,特别是以洛阳为中心的地段,已没有董卓的兵力部署,河内守备的压力大为缓解,这是袁绍敢于自河内西部沿着黄河向东北方向移动的前提条件。③ 对袁绍动向的真实意图,高幹等人对韩馥做出了含蓄的提醒:"袁车骑引军东向,此其意不可知,窃为将军危之。"④说客所谓"其意不可知",实际已使袁绍夺权的本意昭然若揭。

在内外重重压力之下,韩馥遂将冀州拱手让与袁绍。此后,袁绍活动的重心北移,所遵从的战略方针是:"举军东向,则黄巾可扫;还讨黑山,则张燕可灭;回师北首,则公孙必擒;震胁戎狄,则匈奴立定。横大河之北,合四州之地……"⑤其中所谓"横大河之北",看似应当将河内包括在内。然而,所谓"四州之地"实际指冀州、青州、幽州、并州,⑥不包括河内。并且沮授所设想的四个进攻对象,黄巾在东,黑山在西,公孙在北,匈奴在西北,亦不涉及河内。由此可见,自袁绍得冀州之后,河内地区对袁绍集团的重要性相对有所下降。而当时的政治形势也迫使袁绍将更多的精力倾注于经营冀州,无暇南顾河内。

由于袁绍是以冀州为诱饵,才成功地调动公孙瓒南来,给韩馥施加了巨大压力。然而,公孙瓒却是为他人做嫁衣,冀州最终落入袁绍手中。对这种欺骗行为,公孙瓒岂能甘心? 再说大兵已南行,不宜空手而归。冀州之争如箭在弦,不得不发。这便决定了袁绍、公孙瓒二人必然由之前的合作关系转

---

① 《三国志》卷六《魏书·袁绍传》,第 191—192 页。
② 《后汉书》卷七二《董卓传》,第 2328 页。
③ 韩馥让位于袁绍时,其部令赵浮等率兵从河阳津返回魏郡,劝阻韩馥,行动方向与袁绍一致。也说明河阳方向形势趋缓,袁、韩势力皆可暂时离开。
④ 《三国志》卷六《魏书·袁绍传》,第 191 页。
⑤ 《后汉书》卷七四上《袁绍传》,第 2379 页。
⑥ 袁绍自为冀州牧,后来又以子袁谭为青州刺史,袁熙为幽州刺史,外甥高幹为并州刺史。

为敌对关系。① 早在韩馥让位之前,"馥军安平,为公孙瓒所败"。② 安平国处于冀州腹地,③公孙瓒在此打败韩馥,说明其已深入冀州。初平二年冬,"青、徐黄巾三十万众入勃海界,欲与黑山合。瓒率步骑二万人,逆击于东光南,大破之,斩首三万余级。"④东光属冀州勃海郡,公孙瓒在这一带取得大胜,说明他的势力并没有因为袁绍自领冀州牧而退出冀州。

对于袁绍而言,公孙瓒在冀州的军事存在,意味着他距离完全控制冀州还有一段路要走,他的头号对手非公孙瓒莫属。在此背景下,袁绍对来自公孙瓒的外部威胁和发生于己方阵营内的局部性反叛事件采取了不同的应对力度和策略。《后汉书·袁绍传》:"公孙瓒大破黄巾,还屯槃河,威震河北,冀州诸城无不望风响应。绍乃自击之。"⑤而面对部属的背叛,袁绍显然要轻松一些。《三国志·魏书·张杨传》:

> 山东兵起,欲诛卓。袁绍至河内,杨与绍合,复与匈奴单于於夫罗屯漳水。单于欲叛,绍、杨不从。单于执杨与俱去,绍使将麴义追击于邺南,破之。单于执杨至黎阳,攻破度辽将军耿祉军,众复振。⑥

张杨、於夫罗是袁绍即将得到冀州之前的"新附"势力,袁绍自领冀州牧后,於夫罗挟持张杨反叛。由于二人投奔袁绍历时不久,不至于对袁绍阵营构成伤筋动骨的负面影响,袁绍仅派部将追击,并且没有予以穷追,致使叛军得以"复振"。

公孙瓒对袁绍的强力牵制深刻影响了此后数年间的河内区域历史。首先,为河内控制权的易手提供了契机。初平二年(191)的下半年,"(董)卓以杨为建义将军、河内太守"。⑦ 在董卓的支持下,张杨据有河内,这并不是一个偶然事件。於夫罗、张杨在黎阳取得胜利后,已是当时盘桓于河内一带的重要武装力量,而此时的袁绍正在北边专注于对付公孙瓒,无暇南顾,趁此机会,张杨便夺取了河内。其次,袁绍、公孙瓒相争,也使先前"四分五裂

---

① 据《三国志》卷八《魏书·公孙瓒传》、《后汉书》卷七三《公孙瓒传》,公孙瓒是因为从弟公孙越在跟随袁术战斗时被袁绍军队"流矢所中死",故而迁怒于袁绍。这是一种表面化的解释。
② 《三国志》卷六《魏书·袁绍传》,第190页。
③ 谭其骧主编:《中国历史地图集》(第二册),第47—48页。
④ 《后汉书》卷七三《公孙瓒传》,第2359页。
⑤ 《后汉书》卷七四上《袁绍传》,第2380页。
⑥ 《三国志》卷八《魏书·张杨传》,第251页。
⑦ 《三国志》卷八《魏书·张杨传》,第251页。

战争之地"的河内迎来了数年之久的和平时期。张杨于初平二年下半年据有河内,死于建安三年(198)末或四年(199)初,①在河内七年有余。如果不是公孙瓒的牵制,我们很难想象,袁绍会允许张杨在卧榻旁酣睡如此之久。②

不过,需要特别指出的是,袁绍、公孙瓒的对立虽然是张杨稳定据有河内的决定性因素,但并非全部。实际上,张杨能够在河内长期存在,并不只是袁绍是否允许的问题,在更大程度上,它是围绕河内的各方势力是否有此现实需要的问题。

对于袁绍而言,如果不进行通盘考虑的话,那么,及早消灭河内的异己力量,无后顾之忧,他便可以放手与公孙瓒对决。但是,把观察的视野放宽一些,那就不难发现,如果袁绍吞并张杨,他将必须直面来自关中的军事压力。这非但不能解除袁绍与公孙瓒相持时的后顾之忧,相反地,所要承受的压力反而要比张杨控制河内还大。毕竟张杨背离袁绍并不是出自本心,而是由于受到匈奴单于於夫罗的挟持,张杨没有与袁绍为敌的强烈意愿。同时,为了维持自身在河内的控制权,张杨也不会选择主动向袁绍发难。袁绍若要专心与公孙瓒相争,正需要河内地区扮演这样的军事缓冲角色。

对于董卓为首的凉州集团来说,张杨在河内的军事存在也是可资利用的。凉州集团挟汉献帝退守关中之后,虽然明知对众关东牧守已失去驾驭能力,但是并没有放弃假借中央政权的名义插手关东事务的企图。首先,凉州集团往往趁关东牧守死亡之机发布新的人事任免。《后汉书·刘表传》:"初平元年,长沙太守孙坚杀荆州刺史王叡,诏书以表为荆州刺史。"③《典略》记载,初平三年,京兆人金尚"为兖州刺史,东之郡,而太祖已临兖州。尚南依袁术"。④曹操得到兖州是因黄巾军杀死了兖州刺史刘岱,兖州官吏"迎太祖领兖州牧"。中央政权得知刘岱死讯,亦派出金尚之州。曹操近便,

---

① 《三国志》卷一《魏书·武帝纪》:"(建安)四年春二月,公还至昌邑。张杨将杨丑杀杨。"(第17页)《后汉书》卷九《献帝纪》:"(建安)三年冬十一月,盗杀大司马张杨。"(第380页)《后汉书》卷七二《董卓传》:"(建安)四年,张杨为其将杨丑所杀。"(第2343页)卢弼认为:"吕布之死在建安三年十二月,张杨之死当在布先。"(卢弼:《三国志集解》,中华书局,1982年,第258页)卢弼之所以凭借吕布之死来推断张杨死亡的时间,依据的是《三国志》卷八《魏书·张杨传》的记载:"杨素与吕布善。太祖之围布,杨欲救之","其将杨丑,杀杨以应太祖"(第251页)。笔者认为这个依据并不充分,张杨部将"杀杨以应太祖",非必在曹操消灭吕布之前。在曹操消灭吕布之后,张杨部将见风使舵,为谋后路而杀杨,也是有可能的。
② 周寿昌曰:"惟单于众复振,杨何以得脱,复为将军、太守,此处特未叙明。"(卢弼:《三国志集解》,第257页)不过,如果能将河内控制权的易手过程放在当时复杂的政治大局中进行考察的话,我们至少还是可以对张杨何以在河内的长期存在作出部分解答的。
③ 《后汉书》卷七十四下《刘表传》,第2419页。
④ 《三国志》卷七《魏书·吕布传》注引,第8页。

故而先于金尚据有兖州,并阻止金尚赴任。《英雄记》又载,初平四年,袁绍击黑山贼,"斩(于)毒及长安所署冀州牧壶寿"。① 其次,凉州集团对关东群雄也善于采用分化策略。比如对陶谦,"时董卓虽诛,而李傕、郭汜作乱关中。是时四方断绝,谦每遣使间行,奉贡西京。诏迁为徐州牧,加安东将军,封溧阳侯"。② 又如对曹操,"太祖领兖州牧,始遣使上书。傕、汜等以为'关东欲自立天子,今曹操虽有使命,非其至实',议留太祖使,拒绝其意。(钟)繇说傕、汜等曰:'方今英雄并起,各矫命专制,唯曹兖州乃心王室,而逆其忠款,非所以副将来之望也。'傕、汜等用繇言,厚加答报,由是太祖使命遂得通"。③ 所谓"厚加答报",以"副将来之望",即指拉拢那些承认汉献帝政权的关东势力。参考凉州集团的习惯做法,在反董的河内太守王匡离开后,张杨被任命为河内太守,也应被视为凉州集团积极插手关东局势的一个动作。

还需要进一步指出的是,凉州集团任命张杨为河内太守,不仅是因为张杨与袁绍存在裂痕,可能还与张杨的特殊身世背景有关。在董卓执政时期,重用、信任并州人,如五原吕布为其贴身护卫,太原王允在朝中担任司徒,二人皆并州人。张杨,"云中人也,以武勇给并州,为武猛从事"。④ 云中亦属并州,董卓任命并州人张杨为河内太守,应当说与他用人的一贯思维是一致的。虽然后来因并州人合谋刺杀了董卓,董卓部将李傕、郭汜报复性地杀死了许多并州人士,但是面对政治现实,他们对并州实力人物的态度也不得不软化下来。比如在吕布逃往关东后,起初"傕、汜购募"吕布,但关东不乏收留吕布者,"汜、傕患之,更下大封诏书,以布为颍川太守"。⑤ 对于已经在河内站稳脚跟的张杨,李傕等人当然也不希望他站到凉州集团的对立面去,他们对张杨持一种比较冷静的态度,承认并延续其在河内的政治存在,在某种程度上说,应当具有表面上维持并、凉合作传统的意图。

3. 河内缓冲地带对政局演进的助推

作为缓冲角色与中立地带,河内地区对汉献帝初年的时局演进发挥了比较独特的作用:它不是群雄竞逐的主要舞台,却是时局演进不可或缺的交通孔道;交通孔道的掌管者虽然在汉末群雄中的地位并不十分显著,却是特定时段的执牛耳者。

在袁绍、公孙瓒河北相持的过程中,在黄河南岸兖州之地发展的曹操受

---

① 《三国志》卷六《魏书·袁绍传》注引,第 223 页。
② 《后汉书》卷七三《陶谦传》,第 2366—2367 页。
③ 《三国志》卷一三《魏书·钟繇传》,第 391 页。
④ 《三国志》卷八《魏书·张杨传》,第 250 页。
⑤ 《三国志》卷七《魏书·吕布传》注引《英雄记》,第 221 页。

到吕布的挑战。兴平元年(194),陈宫、张邈等兖州士人趁曹操攻陶谦之机,背叛曹操,迎接吕布执掌兖州。值得注意的是,当陈、张等人作出"吕布壮士,善战无前,若权迎之,共牧兖州,观天下形势,俟时事之变通,此亦纵横之一时也"①的谋划时,吕布就在河内。之前,吕布因刺杀董卓而被董卓部将李傕等人通缉,遂亡命关东。此行凶险异常,正如他本人后来所言:"布杀卓东出,关东诸将无安布者,皆欲杀布耳。"吕布先奔袁绍,"绍患忌之。布觉其意,从绍求去。绍恐还为己害,遣壮士夜掩杀布,不获。事露,布走河内,与张杨合"。②"杨及部曲诸将,皆受傕、汜购募,共图布","杨于是外许汜、傕,内实保护布"。③可见,吕布最终在河内得到了张杨的庇护。河内与兖州隔河相望,具有境壤毗邻的地缘特征,陈宫、张邈等人在筹划叛曹时,之所以能够将吕布纳入选人视野,很可能即与这一地缘特征有关。④

与来自关中的吕布经由河内图霸徐、兖不同,身居东方的曹操是希望经由河内,将自己的政治触手深入到关中的汉献帝政权中去。初平三年(192),"(鲍)信乃与州吏万潜等至东郡迎太祖领兖州牧"。⑤此非朝廷所授名号,而曹操对东汉皇权"一向是慎重从事的",并且他的起兵"在同辈人中条件很不利,他的对手,总是拿他的身世来贬损他,讽刺他,攻击他,影响舆论",面对同时起兵的世家大族,他的心里"隐寓着自卑",⑥因此,他渴望朝廷对他的承认,"他的兖州刺史一职需要得到正式承认,以便进一步跻身于东汉政府"。⑦这是曹操与关中联络的原因之一。另外,曹操领兖州牧之后,任命毛玠为治中从事。毛氏曾对曹操说:"夫兵义者胜,守位以财,宜奉天子以令不臣,修耕植,畜军资,如此则霸王之业可成也。""太祖敬纳其言"。⑧可见,曹操遣使通关中,亦是为践行"奉天子以令不臣"的策略迈出第一步。

---

① 《三国志》卷七《魏书·张邈传》,第221页。
② 《三国志》卷七《魏书·吕布传》,第222、221页。
③ 《三国志》卷七《魏书·吕布传》注引《英雄记》,第221页。
④ 吕布不仅是以河内为起点而据有兖州的,在后来的群雄纷争,吕布仍不忘引河内为奥援。"建安三年春,布使人赍金欲诣河内买马,为备所钞。布由是遣中郎将高顺、北地太守张辽等攻备。九月,遂破沛城,备单身走,获其妻息。"(《三国志》卷三二《蜀书·先主传》注引《英雄记》,第874—875页)当时吕布自领徐州刺史,与河内的联系已不甚方便,但依旧做此尝试。
⑤ 《三国志》卷一《魏书·武帝纪》,第9页。
⑥ 田余庆:《曹袁之争与世家大族》,《秦汉魏晋史探微》(重订本),中华书局,2004年,第151、153页。
⑦ 方诗铭:《曹操与"白波贼"对东汉政权的争夺——兼论"白波"及其性质》,《历史研究》1990年第4期。
⑧ 《三国志》卷一二《魏书·毛玠传》,第374—375页。

曹操为达到上述目的,不得不取道河内。自董卓之乱以来,全国很多地方道路不通。比如幽州牧刘虞为与长安取得联系,"选掾右北平田畴、从事鲜于银蒙险间行,奉使长安"。① 献帝既思东归,见畴等大悦。时虞子和为侍中,因此遣和潜从武关出,告虞将兵来迎"。② 田畴欲入关中,却不走冀州,显然是担心袁绍断道。而刘和"潜从武关"而出,说明凉州集团对函谷关道的守备之严。在此情形下,就必须寻觅一条可靠的联络通道,而河内地区正符合这一要求。太守张杨依违于凉州集团与袁绍之间,经过一番运作,允许通关的可能性很大。于是曹操"遣使诣杨,欲令假途西至长安"。起初被拒绝,适逢兖州济阴人董昭在张杨处,董昭劝说张杨:"袁、曹虽为一家,势不久群。曹今虽弱,然实天下之英雄也,当故结之。况今有缘,宜通其上事,并表荐之;若事有成,永为深分。"张杨"于是通太祖上事,表荐太祖。昭为太祖作书与长安诸将李傕、郭汜等,各随轻重致殷勤。杨亦遣使诣太祖。太祖遗杨犬马金帛,遂与西方往来"。③ 从董昭所言来推断,张杨显然存在这样的顾虑:如果允许曹操使者过境,很可能会刺激到袁绍的敏感神经。而张杨最终接纳董昭的意见,充分显示了他在多种政治势力之间寻求平衡的谨慎心态。

张杨的政治地位与心态,决定着他不可能成为一名左右时局的关键人物。不过,在个别时间节点,张杨所发挥的政治影响仍然不可小觑。兴平二年(195)冬,汉献帝躲过李傕、郭汜的追杀,逃到河东。河东太守王邑、河内太守张杨皆来表示忠心。张杨"使数千人负米贡饷",王邑则"奉献绵帛"。④ 按常识来说,运粮的困难要大于运织物,即便假设河东、河内都不缺粮食与织物,王邑、张杨输送的物品种类不同是分工所致,那也应当是张杨运织物,王邑供粮食,而非事实所呈现的相反状态。就此而言,王邑、张杨对献帝贡献物资品类的不同,反映的应是各自辖区内物资供应的一种实态,即河东粮食匮乏,河内相对来说具有较强的供给能力。

张杨正是以粮食为筹码,促成汉献帝回迁洛阳。汉献帝驻跸河东时,大权落入"故白波帅"杨奉、韩暹等人手中。他们长期活动于河东地区,当然希

---

① 《三国志》卷一一《魏书·田畴传》:"将行,畴曰:'今道路阻绝,寇虏纵横,称官奉使,为众所指名。愿以私行,期于得达而已。'虞从之。畴乃归,自选其家客与年少之勇壮慕从者二十骑俱往。畴自出祖而遣之。既取道,畴乃更上西关,出塞,傍北山,直趣朔方,循间径去,遂至长安致命。"(第340页)
② 《后汉书》卷七三《刘虞传》,第2355页。
③ 《三国志》卷一四《魏书·董昭传》,第437页。
④ 《后汉书》卷七二《董卓列传》,第2340页。

望将天子留在自己的势力范围内。而张杨"将兵至安邑"时,却"欲迎天子还洛"。① 在遭到杨奉等人拒绝后,张杨愤而返回河内。从相关记载来看,返回河内之后的张杨在粮食供应问题上大概是采取了消极怠工的态度。《三国志·魏书·董卓传》:"是时蝗虫起,岁旱无谷,从官食枣菜。诸将不能相率,上下乱,粮食尽。"②献帝趁势于五月丙寅,"遣使至杨奉、李乐、韩暹营,求送至洛阳"。而杨奉等人竟然"从诏"。③ 显然,杨奉等人并没有得到足量的粮食供给,否则他们岂会"从诏"?《三国志·魏书·张杨传》:"杨奉、董承、韩暹挟天子还旧京,粮乏。"而在这个时候,河内太守张杨一反之前的消极态度,显得积极起来,"以粮迎道路",④"自野王迎乘舆,赈给百官"。⑤ 可见,粮食就是张杨手中进行政治斗争的有力工具。⑥

对张杨以粮相要挟的做法,杨奉十分不满,有意寻求满足粮食需求的其他途径。我们注意到,就在汉献帝从河东出发的同一个月,曹操"迁镇东将军,封费亭侯"。⑦ 曹操获得加官进爵是杨奉提携的结果。《三国志·魏书·董昭传》记载,董昭模仿曹操的语气给杨奉写信,其中赞扬道:"今将军拔万乘之艰难,反之旧都,翼佐之功,超世无畴,何其休哉!"又提议:"将军当为内主,吾为外援。今吾有粮,将军有兵,有无相通,足以相济,死生契阔,相与共之。"杨奉遂与董昭"共表太祖为镇东将军,袭父爵费亭侯"。⑧ 表面看,杨奉是被曹操的吹捧和粮食库存俘获了,尤其是粮食,利害攸关,杨奉接纳曹操抛来的橄榄枝,是很容易理解的。但我们必须看到,曹操数月前才彻底平定兖州,又平定黄巾于许,战事不断,粮食能有多少?⑨ 如果为解决粮食问题,依靠河内的张杨岂不更为近便?并且张杨的供给能力是他曾亲身观察到的,岂不比曹操的纸上虚说更为实际?从这个角度来说,杨奉笼络曹操

---

① 《三国志》卷八《魏书·张杨传》,第251页。
② 《三国志》卷六《魏书·董卓传》,第186页。
③ [东晋]袁宏:《后汉纪》,张烈点校:《两汉纪》(下),第552页。
④ 《三国志》卷八《魏书·张杨传》,第251页。
⑤ [东晋]袁宏:《后汉纪》,第552页。
⑥ 关于粮食问题在当时的极端重要性,方诗铭指出,掌控汉献帝的杨奉表荐曹操为镇东将军,之所以"对曹操如此轻信,引狼入室","主要原因"即在于董昭为曹操代拟的致杨奉的信里有"今吾有粮,将军有兵,有无相通,足以相济"的诱惑之辞。见氏著《曹操与"白波贼"对东汉政权的争夺——兼论"白波"及其性质》,《历史研究》1990年第4期。方先生的看法对于笔者做出的张杨以粮要挟杨奉的推断具有启发意义。
⑦ 《三国志》卷一《魏书·武帝纪》,第13页。
⑧ 《三国志》卷一四《魏书·董昭传》,第437页。
⑨ 《三国志》卷一五《魏书·贾逵传》裴松之注引《魏略》:"兴平末,人多饥穷,(杨)沛课民益畜干椹","会太祖为兖州刺史,西迎天子,所将千余人皆无粮。过新郑,沛谒见,乃皆进干椹。太祖甚喜。"可见曹操的粮食储备并不充分。

的做法明显有牵制张杨的意图,旨在弱化张杨争夺权力的筹码。

4. 张杨之死与曹袁决裂

汉献帝回到洛阳后,犒赏护驾有功人员,"张杨为大司马,韩暹为大将军,杨奉为车骑将军"。① 三头权力格局的重心在"故白波帅"一方,张杨似乎是缺乏应对的信心,选择了离开权力中枢,回到自己的河内大本营。余下的两名故白波帅,杨奉出屯河南梁县,韩暹则留朝辅政,一外一内,仍将献帝控制在白波势力的手中。不过,在朝辅政者并非只有韩暹一人,还有较早跟随献帝的卫将军董承。"暹矜功恣睢,干乱政事,董承患之,潜召兖州牧曹操。操乃诣阙贡献,禀公卿以下,因奏韩暹、张杨之罪。暹惧诛,单骑奔杨奉。"②在残酷的政治斗争中,欲加之罪,何患无辞。而曹操奏劾韩暹、张杨,而不及杨奉、董承,很明显是有自己的政治算盘的。

董承是曹操入朝的邀约人,自然不能加罪。曹操如果不是对董承打击韩暹有所帮助,恐怕入朝天子的机会也很难得到。但是对于曹操来说,劾奏韩暹本身并不是一件难事,棘手的问题在于,与韩暹出身相同的杨奉在洛阳不远处屯兵,如何在不触怒杨奉的前提下劾奏韩暹,这是需要一些政治手腕的。而一并劾奏张杨就是曹操给杨奉打的镇定剂,因为张杨为杨奉所忌讳,他的劾状在可能触动杨奉的同时,也能使杨奉尝到甜头,从而缓和其对立情绪。曹操的做法很成功,韩暹逃到杨奉那里后,杨奉也没有什么做出过激反应。直到得知曹操要劫持献帝到许县后,方才"由是失望",走向了曹操的对立面。

当然,也要看到,曹操奏劾张杨并不仅仅是为了安抚杨奉。实际上,张杨身为汉献帝钦定的大司马,在曹操意图挟天子以令诸侯的时刻,势必也会被曹操视为政治对手。曹操决定奏劾张杨的举动无疑说明一个问题,那就是之前他因联络关中的需要而与张杨建立的合作关系,至此已经成为往事。不过,曹操并不急于消灭张杨。当他将汉献帝控制在手的时候,当务之急是把以许都为中心的黄河以南地区巩固起来,唯有如此,才能使掌中的傀儡天子发挥最大的政治效用。为此,曹操在淮南击袁术,往徐州攻吕布,下南阳征张绣,对河北地区,则以和平手段为主。当时河北地区与曹操势力范围相接的除了张杨,还有袁绍。"自太祖之迎天子也,袁绍内怀不服",③为平息袁绍的愤恨,曹操将大将军一职让与袁绍。由此可见,曹操并不打算与袁绍过早决裂,而是希望通过形式上的权力共享,继续维持与袁绍的同盟关系。

---

① 《后汉书》卷九《孝献帝纪》,第 379 页。
② 《后汉书》卷七二《董卓列传》,第 2342 页。
③ 《三国志》卷一〇《魏书·荀彧传》,第 313 页。

秉持这样的政治倾向,曹操是不会去触动张杨的。因为张杨的大司马一职源自汉献帝,曹操虽说敌视他,也需要作出愿意与之共赞朝政的政治姿态。如果过早对张杨下手,必然引起与河内为邻的大将军袁绍的警惕,不利于维持袁、曹相安的状态。

上述分析实际上也意味着,自从曹操控制了汉献帝,张杨及其所据河内之命运的决定性因素,便由袁绍与公孙瓒的相互关系逐渐向曹操与袁绍的相互关系转变。曹操与袁绍相安无事,张杨的政治存在便得以延续,曹、袁决战一旦提上日程,张杨在河内的独立王国也就失去了存在的根基。

建安三年(198),曹操向郭嘉表达了讨袁的想法:"本初拥冀州之众,青、并从之,地广兵强,而数为不逊。吾欲讨之,力不敌,如何?"郭嘉认真分析了曹、袁优劣,断定袁绍终究不敌曹操,可暂且勿伐。又曰:"绍方北击公孙瓒,可因其远征,东取吕布。不先取布,若绍为寇,布为之援,此深害也。"①曹操采纳郭嘉建议,集中精力消灭在徐州为乱的吕布,曹、袁决裂暂缓。我们注意到,郭嘉所谓"绍方北击公孙瓒,可因其远征,东取吕布",表明曹操征吕布利用的是袁绍与公孙瓒相持而无暇南顾的天窗期。这是在与时间赛跑,意味着郭嘉已预料到,袁绍消灭公孙瓒之时,便是袁、曹两家决裂之时。为了及早应对这一天的到来,曹操阵营在讨伐吕布接近尾声的前后,便对河北有所动作。

曹操于建安三年十二月方才擒杀吕布,而不论是《后汉书·献帝纪》的记载:建安三年"冬十一月,盗杀大司马张杨"。抑或《三国志·魏书·武帝纪》的记载:建安四年春,"张杨将杨丑杀杨"。两说虽有不同,但张杨的死亡时间与吕布之死甚近,这是确定无疑的。关于这一事件的政治含义,《三国志》张杨本传的说法是"其将杨丑,杀杨以应太祖"。说明张杨之死与曹操的政治动向有关。曹操之所以将斗争矛头指向盘踞河内的张杨,史家归因于"杨素与吕布善。太祖之围布,杨欲救之,不能。乃出兵东市,遥为之势"。② 但这个认识颇可怀疑,张杨既"不能"救吕布,曹操又有何必要,急于杀掉他?实际上,为即将到来的曹、袁对决做出部署,才是张杨之死的根本原因。可以设想,张杨支持吕布,曹操攻杀吕布,张杨很容易走向曹操的对立面。一旦曹、袁决裂,张杨站在袁绍一方的可能性极大。在这种情况下,曹操将来进入河北征讨袁绍,如果具有亲袁取向的张杨从背后呼应袁绍,曹军的归途就有被切断的可能。因此,曹操为了解除曹、袁决战时的后顾之

---

① 《三国志》卷一四《魏书·郭嘉传》注引《傅子》,第 432 页。
② 《三国志》卷八《魏书·张杨传》,第 251 页。

忧,必须谋划消灭张杨,夺取河内。

曹操在讨伐吕布的战争结束前后,即着手干预河内政局,目的在于为讨袁做铺垫。这个认识需要放在曹操消灭吕布前后的一系列不寻常举动中来把握。《献帝春秋》记载,曹操平定吕布之后,"引军造河,托言助绍,实图袭邺,以为瓒援。会瓒破灭,绍亦觉之,以军退,屯于敖仓"。① 史家记载的这一历史细节很简略,但对于袁绍阵营来说,他们对曹操此举记忆深刻。在后来与曹操决裂的时候,陈琳起草的伐曹檄文有言:

> 往岁伐鼓北征,讨公孙瓒,强御桀逆,拒围一年。操因其未破,阴交书命,欲托助王师,以见掩袭,故引兵造河,方舟北济。会行人发露,瓒亦枭夷,故使锋芒挫缩,厥图不果。屯据敖仓,阻河为固,乃欲运螳螂之斧,御隆车之隧。②

从檄文中"阴交书命"的说法来看,在袁绍围攻公孙瓒的时候,曹操曾暗中派使北来,与公孙瓒联络。《文选》所载伐曹檄文在上引"厥图不果""屯据敖仓"两句之间还有如下文字:

> 尔乃大军过荡西山,屠各、左校,皆束手奉质,争为前登。犬羊残丑,消沦山谷。于是操师震慑,晨夜逋遁。③

其中提到的屠各、左校,袁绍于初平四年(193)曾与之交战。④ 此后数年间,袁绍与二者相对和平。而在曹操进入河北的时候,二者又站在了袁绍的对立面,从时机来看,很可能是受了曹操的拉拢。而袁绍将屠各、左校的失败与曹操的"震慑""逋遁"联系在一起,似乎也意味着二者与曹操存在勾结的可能。因此,曹操与河北方面的"阴交书命",大概不仅仅以公孙瓒为对象,还有其他一些政治势力。而对曹操此类行为,袁绍阵营洞若观火,深知其目的在于"掩袭"袁氏。

看到曹操在东征吕布的尾声阶段对河北的一系列行为,我们便不宜孤

---

① 《后汉书》卷七四上《袁绍传》李贤注引,第 2398 页。
② 《后汉书》卷七四上《袁绍传》,第 2397 页。《三国志》卷六《魏书·袁绍传》注引《魏氏春秋》所载檄文之辞,除了极个别用字有异,其余大体相同。
③ 《文选》卷四四《为袁绍檄豫州》,[梁]萧统编,[唐]李善注:《文选》,第 618 页。
④ 《后汉书》卷七四上《袁绍传》:"绍遂寻山北行,进击诸贼左髭丈八等,皆斩之,又击刘石、青牛角、黄龙、左校、郭大贤、李大目、于氐根等,复斩数万级,皆屠其屯壁。遂与黑山贼张燕及四营屠各、雁门乌桓战于常山。"(第 2381—2382 页)

立地看待张杨之死。有一点需要特别注意,陈琳所撰伐曹檄文不仅将曹操勾结公孙瓒、屠各、左校的行为与曹军在河北行动的失败糅合在一起的,实际上,檄文中叙述的从"引兵造河,方舟北济"直至"屯据敖仓"这一过程,基本上都是在河内完成的。《三国志·魏书·武帝纪》:

> (建安)四年春二月,公还至昌邑。张杨将杨丑杀杨,眭固又杀丑,以其众属袁绍,屯射犬。夏四月,进军临河,使史涣、曹仁渡河击之。固使杨故长史薛洪、河内太守缪尚留守,自将兵北迎绍求救,与涣、仁相遇犬城。交战,大破之,斩固。公遂济河,围射犬。洪、尚率众降,封为列侯,还军敖仓。①

这段记载中的"进军临河"与"还军敖仓",同檄文所谓"引兵造河"与"屯据敖仓",在文辞上具有高度对应性,因此,所述事实发生于同一时间段,可以相互参看以复原曹操针对河北的政治举动。也就是说,在东征吕布接近尾声的时候,曹操不但如陈琳所指责的那样勾结幽州实力人物公孙瓒,以及太行山间的武装派别,还像《三国志》所记载的那样,谋划夺取张杨盘踞的河内。

针对此次攻取河内的战役,曹操做了精心筹划,调动了一切可以利用的人事资源。调赴河内参战的将领,除了上面提到的曹仁、史涣,见于记载者还有徐晃、于禁、乐进。②曹、徐、于、乐四将之骁勇善战不必赘述,"史涣字公刘。少任侠,有雄气。太祖初起,以客从,行中军校尉,从征伐,常监诸将,见亲信,转拜中领军",③也是曹操极为信任的将领。不仅武将出征,谋谟之臣也参与其中。《三国志·魏书·董昭传》:"时张杨为其将杨丑所杀,杨长史薛洪、河内太守缪尚城守待绍救。太祖令昭单身入城,告喻洪、尚等,即日举众降。"④在曹操的精心筹划下,诸文臣武将协同配合,河内终于归附曹操阵营。

袁绍对曹操进犯河北并非无动于衷。袁、曹官渡相持时,于禁"击绍别营,从延津西南缘河至汲、获嘉二县,焚烧保聚三十余屯",乐进"渡河攻获嘉",⑤

---

① 《三国志》卷一《魏书·武帝纪》,第17页。
② 《三国志》卷一七《魏书·徐晃传》:"从征吕布,别降布将赵庶、李邹等。与史涣斩眭固于河内。"(第528页)《三国志》卷一七《魏书·于禁传》:"禽吕布于下邳,别与史涣、曹仁攻眭固于射犬,破斩之。"(第523页)《三国志》卷一七《魏书·乐进传》:"围吕布于下邳,破别将,击眭固于射犬"。(第521页)
③ 《三国志》卷九《魏书·夏侯惇传》注引《魏书》,第269、270页。
④ 《三国志》卷一四《魏书·董昭传》,第438页。
⑤ 分别见《三国志》卷一七《魏书·于禁传》,第523页。同卷《魏书·乐进传》,第521页。

说明袁绍在官渡之战前至少获得了汲、获嘉以北土地的控制权。而这显然应当是在袁绍的挤压下,曹操"锋芒挫缩"的结果。不过,曹操虽然不得不吐出一部分胜利果实,却得到了在战争状态下比土地更重要的东西,那就是兵员。《三国志·魏书·张杨传》记载,曹操降服河内之后,"尽收其众也"。① 对此,陈琳是看在眼里的,他在檄文中说:"吕布、张扬之遗众,覆亡迫胁,权时苟从,各被创夷,人为仇敌。若回旆方徂,登高岗而击鼓吹,扬素挥以启降路,必土崩瓦解,不俟血刃。"②可见陈琳高度质疑张杨"遗众"对曹操的忠诚度,但读者并不难看出,其中有太多的修辞及想象成分。③ 在内心深处,他不大可能如此藐视纳降行为,也不可能不知道纳降对于汉末英雄创建霸业的重要性。

对河内土地、兵员的争夺,在曹、袁关系演进过程中具有标志意义。如果说此前的曹、袁斗争是以拉拢、分化为主要手段所进行的暗斗,那么,从河内之争开始,两家的斗争便可称之为兵戎相见的明争。河内降曹仅仅四个月后,建安四年八月,曹操北渡黄河到达黎阳,九月,"还许,分兵守官渡",④决定曹、袁两家命运的官渡决战启幕,而河内之争可以说是曹、袁决战的先声。

从初平元年至建安四年,河内地区在政局演进中大体扮演了三种角色:首先是从属于讨董阵营,受到讨董联盟名义上的盟主袁绍以及河北实力派冀州牧韩馥的强力制约;其次是在并州人张杨的控制下,成为袁绍、曹操、关中政权三方势力都有所希求的政治、军事缓冲地带;最后是在曹、袁决裂的大背景下,成为开启官渡决战的先导战场。综观以上三种角色,不难发现,作为位于"天下之中"的一郡之地,河内地区对政局的变动十分敏感,其控制权的易手也不是仅仅关乎一郡之事,而是以全盘政局的演进为大背景的。

---

① 《三国志》卷八《魏书·张杨传》,第251页。
② 《文选》卷四四《为袁绍檄豫州》,[梁]萧统编,[唐]李善注:《文选》,第618页。
③ 比如陈琳说曹操阵营中"可战者皆出自幽冀",官渡之战前,曹操并未在幽、冀二州活动,何以获得出自幽冀的"可战者"?
④ 《三国志》卷一《魏书·武帝纪》,第17页。

第五章　秦汉时期三河区域文化的演进

有文化地理学者指出，秦王朝"试图用法家学说来统一文化，但这一努力由于秦帝国的倾覆而中断"，"西汉王朝两个多世纪的历史，就是在这种社会文化背景下展开的，西汉时代具有显著的承上启下的性质，由于上距战国未远，西汉各地的文化发展，明显受到历史传统的影响。但西汉又是一个长期统一的封建王朝，社会环境与以往时期大不相同，在西汉一代政治、经济条件下形成的文化分布状况与区域格局，又奠定了东汉至西晋这一漫长时期文化地理的发展基础"。① 此说看似突出了西汉时期的历史地位，认为两汉的区域文化格局存在较大差异，但此说的精髓应在于将文化发展视作一个连续的历史的过程，这正是所谓"承上启下"的固有含义。

文化地理学者的上述看法是针对统一版图内的区域文化格局而言的，实际上，对于三河这样一个特定的区域来说，其文化发展亦是一个渐进而漫长的历史过程。该地区在秦汉时期各个历史阶段的文化面貌大体如何，有哪些值得注意的特殊之处或亮点，促成其嬗变的历史及现实因素又有哪些，这是我们接下来要集中讨论的问题。

第一节　秦汉三河区域文化发展的历史基础

一、晋文化

三河地区在先秦时期所形成的文化面貌是秦汉时期该地区文化发展的历史基础。司马迁说："昔唐人都河东，殷人都河内，周人都河南。夫三河在天下之中，若鼎足，王者所更居也，建国各数百千岁，土地小狭，民人众，都国

---

① 卢云：《汉晋文化地理》，陕西人民出版社，1991年，第3页。

诸侯所聚会,故其俗纤俭习事。"①这是对先秦时期三河区域历史发展的宏观描述,实际情形要更为复杂。比如"周人都河南"之说,在春秋时期勉强可通。当时的河南地区除了周天子以外,还有一大政治力量,即郑国。"郑桓公友者,周厉王少子而宣王庶弟也。宣王立二十二年,友初封于郑。"此"郑"之所在,《索隐》:"郑,县名,属京兆。""郑"在西周春秋时期究竟是否县名用字,这里暂且不论。但郑国初封在关中,这一点没有疑问。在周幽王被杀之前两年,郑桓公考虑到"王室多故,予安逃死乎"的问题,乃"东徙其民雒东","竟国之"。② 郑国从初封到东徙,其间只有三十多年。当郑人入河南的时候,郑桓公与周天子的亲属关系还十分亲近,不至于像晋国那样,因为立国久远,与周天子的关系早已疏远,文化上便表现出较强的异质因素。然而,进入战国时代,周天子的地位愈发沦落,郑人的统治也因韩国的介入而崩溃。在这种情况下,继续以"周人都河南"来解释河南地域文化的发展就显得不合时宜了。另外,所谓"唐人都河东"③"殷人都河内",也都只是秦汉三河地域文化发展的远源,有的说法甚至还有传说的色彩。因此,如果仅仅依靠太史公的宏观说法,对三河区域文化发展的历史恐怕难以得到更为细致深入的了解。

实际上,无论从时代衔接的紧密程度抑或地域的相关程度来说,绝远的夏商以及稍近的周代,其文化积淀对秦汉三河地区文化形态的影响都不是最直接的、最有力度的,真正对塑造秦汉时期三河地区文化发挥关键作用的是另一个文化主体。在对于先秦地域文化的研究中,学者往往习惯于国别分区法,在这个研究框架内已经积累了比较丰富的成果。其中与三河地区密切相关的是这样两个概念,即晋文化、三晋文化。李元庆指出:"近年以来,伴随着对中国古代地域文化研究热的兴起,'晋文化'与'三晋文化'称谓被人们广泛应用,也由此出现了种种不确定性的涵义。尤其是在人们的

---

① 《史记》卷一二九《货殖列传》,第3262—3263页。
② 《史记》卷四二《郑世家》,第1757、1758页。
③ 一般而言,"唐人都河东"与通常所说的"尧都平阳"基本是对等的说法。以往有学者曾就尧都平阳之所在展开讨论。论点大致有两类,一类虽然都认为在今山西境内,但依然有分歧。卫文选、卫斯认为在临汾[卫文选:《尧都考》,《山西师大学报》(社会科学版),1981年第3期;卫斯:《关于"尧都平阳"历史地望的再探讨——兼与王尚义先生商榷》,《中国历史地理论丛》,2005年第1期],王尚义认为在太原。(王尚义:《太原建都已有四千四百七十年》,《光明日报》2003年9月16日第2版)还有一类观点,指出"唐人或称作陶唐氏。晚出的文献把唐或陶认作是尧的号,而生出唐尧的称呼,这是不对的。尧是东方有虞氏的首领,与西方的陶唐氏没有关系"。"晋南的'夏墟'与夏后氏以及尧舜部落没有关系"(沈长云:《夏后氏居于古河济之间考》,《上古史探研》,中华书局,2002年,第26、27页)。如此,尧都不在山西,而在东方。

流行用语中,它们往往被笼统地当作山西古代(甚或近现代)文化的代称或简称。"他认为这种做法"有损于概念的完整性和准确性"。在他看来,"晋文化""三晋文化"虽然有极为密切的内在联系,但二者有明确的时间界定、国别界定:"西周至春秋时代的晋国文化",是为"晋文化";"战国时代的魏、韩、赵三晋国家文化",是为"三晋文化"。① 晋文化的发展舞台在很长一段时间内局限在河东地区,随着晋国的扩张,韩赵魏兴起,晋公逐渐被架空,晋文化也就转变为三晋文化。尤其需要注意的是,三晋文化中的韩、魏两个主体不但继承了晋国旧地河东,而且三河之中的河南、河内也被这两家所瓜分。河东、河内主要受魏国控制,②河南地区大多落入韩国手中。③ 两国对三河地区的统治,势必对秦汉三河区域文化的发展产生直接的影响。

二、秦人对三河区域的长期经营

严耕望曾指出:"法家兴起与儒道两家皆有渊源关系。早期如李悝、吴起本出儒家",而"史公以老子、韩非同传,云'申子之学本于黄老,而主刑名。'韩非'喜刑名法术之学,而其归本于黄老……'此明道法两家有源流之关系。""然道家影响三晋,亦变而为法,与儒变为法相同,恐仍与三晋本地条件有关耳!"④这一论断从三晋法家思想背景的不同之处来感知三晋大地固有的孕育法家思想的文化基因,视角很独特。然而,法家虽生于三晋,在三晋造就的辉煌却是短暂的。就韩、魏两国来说,前者在申不害为相时,"国治兵强,无侵韩者",国之兴衰系于一人,缺乏持久繁荣的机制。韩非晚出,本已无力回天,还得不到韩王重用。魏国在战国前期雄视诸侯,但从商鞅不得已而入秦的事件来看,魏国似已不具备继续容纳法家人物的充分社会条件。与韩、魏法家在本土的遭遇不同,他们在秦国大放异彩,其学说以及政治实践与秦人、秦政相得益彰,最终不但使秦国成为开启中国历史新纪元的政治主体,而且也使法家文化本身也获得了政治文化领域内的霸主地位。

法家对秦国的崛起居功至伟,直观效果之一就是使秦国版图日益扩大。早在商鞅入秦后不久,便"将兵围魏安邑,降之",并最终迫使魏"遂去安邑,徙都大梁"。⑤ 但此时的河东地区仍由魏国所控制,只是随着魏都东迁,其

---

① 李元庆:《三晋古文化源流》,山西古籍出版社,1997年,第2页。
② 韩国在河东、河内也有一部分土地,本文取其大势,不细究列国疆界变化的问题。
③ 周人占据洛阳一带,这里暂且不论。
④ 严耕望:《战国学术地理与人才分布》,收入《严耕望史学论文选集》(上),中华书局,2006年,第38页。
⑤ 《史记》卷六八《商君列传》,第2232、2233页。

控制力度势必受到削弱。韩国对河南地区的管辖似乎也已部分失效,史载秦孝公死后,"商君既复入秦,走商邑,与其徒属发邑兵北击郑。秦发兵攻商君,杀之于郑黾池"。① 有学者指出,"郑"是韩国的代称,"郑黾池"意谓韩国的黾池邑。② 商鞅以个人的徒属敢于攻郑,而秦人可以深入韩地抓捕商鞅,均说明韩国对河南西部地区的掌控比较薄弱。商鞅虽死,然而"惠王即位,秦法未败",③秦国得以继续之前的东扩势头。

在河南方向,秦惠文君六年(前332),取得魏国阴晋(华阴);秦惠文王十三年(前325),"使张仪伐取陕,出其人与魏"。秦武王四年(前307),"拔宜阳"。秦昭襄王七年(前300),"拔新城",十三年(前294),"白起攻新城"。五十年(前257),"张唐攻郑,拔之"。五十一年(前256),吞西周。庄襄王元年(前249),灭东周,"韩献成皋、巩。秦界至大梁,初置三川郡"。此时的魏国只保有国都大梁一带。秦国并不急于立刻消灭它,而是将目光移向赵国的太原。秦王政元年(前246)太原平定后,秦国又开始在河南展开新一轮攻势,陆续攻取大梁迤西北至黄河间的卷、燕、酸枣等地,为大梁决战清理外围。二十二年(前225),"王贲攻魏,引河沟灌大梁,大梁城坏,其王请降,尽取其地"。至此,河南全部归秦。

在黄河北岸,河东首先受到攻击。秦惠文王九年(前329)"取汾阴、皮氏"。秦昭襄王四年"取蒲阪",次年"复与魏蒲阪"。十一年(前327),"秦与韩、魏河北及封陵以和"。十五年(前323),"攻魏,取垣,复予之"。十七年(前321),"秦以垣为蒲阪、皮氏"。二十一年(前317),"魏献安邑,秦出其人,募徙河东赐爵,赦罪人迁之"。此时只是夺得汾南,至秦昭襄王五十年(前257)时,秦军"攻汾城",从庄襄王三年秦国攻赵国上党并"初置太原郡"的情形来看,至晚到庄襄王三年(前247),汾城已被攻下,汾北也已为秦国所占据。当河东争夺战还在进行的时候,秦军即已将触角伸入河内。秦昭襄王十六年(前291),"左更错取轵及邓"。④ 二十一年(前286),"错攻魏河内"。同年安邑入秦后,河内便完全暴露在河东秦军的压力下。然而,秦人在这个方向停了下来,转攻楚国。十多年后,至秦昭襄王三十三年(前274),"魏入南阳以和"。四十一年(前266),"攻魏,取邢

---

① 《史记》卷六八《商君列传》,第2237页。
② 晁福林:《商鞅史事考》,《中国史研究》1994年第3期。
③ [清]王先慎:《韩非子集解》,中华书局,1998年,第398页。
④ 《集解》:"《地理志》河内有轵县,南阳有邓县。"《正义》:"《括地志》云:'故轵城在怀州济源县东南十三里,故邓城在怀州河阳县西三十一里,并六国时魏邑也。'按:二城相连,故云及也。"(《史记》,第214页)笔者认为《正义》的说法可从。

丘、怀"。四十四年(前263),"攻韩南阳,取之"。五十年(前257),"拔宁新中",河内归秦。①

我们不厌其烦地开列秦人东扩的流程,旨在说明以下几点:第一,从时间跨度上说,河南入秦用时最长久,自秦惠文王六年至秦始皇二十二年,共107年。河东次之,自秦惠文王九年至庄襄王三年,计82年。河内最短,自秦昭襄王十六年至五十年,计34年。即便是用时最短的河内地区,也比统一战争最后阶段六国相继灭亡所耗费的时间还长许多。也就是说,与其他地区相比,秦人对三河地区的经营倾注了多得多的精力,秦政、秦文化的影响是持续而长久的。第二,秦人在夺取三河地区的过程中,在河东、河南使用了移民手段,这对地域文化发展的影响需要给予高度重视。第三,三河内部各亚区域入秦的进度差别很大。河南方向的秦军在碰触到周地之后,基本停止了大规模进攻,间歇期近40年。秦国在河东地区的战事集中在秦昭襄王即位后的前二十年,目标是汾南,汾北的取得是邯郸外围战的一个副产品,耗时不长。河内主体部分即所谓"南阳"地区入秦只用了十一年,北部地区即"宁新中"也是作为邯郸外围战的战利品而归秦的。这意味着三河区内部受秦政影响的强度可能存在不平衡性。河南地区的洛阳以西至华阴,河东的汾南地区、河内的西南部是秦文化遗留的重点地区。不过,河东、河内两区的内部差异不会特别明显,因为秦军在攻占河内时,总共用时较短,不至于因南北分处两个不同政权的长期控制下而产生太大差异。而河东的汾南与汾北只隔一条汾河,秦人占据汾南以后向北渗透并不是十分困难的事情。河南入秦的历程中因有较长的一段间隔期,且有周人横亘其间,河南地区以洛阳为界,西部受秦文化影响远较东部为深。

秦文化在三河地区的扩展得到了很多考古材料的佐证。有学者指出秦墓的种种特征,比如围墓沟,"墓地有围沟的现象被看作是秦文化的标志之一",是"秦文化区别于其他文化的一个显著特点";②又如屈肢葬,"盛行蜷屈特甚的屈肢葬,是秦文化的突出特征之一"。"整个春秋战国时代,屈肢葬可以作为区别秦墓与其他各国墓的主要标志"。③ 再如蒜头壶,"蒜头壶起源于秦,为秦人所创造",其分布特征是"战国晚期早段的蒜头壶只在陕西即秦人故地有所发现。秦代和汉初的蒜头壶,亦只发现于陕西以及湖北、四

---

① 笔者所描述的秦国夺取三河地区的过程,一概依据《史记》卷五《秦本纪》、卷六《秦始皇本纪》。因目的不在于对这一过程做精细考证,故而叙述很粗疏,未与《六国年表》及相关人物传记对勘。

② 王志友:《秦墓地围沟探源》,《秦文化论丛》,三秦出版社,2004年,第331页。

③ 王子今:《秦人屈肢葬仿象"窑卧"说》,《考古》1987年第12期。

川、河南等部分地方,即秦及其邻近地区,且均出土于秦人传统中"。① 具有上述特征的墓葬在三河地区均有发现。

1979年,在三门峡上村岭发掘75座秦汉墓,其中"绝大多数是秦墓",实行屈肢葬的有52座。② 1992年,在该市火电厂厂区内发掘的秦汉墓葬中,"其中有8座墓周围有围墓沟"。③ 2001年,在三门峡大岭路发掘出两座"有围墓沟"的汉初墓。④ 1985年和1993年,河南三门峡市司法局基建工地发掘秦人墓地54座,其中屈肢葬47座。1985年,该市刚玉砂厂秦人墓地发掘22座,其中屈肢葬21座。⑤ 在山西侯马发掘的东周、两汉28座墓葬中,屈肢葬4座。⑥ 该地另有10座已发表简报的东周至秦汉的墓葬,其中6座为屈肢葬,还发现有围墓沟。⑦ 2002年至2003年,河南新乡李大召发掘战国墓4座,其中3座墓葬为"侧身屈肢"。⑧ 1991年下半年发掘的河南三门峡市火电厂发掘的两座"秦末汉初"墓中,共获得4件铜蒜头壶。⑨

从上述考古发现大致可以看出,河南地区的洛阳以西一带所受秦文化影响最深,用以判断是否秦文化遗存的三个因素在考古发掘中悉数到场,且发现频次也高。其次河东,可见围墓沟、屈肢葬两项。其次河内,只见屈肢葬。⑩ 虽然影响的程度有差异,但正如学者就墓葬考古而对三门峡陕县文化发展态势作出的描述:"自春秋以来,由于政治和民族的原因,西安地区和洛阳地区虽然地域临近,但在文化面貌,尤其是墓葬制度上却表现了较大的差异。处于两地间的陕县,受到这两大政治势力消长的影响,在墓葬中也明显地反映出来。"⑪三河地区从整体上说也像处于周秦之间的陕县一样,担

---

① 李陈奇:《蒜头壶考略》,《文物》1985年第4期。
② 黄士斌:《上村岭秦墓和汉墓》,原载《中原文物》1981年特刊号,收入洛阳师范学院河洛文化国际研究中心编:《洛阳考古集成》(秦汉魏晋南北朝卷),北京图书馆出版社,2007年,第225页。
③ 三门峡市文物工作队:《三门峡市火电厂秦人墓发掘简报》,《华夏考古》1993年第4期。
④ 三门峡市文物考古研究所:《三门峡大岭粮库围墓沟墓发掘简报》,《中原文物》2004年第6期。
⑤ 三门峡市文物工作队:《三门峡市司法局、刚玉砂厂秦人墓发掘简报》,《华夏考古》1993年第4期。
⑥ 山西省考古研究所侯马工作站:《山西侯马东周、两汉墓》,《文物季刊》1994年第2期。
⑦ 山西省考古研究所侯马工作站:《山西侯马市虒祁墓地的发掘》,《考古》2002年第4期。
⑧ 郑州大学考古专业等:《河南新乡李大召遗址战国两汉墓发掘简报》,《考古与文物》2005年第4期。
⑨ 三门峡市文物工作队:《河南三门峡市火电厂西汉墓》,《考古》1996年第6期。
⑩ 本文如此论述并不是说进入河内的秦人从不以蒜头壶随葬,或者从不设置围墓沟,只是在查阅资料过程中很难见到,从概率角度考虑,河内所受秦文化影响应当较小。笔者在此必需要说明的是,对三河地区秦墓的考古材料肯定没有穷尽。
⑪ 中国社会科学院考古研究所:《陕县东周秦汉墓》,科学出版社,1994年,第202页。

当着助推文化融合的角色。只不过,这个角色本身的独立性不足,随着三晋与秦这两大政治势力的消长,在特定时期内,总会存在一个占主导地位的文化类型。由于秦国在战国后期不断的向东扩张,秦文化成了三河区域文化的主要特征。

第二节 西汉前期河东酷吏辈出的历史文化分析

《史记·酷吏列传》共提及酷吏23人,①其中籍贯明确者20人,来自三河、三辅(京兆、左冯翊、右扶风)的酷吏人数居于前两位。其中三河有6人,三辅5人。《汉书·酷吏传》提及的酷吏共19人,②籍贯明确者18人,地域分布仍是三辅、三河占前两位。其中三河5人,三辅5人。如果将《史记》《汉书》所列举的酷吏做一个有无互补的统计,则籍贯明确者共24人,三辅7人,三河6人。可见,在西汉一代的酷吏政治中,三河与三辅所贡献的人才各占四分之一强,两区域的地位旗鼓相当。此外,特别需要注意的是,三河地区的6位酷吏,其中有5位出自河东,分别是郅都、周阳由、义纵、减宣、褚广。③ 河东酷吏在三河之中首屈一指,是哪些原因造成了这种局面?这个问题值得深入思考。

一、酷吏政治的学术史辨析

对于西汉的酷吏政治,致力于古代政治文化研究的学者曾有过一些论断。余英时说:"汉代一直存在着两个关于'吏道'的不同观点:一个是朝廷的观点,上承秦代而来,所以'吏'的主要功能只能是奉行'律令';另一个是大传统的观点,强调'化民成俗'为'吏'的更重要的任务,奉行'律令'仅在其次。在思想上,前一观点与法家的关系很深,并为'酷吏'或'俗吏'的行为提供了理论的根据。后一观点则渊源于儒教,'循吏'的礼乐教化论即由

---

① 其中侯封、晁错、杜周二子、冯当、李贞、弥仆、骆璧、褚广、无忌、殷周、阎奉12人有名而无传。
② 《酷吏传》:"(张)汤、(杜)周子孙贵盛,故别传。"认为张汤、杜周为酷吏。《汉书》卷六〇《杜周传》:"两子夹河为郡守","治皆酷暴"。故将杜周本人及二子算进19人之数。
③ 关于褚广,《史记·酷吏列传》原文写作:"至若蜀守冯当暴挫,广汉李贞擅磔人,东郡弥仆锯项,天水骆璧推咸,河东褚广妄杀。"陈直按:"蜀守冯当,以守字包括以下四太守姓名,非各人之籍贯。"(陈直:《史记新证》,中华书局,2006年,第186页)若此说成立,则褚广应为河东太守,而非河东籍人士。但即便如此,河东盛产酷吏的历史观感仍不至于因一人之缺席而发生根本扭转。

此而起。"①韩星的说法更为直截了当:汉代酷吏"是从秦王朝'以法为教,以吏为师'这里沿袭下来的"。②

余、韩二说都认为秦代"以吏为师"的政治文化形态与西汉酷吏政治具有内在的承袭关系,这样的见解是可信的。仔细观察《史记》《汉书》提及的西汉酷吏的地域分布,在三辅、三河以外,南阳的酷吏的数量居于第3位,共有4人,分别是宁成、杜周,以及杜周的两个儿子。考虑到南阳仅是一郡之地,与三河、三辅在人口总数上相差很大,③因此,南阳所出酷吏绝对数量虽少,但这些人在酷吏政治中的表现不容小觑,尤其是一门三酷吏的现象,着实令人瞩目。纵观三辅、三河以及南阳的历史,有一个共同点,即受到秦人的影响比较悠久。三辅所处的关中地区自不待言,乃秦人的根基。三河、南阳在远交近攻的战略布局中,成为在秦国东扩的起始阶段即遭受攻夺的地区,这就决定了秦人政治文化风格施行于三辅、三河、南阳的力度和时长要优于其他地区。而恰恰是这三个受秦人政治影响最大的地区,在西汉酷吏政治中的表现占据了前三位。这个现象似乎不能用偶然的历史巧合来解释,其中应当可以折射出秦人独特的政治风格与西汉酷吏政治的内在联系。

然而,从秦代政治中追寻西汉酷吏政治的源头,作为一种宏观的考察,并不能解释三辅、三河、南阳这三个区域当中个别亚区域在西汉酷吏政治中的特殊表现。具体到本文所要讨论的河东地区,欲更好地理解该地区盛产酷吏的现象,必须从更多的角度来加以探究。在这方面,已有学者敏锐地进行了思考。

赵李娜指出:"法吏、酷吏多也是西汉河东地域民风的一个显著特点。"并对导致这一现象的历史因素作了阐释:"河东在两汉时期法吏特别是酷吏的'盛产'无疑也是历史积淀和现实因素的双重结果。"所谓"历史积淀",有两种因素:一是河东"作为春秋时期晋都和战国魏都之所在,其可称得上为'法家策源地'";二是"战国中后期,秦曾两次移民于河东,使此地的民风亦沾染上秦国用法之道。"所谓"现实因素",指的是作为京畿之地,西汉时期的河东在行政监察方面归属司隶校尉,"由于其司隶校尉的特殊政治地位、经济上的领先水平而使得三河三辅地区多豪强和贵戚,酷吏群体应运而生

---

① 余英时:《士与中国文化》,上海人民出版社,2003年,第158页。
② 韩星:《儒法整合:秦政治文化论》,中国社会科学出版社,2005年,第193—194页。
③ 《汉书》卷二八上《地理志上》记载,汉平帝时南阳郡户数近36万,三河中的河南郡有27万多户,河内24万多户,河东23万多户,三河总计超过74万户。三辅中的京兆尹有19万多户,左冯翊23万多户,右扶风21万多户,三辅总计超过63万户。三辅、三河的户数均远远超出南阳一郡。

并起到了一定的作用"。① 意谓京畿的豪强贵戚势力庞大,给正常的社会秩序造成了威胁,需要启用酷吏对其进行抑制。

将西汉酷吏政治探源工作的触角上溯至先秦时期,相对于以往仅关注秦人政治特色对西汉酷吏政治影响的研究视野而言,赵李娜的认识可谓独出心裁,别具一格。其对导致西汉河东酷吏辈出的"历史积淀"的分析也是比较深刻的。不过,笔者在赞同其论断的同时,还想进一步申述一个看法。赵李娜揭櫫的两种"历史积淀"在时代上具有先后关系,实际上描述的是新旧法家文化叠加与强化的过程。② 所谓旧的法家文化,指的是魏国统治河东时的法家政治文化本色。新的法家文化,指的是入秦之后高歌猛进并随着秦人军事胜利而回流河东的法家政治。正是这种新旧法家文化的叠加与强化,使得河东地区自战国以来一直为法家政治文化所笼罩,为西汉河东酷吏的培养提供了肥沃的历史文化土壤。

赵李娜对西汉河东多出酷吏现象的现实解读,是受到了张建军的启发。张氏认为"酷吏在京畿地区的大量出现","是由京畿尤其是三辅地区的特殊的社会矛盾和朝廷有意识任用酷吏加强统治的结果"。③ 所谓"京畿",主要指三辅,但也包括同属司隶校尉的三河。不过,这个说法旨在解释各地酷吏大多曾有京畿任职的经历,意在说明为何西汉酷吏会集中在京畿展开政治活动。坦率地讲,从这个角度来解释三河地区盛产酷吏,的确也有几分合理性。因为地方官员的施政风格对治下的社会文化面貌往往有一定的影响。

《汉书·循吏传》言,西汉文景时期,"循吏如河南守吴公、蜀守文翁之属,皆谨身帅先,居以廉平,不至于严,而民从化"。④ 同书《酷吏传》又说:"是时郡守尉诸侯相二千石欲为治者,大抵尽效王温舒等,而吏民益轻犯

---

① 赵李娜:《西汉河东郡地域风习探究》,《山西大学学报》(哲学社会科学版)2009 年第 4 期。
② 之所以特别强调"新旧法家文化的叠加与强化",是有感于赵李娜在解释西汉河东盛产酷吏的现象时,前后说法不尽相同。除了这里引述的两种历史积淀,在同一篇文章的另外一处,赵氏又认为:秦人的移民措施"使河东之民风趋向于秦而愈加偏离晋、魏之深厚文化传统,而此地'有先王遗教''君子深思'之风势必会走向淡薄",以至于"两汉河东多出武将和法吏"。此说仅强调秦人的新法家文化对河东地区所谓"晋、魏之深厚文化传统"的巨大冲击,而她所理解的"晋、魏之深厚文化传统",以"先王遗教""君子深思"为特点,显然与河东地区的旧法家文化存在显著的差别。如此一来,河东地区法家文化的兴盛,便成为两种异质文化相互冲撞的结果,而非两个阶段的法家文化相互叠加与强化的结果。不过,赵氏认为法家文化消解了河东地区的"先王遗教""君子"之风,这个看法本身还是具有合理性的。需要注意的是,消解的过程不是始于战国中后期秦国对河东地区的移民与开拓,而是始于战国早期魏国的变法。这一点,赵氏大概是疏忽了。
③ 张建军:《西汉京畿的酷吏》,《历史教学》2005 年第 4 期。
④ 《汉书》卷八九《循吏传》,第 3623 页。

法,盗贼滋起。"①从历史记载来看,在西汉晚期之前,朝廷多为三河地区选择"任刑"的官长。见于记载的西汉 24 名酷吏,有三分之一曾在三河任职,分别是:杜周的两个儿子"夹河为郡守","治皆酷暴"。田广明任河南都尉,严延年任河南太守。周阳由任河东都尉,田延年任河东太守。王温舒任河内太守,义纵任河内都尉。此外,有些任职三河地区的官员虽未被史籍列入酷吏传,但其执政以严苛为特色。如尹翁归,其人出自河东,为政"任刑","京师畏其威严",②曾担任河南缑氏尉与弘农都尉。又如魏相,"禁止奸邪,豪强畏服","治郡严",③曾两度担任河南太守。这些"任刑""酷暴"的官员治理三河地区,固然会导致三河社会文化偏向于相似的风格,反之也为该地区酷吏的出现提供有利的社会土壤。然而,这仍然不能解释为什么是三河之中的河东地区在酷吏政治中的表现最为突出,而非河南、河内?

欲解答西汉河东酷吏最多的现象,④只能在河东地区历史发展的特殊性上寻求突破。

二、河东酷吏辈出的学术文化史分析

战国以来的三河地区,由三个政治实体所控制,分别是魏、韩、周,在列国争强的形势下,周人的势力已很小,影响三河文化发展的主要力量是魏、韩两家,魏国拥有河东、河内,韩国占据河南。⑤ 韩魏政治文化皆以法家为底色,但其法家底色的生成脉络是复杂的。严耕望曾指出:"法家兴起与儒道两家皆有渊源关系。早期如李悝、吴起本出儒家",而"史公以老子、韩非同传,云'申子之学本于黄老,而主刑名。'韩非'喜刑名法术之学,而其归本于黄老……此明道法两家有源流之关系'。"然道家影响三晋,亦变而为法,与儒变为法相同,恐仍与三晋本地条件有关耳!"⑥这一论断从三晋法家思想背景的不同之处来感知三晋大地固有的孕育法家思想的文化基因,视角很独特。需要注意的是,儒变为法与道变为法,生成法家文化的这两种路径基本上是分别对应魏、韩两国的。

魏国升格为诸侯之初,魏文侯在位。"文侯受子夏经艺","东得卜子

---

① 《汉书》卷九〇《酷吏传》,第 3662 页。
② 《汉书》卷七六《尹翁归传》,第 3208、3209 页。
③ 《汉书》卷七四《魏相传》,第 3133 页。
④ 三辅的三个郡级行政区合起来,酷吏数量也不过比河东多两个。
⑤ 这里只是概言之,实际上,韩魏疆界犬牙交错,韩王祖先墓在平阳,则河东也有一部分韩地。魏国后来定都大梁,则河南东部亦有魏国势力。
⑥ 严耕望:《战国学术地理与人才分布》,收入《严耕望史学论文选集》(上),第 38 页。

夏、田子方、段干木","皆师之"。① 子夏作为孔门弟子,当属儒家。段干木"守道不仕","官之则不肯,禄之则不受",但却作了魏文侯的老师。《礼记·儒行》描述儒者品格,其中谈到"儒有上不臣天子,下不事诸侯","不臣不仕"的品格,②这正与段干木的行事相合。田子方有"行不合,言不用,则去之楚、越,若脱躧然"的论调,③这种为实现政治理想而积极入世多方奔走的形象,与儒者比较接近。而活跃于魏国进行变法的人物,有李悝与吴起二人。"魏有李悝,尽地力之教"。④《汉书·艺文志》著录法家《李子》三十二篇,班固曰:"名悝,相魏文侯,富国强兵。"⑤李悝堪称法家的理论大师。但《艺文志》还著录儒家《李克》七篇,班固曰:"子夏弟子,为魏文侯相。"⑥而子夏又是孔门弟子,可见李悝的思想又有儒家背景。吴起也曾跟随孔门弟子学习,"尝学于曾子,事鲁君"。其言行不乏温雅之例,"魏文侯既卒,起事其子武侯。武侯浮西河而下,中流,顾而谓吴起曰:'美哉乎山河之固,此魏国之宝也!'"吴起答曰:"在德不在险。若君不修德,舟中之人尽为敌国也。"⑦法家吴起大谈聚拢人心的"德",无疑透露了其法家本色中的儒者成分。

与魏国不同,战国时代的韩国没有接纳儒者的历史表现。"申不害者,京人也,故郑之贱臣。学术以干韩昭侯,昭侯用为相。内修政教,外应诸侯,十五年。终申子之身,国治兵强,无侵韩者。"申不害原是郑国人,随郑国之亡而为韩国所用。值得注意的是,作为提倡"术"的法家人士,"申子之学本于黄老而主刑名"。⑧ 不独申不害如此,韩非亦是"喜刑名法术之学,而其归本于黄老"。⑨ 韩国法家人物具有黄老之学的背景,与魏国以儒学为背景的法家大为不同。这一鲜明差别的形成,与地缘因素有很大关系。

晋悼公十一年(前563),魏绛"徙治安邑"。魏武侯二年(前385),"城安邑"。虽然魏氏以安邑为都,但魏武侯之父魏文侯在位时,曾"任西门豹守邺,而河内称治",可见魏国已取得河内。这种地利条件,使魏文侯得以从东方齐鲁之地引进人才。而韩国缺乏这样的条件,据李晓杰考证,

---

① 《史记》卷四四《魏世家》,第1839、1840页。
② [汉]郑玄注,[唐]孔颖达疏:《礼记正义》,第1671页。
③ 《史记》卷四四《魏世家》,第1839页。
④ 《史记》卷七四《孟子荀卿列传》,第2349页。
⑤ 《汉书》卷三〇《艺文志》,第1735页。
⑥ 《汉书》卷三〇《艺文志》,第1724页。
⑦ 《史记》卷六五《孙子吴起列传》,第2165—2167页。
⑧ 《史记》卷六三《老子韩非列传》,第2146页。
⑨ 《史记》卷六三《老子韩非列传》,第2146页。

在战国前期,韩国在河内占据有野王、邢丘等地,处于河内西境。① 河内东部的汲、朝歌等地则为魏国所有。不仅如此,魏国东境还有观津、观、济阳等地,与齐接壤。② 在河南地区,韩国边界曾东至雍丘、户牖,③但与占据大梁一带的魏国相比,韩国的东境明显靠南。由于韩、魏两国不同的地缘特征,造成了两国在与东方交往过程中的不同态势。魏人在河内东部与齐鲁相接,在河南也沿着东北方向与齐鲁接壤,交往十分便利。而韩国与齐鲁儒乡的交往在黄河南北两岸都被魏国所隔断,即便有接受儒家的愿望,也会面临诸多不便。于是,韩国的社会文化从南方楚地汲取养分,便成为一种自然的选择。

蒙文通说,道家"出于楚民族"。④《史记·孟子荀卿列传》:"自驺衍与齐之稷下先生,如淳于髡、慎到、环渊、接子、田骈、驺奭之徒,各著书言治乱之事,以干世主。""慎到,赵人。田骈、接子,齐人。环渊,楚人。皆学黄老道德之术,因发明序其指意。故慎到著十二论,环渊著上下篇,而田骈、接子皆有所论焉。"⑤白奚据此说:"战国中后期的黄老学者主要集中在齐国的稷下学宫。"这个认识大体上是成立的。不过,白氏也注意到楚文化在黄老之学发展历程中的表现:"《汉书·艺文志》还著录了稷下之外的其他黄老著作,如《文子》九篇,班固注云:'老子弟子,与孔子并时。'《鹖冠子》一篇,注云:'楚人,居深山,以鹖为冠。'"⑥前面提到的楚人环渊,有学者认为与《汉书》卷三〇《艺文志》著录之道家作品《蜎子》的作者是同一人。⑦《蜎子》十三篇,班固曰:"名渊,楚人,老子弟子。"其师承与文子同。蜎子、文子皆师从老子,鹖冠子、蜎子皆为楚人,从中显然可以感受到楚地是黄老之学盛行的地方。

上述分析表明,韩国的法家在地缘上更容易受南方黄老之学的影响,魏国的法家则易受东方儒家的影响。然而,对于魏国控制的河东地区来说,由

---

① 李晓杰:《战国时期韩国疆域变迁考》,《中国史研究》2001年第3期。
② 李晓杰:《战国时期魏国疆域变迁考》,《历史地理》(第十九辑),上海人民出版社,2003年,第87页。
③ 李晓杰:《战国时期韩国疆域变迁考》,《中国史研究》2001年第3期。
④ 蒙文通:《法家流变考》,《古学甄微》,巴蜀书社,1987年,第305页。
⑤ 《史记》卷七四《孟子荀卿列传》,第2347页。
⑥ 白奚:《先秦黄老之学源流述要》,《文史哲》2003年第1期。
⑦ 王应麟曰:"《文选》枚乘《七发》:便蜎詹何之伦。注云:《淮南子》:虽有钩针芳饵,加以詹何蜎蠉之数,犹不能与罔罟争得也。宋玉与登徒子偕受钓于玄渊。《七略》:蜎子名渊。三文虽殊,其人一也。"梁玉绳不同意这种说法:"考高诱云:娟嬛,古善钓人名,故同詹何并举。(李)善以与环渊为一人,恐误。"(两说俱见杨树达《汉书窥观》,上海古籍出版社,2007年,第229页。)笔者以为,钓术与学术不能混一,目前倾向于梁玉绳之说。

于南有大河横亘,东有太行相隔,楚地的黄老之学与东方的儒学渐染河东的难度无疑是很大的。史载"孔子既没,子夏居西河教授,为魏文侯师"。① 古人多认为在晋陕间黄河的龙门附近,数十年前,钱穆断言卜夏所居的西河,"决不在龙门华阴之间,而实在东土。当在今长垣之北、观城之南、曹州以西一带之河滨"。今人袁传璋赞同钱穆的"东土"说,但在"西河"的具体地域指向上又有新见,认为"在卫国故商墟王畿之内"。② 比钱说偏西而隔河相望。袁氏持此说的一个理由来自对曾参吊祭子夏一事的辩驳,他说:"曾参不可能度越千里到'龙门至华阴之地'吊慰老友。"因为这将需要"穿行宋、卫、周、韩、魏数国,走北线要翻越太行长坂,取南线要经过崎岖崤谷,然后再横绝龙门大河方可抵达"。此言不仅道出了东方学者入河东的艰难,相信对南方楚人也是适用的。

由于相对缺乏来自相邻地区的儒家、道家等异质文化因素的牵制,这便导致河东的法家文化比河内、河南地区更为强固。这是笔者对造成西汉河东地区酷吏最盛现象的"历史积淀"的一点认识。

三、河东酷吏辈出的军事史因素

战争往往对一个地方的社会文化发展有所影响。因为战争,在直接遭受兵燹的地方,民人难免死丧相继,人口锐减。而与之密切相关的是,民众在不同地区间的流移成为常态。这势必造成地方文化发展的新动向。从这个意义上说,西汉河东地区盛产酷吏的现象与秦汉之交的战争有一定关系。这一点,通过考察三河区内各亚区域在秦汉交代之际易手的过程,便知分晓。

河南地区在秦汉之际的战争中所受创伤最大。在反秦阶段,陈胜"以吴叔为假王,监诸将以西击荥阳",然而,"吴广围荥阳。李由为三川守,守荥阳,吴叔弗能下"。在此情形下,陈胜另派将军周文绕过荥阳,直捣关中。但在骊山附近遭到秦将章邯的阻击,"周文败,走出关,止次曹阳二三月。章邯追败之,复走次渑池十余日。章邯击,大破之。周文自刭,军遂不战"。③ 周文在荥阳以西的渑池覆没,给围困荥阳的吴广军带来巨大压力。为应对危局,围困荥阳秦军的楚将田臧假称陈胜之命,杀掉"不知兵权"的吴广,"乃

---

① 《史记》卷六七《仲尼弟子列传》,第 2203 页。
② 钱说、袁说俱见袁传璋:《子夏教衍西河地域考论》,《安徽师范大学学报》(人文社会科学版)2006 年第 6 期。
③ 此处说周文在渑池自刭,然《史记》卷六《秦始皇本纪》记载:"使章邯将,击破周章军而走,遂杀章曹阳。"(第 270 页)不在渑池。本文从《陈涉世家》。

使诸将李归等守荥阳城,自以精兵西迎秦军于敖仓。与战,田臧死,军破。章邯进兵击李归等荥阳下,破之,李归等死"。① 在刘邦、项羽争天下的阶段,刘邦于汉二年五月退守荥阳后,得益于荥阳城易守难攻的特点,另有韩信"复收兵与汉王会荥阳,复击破楚京、索之间,以故楚兵卒不能西"。② 此后,楚汉双方在河南"久相持未决,丁壮苦军旅,老弱罢转漕"。汉四年冬十月,汉军打败守备成皋的楚将曹咎,"复取成皋,军广武,就敖仓食",终于打破僵局,迫使项羽定下了与刘邦"中分天下"的盟约。项羽随即"引兵解而东归",③河南得以从紧张的战争状态解脱。

河内、河东地区在秦末战争中的地位具有若干相似性,受到战争的影响相对较小。陈胜称王之后,"令陈人武臣、张耳、陈余徇赵地"。④ 不过,据李开元的说法,武臣接到开拓河北的命令后,"由陈县出发,经过砀郡,进入东郡,由白马津(今河南滑县东北)渡过黄河,进入赵国地区的邯郸郡,正式开辟了北部战场"。此行不涉及河内。到达邯郸后,武臣自立为赵王,"大致拥有赵国东部地区的邯郸、巨鹿两郡和燕国南部的广阳郡"。至于武臣的战略方向,"没有顺应张楚陈胜政权的要求,西向支援楚军攻秦,而是致力于巩固实力,扩大领土。(秦二世元年)九月,武臣分兵三路,派遣李良领军北向攻略恒山郡,张黡领军西向攻略上党郡,韩广领军北上攻略燕国地区"。⑤ 武臣军攻略的最南端在上党郡,未至河内,更未及河东。

陈胜曾命令河北的武臣"趣赵兵亟入关",将此处的"入关"与周文、吴广入函谷关的河南战线,以及宋留入武关的南阳战线放在一起来看,则武臣应入之关当为晋陕间黄河岸边的津关,其行军必过河东。然而,这个计划只是陈胜的设想而已,武臣方面出于保存自身力量以及维持黄河以南"两虎相争"局面的需要,并没有予以执行。因此,在秦末战争中,河东、河内一直为秦军所占据。这为章邯在黄河以东、以南所进行的平叛行动保证了稳定的后方。章邯后来与项梁围绕定陶展开争夺。当时,项梁连胜,"益轻秦,有骄色","秦果悉起兵益章邯,击楚军,大破之定陶,项梁死"。⑥ 李开元认为,秦军的胜利除了章邯战术得当以外,还与援军的到来分不开:"由外黄方向驰援而来的李由军被歼灭以后,章邯倍加小心翼翼。他调动河东郡和河内郡

---

① 《史记》卷四八《陈涉世家》,第1953、1954、1957页。
② 《史记》卷九二《淮阴侯列传》,第2613页。
③ 《史记》卷七《项羽本纪》,第330、331页。
④ 《史记》卷四八《陈涉世家》,第1953页。
⑤ 李开元:《复活的历史——秦帝国的崩溃》,第144页。
⑥ 《史记》卷七《项羽本纪》,第303页。

秦军沿黄河北岸东行;同时,他请准朝廷当局,抽调正在河北攻击赵国的王离军一部南下,渡河会师攻击楚军。""二世二年九月,河东河内援军和王离军一部抵达白马、濮阳一带,秘密渡过黄河,与章邯军汇合,秦军军势大振。得到增援的章邯军主力,由濮阳向定陶方向秘密运动,夜晚突袭项梁军大营,定陶城内的秦军也呼应出击。项梁军对于河内、河北秦军的调动完全没有察觉,措手不及,被秦军击溃,项梁也被秦军杀死。"①这个论断是合理的,河东、河内两地是章邯突袭定陶的援军供应地。

然而,河内、河东具有各自独特的地缘形势,河东在地理上的封闭程度比河内要高,这就决定了两地在秦末战争中的作用必然会有所不同。

章邯打败项梁后,于秦二世三年十月,"引兵至邯郸,皆徙其民河内,夷其城郭"。② 河内可以作为敌方都城民众的迁居目的地,由此可见秦军对河内的控制是较为强固的。但这个局面后来发生了改变。章邯与赵国的决战并不在邯郸一带进行,由于赵王、张耳等逃至巨鹿,章邯随之"击赵王歇等于巨鹿"。③ 巨鹿在邯郸东北方向,离河内更远。为了得到充足的后勤供给,章邯采用了"筑甬道属河"的办法。辛德勇认为,此法"应是从巨鹿城下修筑甬道,连通黄河岸边的粮船下卸码头"。为了保住仓储码头,章邯甚至曾在"王离军乏食"的"关键的时刻","竟能轻易撤去屏蔽巨鹿的军队,放任项羽歼灭王离所部"。④ 章邯军队的战线自邯郸东移,以守护仓储码头为第一要务,这难免导致邯郸以南河内地区的军事防御出现薄弱环节。一旦巨鹿秦军失利,河内便非复秦有。《史记·高祖本纪》载:"当是时,赵别将司马卬方欲渡河入关,沛公乃北攻平阴,绝河津。"⑤此事在《史记·秦楚之际月表》中作"北绝河津",系于秦二世三年四月。这也就意味着,秦二世三年四月,赵将司马卬已从秦军手中夺得河内绝大部分。这一战果显然是在秦军巨鹿失利的情况下取得的。首先是秦二世三年正月,负责围攻巨鹿城的秦军将领王离被俘,赵军转危为安。接着是次月项羽"攻破章邯,章邯军却"。⑥

---

① 李开元:《复活的历史——秦帝国的崩溃》,第142页。在该书另外一处,李开元又说:"在濮阳紧急的情况下,停留在漳河南岸的王离军部队秘密集结南移,与河东和河内军的援军一道,在濮阳附近渡过黄河增援章邯军。章邯军得到王离军和河东、河内军的增援,军势大振,以迅雷不及掩耳之势奔袭定陶,一举将项梁军主力彻底击溃。"(第152页)也是认为章邯得到的援助有来自河东、河内地区的。
② 《史记》卷八九《张耳陈余列传》,第2578页。
③ 《史记》卷六《秦始皇本纪》,第270页。
④ 辛德勇:《巨鹿之战地理新解》,《历史的空间与空间的历史》,第82—84页。
⑤ 《史记》卷八《高祖本纪》,第359页。
⑥ 《史记》卷一六《秦楚之际月表》,第771页。

反秦力量是趁虚而入取得河内的，这对河内地区社会结构不会造成太大影响。与之相比，河东受战争的影响更小。在反秦阶段，刘邦在南线自武关入关中，项羽在河北降服秦将章邯之后，与赵国合力南下，自河内渡过黄河而进入河南，再西入函谷关。而河东在反秦风暴中处于怎样的状态，史书语焉不详。不过，以当时情势观之，河东地区的控制权应当是通过和平方式实现转移的。首先，刘、项两路大军的行进路线是明晰的——均不经过河东，不存在以河东为战场的必要性。其次，我们可以看到，秦国的功臣子弟出现在稍后占据河东的魏豹政权中。在楚汉相争阶段，魏豹曾背叛刘邦，刘邦派郦食其前往游说。郦氏无功而返，然后与刘邦有如下对话：

> 汉王问："魏大将谁也？"对曰："柏直。"王曰："是口尚乳臭，不能当韩信。骑将谁也？"曰："冯敬。"曰："是秦将冯无择子也，虽贤，不能当灌婴。步卒将谁也？"曰："项它。"曰："是不能当曹参。吾无患矣。"①

其中提到的三个人物，柏直仅此一见，不知有何背景。项它，亦写作项佗、项他，此人是项羽的族人，②在魏豹叛汉之前，他的身份是魏相国。③ 魏豹亡国后，他又担任过项羽西楚政权的柱国。④ 项氏担任魏豹的相国，显然出自项羽的安排，目的是拉拢和牵制魏豹。尤其需要注意的是冯敬，他是"秦将冯无择子"，而冯氏家族在秦代名位显赫。《汉书·冯奉世传》："及秦灭六国，而冯亭之后冯毋择、冯去疾、冯劫皆为秦将相焉。"⑤而秦国高官之子曾有出掌战略要地的例子，如丞相李斯之子李由出任管控河南地区的三川守。因为他不与反秦势力合作，被项羽所杀。而另外一些秦军将领，在与项羽的直接对抗中，最终选择了投降，因此受封为一方诸侯。冯敬作为秦国名门之后，既未因抵抗而被杀，也未因投诚而封侯，并且项羽称霸后，他不是直接跟随项羽，而是成为魏王的僚属。这些迹象似乎昭示着，冯敬原本即在河东任

---

① 《汉书》卷一上《高帝纪上》，第 38—39 页。
② 《汉书》卷三一《项籍传》："（项）羽使从兄子项它为大将，龙且为裨将，救齐。"颜师古指出："《高纪》云项声，此传云项它，纪传不同，未知孰是。"（第 1817 页）尽管有此疑问，但项它为众多参赞项羽霸业的族人之一，应当没有太大问题。
③ 《史记》卷九五《樊郦滕灌列传》："（灌婴）击项羽将龙且、魏相项他军定陶南，疾战，破之。"（第 2668 页）
④ 《史记》卷九五《樊郦滕灌列传》："（灌婴）遂降彭城，虏柱国项佗"。（第 2670 页）
⑤ 《汉书》卷七八《冯奉世传》，第 3293 页。

职,反秦势力未入河东,因此不存在战死或投降的问题。秦政权被推翻,冯敬无功亦无过,项羽封魏豹到河东,冯敬便成为魏王的部下。如果以上推测不误,则河东的政权易手属于和平交代,便多了一分实证。

秦政权灭亡后,在项羽的主持下,河东、河内分别被封给魏豹和赵将司马卬。不过,刘邦在夺取这两个地区时,其过程如同摧枯拉朽。汉二年三月,"汉王自临晋渡河,魏王豹降,将兵从。下河内,虏殷王卬,置河内郡"。一月之内便结束了战斗。五月,魏豹反叛,刘邦当时有更重要的事情要处理,无暇顾及此事。直到八月,始派郦食其劝说魏豹。魏豹不从,九月,"(韩)信等虏豹"。① 可见,战事进行得非常顺利,速战速决,对河东、河内社会秩序的冲击不会很严重。

以上论述表明,在秦汉易代之际,战争对三河之中的河南影响最大,河内次之,河东先是以和平方式完成了从秦到魏的转手,后又以极小的代价落入刘邦阵营。由于河东地方政权的平稳过渡,河东的人口还保持了一定的规模。我们注意到,刘邦称帝后,所封大功臣的户数居于前五位的,分别是平阳侯曹参,10 600 户;留侯张良,10 000 户;酂侯萧何,8 000 户;绛侯周勃,8 100 户;阳都侯丁复,7 800 户。② 其中的平阳侯曹参、绛侯周勃封地在河东,当时正值天下初定,郡县多所残破,河东的县域户口还能保持如此规模,可见,秦末战乱对河东的影响相对较小,较好地保持了基层社会秩序的连续性,因此,相对于河南、河内来说,秦王朝"以吏为师"的政治文化风格的遗留也就最为沉重。只要时势合宜,"任法""任刑"的酷吏便会应运而起。

四、河东酷吏辈出的社会文化因素

有学者认为,戎狄与邻的生存状态曾是三晋法家形成的一个重要条件。李元庆指出,晋立国时确定的"启以夏政,疆以戎索"的治国方针,"对于当地的夏民族和戎狄民族而言,无疑是一个求同存异、宽厚包容的方针"。"这一方针的确立直接规定了晋国文化的发展格局,严格地制约着晋国社会的发展"。其中一个方面的影响就是"导致了晋国历史上强烈的反宗法制传统,由此掀起蓬蓬勃勃的变法思潮,使晋国社会成为中国古代法制文化的摇篮"。③ 张有智认为晋地以战争、联姻等多种形式进行的夷夏交流是"法家文化形成的文化土壤"。④ 胡克森说:"三晋之地之所以孕育出一

---

① 《汉书》卷一上《高帝纪上》,第 34、38—39 页。
② 分别见《史记》卷一八《高祖功臣侯者年表》,第 881、891、892、894、904 页。
③ 李元庆:《三晋古文化源流》,第 172 页。
④ 张有智:《先秦三晋地区的社会与法家文化研究》第一章,人民出版社,2002 年。

大批法学理论家,其原因乃在于三晋之地是中原文化和戎狄文化的高度融合地区。"①

还有学者进一步地看到,相似的与戎狄为邻的地缘形态,也是法家在秦国得以发扬光大的原因之一。比如蒙文通说:"法家之士多出于三晋,而其功显于秦,则法家固西北民族之精神,入中夏与三代文物相渐渍,遂独成一家之说。"②所谓"西北民族之精神",指的即是戎狄等异族文化因子。胡克森的说法更为明确:"相似的戎狄文化背景是两国(指秦晋)成为法学渊薮的主要原因。"③由此观之,戎狄与邻的生存环境对于法家的生成与兴盛皆有莫大关系。那么,作为秦代"以吏为师"的法家政治的遗绪,西汉河东的酷吏政治是否也与此种生存状态有关呢?答案是肯定的。

赵李娜曾经以"尚武"来描述河东地域风习,笔者更愿意将河东地区看作一个"具有边地气息的内郡"。《史记·酷吏列传》载:"郅都者,杨人也。"④郅都属河东人氏,曾经担任雁门太守,"匈奴素闻郅都节,居边,为引兵去,竟郅都死不近雁门。匈奴至为偶人象郅都,令骑驰射莫能中,见惮如此。匈奴患之"。相似的情节也发生在东汉末年的东北边境上。《后汉书·公孙瓒传》:"瓒常与善射之士数十人,皆乘白马,以为左右翼,自号'白马义从'。乌桓更相告语,避白马长史。乃画作瓒形,驰骑射之,中者咸称万岁。虏自此之后,遂远窜塞外。"⑤但公孙瓒乃辽西人,担任边吏乃意料中事。汉世选拔边将一直讲究因才授官,边地的特殊环境容易出现合适人选,比如陇西出身的李广,可担任右北平太守以拒匈奴。河东人郅都的成长地距边地较远,受命担任雁门太守,至少意味着河东的人文环境具有一些近似边地的习气。这一点,通过稍后的汉武帝时期的个别事例可以略窥一斑。

汉武帝时,有"将军张次公,河车(东)人",曾跟随卫青征战有功,受封岸头侯。《史记·卫将军骠骑列传》所列跟随卫青、霍去病为将者共16人,韩说、曹襄是列侯,很可能长于京师,论其籍贯无多大意义。赵信是匈奴人,公孙贺、李息、公孙敖是北地人,李沮、郭昌是云中人,赵破奴是九原人,李蔡是陇西人,苏建、赵食其是三辅人,张骞是汉中人,路博德是西河人。来自黄

---

① 胡克森:《秦、晋文化之比较》,《邵阳学院学报》(社会科学版)2008年第1期。
② 蒙文通:《法家流变考》,蒙文通:《古学甄微》,第305页。
③ 胡克森:《秦、晋文化之比较》,《邵阳学院学报》(社会科学版)2008年第1期。
④ 《史记》卷一二二《酷吏列传》,第3132页。《汉书》卷九〇《酷吏传》写作"河东大阳人也"。(第3647页)《正义》:"班固失之甚也。"(《史记》,第3133页)
⑤ 《后汉书》卷七三《公孙瓒传》,第2359页。

河以东的只有两人,一个是太原荀彘,另一个就是河东人张次公。可见河东地区在西汉关东、关西对立的文化格局中,其文化归属乃在关西。《汉书·酷吏传》:"而张次公亦为郎,以勇悍从军,敢深入,有功,封为岸头侯。"其气质明显不同于山东地区,倒像是边郡人的风格。

另外,"次公父隆,轻车武射也。以善射,景帝幸近之也"。① 如果以后世河东文教繁盛的印象来对应张隆这个人物的话,难免令人有些错愕。弓箭通常是异族风情的标志性符号,②《史记·匈奴列传》:"儿能骑羊,引弓射鸟鼠;少长则射狐兔,用为食。士力能弯弓,尽为甲骑。"③匈奴善弓箭射击,司马迁记述这些内容显然意在表明汉人与匈奴的差异性。晁错说:"今匈奴地形技艺与中国异。上下山阪,出入溪涧,中国之马弗与也;险道倾仄,且驰且射,中国之骑弗与也。""若夫平原易地,轻车突骑,则匈奴之众易挠乱也。"④马匹、骑射这两项,汉人比不上匈奴;车技方面,匈奴不如汉人。张隆善射,车技又好,这个人物的才能可谓综合了匈奴与汉人之长,他的"善射"表现了河东多少受到了边地文化的影响。不仅如此,河东地区的马匹虽然未必比得上匈奴人的,但在内郡中值得重视。汉武帝时期的酷吏减宣,"以佐史无害给事河东守府。卫将军青使买马河东,见宣无害,言上,征为大厩丞"。⑤ 可见,河东地区是汉王朝的马匹来源地之一,这也是河东地域文化具有边地因子的表现。

秦汉时代河东地区的边地戎狄之风在考古发现中也能得到印证。2002年,在山西临汾市西北隅的永和县(对应秦汉河东郡的北界)发掘的龙吞泉遗址,其中有不少属汉魏历史遗存。发掘者指出:

> 龙吞泉遗址虽然位于晋及三晋的版图内,但是在这一时期的文化遗物却与晋南的晋文化有着显著的差别。这或许正是当地戎狄部族文化特征的反映吧……然而已是汉魏时期了,在该遗址中仍很少见到铁器,似乎表明这里当时并不进行农业等生产活动。可是大量的陶片及瓦砾又说明这里曾有人定居生活过而非游牧式的迁徙生活。再结合这一时期的遗迹中有不少的灶,表明曾经有不少的人在此起居饮食。既

---

① 《史记》卷一一一《卫将军骠骑列传》,第2943页。
② 本文没有否认汉人用弓箭事实的意思,只是史家往往对弓箭技艺高超的人很青睐,将之录于史,反证优秀者并不多见。一般而言,这类人物边地居多,如李广、吕布等。因此,在一定程度上,史籍上能够见到的善射者可以反映地域风气,但结论不宜绝对化,可以探讨。
③ 《史记》卷一一〇《匈奴列传》,第2879页。
④ 《汉书》卷四九《晁错传》,第2281页。
⑤ 《史记》卷一二二《酷吏列传》,第3152页。

不进行生产活动,而又有大量的人在此生活,因此很可能有军队当时驻扎于此。①

发掘者的分析有两个信息需要注意,一是河东地区自先秦以来就一直与戎狄存在着广泛的文化互动;第二个需要注意的信息是,直到汉魏时期河东郡北部地区仍不像是农耕生活为主,当地承担的重要职责似乎是屯驻大军,进行军事防御。这两点述说的不正是河东地区在秦汉时代的边地风气吗?正是在拥有如此生存环境的河东地区,涌现出了三河区域中最多的酷吏,参考先秦时期戎狄与邻的生存环境对三晋及秦国法家命运的影响,我们能说河东多酷吏是偶然的吗?

结论

学者多认为西汉酷吏群体与秦代的法家文化具有内在关联。然而,具体到西汉河东盛产酷吏的现象,无疑与法家文化在该地区的发展历史与现状有关。从学术史角度看,三晋本是法家思想的发源地,在战国时期,河内、河南分别受到相邻地区的儒、道文化浸染,唯有河东因其独特地理形势,保持了强固的法家文化。从军事角度看,秦汉之交的战乱对河东的影响相对较小,较好地保持了基层社会秩序的连续性,秦王朝政治文化风格的遗留较为沉重。从社会文化角度看,戎狄与邻的边地文化形态曾是促使法家思想形成的一个重要因素,秦汉时代的河东地区虽是内郡,仍然保留着较强烈的边地风气,这为酷吏群体的产生提供了土壤。

第三节　西汉中期以来河东区域文化的发展

河东酷吏在西汉政治史上的突出表现,确如赵李娜所分析的那样,是历史和现实因素共同作用的结果。然而,世易时移,随着西汉政局的演变和汉帝国执政理念的转向,河东酷吏群体不可避免地走上了盛极而衰的历史轨迹。在《后汉书·酷吏列传》中,我们已找不到一个出自河东的人士,对比西汉时的情形,反差何其显著。这个反差,直观地反映了两汉时期河东盛产酷吏的社会文化土壤逐步消解。然而这个过程具体如何发生,后续又有怎样

---

① 山西省考古研究所等:《永和龙吞泉遗址发掘报告》,石金鸣主编《三晋考古》(第三辑),山西人民出版社,2006年,第210页。

的进展,这也是河东文化研究所应当关注的。

一、西汉中期以来河东酷吏的转型

在历史与现实的多重因素共同作用下,西汉前期的河东地区保留了浓厚的以"刻削""急法"①为特色的秦代政治风格遗存。随着汉王朝的基本国策由保守转向进取,需要大批酷吏参与政治管理,河东地区因应时势,成为输送这类人才数量最多的一个郡级行政区。

不过,在酷吏最为活跃的汉武帝时代,酷吏群体已经表现出向儒学靠拢的迹象。在司马迁所记录的酷吏当中,占据最大篇幅的是张汤,据记载,由于汉武帝"方向文学",此人作为汉武帝时代酷吏群体的代表性人物,在处理重大案件的过程中,"欲傅古义,乃请博士弟子治《尚书》《春秋》补廷尉史,亭疑法"。② 身为酷吏而援引儒术,张汤的做法顺应了西汉政治文化发展的大势,也预示了酷吏政治发展的未来趋向。然而,张汤是关中人,与之相比,出身于河东的酷吏在角色转型方面较为滞后,他们或"以鹰击毛挚为治",或"痛以重法"约束部下,③在汉武帝时代,尚看不到他们援引儒学"古义"以决狱的事迹。

"文学"、儒学在河东人心目中地位的上升,同样发生于另外一个政治群体身上。汉武帝时期,尽管河东人大多以酷吏面目入仕,但除此之外,还有一个非常重要的途径,那就是以外戚的身份步入政治舞台,卫青、霍去病、霍光最为典型。"大将军卫青者,平阳人也。其父郑季,为吏,给事平阳侯家,与侯妾卫媪通,生青。""建元二年春,青姊子夫得入宫幸上",卫青由此平步青云,仕至大将军。④ 霍去病之父霍中孺,"河东平阳人也,以县吏给事平阳侯家,与侍者卫少儿私通而生去病",⑤而卫少儿是卫子夫之姊,霍去病作为卫子夫、卫青的外甥,仕至骠骑将军。霍光虽然与卫子夫、卫青没有直接的血缘关系,但他与霍去病是同父异母兄弟。其父霍中孺离开平阳侯家后,回到河东,"娶妇生光",遂与先前所生的霍去病"绝不相闻"。十多年后,霍去病任骠骑将军击匈奴,路过河东,"乃将光西至长安","任光为郎,稍迁诸曹侍中"。⑥ 经过数十年的宦海历练,汉武帝临终之际,霍光被任命为大司马

---

① 《史记》卷六《秦始皇本纪》,第 238 页。
② 《史记》卷一二二《酷吏列传》,第 3139 页。亭,《集解》引李奇曰:"平也,均也。"
③ 分别见《史记》卷一二二《酷吏列传》所载义纵、减宣事迹。
④ 《史记》卷一一一《卫将军骠骑列传》,第 2921 页。
⑤ 《汉书》卷六八《霍光传》,第 2931 页。
⑥ 《汉书》卷六八《霍光传》,第 2931 页。

大将军,成为汉昭帝时期的首辅大臣。

在河东外戚家族中,卫青、霍去病常在军旅,对学问之事兴趣不大。相比于二人,霍光对学问之事的态度有所进步。《汉书·循吏传》:"自武帝末,用法深。昭帝立,幼,大将军霍光秉政,大臣争权,上官桀等与燕王谋作乱,光既诛之,遂遵武帝法度,以刑罚痛绳群下,繇是俗吏上严酷以为能。"① 这段记载表明,霍光在昭帝时期的执政理念与汉武帝时期重用酷吏的做法一致。不过,在昭、宣交代之际,霍光对精于学问之士的态度发生了转变。元平元年(前74),汉昭帝早逝,霍光援立昌邑王为帝。但他旋即后悔,又与亲信大臣合谋,打算废黜昌邑王。这场政变尚在酝酿之中,却发生了一桩有惊无险的意外。《汉书·夏侯胜传》:

> 胜少孤,好学,从(夏侯)始昌受《尚书》及《洪范五行传》,说灾异。后事蕳卿,又从欧阳氏问。为学精孰,所问非一师也。善说礼服。征为博士、光禄大夫。会昭帝崩,昌邑王嗣立,数出。胜当乘舆前谏曰:"天久阴而不雨,臣下有谋上者,陛下出欲何之?"王怒,谓胜为祅言,缚以属吏。吏白大将军霍光,光不举法。是时,光与车骑将军张安世谋欲废昌邑王。光让安世以为泄语,安世实不言。乃召问胜,胜对言:"在《洪范传》曰'皇之不极,厥罚常阴,时则下人有伐上者',恶察察言,故云臣下有谋。"光、安世大惊,以此益重经术士。后十余日,光卒与安世白太后,废昌邑王,尊立宣帝。光以为群臣奏事东宫,太后省政,宜知经术,白令胜用《尚书》授太后。②

因为自己的废立阴谋被以儒家经典为依据而成功预知,霍光"益重经术士",并且认为当政者"宜知经术"。与之前相比,虽然不能说霍光已否定了"以刑罚痛绳群下"的习惯做法,但可以肯定的是,他的执政理念明显因经术之学的渗透而得到了进一步的充实。

尽管如此,班固在褒扬霍光"拥昭立宣",有"匡国家,安社稷"之功的同时,面对霍氏族灭的历史结局,却不由得发出了这样的慨叹:"然光不学亡术,闇于大理","湛溺盈溢之欲,以增颠覆之祸,死财三年,宗族诛夷,哀哉"。③ 霍光死于地节二年(前68),上距他"益重经术士"只有六年。班固的言外之意,似乎是说霍光如果能够早一些认识到经术的重要性,便会懂得

---

① 《汉书》卷八九《循吏传》,第3628页。
② 《汉书》卷七五《夏侯胜传》,第3155页。
③ 《汉书》卷六八《霍光传》,第2967页。

保身持家之道，不至于深陷"盈溢之欲"，最终导致"宗族诛夷"的悲惨结局。与霍光本人从服务于"省政"的政治功用角度来看待经术相比，班固在更大程度上将经术与提升人生境界联系起来，从河东籍官员尹翁归的事迹来看，班固的看法还是有一定道理的。

尹翁归早年受到担任河东太守的酷吏田延年器重，被选入官府，"以为爪牙，诛锄豪强，奸邪不敢发"。① 可见，他成长为酷吏的潜力很大。后来，尹氏担任东海太守，"县县收取黠吏豪民，案致其罪，高至于死"，善于"以一警百"，达到"吏民皆服，恐惧改行自新"的治理效果。升任右扶风之后，"豪强有论罪，输掌畜官，使斫莝，责以员程，不得取代。不中程，辄笞督，极者至以铁自刭而死"，"京师畏其威严"。观其施政风格，与酷吏无异。但《汉书·酷吏传》并没有尹翁归的一席之地，如此编排的一个重要原因，大概就在于班固对这个人物持如下看法："翁归为政虽任刑，其在公卿之间清洁自守，语不及私，然温良谦退，不以行能骄人，甚得名誉于朝廷。"② 身为酷吏而懂得"清洁自守""温良谦退"，这与汉武帝时期唯知"鹰击毛挚"、重法绳下的酷吏相比，与昭宣之际"以刑罚痛绳群下"却"不学亡术，闇于大理"以至于"湛溺盈溢之欲"的霍光相比，堪称河东酷吏实现根本转型的典型代表。

不过，需要特别说明的是，尹翁归并不一定是因为自身直接修习经术而提升了为官做人的层次，他的履历中也找不到研习经术的痕迹。但有一点可以肯定，如果不是汉武帝"罢黜百家，表章《六经》"，③如果不是昭帝时期"增博士弟子员"，④继续重视经术的传承，如果不是宣帝时期"修武帝故事，讲论六艺群书"，⑤尹氏这样具有复杂人格的酷吏也是很难出现的。可以说，汉武帝以来六经、六艺地位的持续提升，是塑造出以"温良谦退"为人格特征的酷吏所不可缺少的历史背景。

二、西汉末年河东儒学的初兴

河东籍酷吏在汉昭帝、汉宣帝时期的逐渐转型，意味着该时段河东区域文化的法家底色正在趋于淡化。在这一时代大势中，朝廷对河东太守的选拔任用开始发生变化。

汉宣帝以前见于记载的河东太守有季布、胜屠公、番系、田延年。季布

---

① 《汉书》卷九〇《酷吏传》，第3665页。
② 《汉书》卷七六《尹翁归传》，第3207—3209页。
③ 《汉书》卷六《武帝纪》班固赞，第212页。
④ 《汉书》卷八八《儒林传》，第3596页。
⑤ 《汉书》卷六四下《王褒传》，第2821页。

"为气任侠",重然诺。胜屠公与酷吏周阳由争权,"相告言罪","当抵罪,义不受刑,自杀"。番系来自僻远的九江郡,汉武帝时期策划"引汾溉皮氏、汾阴下,引河溉汾阴、蒲坂下",欲为朝廷去除漕运过程所面临的"砥柱之限"。田延年更是被班固明确列入酷吏群体。① 这四个人均没有"文学"气象。宣帝以后的元帝、成帝、哀帝三朝,周堪、甄少公、萧咸曾担任过河东太守。② 甄少公事迹不详,周堪"与孔霸俱事大夏侯胜。霸为博士。堪译官令,论于石渠,经为最高,后为太子少傅"。③ 所谓"经为最高",无疑表明周堪属于很有影响力的大儒。史载"堪治未期年,而三老官属有识之士咏颂其美,使者过郡,靡人不称",④可见儒者周堪对河东的治理颇得民心,这个事实意味着,与西汉中期相比,河东民风已经发生了改变。萧咸其人虽以"能吏"见称,⑤但其父萧望之乃一代"巨儒达学"⑥,早年"治《齐诗》,事同县后仓且十年。以令诣太常受业,复事同学博士白奇,又从夏侯胜问《论语》《礼服》。京师诸儒称述焉"。⑦ 后来仕至御史大夫、前将军。在这样的家庭环境中成长,萧咸的学问造诣也是可观的。这一点,从汉哀帝时期的一件事情上即可看出。

哀帝用人不遵法度,任命年仅二十二岁的董贤为大司马。董贤之父董恭钦慕萧家为名门,欲为另一子董宽信娶萧咸之女为妻。正逢萧咸的另一个女婿王闳意图结好董贤,就跟岳父萧咸提这门亲事。《汉书·佞幸传》:

> 咸惶恐不敢当,私谓闳曰:"董公为大司马,册文言'允执其中',此乃尧禅舜之文,非三公故事,长老见者,莫不心惧。此岂家人子所能堪邪!"闳性有知略,闻咸言,心亦悟。乃还报恭,深达咸自谦薄之意。⑧

---

① 《史记》卷一〇〇《季布栾布列传》,第2729页。《史记》卷一二二《酷吏列传》,第3136页。《史记》卷二九《河渠书》,第1410页。《汉书》卷九〇《酷吏传》,第3665—3666页。
② 唐代《贾洮墓志》:"贾氏自周叔虞之后,春秋时有贾伯,又有华、他二人显于晋。秦末汉初,回生谊,谊之文学官爵至今称之。谊玄孙迪,汉河东守,始自洛阳迁于襄陵,故贾氏复归晋也。"见李献奇、赵会军:《有关贾谊世系及洛阳饥疫的几方墓志》,《文博》1987年第5期。李、赵之文所录《贾邠墓志》亦有相同的说法,仅个别文字有异。二人认为,"从贾洮、贾邠墓志文中,可以勾勒出贾谊先世及贾谊世系的轮廓"。笔者认为,对唐人墓志所言汉代世系还是应当持审慎态度。
③ 《汉书》卷八八《儒林传》,第3604页。
④ 《汉书》卷三六《刘向传》,第1948页。
⑤ 《汉书》卷八六《王嘉传》:汉哀帝即位之初,丞相王嘉"因荐儒者公孙光、满昌及能吏萧咸、薛修等,皆故二千石有名状。天子纳用之。"(第3492页)可见,萧咸并不以"儒者"名世。
⑥ 《汉书》卷七八《萧望之传》颜师古注,第3271页。
⑦ 《汉书》卷七八《萧望之传》,第3271页。
⑧ 《汉书》卷九三《佞幸传》,第3738页。

所谓"允执其中",见于《论语·尧曰》:"尧曰:'咨尔舜!天之历数在尔躬。允执其中,四海困穷,天禄永终。'"①在《论语》的文本中,这的确是尧禅位于舜时说的话。值得注意的是,《尚书》里也有类似的话,《尚书·大禹谟》:"帝曰:'……天之历数在汝躬,汝终陟元后。人心惟危,道心惟微,惟精惟一,允执厥中……钦哉!慎乃有位,敬修其可愿,四海困穷,天禄永终。'"②

现在已很难廓清,《论语·尧曰》《尚书·大禹谟》的相似记载,究竟前者是后者的精编版,抑或后者是前者的增订版。不过,有一点可以肯定,对于汉代人来讲,他们面对的是两个早已形成的版本:《论语·尧曰》讲尧禅舜,用"允执其中";《尚书·大禹谟》讲舜禅禹,用"允执厥中"。"其""厥"仅一字之差,对应的却是不同的禅让故事。如果不是对儒学经典烂熟于心,那就很可能出现下面两种情形:第一,当看到"允执其中"时,很容易错误地将之对应于舜禅禹故事;第二,政治嗅觉迟钝,不能准确把握统治者引用经典话语的实质含义。而萧咸对封拜董贤为大司马的册文中出现的"允执其中"一语,既做了准确的典故对应,又敏锐地觉察到汉哀帝有传位给董贤的念头,③充分显示了颇为深厚的儒学素养。

选拔具有儒学文化背景的长官到河东任职,一方面说明河东地域的治理形势比之前宽松,另一方面,他们的到来,也为河东区域文化的继续成长创造了条件,一个前所未有的可喜表现是,河东当地也出现了以儒学名家的文化人物。

《汉书·儒林传》:"京房受《易》梁人焦延寿","房授东海殷嘉、河东姚平、河南乘弘,皆为郎、博士"。④《易》家姚平,此其一。另有《尚书》家杨仲续。《后汉书·杨厚传》:"杨厚字仲桓,广汉新都人也。祖父春卿,善图谶学,为公孙述将。汉兵平蜀,春卿自杀,临命戒子统曰:'吾绨袭中有先祖所传秘记,为汉家用,尔其修之。'"由此得出杨春卿、杨统为父子关系。而《后汉书·杨厚传》李贤注引《益部耆旧传》又曰:"统字仲通。曾祖父仲续举河东方正,拜祁令,甚有德惠,人为立祠。乐益部风俗,因留家新都,代修儒学,以《夏侯尚书》相传。"⑤由此可知,杨仲续、杨统为曾祖孙关系。那么,杨仲

---

① [魏]何晏集解;[刘宋]邢昺疏:《论语注疏》,阮元校刻:《十三经注疏》,中华书局,1980年,第2535页。
② [汉]孔安国传;[唐]孔颖达疏:《尚书正义》第136页。
③ 《汉书》卷九三《佞幸传》:"后上置酒麒麟殿,(董)贤父子亲属宴饮,王闳兄弟侍中中常侍皆在侧。上有酒所,从容视贤笑曰:'吾欲法尧禅舜,何如?'闳进曰:'天下乃高皇帝天下,非陛下之有也。陛下承宗庙,当传子孙于亡穷。统业至重,天子亡戏言!'上默然不说,左右皆恐。"(第3738页)可见,萧咸对哀帝所谓"允执其中"的政治含义,理解得何等透彻。
④ 《汉书》卷八八《儒林传》,第3602页。
⑤ 《后汉书》卷三〇上《杨厚传》,第1047、1048页。

续就是杨春卿的祖父,二者之间有两代人的差距。"汉兵平蜀"在建武十二年(36),①杨春卿死于此时,以代际差距二十年计算,则杨仲续当属西汉成、哀之际的人。关于杨仲续的籍贯问题,既然他被举荐为"河东方正",根据汉代察举制度,中央高官、郡太守、王国相都有资格举方正,②不过,从理论上说,无论中央官还是地方官,其所举来自某一郡国的方正都不应该占据其他郡国的名额,因此,杨仲续也应当就是河东人。

需要特别指出的是,姚平、杨仲续的儒学旨趣皆以政治预言为特色。姚平所学京房《易》本之于焦延寿,焦氏《易》学"长于灾变,分六十四卦,更直日用事,以风雨寒温为候:各有占验。房用之尤精"。而京房得以步入高层政治舞台,也是因为在特殊时期"数上疏,先言其将然,近数月,远一岁,所言屡中,天子说之"。姚平作为弟子,深得京房倚重,师生关系很不一般。京房欲行官吏考课法,推荐姚平作刺史,以辅助自己实现政治抱负。而当京房因政敌倾轧而陷入危局时,姚平敢于对其师直言不讳:"房可谓知道,未可谓信道也。房言灾异,未尝不中,今涌水已出,道人当逐死,尚复何言?"③劝其师顺天应命,从容待死,莫再作无谓的挣扎。这并非姚氏落井下石,欺师灭祖,恰恰说明他深信京房那一路以政治预言为特色的《易》学,通过"涌水已出"等异象,认定其师在政治斗争中必定落败,因而才有师生间这番推心置腹的交流。

至于杨仲续传习的夏侯《尚书》,通过上节所引夏侯胜对霍光废黜昌邑王的准确预言,即可强烈感觉到这门学问的政治预言特色。还应注意的是,李贤注引《益部耆旧传》说杨仲续的学问传到孙子杨春卿这一代,又"善图谶学"。图谶是西汉后期兴起的政治预言形式,④而春卿临死时,不忘嘱咐其子勤修"先祖所传秘记"。所谓"先祖所传秘记",很可能即与图谶之学相关,也很可能就是自杨仲续一脉传承下来的。

三、东汉河东儒学的厚积薄发

汉元帝以来的河东儒学虽然获得了较大发展,但与传统的齐鲁儒学繁

---

① 《后汉书》卷一下《光武帝纪下》,第59页。
② 如汉成帝建始三年十二月诏,"丞相、御史与将军、列侯、中二千石及内郡国举贤良方正直言极谏之士,诣公车"。汉安帝永初二年七月诏,"令公卿郡国举贤良方正"。这里仅举两例,对两汉时期举方正这一求才模式,劳榦先生有十分详尽的梳理。可参看氏著《汉代察举制度考》,收入《汉代政治论文集》,艺文印书馆,1977年。
③ 《汉书》卷七五《京房传》,第3160、3164页。
④ 汉人张衡曾说:"谶书始出,盖知之者寡。自汉取秦,用兵力战,功造大业,可谓大事,当此之时,莫或称谶。若夏侯胜、眭孟之徒,以道术立名,其所述著,无谶一言。刘向父子领校秘书,阅定九流,亦无谶录。成、哀之后,乃始闻之。"见《后汉书》卷五九《张衡传》,第1912页。

荣区相比,甚至与三河区域内的河南、河内相比,河东儒学的分量仍是很微弱的。因此,尽管王莽代表着"汉代士人的共同政治理想",①他为了夺权,也确实"处心积虑地尊宠、笼络、收买经学与知识分子",②但在现存有关王氏执政时期的历史资料中,极少见到河东士人的身影。③ 随后的东汉光武帝时期,河南、河内已有孙堪、郑兴、蔡茂、张玄等经学之士活跃在政治舞台上,④而河东人见于史册者唯有杨茂,其人"从光武征伐,为威寇将军",⑤不以经术为业。不过,河东儒学发展的低谷是暂时的、相对的,凭借西汉时期儒学发展的点滴积累,因应东汉习经之风甚盛的历史大势,河东文化重新步入上升轨道,那是必然的。

明、章二帝曾选派具有经学背景的人士到河东任职。据《后汉书·郑弘传》,会稽人郑弘"师同郡河东太守焦贶"。⑥ 焦贶其人,袁宏《后汉纪》说其在朝廷担任博士一职,有"门徒数百人","当举明经,其妻劝贶曰:'郑生有卿相才,应此举也。'从之。"⑦为博士,举明经,门徒数百,说明河东太守焦贶是一名影响力颇大的儒林人物。⑧ 元和元年(84),汉章帝下诏表彰安邑令

---

① 余英时:《士与中国文化》,第 199 页。
② 金春峰:《汉代思想史》,中国社会科学出版社,2006 年,第 407 页。
③ 王莽曾以"长安国由为讲《易》、平阳唐昌为讲《书》"。《汉书》卷九九中《王莽传中》,第 4126—4127 页。
④ 孙堪、张玄,分别见于《后汉书》卷七九下《儒林列传下》。郑兴,见《后汉书》卷三六《郑兴传》。蔡茂,见《后汉书》卷二六《蔡茂传》。
⑤ 《后汉书》卷三八《杨璇传》,第 1287 页。
⑥ 《后汉书》卷三三《郑弘传》,第 1155 页。此处说焦贶与郑弘同郡,则焦贶当为会稽人。但袁宏《后汉纪》记载,焦贶因受楚王英事牵连而死,"弘送贶丧及妻子于陈留,毕葬旋乡里"(第 235 页)。据此推断,焦贶又当为陈留人。究竟当从何说,暂且无考。
⑦ [东晋]袁宏:《后汉纪》,第 235 页。
⑧ 史书中还有一位名为焦永的河东太守。《后汉书》卷四三《乐恢传》:"恢长好经学,事博士焦永。永为河东太守,恢随之官……后永以事被考,诸弟子皆以通关被系,恢独瞧然不污于法,遂笃志为名儒……辟司空牟融府。会蜀郡太守第五伦代融为司空,恢以与伦同郡,不肯留,荐颍川杜安而退。"(第 1477 页)笔者颇疑此焦永即焦贶。理由如下:一,《后汉纪》载:"恢事博士焦贶,贶为河东太守,恢随之官……"(第 235 页)。"焦永"写作"焦贶"。二,焦永、焦贶皆为博士、河东太守,姓相同,履历也相同,可能性虽有,但不会很大。三,《后汉纪》说焦永担任河东太守时"以事被考",事在第五伦担任司空之前,《后汉书》卷三《章帝纪》:"(永平十八年)十一月戊戌,蜀郡太守第五伦为司空。"(第 130 页)则焦永"以事被考"当在永平十八年以前。而《后汉书》说焦贶任河东太守时,"楚王英谋反发觉,以疏引贶"(第 1155 页),《后汉纪》说焦贶"以楚王遇疫病"。(第 235 页)楚王英谋反事,据《后汉书》卷二《明帝纪》:"(永平十三年)十一月,楚王英谋反,废,国除,迁于泾县,所连及死徙者数千人。"(第 117 页)则焦贶受牵连,当在永平十三年之后。二人因事受牵连的时间存在交集。而《后汉纪》所谓焦永"以事被考",很可能就是指汉明帝时代牵涉甚广的楚王刘英谋反一事。因此,笔者怀疑焦永即焦贶。

毛义，称其"躬履逊让，比征辞病，淳絜之风，东州称仁"。① 另有蒲坂令许君然，与临晋令孔僖隔河为官。孔僖乃圣人之后，自汉武帝以来，鲁国孔氏"世传《古文尚书》《毛诗》"，至孔僖，又"习《春秋》"。汉章帝末年，孔僖卒于临晋令任上，两子尚小，许君然劝他们扶灵归故里。两子对曰："今载柩而归，则违父令；舍墓而去，心所不忍。"②遂在华阴定居。由此可见，许君然程度较深地参与了孔僖的丧事。这固然有官员之间的礼节往来有关，但对圣人之后、经学之士等文化身份的认同与仰慕，也应当是许君然与孔氏过从密切的内在动力。

章帝以后，选拔具有经学背景的人士担任河东地方官员的做法比较常见。活动于桓灵之际的政治家陈蕃，是公认的士林领袖，据《后汉书·陈蕃传》，陈蕃的祖父曾为河东太守。③逆推两代人四十年的时差，则陈蕃之祖的政治活跃期当在安帝、顺帝时代。考虑到东汉一代有注重家学传承的文化风气，通过陈蕃的历史表现，我们可以推测，其祖父很可能也有一定的经学素养。桓帝时，中山刘祐、陈留史弼均担任过河东太守，刘祐其人"宗室胤绪，代有名位。少修操行，学《严氏春秋》《小戴礼》《古文尚书》"。史弼"少笃学，聚徒数百"。颍川陈寔担任过闻喜长，早年"有志好学，坐立诵读"，还曾"受业太学"。后来担任闻喜长。京兆赵岐"少明经，有才艺"，后来任皮氏长，"抑强讨奸，大兴学校"。安定皇甫嵩任临汾令，其人虽出自边地，"习弓马"，然亦"好《诗》《书》"。④灵帝时期，河东太守孔彪乃"孔子十九世之孙"，"少履天姿自然之正，帅礼不爽，好恶不忒。考衷度衷，修身践言。龙德而学，不至于谷。浮游尘埃之外，皭焉氾而不俗"。⑤灵帝熹平年间，韩仁在调任前夕去世，司隶校尉评价说："仁前在闻憙，经国以礼，刑政得中。"⑥

东汉出宰河东地方的官员多有经学背景，无疑与当时整个社会浓郁的习经之风有着密不可分的关联。这种社会文化生态对河东本土人士的文化形象也发生了深刻的历史影响。西汉时期，河东地区没有仕至三公高位者，东汉中期，却有两个河东人位至三公。一是平阳人梁鲔。《后汉书·殇帝

---

① 《后汉书》卷二七《郑均传》，第 946 页。
② 《后汉书》卷七九上《儒林列传上》，第 2560、2563 页。
③ 《后汉书》卷六六《陈蕃传》，第 2159 页。
④ 刘祐、史弼、陈寔、赵岐、皇甫嵩事迹分别见《后汉书》卷六七《党锢列传》李贤注引《谢承书》，第 2199 页；卷六四《史弼传》，第 2108 页；卷六二《陈寔传》，第 2065、2066 页；卷六四《赵岐传》及李贤注引《决录》，第 2122 页；卷七一《皇甫嵩传》，第 2299 页。
⑤ 《隶释》卷八《博陵太守孔彪碑》，[宋]洪适：《隶释·隶续》，中华书局，1986 年，第 96、97 页。
⑥ 《韩仁铭》，见高文：《汉碑集释》，河南大学出版社，1997 年，第 417、418 页。

纪》：延平元年正月癸卯，"光禄勋梁鲔为司徒"。李贤注引《汉官仪》："鲔字伯元，河东平阳人也。"①关于梁氏的文化背景，《续汉书·律历中》："章帝复发圣思，考之经谶，使左中郎将贾逵问治历者卫承、李崇、太尉属梁鲔、司徒掾严肋、太子舍人徐震、巨鹿公乘苏统及訢、梵等十人。"②此处的梁鲔官职为太尉属，而此事发生于章帝元和二年（85），而名为梁鲔者任太尉，事在延光元年（122）。两者很可能即是一人，因为以近四十年的仕途辗转，由太尉属而至太尉，是合乎情理的。如此，则梁鲔长于天文历法。但是，我们需要注意到，在汉代讲究天人感应的思想氛围中，这门学问与儒家的关系甚深。另一个是解县的王卓，《后汉书·顺帝纪》：阳嘉三年十一月，"光禄勋河东王卓为司空"。李贤注："王卓字仲辽，河东解人也。"③对于他的学术背景，由于记载简略，目前难知其详。

桓帝、灵帝时期，河东士人中仕途比较可观者，也有疑似以经学为文化背景的。比如临汾敬谦、安邑凉则。前者为东海傅，④"导王以善，礼如师"。⑤ 后者为议郎，⑥"掌顾问应对"。⑦ 从二人的职掌来看，很可能均具备较高经学修养。如果这只是推测的话，那么，桓灵时代河东人对经学大师的顶礼膜拜，则是河东儒学日渐兴盛的确切实证。桓灵时期的碑刻有不少是纪念已故高官兼耆儒的，其中能够看到河东人对此类活动的积极参与。弘农华阴人刘宽"少学欧阳《尚书》、京氏《易》，尤明《韩诗外传》。星官、风角、算历，皆究极师法，称为通儒"，⑧官至太尉。《刘宽碑阴门生名》著录来自三河地区的门生共"九十一人"，而在三河之中，河东籍46人，竟然超过一半。⑨ 弘农杨氏亦是东汉有名的经学世家，《杨震碑阴》所列门生"可识者百九十余人"，河东籍14人，占比约7%。⑩《杨著碑阴》题名56人，其中19人来自河东，占比近34%。⑪ 表面看来，《杨震碑阴》的河东人占比较低，但这是因为杨震的社会影响甚巨，门生的籍贯比较广泛，门生基数也较多。就绝对人数而言，《杨震碑阴》的河东门生数实际上与《杨著碑阴》

---

① 《后汉书》卷四《殇帝纪》，第196页。
② 《续汉书·律历中》，《后汉书》，第3027页。
③ 《后汉书》卷六《顺帝纪》，第264页。
④ 《礼器碑》，见高文：《汉碑集释》，第186页。
⑤ 《续汉书·百官五》，《后汉书》，第3627页。
⑥ 《隶续》卷一二《刘宽碑阴门生名》，[宋] 洪适：《隶释·隶续》，第401页。
⑦ 《续汉书·百官二》，《后汉书》，第3577页。
⑧ 《后汉书》卷二五《刘宽传》李贤注引《谢承书》，第886页。
⑨ [宋] 洪适：《隶释·隶续》，第401—406页。
⑩ 《隶释·隶续》，第137—138页。
⑪ 《隶释·隶续》，第134页。

大体相当。

河东人纷纷自投弘农大儒门下做门生,以这样的地域文化生态为基础,河东儒学逐渐迎来了收获硕果的时刻,而东汉末年的河东大儒乐详正是顺应这样的历史契机而出现的。《魏略》曰:

> 乐详字文载。少好学,建安初,详闻公车司马令南郡谢该善《左氏传》,乃从南阳步诣许,从该问疑难诸要,今《左氏乐氏问七十二事》,详所撰也。所问既了而归乡里,时杜畿为太守,亦甚好学,署详文学祭酒,使教后进,于是河东学业大兴。至黄初中,征拜博士。于时太学初立,有博士十余人,学多褊狭,又不熟悉,略不亲教,备员而已。惟详五业并授,其或难解,质而不解,详无愠色,以杖画地,牵譬引类,至忘寝食,以是独擅名于远近。详学既精悉,又善推步三五,别受诏与太史典定律历。太和中,转拜骑都尉。详学优能少,故历三世,竟不出为宰守。至正始中,以年老罢归于舍,本国宗族归之,门徒数千人。①

从这段记载来看,汉魏之间的河东儒者已成为当时经学界的翘楚。不但如此,连河东、弘农儒学地位的对比也发生了根本转变。据《三国志》记载,曹操曾任命太原令狐邵为弘农太守,"是时,郡无知经者,乃历问诸吏,有欲远行就师,辄假遣,令诣河东就乐详学经,粗明乃还,因设文学。由是弘农学业转兴"。② 由此可见,原本对河东儒学发生重大积极影响的弘农地区,为了促进本地的文化发展,也不得不调过头来仰仗河东,河东、弘农两地的文化地位发生了逆转。

四、河东大族成立的前奏

文教加速发展,这是河东地域文化在东汉后期演进的显著特征。而在文教加速发展的历史背景下,魏晋河东大族的先世在这个历史阶段的异动,也是非常值得关注的。③

魏晋至隋唐的河东存在着三个享誉天下的大族,即闻喜裴氏、解县柳氏、汾阴薛氏。不过,需要注意的是,三大家族并非一时俱起。薛氏在曹魏

---

① 《三国志》卷一六《魏书·杜畿传》,第507页。
② 《三国志》卷一六裴松之注引《魏略》,第514页。
③ 张华《博物志》曰:"其山泽近盐,沃土之人不才,汉兴少有名人,衣冠大族三代皆衰绝。"可见,直到西晋时,士人印象中的河东在文化方面仍然比较贫乏。但应当注意的是,张华也承认河东地区存在"衣冠大族"。

末年方才随着蜀汉的亡国被从蜀地迁至河东,其在河东发展的起步最晚。①
关于柳氏,《元和姓纂》记载:"周公孙鲁孝公子展,展孙无骇,以王父字为展氏,生禽,食采柳下,遂姓柳氏。鲁灭,仕楚。秦并天下,柳氏遂迁于河东。"但该书所列秦汉时期的柳氏人物:"秦末有柳安,惠裔孙也,始居解县。安曾孙隗,汉齐相。六代孙丰,后[汉]光禄勋。"②柳安、柳隗、柳丰三人均无法得到正史的印证。而汉代见于正史的柳氏人物有西汉柳褒,《汉书·王褒传》:"宣帝时修武帝故事,讲论六艺群书,博尽奇异之好,征能为《楚辞》九江被公,召见诵读,益召高材刘向、张子侨、华龙、柳褒等待诏金马门。"③又有东汉柳分,桓帝时"中常侍管霸、苏康憎疾海内英哲,与长乐少府刘嚣、太常许詠、尚书柳分、寻穆、史佟、司隶唐珍等,代作唇齿"。④ 见于碑刻者还有孝廉柳敏。⑤ 但遗憾的是,柳褒、柳分二人的籍贯不明,纪念柳敏的碑刻乃在蜀中,三人均未必是河东人。鉴于南北朝时期士人惯于攀附先世、伪冒士籍,世系造假现象较为普遍,⑥在没有直接的文献佐证的情况下,笔者目前只能对《姓纂》的记载存疑。不过,据记载,东汉末年河东人贾逵,"世为著姓,少孤家贫,冬常无袴,过其妻兄柳孚宿,其明无何,着孚袴去,故时人谓之通健"。⑦ 柳氏族人柳孚与"世为著姓"的贾氏通婚,由此可知,即便《元和姓纂》所谓柳氏在秦代已著籍河东的记载未可全信,但至东汉末年,柳氏已在河东居留多时,这是可以肯定的。

然而,令人颇感意外的是,经过东汉时期多年的成长,进入曹魏时代,柳氏却寂寂无闻,其可以得到确认的大族之路的时间起始点,与薛氏相近,似乎皆在魏晋交代之际。《新唐书》卷七三上:"(柳)丰,后汉光禄勋。六世孙轨,晋吏部尚书。"⑧《晋书·刑法志》:司马昭"于是令贾充定法律,

---

① 《新唐书·宰相世系表》:"(薛)衍生兖州别驾兰,为曹操所杀。子永,字茂长,从蜀先主入蜀,为蜀郡太守。永生齐,字夷甫,巴、蜀二郡太守,蜀亡,率户五千降魏,拜光禄大夫,徙河东汾阴,世号蜀薛。"[宋]欧阳修、宋祁:《新唐书》,中华书局,1975年,第2990页。
② [唐]林宝撰;岑仲勉校记:《元和姓纂》(附四校记),中华书局,1994年,第1095、1096页。
③ 《汉书》卷六四下《王褒传》,第2821页。
④ 司马彪:《续汉书·五行一》,《后汉书》,第3283页。
⑤ [宋]洪适:《隶释·隶续》,第93页。
⑥ 参见仇鹿鸣:《"攀附先世"与"伪冒士籍"——以渤海高氏为中心的研究》,《历史研究》2008年第2期。不过,严格说来,《元和姓纂》所载柳氏的汉世祖先似乎并不属于"攀附先世"或"伪冒士籍"。按照仇文的定义,被攀附、伪冒的对象应是客观存在的大族,而笔者担心的重点在于《姓纂》记载的柳氏先祖或许根本就是假造的,无中生有的。笔者借用仇文的两个概念,主要意图在于说明南北朝人在祖先谱系方面具有造假动机。
⑦ 《三国志》卷一五《贾逵传》裴松之注引《魏略》,第480页。
⑧ [宋]欧阳修、宋祁:《新唐书》,第2835页。

令与太傅郑冲……骑都尉成公绥、尚书郎柳轨及吏部令史荣邵等十四人典其事"。① 柳轨是第一位得到正史印证的参与中枢政治的人物,当时司马昭尚在,正当魏晋禅代之际。比较而言,裴氏早在东汉晚期对政治生活的参与已较为深入,并且这一趋势在曹魏时期得到了延续。

《元和姓纂》载:"(裴)陵裔孙盖,汉侍中。九代孙遵,始自云中从汉光武平陇、蜀,徙居河东安邑。安、顺之际,又徙闻喜。"②西汉时代裴氏居云中,至东汉初乃有徙河东者。根据《裴岑纪功碑》的记载:"惟汉永和二年八月,敦煌太守云中裴岑将郡兵三千人,诛呼衍王等。"③"永和"是东汉顺帝年号,裴岑乃云中人,可见至东汉中期尚有裴氏生活于云中。由此似乎可以推断,《元和姓纂》对汉世裴氏迁徙路径的记载大体可信。而一些碑刻、墓葬资料显示,东汉晚期的裴氏的确已经是河东地区的冠冕一族。山西夏县王村壁画墓是东汉桓、灵时期所建,壁画中有一位中年人形象,榜题墨书为"安定大守裴将军"。④ 现今夏县与汉代闻喜境壤相接,⑤此裴姓将军很可能即闻喜人氏。东汉京兆郑县有一水利设施,名为骰阮。据《骰阮君神祠碑》,因年久失修,光和四年,县令"河东闻意□君讳□字君□","乃复浚治骰阮,通利其水"。⑥ 而据《水经注》,渭水"又东过郑县北":"城南山北有五部神庙,东南向华岳,庙前有碑,后汉光和四年,郑县令河东裴毕字君先立。"⑦此记载可补足《骰阮君神祠碑》的缺文,两相比照可知,郑县令裴毕亦是闻喜人。

需要指出的是,裴将军虽贵为太守,但安定郡属边地,安定太守的戎马色彩比较重,其"将军"称谓也表露了这一点。裴毕类似于汉代循吏,文教取向很明显,然而,职位不过县令。对河东裴氏成长为大族的总体进程而言,裴氏族人对士林抗争活动以及中央高层权力的参与,应当发挥着更为重要的作用。

在东汉桓、灵时期,士大夫与宦官集团的矛盾达到了白热化。这一政治形势波及河东,对立双方都在争取对河东的控制权。比如刘祐作为士林代表担任河东太守时,就发现河东"属县令长率多中官子弟"。⑧ 而刘祐离任

---

① 《晋书》卷三〇《刑法志》,[唐]房玄龄:《晋书》,中华书局,1974年,第927页。
② [唐]林宝撰;岑仲勉校记:《元和姓纂》(附四校记),第333页。
③ 《裴岑纪功碑》,见高文:《汉碑集释》,第59页。
④ 山西省考古研究所、运城地区文化局、夏县文化局博物馆:《山西夏县王村东汉壁画墓》,《文物》1994年第8期。
⑤ 谭其骧主编:《中国历史地图集》(第二册),第42—43页。
⑥ [宋]洪适:《隶释·隶续》,第32页。
⑦ 陈桥驿:《水经注校证》,第465页。
⑧ 《后汉书》卷六七《党锢列传》,第2199页。

之后,"中常侍左悺兄胜代之",①宦官集团完全把持了河东。对河东籍人士来说,对立双方也在着意笼络。"时权富子弟多以人事得举,而贫约守志者以穷退见遗",共典选举的五官中郎将黄琬、光禄勋陈蕃对此深恶痛绝,"显用志士,平原刘醇、河东朱山、蜀郡殷参等并以才行蒙举。蕃、琬遂为权富郎所见中伤"。② 史弼任河东太守时,"被一切诏书当举孝廉。弼知多权贵请托,乃豫敕断绝书属。中常侍侯览果遣诸生赍书请之",③宦官给史弼说情或者施压,显然是企图让自己的关系人占据孝廉名额,为进一步攫取权力张目。

士大夫与宦官都在积极争取,这势必导致河东士人的分化,裴氏家族有人坚定地站在了士林一边。《后汉书·史弼传》记载,史弼因"中常侍侯览果遣诸生赍书请之","大怒",遂发生激烈冲突:

> 命左右引出(诸生),楚捶数百,府丞、掾史十余人皆谏于廷,弼不对。遂付安邑狱,即日考杀之。侯览大怨,遂诈作飞章下司隶,诬弼诽谤,槛车征。吏人莫敢近者,唯前孝廉裴瑜送到崤渑之间,大言于道傍曰:"明府摧折虐臣,选德报国,如其获罪,足以垂名竹帛,愿不忧不惧。"弼曰:"'谁谓荼苦,其甘如荠。'昔人刎颈,九死不恨。"④

值得注意的是,在这场士大夫与宦官的生死较量中,河东人裴瑜⑤为了表达对史弼的精神支持,言辞慷慨,壮怀激烈,而这正是"尚名节""轻生尚气"的东汉士人的典型特征。⑥ 通过类似行为,东汉士人往往邀得盛名。裴瑜后来位至尚书,应当与此有关。不仅如此,据记载,裴瑜"聪明敏达,观物无滞。清论所加,必为成器;丑议所指,没齿无怨",⑦甚至取得了品鉴当世人物的体制外权力。而具有这种隐性权力的人,即便其人本身没有很高的职位,在东汉晚期也可以成为士林普遍仰慕的对象。在裴瑜之前,河东是不曾出现过此类人物的。

---

① 《后汉书》卷六四《赵岐传》,第 2122 页。
② 《后汉书》卷六一《黄琼传附孙琬传》,第 2040 页。
③ 《后汉书》卷六四《史弼传》,第 2111 页。
④ 《后汉书》卷六四《史弼传》,第 2111 页。
⑤ [宋]王钦若等:《册府元龟》卷八〇一:"裴瑜,河东人,察孝廉"。清雍正年间《山西通志》卷六五:"裴瑜,河东人,尚书。"又卷一二三:"裴瑜字雄璜,河东人"。《大清一统志》卷一一七:"裴瑜,字雄璜,河东人。"皆据文渊阁四库全书本。
⑥ 王树民:《廿二史札记校证》(订补本),中华书局,1984 年,第 102、104 页。
⑦ 《后汉书》卷六四《史弼传》李贤注引《先贤行状》,第 2112 页。

比裴瑜稍晚的裴茂,遭逢乱世,但在河东裴氏向魏晋大族演进的历史进程中,扮演着十分重要的角色。汉献帝初平四年,"遣侍御史裴茂讯诏狱,原轻系"。建安三年,"遣谒者裴茂率中郎将段煨讨李傕,夷三族"。① 在那段时期,汉王朝名存实亡,汉献帝被李傕、曹操架空,中央机构备员而已。然而,裴茂并没有弃汉献帝而去,汉献帝也很重视裴茂。针对"讯诏狱""原轻系",由于"其中有善士为傕所枉者",李傕劾奏裴茂:"茂之擅出囚徒,疑有奸故,宜置于理。"献帝诏曰:"灾异数降,阴雨为害。使者衔命,宣布恩泽,原解轻微,庶合天心,欲解冤结,而复罪之乎?"② 当时李傕骄横跋扈,汉献帝敢于为裴茂开脱,在一定程度上表现了他对裴茂的器重和倚赖。

曹操掌权之后,有两大忌讳,对汉献帝小朝廷内部比较亲密的君臣关系很忌讳,对经学世家兼累世公卿的家族很忌讳。袁氏、杨氏遭受严厉的乃至毁灭性的打击,就与此有关。来自河东的裴茂既不是经学世家,先世也没有特别显赫的地位,曹操不必担心。但如果裴茂继续与汉献帝走得很近的话,他仍然可能受到曹操打压。所幸裴茂久历宦海,又值波谲云诡、凶险异常的乱世,深知谨小慎微对于保身持家的极端重要性,其子裴潜"少不修细行,由此为父所不礼"。注重"细行"的家庭环境,对裴潜影响甚大。他"折节仕进,虽多所更历,清省恪然"。"又以父在京师,出入薄奎车;群弟之田庐,常步行;家人小大或并日而食;其家教上下相奉,事有似于石奋"。③ 西汉石奋"恭谨无与比",④ 史家以之比裴氏家族,说明裴氏以严谨家风为特色。如果缺少这一点,裴氏或许不能平安地度过数十年的汉魏禅代历程,更遑论成为魏晋大族。

从西汉前期酷吏辈出,到东汉末年以至魏晋之际的大族生成,长时段的历史观察表明,河东区域文化在汉代经历了巨变。而这个巨变并不宜简单地被视为文化面貌的突变,必须看到,历时漫长的文教因素的积累,是促成河东文化巨变所不可缺的驱动力。从这个意义上说,以往在晋文化、中古河东文化概念框架内进行的研究,前者偏重先秦,后者详于魏晋以后,而具有承前启后历史地位的河东区域文化发展的秦汉时段,似乎被遗忘了,即便偶有关注,也以长期的文化停滞目之。类似的研究取向不无偏颇之处,需要在今后的研究中加以注意。

---

① 《后汉书》卷九《献帝纪》,第374、380页。
② [东晋]袁宏:《后汉纪》,第524页。
③ 《三国志》卷二三《魏书·裴潜传》裴松之注引《魏略》,第672、673页。
④ 《史记》卷一〇三《万石张叔列传》,第2763页。

第四节　汉代河内区域文化的发展历程

西汉时期,河内地区游侠之风盛行。这一特征不仅在著名游侠郭解的事迹中得到深刻体现,而且也是汉代人自身对河内区域文化特质的一般认识。针对游侠之风,汉王朝根据政治需要,其因应政策逐步由宽松向高压转变。但对游侠之风的消解贡献更大的历史因素,是汉初以来河内儒学的生长。相比于河南儒学,西汉以韩诗为大宗的河内儒学,其学术旨趣更为纯正,生命力更强。西汉晚期以来,直至东汉一代,河内儒学的传习内容日趋多样化,发展水平与传播规模也比较可观。但东汉时期引人注目的经学世家,在河内当地一直未形成。

一、从郭解事迹看西汉前期河内的游侠之风

司马迁叙游侠,对郭解其人作了浓墨重彩的描绘。其中说道:"郭解,轵人也,字翁伯,善相人者许负外孙也。解父以任侠,孝文时诛死。"①这里有两点值得注意。

首先是郭解父子共同命运的问题。郭解的父亲因为"任侠"而被处死,这对于一个家庭来说,无疑是难以释怀的伤痛。作为死刑犯之子,郭解自当引以为戒,更革家风,避免重蹈父亲覆辙。然而,郭解终究还是走上了游侠的老路,这可能多少有几分家庭内部文化基因遗传的因素,但从家族命运来考虑,如果任侠习气只是郭氏一门的特征,郭解对这种家风应有所警惕,它并非导致郭解成为游侠的主要因素。真正决定郭解人生路的,应当是整个河内地区特殊的人文风气。

我们注意到,在日常生活中,游侠郭解很容易得到实际的便利,比如,与郭解有睚眦之怨的,"少年慕其行,亦辄为报仇,不使知也"。游侠行径也可使郭解享有声誉,"邑中少年及旁近县贤豪,夜半过门常十余车,请得解客舍养之",②便生动地反映了这一点。郭解所得到的实际好处与声望,增进了河内少年对郭解的仰慕与推崇,其实也就是对游侠行为的推崇。不过,这种推崇游侠的社会氛围绝非自郭解开始的,而是在郭解之前即已具有相当深厚的社会根基。由于游侠主要是从当地社会中得到利益,这便容易使得游

---

① 《史记》卷一二四《游侠列传》,第 3185 页。
② 《史记》卷一二四《游侠列传》,第 3185、3187 页。

侠本人忽视朝廷对游侠行为的高压政策,郭解走上游侠之路的主要原因,应在于此。

第二个值得注意的问题是郭、许两家的联姻情节。郭解的母亲是"善相人者许负"之女。许负其人,在西汉前期的政治生活中有所表现。《史记·外戚世家》:"及诸侯畔秦,魏豹立为魏王,而魏媪内其女于魏宫。媪之许负所相,相薄姬,云当生天子。""豹初与汉击楚,及闻许负言,心独喜,因背汉而畔,中立,更与楚连和。"①《汉书·游侠传》记载,许负是"温善相人",②温县属河内。河内人许负所做的一次神秘主义的政治预言竟然给刘邦集团的霸业造成了一番波折,这一颇具戏剧性的历史情节,侧面反映了许负在汉初神秘主义文化中的特殊地位。这一点,即便是刘邦本人亦不得不有所顾忌。以常理而论,许负的预言妄论天子所出,颇有妖言惑众的嫌疑,并且也确实对魏豹的叛乱发挥了推波助澜的作用,刘邦似应严惩许负,但事实却非如此。

文景时期的名臣周亚夫在担任河内太守时,曾与许负有过接触。许负曰:"君后三岁而侯。侯八岁为将相,持国秉,贵重矣,于人臣无两。其后九岁而君饿死。"周亚夫对此表示怀疑:"臣之兄已代父侯矣,有如卒,子当代,亚夫何说侯乎?然既已贵如负言,又何说饿死?"③尽管周亚夫本人对许负的预言将信将疑,但他身为太守,可以并且愿意与许负接触,正说明许负并没有受到刘邦严厉打击,其"善相"的家族声望反而得以维持至文景时期。④这样的家族在子女的婚姻问题上,大概不会随意为之。

有学者指出:"等级性是阶级社会中婚姻关系的重要特征,也是汉代婚姻关系形成时的首要前提。"汉代"联姻之风盛行的程度大大超过了前代。从西汉初年起,统治阶级中婚嫁攀高门和相互联姻的现象已十分引人注目,贾谊曾将此作为时弊加以抨击。但贾谊的批评并未使此风稍减"。⑤ 许负将女儿嫁于郭氏,究竟是哪一方在攀附,抑或两家在河内的地位旗鼓相当?

---

① 《史记》卷四九《外戚世家》,第 1970 页。
② 《汉书》卷九二《游侠传》,第 3701 页。
③ 《史记》卷五七《绛侯周勃世家》,第 2073—2074 页。
④ 许负相人术对后世影响也很大。司马迁在叙述周亚夫事迹时说后来"条侯果饿死",可见,他对许负预言的精准度深感震撼。后世相书不乏假托许负之名的,"如目录学家王重民先生就曾对'原本题汉许负撰'的敦煌本《相书》进行考辨:'此盖均为相近之书……尊许负者便题《许负相法》。'又如《神相全编》中,亦有多处相法以许负为名,如'许负相白篇''许负相唇篇''许负相齿篇''许负相舌篇'等。足见其在术界地位之高、影响之深远"(汝企和:《两汉时期之相人术与汉代社会》,《齐鲁学刊》2005 年第 5 期)。
⑤ 彭卫:《汉代婚姻形态》,中国人民大学出版社,2010 年,第 19、23 页。彭先生对贾谊批评联姻之风的论述,见该书第 219—210 页。

目前尚难以断定。不过,可以肯定的是,郭氏的地位纵使不如许负,也不至于相差太大,否则,许、郭两家联姻一事在当时的社会风气下几乎是不可能的。由此而言,郭氏在河内也算得上是望族,而这一家族以"任侠"为特征,正反映了河内地区对"好气任侠"的推崇。

另外,司马迁对郭解的描述不同于其他游侠,似乎也透露出史家对河内"任侠"之风的认识。在《游侠列传》里,司马迁记述了鲁朱家、河南剧孟、河内郭解三人。谈及朱家,司马迁特意指出"鲁人皆以儒教,而朱家用侠闻",对于剧孟,司马迁再一次使用了相同手法:"周人以商贾为资,而剧孟以任侠显诸侯"。① 刻意指出了游侠之士与当地主流社会氛围的巨大反差。而对于郭解,太史公没有刻意说明他与河内地区大多数人相比,其特别之处在哪里,这或许就是因为郭解本身即是河内地区基本文化风貌的典型体现。

西汉河内地区以游侠之风为主要文化特征,这一点并不仅仅是以郭解事迹为依据而做出的推论。实际上,西汉人自己就是如此认识河内民风的。《汉书·地理志》记载:"河内本殷之旧都","(卫)康叔之风既歇,而纣之化犹存,故俗刚强,多豪桀侵夺,薄恩礼,好生分"。② 这是直接针对河内而做出的整体论述,此外,也有间接地、部分地论及河内的:

> 今之东郡及魏郡黎阳,河内之野王、朝歌,皆卫分也。……卫地有桑间濮上之阻,男女亦亟聚会,声色生焉,故俗称郑卫之音。周末有子路、夏育,民人慕之,故其俗刚武,上气力。汉兴,二千石治者亦以杀戮为威。宣帝时韩延寿为东郡太守,承圣恩,崇礼义,尊谏争,至今东郡号善为吏,延寿之化也。其失颇奢靡,嫁取送死过度,而野王好气任侠,有濮上风。③

河内的野王、朝歌位于黄河北岸,大致相当于汉世东郡的"桑间濮上"地区在黄河南岸。因此,上述说法实际上是将黄河两岸视为一个整体,认为南北两岸具有同质化的民风。从其具体描述来看,"其俗刚武,上气力""好气任侠"等说法,与"俗刚强,多豪桀侵夺"的描述基本相通。

需要注意的是,汉代河内"刚武""刚强""上气力""好气"的风气并不是孤立存在的,它与相邻区域的民俗风情既具有内在关联,同时也因区域不

---

① 《史记》卷一二四《游侠列传》,第3184页。
② 《汉书》卷二八下《地理志下》,第1647页。生分,颜师古注:"谓父母在而昆弟不同财产。"(第1648页)。
③ 《汉书》卷二八下《地理志下》,第1665页。

同而发生不同程度的嬗变。①

南临河内的邯郸,为"北通燕、涿,南有郑、卫,漳、河之间一都会也。其土广俗杂,大率精急,高气势,轻为奸"。所谓"高气势",与河内地区的"上气力"比较相近。不过,需要特别指出的是,河内的"好气任侠"之风吹入邯郸之后,却发生了变异。曾有学者将游侠分为两类,即"气侠"和"轻侠"。"所谓'为气任侠''好侠尚气力''尚侠气',简言之,即是'气侠'"。他们"下可以济人们之难","上可以赴国家之急",在游侠群体中,他们的层次"应该是较高的"。至于"轻侠","即'轻侠狡杰',亦即'轻狡'","属于打家劫舍的绿林强盗行径",这样的称谓"是一个严重的贬词"。② 邯郸游侠"轻为奸",显然属于"轻侠",这与河内地区以"好气任侠"为特点的"气侠"相比,在道德评价上无疑逊色许多。

如果说崇尚"气势"的邯郸侠士往往从事令人不齿的"强盗行径",那么,与河内西北相接的上党侠士则可以说是略具几分贵族气质。《汉书·地理志》:"太原、上党又多晋公族子孙,以诈力相倾,矜夸功名,报仇过直,嫁取送死奢靡。汉兴,号为难治,常择严猛之将,或任杀伐为威。父兄被诛,子弟怨愤,至告讦刺史二千石,或报杀其亲属。"③从这段文字可以看出,奢靡的婚丧嫁娶,以及对以"刚强""刚武"为特征的"力"的崇尚,是上党与河内两地的共同点。然而,所谓"诈力相倾,矜夸功名",同时也表明上党人士的人生追求在于"功名",他们为达成目标,不仅尚"力",亦不惮于采用"诈"的手段,这既不同于河内,也不同于邯郸。而上党地区流行复仇之风,为此甚至不惧与官方针锋相对,表明上党人士更为注重家族的荣誉,可以说已将之置于至高无上的地位。

与邯郸、上党地区相比,河内地区的游侠之风具有较为明确的中和特征,既缺乏高高在上的贵族气,亦排斥强盗行径散发的戾气,在与这两个极端划清界限后,河内游侠之风得以获得更为广泛的社会支持与受众认同。由此观之,出自河内的郭解能够成为司马迁特别关注的一位游侠,似乎并非

---

① 三河区域中的河东、河南虽与河内同处于一个文化区内,不过,由于河东地区的封闭地理形态,以及黄河对河南、河内的阻隔,使得河内地区与河南、河东存在一些文化差异。比如游侠之风,河南、河东是极为薄弱的。因此,本文比较河内与临近地区的游侠之风,不涉及河南、河东两地。

② 方诗铭:《方诗铭论三国人物》,上海古籍出版社,2006年,第97、98、112、113页。方先生所论侠士皆为东汉末年的人物,但他所做的分类,以人物的具体行为为标准,由于扶危济困、勇纾国难、打家劫舍等行为,并不是东汉末年所独有的,因此,方先生的分类可适用于整个秦汉时期。

③ 《汉书》卷二八下《地理志下》,第1656页。

偶然为之,实由河内的特殊文化风格所决定。

二、西汉政府对河内游侠之风的态度

对于以郭氏为典型的河内游侠势力,汉廷并没有一以贯之的政策,官方与游侠之间的关系经历了由宽松渐趋紧张的转变。吕后时,封长沙相越为醴陵侯。此人曾"以卒从,汉王二年初起栎阳",担任过河内都尉。[1] 其治理河内的具体事迹无考,不过,司马迁曾总结汉初政治风格:"汉兴,破觚而为圜,斫雕而为朴,网漏于吞舟之鱼,而吏治烝烝,不至于奸,黎民艾安。"[2]所谓"网漏于吞舟之鱼",形容的正是汉初宽松的政治环境。醴陵侯职为武官,职务本身使得他不免具有杀伐为威的特点,但在当时的政治大气候下,也不至于刻意与当地大族为敌。

汉文帝时,周亚夫为河内太守。周氏后来曾谈到他对酷吏赵禹的看法:"极知禹无害,然文深,不可以居大府。"[3]可见,周亚夫为政不尚严酷。从他与许负的交往也可以看出,他任职河内期间与当地大族建立起了良好的关系。汉景帝时期,周亚夫出关平定七国之乱,路过洛阳,得游侠剧孟,喜曰:"吴楚举大事而不求孟,吾知其无能为已矣。"[4]这表明,周亚夫深刻认识到游侠对于社会管控的重要意义,只不过,他不是使用高压手段,而是意图争取游侠。对游侠的这种态度,显然是基于对游侠本身社会影响力的体察,应当不会因河南、河内之地域不同而出现差异。从周亚夫在文景时期对河内游侠的一贯态度来看,汉文帝虽然处死了郭解之父,但这或许只是一个偶然事件,并不意味着汉王朝对河内游侠的政策发生了根本转变,因为当时汉廷面临的主要问题是诸侯王尾大不掉,对基层社会具有广泛影响的游侠群体还是汉廷争取的对象。

进入汉武帝时代,诸侯王问题基本解决,汉廷着手打击游侠、豪强等消解官方威权的地方势力。族灭郭解是其表现之一端,此外,汉廷还起用酷吏,对河内大族大开杀戒。河东人义纵为河内都尉,"至则族灭其豪穰氏之属,河内道不拾遗"。[5] 广平都尉王温舒升任河内太守,"素居广平时,皆知河内豪奸之家",到任后,"捕郡中豪猾,郡中豪猾相连坐千余家。上书请,大者至族,小者乃死,家尽没入偿臧。奏行不过二三日,得可事。论报,至流血

---

[1] 《史记》卷一九《惠景间侯者年表》,第990页。
[2] 《史记》卷一二二《酷吏列传》,第3131页。
[3] 《史记》卷一二二《酷吏列传》,第3136页。
[4] 《史记》卷一二四《游侠列传》,第3184页。
[5] 《史记》卷一二二《酷吏列传》,第3145页。

十余里。"仅用三个月时间,便取得了"郡中毋声,毋敢夜行,野无犬吠之盗"的威慑效果。①

但是,汉武帝的高压政策并没有根本扭转河内地区的游侠之风。上节所引《汉书·地理志》对河内民风的描述,并非出自班固之手。班固在展开对各地风俗的论述时,说了这样一段话:"汉承百王之末,国土变改,民人迁徙,成帝时刘向略言其地分,丞相张禹使属颍川朱赣条其风俗,犹未宣究,故辑而论之。"②可见,班书《地理志》对地方风俗的记载本之于汉成帝时期颍川朱赣的论述。朱赣条论风俗大概不是漫无目的的无聊之举,应是适应某种现实需要而为。如果当时只是论述成帝之前甚至更为久远的地方风俗,那实际上是没有意义的。从这个角度来看,朱氏所论必定是立足于他所处时代的地方风俗,既探究当世风俗得以形成的历史渊源,又分析其优劣。

上述看法或许会遭遇这样的质疑:朱赣所论有可能只是袭用前人成识,并无多少现实关怀。对于这样的疑问,如果注意到这次条论风俗的主导者,便基本可以否定了。朱赣是受丞相张禹指派而担当条论风俗的任务,"张禹字子文,河内轵人也,至禹父徙家莲勺"。③ 张禹本人出自河内,应当不至于对故土的毁誉无动于衷。考虑到这一点,我们可以想象:即便朱赣对其他地区风俗的品评存在敷衍怠惰情形,但对丞相的家乡河内,他是不敢不认真对待的。假如他对河内风俗的描述与现实情形相差太大,是无法通过张禹这一关的。另外,以情理度之,既然是秉承丞相之意,对丞相的家乡做出一些溢美的评论,并非不可能。然而,朱赣对河内风俗的评价,诸如"好气任侠""薄恩礼"等等,在西汉一代儒风渐盛的文化背景下,显然不是好话。这也可从反面证实朱赣所述河内风俗的真实性。

直至汉成帝时代,河内地区的游侠之风仍很兴盛,这无疑证明了汉武帝以来对河内游侠群体实行的高压政策,存在局限性。真正对河内地域文化的改造具有釜底抽薪功效的因素,还是当地社会文化结构内部各种力量的消长。

三、游侠社会中兴起的河内儒学

尽管西汉河内的游侠之风令人瞩目,但它并没有达到完全排他的地步。其中的一个重要原因或许在于游侠的社会影响力主要集中于基层社会,基

---

① 《史记》卷一二二《酷吏列传》,第 3148 页。
② 《汉书》卷二八下《地理志下》,第 1640 页。
③ 《汉书》卷八一《张禹传》,第 3347 页。

本属于民俗文化的范畴。对于以学术为取向的文化群体而言,由于他们的文化自觉,游侠对他们的影响是有限的。

比如讲究任法驭下的法家之学,鉴于以之为学术背景的秦政归于失败,该学术流派的影响力在汉初的"过秦"思潮中跌入低谷。然而,即便如此,在汉初河内的游侠社会中,仍然没有杜绝法家学术的传承。《史记·袁盎晁错列传》:"晁错者,颍川人也。学申商刑名于轵张恢先所,与雒阳宋孟及刘礼同师。"①据《史记·秦始皇本纪》:"(秦王政)十七年(前230),内史腾攻韩,得韩王安,尽纳其地,以其地为郡,命曰颍川。"②战国时期的颍川绝大部分时间属于韩国的辖区,并且申不害曾经相韩。但值得思的是,汉人晁错学习申商刑名之学时,所拜之师并不出自韩国旧地,而是来自原属魏国的河内地区。这个现象在一定程度上可以反映出河内申商刑名之学的根基还是比较深厚的。

不独法家如此,儒学也在汉初河内的游侠社会中悄悄生长。《汉书·儒林传》:"赵子,河内人也。事燕韩生,授同郡蔡谊。谊至丞相。""谊授同郡食子公与王吉。""食生为博士,授泰山栗丰。吉授淄川长孙顺。""由是《韩诗》有王、食、长孙之学。丰授山阳张就,顺授东海发福,皆至大官,徒众尤盛。"③韩诗是汉代《诗》学三大流派之一,其创始人韩婴,"燕人也。孝文时为博士,景帝时至常山太傅","武帝时,婴尝与董仲舒论于上前"。④由此推断,河内人赵子受学于韩婴的时间不晚于汉武帝初年。

如果仅就时间而论,河内儒学抬头是晚于河南的。洛阳人贾谊作为汉初的著名政论家,文帝时即已显名于朝廷。《汉书·儒林传》有其传承儒学的记录:贾谊"为《左氏传》训故,授赵人贯公……",⑤但贾谊"颇通诸子百家之书",⑥"思想是驳杂的","在政治方面,以儒法为主;在哲学思想方面,则以儒道为主"。⑦ 与传承《左传》的贾谊相比,传承韩诗的河内赵子不仅具有更为强烈的学术旨趣,并且其儒家思想的底色更为纯正。周王孙很可能也是一位早于河内赵子的河南儒士。《汉书·儒林传》记载,秦汉之交的齐人田何传授《易》学,"汉兴,田何以齐田徙杜陵,号杜田生,授东武王同子

---

① 《史记》卷一〇一《袁盎晁错列传》,第2745页。
② 《史记》卷六《秦始皇本纪》,第232页。
③ 《汉书》卷八八《儒林传》,第3614页。
④ 《汉书》卷八八《儒林传》,第3613页。
⑤ 《汉书》卷八八《儒林传》,第3620页。
⑥ 《史记》卷八四《屈原贾生列传》,第2491页。
⑦ 黄留珠主编:《中国思想学说史》(秦汉卷),广西师范大学出版社,2008年,第130页。

中、雒阳周王孙、丁宽、齐服生,皆著《易传》数篇。"①周王孙的《易》学一度比较受重视,甚至同为田何弟子的丁宽也"从周王孙受古义"。然而,自此以后,《易》学成了丁宽的天下,《易》家的学术渊源皆可上溯至丁宽,而周王孙的《易》学似乎中绝。比较而言,河内赵子的韩诗学薪火相传,代不乏人,其生命力显然优于河南儒学。

河内儒学纯正、生命力强的特点并不是无因而至的,可能与河内的区位条件以及汉代之前的特殊历史有很大的关系。我们注意到,河内的韩诗学在兴起以后是就近传播的,并且集中于河内以东地区。王吉是琅邪人,其他弟子来自泰山、淄川、山阳、东海,皆是自河内东渡黄河易于抵达的区域。而在河内儒学兴起之前,情形恰恰相反,形成于河内以东地区的儒家学派,曾经对河内发生了重大影响。

众所周知,法家与晋、三晋的关系甚深,三晋大地被学者视为"中国古代法治文化的摇篮,战国法家学派的母体"。② 但三晋法家由于地缘的因素,所受到的其他学术流派的影响并不相同。严耕望认为:"法家兴起与儒道两家皆有渊源关系","道家影响三晋,亦变而为法,与儒变为法相同",③将三晋法家视作儒、道变异而成的新流派。这个看法似乎不是很严谨,准确地说,应当是三晋特殊人文、地理环境孕育的法家深受儒、道等思想流派的影响。具体地说,由于道家是源自楚地的思想流派,④韩、楚接触便利,因此,以道法融合为特征的法家活跃于晋国派生出来的韩国,⑤主要统治地区相当于汉代的河南。以儒法融合为特征的法家存在于魏国,战国早期的魏国,其统治重心正在经历由河东向河内的迁移,当时的魏文侯"东得卜子夏"为师,⑥而子夏是孔子的弟子。魏文侯任用李悝进行改革,而《汉书·艺文志》既著录了法家著作《李子》三十二篇,又著录了儒家《李克》七篇。由此不难推知,战国时期的河内法家确实深受齐鲁儒学的影响,这一点与河南地区的道法融合是大异其趣的。认识到这一点,再来看汉代河内儒学学术旨趣之强烈以及生命力之旺盛,至少可以说,我们为西汉河内儒学的表现找出了一

---

① 《汉书》卷八八《儒林传》,第3597页。
② 李元庆:《三晋古文化源流》,第180页。
③ 严耕望:《战国学术地理与人才分布》,收入《严耕望史学论文选集》(上),第38页。
④ 蒙文通说:"纵横、法家固三晋北方之学也。道家如老庄,词赋家如屈、宋,并是南人,则辞赋,道家固南方之学也。六经、儒、墨者流,固东方邹鲁之学也。此又三方思想学术之不同也。"《古学甄微》,第32页。"道家之出于楚民族",第305页。
⑤ "申子之学本于黄老而主刑名"。韩非"喜刑名法术之学,而其归本于黄老"。《史记》卷六三《老子韩非列传》,第2146页。
⑥ 《史记》卷四四《魏世家》,第1839页。

个历史性的驱动因素。

河内儒学的兴起,对当地的游侠之风具有消解作用。郭解被汉廷诛杀之前,依大赦令,本不当杀。"轵有儒生侍使者坐,客誉郭解,生曰:'郭解专以奸犯公法,何谓贤!'解客闻,杀此生,断其舌。"①郭解就是轵人,然而家乡儒生并不站在他这一边,足见儒、侠两个群体的尖锐对立。儒生批评郭解"奸犯公法",这一点尤其值得关注。正是儒生对"公法"的支持与配合,使得儒士群体获得了广阔的政治前景。河内习韩诗者"皆至大官",前面提到的汉成帝时期的丞相张禹,早年"至长安学,从沛郡施雠受《易》,琅邪王阳、胶东庸生问《论语》",②后来,不仅他本人地位尊崇,"弟子尤著者,淮阳彭宣至大司空,沛郡戴崇至少府九卿"。利禄之途在于儒学,这对河内基层社会的示范引领作用必然是巨大的。

清代学者论及郭解之死,曾这样说道:"秦任法律,赭衣盈路。汉初矫枉过正,或漏吞舟,故朱家、剧孟之徒以豪侠闻而保首领。武帝时禁网密矣,战国余风尽矣。郭解不终,宜其然矣。然非诗、书之教相传者,未有不犯世忌。太史公引季次、原宪而叹之,盖有由哉。"③大意是讲,汉武帝对游侠密织禁网,在这种形势下,游侠如果不改弦更张,以"诗、书相教",是没有出路的。这样的认识揭示了游侠之风转变的必然性,但这里要强调的是,"诗、书相教"只是一个可能的路径,如果不是巨大的现实利益被捆绑于儒术,儒生群体受到了权力的青睐,河内基层社会游侠之风的淡化以及与之相伴的儒风渐盛,甚至整个汉代社会儒学主流地位的确立,都是不可能的。这一点,正如有的当代学者对郭解之死的分析:"郭解杀人无数,都脱身无罪;及至杀一无名儒生,(丞相)公孙弘却认为这是'大逆无道',加以族诛。地方豪强由此了解到儒道之尊荣,远胜过地方恶势力,因而改变其态度,钦敬儒生,成为'虽为侠而逡逡有退让君子之风'的半调子儒士。"④

四、西汉晚期以来河内儒学的发展及其特点

汉成帝时代或许可以称得上河内文化发展的节点。如前所述,在那个时期,游侠之风仍然是当地社会基层文化的主流,与此同时,河内儒学已获得较大发展,其典型表现便是先后产生了蔡谊、张禹这两位儒生出身的丞相。当然,这并非河内儒学发展的全部内容,事实上,当时经学传承的多样

---

① 《史记》卷一二四《游侠列传》,第 3188 页。
② 《汉书》卷八一《张禹传》,第 3347 页。
③ [清]何焯:《义门读书记》,第 233 页。
④ 陈启云:《儒学与汉代历史文化》,广西师范大学出版社,2007 年,第 22 页。

化趋势,也是河内儒学发展的一个重要表现。

丞相张禹所学的是《易》《论语》,这与之前赵子一脉传承的韩诗学是不同的。同样活动于成帝时期的河内郡河阳县人息夫躬,"少为博士弟子,受《春秋》,通览记书",① 又出现了《春秋》学的传习。两汉之际,河内地区延续了西汉后期以来儒学发展的强劲势头。一方面,好学之风愈发炽烈,如修武人卫飒"家贫好学问,随师无粮,常佣以自给"。② 河阳人张玄"清净无欲,专心经书,方其讲问,乃不食终日"。③ 甚至被史家归入酷吏的人物,也汲汲于学经活动。如怀县人李章"习《严氏春秋》,经明教授,历州郡吏"。④ 习欧阳《尚书》的大儒牟长虽非河内人,但建武年间"拜博士,稍迁河内太守","自为博士及在河内,诸生讲学者常有千余人,著录前后万人"。⑤ 这万余弟子当中,应当有不少是河内士子。另一方面,当地又出现两位大儒。一是怀县人蔡茂,建武年间官至司徒,早年"以儒学显,征试博士,对策陈灾异",在汉代,灾异是《易》学、《春秋》学热衷于探讨的内容,蔡茂所学很可能主要在这两家。另一位即上面提到的河阳人张玄,他"少习《颜氏春秋》,兼通数家法",更为值得注意的是,张玄在建武年间官位很低,仅为陈仓县丞,然而,"诸儒皆伏其多通,著录千余人",⑥ 能以其学问赢得众多读书人的向慕,可见河内儒学所达到的层次较高,传播规模也比较可观。

东汉河内儒学发展具有如此可喜的发展势头,其在整个东汉时代的发展前景应当是十分广阔的。然而,有学者指出:"东汉时河内郡虽然出了栾巴、卫飒、杜诗等良吏,文人士子也不少通经博学之辈,但至中央高级官员的甚少,据统计,东汉时河内郡官至三公的仅2人,无有一人任职九卿的,这也许是河内郡在东汉时文化衰落的原因之一。"⑦此论有两个要点:一是认为东汉河内郡的文化总体上趋向衰落;二是认为东汉河内郡文化衰落的一个原因在于河内籍高官太少。不过,究诸史实,上述认识还有值得进一步申论的余地。不可否认,担任高级职位的人少,就缺少对乡里社会的引领示范作用,久而久之,原籍地的文化格局难免因动力不足而走向衰落。但是,所谓高官不应局限于三公九卿,因为这一群体的总员额很小,统计数据不足以判断一地文化之盛衰。笔者以为,河内出身的太守、刺史以及其他两千石官员

---

① 《汉书》卷四五《息夫躬传》,第2179页。
② 《后汉书》卷七六《循吏列传》,第2458页。
③ 《后汉书》卷七九下《儒林列传下》,第2581页。
④ 《后汉书》卷七七《酷吏列传》,第2492页。
⑤ 《后汉书》卷七九上《儒林列传上》,第2557页。
⑥ 《后汉书》卷七九下《儒林列传下》,第2581页。
⑦ 刘太祥:《河南汉代的文化格局及成因》,《周口师范高等专科学校学报》1999年第4期。

也应算在内。如此以来，河内出身的高官其实并不少。况且，即便只看三公人数，也不是论者所说的 2 人，而是 4 人，分别为光武帝时期的怀县人蔡茂、桓灵时期的林虑人杜乔，以及修武人张歆、张延父子。① 与西汉河内人任三公者相比，这个数量无疑是大大增加了，这恰恰表明河内文化取得了积极成就，如何能说河内郡的文化衰落了呢？

可以断言，河内儒学在东汉仍然得到了长期的持续发展。杜乔活动于东汉中叶，"少为诸生，举孝廉，辟司徒杨震府"，最终官至太尉。② 武德人王奂"明五经，负笈追业，常赁灌园，耻交势利"。③ 修武人蔡湛虽说只担任过县令长，官位不高，但"少耽七典，□□硕材，□□州郡，名宝乡党"。④ 所谓"少耽七典""少为诸生"，以及灌园自费攻读的做法，从这一系列描述中都可约略感觉到河内地区浓厚的文化氛围。东汉后期，不少河内士人将目光投向弘农郡，因此，弘农大儒门下不乏河内弟子。弘农华阴人杨震之孙杨统，有门人"河内樊公琦、河内张垚辅、河内张子威、河内涅君兴"。⑤ 野王人李璜，修武人江沛、聂瑢，汲县人和政，皆拜弘农华阴的"通儒"刘宽为师。⑥

不过，在崇儒习经的社会氛围中，有一个问题是值得警惕的。河内人士大量外出求学的事实揭示了河内儒学发展的一个缺陷：以经学起家而致累代公卿，是东汉时代的一个突出现象，围绕着国都洛阳，西边有弘农杨氏，南边有颍川李氏，东南有汝南袁氏，皆是举世公认的名门大族。而河内位于国都之北，却未能形成这样典型的经学世家。《北军中候郭仲奇碑》：

> 君讳□字仲奇，元城君之第四子。其先盖周之胄绪……枝叶云布……令问休贵，自东郡卫国，家乎河内。彼亦世载德，以臻于君。君惠兄竹邑侯相，次尚书侍郎，次济北相，顺弟临沂长，次徐州刺史，次中山相，次雒阳令。咸以孝廉，公府茂选。贞亮皦白，翼翼瑛彦。配周之八，为国桢干。君幼有岐嶷天然之资，长有明肃弘雅之操。刚毅多略，有山甫之踪。沉毅敦笃，为万夫之望。□为郡五官掾功曹、司隶中都官

---

① 光武帝建武二十年六月，"广汉太守蔡茂为大司徒"。汉桓帝建和元年六月，"大司农杜乔为太尉"。建和三年十月，"大司农河内张歆为司徒"。汉灵帝中平二年五月，"太仆河内张延为太尉"。
② 《后汉书》卷六三《杜乔传》，第 2091 页。
③ 《后汉书》卷八一《独行列传》李贤注引《谢承书》，第 2689 页。
④ [宋]洪适：《隶释·隶续》，第 57 页。
⑤ [宋]洪适：《隶释·隶续》，第 137 页。
⑥ [宋]洪适：《隶释·隶续》，第 401—403 页。

从事。虎视眈眈,鹰鸷电击,贵戚肃承,莫不畏惮。①

"自东郡卫国,家乎河内",说明郭氏早已著籍于河内。郭氏一门八兄弟虽无三公九卿,然亦可谓仕宦尊荣。不过,从碑文来看,郭氏的文化背景比较模糊。所谓"岐嶷天然之资""明肃弘雅之操"之类的程式性话语,属诔墓时常见的,并没有明确说明郭氏是否以儒学显达。河内修武的张歆、张延父子在桓灵时期皆位至三公,已经颇具成长为世家大族的苗头。但随着张延于中平三年"为宦人所谮,下狱死",这一进程戛然而止。《三国志·魏书·张范传》:"张范,字公仪,河内修武人也。祖父歆,为汉司徒。父延,为太尉。太傅袁隗欲以女妻范,范辞不受。性恬静乐道,忽于荣利,征命无所就。弟承,字公先,亦知名,以方正征,拜议郎,迁伊阙都尉。"②这段叙述涉及张氏三代人,不仅张歆、张延父子的学术背景不明朗。即便是着墨较多的传主张范,亦无一语谈及其学术经历。而按照史家的叙述惯例,在经学方面有专长的人物,一般都会记上一笔。因此,河内张氏家族很可能也不是以经学见称。

又如后来十分显赫的温县司马氏家族。尚在汉世时,司马懿的祖父司马儁"博学好古,倜傥有大度。长八尺三寸,腰带十围,仪状魁岸,与众有异,乡党宗族咸景附焉"。所谓"博学好古",语意含混。司马儁在乡里影响的崛起,似并非依赖经学权威的身份。司马懿之父司马防"性质直公方,虽闲居宴处,威仪不忒。雅好《汉书》名臣列传,所讽诵者数十万言。少仕州郡,历官洛阳令、京兆尹,以年老转拜骑都尉。养志闾巷,阖门自守。诸子虽冠成人,不命曰进不敢进,不命曰坐不敢坐,不指有所问不敢言,父子之间肃如也"。③ 这段文字主要讲司马氏的家风谨严,关于学术方面的爱好,即"雅好《汉书》名臣列传",从中看不出司马防有多少儒生的气息。

《晋书·宣帝纪》记载:司马懿"博学洽闻,伏膺儒教。汉末大乱,常慨然有忧天下心"。所谓"博学洽闻"或许可信,"伏膺儒教"则甚可疑。因为在做出上述描述后,《晋书》很快说道:"汉建安六年,郡举上计掾。魏武帝为司空,闻而辟之。帝知汉运方微,不欲屈节曹氏,辞以风痹,不能起居。"④这显然是史家为"伏膺儒教"这一人物评价所下的注脚,是在给司马懿的出处去就涂上粉彩而已。毕竟在当时皇纲坠地的社会条件下,不应曹操征辟,并不一定是出于对汉王朝的忠诚,对个人政治前途的考虑或许是更主要的

---

① [宋]洪适:《隶释·隶续》,第99页。
② 《三国志》卷一一《魏书·张范传》,第336页。
③ 《三国志》卷一五《魏书·司马朗传》裴松之注引司马彪《序传》,第466页。
④ 《晋书》卷一《宣帝纪》,第1、2页。

因素。另外，史家以"伏膺儒教"来解释司马懿的政治选择，似乎颇具暗讽曹氏代汉，是不尊重儒教的行为，由此也可以为司马氏代魏增加一些道义上的慰藉。关于司马孚，《晋书》本传称其"温厚廉让，博涉经史"，他的知识结构仍然是驳杂的。

综合来看，河内司马氏家族确如有学者所指出的那样，其学术兴趣"主要在于史学，注重博通，其学问气象与两汉经师的传统面目颇有不同"。这个家族"在汉魏时并非以经学显名于世"。①

河内儒学在东汉时期所展现出的形态，对历史发展构成了深刻影响。众所周知，曹魏代汉是中国历史的一大转变，曹操是推动这一转变的关键人物。田余庆曾敏锐地察觉到"曹操晚年政治上向世家大族转化的动向"，②而在此前，正当曹操在政治上最活跃的时候，他与世家大族之间存在着敌对情绪，在矛盾冲突之中，汝南袁氏灰飞烟灭，弘农杨氏如履薄冰，而河内大族因其"不成熟"性（相对于经学世家而言），能够远离祸患，甚至还成为曹操积极争取的对象，司马氏的崛起，亦由此发端。从这个角度来说，河内儒学发展的非典型状态，幸邪？不幸邪？尚需辩证地分析。

第五节　西汉时期的河南区域文化

在中国历史上，以洛阳为中心的黄河南岸地区具有举足轻重的战略地位。西汉时期，政府在这一带设置河南郡以加强管控。作为大一统王朝的有机组成部分，该地区的文化发展既受西汉政治大气候的影响，同时也受制于自身独特的历史及现实背景。认真梳理这一过程，不仅有助于深入了解西汉河南的区域历史，对认识西汉以后河南区域文化的面貌也是有所裨益的。③

一、汉初河南地区的黄老政治

在汉初与民休息、崇尚无为的普遍政治氛围中，黄老之学在思想界占有

---

① 仇鹿鸣：《乡里秩序中的地方大族——汉魏时代的河内司马氏》，《中国史研究》2011年第4期。
② 田余庆：《秦汉魏晋史探微》（重订本），第160页。
③ 本节旨在研究西汉历史，所用的"河南"区域概念，远小于现今政区中的河南省，大体是指西汉时代的河南郡，其地域以洛阳为中心，北不过黄河，西不逾灵宝，南不至南阳、平顶山，东不过开封。

绝对优势地位，为执政者所仰赖。如功臣曹参辅佐齐王刘肥，"闻胶西有盖公，善治黄老言，使人厚币请之。既见盖公，盖公为言治道贵清静而民自定，推此类具言之。参于是避正堂，舍盖公焉。其治要用黄老术，故相齐九年，齐国安集，大称贤相"。萧何死后，汉廷征曹参入朝为相，"举事无所变更，一遵萧何约束"，百姓歌之曰："萧何为法，类若画一；曹参代之，守而勿失。载其清净，民以宁一。"①

对于萧、曹的执政风格，班固将其放在更长的历史时段中来加以分析："汉兴之初，反秦之敝，与民休息，凡事简易，禁罔疏阔，而相国萧、曹以宽厚清静为天下帅，民作'画一'之歌。孝惠垂拱，高后女主，不出房闼，而天下晏然，民务稼穑，衣食滋殖。至于文、景，遂移风易俗。"②在班固看来，萧规曹随只是黄老政治比较典型的一个阶段而已。在之后的女主执政时期，"不出房闼，而天下晏然"，所遵循的仍然是清静无为的黄老之道。

值得注意的是，吕太后很重视对河南的控制，高后四年（前184），以五百户封周信为成陶侯，③而此次封拜的详情是周信"以卒从高祖起单父，为吕氏舍人，度吕后淮之功，用河南守侯"，④也就是说，受封之时，周信的官职是河南太守。而他之所以能够担任河南太守这一重要职务，应当与他曾经"度吕后淮"，于吕氏有恩这一特殊情节有关。吕后感激、信任周信，委派其管理河南，在此背景下，周氏在河南的施政风格应该不会距离吕后所持的黄老无为取向太远。

在周信之后，有一位吴姓官员任河南太守。史载："孝文皇帝初立，闻河南守吴公治平为天下第一，故与李斯同邑而常学事焉，乃征为廷尉。"⑤李斯是秦代著名的法家人物，河南太守吴公是他的弟子，并且入朝后担任廷尉，"掌刑辟"。⑥看来，吴公"渊源在法家"，⑦应是地道的法家中人。然而，班固将吴公列为循吏，认为其治理风格与萧、曹的"宽厚清静"是一脉相承的。以一般的印象而言，读史者难免会产生一种异样的感觉：史家对吴公的记述是不是有人格分裂的嫌疑？法家弟子怎么会以"宽厚清静"的面目示人呢？这样的疑问之所以会出现，与一般知识中对法家的误解存在着密切关联。由于秦人独奉法家，以严刑峻法治理群下，终致二世而亡，历史镜鉴导

---

① 《史记》卷五四《曹相国世家》，第2029、2031页。
② 《汉书》卷八九《循吏传》，第3623页。
③ 《汉书·高惠高后文功臣表》作"成阴侯"。
④ 《史记》卷一九《惠景间侯者年表》，第988—989页。
⑤ 《史记》卷八四《屈原贾生列传》，第2491页。
⑥ 《汉书》卷一九上《百官公卿表上》，第730页。
⑦ 余英时：《士与中国文化》，第137页。

致后人易于将法家与严刑峻法等同起来。但实际上,法家学说原本强调的是一切事务皆决于法,并非提倡严刑峻法。从这个意义上说,史书记载吴公"谨身帅先,居以廉平,不至于严,而民从化",①所谓"廉平""不至于严",强调用法平当,在某种程度上可以说是对原始法家的回归。

不过,有一点需要特别强调,吴公对原始法家的回归并不是孤立事件,它需要置于黄老政治的发展脉络中去理解。黄老政治的突出特点是"宽厚清静",这是对秦代扭曲的法家政治的矫枉过正,在西汉最初一段时期是适用的。但随着社会的进一步发展,黄老政治的弊端就显露了。清静无为的确给人以宽厚之感,但另一面,有时也是对法治精神的损害。比如曹参"见人之有细过,专掩匿覆盖之",身为相国却"不治事",②虽说睿智,但"细过"如何处理,丞相职责何在,皆有汉法可循,不循法而专事无为,终究难以保障社会的长久发展。比较而言,吴公为治"不至于严",大体继承了黄老政治"宽厚清静"的基本面貌,但突出了"奉法""廉平"的一面,这是以回归原始法家的方式对传统黄老政治做了改进。

二、贾谊对黄老政治的超越

如果说"奉法循理"的吴公代表着河南地区黄老之学发展的一个新阶段的话,那么,贾谊就是代表着西汉河南黄老之学发生根本转变的关键人物。贾谊出自河南洛阳,在汉代政治文化史上占有重要地位。以往论及贾谊的学术取向,学界大体认为应属儒家,③但有不少学者注意到贾谊的思想思想体系内吸收了黄老、道家之学。比如这样的说法:贾谊的学术思想"以仁义礼智为其本,而以道家黄老之学为其要","在论述汉初道家思想的发展线索时,是不能丢弃或忘却贾谊这个重要人物的"。④ 有的学者甚至具体指出:"贾谊的黄老思想,集中表现在《道德说》《道术》《六术》三篇著作中。"并通过细致分析,得出贾谊的道家思想已具有"向儒家转化或儒道融合的特点"。⑤ 以上认识自属卓见,但笔者更为关注的是贾谊的儒道融合思想体系中的法家因素。有学者注意到:"贾谊的思想是驳杂的,他集儒、道、法于一身,而在不同的领域侧重又有所不同。简言之,即在政治方面,以儒法为主;

---

① 《汉书》卷八九《循吏传》,第 3623 页。
② 《史记》卷五四《曹相国世家》,第 2030 页。
③ 关于贾谊在儒学方面的成就,可参看本节第四部分。
④ 余明光:《贾谊与黄老之学》,湖南省博物馆编,《马王堆汉墓研究文集》,湖南出版社,1994年,第 62、68 页。
⑤ 金春峰:《汉代思想史》(增补第三版),第 50、52 页。

在哲学思想方面,则以儒道为主。"①还有学者说:"贾谊在重'礼'的同时,也重视'法'","以礼为主,以法为辅"。② 两说均察觉到贾谊思想中的法家因素,不过,法家因素的分量究竟如何,似乎还有进一步申论的余地。

有学者敏锐地指出:"贾谊问学的途径比较宽泛,儒学固然为其所重,但是他似乎更加醉心于申商之学,具有外儒内法的色彩。"③这个判断是有依据的,班固曾说:"自曹参荐盖公言黄老,而贾谊、朝错明申、韩,公孙弘以儒显,百年之间,天下遗文古事靡不毕集。"④对于儒、道、法三家,班固各举其代表人物,在班固看来,贾谊并非西汉儒学的佼佼者,贾氏学问的特色在于继承了申、韩之学,申指申不害,韩指韩非,皆属战国法家学派。如此,贾谊思想的主色调便是法家。关于这一点,看看贾谊对如下一件时政的意见便可有所觉察。汉文帝曾将其弟淮南王刘长流放到蜀地,结果,刘长于赴蜀途中绝食而死。文帝内心不安,欲封刘长数子为王。当时贾谊劝道:

> 淮南王罪人之身也,淮南子罪人之子也。奉尊罪人之子,适足以负谤于天下耳,无解细于前事也,且人不以肉为心则已,若以肉为心,人之心可知也。今淮南子少,壮闻父辱状,是立毌焉泣沾衿,卧毌泣交项,肠至腰肘如缪维耳,岂能须臾忘哉?是而不如是,非人也。⑤

贾谊认为,对于淮南王的几个儿子来说,汉文帝就是他们的杀父仇人,这种仇恨根本不可能以恩德加以化解。如果分封淮南王之子,那就是养虎自遗患,将来必然有叛乱发生。原本可以展示天子宅心仁厚的一个计划,被贾谊全盘否定,从这个历史细节当中,不难窥见贾谊所持的基本政见,即以人性本恶为制定对策的出发点,以法、术、势等强势手段维护皇帝的权威。这与班固所持的贾谊"明申、韩"的思想取向是吻合的。

以法家为底色,融合了浓厚的黄老思想,同时缘饰以儒学,这是贾谊思想体系的重要特征。那么,对于河南区域文化的发展序列而言,贾谊处于怎样的位置?对于这个问题,我们需要"瞻前顾后"地看。

从"瞻前"的角度来说,历史早期的文化传播往往与地缘因素有重要关

---

① 黄留珠主编:《中国思想学说史》(秦汉卷),第130页。
② 刘志平:《秦至西汉初期的礼法思想研究——以李斯、陆贾、贾谊为对象的考察》,收入雷依群、徐卫民主编《秦汉研究》(第二辑),三秦出版社,2007年,第248、249页。
③ 刘跃进:《贾谊的学术背景及其文章风格的形成》,《文史哲》2006年第2期。
④ 《汉书》卷六二《司马迁传》,第2723页。
⑤ 《新书·淮难》,阎振益、钟夏:《新书校注》,中华书局,2000年,第156—157页。

系,一种学问往往呈现从中心向周边扩散的趋势。洛阳周边距儒家的中心齐鲁之地较远,儒家文化在河南的流布相应较晚,因此贾谊思想中的儒家成分似应视为文化新基因的加入。与之相比,法家思想在河南的传播比较便利,战国时期周人所居的河南被韩国所环绕,法家的两个著名人物申子、韩非子的主要活动区域均在韩国,因此河南区域文化在秦汉之际的发展难免受法家的深刻影响。贾谊学术体系中法家色彩浓重,或即与此有关。至于贾谊思想中的黄老因素,一方面固然与汉初的整体政治文化氛围有关,但对贾谊影响至深的申、韩之学本身即与黄老之学密切相关,这也是应当注意的情形。有学者指出:"黄老道家认为法是道的衍生物,是道这种自然法则在社会政治领域中的体现,以法治国是道家实现无为之治的必要手段。"①黄老之学非但没有排斥以法为治的理念,还将之作为实践黄老政治的必要手段,如此说来,典型的法家在某种程度上可以说是择取黄老之学的一端并将其发挥到极致。认识到这一点,再看司马迁所说"申子之学本于黄老而主刑名",韩非亦是"喜刑名法术之学,而其归本于黄老",②就无足怪了。相应地,贾谊重申、韩而染黄老,只不过是走了学术偶像的老路而已。

从"顾后"的角度而言,贾谊的思想体系代表着河南地区黄老政治根本转变。这一点,将贾谊与他的举主吴公加以对比,或可初步作答。吴公在担任河南太守期间,听说贾谊"以能诵诗属书闻于郡中",便将其"召置门下,甚幸爱"。担任廷尉后,他又以"颇通诸子百家之书"为由向朝廷力荐贾谊。③ 吴、贾二人在河南有交集,在年龄上也有代际差距,他们在思想观念、政治行为上的差异,在一定程度上可以视为区域文化变异的外在表现。

前已言及,吴公的施政风格是在黄老政治的大环境下重视奉法,强调用法之"平"。贾谊深受黄老思想的影响,其政治思想也呈现出重视以法为治的特点,但在贾谊的思想体系内,法治的重要性显然比仅止于"奉法"的吴公要高,他极力主张"悉更秦之法","诸律令所更定,及列侯悉就国,其说皆自贾生发之"。④ 这些事实说明,贾谊更重视对法令的变革,这是他比吴公更进一步的地方。在此基础上,我们可以这么说,贾谊是终结河南地区黄老政治的标志性人物,因为在他的思想体系里,标榜"治世不一道""法后王"的法家理念已彻底超越了以"清静无为"为标志的黄老政治的基本境界。

---

① 杨颉慧:《论战国黄老道家的法治思想》,《河南社会科学》2014 年第 2 期。
② 《史记》卷六三《老子韩非列传》,第 2146 页。
③ 《史记》卷八四《屈原贾生列传》,第 2491 页。
④ 《史记》卷八四《屈原贾生列传》,第 2492 页。

三、西汉河南的游侠之风与酷吏政治

在贾谊生活的时代,河南区域文化中的重法倾向日益显著,这个认识并非得自于贾谊一人的学术风格。《汉书·晁错传》:"晁错,颍川人也。学申商刑名于轵张恢生所,与雒阳宋孟及刘带同师。"①其中提到的宋孟,来自河南洛阳,他与晁错同门求学,学习内容俱为申商刑名,这与同乡贾谊的学问旨趣一致。关于宋孟生活的年代,既然与晁错同师,年龄差距应不至于太大。晁错活跃于汉文帝后期及景帝初期,贾谊活跃于汉文帝前期,按一般规律推断,贾谊生存的时段应早于晁错,但考虑到贾谊在政治上少年得志,晁错积累知识的年代未必就晚于贾谊。因此,与晁错大致同年的宋孟,大体上应当视为贾谊的同时代人。他与贾谊皆"明申、韩""学申商刑名",似非尽属偶然,二人的一致性应是地域文化特质的反映。

当然,河南地域文化由黄老无为向申商刑名的转化,并非几个官员、学者的主观意志就可以主导的,实际上,河南社会秩序管理所面临的新局面也要求施政风格的适时改变,而这往往导致区域文化的进一步演化。战国及西汉初期,河南民风以经商贩卖为首要特色,所谓"洛阳街居在齐秦楚赵之中,贫人学事富家,相矜以久贾,数过邑不入门",②以及"周人之失,巧伪趋利,贵财贱义,高富下贫,喜为商贾,不好仕宦",③描述的都是重商之风。而当时社会普遍崇尚侠义,游侠群体十分活跃。有学者说:"战国时代的游侠风气,是中国历史上第一次出现于自由的个人与个人间的友谊,是一种新的价值观念,一种新的生活方式。"④这种新的价值观念与生活方式对秦汉历史影响深刻,西汉的建立即与此有密切关联,正如有的学者所敏锐注意到的,刘邦"仁而爱人,喜施,意豁如也。常有大度,不事家人生产作业","颇有侠者气象"。刘邦集团的军事势力"与乡曲豪侠带剑立节招集徒党的状况是一致的"。⑤

与侠风炽烈的整体社会风尚相比,河南地区的重商之风显得十分特别。然而,这个局面文景时代发生了变异。汉景帝即位不久,发生了吴王刘濞为首的"七国之乱"。汉景帝任命周亚夫平叛,而周亚夫对洛阳的一位侠士十

---

① 《汉书》卷四九《晁错传》,第2276页。刘带,《史记·袁盎晁错列传》写作"刘礼"。难以确定是否亦为雒阳人。
② 《史记》卷一二九《货殖列传》,第3279页。
③ 《汉书》卷二八下《地理志下》,第1651页。
④ 李开元:《复活的历史——秦帝国的崩溃》,第17页。
⑤ 彭卫:《游侠与汉代社会》,安徽人民出版社,2013年,第18页。

分重视。《史记·游侠列传》记载：

> 周人以商贾为资，而剧孟以任侠显诸侯。吴楚反时，条侯为太尉，乘传车将至河南，得剧孟，喜曰："吴楚举大事而不求孟，吾知其无能为已矣。"天下骚动，宰相得之若得一敌国云。①

一位游侠的去向，竟然成为军事统帅预判战争结局的重要线索，可见洛阳剧孟在当时社会上非比寻常的影响力。而这个游侠人物的出现并不是一个孤立的事件，他实际上是战国以来侠风持续浸润的结果，同时也是河南地域文化面貌发生异动的表现。在著名游侠郭解的事迹中，曾有这样一个细节：

> 雒阳人有相仇者，邑中贤豪居间者以十数，终不听。客乃见郭解。解夜见仇家，仇家曲听解。解乃谓仇家曰："吾闻雒阳诸公在此间，多不听者。今子幸而听解，解奈何乃从他县夺人邑中贤大夫权乎！"乃夜去，不使人知，曰："且无用，待我去，令雒阳豪居其间，乃听之。"②

郭解是河内郡轵县人，到河南雒阳县成功调解了当地的民间纠纷。但是他因担心损伤"雒阳诸公""雒阳豪"的尊严，要求纠纷的当事人先不要声张，待洛阳当地贤豪来调解之后，再行和解。这个事件大致发生于景帝至武帝前期，比游侠剧孟的时代稍晚。虽然从中可以看到，雒阳侠士的权威性不如河内郭解，但"雒阳诸公""雒阳豪"的存在，已经确凿无疑地表明：文景时期以来，河南游侠群体的活跃度日益上升。这个群体的存在也并非一无是处，正如郭解所做的，在某种程度上，游侠是社会秩序的建构者。但是，游侠毕竟是游离于体制之外的社会力量，如果任由他们活动，势必对政权的合法有效统治造成巨大压力。因此，面对侠风渐长的局面，西汉朝廷每每任用酷吏来管理河南。

汉武帝时期的司马安"文深巧善宦，官四至九卿，以河南太守卒"。③ 所谓"文深巧"，意味着司马安是西汉典型的"文吏"。有学者指出，"文吏"之"文"即"文法"，而"'文法'即法令条品、簿书故事之类"。④ 如此一来，司马

---

① 《史记》卷一二四《游侠列传》，第3184页。
② 《史记》卷一二四《游侠列传》，第3186页。
③ 《史记》卷一二〇《汲郑列传》，第3111页。
④ 阎步克：《士大夫政治演生史稿》，北京大学出版社，1996年，第138页。

安实际上是一位熟悉汉家法律条令并且能够任由己意将律令玩弄于股掌之上的河南太守。尽管我们不能仅仅依据这样的为官个性就将司马安视为酷吏，但司马安无疑是具备用重刑治轻罪的酷吏潜质的。汉武帝时代还有一位杜姓官员担任河南太守，《史记·田叔列传》："是时河南、河内太守皆御史大夫杜父兄子弟也。"①所谓"御史大夫杜"，指杜周。司马迁将其列为酷吏，并特意指出其两子"夹河为守"，"治皆暴酷"。② 可见，河南太守杜某是地道的酷吏。另有酷吏田广明，在汉武帝时代曾任河南都尉，"以杀伐为治"。③

汉宣帝时代，严延年曾任河南太守。他因惯于在冬季处死囚犯，刑场"流血数里"，致使河南人称他为"屠伯"。严氏之所以执法如此残苛，原因在于他认为"河南天下咽喉，二周余毙，莠盛苗秽"，必须大力剪除乱化之民，方能建立良好的社会秩序。不过，这只是严氏为政的一个方面，他也并非一味立威，针对不同的社会群体，他也有柔性的一面。史载严氏在治理河南的过程中，"疾恶泰甚，中伤者多，尤巧为狱文，善史书，所欲诛杀，奏成于手"，这也就意味着，另有一部分人，是严氏所不愿诛杀的。至于区别对待的具体做法，即史书所描述的"摧折豪强，扶助贫弱。贫弱虽陷法，曲文以出之；其豪桀侵小民者，以文内之"。④ 所谓"豪强""豪桀"，尽管不能完全等同于游侠，但是他们攫取对基层的控制权力，与游侠的所作所为具有一致性。如果说严延年打击豪强，并不包括对游侠之风的遏制，恐怕是不符合常理的。

此外，有些任职三河地区的官员虽未被史籍列入酷吏传，但其执政以严苛为特色。如济阴人魏相，"少学《易》"，后来通过"举贤良"而入仕，已渐染儒者习气，绝非唯知"鹰击毛鸷"的酷吏可比。但在魏氏担任河南太守后，"禁止奸邪，豪强畏服"。他的为政特点是"治郡严"，当时的雒阳武库令担心受到惩处，"乃自免去"。不过，对于河南百姓来说，魏相"治郡严"，是一件幸事。当魏相因罪被夺职的时候，"河南卒戍中都官者二三千人，遮大将军，自言愿复留作一年以赎太守罪。河南老弱万余人守关欲入上书"。⑤ 此事表明，魏相"治郡严"，是河南社会良性发展的一剂良药，同时也意味着河南当地存在着危害社会秩序的一些不良因素，"豪桀"、游侠应当就是其中的重要一类。

---

① 《史记》卷一〇四《田叔列传》，第 2782 页。
② 《史记》卷一二二《酷吏列传》，第 3154 页。
③ 《汉书》卷九〇《酷吏传》，第 3663 页。
④ 《汉书》卷九〇《酷吏传》，第 3669、3670 页。
⑤ 《汉书》卷七四《魏相传》，第 3133 页。

四、西汉时期河南儒学的亮点

在黄老政治与酷吏政治大行其道的历史阶段,河南地区的儒学发展缺乏一个良性的环境。与此同时,由于其交通枢纽、四方杂凑的特点,再加上汉武帝好事鬼神,在河南地区,被视为"宣传数术思想的方士文学"①的小说十分兴盛。《汉书·艺文志》的知识分类有"小说十五家",其中有"《虞初周说》九百四十三篇"。班固注:"河南人,武帝时以方士侍郎,号黄车使者。"②然而,种种不利情况并没有完全阻挡河南儒学的生长进程。

《春秋》学是西汉河南儒家经学成就较高的一门学问。《史记·张丞相列传》:"张丞相苍者,阳武人也。好书律历。秦时为御史,主柱下方书。"西汉建立后,"萧何为相国,而张苍乃自秦时为柱下史,明习天下图书计籍。苍又善用算律历,故令苍以列侯居相府,领主郡国上计者",③后来位至丞相。关于阳武,《汉书·地理志》有阳武县,属河南郡。④ 因此,张苍是河南籍士人。根据司马迁的描述,张苍善于处理事务性文书,擅长律历。《汉书·艺文志》著录《张苍》十六篇,班固注其作者为"丞相北平侯",将其列入阴阳家。⑤综合来看,阴阳历算应当是张苍学术的主流方向。他所掌握的知识类型与儒学较远,其儒学造诣究竟如何,难知其详。不过,《汉书·儒林传》记载:"汉兴,北平侯张苍及梁太傅贾谊、京兆尹张敞、太中大夫刘公子皆修《春秋左氏传》。谊为《左氏传》训故,授赵人贯公,为河间献王博士。"⑥其中说到张苍、贾谊"皆修《春秋左氏传》",可见,张苍对儒学曾经下过一番工夫。

张苍知识结构中的非主流学问对乡里晚生发生了重要影响。据上引《汉书·儒林传》的记载,贾谊亦修《春秋左氏传》,关于其师承,《经典释文·叙录》记载:荀子"传阳武张苍,苍传洛阳贾谊",⑦贾谊的《左氏》学正是得自张苍。贾氏之后,汉武帝时代有孙贾嘉"最好学,世其家",⑧其中应当有传承《左氏》学的可能性。昭宣元时期,贾谊曾孙贾捐之曾待诏金马门,⑨另有六

---

① 王子今:《秦汉区域文化研究》,第131页。
② 《汉书》卷三〇《艺文志》,第1745页。
③ 《史记》卷九六《张丞相列传》,第2675、2676页。
④ 《汉书》卷二八上《地理志上》,第1555页。
⑤ 《汉书》卷三〇《艺文志》,第1733页。
⑥ 《汉书》卷八八《儒林传》,第3620页。
⑦ 陆德明:《经典释文》,上海古籍出版社,1985年,第52页。此版本中,"阳武"作"武威"。然据《史记·张丞相列传》:"沛公略地过阳武,苍以客从攻南阳。"当时尚无武威郡,且刘邦一生从未到过武威。应以"阳武"为是。
⑧ 《汉书》卷四八《贾谊传》,第2265页。
⑨ 《汉书》卷六四下《贾捐之传》,第2830页。

世孙贾光为常山太守。① 由于史籍中有关二人的记述十分有限,他们是否传承家学,已不可知。况且贾谊的思想体系原本驳杂,即便有所传习,亦未必是儒家经学。

除了治《左氏春秋》学,西汉晚期,河南也有习《穀梁春秋》者。成哀之际的密县人侯霸"矜严有威容,家累千金,不事产业。笃志好学,师事九江太守房元,治《穀梁春秋》,为元都讲"。② 此人至东汉建武年间以大司徒身份去世,已非完全意义上的西汉人,但他的学术取向无疑丰富了河南儒学发展的内容。

在《春秋》学以外,《易》学亦是西汉河南儒学的又一个亮点。秦汉之际,齐人田何研修《易》学。"汉兴,田何以齐田徙杜陵,号杜田生,授东武王同子中、雒阳周王孙、丁宽、齐服生,皆著《易传》数篇。"③《汉书·艺文志》著录《易传周氏》二篇,班固注:"字王孙也。"④此即周王孙所著《易传》。据记载,周王孙《易》学的影响力一度较大,甚至同为田何弟子的丁宽也"从周王孙受古义"。丁宽的《易》学既受业于先师,又取法于同门,这种转益多师、融汇兼综的学术路径,使丁氏《易》学后来居上,据《汉书·儒林传》的记载,西汉《易》家的学术渊源皆可上溯至丁宽,而周王孙的《易》学似乎中道衰颓了。不过,丁氏《易》学既吸收了洛阳周王孙《易》学,他的发扬光大就不能仅仅视为丁氏一家的成就,河南儒学对丁氏《易》学发展的贡献是不能忽视的。丁氏之后,其同乡田王孙传丁氏学,田王孙又培养出三位高足,其中一位叫做孟喜。西汉晚期,梁人焦延寿"尝从孟喜问《易》",焦延寿传学于东郡京房,⑤京房创立京氏《易》。京氏的弟子当中有名为乘弘者,即来自河南,后来仕至郎、博士。⑥

第六节 东汉河南的区域管控及文化发展

东汉定都洛阳,改管辖洛阳的河南郡为河南尹,地域范围西不过新安,

---

① 《后汉书》卷三六《贾逵传》,第 1234 页。
② 《后汉书》卷二六《侯霸传》,第 901 页。
③ 《汉书》卷八八《儒林传》,第 3597 页。
④ 《汉书》卷三〇《艺文志》,第 1703 页。
⑤ 虽然《汉书·儒林传》记载焦延寿从孟喜问《易》是焦氏的自我宣称,如此一来,焦氏弟子京房所学之《易》未必就是孟氏《易》,这一点,在当时即已有人加以指摘。但当代学者有言:"从京房后来整理出的《孟氏京房》《灾异孟氏京房》等书来看,京房确实对孟喜易,特别是孟喜关于《易》家候阴阳灾变方面下过功夫。"(卢央:《京房评传》,南京大学出版社,2011年,第 94—95 页)据此,我们说京氏《易》从孟氏《易》当中受益良多,当不为过。
⑥ 《汉书》卷八八《儒林传》,第 3602 页。

东不过开封,北不逾黄河,南界的西端接于南阳,中段不过嵩山,东端与汝南相接。该地区作为京师所在,政治地位与西汉相比得到空前提升,但另一方面也使区域治理面临十分复杂的形势,区域文化发展的轨迹及基本面貌因而也呈现出不同于邻近地区的特征。

一、东汉建立之前的河南区域管理实态

关于汉代的河南区域治理,有两个故事颇为史家津津乐道。第一个故事发生于南阳人卓茂身上。此人"习《诗》《礼》及历算,究极师法,称为通儒",汉哀帝时,"以儒术举为侍郎,给事黄门,迁密令"。密县属河南郡。卓茂到任后,"吏人笑之,邻城闻者皆蚩其不能。河南郡为置守令,茂不为嫌,理事自若。数年,教化大行,道不拾遗。平帝时,天下大蝗,河南二十余县皆被其灾,独不入密县界。督邮言之,太守不信,自出案行,见乃服焉"。后来,当卓茂离任之时,"密人老少皆涕泣随送"。① 第二个故事的主角是关中人鲁恭。十五岁时,鲁恭"习《鲁诗》","为诸儒所称,学士争归之"。汉章帝时,担任河南中牟令,"专以德化为理,不任刑罚"。"建初七年,郡国螟伤稼,犬牙缘界,不入中牟。河南尹袁安闻之,疑其不实,使仁恕掾肥亲往廉之",结果是名不虚传。就在上级准备拔擢鲁恭的时候,鲁恭的母亲去世了,他因守孝而离职,"吏人思之"。②

两则故事前后相去八十年左右,为时已不是很短,然而行事方式与效果竟可不谋而合。若不细究,或许会以为西汉晚期以来的河南基层社会比较质朴,需要而且适合由注重"德化""教化"的官员来治理。但是,在史料批判的基础上,这样的认识有重新思考的必要。

卓茂、鲁恭德感蝗螟的事迹早在东汉人所著《东观汉记》中已有记载。③ 有学者指出,"飞蝗出境"是"中古史家构建地方良吏形象时习用的书写模式",这种模式是由"以《东观汉记》为代表的东汉文献确立"的。④ 既然是为了塑造传主形象而采用的某种模式,其真实性便值得怀疑。王充作为东汉本朝的思想家,曾针对卓茂事迹表达了"此又虚也"的判断,其理由有二条:一,"贤明至诚之化,通于同类,能相知心,然后慕服",蝗虫与人不同类,"何知何见,而能知卓公之化"? 二,蝗虫聚集"多少有处","过县有留

---

① 《后汉书》卷二五《卓茂传》,第 871 页。
② 《后汉书》卷二五《鲁恭传》,第 874、875 页。
③ 吴树平:《东观汉记校注》,中华书局,2008 年,第 472、476 页。
④ 孙正军:《中古良吏书写的两种模式》,《历史研究》2014 年第 3 期。

去",此乃自然之理。① 也就是说,蝗虫不在县境停留,原是一种自然现象,世人神乎其事,遂认为是县令德化所致。

王充的论辩很有道理,德感蝗螟的故事纯属虚构。尽管如此,史书所载卓、鲁二人注重"教化""德化"的基本施政风格应当还是可信的。只不过,民众神化这样的地方官员,反映了基层社会对河南区域治理的一种想象与期盼,故事的另一面,往往是冷峻的现实。实际上,两汉之际的河南并非卓茂、鲁恭事迹中所看到的官民和洽状态,官方对河南的治理是以如临大敌般的严控苛察为特点的。这个形势自西汉中期即已出现,当时为了控制豪族势力在基层社会的蔓延,朝廷往往委任酷吏来管理河南,最典型者如严延年,在河南太守任上,被称为"屠伯"。这个状态到西汉晚期,才出现了些许改变。如汉元帝时期,九江人召信臣任河南太守,"其治视民如子","为人勤力有方略,好为民兴利,务在富之"。② 汉哀帝时期卓茂大兴教化的事迹也可以说明这一点。

但是,对道德教化适用的程度似乎不应做过高的估计,教化个案的出现毕竟只是区域文化转变的开端,后面还有很长的路要走。欲实现区域治理风格的根本变革,前提条件便是地方豪强被消灭或愿意与官方合作。但西汉晚期显然没有形成这样的条件,之后的新莽时期及战乱年代亦复如是。

王莽以和平手段结束汉朝统治,热衷于依《周礼》进行改制,对地方基层社会的重塑难有太大实质作为。新莽末年兴起的战乱对河南的影响并不是太大。更始政权推翻王莽的关键战役发生于颍川郡的昆阳县,之后更始在洛阳方向并未见到十分强大的攻势,倒是武关方向率先实现突破,攻克了长安,随后便获得了"拔洛阳"的重大战果。就时间节点来看,新莽政权的洛阳守将实际上是见大势已去,主动投降的,并非被更始军攻克。此后,更始定都长安,"遣舞阴王李轶、廪丘王田立、大司马朱鲔、白虎公陈侨将兵号三十万,与河南太守武勃共守洛阳"。③ 更始在河南布置重兵,防范的对象主要有两个,一是兴起于齐地的赤眉军,二是活动于河北的刘秀。更始二年冬,赤眉"入颍川,分其众为二部",其中一部"拔阳翟,引之梁,击杀河南太守"。按说进攻势头正劲,赤眉似可进一步攻取河南,但他们的选择却是兵分两路,一路"自武关",一路"从陆浑关","两道俱入",直捣关中,绕开了河南。④ 刘秀方面于建武元年获得洛阳,并定都于此,乃是更始政权的洛阳守

---

① 黄晖:《论衡校释》,第 258、259 页。
② 《汉书》卷八九《循吏传》,第 3641、3642 页。
③ 《后汉书》卷一七《冯异传》,第 642 页。
④ 《后汉书》卷一一《刘盆子传》,第 479 页。

将朱鲔"悉其众出降"的结果。①

综合来看,两汉之际的河南基层社会并没有在改制与动荡之中受到太多的触动,这使得地方强宗豪族仍然能够延续其发展的自然脉络。东汉政权建立之后,就不得不面对这样的社会实际。

二、东汉前期河南区域治理的两面政策

东汉政权建立伊始,首要任务是平定各方割据势力,服务于统一事业,京畿地区尤其需要保持稳定,因此,光武帝刘秀并不敢大刀阔斧地重构河南的地方秩序。

当时,颍川人丁綝因"从征伐","将兵先渡河,移檄郡国,攻营略地,下河南、陈留、颍川二十一县",军功显著,遂于建武元年被任命为河南太守。②但以军功人士控制河南,只是从更始政权手中夺得河南之后的权宜之计,并不利于长治久安。因为军管式地方治理方式起效很快,但亦有缺陷。比如,"将军萧广放纵兵士,暴横民间,百姓惶扰"。河内人杜诗当时职为侍御史,负责"安集洛阳",见此情形,"敕晓不改,遂格杀广"。刘秀得知此事后,"召见,赐以棨戟",③对杜诗深表赞许。可见,刘秀十分重视维护地方社会的原有秩序,而军事色彩浓厚的管理方式有时反倒是一种障碍。

在短暂的过渡之后,刘秀改河南郡为河南尹,并选择乐安人欧阳歙为第一任河南尹。欧阳氏世传《尚书》学,至欧阳歙已为第八代,其人"既传业,而恭谦好礼让"。④ 刘秀任用这样的儒士治理河南,显然抱有不欲惊扰河南的意图。欧阳歙在职五载后,渔阳人王梁因"将兵征伐,众人称贤,故擢典京师",继任为河南尹。虽以功臣任职,但王梁并无太多作为。他自建武五年上任,七年左迁为济南太守,仅在位两年,其间见于记载的主要举措是"穿渠引谷水注洛阳城下,东写巩川",⑤于打击豪强、导民以德之事基本无涉。

然而,刘秀是不会无限期容忍横亘于国家与编户齐民之间的豪强势力的。建武十二年(36),东汉政权消灭割据蜀地的公孙述,统一全国。虽然"中央政权的力量推行到各处,但是地方性豪强的势力也并未消灭"。⑥ 在稍事喘息之后,刘秀于建武十五年(39),"诏下州郡检核垦田顷亩及户口年

---

① 《后汉书》卷一七《岑彭传》,第655页。
② 《后汉书》卷三七《丁鸿传》,第1262页。
③ 《后汉书》卷三一《杜诗传》,第1094页。
④ 《后汉书》卷七九上《儒林列传上》,第2555页。
⑤ 《后汉书》卷二二《王梁传》,第775页。
⑥ 劳榦:《汉代的豪强及其政治上的关系》,《古代中国的历史与文化》,第295页。

纪",①此举使地方官员进退两难,很多郡守、刺史选择向地方豪强妥协,"优饶豪右,侵刻羸弱"。尤为典型的是,因"河南帝城,多近臣;南阳帝乡,多近亲,田宅踰制,不可为准",政治生活中甚至形成"颍川、弘农可问,河南、南阳不可问"的潜规则。②刘秀得知后大怒,"河南尹张伋及诸郡守十余人,坐度田不实,皆下狱死"。非常之举促使着地方官员积极执行诏命,但遭到了基层社会的强力反弹,"郡国大姓及兵长、群盗处处并起,攻劫所在,害杀长吏。郡县追讨,到则解散,去复屯结"。③由此可见,东汉初年基层秩序的主导权在地方豪强手中,他们拥有大量田产与依附人口,这一社会特点,河南并不例外,甚至是一个比较典型的地区。

尽管史书记载光武帝最终平定了地方上的乱局,但豪强主导河南基层秩序的局面并没有实质性改观,东汉政府仍不得不面对这一社会阶层。只不过,经过了光武帝时期的激烈冲突,地方官员在强硬施政的同时,再一次体会到承认、维护强宗豪族利益的必要性。

广汉人郭贺于汉明帝永平四年任河南尹,其人"能明法",具有强硬的一面,但为治却"以清静称",又体现出无为、不扰的柔性一面。④永平五年,沛人范迁为河南尹,其人曾任渔阳太守,"以智略安边,匈奴不敢入界",此为能吏特质,然而,当他在河南尹任上被擢升为司徒时,升职理由却是"有清行",即清廉自守,并非以善于控驭河南官属的能吏身份而获得升迁。⑤明帝末年至章帝前期,汝南人袁安任河南尹长达十年,"政号严明","京师肃然"。但他也有柔性举措,"未曾以赃罪鞠人。常称曰:'凡学仕者,高则望宰相,下则希牧守。锢人于圣世,尹所不忍闻也。'"所谓"学仕者",其家族大多数应有一定的经济、文化背景,袁安对这些人的经济犯罪概不追究,个中因由除了"不忍闻"的恻隐之心,对辖区内的豪强加以笼络,应当是其内心更为隐秘的意图。⑥

需要特别说明的是,地方豪强在基层社会的广泛存在,属于东汉时代全国性的普遍问题,因此,东汉政府对河南地区的豪强势力实行既限制又笼络的两手政策,在很大程度上应是时代共性的体现。但东汉时代的河南毕竟不同于其他地区,这里是帝国的政治中枢,牵一发而动全身。就这个角度来

---

① 《后汉书》卷一下《光武帝纪下》,第66页。
② 《后汉书》卷二二《刘隆传》,第780、781页。
③ 《后汉书》卷一下《光武帝纪下》,第66、67页。
④ 《后汉书》卷二六《蔡茂传》,第908、909页。
⑤ 《后汉书》卷二七《郭丹传》,第941页。
⑥ 《后汉书》卷四五《袁安传》,第1518页。

说，东汉的河南治理绝非单纯的地方行政，其全局意义甚为明显。而与此相应，东汉政治生活中所呈现的结构性问题，也势必以高于其他地区的力度传导于对河南的管控之中。

三、东汉权力格局与河南区域管控

众所周知，在东汉的皇权政治中有三大政治势力，集知识分子、官僚两重身份于一身的士人群体是其一，此外还有外戚、宦官。不过，这三大势力的发展步伐并不一致。士林在光武帝时期即因"退功臣而进文吏"的用人导向而兴起，外戚至汉章帝时开始深度参与国家的政治生活，宦官是在章帝之后的和帝时才开始崭露头角的。可以说，在东汉大多数时段，士人是管控河南地区的主要角色，但外戚、宦官势力形成之后，对河南的区域管控造成很大干扰。

对于外戚来说，施压于河南尹，进而获得其支持，是他们攫夺权力的一个重要途径。比如外戚窦氏在章帝时期即已非常跋扈，章帝死，和帝继立，章帝窦皇后升格为皇太后，窦宪"内干机密，出宣诰命"，诸兄弟"皆在亲要之地"。① 当时，为窦氏擅权张目者即有河南尹。《后汉书·袁安传》记载，司徒袁安曾"奏司隶校尉、河南尹阿附贵戚，无尽节之义，请免官案罪"，李贤注引《续汉书》曰："安奏司隶郑据、河南尹蔡嵩。"②据此，蔡嵩为支持窦氏的河南尹，他持此立场，或许有个人操守的因素，但窦氏的势力与压力必定在其中发挥了很大作用。汉顺帝时，河南尹田歆曾对外甥王谌说："今当举六孝廉，多得贵戚书命，不宜相违，欲自用一名士以报国家，尔助我求之。"③所谓"贵戚书命，不宜相违"，指的就是外戚施压的情形。

但有的时候，对河南尹以威势相压并不一定奏效。在此情形下，安插政治代理人担任河南尹便成为外戚的进一步选项。《后汉书·乐恢传》："是时河南尹王调、洛阳令李阜与窦宪厚善，纵舍自由。恢劾奏调、阜，并及司隶校尉。"④李贤注引《袁山松书》："河南尹王调，汉阳太守朱敞，南阳太守满殷、高丹等皆其宾客。"⑤可知窦氏曾安排与己"厚善"的宾客掌管河南。此犹不足，遂有大量以外戚身份直接出任河南尹者，如汉安帝时期，太后邓氏

---

① 《后汉书》卷二三《窦融传附曾孙宪传》，第813页。
② 《后汉书》卷四五《袁安传》，第1519、1520页。
③ 《后汉书》卷五六《张王种陈列传》，第1826页。
④ 《后汉书》卷四三《乐恢传》，第1478页。
⑤ 《后汉书》卷四五《袁安传》，第1518—1520页。

之兄邓骘辅政,遂以从弟邓豹任河南尹。① 汉顺帝时期,皇后梁氏的兄弟梁冀、梁不疑先后担任河南尹。桓帝时期,梁不疑被免,又由梁冀之子梁胤接任该职。② 梁氏诛灭后,桓帝又任命皇后的从父邓万世为河南尹。③ 灵帝时期,皇后何氏的兄弟何进、何苗亦先后担任河南尹。④

外戚如此,那么,宦官又是如何影响河南的呢? 有学者指出:"在东汉,由于外戚和宦官对国家事务的干预,他们多将其亲信、亲属和子弟选任为河南尹。"他们的目的"只是试图牢牢控制河南尹这一职务,为他们的政治集团服务"。⑤ 从之前的分析来看,东汉外戚"试图牢牢控制河南尹这一职务"在理念与实践上都是有据可查的。我们相信,宦官势力定然也有这样的企图,但在实践上并不是很显著。在目前的史料中,尚未见到宦官子弟担任河南尹者,然而,有的河南尹的确与宦官走得很近。比如汉灵帝时代的凉州名将段颎,他因平定羌乱有大功,回京后"转执金吾河南尹",最终做了太尉。仕途如此顺遂,其原因在于"颎曲意宦官,故得保其富贵"。⑥ 这样的选择与有的士人投靠外戚一样,也是慑于权势。在宦官势力最为强盛的桓灵时代,有所谓宦官"五侯"。值得注意的是,五侯之中有两个即来自河南:"单超,河南人";"左悺,河南平阴人"。⑦ 在这种情况下,如果认为宦官弄权对河南的区域治理毫无影响,恐怕是不符合实际的。但从总体上看,宦官并没有掌握对京畿的控制权。

就在宦官最盛的时期,朝廷的河南尹人选往往具有强烈的反宦官倾向,有很多人实际上就是后来的党人名士。比如冯绲为河南尹,主张"中官子弟不得为牧人职"。⑧ 颍川人李膺为河南尹,当时河内人张成"以方伎交通宦官","推占当赦,遂教子杀人",李膺"竟案杀之。"张成的弟子牢修"因上书诬告膺等养太学游士,交结诸郡生徒,更相驱驰,共为部党,诽讪朝廷,疑乱风俗",宦官乘机煽风点火,由此发起了对士人的大规模迫害。颍川人杜密在地方任职时,"其宦官子弟为令长有奸恶者,辄捕案之"。后来担任了河南尹。中山人刘祐为河南尹时,"权贵子弟罢州郡还入京师者,每至界首,辄改易舆服,隐匿财宝,威行朝廷"。泰山羊陟任尚书令时,因太尉张颢等多位公

---

① 《后汉书》卷一六《邓禹传附孙骘传》,第617页。
② 《后汉书》卷三四《梁统传附玄孙冀传》,第1178、1179、1185页。
③ 《后汉书》卷一〇下《皇后纪下》,第445页。
④ 《后汉书》卷六九《何进传》,第2246页。
⑤ 张鹤泉:《东汉时期的河南尹》,雷依群、徐卫民主编:《秦汉研究》(第二辑),第61页。
⑥ 《后汉书》卷六五《段颎传》,第2153页。
⑦ 《后汉书》卷七八《宦者列传》,第2520页。
⑧ 《后汉书》卷三八《冯绲传》,第1284页。

卿"并与宦竖相姻私,公行货赂",因而对他们进行弹劾,桓帝虽然没有采纳,但"帝嘉之,拜陟河南尹"。①

党人名士控制河南,对宦官势力的扩张当然是一种有力的牵制。在清除宦官的关键时刻,河南地区的控制权更为士人、外戚的联盟所关注,所选必为大力反宦官者。比如灵帝即位之初,陈蕃、窦武谋诛宦官,即请党人刘祐出山,第二次担任河南尹。② 灵帝死后,袁绍、何进又欲诛宦官,遂安排太原人王允为河南尹,而王允早年曾在家乡捕杀宦官赵津,又曾得罪十常侍之一的张让,③与宦官矛盾甚深。与外戚、士人用反宦官者为河南尹相应,宦官为求得自身的生存,在政变过程亦可能会考虑更置河南尹。比如何进诛宦官不成而身死,宦官旋即矫诏罢免王允,而以少府许相为河南尹。

四、政治博弈对东汉河南文化发展的影响

士林、外戚、宦官三大势力对河南地区控制权的争夺,深刻影响着东汉河南的文化发展。笔者在这里主要谈两个问题:一是东汉河南党人稀缺的现象,二是东汉河南文化生态的复杂性。

先来看第一个问题。如果仔细观察《后汉书·党锢列传》所列人物的籍贯,我们不难发现,河南周边的南阳、颍川、汝南三郡,是盛产党人名士的地方。除此之外,还有很多党人散见于其他传记中,有学者对此做过全面统计,最后的结论也是"汝南、颍川、南阳三郡豪族党人最多,在两次党锢之祸中一直处于核心地位"。④ 与此构成极大反差的是,东汉王朝政治中心所在的河南本地,却显得很平静。何以如此?要回答这一问题,首先必须知道三郡党人发挥其影响力的根本因素是什么,然后看一看河南是否具有相同的条件。有学者指出,三郡士大夫只有"深深植根于地方宗族、乡党、士林广泛而坚固的基础上,才能形成政治气候"。⑤ 此论甚为精到。不过,对于朝廷而言,如此深厚的基础以及由此形成的政治气候,恰恰触到了皇帝敏感的神经,因为以宗族、乡党、士林等纽带结成的人际关系,会损害皇权的至尊地位。

党锢之祸酝酿过程中,有个情节很值得关注,当时"汝南太守宗资任功曹范滂,南阳太守成瑨亦委功曹岑晊,二郡又为谣曰:'汝南太守范孟博,南

---

① 李膺、杜密、刘祐、羊陟的事迹分别见于《后汉书》第 2187、2198、2199、2209 页。
② 《后汉书》卷六七《党锢列传》,第 2199 页。
③ 《后汉书》卷六六《王允传》,第 2172、2173 页。
④ 崔向东:《汉代豪族地域性研究》,中华书局,2012 年,第 289 页。
⑤ 黄宛峰:《东汉颍川、汝南、南阳士人与党议始末》,《中国史研究》1995 年第 4 期。

阳宗资主画诺。南阳太守岑公孝，弘农成瑨但坐啸。'"①民谣所反映的舆论耐人寻味，郡太守由皇帝委任，代表国家权力，然而，到任之后，其权力却被本地出身的吏员架空，这是对国家权力的公然挑衅。后来，范滂、岑晊被列为党人，命运悲惨。但联系到他们在乡时的所作所为，我们又不得不客观地说，宦官中伤他们，皇帝惩罚他们，也不是毫无来由的。在宦官、皇帝眼中，劫夺国家权力，正是党人的罪责所在。而乡里人物之所以具有这样的能量，恐怕也不仅仅是学问大、风节高的问题，他们的背后应当是活跃于基层社会的宗族势力，他们本人即是地方豪强的代表。

由范滂、岑晊的事例看来，地方豪强的存在应是育成党人名士的重要前提条件。而河南地区也是不乏强宗豪族的，西汉晚期至东汉早期官方对河南的治理风格已明显表现出这一点。但与汝南、南阳豪强相比，东汉河南地方豪强的力量显然没有达到实际控制河南的程度。这并不是说河南地区的豪族势力在绝对力量上弱于汝南、南阳，实际上，这个局面在很大程度上是由于河南地区在国家政治生活中的特殊地位造成的。作为京畿，政治地位已然决定着，无论士林、外戚，抑或是依傍宦官者，只要担任了河南尹，那就必定在施政过程中面临着来自中央机构甚至皇帝本人的压力。这种压力在其他郡国也有，但对河南尹而言，因是天子脚下，治理成效的考课所造成的压力往往是最大的。因此，士人任河南尹，虽然有时会向地方豪族表示妥协，适当照顾其利益，但河南地方豪族要想架空河南尹，那是不可能的。至于外戚、宦官支持者主管河南的时期，那些被拉拢的地方豪族，自然在道义上已不具备成为党人名士的资质，而那些疏离外戚、宦官的士人，河南尹更不可能放任他们操控地方政治。

接下来我们讨论复杂权力格局对河南区域文化基本面貌的影响。党人名士稀缺是东汉河南区域文化发展的一个重要现象，但这并不代表这一时期的河南就是文化荒芜地带。事实上，东汉河南虽然没有出现弘农杨氏、汝南袁氏那样典型的以儒学入仕进而累世公卿的家族，但河南儒学还是取得一些成就的。如东汉初年，缑氏人孙堪，"明经学，有志操，清白贞正，爱士大夫"。② 桓帝时期，有成皋人屈伯彦，后来的人才评鉴大家太原人郭林宗曾师从之。"三年毕业，博通坟籍"，③由弟子观其师，屈伯彦应当也是一位"博通坟籍"的人。灵帝时，荥阳人服虔"少以清苦建志，入太学受业。有雅才，

---

① 《后汉书》卷六七《党锢列传》，第 2186 页。
② 《后汉书》卷七九下《儒林列传下》，第 2578 页。
③ 《后汉书》卷六八《郭太传》，第 2225 页。

善著文论,作《春秋左氏传解》,行之至今。又以《左传》驳何休之所驳汉事六十条"。①

然而,相对于东汉二百年的历史而言,上述几个大儒难免显得孤单。有学者指出,东汉时期"河南地区的学校教育最为发达,洛阳设有全国的最高学府——太学,各郡国的官学、私学也极其兴盛,学校考试更加系统化"。②这个描述是符合实际的。不过,河南,更具体地说是洛阳,汇聚了全国范围内最有学识的高级官僚士大夫,太学容纳了全国范围内资质最为聪颖的知识分子,这只能说明京畿是一个国家级的政治、文化舞台。客观地看,对优质人才资源的吸纳能力并不代表区域文化的本质,河南区域文化究竟处于怎样的水准,还是要从本地产出的人才来进行说明。

东汉河南儒学的发展历程中,开封的郑氏家族值得特别关注。西汉晚期,开封人郑兴"尝师事刘歆",③"少学《公羊春秋》。晚善《左氏传》,遂积精深思,通达其旨,同学者皆师之"。④可见郑兴的学术水准很高。东汉初年,郑兴官至太中大夫,其子郑众"从父受《左氏春秋》,精力于学,明《三统历》,作《春秋难记条例》,兼通《易》《诗》,知名于世"。"受诏作《春秋删》十九篇"。后来官至大司农。郑众之子郑安世"亦传家业"。⑤郑众曾孙郑太"少有才略","名闻山东"。官至议郎。⑥郑太之子郑袤"少孤,早有识鉴",曾为临淄侯文学。⑦从郑兴到郑袤,共六代人,除了第四代未见记载,第三代不知官位,其余皆有名有官,已粗具累世通经入仕的家族特征。但是,开封郑氏与弘农杨氏、汝南袁氏相比,其实力毕竟还有不小的差距。郑众是其中职位最高者,但大司农秩级为中二千石,亦不过为九卿,郑氏家族还远未达到累世公卿的高度。

与仕途平淡无奇的经学世家构成鲜明对比的是,东汉河南并不乏学术背景不甚明晰却位至三公者。目前史料所见担任东汉三公的河南人士有庞参(太尉)、尹睦(司徒)、尹颂(太尉)、吕盖(司徒)、吴雄(司徒)、陶敦(司空)、种暠(司徒)、种拂(司空)、孟郁(太尉)。一般而言,对于那些仕至高位

---

① 《后汉书》卷七九下《儒林列传下》,第2583页。
② 程有为主编:《河南通史》(第二卷),河南人民出版社,2005年,第147页。
③ 《后汉书》卷二七《杜林传》,第936页。
④ 《后汉书》卷三六《郑兴传》,第1217页。
⑤ 《后汉书》卷三六《郑兴传附子众传》,第1224、1226页。
⑥ 《后汉书》卷七〇《郑太传》,第2257页。
⑦ 《晋书》卷四四《郑袤传》,[唐]房玄龄等撰:《晋书》,第1249页。另外,同书卷三三《郑冲传》:"郑冲字文和,荥阳开封人也。起自寒微,卓尔立操,清恬寡欲,耽玩经史,遂博究儒术及百家之言。""及魏文帝为太子,搜扬侧陋,命冲为文学"。(第991页)郑冲与郑兴一族俱为开封人,他有可能是郑兴之后裔。然而,郑冲"起自寒微",又不大象郑兴后裔。暂存疑。

者,如果其具有浓厚的儒学背景,史家往往会在传记中专门叙述,如范晔记弘农杨震"受欧阳《尚书》于太常桓郁,明经博览,无不穷究",汝南袁安"习孟氏《易》",等等。但上述河南士人为三公者,大多语焉不详。其中尹睦、尹颂是同一家族的人,种暠、种拂是父子关系,与郑氏家族历代仕宦的情形具有较强的可比性。据记载,尹氏出自河南巩县,履历不详,只知其"家世衣冠",①含义不明确,不知是不是因儒术而世代为官。种氏出自洛阳,种暠以孝廉入仕,所担任的多为"主刺举"、主治边、主军政的职官。种拂"初为司隶从事",亦主纠察。② 由此观之,种氏父子似乎并非以经学高明而显贵。当然河南籍三公之中也有学术背景鲜明的特例,顺帝时代的吴雄,"以明法律,断狱平,起自孤宦,致位司徒"。非但如此,"及子䜣孙恭,三世廷尉,为法名家"。③ 吴氏家族以法律之学而三世显赫,与通经入仕的儒学世家更是大异其趣。

经学家族仕宦遭遇瓶颈,学术背景模糊者往往位至三公,这个局面反映了东汉河南区域文化发展的一个问题,即强宗豪族的经学化进程与官僚化进程并没有实现深度融合。之所以呈现这样的特征,一方面是因为治理河南的压力很大,管控相对严格,经学家族想要在本地形成盘根错节的势力,并进而攫取更高层次的政治权力,难度相对较大。另一方面,也与东汉政治的基本权力结构有很大关系。士林、外戚、宦官都有掌控河南为本政治集团服务的欲望,后两个政治集团因其特定的立场,自然不愿重用河南豪族中的经学世家,这无疑会阻碍河南经学家族的官僚化进程。而在经学入仕受到阻滞的情形下,河南士人如想顺利上升,便容易表现出疏离经学的趋向。河南士人任职三公者,大多学术背景模糊不清,或许即有这方面的原因。

有学者说:"光武帝的建国,是地主政权即豪族政权的确立",光武帝本人对豪族"半推半就不即不离"。这是"开明君主所必须采取的",但"开明君主不能常有",于是,待东汉政权传承两三代后,权力落入外戚宦官手中,整个社会便"转入豪族自由支配时期了"。④ 对这个历史判断而言,河南区域控制的演变过程可以说是一个比较微观而具体的实例。光武帝曾经因打

---

① 《后汉书》卷六七《党锢列传》,第 2208 页。
② 《后汉书》卷五六《种暠传附子拂传》,第 1829 页。
③ 《后汉书》卷四六《郭躬传》,第 1546 页。《水经注》卷二四"睢水"条记载,太尉桥玄冢列数碑,其中一碑为"故吏司徒博陵崔列、廷尉河南吴整等"共勒嘉石"。从吴整籍贯、官职看,似亦为吴雄子孙。
④ 杨联陞:《东汉的豪族》,商务印书馆,2011 年,第 10 页。

击豪强不力而处死河南尹,但在其执政的大多数时段,以至整个东汉前期,河南区域治理的策略都是要承认豪族利益的。而东汉中后期,士林、宦官、外戚对河南控制权展开激烈争夺,这其实是东汉不同类别的豪强在博弈。尽管皇帝本人以维护皇权为目的对文化豪族进行打击,但亦逃脱不掉为另一类豪强利用的历史命运。

第六章　秦汉全局视野中的三河地区

第一节　西汉"宗室不宜典三河"的历史解读

《汉书·楚元王传》记载，西汉初年，刘邦封其弟刘交为楚王。到西汉晚期，刘交的后裔中出现了两位大学问家，即刘向、刘歆父子。其中，刘歆主张将《春秋左氏传》列于学官，而当时官方于《春秋》学只承认公羊、穀梁两家，刘歆的提议触怒了当时官居高位的儒者，"由是忤执政大臣，为众儒所讪，惧诛，求出补吏，为河内太守。以宗室不宜典三河，徙守五原，后复转在涿郡，历三郡守"。① 其中所谓"宗室不宜典三河"的说法，集中反映了汉廷关于群体限制与区域控制的双重政治考量。从制度史角度对这个说法的特性进行分析，并从汉代政治格局演变的角度做出解读，既是为了深入理解这一说法，同时也有助于丰富对西汉历史的整体认知。

一、"宗室不宜典三河"的政论性质

汉代的"三河"，大体是指由河南、河东、河内三郡构成的区域。在西汉绝大部分时段内，并未见到"宗室不宜典三河"的说法，朝廷似乎也没有政策上的明确规定。否则的话，就不会出现任命刘歆为河内太守的情形。实际上，在刘歆被朝廷外放之前，宗室出任郡守已有先例。《汉书·王子侯表》"南陵侯庆"条：南陵侯刘庆为汉景帝之孙，"坐为沛郡太守横恣罔上，下狱瘐死"。又，"安檀侯福"条：安檀侯刘福亦为景帝孙，"坐为常山太守祝诅上，讯未竟，病死"。② 还有汉武帝末年的丞相刘屈氂，其身份为汉武帝庶兄中山靖王刘胜之子，征和二年春，汉武帝任命他为左丞相，诏书中说"其以涿

---

① 《汉书》卷三六《楚元王传》，第 1972 页。
② 《汉书》卷一五上《王子侯表上》，第 477、488 页。

郡太守屈氂为左丞相"。① 从这几例来看,自汉武帝以来,宗室可以担任郡守,这在制度上并没有特别限制。而刘歆被任命为河内太守,基本上可以这样理解:它是在制度未禁止的情况下,宗室出任郡守的政策惯性发展的结果。

上述看法或许会遭遇这样的质疑:是否存在一个可能性,即朝廷虽然不禁止宗室出任其他郡的太守,但是,对三河地区的太守人选可能本有定制,禁止宗室出任,只是出令者一时疏忽,才导致出现了不符合禁令的任命。应当承认,如果仅据《汉书·楚元王传》的记载,这样的质疑也有些许合理性。因为传记中说"求出补吏,为河内太守。以宗室不宜典三河,徙守五原",就字面而言,这几句话可以理解为,任命书已经下达,但朝廷很快发现该项任命违背了"宗室不宜典三河"的规定,于是撤销原任命,改任刘歆为五原太守。这样的理解,作为一种可能性,当然不宜全然否定。不过,在逻辑上也存在很大疑问。首先,史书言"历三郡守",如果刘歆未接到任命或接到任命而未赴任,其所历之郡数似不宜为"三"。其次,郡守职任甚重,西汉朝廷在确定人选的程序上应当不会如此草率。如果真的存在明文禁令,任命者竟然将其忽略,这是令人感到费解的。其次,刘歆曾自撰《遂初赋》,其中说道:"惧魁杓之前后兮,遂隆集于河滨。遭阳侯之丰沛兮,乘素波以聊戾。得玄武之嘉兆兮,守五原之烽燧。二乘驾而既俟,仆夫期而在涂。驰太行之严防兮,入天井之乔关。"②这段话将刘歆的赴任行程交代得比较详细,尤其值得注意的是,刘歆在前往五原的途中,在"经历故晋之域"时,甚至还需要"驰太行之严防,入天井之乔关"。如果刘歆根本没来得及到河内赴任,而是自关中直奔五原,以交通地理而论,不需要如此迂回。即便是已经在前往河内赴任的途中,当他收到改任命令时,也不需要经过太行山上的关防。因此,从《遂初赋》对赴任路线的描述来看,刘歆显然已经在河内履职了,之后才被朝廷以"宗室不宜典三河"的名义,调任五原。如果说"宗室不宜典三河"是国家定制,朝廷竟然在官员履新之后方才发现违制,这种可能性恐怕更是微乎其微。

"宗室不宜典三河"既然不是汉王朝的传统制度条文,那么,它在汉帝国的政治生活中究竟是一种什么形态的政治文化存在呢?

所谓"不宜",基本含义是"不合适",西汉时期的政治论议中常见。如汉武帝开始使用年号纪年,起因便是"有司言元宜以天瑞命,不宜以一二数"。③

---

① 《汉书》卷六六《刘屈氂传》,第2879页。
② [清]严可均辑:《全汉文》,商务印书馆,1999年,第408页。
③ 《史记》卷二八《封禅书》,第1389页。

汉宣帝时，美阳县获得古鼎一件，宣帝"下有司议，多以为宜荐见宗庙"，然而京兆尹张敞认为："今此鼎细小，又有款识，不宜荐见于宗庙。"宣帝最后定夺："京兆尹议是。"① 还是在宣帝时代，曾做过二十余日天子的海昏侯刘贺去世，围绕是否允许海昏侯爵位传袭下去的问题，豫章太守奏言："暴乱之人不宜为太祖。""宜以礼绝贺，以奉天意。愿下有司议。"② 宣帝览奏，遂撤销了海昏侯国。又如成帝即位之初，"有司言：'乘舆马、牛车、禽兽皆非礼，不宜以葬。'奏可"。③

从上述几例可以看出，利用"不宜"二字所发表的言论，往往具有鲜明的立场，或者反思既往制度的不是，或者批评主流意见的虚妄，或者宣扬特定人物的过失。但无论具体内容存在怎样的差异，提议者的最终目的都是通过否定的表达形式，来影响朝廷的下一步行动，从而达成个人的特定政治目的。比如张敞声称"今此鼎细小，又有款识，不宜荐见于宗庙"，乃就事论事，他并没有严格说明用以告慰先帝的鼎应当达到什么条件，只是意在委婉地表示，宗庙祭祀是极为严肃的事情，偶然发现一个规格很普通的鼎，群臣便鼓动皇帝大做文章，这个现象是令人担忧的，群臣需自重，而皇帝亦需警醒。豫章太守声称"暴乱之人不宜为太祖"，其实也不是为了建立起一个明确的制度。如果注意到刘贺的帝位被权臣废黜之后，才有宣帝登基的事实，那么，我们便可意识到，豫章太守其实是借着儒家道德色彩浓厚的政治文化观念，向已经去世的海昏侯刘贺发难，由此，他可以向猜忌心理很强的宣帝邀功。

即便是那些看起来确实开启了一种新制度的"不宜"式政见，背后亦可看到明显的意识形态性质的内容。比如所谓"元宜以天瑞命，不宜以一二数"，将此前使用的单纯序数纪年，改为冠以"天瑞"的年号纪年，如元鼎二年、元凤三年、甘露四年之类，其昭示天命的政治意图极为明白。有司提议之时，建立新制的主观意愿固然是有的，但若说没有迎合上意的隐私，恐怕无法令人信服。成帝即位时，有司建议停止使用实体车马、牛羊、禽兽陪葬。考古材料表明，两汉时期明器随葬的趋势越来越明显，从而印证禁止实体陪葬的提议的确成为定制。但这个提议并非单纯的制度变革，所谓"非礼"，已经明确地揭示了该提议的意识形态背景，它意味着儒者群体正以其特有的理念，对皇权进行规训。

---

① 《汉书》卷二五下《郊祀志下》，第1251页。
② 《汉书》卷六三《武五子传·昌邑哀王刘髆》，第2770页。
③ 《汉书》卷十《成帝纪》，第302页。

以上分析提示我们,汉代文献中出现的"不宜"式政治论调,评判的虽然是过去,但无不着眼于将来。就"宗室不宜典三河"而言,当权的儒者在刘歆已经履任之后,忽然提出这个意见,就事论事的色彩更浓厚一些,其本意并不是要树立一种明确的制度。不过,抨击刘歆也绝非儒者的唯一目的,对于保守的儒者来说,他们的直接目标是将刘歆排挤出备受瞩目的核心区域,远景目标则是树立先例,震慑那些企图妨害官方儒学既得利益的政治群体。

二、封建制轨道上的"宗室不宜典三河"

清人王鸣盛曾对"宗室不宜典三河"的说法颇感费解:"《刘歆传》'歆忤执政大臣,求出补吏,为河内太守,以宗室不宜典三河,徙守五原'云云,宗室不宜典三河,不晓其何故,他无所见,独见于此,俟考。"① 王氏的感受应是时空隔膜所致。实际上,在刘歆所生活的时代,"宗室不宜典三河"的主张似乎并未引起多少疑问。汉哀帝虽然重用刘歆,但当群儒以此为理由,要求将刘歆调离河内时,皇帝也不得不照办。这表明,群儒所谓"宗室不宜典三河",在当时的政治语境中具有很强的正当性。那么,其正当性从何而来?笔者以为,自汉王朝开国以来对三河区域的管控思路是一个应当考虑的问题。

司马迁曾说:"昔唐人都河东,殷人都河内,周人都河南。夫三河在天下之中,若鼎足,王者所更居也,建国各数百千岁。"足见三河地区在历史早期的重要性。而在西汉初期的政治格局中,三河地区的战略地位更为显著。《史记·汉兴以来诸侯王年表序》记载,至高祖末年,"高祖子弟同姓为王者九国,唯独长沙异姓,而功臣侯者百有余人"。在当时,"内地北距山以东尽诸侯地,大者或五六郡,连城数十,置百官宫观,僭于天子。汉独有三河、东郡、颍川、南阳,自江陵以西至蜀,北自云中至陇西,与内史凡十五郡,而公主列侯颇食邑其中"。② 由于汉初的关东地区绝大部分为诸侯所占据,在这种情况下,汉廷延伸到关东地区的直接控制区,便成为中央政府控驭诸侯的重要依凭。而三河地区作为关东直控区的核心,如何加强对该区域的管控,实际上是一个关乎全局的国策问题。

由于史料不足,西汉前期对三河地区的管理办法是否存在明确的规定,目前尚难以确知。就现有资料而言,西汉前期任命的三河太守可见周信、吴公、季布、周亚夫四人。周信其人,据《史记·惠景间侯者年表》"成陶侯"条,此人于吕后四年受封为成陶侯,受封理由是"以卒从高祖起单父,为吕氏

---

① [清]王鸣盛:《十七史商榷》,第123页。
② 《史记》卷一七《汉兴以来诸侯王年表序》,第801—802页。

舍人,度吕后淮之功,用河南守侯"。① 由记载可知,周信在吕后四年时担任着河南太守。考虑到惠帝在位的七年内亦是高后掌权,可以推知,这个任命出自高祖、惠帝的可能性很小,大体应是出自吕后的安排。而吕后之所以选择周信为河南太守,记载中所言周信于吕后有恩的事实,应当予以重视。换句话说,对于吕后而言,河南太守的人选应是赢得她充分信任的人。关于吴公,《史记·屈原贾生列传》载:"孝文皇帝初立,闻河南守吴公治平为天下第一,故与李斯同邑而常学事焉,乃征为廷尉。"② 显然,吴公的河南太守一职,亦是吕后时代任命的。从"治平为天下第一"的考绩来看,朝廷在确定人选时,应当是极为慎重的。

关于季布,史载其人重然诺,能屈伸,敢直言,具有全国性影响。惠帝时为中郎将,参与宫廷宿卫,后出任河东太守。"孝文时,人有言其贤者,孝文召,欲以为御史大夫。复有言其勇,使酒难近。至,留邸一月,见罢。"季布质疑文帝不够信任自己,文帝曰:"河东吾股肱郡,故特召君耳。"③ 就当时语境来说,文帝当然是在为自身的行为辩解,召河东太守进京述职,应当并非朝廷常制。不过,揣摩文帝之意,他所谓"吾股肱郡",不能简单地以虚言视之。实际上,河东的"股肱郡"地位应是当时的普遍认识,惟其如此,方能使文帝的"特召"行为在一定程度上获得合理性。既然被定位为"股肱郡",那么,朝廷令一位身负重名的宫廷宿卫官前去管理,以及郡守欲逾越九卿而直接升为御史大夫的种种举动,便不足为奇了。至于周亚夫,为功臣周勃之子,汉文帝时担任河内太守。观其一生行迹,军事才能十分突出,以至于文帝嗟叹:"此真将军矣!"临终还不忘告诫太子:"即有缓急,周亚夫真可任将兵。"④ 以长于将兵者为河内太守,朝廷加强区域控制的意图,更是显而易见的。

从以上四位三河太守的事迹来看,西汉前期虽然对三河地区很重视,不过,朝廷似乎缺乏更高层面的顶层设计,偏重于在太守人选上审慎而为,注意官员个性对三河区域管控的积极作用。汉武帝时代,这个情形发生了显著变化。如果说此前只是存在如下事实:朝廷直接任命三河长吏,而不由宗室控制三河。那么,汉武帝则将这个事实明确化。《史记·三王世家》褚先生补曰:"王夫人者,赵人也,与卫夫人并幸武帝,而生子闳。闳且立为王时,其母病,武帝自临问之。曰:'子当为王,欲安所置之?'"王夫人曰:"愿

---

① 《史记》卷一九《惠景间侯者年表》,第 988—989 页。
② 《史记》卷八四《屈原贾生列传》,第 2491 页。
③ 《史记》卷一〇〇《季布栾布列传》,第 2731 页。
④ 《史记》卷五七《绛侯周勃世家》,第 2074、2075 页。

置之雒阳。"武帝曰:"雒阳有武库敖仓,天下冲阨,汉国之大都也。先帝以来,无子王于雒阳者。去雒阳,余尽可。"最终,汉武帝封刘闳为齐王。① 从武帝与王夫人的对话可以看出,"先帝以来,无子王于雒阳者",是历代相沿而形成的事实。但王夫人仍然为子求封洛阳,这似乎不宜视为罔顾事实的表现。较为合理的解释是,此前并未有明文禁止在洛阳行封建,王夫人的提议与汉法并不相悖。而汉武帝驳回王夫人提议,等于说为汉王朝创立了一个新的"故事",后世须遵行之。

汉武帝对洛阳的重视,不仅止于"有武库敖仓,天下冲阨"的战略认知,在此基础上,他还实施新的区域控制策略,在制度上进一步加强对三河地区的控制。

据《汉书·地理志》,合称"三辅"的京兆尹、左冯翊、右扶风境内均无侯国。② 顾炎武认为这是因为三辅"在畿内故也"。③ 根据顾氏的说法,境内有无侯国分布,可以作为判断一个地区是否属于畿辅要地的标准。以此标准而言,西汉前期的三河地区虽然重要,但还称不上严格意义上的畿辅。据学者的分时段统计,从汉初直至汉武帝元光年间,三河区域内一直存在侯国。元光五年时,河东、河南各尚存四个侯国,河内有三个。然而,到太初元年时,三河地区已没有侯国。为何会发生这样的变化,学者进一步认为"与武帝时代的地域控制政策调整有关。高帝至武帝早期,关西、关东的分界依然延续着战国以来临晋关、函谷关、武关一线的格局,而在元鼎三年,汉廷推行'广关'政策,其目的是将关西、关东的分界整体东移至太行山、新函谷关、武关一线"。在新的区域格局中,河东郡被纳入关西区域,而汉初以来有"关西不置侯国"的定制,于是河东郡内的侯国便悉数迁出。除了"广关"政策的影响,学者还注意到:"随着诸侯王国的相继废免以及'推恩令'的执行,关东地区中央直辖区域大大拓展,原汉帝国京畿地区(左右内史)偏离帝国疆域几何中心的不利地位愈加明显,而地处天下之中的'三河',其特殊的区位优势逐渐凸显出来。""而自汉初以来便有'京畿不行分封'的限制,因此若要将'三河'纳入京畿范围,首先要消灭三郡境内的封国形态。"④也就是说,汉武帝之所以将三河地区的侯国全部废黜或迁出,重要目标即在于将三河纳入京畿范畴。

---

① 《史记》卷六〇《三王世家》,第 2115 页。
② 《汉书》卷二八上《地理志上》,第 1543—1547 页。
③ 黄汝成:《日知录集释》,第 1249 页。
④ 马孟龙:《西汉侯国地理》,第 195、219—220、342 页。关于"广关"策略,可参看辛德勇《秦汉政区与边界地理研究》,第 112—126 页。

从王子不封到侯国无存，汉廷在封建制轨道上彻底清除了宗室势力与三河区域发生联系的可能性。而所谓"宗室不宜典三河"，将宗室排除在三河区域管控的人选之外，在精神上与宗室不封三河是相通的，只不过是在郡县制轨道上再次确认了这个基本精神而已。

三、宗室防范："宗室不宜典三河"的舆论环境

将封建因素从三河区域切割出去，在汉武帝时期即已完成。而"宗室不宜典三河"的说法形成于汉哀帝时期，已在一百年之后。显然，百年之间，形势发生了变化，使得原先在封建制轨道上对宗室的约束，逐渐不适应新的政治需要，因而才会出现对旧精神的重申。

众所周知，西汉前期，宗室势力异常强大，"时诸侯得自除御史大夫群卿以下众官，如汉朝，汉独为置丞相"。自"七国之乱"后，朝廷"稍夺诸侯权，左官附益阿党之法设。其后诸侯唯得衣食租税，贫者或乘牛车"。① 中央对宗室诸侯王的持续压抑，遂成为汉景帝以来皇权处理自身与宗室关系的基调。② 但具体到不同阶段，中央防范宗室诸王的侧重点并不相同。有学者指出："自昭帝死后，汉室皇位继承一直处于不稳定状态，甚至出现皇帝（刘贺）被废黜而由其他宗室王侯继承皇位的情况。因此新君即位，对同宗亲属必然进行更严厉的打击以减少其威胁。"③ 此说点出了昭帝以来汉廷对宗室的防范愈发严厉的基本事实，不过，论者将"更严厉的打击"的趋势与"汉室皇位继承一直处于不稳定状态"的政治情势紧密联系起来，这一见识颇具启发性。

所谓皇位继承"处于不稳定状态"，显然是相对于皇位继承的"稳定状态"而言的。自汉初以至武帝时期，历任皇帝继位的合法性并不存在大的问题，虽然时有诸侯王受到严厉惩处，但诸侯王一般并非对皇帝承继大统的资格提出质疑。如文帝时代的淮南王刘长，所犯在于"自以为（与文帝）最亲，

---

① 《汉书》卷三八《高五王传》，第2002页。
② 有学者指出：文、景、武三帝"虽都尽力裁抑宗藩，但都只是裁抑先帝所立的，另方面他们却又尽量封自己的儿子为王，宣帝、元帝时也一样"（管东贵：《从宗法封建制到皇帝郡县制的演变——以血缘解纽为脉络》，中华书局，2010年，第90页）。也就是说，皇权以当代皇帝为基点，对服属疏远的宗室诸王进行压抑，对诸子则有意进行扶植。这个看法是符合历史实际的。但总体来说，随着宗室诸王在制度上的权力被日益削夺，即便皇帝有意扶植，宗室诸王拱卫朝廷的功能已大幅降低。并且从长时段来看，扶植亦是暂时的，随着皇权更迭，曾经被扶植的宗室诸王会持续转化为朝廷压抑的对象，从而导致压抑宗室的趋势不可逆转。
③ 张斌：《王莽篡政过程中的西汉宗室王侯》，《南都学坛》2016年第1期。

骄蹇,数不奉法",①至于文帝在高帝健在诸子中排行最长,具有继统优先权,刘长并未否定这一点。景帝时期"七国之乱"中,逆首吴王给出的理由是"汉有贼臣(晁)错,无功天下,侵夺诸侯之地","绝先帝功臣,进任奸人,诳乱天下,欲危社稷。陛下多病志逸,不能省察"。② 可见,吴王指责的重点是主张削藩的晁错,对于景帝的批评只是"用人失察"一项,未涉及继统合法性的问题。至于汉武帝时代的淮南王刘安谋反案,原因在于武帝即位后多年无子,因而使刘安产生了"且吾高帝孙,亲行仁义,陛下遇我厚,吾能忍之;万世之后,吾宁能北面事竖子乎"的想法。③ 从中可以看出,刘安虽然认为自己有资格染指皇位,但他对汉武帝的继统合法性没有丝毫的怀疑。

然而,在武帝去世以后的昭、宣时代,宗室成员对皇权传承提出了前所未有的质疑。燕王刘旦为汉武帝之子,年仅八岁的昭帝即位时,刘旦不愿接受这个事实,怒曰:"我当为帝。""我亲武帝长子,反不得立,上书请立庙,又不听。立者疑非刘氏。""遂与宗室中山哀王子刘长、齐孝王孙刘泽等结谋",欲起兵。后被告发,"刘泽等皆伏诛",对于燕王本人,朝廷"有诏弗治"。但燕王并未吸取教训,后来又积极介入朝廷辅政大臣之间的权力斗争,希望昭帝被废,而他自己则被迎立为天子。此事又遭到检举,燕王以自杀终局。④

汉武帝的另一子广陵王刘胥亦为皇权传承的强烈质疑者。昭帝即位之初,因有燕王旦排行在前,广陵王并没有很强烈的非分之想。燕王自杀后,"胥见上年少无子,有觊觎心。而楚地巫鬼,胥迎女巫李女须,使下神祝诅"。"会昭帝崩,胥曰:'女须良巫也!'"但朝廷所立新君并非广陵王,而是昌邑王刘贺。广陵王失望之余,"复使巫祝诅之"。昌邑王在位二十多日被废,广陵王再次看到希望。然而,天子之位很快又被汉宣帝夺得,刘胥再次失算。汉宣帝是武帝长子刘据之孙,武帝晚年发生的巫蛊事件导致汉武帝与刘据兵戎相见,幼年汉宣帝受此事牵连,作为叛逆者的孙子,按理说是无资格继承皇位的。因此,当广陵王得知汉宣帝即位时,十分不解,质疑道:"太子孙何以反得立?""复令女须祝诅如前"。⑤ 广陵王反复以神秘主义手段危害皇帝,案发后亦被迫自杀。

由上述事实可以看出,西汉宗室对皇权传承的质疑的确是伴随着皇权传承的不稳定状态而出现的。如果说汉武帝以前皇权与宗室矛盾斗争的焦

---

① 《汉书》卷四四《淮南厉王刘长传》,第 2136 页。
② 《汉书》卷三五《吴王刘濞传》,第 1909、1910 页。
③ 《汉书》卷四四《淮南厉王刘长传》,第 2149 页。
④ 《汉书》卷六三《武五子传·燕剌王刘旦》,第 2751—2758 页。
⑤ 《汉书》卷六三《武五子传·广陵厉王刘胥》,第 2760、2761 页。

点在于赤裸裸的政治、经济权力,那么,汉昭帝以来的斗争焦点虽然依旧根植于政治、经济权力,但已经披上了名分之争的外衣。对皇权传承的质疑,实际就是在辩论一个主题,即究竟谁更有资格获得皇权。

宣帝之后的元帝、成帝时代,皇权传承的窘境依然持续。汉元帝还在做太子的时候,其父宣帝曾打算另立淮阳王刘钦为太子。① 成帝的太子之位,也几乎被其弟定陶王刘康夺去。② 帝王在太子时代受到强有力的挑战,其继承大统的权威性必然受损,进而会极大影响到他们即位后对待宗室诸王的态度。元帝时期,刘钦的舅氏张博被处死,罪名是"非毁政治,谤讪天子,褒举诸侯,称引周、汤,以谄惑王"。刘钦虽蒙赦,但仍被朝廷遣使责数:"王舅博数遗王书,所言悖逆。王幸受诏策,通经术,知诸侯名誉不当出竟。天子普覆,德布于朝,而恬有博言,多予金钱,与相报应,不忠莫大焉。"③其中所谓"天子普覆,德布于朝",以及"诸侯名誉不当出竟",显然体现了皇权对宗室的深度防范,此时已经不满足于对实际谋反行为的惩处,对具有影射、比附等嫌疑的言语也要进行处罚,甚至对个人声望的影响范围也进行限定。

成帝时代也发生过类似的事情。某年东平王刘宇来朝,"上疏求诸子及《太史公书》,上以问大将军王凤,对曰:'臣闻诸侯朝聘,考文章,正法度,非礼不言。今东平王幸得来朝,不思制节谨度,以防危失,而求诸书,非朝聘之义也。诸子书或反经术,非圣人,或明鬼神,信物怪;《太史公书》有战国从横权谲之谋,汉兴之初谋臣奇策,天官灾异,地形阸塞:皆不宜在诸侯王。不可予。'"④诸侯王读什么书,这样的细事,朝廷也要仔细思量一番。而纳入考量的因素,最重要的便是如何使诸侯王不生反叛之心思,不具挑战之能力。

可以说,西汉王朝越是在统治形势不稳的阶段,对宗室的防范越发变本加厉,言语、思想皆被纳入管制范畴,便是突出表现。在这样的历史环境中,汉哀帝上台了。哀帝本人是汉成帝的侄子,承继大统的合法性也存在先天不足,因此,他对宗室的猜忌势所难免。当权的儒者提出"宗室不宜典三河",其实正顺应了当时政坛对宗室的基本态度,它能够形成一股强大压力,使哀帝不得不接受,当与此有关。

四、儒林的内部斗争:"宗室不宜典三河"的实质

需要特别强调的是,笔者并不认为压抑刘歆是汉哀帝本人的意愿。虽

---

① 《汉书》卷八〇《宣元六王传·淮阳宪王刘钦》,第3311页。
② 《汉书》卷八〇《宣元六王传·定陶共王刘康》,第3327页。
③ 《汉书》卷八〇《宣元六王传·淮阳宪王刘钦》,第3316、3317页。
④ 《汉书》卷八〇《宣元六王传·东平思王刘宇》,第3323、3324页。

然汉哀帝时期也防范宗室,但主要是抑制服属较近的宗室。比如因"祠祭祝诅上"而被废的第二代东平王刘云,与哀帝同为宣帝之后,只是辈分不同。刘歆与汉哀帝的共祖要追溯到汉初,因此,他对皇权的威胁其实根本不足为虑。相反,对于哀帝而言,刘歆倒是汉哀帝巩固权力的助手。史载刘歆原本子继父业,为中垒校尉,哀帝即位,"为侍中太中大夫,迁骑都尉、奉车光禄大夫,贵幸"。① 在防范宗室的细则越来越繁复的时候,哀帝重用刘歆,意图何在? 回答这个问题,必须结合哀帝所面临的特殊政治局面。

前已言及,哀帝继承大统的合法性先天不足。更令哀帝为难的是,他即位的时候,外戚王氏家族权势熏天,并且与士大夫逐步结合。在巩固权力的过程中,哀帝一方面要削弱王氏,引进自己的祖母家傅氏及母家丁氏,一方面又要在士大夫中物色合适人选。鉴于士大夫的群体利益与一姓王朝的利益并不完全一致,②哀帝选择刘歆来赞助朝政,是一个合乎情理的做法。毕竟,刘歆"通《诗》《书》","领校秘书",就学问而言,是士大夫中的佼佼者。同时,他还是宗室后裔,应当具有维系刘氏皇权的主动性。再说他与哀帝服属已远,在血统上也不足以对皇权构成威胁。综合来看,哀帝重用刘歆,是非常合适的。

刘歆后来主张将《左氏春秋》列于学官,似乎不宜视为单纯的学术问题。武帝立《公羊春秋》,宣帝立《穀梁春秋》,均为意识形态建设的步骤,③哀帝若能使《左氏春秋》也立于学官,无疑有助于培植自己的支持力量,同时也意味着士大夫群体对他的屈从,皇帝的权威可以由此提升。然而,哀帝输掉了这场斗争,他的坚定支持者刘歆,没能敌得过保守的士大夫群体。

客观来讲,士大夫群体在挤兑刘歆时,虽然声称"宗室不宜典三河",但他们与宗室其实并没有难以索解的深仇大恨。尽管西汉中期以来的宗室成员可以"官为吏",④在一定程度上会挤压普通士人的政治出路。不过,从目前的文献记载来看,西汉宗室出任职官者屈指可数。比如太守一职,本文开始已谈到沛郡太守刘庆、常山太守刘福、涿郡太守刘屈氂,史书中另有刘向

---

① 《汉书》卷三六《楚元王传》,第 1967 页。
② 余英时认为:士阶层以"道"自任,"而且相信'道'比'势'更尊"。但是"大一统的'势'既不肯自屈于'道',当然也不能容忍知识分子的气焰过分高涨。"(余英时:《士与中国文化》,第 96、99 页)这个看法即揭示了士大夫群体与皇权的冲突。
③ 有学者说:"武帝一朝,开边、改制、兴利、用法,完全背离了汉初清静无为的传统,《公羊》学则为实现这一重大转变提供了理论武器。"而《穀梁》学的兴起,意味着"宣元之际'以礼为治'取代'以德化民'成为儒学士大夫群体主导思想"。宣帝希望通过扶植《穀梁》学,打击激烈抨击汉政的儒生阶层,并且"纠矫吏治苛酷之弊"。参见陈苏镇《〈春秋〉与'汉道':两汉政治与政治文化研究》,中华书局,2011 年,第 228、321、322 页。
④ 《汉书》卷四四《淮南厉王刘长传》,第 2152 页。

之子刘伋,"以《易》教授,官至郡守"。① 剩下一位便是河内太守刘歆。目前所见仅此五位。② 史书还可见宗室任县令者,如刘辅,"河间宗室人也。举孝廉,为襄贲令"。③ 仅此一位。这与触目皆是的非宗室成员出任太守、县令者相比,简直微不足道。

宗室出任地方守令者少见,而宗室在朝廷的任职亦比较单调。以楚元王刘交家族为例,其孙刘辟强任光禄大夫、长乐卫尉、宗正,曾孙刘德任宗正丞、大鸿胪丞、宗正,玄孙刘安民任郎中右曹,刘向为辇郎、谏大夫、郎中给事黄门、散骑谏大夫给事中、散骑宗正给事中、中郎、光禄大夫、中垒校尉,六世孙刘歆任中垒校尉、侍中太中大夫、骑都尉、奉车光禄大夫,刘庆忌任宗正、太常,七世孙刘岑为中郎将、校尉、太常。从这些人的履历来看,所任大多为宫廷内的侍从官,间或有担任九卿者,但集中于宗正、太常两职,主要仍是服务于皇家事务。因此,宗室在朝任职,对普通士人的仕进之路构不成多大威胁。

既然如此,当权的儒者群体对刘歆穷追猛打,根本原因就不应当是刘歆的宗室身份,而是因为刘歆的主张。刘歆与当权儒者的冲突,本质上是儒者群体内部的不同势力在争夺政治发言权。那么,刘歆与儒者群体的决裂又是如何发生的呢?

回溯过往,刘歆之父刘向在元帝时代曾与儒者结为联盟。"元帝初即位,太傅萧望之为前将军,少傅周堪为诸吏光禄大夫,皆领尚书事,甚见尊任。更生(按:刘向本名更生)年少于望之、堪,然二人重之,荐更生宗室忠直,明经有行,擢为散骑宗正给事中,与侍中金敞拾遗于左右。四人同心辅政,患苦外戚许、史在位放纵,而中书宦官弘恭、石显弄权。望之、堪、更生议,欲白罢退之。未白而语泄,遂为许、史及恭、显所谮诉,堪、更生下狱,及望之皆免官。"④成帝即位后,宦官势力被清除,但新一代王氏外戚擅权多年。面对这个局面,刘向认为"外家日盛,其渐必危刘氏。吾幸得同姓末属,累世蒙汉厚恩,身为宗室遗老,历事三主。上以我先帝旧臣,每进见常加优礼,吾而不言,孰当言者?"再一次将批判的矛头指向外戚。

---

① 《汉书》卷三六《楚元王传》,第 1966 页。
② 据记载,王莽代汉,"诸刘为郡守,皆徙为谏大夫。"说明西汉末年仍有宗室担任地方太守的现象。《汉书》卷九九中《王莽传中》,第 4101 页。
③ 《汉书》卷七七《刘辅传》,第 3251 页。此外,光武叔父刘良,"平帝时举孝廉,为萧令"。其时代已在诸儒排挤刘歆的哀帝时代之后。除了太守、县令,宗室出任的地方职务,还可见都尉一职。如春陵康侯刘敞,"谦俭好义,尽推父时金宝财产与昆弟,荆州刺史上其义行,拜庐江都尉"。不过,刘敞的生活年代颇难断定。刘良、刘敞事迹见《后汉书》卷一四《宗室四王三侯列传》,第 558、560 页。
④ 《汉书》卷三六《楚元王传》,第 1929—1930 页。

不过,成帝时代的在位儒者已不具备元帝时代儒臣们抨击朝政的锐气。如成帝初年的丞相匡衡,元帝时经外戚史高的推荐而步入仕途,对待当时的宦官石显,匡衡即"畏显,不敢失其意"。丞相张禹起初与外戚王凤并典枢机,然而,张禹畏惧王凤,"内不自安,数病上书乞骸骨,欲退避凤"。甚至于当成帝有罢免外戚的念头,向张禹请教的时候,张禹考虑的仍是"自见年老,子孙弱",又与外戚存在矛盾,"恐为所怨"。遂利用自己烂熟于心的儒学经典,为王氏家族百般辩护。

当权的士大夫畏首畏尾,势必导致刘向在反外戚斗争中独木难支。而作为宗室余脉,在这样的处境中,自然而然地会意识到,对于刘姓皇权的长久维系,儒者群体是不足恃的。刘向之子刘歆最终从儒林中走出,欲在学术上独树一帜,以此配合汉哀帝巩固皇权的强烈意愿,或许即与此密切相关。

当"宗室不宜典三河"的说法在西汉晚期出现的时候,它还停留在政治论辩的阶段,并未成为围绕区域管理与宗室防范而公之于众的正式条文。随着不具有宗室身份的儒林群体成功地将刘歆赶出权力中枢,该群体将"宗室不宜典三河"故事化、制度化的动力大为衰减。大概是出于这个原因,东汉时代仍存在着宗室担任三河太守的例证,如《光禄勋刘曜碑》记载,刘曜曾任河内太守,至于其人的身份,碑文曰:"盖孝文枝胄,梁孝河东之裔孙也。"① 又如中山人刘祐,其人属"宗室胤绪,代有名位"。② 他不仅担任过河东太守,甚至被任命为直接关系都城洛阳安危的河南尹。如果再将东汉三河区域的重要性高于西汉时期的情形考虑在内,那么,我们甚至可以说,东汉很可能并不存在"宗室不宜典三河"的舆论。而这种不同于西汉晚期的政治生态的形成,其历史背景应当是宗室与儒林政治、文化取向的同质化。关于这一点,如果注意到刘祐被范晔列入东汉党人之列的史家态度,或许会有更为深刻的体会。

第二节　秦汉时期黄河砥柱段漕运的发生及展开

对于秦汉时代的国家形态,学界习惯称之为"帝国"。比如黄仁宇在分析汉代历史时,便以"第一帝国:树立楷模"名篇。虽然黄氏的"第一帝国"

---

① [宋]洪适:《隶释·隶续》,第135页。
② 《后汉书》卷六七《党锢列传》李贤注引《谢承书》,第2199页。

只指汉朝,但不少学者心目中的"帝国",其实亦包括秦朝。如孙闻博认为:"秦政的确立及向汉政演变,实际体现着'战国模式'向'帝国模式'转型的探索与尝试。"胡鸿将帝国定性为一种"高级政治体",在他看来,这种政治体的典型便是"秦汉帝制国家"。① 作为"高级政治体",秦汉帝国自有其迥异于"战国模式"的运作特征,其中,超越单个诸侯国的层面,在帝国权力辐射范围内对物资进行统筹,是极显著的一点。从这个视角出发,秦汉时代的黄河漕运可以视为体现帝国特性、维持帝国运转的一项重要事务,而三河地区在这一事务中的突出表现尤其值得关注。

一、砥柱段黄河航运之艰险

"漕",《说文》解作"水转谷也",②将运输对象限定于谷物。但曹魏如淳认为:"水转运曰漕。"③李贤注《后汉书》:"漕,水运也。"④《史记索隐》在引用《说文》的解释后补充道:"一云车运曰转,水运曰漕也。"⑤也就是说,"漕"的定义仅取决于运输方式,与运输对象没有必然联系。就目前的证据而言,《说文》的解释还不宜断然否认,因为传世的先秦文献很难见到"漕"字。里耶秦简8—2191号背面释文为"鞠之又留不传闽中漕",⑥如果释文准确,则可确证秦代字库中已有"漕"。然而,主要服务于粮食运输,这是秦汉漕运的实际情形,因此,《说文》将晚出的"漕"字定义为"水转谷",很可能自有其现实依据。不过,如淳等人的说法显然代表了后世大多数人对"漕"的理解,漕运其实就是内河水运的代称。

以内河水运的视角来看,漕运的历史并非始于秦朝。顾炎武曰:"因河以为漕者,禹也。壅河以为漕者,本朝也。故古曰河渠,今曰河防。"⑦观《禹贡》所载九州进献方物的路径,实际上就是对早期漕运事业的宏大构想。需要指出的是,《禹贡》展示的贡道在交通地理方面存在两个重要节点,一个在河、洛交汇处,另一个在河、渭交汇处。冀州"入于河",兖州、徐州"达于河"。青州虽是"达于济",但古人认为济水属于黄河支流,"达于济"并非青

---

① 黄仁宇:《中国大历史》,生活·读书·新知三联书店,1997年,第41页。孙闻博:《秦汉军制演变史稿》,中国社会科学出版社,2016年,第3页。胡鸿:《能夏则大与渐慕华风——政治体视角下的华夏与华夏化》,第17页。
② [清]段玉裁:《说文解字注》,第566页。
③ 《汉书》卷六《武帝纪》,第165页。
④ 《后汉书》卷三《章帝纪》,第136页。
⑤ 《史记》卷三〇《平准书》,第1422页。
⑥ 陈伟主编:《里耶秦简牍校释》(第一卷),武汉大学出版社,2012年,第443页。
⑦ 黄汝成:《日知录集释》,第742页。

州的最终目的,接下来尚需"达于河"。对于扬州,《禹贡》的描述是"达于淮、泗",但从徐州"浮于淮、泗,达于河"的路径推断,扬州完成进贡也必须"达于河"。冀、兖、徐、青、扬皆"达于河",这是《禹贡》对东方五州贡道的描述。至于南方的荆、扬二州,荆州"逾于洛,至于南河",豫州为"浮于洛,达于河",由此不难推知,东方五州与南方二州共同经过的水路枢纽为河、洛交汇处。余下的雍、梁二州,因处于西方,前者需"浮于积石,至于龙门西河,会于渭汭",后者需"浮于潜,逾于沔,入于渭,乱于河",河、渭之交遂为二州贡道的交汇点。① 《禹贡》擘画的漕运蓝图存在东西两个节点,如果蓝图能够变成现实的话,不难想象,东节点以东和西节点以西的黄河河道将是使者相望、极度繁忙的。相形之下,我们不禁要问,东西两个节点之间的通行情况怎样呢?

以现代政区言之,东节点在今河南省巩义市,西节点在陕西省潼关县。将这段河道以洛阳为界,东段为河内、河南的界河,西段则为河东、河南的界河。就水文条件来说,东段航行难度较小,而西段是不适宜通航的。对西段河道,郦道元曾做过非常形象的描述。郦氏提到,当黄河流经陕县时,"水涌起方数十丈",人们普遍认为是"有物居水中"所致。至于何物,有人说是"铜翁仲",也就是秦始皇时代所铸十二金人之一。还有人说是十六国时期"石虎载经于此沉没",经书与金人"二物并存,水所以涌"。郦氏对这两种说法不以为然,他认为"鸿河巨渎,故应不为细梗踬湍;长津硕浪,无宜以微物屯流。斯水之所以涛波者,盖《史记》所云:魏文侯二十六年,虢山崩,壅河所致耳"。此说摒弃父老传言,转而向史籍所见山体崩塌的自然灾害记录索解,自有其过人之处。虽然郦说也有不周之处,比如未曾考虑山崩之后是否施行过应对措施,以减轻对河道的堰塞。但从《史记》山崩记载本身,以及包括郦氏本人在内的许多人对黄河"水涌"所进行的各式解读,不难感知古人对黄河在陕县段恶劣水文的高度关注。不过,这还只是开始,接下来由砥柱带来的苦难更甚于此。"砥柱,山名也。昔禹治洪水,山陵当水者凿之,故破山以通河。河水分流,包山而过,山见水中若柱然,故曰砥柱也。三穿既决,水流疏分,指状表目,亦谓之三门矣。""自砥柱以下,五户已上,其间百二十里,河中竦石杰出,势连襄陆,盖亦禹凿以通河。""其山虽辟,尚梗湍流,激石云洄,澴波怒溢,合有十九滩,水流迅急,势同三峡,破害舟船,自古所患。""虽世代加功,水流漰湍,涛波尚屯,及其商舟是次,鲜不踟蹰难济,故有众峡

---

① [汉] 孔安国注,[唐] 孔颖达疏:《尚书正义》,第 146—150 页。

诸滩之言。"①

经历"世代加功"之后尚且令人"踟蹰难济",更早时期的人们对这段河道的风涛险恶必定也有所体会。《晏子春秋》载有著名的"二桃杀三士"故事,三士之一的古冶子在陈述自己争桃的合理性时说:"吾尝从君济于河,鼋衔左骖以入砥柱之流。当是时也,冶少不能游,潜行逆流百步,顺流九里,得鼋而杀之,左操骖尾,右挈鼋头,鹤跃而出。津人皆曰:'河伯也!'若冶视之,则大鼋之首。若冶之功亦可以食桃而无与人同矣。"②这个故事应非一人独创,而是民众口耳相传的文化成果。饶有趣味的是,当这个故事在民间发酵时,人们为了使古冶子的壮勇气概能够得到更有力的表现,创制了一个特定情境,即"砥柱之流"。由故事来看,在先秦社会的普遍意识中,"砥柱之流"的显著特征便是神怪出没、风急浪高。在这样的自然条件下,开展漕运的代价无疑将是极高的。

在"二桃杀三士"故事中,还有一个情节值得关注。古冶子说自己是因为"从君济于河",故而演出了一场与"砥柱之流"战斗的好戏。现在看来,这个故事整体上既然多有夸张、想象,所说"从君济于河"一事似乎也不必当真。然而,郦道元必欲寻其历史依据:"景公十二年,公见晋平公;十八年,复见晋昭公。旌轩所指,路直斯津。从鼋砥柱事或在兹。"③所谓"旌轩所指,路直斯津",意谓齐君往返于齐、晋之间的路途上经过砥柱河段。这个说法恐难成立。《史记·孔子世家》:"孔子既不得用于卫,将西见赵简子。至于河而闻窦鸣犊、舜华之死也,临河而叹曰:'美哉水,洋洋乎!丘之不济此,命也夫!'"赵简子是晋国权臣,孔子前往晋国,所渡之河应当位于今鲁、豫相接地区。至于砥柱河道,一则迂远,再则风险太大,不可能是孔子计划中的路径。齐国距晋更为遥远,齐景公作为一国之主,如果溯河而西,还要经过卫、郑等国,最后才能穿过砥柱河道抵达晋国。在齐景公的时代,齐国实力已不复齐桓公时期"五侯九伯,汝实征之"的气象,做出这样的路径规划的可能性微乎其微。

二、秦国东扩与黄河砥柱段漕运的发生

尽管"二桃杀三士"故事本身以及郦道元的解释都无法令人信服,不过,故事还是实事求是地展现出这样的逻辑:除非条件特异,否则砥柱河段很

---

① 陈桥驿:《水经注校证》,第114—118页。
② 吴则虞:《晏子春秋集释》,中华书局,1962年,第165页。关于《晏子春秋》的成书年代,吴氏认为"大约应当在秦政统一六国后的一段时间之内"。见《序言》,第20页。
③ 陈桥驿:《水经注校证》,第117页。

难逾越。这个逻辑的背后,是通常条件下,砥柱河道的航运行为极少,即便零星出现,亦不具备关乎国计民生的全局意义。这一点,与先秦时期人们对砥柱河道所表现的情感取向也是相呼应的。《禹贡》言大禹导山,其中说到"底柱、析城,至于王屋"。① 山川本是隔限南北东西的地理存在,但大禹传说整体上并没有表现出对这种阻隔效应的诅咒,而是在承认山川客观存在的基础上,对它们为何存在做出神秘主义的解释。在此类解释中,客观上会带来困难的东西反倒变成了神圣人物给人类创造的福利。相似的情感还见于《墨子》:"古者禹治天下,西为西河、渔窦,以泄渠孙皇之水;北为防原泒,注后之邸、嘑池之窦,洒为底柱,凿为龙门,以利燕、代、胡、貉与西河之民。"所谓"洒为底柱",孙诒让注:"洒即谓分流也。"②按照墨子的看法,底柱矗立在河道中,是很值得感恩的事情。因为大禹凿之使河水分流,若非大禹,黄河水因底柱而壅塞,川壅而溃,必将使人类化为鱼鳖。那么,人们对砥柱的赞美之情何以生成?笔者以为,一个重要前提是,人们虽已注意到砥柱河段凶险的水文实态,但这种已被认知的凶险又没有严重地影响到现实生活。换句话说,人们已知道它,但还没怎么计划着去利用它,也就谈不上怎么征服它。

  史念海认为《禹贡》是战国时代魏国人士在梁惠王时期"于安邑撰著成书的","是在魏国霸业基础上设想出来大一统事业的宏图"。③ 就三家分晋之后的地缘形势来说,魏国占据河东、河内大部,的确拥有开发砥柱河道的便利。而梁惠王后期迁都大梁,向黄河南岸的开拓也提升了利用砥柱河道的必要性,因为正如有的学者所言:"魏前后所都安邑、大梁之间,最便利的通路亦为循河上下。"④相关记载表明,魏国的确开展了颇具规模的漕运,《战国策·魏策一》载张仪对魏国国情的描述,其中说到魏国"卒戍四方,守亭障者参列,粟粮漕庾不下十万"。⑤ 有学者据此推论:"《战国策·魏策一》不但记载了魏境内'条达辐凑''马驰人趋'的陆路交通形势,而且言及魏境内的黄河'粟粮漕庾不下十万'的水运优势。魏国初都安邑,后都大梁,这段黄河航道漕运的繁忙可见一斑。"⑥然而,论者似乎忽略了一个细节,《战国

---

① [汉]孔安国注,[唐]孔颖达疏:《尚书正义》,第151页。
② 孙诒让:《墨子间诂》,中华书局,2001年,第107—108页。
③ 史念海:《论〈禹贡〉的著作年代》,氏著《河山集》(二集),生活·读书·新知三联书店,1981年,第392页。
④ 王子今:《秦汉交通史稿》(增订版),中国人民大学出版社,2013年,第159页。
⑤ 诸祖耿:《战国策集注汇考》,第1167页。
⑥ 薛瑞泽:《先秦至北朝河洛地区的漕运与仓储》,《洛阳工学院学报》(社会科学版)2000年第3期。

策》在叙及"卒成四方"时,前面的文字是"梁,南与楚境,西与韩境,北与赵境,东与齐境"。① 在这四境之内,其实是不涉及砥柱至洛阳间河段的。

客观来讲,便利与否是一事,能否用得上这一便利又是一事。水运如同陆运、渡河,作为一种交通行为,往往受到外在条件的制约,尤其是在诸侯各自为政的分裂期。《战国策·西周策》:"秦召周君,周君难往。或为周君谓魏王曰:'秦召周君,将以使攻魏之南阳。王何不田于河南?周君闻之,将以为辞于秦而不往。周君不入秦,秦必不敢越河而攻南阳。'"所谓"秦必不敢越河",原因在于周君守在洛阳,秦人若假道渡河,可能被断后路。同书《齐策一》载陈轸说齐王曰:"古之五帝、三王、五伯之伐也,伐不道者。今秦之伐天下不然,必欲反之。主必死辱,民必死虏。今韩、梁之目未尝干,而齐民独不也。非齐亲而韩、梁疏也,齐远秦而韩、梁近。今齐将近矣!今秦欲攻梁绛、安邑。秦得绛、安邑以东下河,必表里河而东攻齐。"所谓"表里河",程恩泽认为:"秦与魏以河为界,秦以河西为里,河东为表;魏以河东为里,河西为表。秦若得魏绛、安邑地,则内、外皆河。故曰:'必表里河。'"②意谓秦人若欲攻齐,必须将黄河两岸都纳入自己的版图,否则,仅从地缘角度而言,攻齐亦无从谈起。

具体到魏国与黄河的关系,战国时期河东、河内与河南之间的黄河并非魏国的内河,而是魏国与黄河南岸的韩、周两国的界河。由于不具备"表里河"的地缘条件,魏国即便有"循河上下"的念头,现实中也很难操作,毕竟类似计划不是魏国一家的事情,还牵涉到韩、周等政治体的水权问题。真正使砥柱河段成为内河的是秦国,据《史记·秦本纪》,秦国自惠文君以来在黄河南岸持续推进,先是惠文王六年,"魏纳阴晋,阴晋更名宁秦"。惠文王十一年,"樗里疾攻魏焦,降之。"十三年,"使张仪伐取陕,出其人与魏"。武王四年,秦国矛头指向韩国,"拔宜阳,斩首六万"。昭王十四年,秦人推进至伊阙。五十一年,秦灭西周。庄襄王元年,秦灭东周,"韩献成皋、巩,秦界至大梁,初置三川郡"。至此,黄河南岸尽属秦。河东、河内方向,秦昭王十七年,得蒲阪、皮氏,二十一年,"魏献安邑,秦出其人"。四十一年,秦"取邢丘、怀",庄襄王三年,秦兵攻汲,"拔之",从而基本控制了河内的沿河区域。从以上梳理可知,至迟在庄襄王时期,三河区域内的黄河已完全成为秦国的内河,具备了开展大规模、有组织航运的基本条件。而个别迹

---

① 诸祖耿:《战国策集注汇考》,第 1167 页。
② 诸祖耿:《战国策集注汇考》,第 90、516 页。宋人鲍彪注《战国策》,认为"河"下应补"山"字,黄丕烈、程恩泽皆认为"谬甚"。

象表明,稍早于庄襄王的秦昭王末年,秦国很可能已尝试着在砥柱河道从事漕运。

《史记·赵世家》记载,长平之战前,韩国上党守献地于赵,赵国平阳君赵豹曰:"且夫秦以牛田之水通粮蚕食,上乘倍战者,裂上国之地,其政行,不可与为难,必勿受也。"句中的"秦以牛田之",《正义》:"秦蚕食韩氏,国中断不通。夫牛耕田种谷,至秋则收之,成熟之义也。言秦伐韩上党,胜有日矣,若牛田之必冀收获矣。"据《正义》所言,所谓"以牛田之",即借助畜力耕种。在此基础上,《正义》将紧随其后的"水通粮"解作:"秦从渭水漕粮东入河、洛,军击韩上党也。"①这也就意味着,长平之战前的秦国已通过砥柱河道向前线运粮。但是中井积德持不同意见,他将《史记》文字当中的"牛田之水"断为一句,并详细解说:"秦用牛耕水田艺稻,稻须多水,自有注溉渠,而与漕道通。漕时开渠口,引田水于漕河,则多水便于漕。漕有间,又闭渠口蓄水于田中,以俟后漕,无冬夏之分。"中井氏所谓"牛田之水",实际仅局限于稻田之水,稻田灌溉系统与漕运系统相互衔接,故而稻田之水可用于漕运。虽然中井氏也谈及了漕运问题,但针对的区域"盖近上党者",与黄河漕运并无关系。因此,他对《正义》揭示的漕运路径批评道:"上党在秦之东北,则不必由渭、洛。"②

中井之说看似翔实,但未必合乎真相。首先需要注意的是,在中井的描述中,稻田灌溉系统与漕运体系衔接如此周密,"且无冬夏之分",上党附近的水文、气象条件似乎并非如此。他脑海里"牛田之水"的图景很大程度上应当来自水乡生活经验,或许是基于日本稻作农业的知识背景而对中国历史做出的解读。此外,另有文献对赵豹之言做了记录,使得中井氏"牛田之水"的句读足以受到质疑。《战国策·赵策一》:"且秦以牛田,水通粮,其死士皆列之于上地,令严政行,不可与战,王自图之!"两书同记一事,然文字有异。比较而言,传世《战国策》为优。司马迁采择《战国策》之文撰著《史记》时,时有因囿于汉代常识而擅更先秦地名的行为。比如《战国策》有"燕尽齐之河南"的说法,在《史记》中便被改为"燕尽齐之北地",原因在于大一统时代的汉人习知河南郡,对战国时代齐国的"河南"颇感陌生。具体到《赵策一》所谓"上地",本意指上党地区,③"死士皆列之于上地",意谓秦军精锐集结于上党,表现了秦国必欲夺取韩国上党郡的决心。在此严峻形势下,

---

① 《史记》卷四三《赵世家》,第1825页。
② (日)泷川资言:《史记会注考证》,第2280—2281页。
③ 吴良宝:《战国时期上党郡新考》,《中国史研究》2008年第1期。

赵豹劝赵王勿虎口夺食，便是顺理成章的事情。但《史记》把"死士皆列之于上地"改为"上乘倍战者，裂上国之地"，以"上乘倍战者"对应"死士"，以"上国之地"对应"上地"，由于特定的地名被改为某种等级的赏地，于是，表示陈兵之意的"列"不得不由表示封赏的"裂"来替代。其实，《史记》的改动并不高明，《战国策》"死士"原意甚明晰，《史记》"上乘倍战者"之"上乘"何谓耶？赵豹之言当以《战国策》为准，如此一来，"牛田之水"应去掉一个"之"字，实为"牛田水"。在此文本面貌下，将"以牛田水通粮"断作"以牛田，水通粮"，结构对称，语义明了，显然要优于"以牛田水，通粮"的句读方式。因为后者仅仅将"牛田水"作为"通粮"的手段，并且导致"牛田水"费解。如中井氏那样解为稻田之水，实在牵强。

  当然，需要说明的是，文献所载秦国在长平之战前"水通粮"，目前来看，只有张守节《正义》认为是经由砥柱河道将粮食运至前线。不过，秦昭王四十三年"城河上广武"。① 广武的地理位置很特殊，《括地志》云其地在"郑州荥阳县西二十里"，戴延之《西征记》云"在敖仓西"。秦汉之际，刘邦曾"军广武，就敖仓食"，而项羽也曾"与汉俱临广武而军，相守数月"。② 可见此地为理想的储粮之所，当初秦国于此筑城，筹划军需的意图应当是有的。而"长平之战"发生于秦国筑广武城后四年，史载，当"赵军分而为二，粮道绝"之时，"秦王闻赵食道绝，王自之河内，赐民爵各一级，发年十五以上悉诣长平，遮绝赵救及粮食"。③ 秦昭王认为"赵食道绝"是天赐良机，务必牢牢抓住，为此不惜"自之河内"，亲自进行全面的战争动员以及细致的军事部署。在此国运攸关的时刻，他不可能对秦国自身的军粮供给问题视若无睹，相反地，敌方的弱点恰恰会提醒秦昭王，粮食问题必须确保万无一失。在此观念主导下，于太行、崤函两个方向的艰苦陆运之外，另辟砥柱河道的水路运输，自然是一个可选项。

三、秦汉砥柱段漕运的展开及基本保障

  砥柱河道开通漕运的初期阶段，应当主要服务于秦国对东方的战争，这就意味着，漕运的基本方向是自西向东，将秦国本土的战略资源尽可能高效地输往前线。不过，当秦国在东方已经形成较为宽广的战略纵深，原先的单向输送势必有所变化，最终在统一局面形成后演化为西向输送为主。促成

---

  ① 《史记》卷七九《范雎蔡泽列传》，第 2417 页。
  ② 《史记》卷七《项羽本纪》，第 327 页。
  ③ 《史记》卷七三《白起王翦列传》，第 2334 页。

这一变化的原因主要有两个。

首先是关中作为国都所在，原本就易于吸引周边人口，秦统一后，为彰显横扫六合的伟业，许多工程便可能扩大规模。比如骊山陵墓，当秦国未统一时，设计标准可能只是诸侯国这个级别的，统一后就需要变更设计，以适应"皇帝"之尊。相应地需征发更多劳动力前往关中，这势必导致物资消耗大幅增长。秦二世曾"尽征其材士五万人为屯卫咸阳，令教射狗马禽兽。当食者多，度不足，下调郡县转输菽粟刍稾，皆令自赍粮食，咸阳三百里内不得食其谷"。① 此处所言"转输"可能并非漕运，但关中"当食者多"倒逼关东地区多运漕粮则是可以预见的。

其次，北边防务也要求秦朝政府以空前的力度抽取关东的资源。陈胜起事后，李斯等重臣谏秦二世："关东群盗并起，秦发兵诛击，所杀亡甚众，然犹不止。盗多，皆以戍漕转作事苦，赋税大也。请且止阿旁宫作者，减省四边戍转。"②当时执政者非常清楚，以"四边"为目的地的漕运转输已给关东民众造成极大负担。四边之中责任最巨者非应对匈奴的北边莫属，《汉书》载主父偃对秦朝的批评："又使天下飞刍挽粟，起于黄、腄、琅琊负海之郡，转输北河，率三十钟而致一石。"严安亦曰：秦朝"欲威海外，使蒙恬将兵以北攻强胡，辟地进境，戍于北河，飞刍挽粟以随其后"。③ 从"负海之郡"至北河的"飞刍挽粟"线路，有学者复原如是："秦始皇自山东半岛起运东方粮食，组织海运入河，沿河至敖仓，汇合鸿沟流域漕运，继续向西过三门峡，转入渭河抵达关中"，然后转运至北方。④

统一后面临的新问题，客观上将促使秦朝的砥柱段黄河漕运空前繁忙。秦封泥可见"底柱丞印"，周晓陆等学者认为："以底柱之险狭，似不能立县，底柱丞约为秦时'令祠官所常奉天地名山大川'时，所在黄河祠祀底柱之官吏"。⑤ 王辉对封泥的解读是："底柱是传说中大禹治水所凿，其地势险要，时有怪物作祟，需河神镇守，或由力士铲除之。秦时于底柱设官，是为了祭祀河神、镇慑异物，底柱丞殆治水官。"⑥两说均注意到底柱的"险狭""险要"，并且都认为封泥反映了秦朝政府对底柱的官祀。这样的祭祀除了源自经典，即"常奉"、禹凿之类的说法，更值得关注的是，祭祀的目的在于克服底

---

① 《史记》卷六《秦始皇本纪》，第269页。
② 《史记》卷六《秦始皇本纪》，第269、271页。
③ 《汉书》卷六四上《主父偃传》，第2800页。《汉书》卷六四下《严安传》，第2811页。
④ 张晓东：《秦汉漕运的军事功能研究——以秦汉时期的漕仓为中心》，《社会科学》2009年第9期。
⑤ 周晓陆、路东之、刘瑞、陈晓捷：《秦封泥再读》，《考古与文物》2002年第5期。
⑥ 王辉：《西安中国书法艺术博物馆藏秦封泥选释》，《文物》2001年第12期。

柱之"险",其历史背景应当是官方或得到官方认可的航运行为的常态化。

  为了使三河区域内的黄河漕运更有保障,秦汉王朝对基础设施建设尤其是仓储设施颇多投入。首先是在航运东节点修建了敖仓。敖仓大致位于今河南荥阳市西北的马沟、牛口峪一带,①始建于秦。② 楚汉之际,郦食其说刘邦曰:"夫敖仓,天下转输久矣,臣闻其下乃有藏粟甚多。楚人拔荥阳,不坚守敖仓,乃引而东,令谪卒分守成皋,此乃天所以资汉也。""愿足下急复进兵,收取荥阳,据敖仓之粟,塞成皋之险,杜大行之道,距蜚狐之口,守白马之津,以示诸侯效实形制之势,则天下知所归矣。"③由此可见,敖仓当时具有非比寻常的战略地位。不过,相比于秦朝时期,敖仓对刘邦阵营来说并不是集四方粟米以镇守东方的据点,在更大程度上,由于荥阳以东非刘邦所能控制,敖仓只能是刘邦收纳关中后方所输军粮的仓储。《史记·萧相国世家》载刘邦语:"夫汉与楚相守荥阳数年,军无见粮,萧何转漕关中,给食不乏。"所言正反映了自西向东的单向漕运模式。

  待到天下重归一统,漕运的基本走向又将发生翻转。据《史记·留侯世家》记载,刘邦打算定都洛阳时,张良认为定都关中更合适:"夫关中左殽函,右陇蜀,沃野千里,南有巴蜀之饶,北有胡苑之利,阻三面而守,独以一面东制诸侯。诸侯安定,河渭漕輓天下,西给京师;诸侯有变,顺流而下,足以委输。此所谓金城千里,天府之国也。"张良将漕运形势分作"安定"与"有变"两种,前者征天下已供京师,后者出京师以制天下。当然,对于建国不久的汉帝国而言,张良之言还是一种设想。到了汉武帝时代,汉朝立国既久,关中人口持续增加,对匈奴的战争旷日持久,导致自东而西的逆向漕运压力倍增。据史家统计,汉初"漕转山东粟,以给中都官,岁不过数十万石",而到了武帝时期,"山东漕益岁六百万石"。④ 为配合天量漕粮的运输需求,朝廷在黄河航线的西端建设了华仓。考古发掘证实,华

---

① 荆三林、宋秀兰、张量、秦文生:《敖仓故址考》,《中原文物》1984年第1期。
② 一些学者主张始建于秦始皇时期。如宋杰引清代《河阴县志》为据,认为"秦始皇时,在敖山置仓积谷"(宋杰:《中国古代战争的地理枢纽》,第171页)。张新斌也认为"敖仓的始建年代应在秦始皇时期"。(张新斌:《敖仓史迹研究》,《中国历史地理论丛》2003年第1期)但观其文献依据,只有《史记正义》曰:"秦始皇时置仓于敖山上,故名之曰敖仓也。"其他如《史记正义》引《括地志》:"秦时置仓于敖山,名敖仓云。"《史记正义》引皇甫谧《帝王世纪》:"秦置仓于其中,故亦曰敖仓城也。"《史记索隐》引《太康地记》:"秦建敖仓于成皋。"均只言"秦置""秦建",并未指明为"秦始皇置"。因此,推断敖仓始建于秦始皇时期,未必准确。庄襄王元年,韩国已献成皋、巩于秦,秦国于庄襄王时期建敖仓也是有可能的。
③ 《史记》卷九七《郦生陆贾列传》,第2694页。
④ 《史记》卷三〇《平准书》,第1418页。

仓位于陕西省华阴市硙峪乡西泉店村南、段家城村北的瓦渣梁,总储能在百万石左右。①

除了东西两端,航道中途也建造了规模巨大的仓储设施。20世纪末,为配合小浪底水利枢纽的建设,文物工作者在河南省新安县仓头乡盐东村发掘了一处建筑遗址。发掘者认为"该建筑是西汉时期国家管理的、为中央政府服务的、带有军事防御性质的仓库建筑"。由于遗址出土有"关"字瓦当残片,以及模印汉成帝年号"永始二年造"的空心砖,发掘者遂将"该建筑遗址与汉代函谷关隘联系起来"。再结合史料所载汉武帝元鼎三年将函谷关从弘农迁至新安的事实,发掘者进而推出盐东仓库建筑的"具体修建年代为西汉武帝元鼎三年至成帝永始二年之间"。对于该仓库建筑的具体功能,发掘简报指出:"遗址上游13公里处为黄河穿越山岭倾注到华北平原的最后一道峡谷——八里胡同","从漕运的角度讲,由于黄河水运险恶,漕运在进入上游复杂的水路以前,应减载或转为陆运,八里胡同的一段峡谷即是进入险恶航程的标志。因此,在进入八里胡同以前,必须寻找合适的地方建筑码头和仓库,以做漕运物资中转之用"。此外,发掘者还认为:"从古代军事角度考虑,此处东南50公里为古都洛阳,西南25公里为古代著名关隘——函谷关,其军事重要性显而易见,而漕运物资又与军事有千丝万缕的联系。古代将此处纳入函谷关的防御体系,由此决定了这个码头与仓库带有很浓厚的军事色彩。"②

如果说仓储设施的建设尚属硬件投入的话,与漕运直接相关的政府机构设置以及人力资源配置则可视为软件投入。其实仓储本身就是一种非常专业化的政府组织,它的运转离不开各层级的管理人员以及大量的劳动力。河关的设置,也对相关吏员规定了具体的职责。张家山汉简有"丞相上备塞都尉书","请为夹溪河置关,诸漕上下河中者,皆发传,及令河北县为亭,与夹溪关相直"。如果有"阑出入、越之,及吏卒主者,皆比越塞阑关令"。简牍整理者注:"夹溪关在今陕县,位于黄河之南,其北为西汉河北县。"③也就是说,上述规定就是针对砥柱河段的航运活动而出台的。由于漕运的基本交通工具是舟船,汉朝还在河、渭交汇处设立了一个相当于县级政权的机

---

① 陕西省考古研究所:《西汉京师仓》,文物出版社,1990年,第60、63页。
② 洛阳市第二文物工作队:《黄河小浪底盐东村汉函谷关仓库建筑遗址发掘简报》,《文物》2000年第10期。
③ 张家山二四七号汉墓竹简整理小组编:《张家山汉墓竹简〔二四七号墓〕》(释文修订本),第88页。至于对"越塞阑关"的处理,律文曰:"越塞阑关,论未有□,请阑出入塞之津关,黥为城旦舂;越塞,斩左止(趾)为城旦;吏卒主者弗得,赎耐"。见同书第83页。

构,即"船司空","本主船之官,遂以为县"。① 从其名称来看,当地官员显然负有舟船建造、维护、调拨等职责。

《史记·平准书》载卜式事迹,其履历中有"迁为成皋令,将漕最"的记录,表明漕运所经之处的地方官负有"将漕"之责。西汉末年以"威严"著称的能吏朱博,曾"徙为并州刺史、护漕都尉,迁琅邪太守",②护漕都尉即中央所设管理漕运的职官。③ 此外还有"河师"。《后汉纪·孝献皇帝纪》载汉献帝从长安东归洛阳,道经陕县,追兵甚急。有扈从者"欲令车驾御船过砥柱,出孟津"。宗正刘艾坚决反对:"臣前为陕令,知其险。旧故有河师,犹有倾危,况今无师。"④所谓"河师",是指熟悉黄河水情的人。⑤ 从刘艾之言可知,这批人在承平时期担当的社会角色应是黄河漕运的指导者、顾问。虽然他们很可能并非在政府的组织下开展工作,但由国家层面经营的漕运工作无疑是他们活跃于黄河两岸的基础性因素。

四、秦汉砥柱段漕运的困境及其应对举措

沿河设仓、地方"将漕"、专业指导等行为往往是在尊重黄河河道自然形态的前提下进行的,很少涉及改善河道通行条件本身。然而,黄河漕运基本面貌,以及所面临的许多问题,在根本上其实都是恶劣的通行条件造成。比如河南省新安县的仓储设施,发掘者认为是为了便于漕船西行时减载,如果不这么做,很可能会在砥柱河段的激流险滩中倾覆。但仓储也有其短板,减载固然提升了安全系数,与此相伴的是,单船运载量变小,停靠的时间成本

---

① 《汉书》卷二八上《地理志上》,第1543—1544页。
② 《汉书》卷八三《朱博传》,第3399页。
③ 《后汉书》卷一《光武帝纪下》:建武七年:"二月辛巳,罢护漕都尉官。"有学者据此分析道:"此时离建武十二年底统一天下,尚有六年,光武已确定帝国之首都为洛阳,不会变更,此后不复漕运西往关中,故罢护漕都尉官。"(廖伯源:《秦汉史论丛续编》,中华书局,2018年,第56页)其实不然,东汉虽撤销护漕都尉官,但"漕运西往关中"的情形仍然存在。参见下节所引东汉漕运栈道题记。
④ [东晋]袁宏:《后汉纪》,第544页。
⑤ "师"在秦汉语境中既可指军队,也可指特殊技能的人才,如文化方面的"学师",手工业方面的"石师""工师"等。但有的时候,军队之"师"与手工业之"师"未必就是截然两分的,比如官办的铁官、铜官、工官之类,其人员流动的自由度很低,需听命行事。这一点与军队是相通的。有鉴于此,所谓"河师",或许也可理解为由政府组织的专事黄河漕运的人员。但《旧唐书》卷四九《食货下》曰:"江南百姓不习河水,皆转顾河师、水手,更为损费。"观此"河师",既然可由百姓雇佣而得,则显系自由之身,而无官方色彩。因此,笔者倾向于认为汉代"河师"为自由职业者。还有一种意见认为"河师"是指"熟知三门水情的船夫"。(中国科学院考古研究所编:《三门峡漕运遗迹》,科学出版社,1959年,第65页注释②)笔者认同河师具有"熟知三门水情"的特征,但不认为他们仅仅是"船夫"。因为"学师"显然不是一般的学习者,"工师"也并非一般的工匠。

也大幅增加。为了进一步提高运输效率，更为切近的做法还是对河道的通航条件进行优化。当然，以秦汉时代的技术水平，疏浚水下险滩的空间很小，通常情况下，只能将目光投向两岸的悬崖，开凿栈道以辅助行船。

1997年，河南省新安县八里胡同河段发现了栈道，由于石刻题记曰："贺晃领师①五千人修治此道。天大雨。正始九年正月造"，学者判断这段栈道"至迟在三国时期就已凿成"，"它的初创有可能在东汉时期"。② 这样的判断不仅在逻辑上较为合理，而且也可与此前早已发现的题记相印证。20世纪50年代修建三门峡水库时，三门之一的人门栈道上曾发现摩崖石刻，其中一处的文字是"和平元年六月十四日，平阴李兒□□造"，研究者认为刻于东汉桓帝和平元年。③ 此为黄河栈道开凿于东汉时期的确证。不过，桓帝时代已处于东汉后期，虽说按照普遍行为在前、点滴遗迹留后的一般规律，似可推论东汉前期很可能已开凿栈道，但尚缺乏实证。幸运的是，大约在发现八里胡同栈道题记的同期，山西考古工作者在垣曲县五福涧村栈道岩壁上又发现了建武十一年题记，分上下两段，上段刻"建武十一年□月□日官造□遣匠师专治□□〔积临水〕水□"，下段文字为"时遣石匠□〔赤〕□〔知〕石师千人"。考察人员经过论证之后，推断"建武十一年"指的应是东汉光武帝建武十一年。如此一来，黄河漕运栈道的始凿年代已可追溯到东汉初年甚至更早。

垣曲栈道考察者即认为黄河栈道的历史可早至西汉。他们注意到《汉书·沟恤志》的一条记录：汉成帝鸿嘉四年，大臣杨焉建议："从河上下，患底柱隘，可镌广之。""上从其言，使焉镌之"。进而就这条材料论述道："底柱所在之三门峡，是黄河漕运最险要难行之处，修治此处，一方面需开通河道，便于船筏通过，另一方面也需修凿栈道，便于纤夫挽船。因此可以说，黄河栈道的始建时间当不晚于西汉。"④考察者首先认为改善通航条件可采取两种做法，一种为"镌广"，即拓宽河道，欲达此目的，水上水下皆须用功，相对较难；另一种为两岸施工，修凿栈道，相对较易。他们之所以推论栈道始

---

① "师"，原释文作"帅"。但有学者认为，"'师'为魏晋南北朝时期对工匠的称呼"，"领帅"应是"领师"（陈晓捷：《黄河八里胡同栈道两则题记录文勘误》，《文物》2003年第12期）。兹从之。

② 河南省文物管理局等编：《黄河小浪底水库考古报告集》，黄河水利出版社，1998年，第65、76页。后来勘测报告在《文物》发表时，考察者说："八里胡同栈道的开凿应在东汉时期，规模形成于三国时期"，表述更为谨慎周密。参见洛阳市第二文物工作队《黄河八里胡同栈道的勘测》，《文物》2002年第11期。

③ 中国科学院考古研究所编：《三门峡漕运遗迹》，第43页。

④ 张庆捷、赵瑞民：《黄河古栈道的新发现与初步研究》，《文物》1998年第8期。

修不晚于西汉,关键的论证逻辑在于,从情理上讲,想到了更难的办法,那就没有理由想不到相对简单的办法。笔者以为,这个逻辑是成立的,栈道始修年代不晚于西汉的论断可从。

尽管汉代社会为提升漕运效能、改善通航条件投入很大,但漕运本身是一项极苦的差事,所谓"丁壮苦军旅,老弱罢转漕",①看似对运输工作的倦怠情绪只有连年征发状态下的"老弱"人员才有,②其实这种情绪绝不局限于特定情态下的特定人群,而是汉代社会的普遍心态,由此也就不难理解,为何汉代尤其是西汉时代不乏漕运的批评者。典型的批评者如盐铁会议时的儒生们,他们认为秦朝行商鞅残苛之政,致使"从军者暴骨长城,戍漕者辇车相望,生而往,死而旋",不仁不义,终至于二世而亡。论史而及于现实,他们又指斥汉武帝"保胡、越,通四夷","与人以患",导致了"甲士死于军旅,中士罢于转漕"的严重后果。此外,他们还认为汉武帝"泾、渭造渠以通漕运",如同"东郭咸阳、孔仅建盐、铁",是"策诸利"的短视行为。③

然而并不是所有人都从民本的道德立场出发对漕运进行挞伐。比较而言,务实的士大夫虽然承认漕运有伤民的一面,但往往对朝廷持有同情,强调漕运的"不得已"。他们声称"饬四境所以安中国也,发戍漕所以审劳佚也",实施漕运为国家安全提供了有力保障,使"长城之内,河、山之外,罕被寇灾",皇帝于是"下诏令,减戍漕,宽繇役。初虽劳苦,卒获其庆"。④ 简单说,漕运可谓先苦后甘,体现了执政者的良苦用心。问题在于,解"圣人"心思者能有几人?当转漕之苦实实在在地落于每一个参与者肩头时,"罢于转漕"的情绪是任何人都无法抹去的,而凿栈道、鞔漕船非但不能减轻劳作之苦,这些行为本身就是苦难的来源。那么,为了应对批评的声音,为了实质性地减轻漕运带来的苦难,为砥柱河段的漕运找寻替代路径,自然便成为有识之士的思考方向。

《史记·河渠书》载,汉武帝时,河东太守番系言:"漕从山东西,岁百余万石,更砥柱之限,败亡甚多,而亦烦费。穿渠引汾溉皮氏、汾阴下,引河溉汾阴、蒲坂下,度可得五千顷。五千顷故尽河壖弃地,民茭牧其中耳,今溉田之,度可得谷二百万石以上。谷从渭上,与关中无异,而砥柱之东可无复

---

① 《史记》卷七《项羽本纪》,第328页。
② 谶纬作为干预政治的一种方式,也将转漕纳入视野。比如《开元占经》卷三二引《黄帝占》:"荧惑守南斗百日,五谷出,妇女转漕。"([唐]瞿昙悉达:《开元占经》,九州出版社,2012年,第324页)显然,妇女转漕在当时人看来是极不正常的情形。
③ 王利器:《盐铁论校注》,中华书局,1992年,第132、463、471—472页。
④ 王利器:《盐铁论校注》,第489、520页。减漕事见元凤二年六月诏:"朕闵百姓未赡,前年减漕三百万石"。《汉书》卷七《昭帝纪》,第328页。

漕。"此说的意图是通过提升河东地区的粮食生产能力,以满足关中之需。"天子以为然,发卒数万人作渠田",但结果是"数岁,河移徙,渠不利"。番系设想的粮源尚局限于河东,而汉宣帝时耿寿昌奏言:"故事,岁漕关东谷四百万斛以给京师,用卒六万人。宜籴三辅、弘农、河东、上党、太原郡谷足供京师,可以省关东漕卒过半。"① 显然已将筹粮的范围扩大了许多,并且在很大程度上体现了商业运作的色彩。

到了东汉时期,出于平定羌乱的需要,关中仍然需要东方的粮食供应。② 为此,朝廷甚至将目光投向了太行山以东。史载汉明帝永平年间"理滹沱、石臼河,从都虑至羊肠仓,欲令通漕"。③ 滹沱河、石臼河在常山,羊肠仓在太原,明帝时期此项漕运工程显然是跨越太行山区的。其最终目的,郦道元认为并非止于"转山东之漕,自都虑至羊肠仓",而是要进一步"凭汾水以漕太原,用实秦晋"。④ 然而,此次尝试也没有成功。"太原吏人苦役,连年无成,转运所经三百八十九隘,前后没溺死者不可胜算",章帝时期"遂罢其役"。⑤

除了翻越太行的设想,还有人瞄准秦岭,"上书欲通褒斜道及漕事"。上书者认为:"今穿褒斜道,少阪,近四百里;而褒水通沔,斜水通渭,皆可以行船漕。漕从南阳上沔入褒,褒之绝水至斜,间百余里,以车转,从斜下下渭。如此,汉中之谷可致,山东从沔无限,便于砥柱之漕。"但这个想法实施后,"道果便近,而水湍石,不可漕",仍以失败告终。⑥

上述尝试都是在黄河以外索解漕运的困境⑦,而最富于想象力的则是齐人延年的计策,他上书武帝曰:"河出昆仑,经中国,注渤海,是其地势西北高而东南下也。可案图书,观地形,令水工准高下,开大河上岭,出之胡中,东注之海。如此,关东长无水灾,北边不忧匈奴,可以省堤防备塞,士卒转输,胡寇侵盗,覆军杀将,暴骨原野之患。天下常备匈奴而不忧百越者,以其

---

① 《汉书》卷二四上《食货志上》,第 1141 页。
② 有学者曾提出一个疑问:"东汉都城已不在关中,而是迁到了河南的洛阳,开展这样的漕运活动目的是什么呢?"他认为一个"重要原因"是"东汉的西北平羌军需"。张晓东:《秦汉漕运的军事功能研究——以秦汉时期的漕仓为中心》,《社会科学》2009 年第 9 期。
③ 《后汉书》卷一六《邓禹传附子训传》,第 608 页。
④ 陈桥驿:《水经注校证》,第 157 页。
⑤ 《后汉书》卷一六《邓禹传附子训传》,第 608 页。
⑥ 《史记》卷二九《河渠书》,第 1411 页。
⑦ 建武六年冬,诏曰:"顷者师旅未解,用度不足,故行什一之税。今军士屯田,粮储差积。其令郡国收见田租三十税一,如旧制。"何焯曰:"观此诏,光武所以能削平盗贼、不忧转漕者,以军士屯田。"([清]何焯:《义门读书记》,第 353 页)屯田的确是避开砥柱漕运的方法,但就光武帝前期的局势而言,敌对势力不一,此法可能所在多有,不局限于某个具体的片区,也未必是针对漕运负担而发。本文不论。

水绝壤断也。此功壹成,万世大利。"①这个想法的核心内容是直接在上游施工,使黄河改道。其具体做法可能是"开凿位于北河北岸附近的阴山山脉,由北河导黄河水出阴山北麓的漠南地区,东流后再复归渤海"。之所以能有此计策,学者认为其中一个原因是汉武帝时代"汉匈关系及治理河患成为朝野共同关注的焦点",在此现实背景下,"许多布衣之士的上书往往更喜欢作惊人之语,以期引起人主之重视"。②学者所谓"惊人之语",是对延年此计的恰当定性。的确,汉武帝览奏后耳目一新,"壮之"。但他的头脑仍保持清醒,报曰:"延年计议甚深。然河乃大禹之所道也,圣人作事,为万世功,通于神明,恐难更改。"这一次,汉武帝根本没有打算去尝试,他深知,以当时的技术条件,延年的计策完全不具备可行性。

有学者指出:"在中国历史上,统一战争的作战主轴线曾有过一个重大的变化,即由东汉之前的东西轴线转变为三国以降的南北轴线。"③与此相应,对东汉之前文化格局最为宏观的描述方式便是山东与山西或关东与关西的两分法。这样的东西轴线与东西分法,并没有因为东汉定都洛阳而发生根本性改变。因此,我们可以看到,东汉时代仍然对黄河砥柱段漕运通道进行修整。只不过,与之前相比,这个时期的漕运对于帝国的意义已有所不同。砥柱段漕运伴随着秦兼并天下的历史进程而发端,在政治中心居于关中的秦与西汉,漕运不仅要服务于北边、西边军事活动,还要供应关中,维持帝国心脏的跳动。而到了东汉,定都洛阳使砥柱段的黄河漕运卸下了维护帝国中枢运转的沉重负担,角色逐步单一化,成为一条主要用来巩固西部边防的物资运输通道。某些核心功能的剥离意味着砥柱段漕运的历史地位在下降,直到唐代,随着关中再次成为政治中心,它才又一次书写了中国古代交通史上浓墨重彩的一笔。

第三节　三河地区对边地事务的参与及其内部差异

三河地区虽然属于汉王朝统治的核心区域,但该地区对汉代历史的贡献并不仅仅局限于京畿重地的角色,对于汉代边地事务,三河地区亦有较大

---

① 《汉书》卷二九《沟洫志》,第1686页。
② 宋超:《齐人延年决河出"胡中"考略》,收入氏著《秦汉史论丛》,中国社会科学出版社,2012年,第113、116页。
③ 黄朴民:《秦汉统一战略研究》,中国人民大学出版社,2007年,第132页。

程度的参与。目前为止,在汉代张掖郡、敦煌郡的屯戍、邮驿遗址中发现了大量简牍,这些材料有助于深化对汉代三河内郡与西北边地问题相互关系的认识。①

一、来自三河地区的戍卒统计

1. 河南籍戍卒

雒阳

（1）戍卒河南郡雒阳
　　安里公上郭医　　　　　　　　　　　　　　　一五五五②

成皋

（2）第十三隧戍卒河南郡成皋宜武里公乘张秋年卅四
　　　　　三石具弩一
　　　　　槀矢铜鏃五十　　　　　　　　　　　214·7③

宛陵

（3）田卒河南郡宛陵邑□□里公乘□□□　　　　218·13

原武

（4）□田卒河南郡原武饶安里奚间□　　　　73EJT8∶89A④

京

（5）田卒河南郡京从里公乘□青年卅三　　　73EJT14∶8

缑氏

（6）戍卒河南郡缑氏北昌里房幸年三十五　第六车　25·1⑤

有学者在统计之后,认为屯戍张掖郡的河南戍卒来自4个县：缑氏、原武、

---

① 本节大量内容是对汉简资料的统计,由于目前发掘的简牍资料只是历史信息的一部分,数据并不完整,这势必导致统计结果存在瑕疵。因此,笔者的统计只对目前已面世的资料有效。这是需要事先说明的。
② 甘肃省文物考古研究所：《敦煌汉简》,中华书局,1991 年。以下用汉语数字标出简号的皆出自该书。
③ 谢桂华、李均明、朱国炤：《居延汉简释文合校》,文物出版社,1987 年。以下单纯用阿拉伯数字标出简号的皆出自该书。
④ 甘肃简牍博物馆等：《肩水金关汉简》（壹）（贰）（叁）,分别由中西书局于 2011 年、2012 年、2013 年出版。以下用"73EJT"为编号前五位的简文皆出自该书。
⑤ 《居延汉简释文合校》写作："□氏北昌里房安年三十五　第六车"。兹据邢义田《"中研院"史语所藏居延汉简整理近况简报（1998—2000）》一文录出。参见氏著《地不爱宝：汉代的简牍》,中华书局,2011 年,第 484 页。

成皋、宛陵邑,屯戍敦煌郡的来自洛阳,目前可以确定的河南郡戍卒来源地有 5 个。但根据上列简文来看,还应增补京县,总计 6 县 6 人次。

2. 河东籍戍卒

安邑

(1) 戍卒河东郡安邑尊德里张常☐
　　　☐衣橐封以私印　　　　　　　　　　　210·26
(2) 戍卒河东安邑☐里　白☐☐☐一领　　常韦二两
　　　皁布单衣一　　　　☐袜☐　　　　285·25
(3) 府卒河东卷里张☐　　　　　　　　　E.P.T10:18①
(4) 河东安邑下叶里家庆到居延延水常为官山薪今年二月甲申去署亡
　　　亡时斋孰饭数斗　　　　　　　　　73EJT7:3
(5) 河渠卒河东安邑贾里公乘王☐　　　　73EJT7:33
(6) 治渠卒河东安邑陵里公乘垣贺年卅三☐　73EJT26:34

皮氏

(7) 河渠卒河东皮氏毋忧里公乘杜建年廿五　　140·15
(8) 戍卒河东皮氏成都里上造傅咸年二十　　　533·2
(9) 戍卒河东郡皮氏长子里赵乐世　四石具弩　一六六三
(10) 治渠卒河东皮氏还利里公乘☐☐☐年卅长七尺四寸　73EJT7:2
(11) 戍卒河东皮氏平居里公乘阳☐安年卅二　☐　73EJT14:6
(12) ☐☐戍卒河东皮氏　　　　　　　　73EJT32:67

汾阴

(13) 戍卒河东郡汾阴高泛里张贤　三石具弩　一六三六
(14) 戍卒河东郡汾阴南池里耿禹假赤循鸠尾折　一六四
(15) 戍卒河东郡汾阴宜都里杜充　所假姑臧赤盾一桂两端小伤各一所
　　　　　　　　　　　　　　　　　　　一七三〇
(16) 治渠卒河东汾阴承反里公乘孙顺年卅三　出　73EJT3:50

---

① 居延汉简74·4:张掖都尉章
　　　　　肩水候以邮行
　　　　　九月庚午府卒孙意以来
此府卒从事文书传递。文书来自张掖都尉,则"府卒"似指服务于都尉府的戍卒。汉简还可见到"守府卒人"之称,如敦煌汉简二二三〇(A)、敦煌悬泉汉简Ⅱ0214③:83(A)。另有"护府卒史",如肩水金关汉简73EJT10:81 以及73EJT10:147。所谓"府卒"可能近似于"守府卒人",而"护府卒史"属于吏员,与从事传递文书的"府卒"并非同一类人。

北屈

(17) 戍卒河东北屈贾害年廿六　　　　　　　　　　　　35·23

(18) 戍卒河东郡北屈务里公乘郭赏年廿六　庸同县横原里=公乘間
　　　彭祖年卅五　　　　　　　　　　　　　　　E.P.T51：86①

(19) 戍卒河东北屈东邑里张奉上　　皁布袍一领　出　　緹行破一　出
　　　　　　　　　　　　　　　白练来袭一领　出　尚韦二两一　出
　　　　　　　　　　　　　　　皁布单衣一领　出　狗皮练二两一出
　　　　　　　　　　　　　　　皁布绔一两　出　　　一六八六

襄陵

(20) 临泽隧卒河东襄陵平望里马长　☐　　　　　　　二六〇

(21) 临泽隧卒河东襄陵平望里马长居　　　　　　　　八七一

绛邑

(22) 从卒河东绛邑亭长枚［段］年［卌］　　　　　　121.16

(23) 戍卒河东绛邑世里王谊　☐　　　　　　　　　　E.P.T65：379

　　　　　　　　　　　　　皁☐复绔一两
(24) 戍卒河东绛邑兰里☐逢除　皁单衣一领
　　　　　　　　　　　　　　布单襦一领
　　　　　　　　　　　　　　布绔一两　　E.P.S4.T2：11

解

(25) 河渠卒河东解监里傅年年廿六　☐　☐　☐　　　73EJT7：41

(26) 治渠卒河东解临里李骊年卅五长七尺三寸黑色　　73EJT10：112

临汾

(27) 戍卒河东郡临汾☐　　　　　　　　　　　　　　73EJT23：568

(28) 戍卒河东临汾奇利里许武年卅一　　☐　　　　　73EJT23：657

长修

(29) 戍卒河东长修甘来里赵复　　　　　　　　　　　E.P.T51：216

(30) ☐……长修车父功孙☐☐　　　　　　　　　　　E.P.T5：108

狐讘

(31) 治渠卒河东狐讘山里董凡　年廿五长七尺黑色☐　73EJT9：27

闻喜

(32) 闻憙邑高里傅定　　男弟二人　☐☐☐☐　☐

---

① 甘肃省文物考古研究所等：《居延新简》，文物出版社，1990年。以下用"E.P"为编号前两位的简文皆出自该书。

　　　　　　庸同县鱼庐里郅羌　　弟妇二人　　同里传孙□任□
　　　　　　　　　　　　　　□八　　同里传□□□
　　　　　　　　　　　　　　　　　　同里阎□任□　　　　73EJT24：321

戱

（33）河东戱第四车父直□　　　　　　　　　　　　　　E.P.T8：9

未知县邑

（34）显明隧戍卒河东郡□新里魏宜生　　绶细胡一□□一长四寸一长
　　　三寸　　　　　　　　　　　　　　　　　　　　　　六八六

（35）河东戍卒第十六车□　　　　　　　　　　　　　73EJT23：608

（36）戍卒河东阳□□　　　　　　　　　　　　　　　　　44·28

（37）□朔己未　戍卒河东□　　　　　　　　　　　　　85·38

　　有学者在对河南籍戍卒进行统计后，认为屯戍张掖郡的河东戍卒来自八个县，分别是：安邑、解、汾阴、皮氏、长修、北屈、绛邑、狐讘，而屯戍敦煌郡的来自四县：汾阴、皮氏、襄陵、北屈。① 可知的西北边地的河东籍戍卒来自安邑、解、汾阴、皮氏、长修、北屈、绛邑、狐讘、襄陵九县。不过，笔者以为还有进一步申述及补充的必要。

　　首先可以明确的是，根据简（27）（28）的记载，应当增补临汾为河东籍戍卒的来源地，这是毋庸置疑的。但更需要关注的是上引诸例中未明言戍卒的简文，比如简（4）即是如此，但从"为官山薪"却"居署亡"的情形来看，应为担负一线劳作且受到严格管束的戍卒。不过，该简当事人是否为戍卒，对戍卒来源的统计结果并无太大影响，毕竟有其他简文可以直接证明有来自安邑的戍卒。另有几条简文则对结论影响甚大。

　　简（30）既无"河东"字眼，又无"戍卒"字眼，不过，据《汉书·地理志》，西汉河东郡有长修县，有学者即认为此简中"郡名'河东'缺失"，简文所涉当事人应与河东郡有关。而关于"车父"称谓，居延汉简303·6以及303·1可见"戍卒梁国睢阳第四车父宫南里马广"，居延新简E.P.T57：60可见"第卅二卒王弘车父新野第四车"，② 有学者就此说道："'车父'兼称'卒'或'戍卒'，都说明其身份的双重性"，"'车父'同时又身为'卒'，当大致与主要以转输为职任的所谓'漕卒''委输棹卒'以及'厮舆之卒'之'舆卒'身份相

---

①　赵宠亮：《行役戍备——河西汉塞吏卒的屯戍生活》，科学出版社，2012年，第26、34页。

②　上引简（33）曰："河东戍卒第十六车□"，似乎也应是称"车父"为"戍卒"的文例。

近。"并且最终得出"'车父'与'鄣卒''戍卒'身份之一致"的结论。① 笔者以为这样的分析很有道理。据此,简(30)也是有关戍卒的记录。同理,简(33)亦为戍卒。② 相应的,河东籍戍卒来源应增补彘县。

简(32)亦未明言戍卒,但西北汉简中存在不少反映取庸代戍事实的记录。如居延汉简49·32号:"戍卒南阳郡鲁阳重光里公乘李少子年廿五庸同县囗囗里公乘囗☑";居延新简EPT52·227号:"戍卒东郡清囗成里宿囗囗庸同县☑";敦煌酥油土81.D38:51号简:"戍卒济阴郡定陶堂里张昌 庸定陶东阿里靳奉。"③仿照简文惯例,此简也应该是戍卒取庸代役的记录。

根据以上分析,笔者认为,河东籍戍卒来源应在之前九县基础上增加临汾、彘、闻喜三县,总计12县37人次。

表九　河东各县戍卒表

安邑	皮氏	汾阴	北屈	襄陵	绛
210·26	140·15	一六三六	35·23	二六〇	121.16
285·25	533·2	一六四九	EPT51:86	八七一	EPT65:379
EPT10:18	一六三	一七三〇	一六八六		EPS4T2:11
73EJT7:3	73EJT7:2	73EJT3:50			
73EJT7:33	73EJT14:6				
73EJT26:34	73EJT32:67				

解	临汾	长修	狐讘	闻喜	彘
73EJT7:41	73EJT23:568	EPT51:216	73EJT9:27	73EJT24:321	EPT8:9
73EJT10:112	73EJT23:657	EPT5:108			

3. 河内籍戍卒

共

(1) 戍卒河内郡共昌国里薛毋危年卅一　　三石承弩一　靳干一
　　　　　　　　　　　　　　　　　　　　有方一　靳幡一　　☑
　　　　　　　　　　　　　　　　　　　　弩幡……隧☑

E.P.T58:31

---

① 王子今:《秦汉称谓研究》,中国社会科学出版社,2014年,第167、173、177页。
② 肩水金关汉简73EJT7:107:"右安邑第一车廿☑(A)",似与车父有关。但该简B面为"右第一车廿人",由此推断,A面文字应是对车父人数的统计,不是某位具体车父的历史记录,因此笔者不将其列入统计数据。
③ 以上三条简文均见于谢桂华《汉简和汉代的取庸代戍制度》,载《秦汉简牍论文集》,甘肃人民出版社,1989年。该文所录此类取庸代戍简还有很多,不赘引。

山阳

(2) 山阳亲阳里魏偃　第廿三隧……　　　　　　　E.P.T56：86

修武

(3) 修武县寺廷里王平　皂复袭一领封　钱百封
　　　　　　　　　　　韦绔一封
　　　　　　　　　　　布复袭一领衣
　　　　　　　　　　　布襜褕一领衣　袜一两封　　E.P.T56：69

荡阴

(4) □内郡荡阴邑焦里亥告曰所与同郡县□☑
　　□死亭东内中东首正偃冒冥□吟两手捲足展衣☑
　　□当时死身完毋兵刃木索迹实疾死审皆证☑　　E.P.T58：46

野王

(5) 令史河内郡野王东乐里大夫李未央年册七□　　73EJT22：56

以上诸简，虽然明确标识"戍卒"身份的只有简(1)，但简(2)(3)(4)根据内容来看，比较容易判断与戍卒有关。因此，有学者认为河内戍卒来自四县，分别是山阳、共、修武、荡阴。① 这个说法没有错误，但存在不足，因为其似乎忽略了简(5)的存在。表面看来，简文中的李未央拥有行政职务，是戍吏而非戍卒。不过，超越现职，回溯过往，李氏不可能一直就是戍吏，他的成长过程中，亦可能经历戍卒阶段，这种可能性并不能完全排除。

有学者曾指出："凡戍守敦煌、张掖边防的基层官吏均由本郡人充任，外籍者少见。"②然而，具体到令史一职，居延汉简216·9："渠候令史汉中郡成固堤里李东昌"，表明任职于河西汉塞的令史亦有来自内地者。因此，简(5)中的李未央也有可能是在边地担任令史的河内人。不过，单看简(5)的话，还有一种可能性，也应当注意。

学界对职官的研究表明："令史不仅是县吏，更是县级行政单位之吏。县级行政单位，不仅包括地方行政系统的县邑侯国，也包括军事系统的候官、千人、司马，及中央列卿下属各官如少府之尚书、黄门、织室等，大概西汉时期长官秩次在六百石左右的行政机构都可视为与县平级。令史不仅是县

---

① 赵宠亮：《行役戍备——河西汉塞吏卒的屯戍生活》，第26页。
② 何双全：《汉代戍边士兵籍贯考述》，《西北史地》1989年第2期。

邑侯国的属吏，也是候官、尚书等机构的属吏。"①也就是说，内地县级政权以及边地戍守机构均有令史设置。有鉴于此，李未央未必就在边地任职，也有可能是任职于本郡的令史，需要临时赴边办事。居延新简有如下记录：

  制曰下丞相御史臣谨案令曰发卒戍田县侯国财令史将二千石官令长吏并将至戍田所罢卒还诸将罢卒不与起居免削爵☐　E.P.T51：15

简文表明：来自县、侯国的戍卒从本地启程时，应由县令史、侯国令史带领，在郡国长吏的统一指挥下前往边地。而居延汉简有曰：

  入钱六百　隧长☐☐☐月乙酉佐博卖茭二束魏郡侯国令史马谷所
                  269·6

隧长与魏郡侯国令史直接进行交易，说明确实存在内地县或侯国令史赴边的情形。那么，简(5)当事人李未央到底属于哪一种情形呢？笔者以为，李氏应是内郡人在边地担任戍吏，而非河内郡野王县令史因送卒而临时赴边。理由如下：

  汉简在录及某位令史时，大体采用三种格式。第一种是"令史+人名"，极为常见，主要用于文书末尾的经办人署名。如

  ☐☐☐年十月丁亥朔己巳☐☐☐☐☐敢言之万年里男子乐意自言为家私
     ……行丞事　　　　　／掾武☐令史凤　　73EJT26：86
 ☐毋官狱征事当得取传谒移过所县邑部亭毋苛留
          ☐☐县邑　／守令史尊　73EJT26：210

第二种格式是"任职机构+令史+人名"，也比较常见，用于对具体情况的描述。如

  初元三年三月乙卯朔甲申仓令史明以官☐　　　73EJT11：31A

---

① 李迎春：《秦汉郡县属吏制度演变考》，北京师范大学2009年博士学位论文，第117—118页，导师：王子今。刘晓满亦认为："秦和西汉时期，令史多为县级政府的属吏"，"在边塞体系中，相当于县级政府的候官也设有令史"。刘晓满：《秦汉令史考》，《南都学坛》2011年第4期。

地节三年十一月癸未朔辛丑军令史遂敢言之诏书三辅大常中二千☐
里☐☐自言作日满・谨案☐☐☐☐☐☐☐☐十一月乙酉☐☐☐☐
73EJT1∶126

第三种格式是"令史+籍贯+里名+(爵位)+姓名",不多见,亦用于描述某种具体情况。典型文例如下:

令史䑛得市阳里公乘杨禹年卅五　　斥免☐☐　　32・11

特别需要注意的是,该简并无残断,"令史"置于所有文字的最前方。① 而简(5)曰:"令史河内郡野王东乐里大夫李未央年卅七",在格式上与该简完全相同,均没有明言当事人是哪个机构的令史。不过,简32・11中的杨禹本就是边地人,他所任令史一职,应当就是屯戍机构的,这个推论应不会有太大疑问,因为戍吏绝大部分由边地人担任,这是戍吏选任的习惯做法,这一点也已由学者研究而得到揭示。如果认为杨禹作为一个边地人是到内地某县担任了令史,这既与汉代人口流动的基本方向相左,也不符合内地基层吏员从当地选拔的惯例。

在确认简32・11中的当事人为任职于边地的令史之后,简(5)中李未央所担任的令史亦可以基本判定是从属于西北边地的。因为西北汉简作为屯戍档案,其文法应当统一,否则便会引起歧义,对行政管理造成不必要的麻烦。既然简32・11令文书阅读者一望便知当事人是边地令史,那么,同样格式的简(5)中的令史也应当是边地令史。

另外,从相反的角度来说,假如是内地吏员来到边地,简牍文书往往明确标注其服务的机构。比如上引居延汉简269・6所谓"魏郡侯国令史"即是,再如以下两支简:

入钱六　三月丁巳佐博卖茭一束河东卒史武贺所　　　269・2
新汲令史德里孙世　　☐☐一
　　马☐☐　剑一刀一弓一矢卅二　　　　　　　　　73EJT1∶7

河东卒史是河东太守属吏,关于新汲令史,《汉书・地理志》记载颍川郡下辖

---

① 居延汉简520・12也具有这个特征,其文曰:"令史成汉里王☐世☐"。虽然该简下部残断,后面的文字已不可确知,但内容很可能与此类似。

新汲县,新汲令史即新汲县吏员。而简(5)没有交代李未央是哪个机构的令史,在边地行政管理的特定语境中,也不至于引起歧义。因为阅读这支简的人根据文书体例,便可做出这样的判断:既然没有明言是哪里的令史,那肯定就是边地令史了。

确认了李未央的边地令史身份,接下来便会有一个疑问:一个来自内地河内郡的人为何担任了边地的令史呢?质疑的理由在于这种情形并不符合基层吏员本地任职的惯例。不过,由于赋役制度的强制性,汉代大量的内地人口到边地服役,这便形成了边地吏员非常规选拔的现实条件。居延汉简216·9所载汉中郡李东昌担任渠候令史的事实,已表明非常规选拔的存在。有学者推测:"这位令史可能最初是到边郡服役,期满后即留在了边塞任职。"①这个看法很有道理,毕竟戍吏的成长也需要一个过程。假如李东昌在本郡原是一介平民,赴边之后立即提拔为戍吏,没有管理经验,如何能够胜任?汉代的吏员选拔制度应不会如此鲁莽。再假设李东昌原是汉中成固县令史,他被平调至边地服务了。但是汉代地方官平调局限于郡守、县令等少数高级职官,而本地任职的吏员似乎没有这样的制度安排,实际上也无此必要。因为一个级别并不算高的内郡令史平调至边地,那么,他本人才能该是何等优异?以至于引起了跨区域协调机构的注意。同时,边地基层吏员又是何等匮乏?以至于需要从内郡调入一个没有边地管理经验的人。

否定了直接提拔以及平调这两种情形,现在基本可以判定,来自内郡的边地令史应当如学者所推测的那样,是在边地戍守一段时间之后被留用的。如此一来,简(5)中的李未央也应被视为来自河内的一名戍卒。

根据上述分析,河内郡戍卒的来源总计5县6人次。②

二、三河人士在边地活动的记录

在能够确定的三河籍戍卒之外,西北汉简中还可见到大量不能确定为戍卒身份却活动于边地的三河人士。

1. 河南人士

雒(洛)阳(21人)

河南郡雒阳北乡北昌里公乘□忠年□	334·45
雒阳公乘李充	340·7

---

① 赵宠亮:《行役戍备——河西汉塞吏卒的屯戍生活》,第48页。
② 简(4)涉及同一个郡县的两名戍卒。

雒阳广都里雍寿　　　　　□	73EJT2：64
河南郡雒阳归德里公乘□汉年六十四岁长七尺二寸　二月庚子入　□	
□弩一车一两牛二剑一	73EJT10：129
河南郡雒阳南胡里史高年十五岁□	73EJT10：182
雒阳西猛里公乘　尹自为年廿二岁　　长七尺二寸黑□	
史刑年廿八岁	73EJT10：190
河南郡雒阳围里公乘史安定□	73EJT10：290
河南郡雒阳充鱼里张宽　牛车一两　弩一矢廿四剑一□	
	73EJT21：16
河南郡雒阳邸里赵世　牛车一两十二月壬子入　剑一	
	73EJT21：49
河南雒阳西成里左世　　□车一	73EJT21：55
河南郡雒阳长年里左▆年卅三　步　七月乙亥入	73EJT23：974
河南郡雒阳常富里大夫张益众年廿六岁黑肥长七尺二寸四月甲辰入　牛车一两□	73EJT24：50
河南郡雒阳雨石里张汤　牛车一两　弩一矢十二	73EJT24：242
雒阳宜岁里张放年三十五字高　作者乐得广昌里韩况□□	
狱丞印　　牛车一两用牛二头　　　□	
	73EJT24：248
河南雒阳直里公乘马害年廿八　　□	73EJT24：405
河南郡雒阳褚里公乘李定国年廿八长七尺二寸黑色　□	
	73EJT27：20
河南郡雒阳乐岁里公乘苏之年廿六长七尺二寸黑刑　弓一矢十二　乘方相车一乘马騩牡齿十岁九月甲辰出	73EJT30：266
河南郡雒阳吉阳里柏竟年廿三　牛车一□□	73EJT32：4
河南郡雒阳富□里□□	73EJT24：495
雒阳利长里大□□	73EJT25：159
雒阳士卿东乐里□	73EJT28：95

荥阳(13人)

河南郡荥阳桃邮里公乘庄盱年廿八长七尺二寸黑色　　　　　四月癸卯□	43·16,43·18
荥阳宜秋里杜宣年廿八　字中叔□十二月	62·24
荥阳平安里公乘孟□	131·18

□将车河南郡荥阳	346·39①
荥阳□乐李□年卅八□	73EJT3：37
河南郡荥阳谷京里公乘董置年卅长七尺二寸黑色□	73EJT10：148
河南郡荥阳槐里公乘虞千秋年卅八长七尺三寸黑□	73EJT10：176
□河南荥阳成阴里公乘孙德年卅三　　马一匹车□	73EJT10：427
荥阳始成里程武年卅三　字恩方箱车驳牝马齿十五岁五月壬子出	
	73EJT23：58
荥阳宜都里郭赦年卅字君功　乘方箱驾騾□	73EJT23：108
荥阳西乡春成里□	171·5
河南郡荥阳万□	171·16
□郡荥阳宜秋里公乘□	73EJT9：244

河南(6人)

河南郡河南县北中里公乘游年卅二长七尺二寸黑色□	43·7
河南郡河南县东甘里张□	73EJT24：897
□河南安乐里徐捐之年廿长七尺二寸黑□	73EJT9：137
河南宜成里王葆年卅	73EJT10：157
河南武陵里左奴年廿一	73EJT29：102
□河南县西乡大谢里公□	73EJT14：15

缑氏(5人)

河南郡缑氏武平里程宗年七尺二寸黑色　牛二车一两□	
	73EJT4：52
缑氏闲里杨玄成年卅　字君光氏　正月壬申出三月丙寅	
	73EJT23：146
河南缑氏武平里大夫程宗	73EJT31：38
□缑氏县□□里□□□卅二黑□	73EJT8：25
河南郡缑氏乐阳里□	73EJT29：39

平阴(2人)

河南平阴尉史君阳里公乘魏圣年□	334·46
河南郡平阴乡佐市阴里公乘□	73EJT8：32

谷成(2人)

河南郡谷成陵里长奉亲	73EJT21：120

---

① 此简中的"将车",有学者认为"不仅仅指一种劳作形式,已经是表示特定身份的称谓",拥有"将车"身份的人,"可以为私人'将车',也可以'将'公车为政府服务"。该身份在经济上的一个重要特征可能是"不再拥有所驾御车辆的所有权"。王子今：《秦汉称谓研究》,第184、185页。

河南谷成长阳里大夫师逢年卅长七尺二寸黑色牛车一两剑楯各一　⊐

73EJT25∶5

原武(1人)

河南郡原武南长里公乘王乐年卅长七尺二寸黑☑　73EJT9∶241

平(1人)

河南郡平县河上里公乘左相年廿三长七尺二寸黑色　剑一枚　⊐

73EJT10∶104

偃师(1人)

河南匽师西信里苏解怒　车一两为鱳得骑士利成里田安国邮载肩水仓麦小石卅五石输居延

弓一矢☐二枚剑一　　　　　　　　　73EJT21∶21

故市(1人)

河南故市……苏☐☑　　　　　　　　　73EJT25∶244

未知县邑(1人)

河南郡雒阳缑氏西槐里李实　　　　　　　511·38

根据以上统计,活动于边地的河南人士来自10县,共54人。

表十　河南各县非戍卒表

雒阳	334·45;340·7;73EJT2∶64;73EJT10∶129;73EJT10∶182;73EJT10∶190;73EJT10∶290;73EJT21∶16;73EJT21∶49;73EJT21∶55;73EJT23∶974;73EJT24∶50;73EJT24∶242;73EJT24∶248;73EJT24∶405;73EJT27∶20;73EJT30∶266;73EJT32∶4;73EJT24∶495;73EJT25∶159;73EJT28∶95			21
荥阳	43·16;62·24;131·18;171·5;171·16;346·39;73EJT3∶37;73EJT9∶244;73EJT10∶148;73EJT10∶176;73EJT10∶427;73EJT23∶58;73EJT23∶108			13
河南	43·7;73EJT9∶137;73EJT10∶157;73EJT14∶15;73EJT24∶897;73EJT29∶102			6
缑氏	73EJT4∶52;73EJT8∶25;73EJT23∶146;73EJT29∶39;73EJT31∶38			5
平阴	334·46;73EJT8∶32			2
谷成	73EJT21∶120;73EJT25∶5			2
原武	73EJT9∶241	平	73EJT10∶104	偃师	73EJT21∶21	3
故市	73EJT25∶244	未知县	511·38			2
共计10县54人次				

2. 河东人士①

安邑②(2 人)

  ☐郡安邑女阳里上造奇丰☐☐   E.P.T59：276

  ☐安邑万年里公乘段☐   73EJT14：40

皮氏(5 人)

  ☐河东郡皮氏

  ☐里王殷昌衣装橐   E.P.T59：363

  河平四年二月甲申朔癸卯河东大守舒谓过所邑遣皮氏佐司马带送卒敦煌郡舍传舍从者如律令

  出粟二斗四升 以食河东皮氏佐司马带送卒从者一人凡二人往来积八食食三升   ⅡT0215②：40；ⅡT0214②：228

  皮氏阳里靳于年廿八☐   73EJT3：69

  ☐皮氏䣦里王雷年卌八☐   73EJT3：88

  河东皮氏富里公乘孙盖年廿八 长七尺二寸☐ 73EJT14：5

北屈(1 人)

  河东北屈☐头里常舜年廿六   15·6

襄陵(1 人)

  河东襄陵阳门亭长邮里郭强长七尺三寸   37·42

狐讘(1 人)

  河东狐讘京良马里魏谭 十见   E.P.T51：67

猗氏(1 人)

  河东猗氏宜秋里令狐虞 自言☐   E.P.T51：380

河北(1 人)

  ☐☐河东郡河北宁居里公乘李贤之☐☐   E.P.T52：784

---

① 敦煌小方盘城出土的一支简，整理编号为 T17N25，上有"东郡闻喜"字样。(简牍整理小组:《居延汉简补编》,"中央"研究院历史语言研究所,1998 年,第 236 页)文字信息显然是不完整的。实际上该简上端残断,应可补"河"字。林梅村、李均明将简文写作"☐东郡闻喜☐"，甚是。(参见二人合编《疏勒河流域出土汉简》,文物出版社,1984 年,第 70 页)另外,居延汉简 305·9A 可见"河东"二字,居延新简 E.P.T4：111："☐☐河车☐☐☐","车"字可能为"东"字误释。可惜这几支简的文字信息太少,除了小方盘出土的那一支外,其余两支是否与河郡有关亦不可知,遑论其内容是有关戍卒的,抑或仅仅是活动于敦煌郡的河东人士。

② 居延新简有如下简文："充辞曰上造河东安邑庞氏里年二十桼岁姓梁氏"(E.P.T5：5)这是在应答中谈到河东安邑某人,不能确定此人是否在边。

绛邑(2人)

  ☑河东绛邑定里

  ☑承衣装橐   E.P.T59:365

  鸿嘉三年六月壬寅朔壬申河东绛邑西乡☑   73EJT23:307

骐(1人)

  河东骐□阳里梁□孙☑   七二二

长修(1人)

  河东长修宜寿里李贸年卅七   ☑   73EJT8:24

平阳(1人)

  河东平阳弟里公乘☑   73EJT23:16

杨(1人)

  河东杨徐德年卅四   ☑   73EJT24:863

临汾(2人)

  阳朔三年五月廿八日河东临汾邑□☑   279·8

  河东临汾南署里董温☑   73EJT25:94

解(1人)

  河东解亭长弃世年卅七   ☑   73EJT25:90

周阳(1人)

  河东周阳马邑里郭财   坐四斛☑   73EJT21:441①

未知县邑(2人)

  河东池北吕弘 牛车一两 剑一□一   73EJT24:241②

  入钱六 三月丁巳佐博卖荚一束河东卒史武贺所   269·2③

根据以上统计,活动于边地的河东人士共有来自16县的24人次。④

---

① 简文中的"周阳",肩水金关汉简整理者释作"定阳",应以"周阳"为是。参见本书第二章第三节。
② 《汉书·地理志》河东无池北县,故置于未知县邑中。
③ 居延汉简269·6:"入钱六百 隧长□□□月乙酉佐博卖荚二束魏郡侯国令史马谷所直",与此简格式相同。魏郡侯国为内地行政区划,则此简中的"河东"亦当为内郡之名。另外,居延汉简300·6:"□奉延所□尽□□赐河东□卒吏余半月酒直",其中的"河东□卒吏"可能也是河东郡赴边人员。还应注意的是,居延汉简284·34:"廿八收河东左尉丞食平贾",由于汉代文物资料所见左右尉皆为县级官员,此"河东左尉"不知何解。
④ 未知县邑姑且算作一县。

表十一　河东各县非戍卒表

皮氏	EPT59：363；ⅡT0215②：40+ⅡT0214②：228；73EJT3：69；73EJT3：88；73EJT14：5					5
安邑	EPT59：276；73EJT14：40					2
绛	EPT59：365；73EJT23：307					2
临汾	279·8；73EJT25：94					2
河北	EPT52：784					1
北屈	15·6	襄陵	37·42	狐讘	EPT51：67	3
长修	73EJT8：24	猗氏	EPT51：380	骐	七二二	3
平阳	73EJT23：16	杨	73EJT24：863	解	73EJT25：90	3
周阳	73EJT24：241					1
未知县	73EJT24：241；269·2					2
共计 16 县 24 人次						

3. 河内人士

温(22 人①)

  河内郡温西故里大夫苏罢军年卅五　长七尺三寸黑色□　334·28
  河内温东郭里不更王贤　　　弩一　　　□
  　　　　　　　　　　　　矢廿枚　　　　　73EJT1：15
  河内郡温倚林里杨众五十五　□　　　　　　73EJT4：19
  河内温孝里□□　　　　　　　　　　　　　73EJT9：64
  河内郡温北□里□山□　　　　　　　　　　73EJT9：74
  河内温董里公乘李福年廿六长七尺二寸黑色　轺车一乘马一匹
剑一……□　　　　　　　　　　　　　　　　　73EJT9：82
  河内温贞阳里爵大夫单强年廿六马剑一弓一矢一发字长孟□
  　　　　　　　　　　　　　　　　　　　　73EJT9：93
  河内温市昌里杜明年廿二岁　　　　　□　　73EJT9：363
  □温郑武里王恭年卅岁长七尺五寸□　　　　73EJT21：219
  温共利里濂戎年卅　字子严六月甲午入乘方相车一两马騮□□齿
十六岁　　　　　　　　　　　　　　　　　　　73EJT23：56
  □史王佐赦敢告尉史汜城陬里大夫张恢自言群父骑将为居延司马

---

① 简 73EJT25：7 实际牵涉到同郡同县同里的两个人。

取传与葆
　　　☐往遗衣用乘家所占畜马二匹案毋官狱征事当为传谒移过所县邑
　　　☐☐　/有秩☐王　　　　　　　　　　　　　73EJT24：249①

　　　河内郡温犀里左通　　☐　　　　　　　　　73EJT24：715
　　　☐温城陬里张☐　　　　　　　　　　　　　73EJT24：733
　　　河内郡温曲阳里程岁☐　　　　　　　　　　73EJT24：922②
地节二年八月辛卯朔壬辰西乡有秩安敢告尉史温夕阿里上造桃禹与葆同里龚县自言取传为家私市张掖郡中
案毋官狱征事当为传谒移过所县邑侯国以律令从事敢告尉史　/
有秩安八月壬辰尉史弘敢言之(A)
　　　章曰温之丞印(B)　　　　　　　　　　　　73EJT25：7③
　　　河内郡温孔里张巳　☐　　　　　　　　　　73EJT25：103
　　　河内温中侍里汪罢军年卅八字君长　乘方相车骊牡马一匹齿十
五　八月辛卯入　　　　　　　　　　　　　　　73EJT26：35
　　　温西市北里公乘☐　　　　　　　　　　　　73EJT26：75
　　　河内温郡东郭里　　　　　　　　　　　　　73EJT28：110
　　　河内温当洛里☐　　　　　　　　　　　　　73EJT30：200
　　　☐温成曲里公乘綦毋☐　　　　　　　　　　73EJT31：134

山阳(2人)
　　　河内山阳缮里傅盖迺二月中☐☐☐☐　　　　E.P.T51：471

---

① 关于该简中的"尉史浥城陬里",由于前面有"敢告"二字,显然是下级写给上级的文书,不应当直称上级的名字。因此,"浥"不是尉史之名,而是地名用字。比如稍后所引简73EJT25：7中有"尉史温夕阿里","温"就是地名。又据简73EJT24：733,其中有"☐温城陬里张☐",所涉及的里名与简73EJT24：249相同,因此,其上的地名亦当为"温"。简肩水金关的整理者将其释为"浥",恐误。

② 肩水金关汉简73EJT23：867:"葆河内曲阳里孙朋年七十长七尺五寸☐",若此"河内"为郡名,则此简当事人未知籍贯何县邑。不过,简文中既然有"曲阳里",则很可能亦与温县有关。同时,对该简的解读也不能排除另外一种可能,《汉书·地理志》河内郡怀县条,"莽曰河内",因此,简文"河内"亦有可能指王莽时期的河内县。简73EJT1：114:"河内西平里不更王安☐",此"河内"之下未缀县名,亦不能排除为王莽时期简文的可能性。

③ 肩水金关汉简73EJT24：872:地节三年二月戊子朔庚子东乡有秩☐☐
　　　　　平都里解延寿郭里葛赦☐☐
　　　　　侯国以律令从事敢告尉☐(A)
　　　　　章曰☐之丞印☐(B)
与简73EJT25：7的格式相同,文句极类。只不过所居之乡一作西乡,一作东乡,当事人名字不同。73EJT25：7最后对落款的记述是"温之丞印",而此简作"☐之丞印",其中皆有一"之"字,显然是单名县,很可能亦是"温"字。

| | 河内郡山阳有利里张万　☐ | 73EJT24：270 |

荡阴(2人)

| | 河内荡阴轩里侯得 | E.P.T57：106 |
| | 河内郡荡邑阳里公乘藉☐ | 73EJT3：83 |

野王(1人)

| | ☐河内郡野王敬老里李偃☐ | 73EJT4：8 |

波(1人)

| | 河内郡波县对里宦顺年廿五　大车☐ | 73EJT21：229 |

轵(1人)

| | 河内郡轵安昌里☐利☐ | 73EJT24：337 |

根据以上统计，活动于西北边地的河内籍人士有6县29人次。

表十二　河内各县非戍卒表

温	334·28；73EJT1：15；73EJT4：19；73EJT9：64；73EJT9：74；73EJT9：82；73EJT9：93；73EJT9：363；73EJT21：219；73EJT23：56；73EJT24：249；73EJT24：715；73EJT24：733；73EJT24：922；**73EJT25：7**；73EJT25：103；73EJT26：35；73EJT26：75；73EJT28：110；73EJT30：200；73EJT31：134					22
山阳	EPT51：471；73EJT24：270					2
荡阴	EPT57：106；73EJT3：83					2
野王	73EJT4：8	波	73EJT21：229	轵	73EJT24：337	3
共计6县29人次						

三、三河与西北边地的行政往来

大量三河人士到边地去戍守或从事其他活动，这种形式的人口流动往往对正常的社会秩序造成一定冲击。因此，国家必须设法保障这种流动有序进行。在前面的论述中，我们根据某些汉简资料已经得知，内地戍卒赴边时，县或侯国要安排令史带队，然后在郡中派出的长吏的统一领导下启程。到达戍所之后，屯戍机构接收戍卒，并对戍卒来源及数量进行登记。正是在这一整套程序中，作为内郡的三河地区与边地的行政联系得以建立，缺少了任何一方，国家的边防事业都将无法顺利开展。

不过，三河与边地的上述联系或许并不是直接的，还需要中央政府在更高层面进行组织。

神爵四年十一月癸未,丞相史李尊,送护神爵六年戍卒河东、南阳、颖川、上党、东郡、济阴、魏郡、淮阳国诣敦煌郡、酒泉郡。因迎罢卒送致河东、南阳、颖川、东郡、魏郡、淮阳国并督死卒传楬。为驾一封轺传。御史大夫望之谓高陵,以次为驾,当舍传舍,如律令。(Ⅰ0309③:237)①

简文显示,包括河东郡在内的内地戍卒无论是赴边抑或回乡,都需要丞相属吏"送护"。有学者就此指出:"戍卒的赴边是在中央政府的统一调度安排下进行的。"②此说甚确。但这并不意味着三河内郡不能越过中央政府与边地直接交往。汉简中的某些材料表明,屯戍机构可以直接发文书到三河地区,如以下几条简文:

(1) 出东书八封,板檄四,杨檄三。四封太守章:一封诣左冯翊,一封诣右扶风,一封诣河东太守府,一封诣酒泉府……Ⅴ1611③:308③

(2) 　　　　　　　　　一诣□□□
　　□书四封皆居延都尉章一诣敦煌大守府　□□□□蚤食时付沙头亭卒应

　　　　　　　　一诣河东大守府　　　73EJT28:82

(3) □府,一诣御史,一诣左冯翊府,一诣武威府,一诣京兆尹府,一诣安定,一诣赵相府,一诣金城,一诣南河尹府……Ⅶ91F13C①:25④

(4) □证所言谒移大守府令武威自媵书河内　　　E.P.T58:26

(5) 　　　　　　其五封居延令印一诣屋兰遯一诣日勒遯一诣温遯一诣右扶风一诣河内大守府□

　　南书六封　一封橐佗候印诣肩水都尉府□月乙未日出二分时卒□受莫当吏□□付沙头卒□　　　73EJT28:6

(6) □……从御史周卿治所一封诣荥阳罢戍田谓□丞相史治所·七封居延令印二封诣□□
　　　　□食行　　　　　　　　73EJT23:1059

简(1)(2)提到发文到河东太守府,简(3)说发文至河南尹府,简(4)(5)发

---

① 胡平生、张德芳:《敦煌悬泉汉简释粹》,第44页。
② 赵宠亮:《行役戍备——河西汉塞吏卒的屯戍生活》,第52页。
③ 胡平生、张德芳:《敦煌悬泉汉简释粹》,第91页。
④ 胡平生、张德芳:《敦煌悬泉汉简释粹》,第155页。著者认为"南河尹""疑为河南尹之误"。见第156页。

文到河内,简(6)发文至河南荥阳。从以上简文来看,边地文书的目的地既有高级别的太守府,又有秩级较低的县级政府。而三河地方政府亦可直接行书至边地,敦煌悬泉汉简有如下简文:

(7) 出西书一,邮行。书河南丞印章,三月五日起蒲驿□落两头,诣□一简严诣府。永元十四年四月廿九日日中三刻尽时,县泉驿佐吾武付毋穷驿佐魏匀。　　　　　　　　Ⅵ91DXF13C①:5①

此简反映东汉时期河南地方行政机构向边地发文。此外,居延汉简有河东太守发文的记录:

(8) 十二月三日
北书七封
其四封皆张掖太守章诏书一封书一封皆十一月丙午起
诏书一封十一月甲辰起
一封十一月戊戌起皆诣居延都尉府
二封河东太守章皆诣居延都尉一封十月
甲子起一十月丁卯起一封府君章诣肩水
十二月乙卯日入时卒宪受不今卒恭
夜昏时沙头卒忠付驿北卒护　　　　502·9A,505·22A②

从记载来看,此次来自河东太守府的文书有两封,目的地均为居延都尉府。③ 来自河内的文书亦有迹可寻,敦煌悬泉汉简有曰:

(9) 西书十四封,合檄一。四封章破,诣府;一封广校候印,诣府;四封都尉印,诣府;一封河内诣郡仓;一封章破,诣使送大月氏使者;合檄一,诣府掾。正月丁亥,日未入,出西界。·东界毋券刻案之·

---

① 郝树声、张德芳:《悬泉汉简研究》,甘肃文化出版社,2009年,第32页。
② 肩水金关汉简73EJT23:11:"☑封一遝居延都尉章诣张掖大守府遝河东酒泉大守府　△☑
　　　　　　　　　　　　　　　　☑遝二居延令印诣府獲得遝二河东皮氏四月壬辰☑
　　　　　　　　　　　　　　　　☑广地候印……　　　　　　　　　　　　☑
根据"遝"之后"居延都尉章""居延令印"皆为标识发书机构落款的书写格式,同样处于"遝"之后的"河东酒泉大守府"以及"河东皮氏"亦当是发出文书的机构。
③ 居延新简 E.P.T65:151 曰:"☑太守遣蒲子长",蒲子为河东属县,此简内容是河东太守委派属县长官办事,具体何事,未可知。不过,记载此次委派的文字既然发现于边地,河东太守直接派蒲子长到边地,也不是完全没有可能。

西书三封☐。 V92DXT1210③∶97①

该简文表明,有一封来自河内的文书,目标机构是敦煌郡郡仓。

以上反映边地与三河文书往来的简文皆无法判定所为何事,②实际上,西北汉简中也有不少内容反映了三河地方政府与屯戍机构对具体事务的交涉。如居延汉简如下条文:

(10) 元康元年十二月辛丑朔壬寅东部候长长生敢言之候官官移太守府所移河南都尉书曰诏所名捕及铸伪钱盗贼亡未得者牛延寿高建等廿四牒书到廋　　　　　　　　　　　　　20·12A

(11) 正月癸酉河南都尉忠丞下郡太守诸侯相承书从事下当用者实字子功年五十六大状黑色长须建昭二年八月庚辰亡过客居长安当利里者雒阳商里范义壬午实买所乘车马更乘骍牡马白蜀车縢布併涂载布　　　　　　　　　　　　　157·24A

简(10)谈到,河南都尉行文至张掖太守府,太守府又将河南都尉文书转发至位于屯戍前线的候官,文书的内容是要求边地协助缉拿罪犯。简(11)所言也是河南都尉向张掖太守发文,文书中详细说明了罪犯的相貌、年龄、行踪,以及交通工具的特征,目的仍是要求边地协助缉拿。而这条简文发现于烽燧遗址,说明来自河南都尉的文书最终还是被张掖太守转发至屯戍一线。

除了协助追缉罪犯,边塞汉简中更为常见的是三河地方政府与边地屯戍机构共同完成对流动人口的管理工作。③

---

① 郝树声、张德芳:《悬泉汉简研究》,第82页。
② 此类简文还有很多。比如"偃师"封检(73EJT3∶8)、"雒阳"(73EJT4∶202)、"新成邑右尉"(73EJT4∶208)削衣,写有"河内"(120·74)、"到尉行河南"(231·118)、"雒阳左尉"(245·20)、"雒阳丞印"(340·46)、"河东大守"(73EJT6∶86B)、"荥阳丞印"(73EJT9∶56A)、"缑氏丞印"(73EJT9∶263A)、"河南□丞"(73EJT10∶256)、"雒阳守"(73EJT10∶391)、"共丞印"(73EJT10∶527B)、"荥阳右尉"(73EJT24∶234)、"河南长印"(73EJT9∶12B)等文字的简牍,均可视为三河地区与西北边地行政交往的反映,只不过其典型性不如正文所列简文而已。
③ 除了正文所列诸简,肩水金关简73EJT21∶249应当也是三河县邑管理赴边人口的实例。
　　　十二月癸巳☐(A)
　　　章曰缑氏☐☐(B)
此外还有73EJT23∶229号简:
　　　京廷谒移过所县邑毋苛留☐☐
　　　八月丁西河南宫丞史移过所☐(A)
　　　河南宫丞印　☐(B)
此简当中发文官员是"河南宫丞"。由于目前对于"河南宫"并无太多了解,暂且存疑。

第六章　秦汉全局视野中的三河地区

(1) 甘露四年六月丁丑朔甲辰西乡有秩☐☐☐
　　王武案毋官征事当为传致☐☐☐
　　☐☐☐六月雒阳☐(A)
　　印曰雒阳丞印(B)　　　　　　　　　　　　　　　334·20

(2) 案毋官狱征事当为传移过所县邑勿何留敢言之
　　十二月雒阳丞大移过所县邑勿何留如律令掾禹令史乐(A)
　　章曰雒阳丞印(B)　　　　　　　　　　　　　　73EJT24:266

(3) 官征事当为传移过所县邑津关勿毋何留☐☐
　　关勿苛留☐(A)
　　章曰雒阳丞印　☐(B)　　　　　　　　　　　　73EJT24:977

(4) ☐定占自言为家私市张掖郡中谨案常年爵☐☐(A)
　　章曰雒阳丞印(B)　　　　　　　　　　　　　　73EJT30:243

(5) ☐之宜岁里公乘王富年卅五岁自言为家私　　　☐
　　言之八月壬子雒阳丞大移所过县(A)
　　☐四月壬子入(B)　　　　　　　　　　　　　　73EJT1:80

(6) 甘露四年正月☐
　　☐☐☐案毋官☐(A)
　　雒阳守丞☐☐☐(B)　　　　　　　　　　　　　73EJT9:341

(7) 过所县邑毋何留敢言之三月庚寅壬子雒阳守丞宗移过所县邑毋何留☐(A)
　　☐印(B)　　　　　　　　　　　　　　　　　　73EJT10:205

综合以上几例,再结合如下一条比较完整的简文:

　　甘露四年二月己酉朔丙辰南乡啬夫有秩过佐赖敢告尉史宛当利里公乘陈贺年卌二自＝言为家私市
　　张掖居延案毋官狱征事当为传移过所关邑毋苛留尉史幸谨案毋征事谨案年爵(A)
　　章曰宛丞印(B)　　　　　　　　　　　　　　　73EJT10:121

可以看出,汉代洛阳人如果因"为家私市"等原因要到西北边地去,必须先向乡官提出申请,乡官在确认其"毋官狱征事"之后,上报至洛阳县,用雒阳丞印章开出证明文件,然后由赴边者本人持证明启程,所过县邑、关卡查验证明无误,予以放行,并对通关情况加以记录。① 不仅对洛阳人如此,这个制度在三河地区其他县邑也是适用的。

(8) □□□□□訽谨移□过□侯国邑□☒
　　当为传敢言之八月戊子匽师丞憙移县邑☒(A)
　　章曰匽师丞印(B)　　　　　　　　　　　　　　　334·40

(9) 六月乙未厨啬夫武行右尉事☒
　　六月乙未荥阳丞崇移过所如律令☒(A)
　　章曰荥阳丞印☒(B)　　　　　　　　　　　　　73EJT10:213

(10) 永始二年九月壬子朔辛酉东乡有秩相敢言之广世里☒
　　案毋官狱征事谒移过所毋苛留敢言之☒
　　九月辛酉荥阳守丞承移过所如律令☒(A)
　　荥阳丞印☒(B)　　　　　　　　　　　　　　　73EJT24:23

(11) 居延谨案时毋官狱征事当以(A)
　　阳武丞印　　☒(B)　　　　　　　　　　　　　73EJT15:5

(12) 正月辛卯温令敞移过所☒　　　　　　　　　　73EJT9:144A
　　章曰温之丞☒(A)
　　☒官狱征事当取传(B)　　　　　　　　　　　73EJT9:145B

(13) 正月丙寅温守丞禹移过所县邑侯国河津关如律令/令史常喜/令敞
　　　　　　　　　　　　　　　　　　　　　　　73EJT21:104

以上简文反映的均为三河地方政府为本地赴边者出具证明文件,以供其顺利前往边地,实际上,在返程中仍离不开这样的文书。如肩水金关汉简有曰:

初元三年三月乙卯朔甲申仓令史明以官☒(A)

---

① 以下几条简文虽然残断,但在格式上与正文所引五条相类,其内容可能也与后者相似。
　　三月己未雒阳守丞□□☒
　　掾霸　令史信　　☒(A)
　　雒阳丞　　　　　☒(B)　　　　　　　　　　73EJT9:232
　　□□行候事……
　　五月癸未雒阳守丞安……☒(A)
　　雒阳丞印　☒(B)　　　　　　　　　　　　　73EJT24:311
　　章曰雒阳丞印☒(A)
　　五月庚辰雒阳长忠□☒(B)　　　　　　　　　73EJT25:166

传封缑氏丞印五月廿五日入　　☐（B）　　　　　　　73EJT11：31

内容是说来自河南缑氏的某个人之前从肩水金关出去，当他重新入关的时候，关吏又验看了其盖有缑氏丞印的通行文书。悬泉汉简也有相似的内容：

河南郡新成当利里干克，字子游，神爵五年正月壬戌过东。（A）
章曰新成丞印。（B）　　　　　　　　　　　　　　87-89C：7①

通过以上文例可见，通常而言，三河人士往返于边地与本籍之间的出行证明要由县丞盖章才能生效。不过，偶尔也会有所变通。

(1) 尉史光八月丁酉厨啬夫　☐（A）
　　荥阳令印　☐（B）　　　　　　　　　　　　　　73EJT14：11
(2) 初元二年四月庚寅朔辛卯西乡啬夫……☐
　　郡中谨案程毋官狱征事当为……☐（A）
　　章曰荥阳令印　☐☐☐（B）　　　　　　　　　　73EJT21：175
(3) 言为家私市张掖郡中毋官狱征事☐（A）
　　章曰河南右尉☐（B）　　　　　　　　　　　　　73EJT10：40

以上案例是由县令、县尉签发了通行证。个别情况下，郡级官员亦可签发。如：

酒泉郡案毋官征事☐（A）
章曰河东丞印☐（B）　　　　　　　　　　　　　　73EJT24：873

此即河东郡丞签发出行证明的实例。

四、三河区域与西北边地交往的内部差异

根据第一、二小节对汉简资料的检索与分类，我们将汉代三河地区曾参与边地事务的县邑、戍卒及其他赴边人员的数量，以表格的形式进行展示。

---

① 胡平生、张德芳：《敦煌悬泉汉简释粹》，第73页。

表十三　三河地区对边地事务的参与

河南郡															合计
县	雒阳	成皋	宛陵	原武	京	缑氏	荥阳	河南	平阴	谷城	平	偃师	故市	未知	13
卒	1	1	1	1		1								1	6
赴	21			1		5	13	6	2	2	1	1	1	1	53

河东郡																					合计
县	安邑	皮氏	汾阴	北屈	襄陵	绛邑	解	临汾	长修	狐谭	闻喜	彘	猗氏	河北	骐	平阳	杨	周阳	池北	未知	19
卒	6	6	4	3	2	3	2	2	2	1	1									4	37
赴	2	5		1	1	2	1	2	1	1			1	1	1	1	1	1	1	2	24

河内郡									合计
县	共	山阳	修武	荡阴	野王	温	波	轵	8
卒	1	1	1	1					5
赴		2		2	1	22	1	1	29

说明：表中的"卒"指能够确定为戍卒者，"赴"指不能确定为戍卒但曾在边地活动者。合计数据不包括未知县。

通过对表格的分析，可以得到一系列数据。

其一，关于有人员赴边的县占全郡总县数的比例。据《汉书·地理志》，河南郡有 22 县，而参与边地事务的人员来自 13 县，达到河南郡总县数的二分之一强。河东郡共 24 县，出现在西北地区的人员来自 19 县，达到河东郡总县数的三分之二强。河内郡共 18 县，有人员前往西北地区的有 8 个县，不到辖县总数的一半。三郡之中，河东郡内有人员赴边的县数最多，河南次之，河内最少。

其二，关于各郡的戍卒人数。河南郡 6 人，河东郡 37 人，河内郡 5 人。河东郡人数最多，河南次之，河内最少。

其三，关于其他赴边人员的数量。河南郡 53 人，河东郡 24 人，河内郡 29 人，河南最多，河内次之，河东最少。

其四，关于曾出现在西北边地的总人数。河南郡共 59 人，河东郡共 61 人，河内郡共 34 人。

以上数据可以反映三河区域历史的什么内容呢？首先，数据反映了三河区域内部对边地事务参与的侧重点不同。在四组数据当中有三组都是河内排在末尾,但并不能由此得出河内郡对边地事务的参与力度最弱。因为对于内地郡县来说,参与边地事务的形式并不仅仅是人力的投入,还包括资金、实物的输送。虽然河内地区与西北边地的人员交流相对比较少,但简牍资料中可见河内地区向边地输送资金、实物的记录。如居延汉简如下简文:

  ☐入河内苇笥一合☐   521·34

苇笥应当是用水生植物编织而成的盛物器具,目前所见简牍材料中,此物的输入并不多见,更常见的是丝絮织物的输入。居延汉简如下两条简文说到"河内廿两帛":

  受六月余河内廿两帛卅六匹二丈二尺二寸少半寸直万三千五十八
              509·8
  今毋余河内廿两帛   513·24

肩水金关汉简可见河内丝絮的输入:

  ☐今余河内第十六辈丝絮六十二斤四两直四千廿钱八分率斤六十四钱五分什分七百分八   73EJT5:60

简文对输入物资批次的描述,格外引人注目。从"河内第十六辈丝絮"的用语推断,河内向边地输送织物的规模是比较可观的。汉简中甚至还可看到以河内织物支付俸禄的文例,如居延汉简以下记载:

  出河内廿两帛八匹一丈三尺四寸大半寸直二千九百七十八给佐史
  一人元凤三年正月尽九月积八月少半日奉   303·5

从河内织物在边地出现的频率来看,以之充当吏俸似乎并非偶然。不过,河内对戍吏俸禄的供给并非仅局限于织物,汉简中还可见到直接供应货币的情形:

  广谷隧长薛昌   未得本始三年正月尽三月积
  三月奉用钱千八百

元凤元年六月辛丑除　　已得河内赋钱千八百　　　　498·8①

这条简文是说以"河内赋钱"支付了戍吏的薪俸。肩水金关汉简的一条记载很可能与此类似：

居延东乡啬夫阳里王青　　未得元凤五年☐
　　　　　　　　　　　　已得河内第☐☐　　73EJT21：310

在货币、织物之外，河内地区对边地的另一种物资供应也很重要。居延地区出土箭杆上可看到以下内容大同小异的文字：

河内工官令畐左丞可福作府啬夫处佐望冗工疑工鸣造甲　　164.1②
五年河内工官令畐左丞可福作府啬夫☐佐[望]冗工[疑]工[臣]造丙　　164.3
河内工官令僵丞辰武作府啬夫从佐[望]冗工疑工子造丙　　164.4
左丞可福作府啬夫从佐信冗工疑工疑造乙　　164.5
工官令畐左丞可福作府啬夫从佐信冗工疑工☐[造甲]　　164.6
五年河内工官令僵丞辰武作府啬夫[从佐望]冗工疑工子造[丙]　　164.7
☐年河内工官令[畐]左丞可福作府啬夫从佐[信冗工疑工]☐☐☐　　164.8+165.4
丞辰武作府啬夫从佐望冗工☐工☐造丙　　164.9
河内工官令☐左丞可福作府啬夫[处]佐望冗工[疑]工子造[丁]　　164.10

从以上文字记录来看，河内地区亦向西北边地输送箭杆。结合长安城遗址所发现的大量河内工官造弩机，我们基本可以断定，汉代河内地区向外输出了大量武器装备。在此基础上，我们再来考量河内向边地的资金、物品输出，不难觉察到，西汉河内对边地事务的参与程度并不比河东、河南低，只是形式存在差异而已：河东、河南侧重于人力投入，而河内侧重于物资供应。

---

① 居延汉简520·6："今余河☐赋钱☐☐☐☐十七☐"，检视图版，从整体字形来看，"河"后一字有可能为"内"字。
② 简牍整理小组：《居延汉简补编》，第173—174页。以下几支皆出自该书。

以上是统计数据所能够反映的第一个问题。统计数据揭示的第二个问题是河东、河南、河内在人力投入方面的差异：一方面，河南地区真正能够确认戍卒身份的人员很少，而河东戍卒则远超河南。另一方面，河东地区非戍卒赴边人数远低于河南，甚至比人力总投入较弱的河内地区还少。何以出现这样的差异？笔者认为原因大致有三个：

其一，从统计结果来看，河东地区前往边地的总人数是60人，河南地区是59人，两地与边地人员往来的总体强度相当。但河东地区以戍卒身份赴边者多，无论其行程是否自愿，皆在客观上造成了赴边活动的结果。由于很多人的赴边愿望已经通过强制性戍守而得以实现，相应地，以非戍卒身份前往边地的人就会少一些。

其二，我们注意到，河南地区以非戍卒身份赴边者集中出自洛阳，荥阳人数亦不少。河内地区则集中出自温县。此三县在交通方面十分便利，并且洛阳、温县是秦汉时代著名的商业发达之地，所谓"温、轵西贾上党，北贾赵、中山"，"洛阳街居在齐秦楚赵之中，贫人学事富家，相矜以久贾，数过邑不入门"①，皆谓此也。而很多以非戍卒身份活动于西北边地的人，其赴边的名义正是"为家私市"，在这样的动机驱使下，来自洛阳、温县的赴边人士最多，就不能全然以历史的偶然性视之。

其三，由于河东、河南、河内三郡资源条件不同，西汉政府在三郡设置的官方经济机构不完全相同。据《汉书·地理志》记载，河东郡有铁官、盐官，河内郡有工官、铁官，河南郡有工官、铁官。显而易见，铁官在三郡均有设置，而河东郡独有盐官，河南、河内虽无盐官，但却有工官。从相关史料来看，西汉政府在这三个经济机构内采取的具体生产组织形式存在差异。

汉武帝施行盐铁官营，对于盐官、铁官该如何组织生产，负责执行政策的盐铁丞孔仅及东郭咸阳建议："山海，天地之藏也，皆宜属少府，陛下不私，以属大农佐赋。愿募民自给费，因官器作煮盐，官与牢盆。浮食奇民，欲擅管山海之货，以致富羡，役利细民。其沮事之议，不可胜听。敢私铸铁器煮盐者，釱左趾，没入其器物。"②这段记载当中所谓"牢盆"，以往有学者认为是提供生产工具，但最近的研究表明，尽管"牢盆"原本指的是"租借生产工具的费用"，但在盐铁官营实施后，便转变为"雇佣劳作人员的费用"。③而记载中所谓"募民"，实际上也确切无疑地道出了盐铁官营政策在生产环节

---

① 《史记》卷一二九《货殖列传》，第3263、3279页。
② 《史记》卷三〇《平准书》，第1429页。
③ 曾磊：《"牢盆"新证》，《盐业史研究》2009年第3期。

的具体组织方式,那就是官方出资招揽人员,让他们从事雇佣劳动。①

比较而言,工官的生产组织方式大为不同。大量河内、河南造弩机、箭杆等兵器的发现表明,两地工官管理层级的设置相当严密,很多兵器严格执行"物勒工铭,以考其成"的规定,工官令、工官丞、作府啬夫、从佐、冗工、工子均被记录在案,以备将来可能实施的责任追究。由此看来,工官的军事化管理色彩要强于盐官、铁官,为适应这一生产管理特点,工官劳作人员的主体应非招募而来,除了使用囚徒外,需强制性地服劳役的民众应当也是重要的劳动力来源。而这部分劳动力的征发,从行政成本、管理效能的角度来考量,应该遵从就近原则。

分析至此,也许可以做出这样一点推论:河东地区赴边戍卒的数量远远超过河南、河内,之所以如此,一个不容忽视的因素便是河南、河内工官对本地力役人员的吸收,而河东地区虽有盐铁官,但其劳动力的很大一部分来源于招募所得,其对本地常规力役人员的吸纳力度不如河南、河内地区。

---

① 《汉书》卷七二《贡禹传》:"今汉家铸钱,及诸铁官皆置吏卒徒,攻山取铜铁,一岁功十万人已上。"贡禹生活于西汉晚期,他的话表明当时铁官用"卒",即征发应服正常力役者从事矿冶生产,并施以军事化管理。以情理而论,汉武帝时期可能也有类似情形,但募民生产应当占有较大比例。

结　　语

　　三河地区是秦汉帝国核心统治区的重要组成部分，对该地区在秦汉时代的历史表现进行探讨，既是区域史研究的应有之义，同时也是观察秦汉帝国统一格局、区域管控、文化整合、政治结构等全局性问题的良好切入点。从这一认识出发，本书研究有两个基本目的：一是对三河地区进行分区域研究，旨在具体地、个别地对河东、河南、河内在经济、文化、军事等方面的表现进行梳理、展示；二是在进行分区研究同时，注重将三河区域置于秦汉大一统帝国整体运作的宏观视域中，探究宏观历史趋向对该区域历史演进的深刻影响，以及该区域与帝国全局性问题之间的内在联系。这样的研究路径，对于推进区域史和整体史认知应当有所裨益。

　　本书考察了六个方面的内容，分别是秦汉"三河"区域概念的形成、秦汉时期三河区域的政区变动、秦汉三河地区的资源环境与经济发展、秦汉时期战争中的三河地区、秦汉时期三河区域文化的演化、三河区域与秦汉时期的全局性问题。

　　在探讨秦汉"三河"区域概念的形成时，"名从主人"原则是论述得以展开的基本立足点。先秦时期尤其是战国时代的"河东""河内""河南"，均有多样化的地域指向，而地名内涵的多样化源自列国分立的政治现实。由于三"河"称谓内涵的多样性，先秦时期不具备"三河"地域称谓生成的基本条件。秦国兼并六国的过程，对组合式"三河"称谓的形成至为关键。首先，秦国占领相当于现今山西省南部的河东地区，使体现自身视角的"河东"逐步取代了东方诸国用以指代齐、赵、魏交界地区的"河东"。其次，秦国逐步兼并河东地区的过程，也使得原本被魏国用来指代晋南和豫北的"河内"称谓的内涵被压缩至豫北地区，开秦汉时代河内郡之先河。复次，先秦时期的"河南"称谓也指齐国的部分领土，秦兼天下，使"河南"的地域指向固定于以洛阳为中心的黄河南岸，齐地"河南"则在帝国时代的主流话语中消失。正是由于秦人的统一进程，多样化的三"河"称谓逐步走向单一化，演变为以黄河、太行为界的相互毗邻的三个区域的代称，最终形成体现帝国大一统格局的"三河"称谓。

　　政区沿革是区域历史的基本内容之一。以往不少学者认为,河东、河内二郡由魏国始设,但征诸文献,魏国有"西河""南阳"这两个分别指代河东、河内地区的特定称谓,始设二郡的政治主体恐非魏,而是秦国。河南郡的前身三川郡,有学者认为由韩国始设,但无确证。目前可见明确记载的是,秦庄襄王时代初置三川郡。至于三"河"郡辖县的增置与撤销问题,总体而言,能够反映县域沿革的文献集中在四个阶段:一是秦玺印、封泥所代表的秦代,二是张家山汉简代表的西汉初年,三是《汉书·地理志》代表的西汉晚期,四是《续汉书·郡国志》代表的东汉时期。第一个阶段设县情况的研究往往有过度之嫌,凡封泥所见皆可成县,这种做法的合理性时常令人怀疑。第二个阶段的问题集中在对某些县上属郡的判断。后两种材料虽然系统性较强,但也只是两个时间断面的设县情况。根据西北边地的简牍材料,对传世材料忽略的某些历史细节可以进行补充。

　　资源环境是人类活动的物质基础,作为中国古代文明起步较早的区域,三河地区具有丰富的自然资源,黄河水系支流众多,铜、铁、盐等大宗矿产在先秦即已得到一定程度的开发。进入秦汉时代,三河地区矿产资源的开发达到前所未有的高度,不仅在文献上记载着帝制国家在河南荥阳、河东安邑、河内怀县等重要城邑设置了铜官、铁官、盐官、工官等官办手工业机构,围绕这些地方所进行的考古工作,也证明了三河区域在帝国经济发展中的突出表现。尤其值得注意的是,三河地区矿产资源的开发不仅仅服务于地方经济的发展,皇亲、贵族所属的大量青铜器上,往往铸刻"河东"字样,长安武库的武器标签上,常常刻有"河南工官""河内工官"字样,这些迹象都表明,三河地区矿产开发与加工,还具有全国性、高层级的影响力。

　　如果说资源开发、经济发展主要与三河地区的和平年代相关的话,那么,政治动荡时期的三河地区则是各种势力角逐的对象。三河地区在交通地理方面优势明显,河南的函谷关—洛阳—荥阳,以及河东、河内的临晋关—安邑—轵,是东西往来的两条重要线路。在秦汉时代的动荡期内,两条线路经常相互配合,左右着战局的走向。一般而言,由于河南战线防守力量往往较强,决定战局走向的斗争往往不在此线。另外,秦汉时代是以东西方向为战争轴线的时代,河内地区距关中较远,又有太行阻隔,在三河区域中的重要性相对较低。不过,在东汉末年军阀割据的时期,河内地区处在河北袁绍、关中董卓势力之间,由于双方各有特殊的政治需要,使得河内地区在战乱时代保持了较长时期的社会稳定,并成为沟通各方政治力量的交通孔道。

和平年代的经济开发与战争环境下的极限生存,并不是也不应该是社会发展的最终目的,历史过程中展现出来的文化风格,才是各个区域得以与其他区域相互区分的关键因素。秦汉三河区域文化发展的路径具有时代共性,即儒家文化的日益深入,这个趋向与全国其他地方并无不同。但具体地看,三"河"之间的文化演进也各有其特点。

河东是晋国故地,法家文化发源于晋国,后来在秦国发扬光大。随着秦国东进,河东地区受到了法家文化的二次洗礼。因此,进入秦汉时代,河东酷吏应时辈出,仅见于《史记·酷吏列传》者即超过酷吏总数的三分之一,这样的文化面貌非一朝一夕所能改观。尽管如此,在经学兴起的时代大潮中,河东人士逐步参与硕儒的社交圈,比如《刘宽碑阴门生名》著录来自三河地区的门生共"九十一人",而在三河之中,河东籍46人,竟然超过一半。大儒门生中的河东人士占有如此高的比例,与西汉前期酷吏辈出的情形相比,文化面貌无疑发生了根本性改变。

河内地区秦汉阶段的文化发展是在浓烈的游侠风气中进行的。根据《汉书·地理志》所载河内"故俗刚强,多豪桀侵夺"的说法,可以推断,直到西汉晚期的河内风俗尚有非常浓厚的游侠色彩。不过,就在这样的社会氛围中,西汉时期韩婴《诗学》在河内地区得到大力传播,自始学者赵子起,传承者代不乏人。并且河内韩《诗》学的授学范围遍及泰山、淄川、山阳、东海,皆是自河内东渡黄河易于抵达的区域。如果再考虑到韩《诗》学的创立者韩婴是燕人,则可明显地感觉到河内儒学的逐步兴起,与河内文化交流的一个特质密切相关,即更多地向东方、北方寻求发展空间,反而与帝国核心区显得疏离。

河南地区在西汉酷吏政治中虽没有为帝国提供很多酷吏,但吏治却以严苛著称。在儒学发展的进程中,它也有自身的一些地方特色,尤其是对《春秋左氏传》的传承,在西汉时代不重左氏的学术环境下,显得格外与众不同。东汉时代,河南地区是帝国政治中心所在,特殊的角色势必导致社会管理风格的高压取向。在此背景下,河南的文化表现有两个特色:一是缺乏号令一方的大族,相应地,以地方豪族为基础而形成的党人名士也很稀缺,在党锢之祸中少有受波及的家族。二是出身于河南的高层政治人物往往学术背景模糊,很少有类似于弘农杨氏、汝南袁氏那样以某一特定经学为家学背景者。

多个角度的观察表明,作为秦汉帝国的核心区,三河地区的发展绝不仅仅是自身的事情,很多情况下,该地区的发展难免受到临近地区的影响,并且从宏观层面来说,该地区在某些领域的表现,实际上就是对秦汉帝国全局性问题的深度参与。

在秦汉政治结构中,宗室、外戚、士大夫是围绕着皇权运作而存在的三大政治力量。西汉晚期有所谓"宗室不宜典三河"的说法,此说虽然有三河地区不行分封的传统习惯作为支持,但它之所以在西汉晚期出现,其实反映了儒林士大夫排挤宗室,进而独揽学术兼政治话语权的集体心态,是西汉政治结构固有矛盾在特定区域管控方略上的外在表现。

处于三"河"之间的砥柱段黄河漕运,对维系秦汉帝国命运至关重要。客观来讲,砥柱段漕运的发端需要一个地缘性的前提条件,即三河地区由同一个政治实体掌控,从这个角度考虑,秦国很可能是砥柱段漕运的开启者。汉代为提升漕运效率,在砥柱段河道东端的新安县兴建了大型仓储设施,并在由此向西至三门峡的河道两侧崖壁上开凿栈道,以供挽船之用。但是巨大的代价仍然迫使汉代有识之士寻找砥柱段漕运的替代办法,翻越太行、秦岭,甚至"决河出胡中"等种种奇想纷纷出笼,反映了当时社会面对砥柱段漕运困境时的无奈。

边疆地区的防务也离不开帝国核心区的深度参与。对西北简牍资料的统计结果显示,三河区域当中,河内地区出现在边地的人数最少,但这并不意味着河内郡对边防事务的参与度很低,因为简牍中可以看到不少河内郡向边地输送丝织品、财赋的记录,贡献财物,这也是一种参与的方式。就戍卒数量而言,河东郡远超河南、河内,这也不意味着河东郡对边地事务的参与度最高,因为这种情形很可能是由于河南、河内有军事色彩较重的工官,当地人大概在当地即已完成兵役义务。而河东郡虽有铜官、盐官,但此类机构的军事色彩较淡,往往以雇佣形式获得劳动力,在此情形下,当地人仍需以赴边的形式完成兵役。

附　　录

说明：本部分为八个表格，均属人物统计的性质。查阅的直接资料范围包括《史记》《汉书》《后汉书》《三国志》《隶释·隶续》《水经注》《金石录》，以及极个别考古材料。《晋书》作为佐证材料，偶尔会用。在确定各个人物所属时代时，并没有详细考证人物的生卒年份，而是根据历史活动记录，作出大致的判断。一般而言，是取人物盛年所当之时代。对现代考古发现没有进行排查，这是统计表格在核心内容上有待继续完善的地方。

表一　河南籍人士①

时期	姓名	县	历任官职	出处
高帝文帝景帝	贾谊	洛阳	博士、太中大夫、长沙王太傅、梁王太傅	《史记》卷八四《屈原贾生列传》
	剧孟	洛阳		《史记》卷一二四《游侠列传》
	宋孟②	洛阳		《史记》卷一〇一《袁盎晁错列传》
武帝	任安	荥阳	亭长、郎、益州刺史	《史记》卷一〇四《田叔列传》
	卜式	河南③	中郎、缑氏令、成皋令、齐王太傅、齐相、御史大夫、太子太傅	《汉书》卷五八《卜式传》
	李仲	洛阳	司隶校尉、廷尉	《汉书》卷一九下《百官公卿表下》

---

① 《后汉书》卷八二下《方术列传下》："河南有麴圣卿者，善为丹书符劾，厌杀鬼神而使命之。"卷八四《列女传》有"河南乐羊子"。《水经注》卷五有"后汉河南尹广陵陈导、洛阳令徐循"。皆不知生活于哪一时期。

② 《袁盎晁错列传》载晁错与"雒阳宋孟及刘礼同师"（第2745页）。刘礼，《汉书》作"刘带"（第2276页）。不知此人的籍贯是否也是洛阳。

③ 《汉书》卷五八《儿宽传》："儿宽，千乘人也。"颜师古曰："千乘郡千乘县也。"准此，《卜式传》曰："卜式，河南人也。"卜式应为河南郡河南县人。

（续 表）

时期	姓名	县	历任官职	出处
昭帝宣帝	贾光	洛阳	常山太守	《后汉书》卷三六《贾逵传》
元帝成帝哀帝	贾迪	洛阳	河东太守	《贾洮墓志》《贾邠墓志》①
	张霸	故市	郎中、阴平相	《尹湾汉墓简牍》②
	乘弘			《汉书》卷八八《儒林传》
	桑钦			《汉书》卷八八《儒林传》
平帝王莽	侯霸	密	太子舍人、随宰、淮平大尹、尚书令、大司徒	《后汉书》卷二六《侯霸传》
光武帝	孙堪	缑氏	县令、左冯翊、侍御史、尚书令、光禄勋、侍中骑都尉	《后汉书》卷七九下《儒林列传下》
	维汜	卷		《后汉书》卷二四《马援列传》
	郑兴	开封	丞相长史、谏议大夫、凉州刺史、太中大夫、莲勺令	《后汉书》卷三六《郑兴传》
明帝章帝	郑众	开封	给事中、越骑司马、军司马、武威太守、左冯翊、大司农	《后汉书》卷三六《郑兴传附子众传》
	王方	中牟	侍中	《后汉书》卷二五《鲁恭传》
	庆鸿	洛阳	琅邪太守、会稽太守	《后汉书》卷三一《廉范传》
	阎章	荥阳	尚书	《后汉书》卷十下《皇后纪下》
和帝安帝顺帝	种某	洛阳	定陶令	《后汉书》卷五六《种暠传》
	张楷			《后汉书》卷四八《翟酺传》
	庞参	缑氏	左校令、谒者、汉阳太守、护羌校尉、辽东太守、度辽将军、大鸿胪、太尉	《后汉书》卷五一《庞参传》
	郑安世	开封	长乐厩令、未央厩令	《后汉书》卷三六《郑兴传附子众传》
	郑亮	开封	郎	《后汉书》卷三六《郑兴传附子众传》
	尹存			《后汉书》卷六三《李固传》
	召夔		汝南太守	《后汉书》卷六一《周举传附子鳃传》

① 李献奇、赵会军：《有关贾谊世系及洛阳饥疫的几方墓志》，《文博》1987年第5期。
② 连云港市博物馆等编：《尹湾汉墓简牍》，中华书局，1997年，第91页。

(续表)

时期	姓名	县	历任官职	出处
和帝 安帝 顺帝	尹睦	巩	太尉①	《后汉书》卷六七《党锢列传》
	尹颂	巩	太尉②	《后汉书》卷六七《党锢列传》
	赵建③		童子郎	《后汉书》卷六一《左雄传》
	梁丰			《续汉书·律历中》
	尹祉④			《续汉书·律历中》
	吕盖	宛陵	光禄勋、司徒	《后汉书》卷四《孝和帝纪》
	吴雄	原武⑤	廷尉、司徒	《后汉书》卷四六《郭躬传》
	张楷	梁⑥		《后汉书》卷三六《张霸传附子楷传》
	张陵	梁	尚书	《后汉书》卷三六《张霸传附楷子陵传》
	陶范		少府	《后汉书》卷八二上《方术列传上》
	陶敦⑦	京	少府、司空	《后汉书》卷六《孝顺帝纪》
	阎畅	荥阳	长水校尉	《后汉书》卷十下《皇后纪下》

---

① 《后汉书》卷五七《刘瑜传》:"(尹)勋字伯元,河南人。从祖睦为太尉,睦孙颂为司徒。"(第1857页)卷六七《党锢列传》对人物关系的叙述不同:"尹勋字伯元,河南巩人也。家世衣冠。伯父睦为司徒,兄颂为太尉。"(第2208页)王先谦对此批评道:"互相违戾,此范氏疏处。"(第776页)违戾之处表现在人物关系和官职记录。据《后汉书》卷四五《袁安传》:"尹睦为太尉"(第1522页),以及同卷《张酺传》:"代尹睦为太尉"(第1532页),当以"太尉"为是。

② 《后汉书》卷六五《段颎传》:"司徒尹颂荐颎,乃拜为中郎将。"(第2146页)尹颂亦曾做司徒?

③ 《后汉书》卷五八《臧洪传》作"赵建章"(第1885页),似不可取。

④ 《续汉书》原文有"河南尹祉"四字,中华书局标点本仅在"河南"与"祉"下标专名符号。(第3034页)根据标点本《后汉书》在标点"河南尹"时,均在"河南"二字下横线标,不及"尹"字的做法,标点者显然认为"河南尹祉"四字意谓名祉的河南尹。但观此四字的前后文,有"博士黄广、大行令任金",以及"太子舍人李泓",姓名具备。又有"河南梁丰"。综合来看,"河南尹祉"应是河南郡人士姓尹名祉者。

⑤ 籍贯得之于汉刻《乙瑛碑》,见高文《汉碑集释》,第168页。

⑥ 张楷父张霸乃蜀郡成都人,"葬于河南梁县,因遂家焉"。又,汉顺帝下诏河南尹,催促发遣张楷应征。(第1242、1243页)可见,张楷的籍贯已定于河南。《后汉书》卷八二上《方术列传上》径称"河南张楷"。(第2724页)

⑦ 疑此即上栏所列之陶范。《顺帝纪》载,陶敦在顺帝即位伊始即由少府擢为司空。而《方术列传上》说:"及北乡侯病,(李)郃阴与少府河南陶范、步兵校尉赵直谋立顺帝,会孙程等事先成,故郃功不显。"此陶范显然是在顺帝即位之际担任着少府,与陶敦任职时间重叠。且陶敦、陶范皆为河南人,籍贯相同。很可能即是同一人,字有讹误而已。

(续表)

时期	姓名	县	历任官职	出处
和帝安帝顺帝	阎显	荥阳	车骑将军	《后汉书》卷十下《皇后纪下》
	阎景	荥阳	卫尉	《后汉书》卷十下《皇后纪下》
	阎耀	荥阳	城门校尉	《后汉书》卷十下《皇后纪下》
	阎晏	荥阳	执金吾	《后汉书》卷十下《皇后纪下》
桓帝灵帝	种暠	洛阳	县门下史、河南尹主簿、侍御史、益州刺史、凉州刺史、汉阳太守、使匈奴中郎将、辽东太守、议郎、南郡太守、尚书、度辽将军、大司农、司徒	《后汉书》卷五六《种暠传》
	种拂	洛阳	司隶从事、宛令、颍川太守、光禄大夫、司空	《后汉书》卷五六《种暠传附子拂传》、卷八一《独行列传》
	屈伯彦	成皋		《后汉书》卷六八《郭太传》
	服虔	荥阳	尚书侍郎、高平令、九江太守	《汉书叙例》、《后汉书》卷七九下《儒林列传下》
	吕强	成皋	小黄门、中常侍	《后汉书》卷七八《宦者列传》
	单超	河南	中常侍、车骑将军	《后汉书》卷七八《宦者列传》
	单安	河南	河东太守	《后汉书》卷七八《宦者列传》
	单匡	河南	济阴太守	《后汉书》卷七八《宦者列传》
	单迁	河南	山阳太守	《后汉书》卷三八《冯绲传》
	韩勑	京	鲁相	《隶释》卷一《鲁相韩勑造孔庙礼器碑》
	苏汉明	成皋		《隶释》卷一《韩敕碑阴》
	种亮	洛阳		《隶释》卷一《韩敕碑阴》
	李申伯	洛阳		《隶释》卷一《韩敕碑阴》
	王敬	洛阳		《隶释》卷一《韩敕碑阴》
	李亮		鲁国长史	《隶释》卷一《韩敕修孔庙后碑》
	骆景	荥阳	少府丞①	《隶释》卷一《韩敕修孔庙后碑》

① 原作"故少府卿任城樊府君讳豹字伯尹丞骆景字子云河南荥阳人"(第22页),单个"丞"字,应是承前省略。

(续表)

时期	姓名	县	历任官职	出处
桓帝灵帝	赵廉	洛阳	文阳右尉	《隶续》卷一二《韩敕孔庙后碑阴》
	南公珧	河南	羽林郎中	《隶续》卷一二《刘宽碑阴门生名》
	张某①	平阴	大尚书	《隶续》卷一二《刘宽碑阴门生名》
	郭尚	开封	郎中	《隶续》卷一二《刘宽碑阴门生名》
	镡峻	密	博令	《隶续》卷一二《刘宽碑阴门生名》
	史晨		鲁相	《隶释》卷一《史晨飨孔庙后碑》
	左悺	平阴	小黄门史、中常侍	《后汉书》卷七八《宦者列传》
	左敏	平阴	陈留太守②	《后汉书》卷七八《宦者列传》
	张昉	京	弘农丞	《隶释》卷二《西岳华山庙碑》
	唐佑	密	弘农左尉	《隶释》卷二《西岳华山庙碑》
	羊元群	宛陵③	北海相④	《后汉书》卷六七《党锢列传》
	尹勋	巩	邯郸令、尚书令、汝南太守、将作大匠、大司农	《后汉书》卷六七《党锢列传》
	上成公	密		《后汉书》卷八二下《方术列传下》

① 《隶续》所录名字笔画不清。
② 《后汉书》卷六四《赵岐传》有担任河东太守的左胜。《隶释》卷七《车骑将军冯绲碑》载：冯绲"以谣言奏河内太守、中常侍左悺弟，坐逊位"。(第 86 页)这位宦官亲属任河内太守者未知与左敏或左胜是同一人。抑或碑刻误记？
③ 《续汉书·郡国一》河南尹下辖"菀陵"，"宛"应为"菀"的异写。(《后汉书》，第 3389 页)
④ 原文作"时宛陵大姓羊元群罢北海郡，臧罪狼藉，郡舍溷轩有奇巧，乃载之以归"，从所谓"罢北海郡"以及"郡舍"字样看，似为北海的行政首长。又据《后汉书》卷一四《齐武王縯传附子北海靖王兴传》，北海国至建安十一年方才除国。(第 558 页)因此，笔者推测羊元群担任北海相一职。

（续　表）

时期	姓名	县	历任官职	出处
桓帝灵帝	孟戫①	洛阳	济阴太守、太常、太尉	《后汉书》卷八《孝灵帝纪》
	李奇			《后汉书》卷六〇下《蔡邕列传》以及李贤注
	左胜	平阴	河东太守	《后汉书》卷六四《赵岐传》
	吴訢	原武	廷尉	《后汉书》卷四六《郭躬传》
	吴恭	原武	廷尉	《后汉书》卷四六《郭躬传》
	张玄	梁		《后汉书》卷三六《张霸传附陵弟玄传》
	郤俭	偃师	益州刺史	《三国志》卷四二《蜀书·郤正传》
	吕亮	河南	成阳令	《隶释》卷一《济阴太守孟郁修尧庙碑》
	张宠		济阴太守	《隶释》卷一《帝尧碑》
	李邵		元氏丞	《隶释》卷三《白石神君碑》
	王暹	巩	议郎	《隶释》卷十《凉州刺史魏元丕碑》
	通明			《水经注》卷一五"伊水"
	张伯雅②	密	弘农太守	《水经注》卷二二"洧水"
	吴整		廷尉	《水经注》卷二四"睢水"
献帝	种劭	洛阳	谏议大夫、侍中、议郎	《后汉书》卷五六《种暠传附子拂传》
	郑太	开封	尚书侍郎、侍御史、议郎	《后汉书》卷七〇《郑太传》
	任峻	中牟	县主簿、典农中郎将、长水校尉	《三国志》卷一六《魏书·任峻传》

① 又写作"孟郁"。《三国志》卷四二《蜀书·孟光传》："孟光字孝裕,河南洛阳人,汉太尉孟郁之族。"（第1023页）此外,《隶释》卷一《孟郁修尧庙碑》载,桓帝永康元年有"济阴太守河南匽师孟郁君讳郁"者（第11页）,余疑此碑所见孟郁与《三国志》《后汉书》所言当是同一人。《后汉书》载,灵帝熹平五年,孟郁自太常升为太尉。永康元年至于熹平五年,历十年,从升迁的一般规律而言,自郡太守而登三公,是比较自然的。只不过,《三国志》说孟氏为洛阳人,而《隶释》记作匽师,这很可能是误记。洛阳、匽师甚近,且两人官阶都不低,名字相同,若说是两个不同的人,难免令人怀疑。

② 时代不详,暂置于此。

(续 表)

时期	姓名	县	历任官职	出处
献帝	郑浑	开封	下蔡长、邵陵令、左冯翊、上党太守、京兆尹、丞相掾	《三国志》卷一六《魏书·郑浑传》
	潘勖		尚书郎、尚书右丞	《三国志》卷二一《魏书·卫觊传》裴松之注引《文章志》
	杜夔		雅乐郎、军谋祭酒参太乐事	《三国志》卷二九《魏书·方技传》
	庞羲		议郎	《三国志》卷三一《蜀书·刘焉传》
	孟光	洛阳	讲部吏	《三国志》卷四二《蜀书·孟光传》
	张梁			《三国志》卷五一《吴书·孙静传附子皎传》
	征崇			《三国志》卷五三《吴书·程秉传》
	赵达			《三国志》卷六三《吴书·赵达传》
	郑袤	开封	临淄侯文学	《晋书》卷四四《郑袤传》
	郑冲	开封	魏太子文学	《晋书》卷三三《郑冲传》

表二 河南郡官员①

时期	姓名	籍贯	历任官职	出处
高文景	吴公	汝南上蔡	河南守、廷尉	《史记》卷八四《屈原贾生列传》
	周信		河南守	《史记》卷一九《惠景间侯者年表》
武帝	杜某	南阳杜衍	河南太守	《史记》卷一○四《田叔列传》
	汲黯	东郡濮阳	太子洗马、谒者、荥阳令、中大夫、东海太守、主爵都尉、右内史、淮阳太守	《史记》卷一二○《汲郑列传》

---

① 《风俗通义·姓氏》:"诸氏,汉有雒阳令诸於。"(王利器:《风俗通义校注》,中华书局,1981年,第505页)不知何时。

（续表）

时期	姓名	籍贯	历任官职	出处
武帝	司马安		太子洗马、淮阳太守、**河南太守**	《史记》卷一二〇《汲郑列传》
	田广明	京兆郑县	郎、天水司马、**河南都尉**、淮阳太守、大鸿胪、卫尉、左冯翊、御史大夫	《汉书》卷九〇《酷吏传》
	赵翁仲	金城浩亹	**新城长**	《赵宽碑》①
	卜式		中郎、**缑氏令**、**成皋令**、齐王太傅、齐相、御史大夫、太子太傅	《汉书》卷五八《卜式传》
昭帝宣帝	严延年	东海下邳	郡吏、御史掾、侍御史、平陵令、丞相掾、好畤令、强弩将军长史、涿郡太守、**河南太守**	《汉书》卷九〇《酷吏传》
	魏相	济阴定陶	郡卒史、茂陵令、**河南太守**、扬州刺史、谏大夫、**河南**、大司农、御史大夫、丞相	《汉书》卷七四《魏相传》
	严彭祖	东海下邳	博士、**河南太守**、东郡太守、左冯翊、太子太傅	《汉书》卷八八《儒林传》
	韦玄成	鲁国邹县	郎、谏大夫、大河都尉、**河南太守**、未央卫尉、太常、淮阳中尉、少府、太子太傅、御史大夫、丞相	《汉书》卷七三《韦贤传附子玄成传》
	黄霸	淮阳阳夏	阳夏游徼、侍郎、谒者、左冯翊卒史、河东均输长、**河南太守丞**、廷尉正、丞相长史、扬州刺史、颍川太守、太子太傅、御史大夫、丞相	《汉书》卷八九《循吏传》
	尹翁归	平阳	狱小吏、卒史、督邮、**缑氏尉**、都内令、弘农都尉、东海太守、右扶风	《汉书》卷七六《尹翁归传》
	贡禹	琅邪	博士、凉州刺史、**河南令**、谏大夫、光禄大夫、长信少府、御史大夫	《汉书》卷七二《贡禹传》

① 高文：《汉碑集释》，第432—433页。

(续 表)

时期	姓名	籍贯	历任官职	出处
元帝成帝哀帝	召信臣	九江寿春	郎、谷阳长、上蔡长、零陵太守、谏大夫、南阳太守、**河南太守**、少府	《汉书》卷八九《循吏传》
	刘彭祖		**河南太守**、左冯翊、太子太傅	《汉书》卷一九下《百官公卿表下》
	毕众		**河南太守**、左冯翊	《汉书》卷一九下《百官公卿表下》
	汉①		**河南太守**、大鸿胪	《汉书》卷一九下《百官公卿表下》
	甄少公	杜陵	河东太守、京兆尹、**河南太守**	《汉书》卷一九下《百官公卿表下》
	王崇	琅邪皋虞	郎、刺史、**河南太守**、御史大夫、大司农、卫尉、左将军、大司空	《汉书》卷七二《王吉传附孙崇传》
	宗正	长安	信都太守、京兆尹、**河南太守**	《汉书》卷一九下《百官公卿表下》
	徐让		**河南太守**、左冯翊	《汉书》卷一九下《百官公卿表下》
	王崇		**河南太守**、御史大夫、大司农、卫尉、右将军、大司空	《汉书》卷一九下《百官公卿表下》
平帝王莽	卓茂	南阳宛县	丞相府史、侍郎、**密令**、大司农京部丞、侍中祭酒、太傅	《后汉书》卷二五《卓茂传》
	陈遵	京兆杜陵	京兆史、郁夷令、校尉、**河南太守**、九江都尉、河内都尉、大司马护军	《汉书》卷九二《游侠传》
	马况	扶风茂陵	**河南太守**	《汉书》卷二四《马援传》李贤注
	公孙仁	扶风茂陵	**河南都尉**	《后汉书》卷一三《公孙述传》
光武帝	召某	九江寿春	**卷令**	《后汉书》卷七九下《儒林列传下》
	欧阳歙	乐安千乘		《后汉书》卷七九上《儒林列传上》

① 姓不详。

（续　表）

时期	姓名	籍贯	历任官职	出处
光武帝	武勃		河南太守	《后汉书》卷一七《冯异传》
	王梁	渔阳要阳	郡吏、狐奴令、野王令、中郎将、前将军、山阳太守、河南尹、济南太守	《后汉书》卷二二《王梁传》
	张伋		河南尹	《后汉书》卷一下《光武帝纪下》
	祭肜	颍川颍阳	黄门侍郎、偃师长、襄贲令、辽东太守、太仆	《后汉书》卷二〇《祭遵传附从弟肜传》
	董宣	陈留圉县	北海相、怀令、江夏太守、洛阳令	《后汉书》卷七七《酷吏列传》
	张汜		阳武令	《后汉书》卷七六《循吏列传》
	索卢放	东郡	郡门下掾、洛阳令、谏议大夫	《后汉书》卷八一《独行列传》
	丁綝	颍川定陵	颍阳尉、偏将军、河南太守	《后汉书》卷三七《丁鸿传》
	张宗	南阳鲁阳	阳泉乡佐、偏将军、京辅都尉、河南都尉、太中大夫、琅邪相	《后汉书》卷三八《张宗传》
	郭贺	广汉雒县	广汉主簿、司徒掾、尚书令、荆州刺史、河南尹	《后汉书》卷二六《蔡茂传》
	宋嵩	京兆长安	河南尹	《后汉书》卷二六《宋弘传》
	阎杨		梁令	《后汉书》卷二六《冯勤传》
	申屠刚	扶风茂陵	侍御史、尚书令、平阴令、太中大夫	《后汉书》卷二九《申屠刚传》
	杜诗	河内汲县	郡功曹、侍御史、成皋令、沛郡都尉、汝南都尉、南阳太守	《后汉书》卷三一《杜诗传》
	虞延	陈留东昏	户牖亭长、细阳令、郡功曹、督邮、公车令、洛阳令、南阳太守、太尉、司徒	《后汉书》卷三三《虞延传》
	郭唐		河南尹	《后汉书》卷二一《任光传》
	阎阳		梁令	《后汉书》卷八三《逸民列传》李贤注引皇甫谧《高士传》
	刘章	南阳蔡阳	平阴令、梁郡太守	《后汉书》卷一四《齐武王縯传》
	刘兴	南阳蔡阳	缑氏令、弘农太守	《后汉书》卷一四《齐武王縯传附子北海靖王兴传》

(续 表)

时期	姓名	籍贯	历任官职	出处
明帝章帝	召驯	九江寿春	骑都尉、左中郎将、陈留太守、**河南尹**、光禄勋	《后汉书》卷七九下《儒林列传下》
	曹祉	济阴	**河南尹**	《后汉书》卷七九上《儒林列传上》
	周纡①	下邳徐县	廷尉史、南行唐长、博平令、齐相、勃海太守、召陵侯相、**洛阳令**、御史中丞、司隶校尉、骑都尉、将作大匠	《后汉书》卷七七《酷吏列传》
	范迁	沛国	渔阳太守、**河南尹**、司徒	《后汉书》卷二七《郭丹传》、卷二《显宗孝明帝纪》
	薛昭		**河南尹**	《后汉书》卷二《显宗孝明帝纪》
	袁安	汝南汝阳	县功曹、阴平长、任城令、楚郡太守、**河南尹**、太仆、司空、司徒	《后汉书》卷四五《袁安传》
	鲁恭	扶风平陵	郡吏、**中牟令**、侍御史、博士、侍中、乐安相、议郎、光禄勋、司徒、长乐卫尉	《后汉书》卷二五《鲁恭传》
	肥亲		**河南尹仁恕掾**	《后汉书》卷二五《鲁恭传》
	夏勤	九江	**京令**、宛令、零陵太守、司徒	《后汉书》卷三二《樊宏传附子儵传》
	杨光		**洛阳令**	《后汉书》卷三三《郑弘传》
	石修		戊己校尉司马、**雒阳市丞**	《后汉书》卷一九《耿弇传附国弟子恭传》
	景某	任城	**河南尹**	《隶释》卷六《郏令景君阙铭》
和帝安帝顺帝	陈歆		**洛阳令**	《后汉书》卷三五《张纯传附子奋传》
	种兢		**洛阳令**	《后汉书》卷四〇下《班彪列传下附子固传》
	邓豹		**河南尹**	《后汉书》卷一六《邓禹传附孙鹭传》

① "纡",中华书局标点本《后汉书》卷四三《乐恢传》李贤注引《华峤书》,以及卷四四《邓彪传》皆作"纡",未知孰是。

（续　表）

时期	姓名	籍贯	历任官职	出处
和帝安帝顺帝	邓甫德		**开封令**	《后汉书》卷一六《邓禹传附孙骘传》
	方储		句章长、**洛阳令**	《太平御览》卷二六七引谢承《后汉书》①
	冯焕		尚书、侍郎、**京令**、豫州刺史、幽州刺史	《隶释》卷一三《幽州刺史冯焕神道》
	张酺	汝南细阳	郎、侍中、虎贲中郎将、东郡太守、魏郡太守、**河南尹**、太仆、太尉、光禄勋、司徒	《后汉书》卷四五《张酺传》
	王涣	广汉郪县	郡功曹、**温令**、②兖州刺史、侍御史、**洛阳令**	《后汉书》卷七六《循吏列传》
	应顺	汝南南顿	**河南尹**、将作大匠	《后汉书》卷四八《应奉传》
	庞奋		辽东都尉、**河南尹**	《后汉书》卷三八《冯绲传》、卷五一《庞参传》
	祝良	长沙临湘	**洛阳令**、并州刺史、九真太守	《后汉书》卷五一《庞参传》及李贤注引《谢承书》、卷八六《南蛮传》、卷六《孝顺帝纪》
	吕放		**洛阳令**	《后汉书》卷三四《梁统传附玄孙冀传》
	吕禹		**洛阳令**	《后汉书》卷三四《梁统传附玄孙冀传》
	梁冀		黄门侍郎、侍中、虎贲中郎将、越骑校尉、步兵校尉、执金吾、**河南尹**、大将军	《后汉书》卷三四《梁统传附玄孙冀传》

---

① ［宋］李昉等撰：《太平御览》（全四册），中华书局，1960 年，第 1250 页。
② 《隶释》卷一三《雒阳令王稚子二阙》题铭分别是："汉故先灵侍御史河内缊令王君稚子阙""汉故兖州刺史雒阳令王君稚子之阙"。王稚子即王涣。洪适指出："赵（明诚）云本传稚子尝为温令，而碑作河内令，乃史之误，其说非也。温者，河内之邑，河内是郡名，无令也。碑云'河内县（縣）令'者，以郡为尊，盖谓河内之县（縣）令尔，即温也。"（第 145 页）笔者以为赵明诚之说似有尽信碑刻的嫌疑，洪氏的解说亦未必妥当。就笔者目前所见，除了这一例，尚未见到汉代石刻中有"××县令"的表达方式。一来，假使"××"为县，则刻辞中不会出现"县"字，通常直写"××令"。二来，假使"××"为郡，则其下应有具体的县名存在，表示此人为某某郡某某县的官员，未见直接以郡名冠于县级职官前的，从情理上也不应如此。笔者感觉，《隶释》的"缊"字，或许即"温"字之异写，亦或许为著录者所误释。

(续表)

时期	姓名	籍贯	历任官职	出处
和帝安帝顺帝	梁不疑		河南尹	《后汉书》卷三四《梁统传附玄孙冀传》
	梁胤		河南尹	《后汉书》卷三四《梁统传附玄孙冀传》
	缪肜	汝南召陵	县主簿、郡决曹史、**中牟令**	《后汉书》卷八一《独行列传》
	赵戒	蜀郡成都	荆州刺史、河间相、南阳太守、尚书令、**河南尹**、太常、司空	《后汉书》卷六三《李固传》李贤注引《谢承书》
	李基	汉中南郑	**偃师长**	《后汉书》卷六三《李固传》李贤注引《续汉书》
	王调		河南尹	《后汉书》卷四三《乐恢传》
	李阜		洛阳令	《后汉书》卷四三《乐恢传》
	任稜		洛阳令	《后汉书》卷四三《乐恢传》李贤注引《决录注》
	田歆		河南尹	《后汉书》卷五六《种暠传》
	蔡嵩		河南尹	《后汉书》卷四五《袁安传》李贤注引《续汉书》
	郭镇	颍川阳翟	尚书、尚书令、**河南尹**、廷尉	《后汉书》卷四六《郭躬传附弟子镇传》
	桥玄	梁国睢阳	县功曹、**洛阳左尉**、齐相、上谷太守、汉阳太守、司徒长史、将作大匠、度辽将军、**河南尹**、少府、大鸿胪、司空、司徒、尚书令、光禄大夫、太尉、太中大夫	《后汉书》卷五一《桥玄传》
	李历	汉中南郑	**新城长**、奉车都尉	《后汉书》卷八二上《方术列传上》
	元某		**中牟令**	《隶释》卷六《议郎元宾碑》
	郭某	河内①	洛阳令	《隶释》卷九《北军中候郭仲奇碑》
	崇巗	下邳国②	河南尹	《水经注》卷一六"谷水"

① 碑文有"自东郡卫国家乎河内"之语。(第99页)
② 《水经注》原文作"河南尹邳崇巗"。未见以"邳"为姓者,出现在这里应当是地名。然而,东汉有下邳国,没有直接以单字"邳"名县者,因此,笔者将之理解为下邳国。

（续　表）

时期	姓名	籍贯	历任官职	出　　处
和帝安帝顺帝	双福	渤海重合	河南丞	《水经注》卷一六"谷水"
	江双		洛阳令	《水经注》卷一六"谷水"
	平阳降		洛阳丞	《水经注》卷一六"谷水"
桓帝灵帝	杜密	颍川阳城	代郡太守、太山太守、北海相、尚书令、**河南尹**、太仆	《后汉书》卷六七《党锢列传》
	刘祐	中山安国	尚书侍郎、任城令、扬州刺史、河东太守、尚书令、**河南尹**、司隶校尉、宗正、大司农、中散大夫	《后汉书》卷六七《党锢列传》
	李膺	颍川襄城	青州刺史、渔阳太守、蜀郡太守、护乌桓校尉、度辽将军、**河南尹**、司隶校尉、长乐少府	《后汉书》卷六七《党锢列传》
	羊陟	太山梁父	侍御史、冀州刺史、虎贲中郎将、城门校尉、尚书令、**河南尹**	《后汉书》卷六七《党锢列传》
	孔昱	鲁国鲁县	议郎、**洛阳令**	《后汉书》卷六七《党锢列传》
	马浮		密令	《隶释》卷一七《州辅碑阴》
	霍谞	魏郡邺县	金城太守、北海相、尚书仆射、**河南尹**、司隶校尉、少府、廷尉	《后汉书》卷四八《霍谞传》
	邓万世		**河南尹**	《后汉书》卷一六《邓禹传附孙鹭传》
	冯绲	巴郡宕渠	广汉属国都尉、御史中丞、陇西太守、辽东太守、京兆尹、司隶校尉、廷尉、太常、车骑将军、将作大匠、**河南尹**、屯骑校尉	《后汉书》卷三八《冯绲传》
	刘宽	弘农华阴	侍御史、**梁令**、司徒长史、东海相、尚书令、南阳太守、太中大夫、侍中、屯骑校尉、宗正、光禄勋、太尉、卫尉、永乐少府	《隶释》卷一一《太尉刘宽碑》、《后汉书》卷二五《刘宽传》
	何豹		**河南尹**	《后汉书》卷一六《寇恂传附曾孙荣传》

(续 表)

时期	姓名	籍贯	历 任 官 职	出 处
桓帝灵帝	袁腾		洛阳令	《后汉书》卷一六《寇恂传附曾孙荣传》
	徐灌		河南尹	《后汉书》卷八《孝灵帝纪》
	司马防	河内温县	洛阳令、京兆尹、骑都尉、治书侍御史	《三国志》卷一五《魏书·司马朗传》裴松之注引司马彪《序传》
	赵越	河内获嘉	桂阳太守、五官将、尚书仆射、守河南尹	《水经注》卷九"清水"
	袁术	汝南汝阳	河南尹、虎贲中郎将、后将军	《后汉书》卷七五《袁术传》
	段颎	武威姑臧	宪陵园丞、阳陵令、辽东属国都尉、议郎、中郎将、护羌校尉、并州刺史、侍中、执金吾、河南尹、谏议大夫、司隶校尉、太尉、颍川太守、太中大夫	《后汉书》卷六五《段颎传》
	沐茂		洛阳市长	《后汉书》卷五七《李云传》
	李燮	汉中南郑	议郎、安平相、河南尹	《后汉书》卷六三《李固传附子燮传》
	王允	太原祁县	郡吏、并州刺史别驾从事、侍御史、豫州刺史、大将军从事中郎、河南尹、太仆、尚书令、司徒	《后汉书》卷六六《王允传》
	虞祁		洛阳令	《后汉书》卷六九《窦武传》
	何进	南阳宛县	郎中、虎贲中郎将、颍川太守、侍中、将作大匠、河南尹、大将军	《后汉书》卷六九《何进传》
	何苗	南阳宛县	河南尹、车骑将军	《后汉书》卷六九《何进传》
	许相	汝南平舆	少府、河南尹	《后汉书》卷六九《何进传》
	闵贡		河南中部掾	《后汉书》卷六九《何进传》
	朱儁	会稽上虞	县书佐、郡主簿、兰陵令、交阯刺史、谏议大夫、右中郎将、镇贼中郎将、右车骑将军、光禄大夫、将作大匠、少府、太仆、河内太守、城门校尉、河南尹、太尉、骠骑将军、大司农	《后汉书》卷七一《朱儁传》

（续　表）

时期	姓名	籍贯	历任官职	出处
桓帝灵帝	朱野	南阳宛县	河南尹	《后汉书》卷四三《朱晖传附孙穆传》
	周晖	庐江舒县	洛阳令	《后汉书》卷四五《周荣传附孙景传》
	曹嵩	敦煌	荥阳令	《后汉书》卷三九《赵咨传》
	贾琮	东郡聊城	京令、交阯刺史、议郎、冀州刺史、度辽将军	《后汉书》卷三一《贾琮传》
	落皓		中牟令	《后汉书》卷八《孝灵帝纪》
	潘业		中牟主簿	《后汉书》卷八《孝灵帝纪》
	陈球	下邳淮浦	繁阳令、侍御史、零陵太守、魏郡太守、将作大匠、南阳太守、河南尹、廷尉①、司空、光禄大夫、太常、太尉、永乐少府	《后汉书》卷五六《陈球传》、《隶释》卷十《太尉陈球碑》
	杨淮	犍为汉安	尚书侍郎、上蔡令、洛阳令、将军长史、任城相、金城太守、河东太守、山阳太守、御史中丞、司隶校尉、将作大匠、河南尹	《隶续》卷一一《司隶校尉杨淮碑》
	王元赏②		郎、谒者、考工、菀陵、叶令、封丘令	《金石录》卷一五"汉封丘令王元赏碑"条
	任伯嗣	南郡编县	郎中、蜀郡丞、江州令、筑阳侯相、成皋令、桂阳太守	《金石录》卷一五"汉成皋令任伯嗣碑"条
	李叔坚③	汝南	太尉掾、固陵长、原武令	《风俗通义·怪神》
献帝	杨沛	冯翊万年	公府令史、新郑长、长社令、九江太守、东平太守、乐安太守、邺令、护羌都尉、京兆尹	《三国志》卷一五《魏书·贾逵传》裴松之注引《魏略》
	杨懿	弘农郡	河南尹	《后汉书》卷七一《朱儁传》

---

① 碑文原作"河南"，下缺一字，应为"尹"。（第111页）《隶释》卷十《陈球后碑》以及《后汉书》陈球本传均未提及陈球担任河南尹一事，本表将之收入，且将河南尹一职置于廷尉之前，是暂且为之。

② 时代不明，暂置于此。

③ 时代不明，暂置于此。

(续 表)

时期	姓名	籍贯	历任官职	出处
献帝	骆业		河南尹	《后汉书》卷十下《皇后纪下》
	董昭	济阴定陶	廮陶长、柏人令、领魏郡太守、骑都尉、议郎、符节令、河南尹、冀州牧、谏议大夫、司空军祭酒、将作大匠	《三国志》卷一四《魏书·董昭传》
	杨原		中牟令	《三国志》卷一六《魏书·任峻传》
	司马朗	温	童子郎、司空掾属、成皋令、堂阳长、元城令、丞相主簿、兖州刺史	《三国志》卷一五《魏书·司马朗传》
	杜阳		河阴令	《三国志》卷九《魏书·夏侯惇传》裴松之注引《魏书》

表三　河东籍人士

时期	姓名	县	历任官职	出处
高帝文帝景帝	郅都	杨	郎、中郎将、济南太守、中尉、雁门太守	《史记》卷一二二《酷吏列传》
	张隆			《史记》卷一一一《卫将军骠骑列传》
	郑季	平阳	县吏	《史记》卷一一一《卫将军骠骑列传》
	卫青①	平阳	车骑将军、大将军	《史记》卷一一一《卫将军骠骑列传》
武帝	周阳由		郎、郡守、河东都尉	《史记》卷一二二《酷吏列传》
	李文		御史中丞	《史记》卷一二二《酷吏列传》
	义纵		中郎、上党某县令、长陵令、长安令、河内都尉、南阳太守、定襄太守、右内史	《史记》卷一二二《酷吏列传》

① 卫青的功业建于汉武帝时期,但据《史记》本传言:"青壮,为侯家骑,从平阳主。建元二年春,青姊子夫得入宫幸上。"对人格塑造至关重要的青少年时期处于汉景帝年间。

(续 表)

时期	姓名	县	历任官职	出处
武帝	张次公		郎、校尉、将军	《史记》卷一二二《酷吏列传》、卷一一一《卫将军骠骑列传》
	减宣	杨	郡吏、大厩丞、御史、御史中丞、左内史、右扶风	《史记》卷一二二《酷吏列传》
	褚广			《史记》卷一二二《酷吏列传》
	霍中孺	平阳	县吏	《汉书》卷六八《霍光传》
	暴胜之		光禄大夫、御史大夫	《汉书》卷一九下《百官公卿表下》
	马适建		执金吾、少府	《汉书》卷一九下《百官公卿表下》
昭帝宣帝	尹翁归	平阳	狱小吏、卒史、督邮、缑氏尉、都内令、弘农都尉、东海太守、右扶风	《汉书》卷七六《尹翁归传》
	霍光	平阳	郎、奉车都尉、光禄大夫、大司马大将军	《汉书》卷六八《霍光传》
	胡建		军正丞、渭城令	《汉书》卷六七《胡建传》
元帝成帝哀帝	杨仲续		祁令	《后汉书》卷三○上《杨厚传》李贤注引《益部耆旧传》
	尹岑	平阳	护羌校尉、执金吾、后将军①	《汉书》卷一九下《百官公卿表下》、《汉书》卷七六《尹翁归传》
	姚平			《汉书》卷八八《儒林传》
	梁相		大司农	《汉书》卷一九下《百官公卿表下》
平莽				
光武帝	杨茂		威寇将军	《后汉书》卷三八《杨璇传》
明章	王乔		尚书郎、叶令	《风俗通义·正失》、《后汉书》卷八二上《方术列传上》

---

① 《百官公卿表》作"右将军"。(第838页)

(续 表)

时期	姓名	县	历任官职	出处
和帝 安帝 顺帝	梁鲔	平阳	太尉属、光禄勋、司徒	《后汉书》卷二五《鲁恭传》李贤注引《汉官仪》、卷四《孝殇帝纪》、《续汉书·律历中》
	王卓	解	光禄勋、司空	《后汉书》卷六《孝顺帝纪》
桓帝 灵帝	朱山			《后汉书》卷六一《黄琼传附孙琬传》
	裴瑜①		尚书	《后汉书》卷六四《史弼传》
	敬谦	临汾	东海傅②	《隶释》卷一《韩勅修孔庙后碑》
	裴毕	闻喜	郑令	《隶释》卷二《殷阮君神祠碑》、《水经注》卷一九《渭水》"又东过郑县北"条。
	敬韶③	平阳	司隶从事、治书侍御史、扬州刺史	《金石录》卷一七"汉扬州刺史敬使君碑"条
	薛季像④		郎中、郯令、兖州刺史	《水经注》卷八"济水"
	裴将军		安定太守	《山西夏县王村东汉壁画墓》⑤
	西门俭			《隶释》卷一《鲁相韩勅造孔庙礼器碑》
	赵遗	汾阴	候长	《金石录》卷一九"汉禹庙碑阴"条
	凉则	安邑	议郎	《隶续》卷一二《刘宽碑阴门生名》

---

① 《后汉书》卷六四《史弼传》记载,河东太守史弼"槛车征。吏人莫敢近者,唯前孝廉裴瑜送到崤渑之间"(第2111页)。观其姓氏以及行走路线,裴瑜很可能就是河东本地人。
② 《隶释》只有"东海"二字,下阙。(第22页)高文《汉碑集释》将阙字释为"傅"。(第186页)
③ 《风俗通义·姓氏》:"敬氏,陈敬仲之后,后汉有扬州刺史敬歆。"(第548页)"韶""歆"之讹可能是古籍整理者疏忽所致。
④ 《水经注》称其碑为"兖州刺史河东薛季像碑","像"字也有可能与碑字连读,而非薛氏的人名用字。
⑤ 刊于《文物》1994年第8期。"将军"是原称呼,应不是名。今夏县与汉代闻喜县的政区有重合的地方,此裴姓将军很可能与其他裴姓人物一样,同属东汉闻喜人。

(续表)

时期	姓名	县	历任官职	出处
献帝	裴茂	闻喜	县令、郡守、尚书①	《三国志》卷二三《魏书·裴潜传》裴松之注引《魏略》
	张时		京兆尹	《三国志》卷一六《魏书·杜畿传》裴松之注引《魏略》
	乐详		河东文学祭酒	《后汉书》卷七九下《儒林列传下》
	贾逵	襄陵	河东郡吏、绛邑长、渑池令、司徒掾、议郎、弘农太守、丞相主簿、谏议大夫、邺令、魏郡太守	《三国志》卷一五《魏书·贾逵传》
	徐晃	杨	郡吏、骑都尉、裨将军、偏将军、右将军	《三国志》卷一七《魏书·徐晃传》
	卫觊	安邑	司空掾属、茂陵令、尚书郎、治书侍御史、尚书	《三国志》卷二一《魏书·卫觊传》
	程银			《三国志》卷八《魏书·张鲁传》
	侯选			《三国志》卷八《魏书·张鲁传》
	李堪			《三国志》卷八《魏书·张鲁传》
	裴潜	闻喜	县令、仓曹属、代郡太守、沛国相、兖州刺史	《三国志》卷二三《魏书·裴潜传》
	毋丘兴			《三国志》卷二八《魏书·毋丘俭传》

表四 河东郡官员

时期	姓名	籍贯	历任官职	出处
高文景	季布	楚	项羽将、郎中、中郎将、河东守	《史记》卷一〇〇《季布栾布列传》

---

① 《晋书》卷三五《裴秀传》："裴秀字季彦,河东闻喜人也。祖茂,汉尚书令。"(第1037页)

(续 表)

时期	姓名	籍贯	历任官职	出处
武帝	周阳由		郎、郡守、**河东都尉**	《史记》卷一二二《酷吏列传》
	胜屠公		**河东太守**	《史记》卷一二二《酷吏列传》
	番系	九江	**河东太守**、御史大夫	《汉书》卷一九下《百官公卿表下》
昭帝宣帝	田延年	冯翊阳陵	大将军长史、**河东太守**、大司农	《后汉书》卷九〇《酷吏传》
	黄霸	淮阳阳夏	阳夏游徼、侍郎、谒者、左冯翊卒史、**河东均输长**、河南太守丞、廷尉正、丞相长史、扬州刺史、颍川太守、太子太傅、御史大夫、丞相	《汉书》卷八九《循吏传》
	闳孺		**河东督邮**、广陵相	《汉书》卷七六《尹翁归传》
元帝成帝哀帝	周堪		光禄大夫、光禄勋、**河东太守**	《汉书》卷一九下《百官公卿表下》
	甄少公	杜陵	**河东太守**、京兆尹、河南太守	《汉书》卷一九下《百官公卿表下》
	贾迪	河南洛阳	**河东太守**	《贾洮墓志》《贾邠墓志》①
	赵护		**河东都尉**、广汉太守	《汉书》卷八三《薛宣传》
	萧咸	东海兰陵	丞相史、好畤令、淮阳内史、泗水内史、张掖太守、弘农太守、**河东太守**、越骑校尉、护军都尉、中郎将、大司农	《汉书》卷七八《萧望之传附子咸传》
平莽	刘翚	南阳安众	蒲坂令②	《敦煌汉简》四九七号
光武帝	樊晔	南阳新野	侍御史、**河东都尉**、扬州牧、轵长、天水太守	《后汉书》卷七七《酷吏列传》
	焦贶	会稽	**河东太守**	《后汉书》卷三三《郑弘传》
	杨宝		**河东太守**	《后汉书》卷一六《邓禹传》
	李文		军祭酒、**河东太守**	《三国志》卷一《魏书·武帝纪》裴松之注引《汉魏春秋》、《后汉书》卷一六《邓禹传》
	丁邯	京兆阳陵	**汾阴令**、汉中太守	《续汉书·百官三》刘昭注引《古今注》

---

① 李献奇、赵会军:《有关贾谊世系及洛阳饥疫的几方墓志》,《文博》1987年第5期。
② 原释文为"蒲及令",谢桂华认为"及"是"反"之误释。见氏著《汉简草书辨正举隅》,收入《汉晋简牍论丛》,广西师范大学出版社,2014年,第96—97页。

（续表）

时期	姓名	籍贯	历任官职	出处
明帝章帝	焦永		博士、**河东太守**	《后汉书》卷四三《乐恢传》
明帝章帝	许君然		蒲坂令	《后汉书》卷七九上《儒林列传上》
明帝章帝	毛义	庐江郡	安邑令	《后汉书》卷二七《郑均传》
和安顺	葛龚	梁国宁陵	太官丞、荡阴令、临汾令	《后汉书》卷八〇上《文苑列传》
和安顺	陈某	汝南平舆	**河东太守**	《后汉书》卷六六《陈蕃传》
桓帝灵帝	刘祐	中山安国	尚书侍郎、任城令、扬州刺史、**河东太守**、尚书令、河南尹、司隶校尉、宗正、大司农、中散大夫	《后汉书》卷六七《党锢列传》
桓帝灵帝	韩术	南阳堵阳	**河东太守**	《三国志》卷二四《魏书·韩暨传》裴注引《楚国先贤传》
桓帝灵帝	耿援		**河东太守**	《后汉书》卷一九《耿弇传》
桓帝灵帝	单安	河南	**河东太守**	《后汉书》卷七八《宦者列传》
桓帝灵帝	孔宏①		**河东太守**	《隶释》卷一七《平原东郡门生苏衡等题名》洪适解说部分所引《天下碑录》
桓帝灵帝	吴仲超	西河平定	**杨丞**	《山西吕梁地区征集的汉画像石》②
桓帝灵帝	杨淮	犍为汉安	尚书侍郎、上蔡令、洛阳令、将军长史、任城相、金城太守、**河东太守**、山阳太守、御史中丞、司隶校尉、将作大匠、河南尹	《隶续》卷一一《司隶校尉杨淮碑》
桓帝灵帝	陈寔	颍川许县	县吏、都亭佐、郡西门亭长、郡功曹、**闻喜长**、太丘长	《后汉书》卷六二《陈寔传》
桓帝灵帝	史弼	陈留考城	北军中候、尚书、平原相、**河东太守**、议郎、彭城相	《后汉书》卷六四《史弼传》
桓帝灵帝	赵岐	京兆长陵	司空掾、**皮氏长**、京兆功曹、并州刺史、议郎、车骑将军长史、太仆、太常	《后汉书》卷六四《赵岐传》

① 时代不明确，暂置于此。
② 刊《文物》2008 年第 7 期。"杨"字原释文为"椽"，应纠正为"杨"。

(续 表)

时期	姓名	籍贯	历任官职	出处
桓帝灵帝	左胜	河南平阴	河东太守	《后汉书》卷六四《赵岐传》
	赵无忌	京兆长陵	河东从事	《后汉书》卷六四《赵岐传》李贤注
	皇甫嵩	安定朝那	霸陵令、**临汾令**、议郎、北地太守、左中郎将、左车骑将军、议郎、御史中丞、征西将军、太尉、光禄大夫、太常	《后汉书》卷七一《皇甫嵩传》
	孔彪	鲁国	郎中、博昌长、尚书侍郎、博陵太守、下邳相、**河东太守**	《隶释》卷八《博陵太守孔彪碑》
	董卓	陇西临洮	羽林郎、军司马、郎中、戊己校尉、并州刺史、**河东太守**、东中郎将、中郎将、破虏将军、前将军、并州牧、司空、太尉、相国、太师	《后汉书》卷七二《董卓列传》
	尹俭	颍川①	**安邑长**②	《水经注》卷三一"滍水"
	刘寻	南阳章陵	**皮氏长**	《金石录》卷一七"汉禹庙碑"条
	樊璋	安定乌氏	**皮氏丞**	《金石录》卷一七"汉禹庙碑"条
	苏某③	安定	**皮氏长**	《金石录》卷一九"汉禹庙碑"条
	韩仁		**闻喜长**	《韩仁铭》④
	杜鹭	京兆长安	**蒲子长**	《隶续》卷一二《刘宽碑阴门生名》
	姜岐	汉阳上邽	**蒲坂令**	《三辅决录》卷一
献帝	王邑	北地泾阳	**河东太守**、镇北将军	《后汉书》卷七二《董卓列传》
	贾逵	河东襄陵	**河东郡吏**、**绛邑长**、渑池令、司徒掾、议郎、弘农太守、丞相主簿、谏议大夫、邺令、魏郡太守	《三国志》卷一五《魏书·贾逵传》

① 《水经注》描述尹俭墓在应乡附近,地属颍川。故而本表定其籍贯为颍川。
② 不知为何称"长"而非"令"。
③ 不知何时代,暂置于此。
④ 高文:《汉碑集释》,第417页。

(续表)

时期	姓名	籍贯	历任官职	出处
献帝	李孚	巨鹿	冀州主簿、**解长**、阳平太守	《三国志》卷一五《贾逵传》裴松之注引《魏略》
	杜畿	京兆杜陵	郡功曹、郑县令、汉中府丞、司空司直、护羌校尉、西平太守、**河东太守**、尚书	《三国志》卷一六《魏书·杜畿传》
	赵俨	颍川阳翟	朗陵长、司空主簿、章陵太守、护军、丞相主簿、扶风太守、议郎、驸马都尉、**河东太守**	《三国志》卷二三《魏书·赵俨传》、卷一六《魏书·杜畿传》裴松之注引《魏略》
	徐英	冯翊	**蒲阪令**	《三国志》卷一五《魏书·张既传》裴松之注引《魏略》
	游殷	冯翊	**蒲阪令**、汉兴太守	《三国志》卷一五《魏书·张既传》裴松之注引《三辅决录注》
	吉茂	冯翊池阳	**临汾令**、武德侯庶子	《三国志》卷二三《魏书·常林传》裴松之注引《魏略》
	严幹	冯翊	郎、**蒲阪令**、公车司马令、议郎、弘农太守、汉阳太守、益州刺史	《三国志》卷二三《魏书·裴潜传》裴松之注引《魏略》
	韩术	南阳堵阳	**河东太守**	《三国志》卷二四《韩暨传》及裴松之注引《楚国先贤传》
	朱南		**大阳长**	《三国志》卷一一《管宁传附》注引《魏略》

表五　河内籍人士

时期	姓名	县	履历	出处
高文景	石奋	温	中涓、太中大夫、太子太傅	《史记》卷一〇三《万石张叔列传》
	张恢	轵		《史记》卷一〇一《袁盎晁错列传》
武帝	杨皆			《史记》卷一二二《酷吏列传》
	麻戊			《史记》卷一二二《酷吏列传》

(续 表)

时期	姓名	县	履 历	出 处
武帝	郭解	轵		《史记》卷一二四《游侠列传》
	赵子			《汉书》卷八八《儒林传》
昭帝宣帝	蔡义	温	城门候、光禄大夫、少府、御史大夫、丞相	《汉书》卷六六《蔡义传》
	食子公		博士	《汉书》卷八八《儒林传》
元帝成帝哀帝	张禹	轵	博士、光禄大夫、东平内史、诸吏光禄大夫、丞相	《汉书》卷八一《张禹传》
	傅喜	温	太子庶子、卫尉、右将军、大司马	《汉书》卷八二《傅喜传》
	傅晏	温	大司马卫将军	《汉书》卷四五《息夫躬传》
	苟参		水衡都尉	《汉书》卷一九下《百官公卿表下》
	息夫躬	河阳	光禄大夫	《汉书》卷四五《息夫躬传》
	贾惠	河阳	郡掾	《汉书》卷四五《息夫躬传》
	邓义		太原太守、京兆尹、巨鹿太守	《汉书》卷一九下《百官公卿表下》
	孙云		执金吾、卫尉、少府	《汉书》卷一九下《百官公卿表下》
平莽	向长	朝歌		《后汉书》卷八三《逸民列传》
光武帝	张玄	河阳	弘农文学、陈仓县丞、郎、博士	《后汉书》卷七九下《儒林列传下》
	李章	怀	州郡吏、大司马东曹属、阳平令、千乘太守、侍御史、琅邪太守	《后汉书》卷七七《酷吏列传》
	卫飒	修武	州宰、侍御史、襄城令、桂阳太守	《后汉书》卷七六《循吏列传》
	蔡茂	怀	议郎、侍中、广汉太守、司徒	《后汉书》卷二六《蔡茂传》
	杜诗	汲	郡功曹、侍御史、成皋令、沛郡都尉、汝南都尉、南阳太守	《后汉书》卷三一《杜诗传》
明帝章帝	药崧		郎、南阳太守	《后汉书》卷四一《钟离意传》

（续　表）

时期	姓名	县	履　历	出　处
和帝安帝顺帝	樊晏		兵曹令史	《隶释》卷一三《幽州刺史冯焕神道》
	蔡某	修武	吴郡太守、青州刺史①	《隶释》卷五《禀长蔡湛碑》
	赵承			《后汉书》卷六三《李固传》
	孙某		山阳太守	《金石录》卷一四"汉麟凤赞并记"条
	杜宣	汲	汲县主簿、尚书、会稽太守	《风俗通义·怪神》、《水经注》卷九"清水"
桓帝灵帝	张歆	修武	大司农、司徒	《后汉书》卷七《孝桓帝纪》
	张延	修武	太仆、太尉	《后汉书》卷八《孝灵帝纪》
	张导	修武	巨鹿太守	《水经注》卷十"浊漳水"
	吴匡		侍御史、济南相、尚书、弘农太守	《风俗通义·愆礼》
	张成			《后汉书》卷六七《党锢列传》
	杜乔	林虑	南郡太守、东海相、侍中、光禄大夫、太子太傅、大司农、大鸿胪、光禄勋、太尉	
	司马儁	温	颍川太守	《三国志》卷一五《魏书·司马朗传》裴松之注引司马彪《序传》
	朱熊	温	薛令	《隶释》卷一《韩敕碑阴》
	赵越	获嘉	桂阳太守、五官将、尚书仆射、守河南尹	《水经注》卷九"清水"
	王涣（免）	武德	考城令、汉阳太守、议郎	《后汉书》卷七六《循吏列传》、卷八一《独行列传》李贤注
	赵仲让		高唐令、大将军从事中郎	《风俗通义·过誉》
	李璜	野王	武功长	《隶续》卷一二《刘宽碑阴门生名》
	江沛	修武	东海相	《隶续》卷一二《刘宽碑阴门生名》

---

① 原文作"宰化□符,守吴郡,再在□□,复牧青州"。（第57页）标点为笔者所加。

(续表)

时期	姓名	县	履历	出处
桓帝灵帝	聂璜	修武	平陵令	《隶续》卷一二《刘宽碑阴门生名》
	和政	汲	猗①氏	《隶续》卷一二《刘宽碑阴门生名》
	司马直		巨鹿太守	《后汉书》卷七八《宦者列传》
	向栩	朝歌	特征赵相、侍中	《后汉书》卷八一《独行列传》
	赵商			《后汉书》卷三五《郑玄传》
	司马防	温	洛阳令、京兆尹、骑都尉、治书侍御史	《三国志》卷一五《魏书·司马朗传》裴松之注引司马彪《序传》
	李邵	野王②	冀州刺史	《三国志》卷一五《魏书·司马朗传》
	王苌	州	成阳丞	《隶释》卷一《济阴太守孟郁修尧庙碑》
	□武		元氏丞	《隶释》卷三《三公山碑》《无极山碑》③
	蔡湛	修武	广川长、槀长、高邑令	《隶释》卷五《槀长蔡湛碑》
	董并	汲	溧阳左尉	《隶释》卷五《溧阳长潘乾校官碑》
	郭某	汲	洛阳令	《隶释》卷九《北军中候郭仲奇碑》
	郭某	汲	竹邑相	《隶释》卷九《北军中候郭仲奇碑》
	郭某	汲	尚书侍郎	《隶释》卷九《北军中候郭仲奇碑》
	郭某	汲	济北相	《隶释》卷九《北军中候郭仲奇碑》
	郭某	汲	临沂长	《隶释》卷九《北军中候郭仲奇碑》

① "猗",疑似"猗",猗氏乃河东郡属县。
② 《三国志》原文作"故冀州刺史李邵家居野王,近山险,欲徙居温",未明言李邵的籍贯。但观司马朗说李邵是"国人之望也"(第466页),在河内当地的威望若此,似是还乡之故高官。
③ 《三公山碑》作"丞河□□武字公兴",《无极山碑》作"丞河内□□□□□",两处对勘,并且是同一年立,故而定县丞之籍贯为河内。

(续　表)

时期	姓名	县	履历	出处
桓帝灵帝	郭某	汲	徐州刺史	《隶释》卷九《北军中候郭仲奇碑》
	郭某	汲	中山相	《隶释》卷九《北军中候郭仲奇碑》
	郭仲奇	汲	郡五官掾、功曹、司隶从事、比阳长、军中候	《隶释》卷九《北军中候郭仲奇碑》
	郭究	汲	郡主簿、督邮、五官掾、功曹、司隶从事	《隶释》卷十《司隶从事郭究碑》
献帝	朱汉		都官从事	《三国志》卷六《魏书·袁绍传》
	张炯			《后汉书》卷七五《袁术传》
	张范	修武	议郎	《三国志》卷一一《魏书·张范传》
	张承	修武	议郎、伊阙都尉、谏议大夫、丞相参军祭酒领赵郡太守	《三国志》卷一一《魏书·张范传》
	张昭	修武	议郎	《三国志》卷一一《魏书·张范传》
	司马芝	温	菅长、广平令、大理正、甘陵太守、沛郡太守、阳平太守	《三国志》卷一二《魏书·司马芝传》
	常林	温	南和长、博陵太守、幽州刺史、五官将功曹、平原太守、魏郡东部都尉、丞相东曹属	《三国志》卷二三《魏书·常林传》
	王象		某县长	《三国志》卷二三《魏书·常林传》、卷二一《魏书·卫觊传》
	杨俊	获嘉	曲梁长、丞相掾属、安陵令、南阳太守、平原太守	《三国志》卷二三《魏书·杨俊传》
	韩浩		中护军	《三国志》卷九《魏书·夏侯惇传》
	司马朗	温	童子郎、司空掾属、成皋令、堂阳长、元城令、丞相主簿、兖州刺史	《三国志》卷一五《魏书·司马朗传》
	赵咨	温		《三国志》卷一五《魏书·司马朗传》

(续表)

时期	姓名	县	履历	出处
献帝	荀纬		军谋掾、魏太子庶子	《三国志》卷二一《魏书·王粲传》
	审固		郡守	《三国志》卷二三《魏书·杨俊传》
	司马懿	温	郡上计掾、黄门侍郎、议郎、丞相东曹属、丞相主簿、太子中庶子、军司马	《晋书》卷一《宣帝纪》
	司马孚	温	太子中庶子	《晋书》卷三七《宗室列传·安平献王孚》

表六 河内郡官员①

时期	姓名	籍贯	历任官职	出处
高文景	越②		**河内都尉**、长沙相	《史记》卷一九《惠景间侯者年表》
	周亚夫	沛	**河内守**、将军、中尉、车骑将军、太尉、丞相	《史记》卷五七《绛侯周勃世家》
武帝	王温舒	左冯翊阳陵	亭长、廷史、御史、广平都尉、**河内太守**、中尉、廷尉	《史记》卷一二二《酷吏列传》
	杜某	南阳杜衍	**河内太守**	《史记》卷一〇四《田叔列传》

---

① 《太平御览》卷二六七引《续汉书》："胡绍为河内怀令,三日一视事,十日一诣仓受俸米,於阁外炊作干饭食之,不设釜灶。得一强盗,问其党与,得数百人,皆诛之,政教清平,为三河表。"（[宋]李昉等撰：《太平御览》（全四册），第1250页）未知何时。又,《元和姓纂》卷五"蛇邱"氏："汉河内太守蛇邱惑,生重,济北太守,女适羊续。"（[唐]林宝撰,岑仲勉校记：《元和姓纂（附四校记）》（全三册），第580页）卷八"遇"氏："《风俗通》,汉有东安太守遇冲。"岑仲勉校语："《广韵》引《风俗通》作'河内太守',汉有东安侯国,无东安郡也。《姓解》三又作'河南',二者未详孰是。"（第1208页）《风俗通义·姓氏》："职氏,汉有山阳令职供"。（第557页）此数人皆未知其具体生活年代,遇冲是否任职河内甚至存在分歧。本表不载。

② 姓不详。

（续 表）

时期	姓名	籍贯	历任官职	出处
昭帝宣帝	赵彭祖	平原	**河内太守**、大司农	《汉书》卷一九下《百官公卿表下》
	韦玄成		**河内太守**①、卫尉	《汉书》卷一九下《百官公卿表下》
元帝成帝哀帝	徐明	东海	**河内太守**	《汉书》卷三〇《艺文志》
	翟义	汝南上蔡	郎、南阳都尉、弘农太守、**河内太守**、青州牧、东郡太守	《汉书》卷八四《翟方进传附子义传》
	张盖之	山阳橐县	**河内太守文学卒史**、新阳相	《尹湾汉墓简牍》②
	贾惠	河内河阳	河内郡掾	《汉书》卷四五《息夫躬传》
	赵昌		尚书令、**河内太守**	《汉书》卷七七《毋将隆传》
	刘歆		黄门郎、中垒校尉、太中大夫、骑都尉、光禄大夫、**河内太守**、五原太守、涿郡太守、安定属国都尉、羲和、京兆尹、国师	《汉书》卷三六《楚元王传附刘歆传》
	甄尊		**河内太守**、右扶风	《汉书》卷一九下《百官公卿表下》
	庞真	杜陵	**河内太守**、左冯翊	《汉书》卷一九下《百官公卿表下》
	赵昌	涿郡	尚书令、少府、**河内太守**	《汉书》卷一九下《百官公卿表下》
平帝王莽	陈遵	京兆杜陵	京兆史、郁夷令、校尉、河南太守、九江都尉、**河内都尉**、大司马护军	《汉书》卷九二《游侠传》
	伏湛	琅邪东武	博士弟子、绣衣执法、**后队属正**、平原太守、尚书、大司徒司直、大司徒	《后汉书》卷二六《伏湛传》
光武帝	寇恂	上谷昌平	郡功曹、偏将军、**河内太守**、颍川太守、汝南太守、执金吾	
	韩歆	南阳棘阳	**河内太守**	《后汉书》卷一七《岑彭传》

① 《汉书》本传的履历中，河南太守之后是未央卫尉，未提到韦玄成曾任河内太守。
② 连云港市博物馆等编：《尹湾汉墓简牍》，第91页。

(续表)

时期	姓名	籍贯	历任官职	出处
光武帝	王梁	渔阳要阳	郡吏、狐奴令、**野王令**、中郎将、前将军、山阳太守、河南尹、济南太守	《后汉书》卷二二《王梁传》
	牟长	乐安临济	博士、**河内太守**、中散大夫	《后汉书》卷七九上《儒林列传上》
	樊晔	南阳新野	侍御史、河东都尉、扬州牧、**轵长**、天水太守	《后汉书》卷七七《酷吏列传》
	董宣	陈留圉县	北海相、**怀令**、江夏太守、洛阳令	《后汉书》卷七七《酷吏列传》
	赵憙	南阳宛县	郎中、五威偏将军、中郎将、简阳侯相、平林侯相、**怀令**、平原太守、太仆、太尉、卫尉、太傅	《后汉书》卷二六《赵憙传》
	卫飒	河内修武	**州宰**、①侍御史、襄城令、桂阳太守	《后汉书》卷七六《循吏列传》
	任延	南阳宛县	大司马属、会稽都尉、九真太守、睢阳令、武威太守、召陵令、颍川太守、**河内太守**	《后汉书》卷七六《循吏列传》
	张歆	赵国襄国	淮阳相、**汲令**	《后汉书》卷四四《张禹传》
明帝章帝	张峻	山阳	**怀令**	《后汉书》卷五五《章帝八王传》
	宋均	南阳安众	郎、辰阳长、谒者、上蔡令、九江太守、东海相、尚书令、司隶校尉、**河内太守**	《后汉书》卷四一《宋均传》
	范羌		军吏、**共丞**	《后汉书》卷一九《耿弇传附国弟子恭传》
	魏仲达	扶风平陵	**河阳长**	《三辅决录》卷一
和帝安帝顺帝	周荣	庐江舒县	郾令、尚书令、颍川太守、**共令**、山阳太守	《后汉书》卷四五《周荣传》
	曹褒	鲁国薛县	圉令、博士、侍中、射声校尉、城门校尉、将作大匠、**河内太守**	《后汉书》卷三五《曹褒传》

---

① 中华书局标点本未将"州"字标为地名。但《汉书》卷二八上《地理志上》和《续汉书·郡国一》河内郡皆有州县。

（续　表）

时期	姓名	籍贯	历任官职	出处
和帝安帝顺帝	王涣	广汉郪县	郡功曹、**温令**、兖州刺史、侍御史、**洛阳令**	《后汉书》卷七六《循吏列传》
	马棱	扶风茂陵	谒者、广陵太守、汉阳太守、丹阳太守、会稽太守、**河内太守**	《后汉书》卷二四《马援传附族孙棱传》
	虞诩	陈国武平	郎中、**朝歌长**、**怀令**、武都太守、司隶校尉、议郎、尚书仆射、尚书令	《后汉书》卷五八《虞诩传》
	钟皓	颍川长社	郡功曹、廷尉正、博士、**林虑长**①	《后汉书》卷六二《钟皓传》
	葛龚	梁国宁陵	太官丞、**荡阴令**、临汾令	《后汉书》卷八〇上《文苑列传》
	崔瑗	涿郡安平	**汲令**、济北相	《后汉书》卷五二《崔骃传附子瑗传》
	樊准	南阳湖阳	郡功曹、郎中、尚书郎、御史中丞、光禄大夫、**河内太守**、尚书令、光禄勋	《后汉书》卷三二《樊宏传附族曾孙准传》
	鲁某	山阳昌邑	**修武令**	《隶释》卷九《司隶校尉鲁峻碑》
	周举	汝南汝阳	平丘令、并州刺史、冀州刺史、尚书、司隶校尉、蜀郡太守、从事中郎、谏议大夫、侍中、**河内太守**、大鸿胪、光禄勋、光禄大夫	《后汉书》卷六一《周举传》
	黄昌	会稽余姚	郡决曹、州从事、宛令、蜀郡太守、陈相、**河内太守**、颍川太守、将作大匠、大司农、太中大夫	《后汉书》卷七七《酷吏列传》
	牛季平	西河平周	山阳尉	《秦晋两省东汉画像石题记集释》②

---

① 本传说"前后九辟公府，征为廷尉正、博士、林虑长，皆不就"（第2064页）。然《后汉书》卷七六《循吏列传》说："自章、和以后，其有善绩者，往往不绝。如鲁恭、吴祐、刘宽及颍川四长，并以仁信笃诚，使人不欺。"所谓"颍川四长"，李贤注："谓荀淑为当涂长，韩韶为嬴长，陈寔为太丘长，钟皓为林虑长。淑等皆颍川人也。"（第2458页）钟皓如果未就林虑长一职，似不当视作循吏之一员。

② 刊于《考古与文物》2006年第1期，作者吴镇烽。

(续　表)

时期	姓名	籍贯	历任官职	出处
和帝安帝顺帝	丁某	济阴句阳	河内太守	《隶续》卷一二《刘宽碑阴门生名》
	宗均	南阳安众	司隶校尉、河内太守	《金石录》卷一八"汉宗资墓天禄辟邪字"条
	向豹	汝南宋城①	河内太守	《水经注》卷七"济水"
	邓方	汝南	河内太守丞	《水经注》卷七"济水"
	刘丞		怀令	《水经注》卷七"济水"
	应融	汝南	汲令、庐江太守	《风俗通义·穷通》
	应郴	汝南南顿	汲令	《风俗通义·怪神》
	杜宣	河内汲县	汲县主簿、尚书、会稽太守	《风俗通义·怪神》、《水经注》卷九"清水"
桓帝灵帝	宗慈	南阳安众	修武令	《后汉书》卷六七《党锢列传》
	郑郴	颍川阳城	朝歌长	《隶释》卷三《张公神碑》
	州宗		河阳长	《隶释》卷一七《州辅碑阴》
	胡肃		轵长	《隶释》卷一七《州辅碑阴》
	徐盛	魏郡元城	河内太守	《后汉书》卷七八《宦者列传》
	魏朗	会稽上虞	彭城令、九真都尉、议郎、尚书、河内太守	《后汉书》卷六七《党锢列传》
	张朔	颍川	野王令	《后汉书》卷六七《党锢列传》
	刘梁	东平宁阳	北新城长、尚书郎、野王令（未行）	《后汉书》卷八〇下《文苑列传》
	李奇	河南郡	河内郡吏	《后汉书》卷六〇下《蔡邕列传》以及李贤注

---

① "宋城"是《水经注》原文如此，《续汉书·郡国二》载汝南郡下辖有名为"宋"的县级政区，当即《水经注》所谓"宋城"。

(续 表)

时期	姓名	籍贯	历任官职	出处
桓帝灵帝	陈蕃	汝南平舆	别驾从事、议郎、乐安太守、**修武令**、豫章太守、尚书令、大鸿胪、光禄勋、尚书仆射、太中大夫、太尉、太傅	《后汉书》卷六六《陈蕃传》
	朱儁	会稽上虞	县书佐、郡主簿、兰陵令、交阯刺史、谏议大夫、右中郎将、镇贼中郎将、右车骑将军、光禄大夫、将作大匠、少府、太仆、**河内太守**、城门校尉、河南尹、太尉、骠骑将军、大司农	《后汉书》卷七一《朱儁传》
	韩演	颍川舞阳	丹阳太守、**河内太守**、司徒、司隶校尉	《后汉书》卷四五《周荣传附孙景传》、同卷《韩棱传》
	鲁峻	山阳昌邑	郎中、谒者、**河内太守丞**、侍御史、顿丘令、议郎、太尉长史、御史中丞、司隶校尉、屯骑校尉	《隶释》卷九《司隶校尉鲁峻碑》
	许续	陈国	议郎、温令	《水经注》卷二三"阴沟水"
	张迁	陈留己吾	郎中、谷城长、**荡阴令**	《张迁碑》①
	周景	庐江舒县	豫州刺史、**河内太守**、将作大匠、尚书令、太仆、卫尉、司空、太尉	《后汉书》卷四五《周荣传附孙景传》
	桓鸾	沛郡龙亢	胶东令、己吾令、**汲令**、议郎	《后汉书》卷三七《桓荣传附郁孙鸾传》
	刘曜②	东平无盐	郎中、谒者、太官令、朱爵司马、居延都尉、议郎、**河内太守**、长水校尉、宗正、卫尉、光禄勋	《隶释》卷一一《光禄勋刘曜碑》
	王匡	泰山	大将军府进符使、**河内太守**	《三国志》卷一《魏书·武帝纪》

---

① 高文:《汉碑集释》,第490—491页。
② 碑文不见籍贯与生活时代。本表将之归入桓灵时期,是因为《隶释》所收汉碑绝大多数为这一时期的,暂且如此处理。籍贯依据洪适对碑文的解说,其中谈到"右汉故光禄勋东平无盐刘府君碑篆额"。

(续 表)

时期	姓名	籍贯	历任官职	出处
献帝	张杨	云中	并州武猛从事、假司马、建义将军、**河内太守**、安国将军、大司马	《三国志》卷八《魏书·张杨传》
	刘勋①	琅邪	**河内太守**	《后汉书》卷八二下《方术列传下》李贤注引《(华)佗别传》
	吴质	济阴	**朝歌长**、元城令	《三国志》卷二一《魏书·王粲传附吴质传》及裴松之注引《魏略》
	李敏	辽东襄平	**河内太守**	《三国志》卷八《魏书·公孙度传》、《晋书》卷四四《李胤传》

表七 弘农籍人士

时期	姓名	县	历任官职	出处
高文景	韩孺	陕②		《史记》卷一二四《游侠列传》
武帝	杨仆	河南宜阳	御史、主爵都尉、楼船将军	《史记》卷一二二《酷吏列传》
昭帝宣帝	杨敞	华阴	军司马、大司农、御史大夫、丞相	《汉书》卷六六《杨敞传》
	杨忠	华阴	郎、常侍骑、左曹、中郎将、诸吏光禄勋	《汉书》卷六六《杨敞传附子忠传》
	杨谭	华阴	典属国	《汉书》卷六六《杨敞传附子忠传》

---

① 东汉末年的刘勋，见于史籍者有两个。《后汉书》卷七三《公孙瓒传》载公孙瓒讨袁绍檄文，其中说到："绍与故虎牙都尉刘勋，首共造兵，勋降服张杨，累有功效，而以小忿枉加酷害。"（第2360页）此刘勋为袁绍所杀。又，《三国志》卷一二《魏书·司马芝传》："征虏将军刘勋，贵宠骄豪，又芝故郡将，宾客子弟在界数犯法。勋与芝书，不著姓名，而多所嘱托，芝不报其书，一皆如法。后勋以不轨诛，交关者皆获罪，而芝以见称。"司马芝"河内温人也"，刘勋曾担任其"郡将"，即河内太守。再据裴注所引《魏略》："勋字子台，琅邪人也。"（第387页）《佗别传》所谓刘勋，当指此人。

② 《集解》《索隐》皆以为"陕"当为"郏"，然《汉书》卷九二《游侠传》颜师古注："陕即今陕州陕县也。"从其本字作注。因不知《集解》《索隐》所言何据，兹从师古之议。

时期	姓名	县	历任官职	出处
元成哀				
平莽				
光武				
明章				
和帝安帝顺帝	杨震	华阴	荆州刺史、东莱太守、涿郡太守、太仆、太常、司徒、太尉	《后汉书》卷五四《杨震列传》
	杨牧	华阴	富波相	《后汉书》卷五四《杨震列传》
	刘崎	华阴	司徒	《后汉书》卷二五《刘宽传》
桓帝灵帝	杨秉	华阴	侍御史、豫州刺史、荆州刺史、徐州刺史、兖州刺史、任城相、太中大夫、左中郎将、侍中、尚书、右扶风、光禄大夫、太仆、太常、河南尹、太尉	《后汉书》卷五四《杨震列传附子秉传》
	杨赐	华阴	侍中、越骑校尉、少府、光禄勋、司空、光禄大夫、司徒、太常、太尉、尚书令	《后汉书》卷五四《杨震列传附孙赐传》
	杨彪	华阴	议郎、侍中、京兆尹、五官中郎将、颍川太守、南阳太守、永乐少府、太仆、卫尉、司空、司徒、光禄大夫、大鸿胪、少府、太常、光禄勋、太尉	《后汉书》卷五四《杨震列传附曾孙彪传》
	成瑨	陕	南阳太守	《后汉书》卷六七《党锢列传》、卷六六《陈蕃传》
	杨奇	华阴	侍中、汝南太守、卫尉	《后汉书》卷五四《杨震列传》
	杨众	华阴	谒者仆射、御史中丞、侍中	《后汉书》卷五四《杨震列传》
	杨儒		鸟击都尉	《后汉书》卷五八《盖勋传》李贤注引《续汉书》
	刘宽	华阴	侍御史、梁令、司徒长史、东海相、尚书令、南阳太守、太中大夫、侍中、屯骑校尉、宗正、光禄勋、太尉、卫尉、永乐少府	《太尉刘宽碑》①、《后汉书》卷二五《刘宽传》

① 《隶释·隶续》，第124—125页。

(续　表)

时期	姓名	县	历 任 官 职	出　　处
桓帝灵帝	张芝			《后汉书》卷六五《张奂传》、《三国志》卷二一《魏书·卫觊传》裴松之注引觊孙恒撰《四体书势》
	张昶			《后汉书》卷六五《张奂传》、《三国志》卷二一《魏书·卫觊传》裴松之注引觊孙恒撰《四体书势》
	周嘉	宜阳	尚书令	《隶释》卷十《凉州刺史魏元丕碑》
	杨让	华阴	赵相、常山相	《隶释》卷一二《太尉杨震碑》
	杨奉	华阴	黄门侍郎	《隶释》卷一二《太尉杨震碑》
	杨统	华阴	金城太守、沛相	《隶释》卷一二《太尉杨震碑》
	杨著	华阴	郡五官掾、功曹、司隶从事、定颍侯相、议郎、高阳令、思善侯相	《隶释》卷一二《太尉杨震碑》
	邓盛		太仆、太尉	《后汉书》卷八《孝灵帝纪》
献帝	杨修	华阴	郎中、丞相仓曹属、主簿①	《后汉书》卷五四《杨震列传附曾孙彪传》
	杨懿		河南尹	《后汉书》卷七一《朱儁传》
	刘松	华阴	宗正	《后汉书》卷二五《刘宽传》
	董芬		军祭酒	《后汉书》卷八二下《方术列传下》
	卫仲道			《后汉书》卷八四《列女传》
	董遇		黄门侍郎	《三国志》卷一三《魏书·钟繇传》裴松之注引《魏略》

---

① 中华书局标点本《后汉书》李贤注引《典略》写作："丞相请署仓曹属主簿"，这样的句读不明晰，本表在主簿前点断。

表八　弘农郡官员

时期	姓名	籍贯	历任官职	出处
高文景	枚乘	淮阴	吴王郎中、**弘农都尉**①	《汉书》卷五一《枚乘传》
武帝	范方渠	沛	**弘农太守**、执金吾	《汉书》卷一九下《百官公卿表下》
昭宣	冯扬	魏郡繁阳	**弘农太守**	《后汉书》卷二六《冯勤传》
元帝成帝哀帝	翟义	汝南上蔡	郎、南阳都尉、**弘农太守**、河内太守、青州牧、东郡太守	《汉书》卷八四《翟方进传附子义传》
	萧咸	东海兰陵	丞相史、好畤令、淮阳内史、泗水内史、张掖太守、**弘农太守**、河东太守、越骑校尉、护军都尉、中郎将、大司农	《汉书》卷七八《萧望之传附子咸传》
	王龚		**弘农太守**	《汉书》卷八八《儒林传》
	金钦		太子门大夫、太中大夫、泰山太守、**弘农太守**、大司马司直、京兆尹、光禄大夫	《汉书》卷六八《金日䃅传附子安上传》
	张匡		**弘农太守**	《汉书》卷七〇《陈汤传》
	宋平		**弘农太守**、京兆尹	《汉书》卷一九下《百官公卿表下》
	逢信	平陵	**弘农太守**、京兆尹	《汉书》卷一九下《百官公卿表下》
	王能		卫尉、侍中光禄勋、**弘农太守**	《汉书》卷一九下《百官公卿表下》

---

① 《汉书》言："景帝召拜乘为弘农都尉。乘久为大国上宾，与英俊并游，得其所好，不乐郡吏，以病去官。"（第2365页）钱大昕质疑道："弘农置郡在武帝元鼎四年，而景帝时已有弘农都尉，何也？汉初弘农当属河南郡，盖为河南都尉而治弘农，元鼎中即因都尉治为郡治耳。"（钱大昕：《考史拾遗》，商务印书馆，1958年，第68页）沈钦韩说："愚谓函谷关本在弘农，此弘农都尉乃关都尉也。"（［清］沈钦韩等撰：《汉书疏证（外二种）》，上海古籍出版社，2006年，第803页）沈氏之说不合理，如果是关都尉的话，似乎难说是"郡吏"。比较而言，钱说的核心意思是，枚乘担任的"弘农都尉"应纠正为"河南都尉"，因为景帝时尚无弘农郡，这相对合理一些。

(续 表)

时期	姓名	籍贯	历 任 官 职	出　处
平莽				
光武帝	周泽	北海安丘	大司马府议曹祭酒、博士、黾池令、右中郎将、太常、行司徒事、侍中骑都尉	《后汉书》卷七九下《儒林列传下》
	刘昆	陈留东昏	江陵令、议郎、侍中、**弘农太守**、光禄勋、骑都尉	
	张玄	河内河阳	**弘农文学**、陈仓县丞、郎、博士	《后汉书》卷七九下《儒林列传下》
	刘兴	南阳蔡阳	缑氏令、**弘农太守**	《后汉书》卷一四《齐武王縯传附子北海靖王兴传》
	张申		**弘农县吏**	《后汉书》卷一四《齐武王縯传附子北海靖王兴传》李贤注引《续汉书》
明章	魏满	南阳	**弘农太守**	《后汉书》卷七九上《儒林列传上》
和帝安帝顺帝	鲁炳	扶风平陵	**弘农都尉**	《后汉书》卷二五《鲁恭传》李贤注引《续汉书》
	蔡玄	汝南南顿	议郎、侍中、**弘农太守**	《后汉书》卷七九下《儒林列传下》
	张凤		**弘农太守**	《后汉书》卷六《孝顺帝纪》
	张勋	常山元氏	**弘农太守**	《金石录》卷一四"汉西岳石阙铭"条
桓帝灵帝	皇甫规	安定朝那	郡功曹、郡上计掾、郎中、太山太守、中郎将、议郎、度辽将军、使匈奴中郎将、尚书、**弘农太守**、护羌校尉	《后汉书》卷六五《皇甫规传》
	杜众		**弘农五官掾**	《后汉书》卷五七《李云传》
	吴匡	河内	侍御史、济南相、尚书、**弘农太守**	《风俗通义·愆礼》
	张伯雅	密	**弘农太守**	《水经注》卷二二"洧水"
	王宏	太原郡	**弘农太守**	《后汉书》卷六六《王允传》
	赵典	蜀郡成都	议郎、侍中、**弘农太守**、右扶风、城门校尉、将作大匠、少府、大鸿胪、太仆、太常、长乐少府、卫尉	《后汉书》卷二七《赵典传》

（续　表）

时期	姓名	籍贯	历任官职	出处
桓帝灵帝	公沙穆	北海胶东	主事、缯相、**弘农令**、辽东属国都尉	《后汉书》卷八二下《方术列传下》
	袁逢	汝南汝阳	**弘农太守**、京兆尹、太仆、司空、执金吾	《隶释》卷二《西岳华山庙碑》、《后汉书》卷四五《袁安传附子京传》
	张昉	河南京县	**弘农丞**	《隶释》卷二《西岳华山庙碑》
	唐佑	河南密县	**弘农左尉**	《隶释》卷二《西岳华山庙碑》
	孙璆	安平信都	**弘农太守**	《隶释》卷二《西岳华山庙碑》
	朱颉	甘陵鄃县	**华阴令**	《隶释》卷二《西岳华山庙碑》
	王曜	汉阳阿阳①	**华阴令**、相国别部司马	《隶续》卷一二《刘宽碑阴门生名》
	樊毅	河南河南	防东长、中都令、**弘农太守**	《隶释》卷二《西岳华山亭碑》、《樊毅修华岳碑》
	李翕	汉阳阿阳	**黾池令**②、武都太守	《隶释》卷四《武都太守李翕西狭颂》、《李翕黾池五瑞碑》
	张某③		清河相、**弘农太守**	《隶释》卷一三《清河相张君墓道》
	戴幼起	汝南	上计史、**陕令**	《风俗通义·过誉》
	孙显安	西河土军	**华阴令**	《秦晋两省东汉画像石题记集释》
献帝	张琰		**弘农太守**	《三国志》卷一五《魏书·贾逵传》
	贾逵	河东襄陵	河东郡吏、守绛邑长、**黾池令**、司徒掾、议郎、**弘农太守**、丞相主簿、谏议大夫、邺令、魏郡太守	《三国志》卷一五《魏书·贾逵传》
	令狐邵	太原	军谋掾、丞相主簿、**弘农太守**	《三国志》卷一六裴松之注引《魏略》

① 《隶续》原作"河阳"（第401页），汉阳郡无河阳县，而有阿阳。
② 碑文未明言为黾池令，然汉史中很少见到将祥瑞归于丞、尉之功，当以黾池令为是。
③ 时代不明，暂置于此。

参 考 文 献

（一）基本古籍

1. ［汉］司马迁：《史记》（全十册），北京：中华书局 1982 年版。
2. ［汉］班固撰，［唐］颜师古注：《汉书》（全十二册），北京：中华书局 1962 年版。
3. ［宋］范晔撰，［唐］李贤等注：《后汉书》（全十二册），北京：中华书局 1965 年版。
4. ［晋］陈寿撰，［宋］裴松之注：《三国志》（全五册），北京：中华书局 1982 年版。
5. 张烈点校：《两汉纪》，北京：中华书局 2002 年版。
6. ［唐］房玄龄等撰：《晋书》（全十册），北京：中华书局 1974 年版。
7. ［梁］萧子显：《南齐书》，北京：中华书局 1972 年版。
8. ［唐］魏徵、令狐德棻：《隋书》（全六册），北京：中华书局 1973 年版。
9. ［汉］郑玄注，［唐］贾公彦疏：《周礼注疏》，阮元校刻：《十三经注疏》，北京：中华书局 1980 年版。
10. ［汉］孔安国注，［唐］孔颖达疏：《尚书正义》，阮元校刻：《十三经注疏》，北京：中华书局 1980 年版。
11. ［晋］范宁集解，［唐］杨士勋疏：《春秋穀梁传注疏》，阮元校刻：《十三经注疏》，北京：中华书局 1980 年版。
12. ［晋］杜预注，［唐］孔颖达疏：《春秋左传正义》，阮元校刻：《十三经注疏》，北京：中华书局 1980 年版。
13. ［汉］郑玄注，［唐］孔颖达疏：《毛诗正义》，阮元校刻：《十三经注疏》，北京：中华书局 1980 年版。
14. ［晋］郭璞注，［宋］邢昺疏：《尔雅注疏》，阮元校刻：《十三经注疏》，北京：中华书局 1980 年版。
15. ［汉］许慎撰，［宋］徐铉校定：《说文解字》，南京：江苏古籍出版社

2001 年版。

16. [汉]许慎撰,[清]段玉裁注:《说文解字注》,上海:上海古籍出版社 1981 年版。

17. 徐元诰撰,王树民、沈长云点校:《国语集解》(修订本),北京:中华书局 2002 年版。

18. [清]王先慎撰,钟哲点校:《韩非子集解》,北京:中华书局 1998 年版。

19. 何宁:《淮南子集释》,北京:中华书局 1998 年版。

20. [汉]张衡著,张震泽校注:《张衡诗文集校注》,上海:上海古籍出版社 2009 年版。

21. [梁]萧统编,[唐]李善注:《文选》,北京:中华书局 1977 年版。

22. [北魏]郦道元著,陈桥驿校证:《水经注校证》,北京:中华书局 2007 年版。

23. [唐]徐坚等著:《初学记》(全二册),北京:中华书局 2004 年版。

24. [唐]林宝撰,岑仲勉校记:《元和姓纂(附四校记)》(全三册),北京:中华书局 1994 年版。

25. [唐]李吉甫撰,贺次君点校:《元和郡县图志》,北京:中华书局 1983 年版。

26. [宋]司马光编著,[元]胡三省音注:《资治通鉴》(全二十册),北京:中华书局 1956 年版。

27. [宋]司马光:《资治通鉴考异》,上海涵芬楼影印宋刊本。

28. [宋]李昉等撰:《太平御览》(全四册),北京:中华书局 1960 年版。

29. [宋]洪适:《隶释·隶续》,北京:中华书局 1986 年版。

30. [清]胡渭著,邹逸麟整理:《禹贡锥指》,上海:上海古籍出版社 1996 年版。

31. [清]沈钦韩等撰:《汉书疏证(外二种)》(全二册),上海:上海古籍出版社 2006 年版。

32. [清]王先谦:《汉书补注(外二种)》(全三册),上海:上海古籍出版社 2008 年版。

33. 卢弼:《三国志集解》,北京:中华书局 1982 年版。

34. [清]王鸣盛著,黄曙辉点校:《十七史商榷》,上海:上海书店出版社 2005 年版。

35. [清]全祖望:《汉书地理志稽疑》,朱铸禹:《全祖望集汇校集注》,上海:上海古籍出版社 2000 年版。

36. [清]顾祖禹撰,贺次君、施和金点校:《读史方舆纪要》,北京:中华书局 2005 年版。
37. [清] 钱大昕：《考史拾遗》，北京：商务印书馆 1958 年版。
38. [清] 梁玉绳：《史记志疑》（全三册），北京：中华书局 1981 年版。
39. [汉] 高诱注，[宋] 姚宏续注：《战国策》，[清] 永瑢、纪昀等编纂：《文渊阁四库全书》，上海：上海古籍出版社 2003 年版。
40. [宋] 鲍彪：《鲍氏战国策注》，[清] 永瑢、纪昀等编纂：《文渊阁四库全书》，上海：上海古籍出版社 2003 年版。
41. [宋] 鲍彪原注，[元] 吴师道补正：《战国策校注》，[清] 永瑢、纪昀等编纂：《文渊阁四库全书》，上海：上海古籍出版社 2003 年版。
42. 诸祖耿：《战国策集注汇考》，南京：凤凰出版社 2008 年版。
43. 张清常、王延栋：《战国策笺注》，天津：南开大学出版社 1993 年版。
44. 缪文远：《战国策新校注》，成都：巴蜀书社 1987 年版。

（二）专著

1. 白云翔：《先秦两汉铁器的考古学研究》，北京：科学出版社 2005 年版。
2. 陈梦家：《殷虚卜辞综述》，北京：中华书局 1988 年版。
3. 陈梧桐、李德龙、刘曙光：《中国军事通史·西汉军事史》，北京：军事科学出版社 1998 年版。
4. 陈序经：《匈奴史稿》，北京：中国人民大学出版社 2009 年版。
5. 陈垣：《二十史朔闰表》，北京：古籍出版社 1956 年版。
6. 程有为主编：《河南通史》（第二卷），郑州：河南人民出版社 2005 年版。
7. 范传贤、杨世钰、赵德馨：《中国经济通史》（第二卷），长沙：湖南人民出版社 2002 年版。
8. 高文：《汉碑集释》，开封：河南大学出版社 1997 年版。
9. 葛剑雄：《西汉人口地理》，北京：人民出版社 1986 年版。
10. 韩星：《儒法整合：秦汉政治文化论》，北京：中国社会科学出版社 2005 年版。
11. 后晓荣：《秦代政区地理》，北京：社会科学文献出版社 2009 年版。
12. 胡厚宣：《甲骨学商史论丛初集（外一种）》，石家庄：河北教育出版社 2002 年版。
13. 胡平生、张德芳：《敦煌悬泉汉简释粹》，上海：上海古籍出版社 2001 年版。
14. 华林甫：《中国地名学史考论》，北京：社会科学文献出版社 2002 年版。
15. 黄今言等：《中国军事通史·东汉军事史》，北京：军事科学出版社 1998

年版。

16. 黄留珠主编：《中国思想学说史》（秦汉卷），桂林：广西师范大学出版社 2008 年版。

17. 霍印章：《中国军事通史·秦代军事史》，北京：军事科学出版社 1998 年版。

18. 焦作市地方史志编纂委员会：《焦作市志》，北京：红旗出版社 1993 年版。

19. 劳榦：《秦汉史》，台北：中国文化学院出版部 1980 年版。

20. 蓝勇：《西南历史文化地理》，重庆：西南师范大学出版社 1997 年版。

21. 李学勤：《殷代地理简论》，北京：科学出版社 1959 年版。

22. 李晓杰：《东汉政区地理》，济南：山东教育出版社 1999 年版。

23. 李孝聪：《中国区域历史地理——地缘政治、区域经济开发和文化景观》，北京：北京大学出版社 2004 年版。

24. 李开元：《复活的历史——秦帝国的崩溃》，北京：中华书局 2007 年版。

25. 李元庆：《三晋古文化源流》，太原：山西古籍出版社 1997 年版。

26. 梁方仲：《中国历代户口、田地、田赋统计》，北京：中华书局 2008 年版。

27. 林甘泉主编：《中国经济通史》（秦汉经济卷），北京：经济日报出版社 1999 年版。

28. 卢云：《汉晋文化地理》，西安：陕西人民教育出版社 1991 年版。

29. 马非百：《秦集史》，北京：中华书局 1982 年版。

30. 马如森：《殷墟甲骨文实用字典》，上海：上海大学出版社 2008 年版。

31. [美] J. 唐纳德·休斯：《什么是环境史》，梅雪芹译，北京：北京大学出版社 2008 年版。

32. 三门峡市地方史志编纂委员会：《三门峡市志》，郑州：中州古籍出版社 1997 年版。

33. 尚新丽：《西汉人口问题研究》，北京：线装书局 2008 年版。

34. 宋杰：《两魏周齐战争中的河东》，北京：中国社会科学出版社 2006 年版。

35. 宋杰：《中国古代战争的地理枢纽》，北京：中国社会科学出版社 2009 年版。

36. 谭其骧主编：《中国历史地图集》（第二册），北京：中国地图出版社 1982 年版。

37. 王利器：《风俗通义校注》，北京：中华书局 1981 年版。

38. 王子今：《秦汉区域文化研究》，成都：四川人民出版社 1998 年版。

39. 王子今：《秦汉时期生态环境研究》，北京：北京大学出版社 2007 年版。
40. 徐中舒主编：《甲骨文字典》，成都：四川辞书出版社 1989 年版。
41. 辛德勇：《秦汉政区与边界地理研究》，北京：中华书局 2009 年版。
42. 严耕望：《唐代交通图考》，上海：上海古籍出版社 2007 年版。
43. 阎步克：《士大夫政治演生史稿》，北京：北京大学出版社 1996 年版。
44. 杨树达：《汉书窥管》（全二册），上海：上海古籍出版社 2007 年版。
45. 杨育彬、袁广阔：《20 世纪河南考古发现与研究》，郑州：中州古籍出版社 1997 年版。
46. 袁珂：《山海经校注》（增补修订本），成都：巴蜀书社 1993 年版。
47. 余英时：《士与中国文化》，上海：上海人民出版社 2003 年版。
48. 运城市地方志编纂委员会：《运城市志》，北京：生活·读书·新知三联书店 1994 年版。
49. 周振鹤：《西汉政区地理》，北京：人民出版社 1987 年版。
50. 张维邦主编：《山西省经济地理》，北京：新华出版社 1987 年版。
51. 张有智：《先秦三晋地区的社会与法家文化研究》，北京：人民出版社 2002 年版。

（三）学术论文

1. 白云翔：《中国的早期铜器与青铜器的起源》，《东南文化》2002 年第 7 期。
2. 白奚：《论先秦黄老学对百家之学的整合》，《文史哲》2005 年第 5 期。
3. 白奚：《先秦黄老之学源流述要》，《文史哲》2003 年第 1 期。
4. 晁福林：《商鞅史事考》，《中国史研究》1994 年第 3 期。
5. ［日］潮见浩撰，赵志文译：《汉代铁官郡、铁器铭文与冶铁遗址》，《中原文物》1996 年第 2 期。
6. 陈连庆：《两汉之际河北农民军杂考》，陈连庆：《中国古代史研究》，长春：吉林文史出版社 1991 年版。
7. 陈苏镇：《汉文帝"易侯邑"及"令列侯之国"考辨》，《历史研究》2005 年第 5 期。
8. 陈一军、高金锋：《对传统地域文化研究的思考》，《西北民族大学学报》（哲学社会科学版）2006 年第 6 期。
9. 程民生：《论中国古代河内地区经济的稳定发达——以焦作地区为中心》，《中州学刊》2007 年第 2 期。
10. 戴一峰：《区域史研究的困惑：方法论与范畴论》，《天津社会科学》2010

年第 1 期。
11. 董楠、周振峰：《方位词"里""外"的对称与不对称》，《安徽文学》2010 年第 5 期。
12. 方诗铭：《曹操与"白波贼"对东汉政权的争夺——兼论"白波"及其性质》，《历史研究》1990 年第 4 期。
13. 甘怀真：《天下概念成立的再探索》，《北京大学中国古文献研究中心集刊》（第九辑），北京：北京大学出版社 2010 年版。
14. 巩长卿：《论汉魏之际的河东郡》，《忻州师范学院学报》2009 年第 6 期。
15. 郭自成：《河南地区古代人口统计》，《河南大学学报》（哲学社会科学版）1986 年第 3 期。
16. 侯旭东：《渔采狩猎与秦汉北方民众生计：兼论以农立国传统的形成与农民的普遍化》，《历史研究》2010 年第 5 期。
17. 胡方：《黄河与河洛文化核心区的形成》，《黄河科技大学学报》2010 年第 1 期。
18. 胡克森：《秦、晋文化之比较》，《邵阳学院学报》（社会科学版）2008 年第 1 期。
19. 华林甫：《论先秦时期我国地名学的特点》，《湖北大学学报》（哲学社会科学版）1996 年第 4 期。
20. ［美］吉德炜：《晚商的方舆及其地理观念》，《九州》（第 4 辑），北京：商务印书馆 2007 年版。
21. 江亚冰：《考古资料所见汉代河洛地区的农具》，《河南科技大学学报》（社会科学版）2010 年第 1 期。
22. 靳松安、张进：《论自然环境对河洛地区史前文化的发展》，《中原文物》2004 年第 4 期。
23. 靳生禾、谢鸿喜：《东汉白波垒古战场考察报告》，《山西大学学报》（哲学社会科学版）2004 年第 1 期。
24. 蓝勇：《区域历史研究应有新的理念和现实关怀》，《史学月刊》2004 年第 4 期。
25. 蓝勇：《对中国历史文化地理研究的思考》，《学术研究》2002 年第 1 期。
26. 劳榦：《秦郡的建置及其与汉郡之比较》，劳榦：《古代中国的历史与文化》，北京：中华书局 2006 年版。
27. 李峰：《汉代河南郡农业状况初论》，《河南科技大学学报》（社会科学版）2008 年第 2 期。
28. 李燕茹、胡兆量：《中国历史战场地域分布及其对区域发展的影响》，《人文地理》2001年第6期。

29. 李晓岑：《商周中原青铜器矿料来源的再研究》，《自然科学史研究》1993年第3期。

30. 李晓杰：《战国时期韩国疆域变迁考》，《中国史研究》2001年第3期。

31. 李晓杰：《战国时期魏国疆域变迁考》，《历史地理》（第十九辑），上海：上海人民出版社2003年版。

32. 李久昌：《三门峡地区早期自然生态环境及其影响》，《西北大学学报》（自然科学版）2004年第4期。

33. 李延祥：《中条山古铜矿冶遗址初步考察研究》，《文物季刊》1993年第2期。

34. 李延祥、洪彦若：《炉渣分析揭示古代炼铜技术》，《文物保护与考古科学》1995年第1期。

35. 李延祥：《嘉铜出丹阳》，《金属世界》2000年第1期。

36. 李延祥：《大井古铜矿冶遗址》，《金属世界》1994年第5期。

37. 李陈奇：《蒜头壶考略》，《文物》1985年第4期。

38. 李献奇、赵会军：《有关贾谊世系及洛阳饥疫的几方墓志》，《文博》1987年第5期。

39. 刘太祥：《试析河南汉代经济繁荣的原因》，《南都学坛》1999年第1期。

40. 刘太祥：《河南汉代的文化格局及成因》，《周口师范高等专科学校学报》1999年第4期。

41. 刘习祥：《新乡凤凰山战国两汉墓地研究》，《中原文物》2007年第6期。

42. 刘晓满：《河南两汉文化区域变迁原因探讨》，《南都学坛》2006年第1期。

43. 刘跃进、刘燕梅：《秦汉区域文化的划分及其意义》，《淮阴师范学院学报》（哲学社会科学版）2006年第4期。

44. 刘志平：《秦至西汉初期的礼法思想研究——以李斯、陆贾、贾谊为对象的考察》，雷依群、徐卫民主编：《秦汉研究》（第二辑），西安：三秦出版社2007年版。

45. 罗武干、秦颖、王昌燧、魏国锋、席增仁：《中条山与皖南地区古铜矿冶炼产物的比较分析》，《岩矿测试》2007年第3期。

46. 陆敏珍：《区域史研究进路及其问题》，《学术界》2007年第5期。

47. 卢云：《区域控制与历史发展——论秦汉时期政治中心、文化中心及其相互关系》，《福建论坛》1987年第4期。

48. 罗琨：《卜辞中的"河"及其在祀典中的地位》，安徽大学古文字研究室编:《古文字研究》(第二十二辑),北京:中华书局 2000 年版。

49. 毛曦:《对历史文化研究中地域中心主义的批判》,《临沂师范学院学报》2002 年第 1 期。

50. 蒙文通:《法家流变考》,蒙文通:《古学甄微》,成都:巴蜀书社 1987 年版。

51. 宓三能:《战国时魏国未曾设置河东郡》,《中国历史地理论丛》1991 年第 4 期。

52. 牛红广:《〈山海经〉中的河洛地区》,《洛阳师范学院学报》2008 年第 4 期。

53. 彭子成、刘永刚、刘诗中、华觉明:《赣鄂豫地区商代青铜器和部分铜铅矿料来源的初探》,《自然科学史研究》1999 年第 3 期。

54. 钱穆:《秦三十六郡考》,《古史地理论丛》,北京:生活·读书·新知三联书店 2005 年版。

55. 仇鹿鸣:《乡里秩序中的地方大族——汉魏时代的河内司马氏》,《中国史研究》2011 年第 4 期。

56. 汝企和:《两汉时期之相人术与汉代社会》,《齐鲁学刊》2005 年第 5 期。

57. 沈长云:《夏后氏居于古河济之间考》,沈长云:《上古史探研》,北京:中华书局 2002 年版。

58. 史念海:《论地名的研究和有关规律的探索》,《中国历史地理论丛》(第二辑),西安:陕西人民出版社 1985 年版。

59. 史为乐:《地名考证中应注意的几个问题》,《中国历史地理论丛》1993 年第 1 期。

60. 谭其骧:《秦郡新考》,《长水集》,北京:人民出版社 1987 年版。

61. 谭其骧:《新莽职方考》,《长水集》,北京:人民出版社 1987 年版。

62. 唐力行:《区域史研究的理论与实践》,《历史教学问题》2004 年第 5 期。

63. 田余庆:《曹袁之争与世家大族》,田余庆:《秦汉魏晋史探微》(重订本),北京:中华书局 2004 年新 1 版。

64. 王国维:《秦郡考》,《观堂集林》,北京:中华书局 1959 年版。

65. 王子今:《河洛地区生态史与河洛文化发育的自然条件》,《洛阳工学院学报》(社会科学版)2001 年第 3 期。

66. 王子今:《周秦时期河洛地区的交通形势》,《文史知识》1994 年第 3 期。

67. 王子今:《秦汉黄河津渡考》,《中国历史地理论丛》1989 年第 3 期。

68. 王子今、刘华祝:《说张家山汉简〈二年律令·津关令〉所见五关》,《中国历史文物》2003 年第 1 期。

69. 王子今：《秦汉时期齐鲁文化的风格与儒学的西渐》，《齐鲁学刊》1998年第1期。
70. 王子今：《秦人屈肢葬仿象"窑卧"说》，《考古》1987年12期。
71. 王子今：《东汉的学习型社会》，《读书》2010年第1期。
72. 王尚义：《汉唐时期山西文人及地理分布及其文化发展之特点》，《山西大学学报》1986年第4期。
73. 王尚义：《太原建都已有四千四百七十年》，《光明日报》2003年9月16日第2版。
74. 王辉：《西安中国书法艺术博物馆藏秦封泥选释》，《文物》2001年第12期。
75. 王志友：《秦墓地围沟探源》，《秦文化论丛》，西安：三秦出版社2004年版。
76. 卫斯：《山西平陆出土的汉代农作物》，《农业考古》1984年第1期。
77. 卫斯：《关于"尧都平阳"历史地望的再探讨——兼与王尚义先生商榷》，《中国历史地理论丛》2005年第1辑。
78. 卫文选：《尧都考》，《山西师大学报》（社会科学版）1981年第3期。
79. 吴镇烽：《秦晋两省东汉画像石题记集释》，《考古与文物》2006年第1期。
80. 辛德勇：《汉武帝"广关"与西汉前期地域控制的变迁》，《中国历史地理论丛》2008年第2期。
81. 辛德勇：《巨鹿之战地理新解》，《历史的空间与空间的历史》，北京：北京师范大学出版社2005年版。
82. 徐国利：《关于区域史研究中的理论问题——区域史的定义及其区域的界定和选择》，《学术月刊》2007年第3期。
83. 许韶立：《论"河洛文明"产生的地理环境因素》，《东南文化》2007年第3期。
84. 薛瑞泽：《论河洛地区的三川郡》，《洛阳理工学院学报》（社会科学版）2008年第1期。
85. 薛瑞泽：《先秦至北朝河洛地区的漕运与仓储》，《洛阳工学院学报》（社会科学版）2000年第3期。
86. 薛瑞泽：《先秦秦汉河洛地区的冶铸业》，《四川文物》2001年第3期。
87. 薛千山：《晋南在秦汉时期的经济和财政特点》，《山西财经大学学报》（高等教育版）2007年第2期。
88. 严耕望：《汉书地志县名首书者即郡国治所辨》，《严耕望史学论文选集》（上），北京：中华书局2006年版。

89. 严耕望:《战国学术地理与人才分布》,《严耕望史学论文选集》(上),北京:中华书局2006年版。
90. 尹钧科:《论历史地名在地名学研究中的地位——以北京市历史地名为例》,《北京社会科学》1989年第1期。
91. 尹钧科:《浅谈区域地名研究》,《中国历史地理论丛》2003年第3期。
92. 尤佳:《刘邦入秦行军路线新探》,《军事历史研究》2010年第3期。
93. 袁传璋:《子夏教衍西河地域考论》,《安徽师范大学学报》(人文社会科学版)2006年第6期。
94. 翟富生:《河南汉代学术思想文化发展水平蠡测》,《郑州大学学报》(哲学社会科学版)2001年第5期。
95. 张春媚:《新乡火电厂汉墓群出土九件铁制容器》,《中原文物》2005年第4期。
96. 张静:《从先秦方位词看汉民族方位概念的发展》,《东岳论丛》2006年第6期。
97. 张建军:《西汉京畿的酷吏》,《历史教学》2005年第4期。
98. 张帆:《西汉"河东二十八县"考》,《首都师范大学学报》(社会科学版)2009年第5期。
99. 赵凯:《汉魏之际"大冀州"考》,《南都学坛》2004年第6期。
100. 赵李娜:《汉代河东郡农业生产状况初探》,《农业考古》2005年第3期。
101. 赵李娜:《战国秦汉时期河东地区商业状况初探》,《理论界》2009年第5期。
102. 赵李娜:《西汉河东郡地域风习探究》,《山西大学学报》(哲学社会科学版)2009年第4期。
103. 赵晓军、姜涛、周明霞:《洛阳发现两件西汉有铭铜弩机及其相关问题》,《华夏考古》2010年第1期。
104. 周振鹤:《〈二年律令·秩律〉的历史地理意义》,中国社会科学院简帛研究中心编:《张家山汉简〈二年律令〉研究文集》,桂林:广西师范大学出版社2007年版。
105. 周书灿:《商代对晋南地区的经营》,《晋阳学刊》2008年第6期。
106. 周亚:《〈汉书·地理志〉沁水"过郡三"考辨》,《陕西师范大学学报》(哲学社会科学版)2004年第4期。
107. 竺可桢:《中国近五千年来气候变迁的初步研究》,《竺可桢文集》,北京:科学出版社1979年版。

(四) 考古资料

1. 中国科学院考古研究所编:《甲骨文编》,北京:中华书局1965年版。
2. 姚孝遂、肖丁:《殷墟甲骨刻辞类纂》,北京:中华书局1989年版。
3. 容庚编,张振林、马国权摹补:《金文编》,北京:中华书局1985年版。
4. 中国社会科学院考古研究所编:《殷周金文集成释文》(第二卷),香港:香港中文大学出版社2001年版。
5. 马承源主编:《上海博物馆藏战国楚竹书》(三),上海:上海古籍出版社2003年版。
6. 马王堆汉墓帛书整理小组编:《战国纵横家书》,北京:文物出版社1976年版。
7. 湖南省文物考古研究所:《里耶发掘报告》,长沙:岳麓书社2007年版。
8. 张家山二四七号汉墓竹简整理小组:《张家山汉墓竹简〔二四七号墓〕》(释文修订本),北京:文物出版社2006年版。
9. 连云港市博物馆等编:《尹湾汉墓简牍》,北京:中华书局1997年版。
10. 孙慰祖、徐谷富:《秦汉金文汇编》(上编),上海:上海书店出版社1997年版。
11. 中国社会科学院考古研究所:《汉长安城未央宫》,北京:中国大百科全书出版社1996年版。
12. 中国科学院考古研究所:《洛阳烧沟汉墓》,北京:科学出版社1959年版。
13. 中国社会科学院考古研究所:《满城汉墓发掘报告》(上),北京:文物出版社1980年版。
14. 中国社会科学院考古研究所:《陕县东周秦汉墓》,北京:科学出版社1994年版。
15. 河南省文物研究所、中国冶金史研究室:《河南省五县古代铁矿冶遗址调查》,《华夏考古》1992年第1期。
16. 安阳市文物工作队:《安阳梯家口村汉墓的发掘》,《华夏考古》1993年第1期。
17. 河南省文化局文物工作队:《河南鹤壁市汉代冶铁遗址》,《考古》1963年第10期。
18. 郑州大学考古专业等:《河南新乡李大召遗址战国两汉墓发掘简报》,《考古与文物》2005年第4期。
19. 河南省博物馆、新乡地区博物馆、温县文化馆:《河南省温县汉代烘范窑发掘简报》,《文物》1976 年第 9 期。
20. 焦作市文物工作队:《河南焦作嘉禾屯出土汉代窖藏铜器》,《华夏考古》1995 年第 2 期。
21. 云南省博物馆:《云南江川李家山古墓群发掘报告》,《考古学报》1975 年第 2 期。
22. 安志敏、陈存洗:《山西运城洞沟的东汉铜矿和题记》,《考古》1962 年第 10 期。
23. 黄永久:《禹王城汉代烘范窑清理简报》,山西省考古研究所、山西省考古学会编:《三晋考古》(第三辑),太原:山西人民出版社 2006 年版。
24. 吕梁地区文物局:《山西吕梁地区征集的汉画像石》,《文物》2008 年第 7 期。
25. 山西省考古研究所:《山西夏县禹王城汉代铸铁遗址试掘简报》,《考古》1994 年第 8 期。
26. 山西省考古研究所侯马工作站:《山西侯马市虒祁墓地的发掘》,《考古》2002 年第 4 期。
27. 山西省考古研究所、运城地区文化局、夏县文化局博物馆:《山西夏县王村东汉壁画墓》,《文物》1994 年第 8 期。
28. 山西省考古研究所、上海大学历史系、夏县博物馆:《山西夏县师冯汉代窑址发掘简报》,《考古》2010 年第 4 期。
29. 山西省考古研究所侯马工作站:《山西侯马东周、两汉墓》,《文物季刊》1994 年第 2 期。
30. 河南省文物研究所:《河南新安县上孤灯汉代铸铁遗址调查简报》,《华夏考古》1988 年第 2 期。
31. 河南省文化局文物工作队:《河南巩县铁生沟汉代冶铁遗址的发掘》,《考古》1960 年第 5 期。
32. 郑州市博物馆:《郑州古荥镇汉代冶铁遗址发掘简报》,《文物》1978 年第 2 期。
33. 赵青云、李京华等:《巩县铁生沟汉代冶铸遗址再探讨》,《考古学报》1985 年第 2 期。
34. 洛阳市文物工作队:《洛阳金谷园车站 11 号汉墓发掘简报》,《文物》1983 年第 4 期。
35. 洛阳市第二文物工作队:《洛阳西汉张就墓发掘简报》,《文物》2005 年第 12 期。
36. 偃师商城博物馆:《河南偃师寇店发现东汉铜器窖藏》,《考古》1992 年

37. 三门峡市文物工作队：《三门峡市火电厂秦人墓发掘简报》，《华夏考古》1993 年第 4 期。
38. 三门峡市文物考古研究所：《三门峡大岭粮库围墓沟墓发掘简报》，《中原文物》2004 年第 6 期。
39. 三门峡市文物工作队：《三门峡市司法局、刚玉砂厂秦人墓发掘简报》，《华夏考古》1993 年第 4 期。
40. 三门峡市文物工作队：《河南三门峡市火电厂西汉墓》，《考古》1996 年第 6 期。
41. 黄士斌：《上村岭秦墓和汉墓》，《中原文物》1981 年特刊号。
42. 王寄生：《闻喜西官庄汉代空心砖墓清理简报》，《考古通讯》1955 年第 4 期。
43. 郑绍宗：《河北行唐发现的两件汉代容器》，《文物》1976 年第 12 期。
44. 山西省考古研究所等：《永和龙吞泉遗址发掘报告》，山西省考古研究所、山西省考古学会编：《三晋考古》（第三辑），太原：山西人民出版社 2006 年版。

（五）学位论文

1. 何慕：《秦代政区研究》，复旦大学 2009 年博士学位论文。
2. 李迎春：《秦汉郡县属吏制度演变考》，北京师范大学 2009 年博士学位论文。
3. 琴载元：《战国秦至汉初关外郡研究——以南郡为主要对象》，北京大学 2015 年博士学位论文。
4. 金正耀：《晚商中原青铜的矿料来源研究》，中国科技大学 1984 年硕士论文。收入金正耀论文集《中国铅同位素考古》，合肥：中国科学技术大学出版社，2008 年。
5. 岳亚莉：《豫北地区战国墓研究》，郑州大学 2010 年硕士学位论文。

后　　记

　　本书是在博士学位论文的基础上完成的。追索过往,选题的原点应在十余年前的某次课堂学习或日常阅读。当时我入读硕士未久,接触到了秦汉区域划分的基本模式,即"山东/山西"或"关东/关西"的两分法。随之有一个疑问浮现:秦汉河东郡在这样的两分法中,究竟应该何去何从?如果此山为太行山,那么河东必定属于山西。可是,如果此山为崤山,在此情形下,山东、山西实际上就是关东、关西的同义概念。由于作为区域分隔点的崤山、函谷关位于黄河南岸,而河东郡在北岸,此山此关显然无法很好地对河东郡做出属东或属西的区位界定。

　　现在看来,纯以地理坐标来谈论区域归属的问题,这样的思路很幼稚。但不管怎么说,它开启了我的问学之路,起点不高,却也孕育着独属于自己的未来。后来的几年中,我从河东归属问题出发,研究主题由秦汉河东文化扩展为秦汉三河区域历史。到博士毕业时,学位论文呈现模块化的基本架构,由地名考证、经济、军事、文化四个部分组成。对博士学位论文的这般模样,我原本并不觉得有何不妥。因为研究生学习阶段的资料搜集、论著阅读大体围绕论文主题而进行,见识既窄,遂有坐井观天而不知的弊病。然而,临毕业以及工作之后,目睹同龄学人在政治史、政治文化史、礼制史、法制史等专门领域所取得的成就,再反观自己的论文,越来越感觉到模块组合的缺陷。我不禁自问:论文的主线是什么?如果必欲以特定区域为主线,那么,它作为主线的合理性在哪里?

　　在反思的过程中,我逐步形成这样的看法:区域是可以作为论文主线的,是可以成为与政治文化、法制等并列的一种专题的。但这并非因为区域历史包含政治、经济、文化等多方面内容。与包罗万象的专题品格相比,区域历史更值得关注的一个特性在于,它是作为整体历史的一部分而存在的。通过区域的视窗,我们可以观察到整体的历史。而在整体视野的观照下,我们也可以更好地把握区域历史的发展脉络。这个认识在最初的博士论文中多少已有所体现,比如以秦统一的历史进程来解释三"河"地名的演变,以儒学的渗透来叙述三河区域文化的进展。但在模块架构的制约下,作为局部的三河区域与秦汉帝国整体之间的关系显得晦暗不明。因此,如何凸显局部之于整体的意义,便成为论文修改的着力点。

与最初的学位论文相比,本书有的内容属于补阙,比如对三河政区沿革的梳理,对河东盐业资源开发的叙述,皆属此类。但就个人心愿而言,我更在意那些能够明显体现出整体视野的内容。比如第一章最后一节依循从统一到分裂、从封建到郡县的历史变动,来解释先秦两汉时代对国家中心表述方式的转变;第四章最后一节以河内控制权的流转为主线,既揭示特定区域的历史,也以特定区域为视窗来观察汉献帝初年的政局演变。最后一章甚至径以"全局视野"为题,从汉代的权力架构来观察国家对三河区域的控制方式,从边防角度来观察不同内郡之间对汉代全局性事务参与的力度及方式之差异。这些内容是我近年来写作思路调整后的产物,尽管所论未必合乎历史真实,写作成效往往也与最初的设想存在较大差距。但我仍然坚持把它们呈现在书中。我想,识见浅薄固然很不体面,但更为重要的是,不应放弃对质量提升的追求,哪怕这样的提升只有一点点,甚或画虎不成反类犬,都是值得的。

最初的点滴思考能够汇聚为如今的一部书稿,首先要感谢导师王子今先生。在我印象中,王老师总是极其繁忙,日程特别满。但在大半年前,我请老师为这本书赐序时,他当即应允。回想过往,我记得最清楚的一件事情是,在硕士阶段,我搜集相关论著的能力严重不足,老师曾提示刘影关于山西文化的著作,后来成为论文写作的重要参考书。可以说,论文写作的整个过程,以及工作后断断续续的填补修改,都离不开王老师的关心与指导。作为学生,我有时会提出一些材料依据极少的想法,除了区域史,人物画、易经等方面的问题,我也曾向王老师请教过。王老师未思考过的,他会直接告知不了解,比如易经文句的含义。而对美术方面的问题,老师则予以鼓励,他并未质疑学生在这方面的知识储备是否够用,而这也促使我至今仍在对人物画问题进行思考。博士论文送审时,各位评阅老师均提出了很好的批评意见。答辩时,宋杰先生、宋超先生、孙家洲先生、彭卫先生、吕宗力先生、韩树峰先生亦曾指出论文存在的诸多不足。对诸位先生的指导,晚辈亦永志不忘。我还要感谢上海古籍出版社的王赫先生,他引导本人了解出版流程,指出了书稿中存在的诸多疏误,对书稿题目也提出了非常重要的调整建议。

本书出版之时,算起来我已步入不惑之年。油腻与否,自己也不知道。但脑子里止不住地常飘着一句老话,叫做"人过四十日过午"。他人的四十岁或许早已步入人生的辉煌期,而我的四十岁,注定是平淡无奇的,出版一本十几年前便已开始构思的书,效率已属低下。况且水准连自己也不能满意,想凭借它而登上事业的某种高度,无异于痴人说梦。不过,承认不优秀、不出类拔萃,并不意味着可以消极。正如史念海先生常讲的,宁可劳而无获,不可不劳而获。平庸的自己,更应当努力前行。如果在下本书出版的时候,认识的人说,这家伙有进步,于愿足矣。

崔建华
2020 年 12 月 29 日

图书在版编目(CIP)数据

天下之中：秦汉三河区域研究／崔建华著．—上海：上海古籍出版社，2021.3
ISBN 978-7-5325-9866-3

Ⅰ.①天… Ⅱ.①崔… Ⅲ.①地方史—河南②地方史—山西 Ⅳ.①K296.1②K292.5

中国版本图书馆 CIP 数据核字(2021)第 032837 号

国家社科基金后期资助项目
天下之中：秦汉三河区域研究
崔建华　著
上海古籍出版社出版发行
(上海瑞金二路 272 号　邮政编码 200020)
　(1) 网址：www.guji.com.cn
　(2) E-mail：guji1@guji.com.cn
　(3) 易文网网址：www.ewen.co
商务印书馆上海印刷有限公司印刷
开本 700×1000　1/16　印张 26.5　插页 2　字数 462,000
2021 年 3 月第 1 版　2021 年 3 月第 1 次印刷
ISBN 978-7-5325-9866-3
K·2954　定价：128.00 元
如有质量问题，请与承印公司联系